JN389091

LLM 인 프로덕션

대규모 언어 모델의
성공적인 제품화 전략

LLM 인 프로덕션

대규모 언어 모델의 성공적인 제품화 전략

지은이 크리스토퍼 브루소, 매슈 샤프
옮긴이 류광

펴낸이 박찬규 엮은이 전이주 디자인 북누리 표지디자인 Arowa & Arowana

펴낸곳 위키북스 전화 031-955-3658, 3659 팩스 031-955-3660
주소 경기도 파주시 문발로 115 세종출판벤처타운 311호

가격 35,000 페이지 556 책규격 188 x 240mm

초판 발행 2025년 06월 18일
ISBN 979-11-5839-609-1 (93000)

등록번호 제406-2006-000036호 등록일자 2006년 05월 19일
홈페이지 wikibook.co.kr 전자우편 wikibook@wikibook.co.kr

이 책의 내용에 대한 추가 지원과 문의는 위키북스 출판사 홈페이지 wikibook.co.kr이나
이메일 wikibook@wikibook.co.kr을 이용해 주세요.

LLM 인 프로덕션

대규모 언어 모델의
성공적인 제품화 전략

크리스토퍼 브루소, 매슈 샤프 지음
307번역랩, 류광 옮김

위키북스

좋을 때나 나쁠 때나 항상 나를 지지해 준 아내 제스와 아이들 오딘, 마그누스, 엠리스에게

– 크리스토퍼 브루소

이 책을 아내 에블린과 딸 조지나에게 바친다. 에블린, 이 여정의 모든 단계에서 나를 변함없이 지지하고 격려해 줘서 고마워. 당신의 희생이 이 모든 것을 가능하게 했어. 그리고 내 딸에게, 너는 끝없는 영감과 동기부여의 원천이야. 너의 미소는 내 하루를 밝게 하고 이 세상의 작은 순간들을 즐기도록 상기시켜 줘. 이 책이 너희 둘을 위한 더 나은 내일을 만드는 데 도움이 되길 바라고 믿는다.

– 매슈 샤프

추천사

세상과 담을 쌓고 은둔하는 사람이 아니라면 이제 모든 곳에 LLM이 존재함을 알고 있을 것이다. LLM은 많은 사람에게 필수품이 되고 있다. 이 책을 읽고 있는 독자는 이미 LLM을 자신의 작업흐름(workflow)에 통합했을 가능성이 크다. 하지만 LLM을 프로덕션에 어떻게 배포해야 할지는 아직 잘 모를 것이다.

이것이 바로 이 책 《LLM 인 프로덕션》이 시의적절하고 귀중한 책인 이유이다. 머신러닝 machine learning(기계학습)과 언어학 분야의 광범위한 경험과 깊은 전문 지식을 바탕으로 이 책의 저자들은 LLM을 프로덕션 환경으로 가져오는 데 따르는 여러 복잡한 문제를 포괄적으로 탐색하는 안내서를 저술했다. 저자들은 단지 구현의 기술적 측면만 탐구하는 것이 아니라, LLM을 책임감 있고 효과적으로 프로덕션에 배포하고자 할 때 중요한 전략적 고려사항, 윤리적 함의, 그리고 모범관행(best practice)들을 깊이 파헤친다.

《LLM 인 프로덕션》은 풍부한 내용을 담고 있다. LLM이 무엇인지에 관한 개요로 시작해서 언어 모델링, LLM을 위한 ML옵스, 프롬프트 엔지니어링prompt engineering, 그리고 그 사이의 모든 주요 주제를 깊이 파고든다. 기본 원리부터 구체적인 LLM 응용까지 상향식 접근 방식으로 독자를 이끄는 이 책은 빠르게 변화하는 환경 속에서도 오랫동안 시간의 시험을 견뎌낼 것이다.

열린 마음과 비판적인 시각으로 이 책에 접근하기를 권한다. LLM의 미래는 미리 결정된 것이 아니다. 우리가 어떤 결정을 내리는가에 따라, 그리고 이 강력한 도구를 프로덕션에서 얼마나 사려 깊게 구현하는가에 따라 미래가 결정될 것이다. 이 책의 안내를 따라 프로덕션 환경의 LLM이라는 흥미롭고 도전적인 세계를 마음껏 탐색해 보기 바란다.

– 조 레이스Joe Reis, Fundamentals of Data Engineering[1] *저자*

1 (옮긴이) 번역서는 김인범 옮김, 《견고한 데이터 엔지니어링》(2023, 한빛미디어).

서문

2023년 1월, 저자 중 한 명은 옆에 앉은 부부의 이야기를 우연히 엿듣게 되었다. 그들은 당시 최신 유행인 챗GPT에 관해 이야기했는데, 남편은 이 기술에 매우 흥분한 상태였다. 그는 십대 자녀들과 함께 챗GPT를 이용해서 책을 쓰는 데 시간을 보내고 있었고, 이미 70페이지를 작성했다고 했다. 하지만 아내는 그렇게 열광적이지 않았고, 오히려 두려워하고 있었다. 그녀는 영어 교사였고 이 기술이 학생들에게 어떤 영향을 미칠지 걱정하고 있었다.

그때 남편이 아주 뜻밖의 이야기를 했다. 그의 친구가 회사에서 작가 100명을 해고했다는 것이다. 저자는 충격을 받았다. 그 친구는 프리랜서 작가들을 고용해 풍자적이고 재미있는 가짜 기사를 작성하는 작은 웹사이트를 운영하고 있었는데, 남편이 챗GPT를 보여주자 친구는 기사 제목 몇 개를 가져와 챗GPT에게 기사를 써달라고 요청했다. 그 결과물은 웹사이트의 다른 어떤 콘텐츠와도 구별할 수 없었다! 사실, 따로 사실관계를 확인하지 않아도 되는 의미 없는 기사를 작성하는 것은 LLM이 가장 잘하는 일이므로 그런 결과가 나온 것도 이해가 되었다. 친구는 몇 분 만에 수백 개의 기사를 작성할 수 있었다. 그것도 인건비 한 푼 들이지 않고!

이후 두 저자는 이와 크게 다르지 않은 대화를 수백 번 경험했다. 대학생 그룹부터 가깝게 지내는 커뮤니티 구성원들에 이르기까지 모든 사람이 AI에 관해 계속 이야기하고 있다. 하지만 유료 API를 이용하는 것 이상으로 AI를 직접 다루어 본 사람은 매우 적다. 수년간 저자들은 AI가 번역 산업에 미치는 영향을 목격했다. 맞춤형 번역은 고객을 구하기 어려워졌고, PEMT(Post-Edit of Machine Translation; 기계번역 후편집) 작업흐름의 증가로 번역가들이 더 적은 비용으로 더 빠르게 더 많은 작업을 할 수 있게 되었다. 번역 품질을 거의 떨어뜨리지 않고 말이다. 저자들은 LLM이 다른 많은 직업에서도 동일한 효과를 가져오기를 기대하고 있다.

처음 나왔을 때의 챗GPT는 기본적으로 연구 목적의 베타 릴리스 상태였고, 오픈AI는 플러스 구독도 아직 발표하지 않은 상태였다. 저자들이 이 업계에 있는 동안 수많은 머신러닝 모델이 백서(white paper)와 함께 발표되었다. 머신러닝 모델들은 흔히 API를 통해서만 접근할 수 있다. API를 이용해서 잘 작동하는 데모를 만들어 공개하는 것은 연구자들이 명성과 영향력을 쌓는 데 도움이 된다. 하지만 이런 데모들은 말 그대로 데모에 불과하다.

확장을 위해 만들어진 것이 아니며, 보통 비용 문제로 한 달 정도 지나면 내려간다. 오픈AI는 이미 여러 차례 그렇게 해왔다.

그동안 BERT, ELMO, T5, GPT-2 같은 언어 모델들이 등장했지만 NLP 커뮤니티 밖에서는 별다른 주목을 받지 못하고 사라졌다. 그런 만큼, 일반 대중에게도 관심을 받은 GPT-3이 아주 특별하다는 것은 분명했다. LLM은 단지 인기 있는 무엇인가가 아니다. 기술적으로 매우 복잡하고 다루기 어렵다. LLM을 배포하려면 수많은 함정과 난제를 마주해야 하며, 저자들은 많은 사람들이 실수하고 실패하는 모습을 목격했다. 그래서 이 책을 쓸 기회가 생겼을 때 저자들은 기꺼이 참여했다. 《LLM 인 프로덕션》은 저자들이 항상 원했던 책이다.

감사의 말

이 책을 쓰기 전 저자들은 항상 산속으로 도망가 숲속 어느 오두막에서 은둔하며 글을 쓰는 상상을 했다. 그런 전략이 일부 작가들에게는 효과가 있을지 모르지만, 우리가 훌륭한 책이라고 믿는 이 작품은 많은 사람들의 도움 없이는 절대 만들어질 수 없었다. 이 책은 전체 과정에서 많은 사람들의 검토를 받았으며, 저자들이 받은 피드백은 책의 탄생에 근본적인 역할을 했다.

먼저, 편집자와 감수자인 조나단 제닉, 알 크링커, 더그 러더, 세바스찬 라슈카, 대니 레이브존에게 감사를 표한다. 데이터 및 머신러닝 전문가인 대니는 이 책의 기술 편집을 담당했다. 그는 포춘 500대 기업과 혁신적인 테크 스타트업들이 데이터 및 머신러닝 전략을 설계하고 구현하는 데 도움을 주었다. 현재 그는 스페인 폼페우 파브라 대학교에서 강화학습을 연구한다. 직접적인 논평과 솔직한 비평을 제공한 이들 모두에게 말로 표현할 수 없을 만큼 큰 감사의 마음을 전한다.

또한 이 책을 쓰도록 격려해 준 커뮤니티의 많은 분께도 감사드린다. 멘토, 동료, 친구로서 우리를 지원해 준 분들이 많다. 그들의 격려와 지원, 그리고 종종 책의 홍보에 대해 특별한 순서 없이 감사를 전하고자 한다. 조 레이스, 메리 맥카시, 로렌 발릭, 데메트리오스 브링크만, 호셀리토 발레타, 므콜라이 파블리코프스키, 아비 아리안, 브라이언 베르두즈코, 포케 데커, 모니카 케이 로열, 마리아 피터슨, 에릭 리도크, 다코타 퀴벨, 대니얼 스미스, 아이작 타이, 알렉스 킹, 에마 그라임스, 셰인 스미스, 더스티 채드윅, 소남 차우다리, 아이작 비다스, 올리비에 라브레쉬, 알렉상드르 가리에피, 아멜리 롤랑, 알리시아 바르가, 비비안 타오, 콜린 캠벨, 코너 클락, 마크-앙투안 벨랑제, 아빈 챠브라, 실뱅 베너, 조던 미첼, 벤자민 윌슨, 매니 코, 벤 테일러, 맷 해리슨, 존 브래드쇼, 앤드류 카, 브렛 라고진, 요게시 삭팔, 가우리 바트나가, 사친 판데이, 비니시우스 란데이라, 닉 바겔리, 캐머런 벨, 코디 모건, 세바스찬 퀸테로, 윌 맥기니스에게 감사한다. 이 목록은 완전하지 않을 수 있으며, 누군가를 빠뜨렸을 수도 있다. 그런 모든 분께 감사드리며, 연락해 준다면 꼭 수정하겠다.

다음으로 아이라 두치치, 로빈 캠벨, 멜리사 아이스, 아나 로막, 아즈라 데딕, 오즈렌 할로비치, 두냐 니키토비치, 샘 우드, 수잔 허니웰, 에릭 필라, 알리사 라슨, 멜로디 돌랍을 포함한 매닝Manning 출판사 팀 전체에 감사드린다.

또한 모든 감수자에게 감사한다. 압둘라 알 임란, 앨런 마쿠라, 아난다 로이, 아룬쿠마르 고팔란, 빌 모어필드, 블랑카 바르가스, 브루노 손니노, 댄 셰이크, 디네시 치틀랜기아, 조지 지버기스, 그레고리 바게스, 하차란 S. 카베이, 자가나드 고피나단, 자나르단 셰티, 제레미 브라이언, 존 윌리엄스, 호세 산 레안드로, 카일 폴라드, 마나스 탈루크다르, 마니시 제인, 메흐메트 일마즈, 마이클 왕, 누푸르 바겔, 온드레이 크라지첵, 폴 실리스티아누, 피터 헨스톡, 라디카 카누바디, 레카 안나 호르바트, 사테지 쿠마르 사후, 세르지오 고보니, 사이먼 츠외케, 시모네 데 보니스, 시모네 스과짜, 시리 바르마 베기라주, 스리람 마찰라, 수디르 마하라지, 수마이라 아프잘, 수밋 팔, 수프리야 아룬, 비노드 상가레, 샹보 마오, 이룬 장이 그들이다. 이들의 제안은 이 책을 더 좋게 만드는 데 도움이 되었다.

마지막으로, 노란 풍선 밈(1장 첫 그림)의 사용을 허락한 엘머 사플로와 늦은 밤 저술 작업 중에 좋은 화젯거리를 제공한 조지 루카스와 헤이든 크리스텐슨, 테무에라 모리슨[2]에게 특별한 감사를 전한다. “우리는 스타워즈 관련 작업을 하고 싶습니다!”

2 (옮긴이) 참고로 테무에라 모리슨은 스타워즈 시리즈에서 장고 펫과 보바 펫을 연기한 배우이다. 조지 루카스는 소개가 필요 없을 것이고, 헤이든 크리스텐슨은 아나킨 스카이워커/다스베이더를 연기했으며 “… 맞지?”의 밈으로도 유명하다.

이 책에 관해

《LLM 인 프로덕션》은 통상적인 데이터 과학 서적이 아니다. 사실 데이터 분야에서 이런 종류의 책을 많이 찾아볼 수 없는데, 성공적인 데이터 제품을 만들려면 대규모 팀이 필요하다는 것이 주된 이유이다. 모델을 구축하는 데이터 과학자, 파이프라인을 구축하는 데이터 엔지니어, 플랫폼을 구축하는 ML옵스 엔지니어, 애플리케이션을 구축하는 소프트웨어 엔지니어, 끝없는 회의에 참석하는 제품 관리자가 필요하다. 물론 그런 분야마다 무슨 일이 일어나고 있는지 이해하려고 종종 같은 질문을 반복하는 것 외에는 기여한 바가 없음에도 모든 공로를 가져가는 관리자가 있다.

이러한 개인들을 대상으로 한 책은 많지만, 전체 프로세스를 처음부터 끝까지 연결하는 책은 매우 드물다. 이 책은 LLM에 초점을 맞추고 있지만(사실 LLM옵스LLMOps 책이라고 봐도 될 것이다), 단지 거대한 모델을 서버에 올리는 방법보다 훨씬 더 많은 것을 독자에게 제공한다. 특히, 이 책을 다 읽고 나면 최종 사용자를 기쁘게 하는 성공적인 ML 제품(LLM이든 아니든)을 만드는 방법에 대한 로드맵을 얻게 될 것이다.

이 책의 대상 독자

LLM을 사용하는 애플리케이션을 만드는 사람이라면 누구든지 이 책의 혜택을 받을 수 있다. 여기에는 앞에서 언급한 모든 사람이 포함된다. 하지만 가장 큰 혜택을 얻을 사람들은 ML 엔지니어처럼 여러 분야에 걸쳐 있는 사람들일 것이다. 이 책은 실습 중심이며, 독자들이 파이썬을 잘 알고 있다고 가정한다. 특히 파이토치PyTorch에 관한 지식과 경험이 필요하다.

이 책의 구성

이 책은 총 12개의 장으로 구성되어 있는데 그중 3개는 실습 프로젝트 장이다.

- 1장에서는 LLM의 유망한 응용 분야들을 소개하고 구축(build) 대 구매(buy)의 양자택일 문제를 논의한다. 이 책은 LLM을 직접 구축하는 방법을 보여주는 데 중점을 두고 있으므로, 독자의 상황에서 직접 구축이 적절한 결정인지 판단하는 데 도움이 되도록 그러한 논의를 1장에 포함했다.
- 2장에서는 필요한 기초 지식을 다진다. 언어학의 기본 개념과 이 책을 최대한 활용하기 위해 알아야 할 용어들을 정의한다. 이어서 자연어 모델링 기법에 대한 지식을 쌓아 나간다. 2장을 마치면 LLM이 어떻

게 작동하는지와 LLM이 잘하는 것과 못하는 것이 무엇인지 이해할 수 있을 것이다. 그리고 LLM이 독자의 프로젝트에 적합한 기술인지 판단할 수 있게 된다.

- 3장에서는 LLM을 다루기 어려운 이유에 대한 핵심 문제를 설명한다. 그런 다음 LLM 작업을 시작하는 데 필요한 개념과 해결책들을 논의한다. 이어서 필요한 도구와 인프라 요구사항을 소개하고 그런 요소들이 왜 필요한지도 설명한다.
- 4장에서는 데이터부터 기초 모델(foundation model)까지, 이후의 장들에 꼭 필요한 자산(asset)들을 논의한다.
- 5장에서는 LLM을 밑바닥부터 훈련하는 방법과 다양한 모델 미세조정 방법을 설명하고 각각의 장단점을 살펴본다.
- 6장에서는 LLM 서빙으로 들어가서, LLM 서비스를 제공하는 API를 만드는 데 필요한 내용을 깊이 있게 다룬다. LLM용 클라우드 환경 설정을 설명하고 프로덕션 환경의 일반적인 난제들과 그 해결 방법을 논의한다.
- 7장에서는 프롬프트 엔지니어링을 논의하고 LLM의 응답을 최대한 활용하는 방법을 살펴본다.
- 8장에서는 LLM을 중심으로 애플리케이션을 구축하고 사용자 경험을 향상하기 위해 고려해야 할 기능들을 살펴본다.
- 9장은 첫 번째 프로젝트 장으로, 간소화된 라마3 모델을 구축하고 배포한다.
- 10장에서는 VS 코드에서 직접 사용할 수 있는 코딩 코파일럿을 구축한다.
- 11장은 라즈베리 파이에 LLM을 배포하는 프로젝트이다.
- 12장에서는 LLM의 기술적 미래에 대한 저자들의 의견과 유망한 연구 분야에 대한 논의로 책을 마무리한다.

전반적으로 이 책은 처음부터 끝까지 차례대로 읽도록 설계되었으며, 각 장은 이전 장의 내용을 기반으로 한다. 저자들은 이 장들을 이상적인 상황의 순서로 배치했다. 즉, 이 장들은 최상의 상황에서 LLM 제품을 구축할 때 필요한 지식과 거쳐야 할 단계들을 차례로 제시한다. 그렇긴 하지만 이 책은 프로덕션에 관한 것이고, 프로덕션은 현실이 있는 곳이다. 저자들은 실제 세계가 복잡하다는 점을 잘 이해하고 이 책을 썼으니 안심하기 바란다. 각 장은 독립적으로 구성되어 있으며, 독자의 관심사와 이해 수준에 따라 원하는 장들을 원하는 순서로 읽어도 좋다.

예제 코드

이 책에는 예제 코드가 많이 나온다. '예제 1.1'처럼 번호를 붙인 코드도 있고 본문 중간에 끼어 있는 코드 조각도 있다. 두 경우 모두, 소스 코드는 일반 텍스트와 구분하기 위해 `def init()`처럼 고정폭 글꼴로 표시한다.

책의 예제 코드들은 이 책의 깃허브 저장소에 있는 소스 코드와는 포매팅이 다른 경우가 많다. 지면에 맞도록 줄 바꿈을 추가하고 들여쓰기를 수정했기 때문이다. 지면에 맞게 포매팅하기가 여의치 않은 몇몇 경우에는 줄 연속 표시(↪)를 사용하기도 했다. 대부분의 주석은 화살표를 이용해서 따로 조판했으며, 본문의 설명과 겹치는 일부 주석은 생략했다.

전체 예제 코드는 아래 사이트에서 다운로드할 수 있다.

- 위키북스 깃허브

  https://github.com/wikibook/llm-production

- 위키북스 홈페이지

  https://wikibook.co.kr/llm-production/

저자 소개

크리스토퍼 브루스 Christopher Brousseau는 언어학 및 지역화(현지화) 배경을 가진 JPMorganChase의 간부급 머신러닝 엔지니어machine learning engineer(MLE)이다. 특히 국제적 초점을 맞춘 언어학적 정보에 기반한 NLP를 전문으로 하며, 스타트업은 물론이고 포천 500대 기업들에서도 성공적인 ML 및 데이터 제품 이니셔티브를 이끌었다.

매슈 샤프 Matthew Sharp는 데이터 과학자 출신의 엔지니어로, ML옵스 분야에 경험이 많은 기술 리더(tech leader)이다. 스타트업과 최고 수준의 기술 회사 모두에서 많은 성공적인 데이터 이니셔티브를 이끌었다. 매슈는 프로덕션 환경이 어떤 모습이든 상관없이 프로덕션에서 머신러닝 모델을 배포, 관리 및 확장하는 것을 전문으로 한다.

표지 그림 설명

《LLM 인 프로덕션》의 표지 그림은 니콜라 드레르메생Nicolas de Lermessin(1640~1725)이 그린 "Habit d'imprimeur en lettres"(인쇄업자의 의상)라는 제목의 판화이다. 이 판화는 18세기 초 자크 시케Jacques Chiquet가 출판한 *Les Costumes Grotesques et les Metiers*(의상 괴짜들과 직업들) 시리즈에 수록되었다.

당시에는 옷차림만 보고도 어디 사는 사람인지, 직업이나 사회적 지위가 무엇인지 쉽게 알 수 있었다. 매닝은 컴퓨터 업계의 독창성과 진취성을 축하하는 뜻에서 몇 세기 전 여러 지역의 다채로운 생활상을 담은 그림들을 책의 표지에 싣고 있다.

옮긴이의 글

인공지능 기술의 발전, 특히 대규모 언어 모델(LLM)의 등장은 일반인의 컴퓨터 활용은 물론이고 개발자들의 소프트웨어 개발 패러다임에도 혁명적인 변화를 가져왔습니다. 2022년 말 챗GPT가 나오고 만으로 3년에 못 미치는 동안 LLM은 연구실의 실험적 기술에서 실제 비즈니스 환경에 적용되는 생산성 도구로 빠르게 진화했습니다. 이런 급속한 발전과 함께, LLM은 (작은 기업은 넘을 수 없는 자원의 장벽이 존재하기 때문에) 오픈AI, 구글, 앤트로픽과 같은 대기업들만 할 수 있는 분야라는 생각도 널리 퍼져 있습니다. 그러나 이 책의 저자들은 그런 생각을 미신이자 기술적 장벽을 만들려는 대기업의 방해 시도로 치부하고, 오히려 "어떤 규모의 기업이든 시작할 수 있으며 지금이 시작하기 가장 좋은 때"라고 주장합니다.

물론 모든 기업이 오픈AI나 구글, 앤트로픽이 하듯이 거대한 기초 모델(foundation model)을 만들 수는 없겠지만, LLM을 제품이나 서비스 구축에 활용하는 방법은 생각보다 다양하다는 점을 이 책을 번역하면서 알게 되었습니다. 단순히 LLM의 원리와 기본적인 사용법을 설명하는 데 그치지 않고 제한된 자원을 가진 조직에서도 실제 프로덕션 환경에 LLM 기반 애플리케이션을 효율적으로 설계, 개발, 배포, 모니터링하는 전 과정을 다루는 이 책《LLM 인 프로덕션》을 다 읽고 나면, 어떤 규모의 기업이든 지금이 시작하기 가장 좋은 때라는 저자들의 주장에 동의하게 될 것입니다.

LLM이 빠르게 발전하는 만큼이나 LLM을 둘러싼 생태계도 빠르게 진화합니다. 특히 이 책의 실습 예제들이 의존하는 오픈소스 모델들과 데이터셋, 프레임워크, 라이브러리들도 끊임없이 버전을 높입니다. 그러다 보니 시간이 흐르면서 일부 예제가 제대로 작동하지 않을 수 있습니다. 주로는 파이썬 패키지 설치 문제나 버전 호환성 문제로 예상하는데, 예제가 실행이 잘 안 되면 학습 의욕이 뚝 떨어진다는 점을 역자이기 전에 독자로서 잘 알고 있습니다. 각자가 파이썬 문제 해결 능력을 키우는 것이 궁극적인 해결책이겠지만, 힘을 모아 해결하는 것이 인류의 강점이기도 합니다. 예제 관련 문제와 그 해결책을 저나 다른 독자들과 논의하고 공유할 수 있는 페이지를 제 홈페이지 류광의 번역 이야기(`https://occamsrazr.net`)에 만들어 두었으니 활용해 주세요. 홈페이지의 '번역서 정보' 섹션에 링크가 있습니다(직 링크는 `https://occamsrazr.net/book/LLMsInProduction`). 이 페이지를 오탈자나 오역을 제보하는 용도로도 활용해 주시면 고맙겠습니다.

마지막으로, 고마운 분들을 언급하고자 합니다. 《마스터링 트랜스포머》와 《실전! RAG 기반 생성형 AI 개발》에 이어 위키북스의 훌륭한 AI 개발서 책장에 또 한 권의 책을 추가할 기회를 주신 위키북스 김윤래 팀장님과 이번에도 꼼꼼하게 원고를 교정해 주신 전이주 편집자님, 화살표 주석 등 다소 까다로운 조판 요소들을 잘 해결해서 멋진 책을 만들어 주신 북누리 디자인팀 고맙습니다. 그리고 초벌 번역과 자료 정리를 담당한 307번역랩을 비롯해 이 책의 출간에 힘쓴 모든 분께 감사드립니다. 마지막으로 한결같은 마음으로 저를 돕고 지지해 준 아내 오현숙에게 사랑과 감사의 마음을 전합니다.

재미있게 읽으시길!

– 옮긴이 류광

역자 소개

307번역랩

전문 번역가의 효율적인 번역 작업을 위해 초벌 번역 및 자료 정리 서비스를 제공하는 번역 엔지니어 집단이다. 급변하는 IT 분야의 가치 있는 외국 서적을 발 빠르게 국내 독자에게 전달하는 데 보람을 느낀다.

류광

커누스 교수의 《컴퓨터 프로그래밍의 예술》 시리즈를 비롯해 90여 권의 다양한 IT 전문서를 번역한 전문 번역가이다. 이 책과 연관된 번역서로는 《파이썬으로 배우는 자연어 처리 인 액션》 《마스터링 트랜스포머》 《실전! RAG 기반 생성형 AI 개발》 등이 있으 며, Manning 출판사의 《AI Agents In Action》을 번역 중이다. 홈페이지 류광의 번역 이야기(`https://occamsrazr.net`)와 IT 및 게임 개발 정보 공유 사이트 *GpgStudy*(`https://gpgstudy.com`)를 운영한다.

memo

1장

깨어난 단어들: LLM이 주목받는 이유

이번 장에서 다룰 내용

- LLM의 정의와 능력 및 한계
- 자체 LLM을 배포해야 할 때와 하지 말아야 할 때
- LLM에 관한 오해와 그 이면의 진실

충분히 발전한 기술은 마법과 구분할 수 없다.

– 아서 C. 클라크Arthur C. Clarke

때는 1450년, 독일 마인츠시의 후미진 한 모퉁이에서 이후 인류의 역사를 바꿀 사건이 일어났다. 도시의 그림자에 가려진 평범한 작업장 훔브레히트호프에는 기대감이 감돌았다. 이곳에서 금세공사이자 혁신가인 요하네스 구텐베르크Johannes Gutenberg가 기름과 금속 냄새 속에서 땀을 흘리며 묵묵히 혁명을 탄생시키고 있었다. 늦은 밤, 고요함은 금속이 부딪치는 리듬감 있는 망치질 소리로 간간이 깨졌다. 램프 불빛 아래 작업장 한가운데에는 구텐베르크가 10년간 심혈을 기울인 작품이 놓여 있었다. 그 설계와 용도에서 전례 없는 기계였다.

그것은 평범한 발명품이 아니었다. 장인 정신과 창의성으로 빚어낸 이동 가능한 금속 활자들이 격자 형태의 활판에 정교하게 배치되었다. 깜빡이는 불빛이 금속 문양 위에서 춤췄다. 공기는 혁신에 대한 기대감과 구텐베르크가 직접 만든 유성 잉크의 달콤한 향기로 가득했다. 고요한 순간, 인쇄 장인은 어깨를 펴고 비할 데 없는 솜씨로 잉크가 묻은 활판 아래 깨끗한 양피지를 놓고 발명품을 단단히 눌러 페이지에 정교한 무늬가 남게 했다. 방 안은 정적의 교향곡에 휩싸였고, 숨죽인 숨결이 공기 중에 무겁게 맴

돌았다. 프레스를 들어 올리자 프레스 자체의 무게로 삐걱대는 소리가 났는데, 각각의 소리는 흥미진진한 새로운 세계를 알리는 함성과도 같았다.

구텐베르크는 재빠른 동작으로 첫 인쇄본을 꺼내 나무 탁자 위에 내려놓았다. 그는 창조자의 비전만큼이나 선명하고 웅장한 각각의 문자를 세심히 살폈다. 방안의 모든 이가 그 광경에 완전히 매료되었다. 평범한 양피지 한 장이 변혁의 증거가 되었다. 동트는 새벽에 그는 자부심 넘치는 눈으로 작업장을 바라보았다. 정보가 전파되는 방식을 영원히 바꾸어 놓은, 이후 오랫동안 역사의 연대기에 울려 퍼질 그의 유산이 눈앞에 있었다. 밀레니엄의 인물이 된 요하네스 구텐베르크는 그림자에서 나와 꿈을 실현한 발명가로 거듭났다. 그의 이름은 단순한 혁신적 발명품이 아닌, 근대 세계의 촉매제가 된 인쇄기와 동의어가 되었다.

구텐베르크의 업적에 관한 소식이 대륙을 가로질러 퍼져나가기 시작했을 때, 다양한 분야의 학자들은 자신들이 손에 넣게 된 놀라운 도구를 이해하지 못했다. 한때 귀중한 보물이었던 지식과 학문이 이제 일반인의 손에 닿을 수 있게 되었다. 이러한 새로운 접근성을 둘러싸고 다양하고 엇갈린 의견들이 있었다.

> *우리 시대에는 라인강 지역 사람들의 재능과 근면성 덕분에 수많은 책이 출판되었다. 한때는 부자만이, 아니 왕만이 소유할 수 있었던 책을 이제는 소박한 지붕 아래서도 볼 수 있다. … 오늘날 우리 아이들은 모르는 것이 없다.*
>
> *– 제바스티안 브란트Sebastian Brant*[1]

> *학문적 노력이 전례 없이 어디에서나 쇠퇴하고 있다. 나라 안에서나 밖에서나 영리함이 실로 기피된다. 독서가 학생들에게 눈물 외에 무엇을 주겠는가? 책은 드물고, 판매될 때는 가치가 없으며, 재치가 결여되어 있도다.*
>
> *– 리에주의 에그베르트(Egbert of Liège)*[2]

역사를 통틀어 사람들은 책에 관해 다양한 의견을 가졌다. 가상 인쇄기가 존재하고 어디에나 책이 있는 시대를 사는 우리가 동의할 수 있는 한 가지는, 인쇄기가 역사를 바꾸었다는 점이다. 구텐베르크가 인쇄기로 첫 페이지를 인쇄하는 현장을 저자[3]가 실제로 본 것은 아니다. 하지만 많은 사람이 LLM(large

1 (옮긴이) 제바스티안 브란트는 15~16세기에 활동한 독일의 인문주의자이자 풍자 작가로, 구텐베르크가 발명한 인쇄술의 혜택을 받았다.

2 (옮긴이) 에그베르트는 11세기 벨기에 리에주 대성당 학교에서 활동한 교육자이자 저술가이다.

3 (옮긴이) 특별한 언급이 없는 한 본문과 부록에서 '저자'는 두 저자 크리스토퍼 브루소와 매슈 샤프를 함께 지칭한다. 둘 중 한 명만 언급할 때는 '저자 중 한 명' 혹은 '한 저자' 같은 표현을 사용하기로 한다. 관련해서 '우리'는 이 책의 여정을 함께 하는 저자와 독자를 가리키며, 문맥에 따라서는 이 분야의 종사자 전체나 더 나아가서 인류 전체를 가리키기도 한다.

language model; 대규모 언어 모델)을 처음 사용하는 모습은 실제로 목격했다. 첫 프롬프트에 대한 응답을 보며 놀라워하는 표정, 어려운 질문을 던졌을 때 모델이 마치 해당 분야의 전문가처럼 응답하는 것을 보며 느끼는 흥분, 순식간에 부자가 될 수 있다는 것을 깨닫는 순간의 번뜩임까지 다양한 감정을 볼 수 있었다. 이러한 감정의 파도는 아마도 구텐베르크가 느꼈을 전율의 한 조각에 지나지 않을 것이다. 그렇지만 텍스트를 빠르게 생성하고 의사소통을 가속하는 능력은 예나 지금이나 가치 있는 일이다.

1.1 LLM이 가속하는 의사소통

모든 직업에는 어느 정도의 의사소통이 필요하다. 이런 의사소통은 대개 피상적이고 관료적이거나 정치적이다. 저자는 학생이나 멘티mentee에게 모든 직업에는 나름의 서류 작업이 있다고 늘 경고해 왔다. 취미로 하던 일도 직업이 되면, 반복적인 단순 작업 때문에 열정이 식기 쉽다. 실제로 사람들은 자신의 직업에 관해 이야기할 때 사회적 지위를 높이려고 과대 포장하는 경향이 있다. 그래서 온전한 진실을 얻기가 힘들다. 사람들은 지루한 부분이나 일상적인 고된 업무에 대해서는 말하지 않기 마련이다.

그렇다면 단조로운 업무의 부담이 줄어든 세상을 상상해 보자. 경찰관이 보고서 작성에 하루 몇 시간을 낭비하는 대신 그 시간을 지역사회 봉사 프로그램에 쓸 수 있는 세상, 또는 교사가 밤 늦게까지 숙제를 채점하고 수업 계획을 세우는 대신 개별 학생을 위한 맞춤형 수업을 고민하고 준비할 수 있는 세상, 변호사가 며칠 동안 법률 문서를 검토하느라 시달리는 대신 자기가 열정을 가진 공익 소송을 맡을 수 있는 세상을 말이다. 의사소통의 부담, 서류 작업의 부담, 회계 업무의 부담이 사라지면 직업은 우리가 허세를 섞어 말하는 것에 좀 더 가까워진다.

이런 측면에서 LLM은 인쇄기 이후 가장 유망한 기술이다. 우선 LLM은 인간과 컴퓨터 사이의 관계와 역할을 완전히 뒤집어 놓았고, 사람들이 생각했던 컴퓨터의 능력을 바꾸어 놓았다. LLM은 이미 의사면허 시험, 변호사 시험, 그리고 여러 가지 마음 이론(theory of mind) 테스트를 통과했다. 구글과 아마존의 코딩 면접도 통과했고 SAT[4]에서 1600점 만점에 1410점 이상을 받았다. 저자가 가장 인상 깊게 본 것은 GPT-4가 고급 소믈리에 시험도 통과했다는 점인데, 실제 와인 시음 부분은 어떻게 통과했는지 궁금하다. 실로 LLM의 전례 없는 성과들이 놀라운 속도로 나오고 있어서 저자 같은 평범한 사람들은 멀미가 나고 불안해질 정도이다. 무엇이든 할 수 있어 보이는 이 기술을 우리는 어떻게 받아들여야 할까?

4 (옮긴이) SAT는 미국의 학력평가 체계로, 주로 대학 입학 자격을 판정하는 데 쓰인다.

Med-PaLM 2는 MedQA 시험에서 86.5%의 점수를 받았다. 이 모델이 통과한 시험들을 오픈AI의 GPT-4 논문(https://cdn.openai.com/papers/gpt-4.pdf)에서 볼 수 있다. 마지막으로, 구글은 챗GPT를 구직자로 취급해서 면접을 보았는데, 챗GPT는 면접을 통과했다(https://mng.bz/x2y6).

LLM이 시험에 통과하는 것은 흥미로운 일이다. 하지만 역사상 가장 비싼 부정행위 기계를 만드는 것이 목표가 아닌 이상 인류에게 그리 도움이 되지는 않는다. LLM에 여러분의 시간을 어떻게 하면 더 잘 쓸 수 있는지 이 책에서 보게 될 것이다. LLM이 잘하는 것은 언어이다. 특히, 의사소통을 개선하고 자동화하는 데 탁월하다. LLM을 이용하면 일상에서 흔히 겪는 불쾌한 경험을 편하고 즐거운 경험으로 바꿀 수 있다. 우선, 아이언맨처럼 자신만의 자비스[JARVIS]가 있는 집에 들어가는 것을 상상해 보자. 자비스는 일상에 비할 데 없는 역동성을 더하는 AI 기반 비서(assistant)이다. 현재의 AI 기반 비서들이 마블 영화에 나오는 자비스 수준의 인공일반지능(AGI)는 아니지만, 고객 지원 개선부터 사랑하는 사람의 생일 선물 쇼핑을 돕는 것까지 새로운 사용자 경험을 만들어 내고 있는 것은 사실이다. 이들은 상대방에 관해 물어보고, 그들의 관심사와 정체성을 파악하고, 예산을 확인한 뒤 맞춤형 추천을 해 준다. 이런 비서들 중 많은 수가 유용하게 쓰이고 있지만, 일부는 단순히 사용자들이 대화하며 즐길 수 있는 챗봇이다. 요즘은 상상 속 친구들조차 너무 바쁘기 때문에 대화도 챗봇의 중요한 용도이다. 농담은 접어두고라도, 해리 포터나 셜록 홈즈, 아나킨 스카이워커, 심지어 아이언맨 같은 좋아하는 허구의 캐릭터들과 대화를 나누는 것은 놀라운 경험이다.

하지만 이 책의 독자들이 주로 관심을 가지는 것은 흔히 코파일럿[copilot]이라고 부르는 프로그래밍 비서일 것이다. 구글 검색이 실제로 최악의 사용자 경험 중 하나임을 아는 독자라면 당연히 프로그래밍 비서에 관심이 많으리라 예상한다. 일상 언어로 몇 가지 목표를 적으면 코파일럿이 코드를 작성해 주는 것은 정말 신나는 일이다. 저자도 직접 이러한 도구들을 사용해 문법을 기억하고, 코드를 단순화하거나 정리하고, 테스트를 작성하고, 새로운 프로그래밍 언어를 배웠다.

비디오 게임은 LLM이 많은 혁신을 만들어낼 것으로 기대되는 또 다른 흥미로운 분야이다. LLM은 프로그래머의 게임 제작을 돕는 것뿐만 아니라 디자이너가 더 몰입도 높은 경험을 만들 수 있게 해 준다. 예를 들어 NPC(non-player character; 플레이어가 조종하지 못하는 캐릭터)와의 대화가 더 깊이 있고 흥미로운 대화가 될 수 있다. 《동물의 숲》이나 《스타듀 밸리》 같은 게임에서 거의 무한한 퀘스트와 대화가 가능하다고 상상해 보라.

다른 분야도 생각해 보자. 교육계를 보면 교사가 늘 부족해 아이들이 필요한 일대일 관심을 받지 못하는 것 같다. LLM 비서는 교사의 수동적인 잡무 시간을 절약해 줄 뿐만 아니라, 학습에 어려움을 겪는 아이들의 개인 교사 역할을 할 수 있다. 기업들은 직원들이 분기 보고서와 데이터 테이블을 이해하도록 돕는 데이터 대화형 작업에 LLM을 활용하려고 한다. 본질적으로 모든 사람에게 개인 분석가를 제공하는 셈이다. 영업과 마케팅 부서는 좋든 나쁘든 이 놀라운 혁신을 활용할 것이 확실하다. 검색 엔진 최적화(SEO)의 상태도 많이 바뀔 것이다. 현재 SEO의 핵심은 대중의 관심을 끌 만한 콘텐츠를 많이 생성해서 웹사이트의 인기를 높이는 것인데, LLM 덕분에 콘텐츠 생성이 매우 쉬워졌다.

이상은 기업들이 LLM을 활용하려는 일반적인 사례의 일부일 뿐이다. 사람들은 LLM을 개인적인 용도로 활용하고 있다. LLM으로 노래나 시를 만들고, 심지어 책을 쓰기도 한다. 더 나아가서 텍스트를 다른 언어로 번역하거나, 법률 문서나 이메일을 요약하는 데 LLM을 활용하는 사람도 많다. 심지어 병이 생겼을 때 병원에 가는 대신 LLM에 치료법을 묻기도 하는데, 물론 이는 끔찍한 생각이다. LLM은 아직 그런 일에는 형편없기 때문이다. 개인적인 의견이지만, 정신 건강이 걸린 문제에서 돈을 아끼는 것은 바람직하지 않다. 하지만 사람들이 이미 LLM을 부정행위, 사기, 선거를 왜곡하기 위한 가짜 뉴스 같은 어두운 목적으로도 사용하고 있다는 사실도 잊어서는 안 될 것이다. 어쨌든 LLM은 무척이나 다양한 용도로 쓰이고 있다. 지금까지 말한 사례들은 그저 빙산의 일각일 뿐이다. LLM이 의사소통에 도움이 되는 것은 확실하다. 따라서 "LLM들이 무엇을 할 수 있는가?"보다는 "무엇을 할 수 없는가?" 또는 더 나아가 "무엇을 하지 말아야 하는가?"를 생각하는 것이 더 낫다.

기술적인 측면에서 LLM에는 특정한 제약과 한계가 있다. 한 예로 LLM은 다소 느리다. 물론 '느리다'는 상대적인 용어지만, 응답 시간이 밀리초가 아닌 초 단위로 측정되는 경우가 많다. 3장에서 이 주제를 더 깊게 다룰 것이다. 예를 들어 매우 빠른 추론이 필요한 자동완성 작업에는 당분간 LLM이 사용되지 않을 것으로 예상할 수 있다. 애초에 자동완성은 사람이 타이핑하는 것보다 빠르게 단어나 구문을 예측할 수 있어야 한다. 비슷한 맥락에서, LLM은 크고 복잡한 시스템이라 자동완성처럼 단순한 문제에는 필요하지 않다. 자동완성 문제에 LLM을 사용하는 것은 못을 망치로 박는 대신 포크레인에 달린 거대한 철거용 쇠공으로 박는 것과 비슷하다. 그리고 철거용 쇠공을 빌리는 것이 망치를 사는 것보다 비싼 것처럼, LLM도 운영 비용이 더 많이 든다. 자동완성 외에도, 해결하려는 문제의 복잡성을 고려해야 하는 비슷한 작업이 많이 있다.

또한 LLM이 잘 풀지 못하는 복잡한 문제가 많다. 미래 예측이 좋은 예이다. 여기서 말하는 미래 예측은 점성술 같은 것이 아니라 일기 예보나 해수면 만조 시간 예측 같은 예측 문제를 말한다. 인간은 이런 문제에 대한 해법을 어느 정도 개발했지만, 그 해법을 LLM에 잘 전달할 방법은 아직 발견하지 못했다. 이런 예측 문제들은 푸리에 변환이나 조화 분석 같은 수학적 해법의 조합으로 서술하거나, 아니면 블랙

박스 ML 모델로 서술하거나 둘 중 하나이다. 이상치 예측, 미적분 계산, 롤 테이프의 끝 찾기[5] 등의 여러 문제가 이런 부류에 속한다.

또한 고위험 프로젝트에는 LLM을 피하는 것이 좋다. LLM은 완벽하지 않고 자주 실수한다. 창의성을 높이기 위해 종종 LLM에 약간의 무작위성을 허용한다. 같은 질문을 해도 다른 답이 나오곤 하는 것은 이 때문이다. 하지만 이런 무작위성은 위험하다. '온도(temperature)' 매개변수의 수치를 낮춤으로써 이런 무작위성을 제거할 수 있지만, 그러면 필요에 따라 LLM이 쓸모 없게 될 수도 있다. 예를 들어 LLM을 사용해 투자 옵션을 좋음/나쁨으로 분류하기로 했다고 하자. 하지만 그 출력을 바탕으로 실제 투자 결정을 하게 할 것인가? 감독 없이는 안 된다. SNS에 올릴 밈meme 비디오를 만드는 것이 목적이 아니라면 말이다.

결국 LLM은 단지 모델일 뿐이다. 돈을 잃어도 LLM에 그 책임을 물을 수는 없다. LLM이 돈을 잃은 게 아니라 LLM을 믿기로 한 여러분이 잃은 것이기 때문이다. 같은 맥락에서, 세금 신고서 작성이나 의료 조언을 받는 것도 위험하다. LLM이 그런 일을 할 수는 있지만, 국세청의 무거운 벌금으로부터 여러분을 보호해 주는 것은 공인 회계사이지 LLM이 아니다. LLM의 잘못된 의료 조언을 따랐다면 의료 과실로 고소할 의사도 없다. 하지만 이런 모든 예시에서 LLM은 오류를 줄이고 속도를 개선함으로써 해당 전문가들이 자신의 직무를 더 잘 수행하도록 도울 수 있다.

LLM을 사용해야 할 때

다음은 LLM의 바람직한 용도들이다.

- 콘텐츠 생성
- 질의응답 서비스
- 챗봇과 AI 비서
- 텍스트를 다른 형식으로 변환하는 문제(디퓨전, txt2img, txt23d, txt2vid 등)
- 대화형 데이터 분석 애플리케이션
- 의사소통과 관련된 모든 것

다음은 LLM을 사용하지 말아야 할 작업들이다.

- 지연 시간에 민감한 워크로드workload
- 단순한 프로젝트

5 (옮긴이) 흔히 사용하는 스카치테이프 같은 롤 테이프의 끝을 찾는 것이 실제로 수학적 해법이나 LLM이 필요한 문제는 아니다. 저자의 농담으로 보인다. 이후에도 이와 비슷한 농담이 등장하지만, 독자의 센스를 믿고 일일이 역주를 달지는 않겠다.

- 단어가 아니라 수학이나 알고리즘으로 해결하는 문제 – 예측, 이상치 감지, 미적분 등
- 중요한 평가
- 고위험 프로젝트

언어가 단순히 의사소통을 위한 수단만은 아니다. 언어는 인간을 최상위 포식자로 만들고 각 개인에게 공동체 내에서 자기 정의를 부여하는 도구이기도 하다. 부모와 다투는 것부터 대학을 졸업하고 이 책을 읽는 것까지, 인간 존재의 모든 측면은 언어로 가득 차 있다. 언어 모델들은 '인간다움(being human)'의 근본적인 측면 중 하나인 언어를 활용하는 법을 학습한다. 따라서 언어 모델을 책임감 있게 사용한다면, 언어를 이용한 인간의 모든 작업에 도움이 될 것이다. LLM은 우리 자신과 타인에 대한 이해의 차원을 열어 줄 잠재력을 가지고 있다. 물론 우리가 LLM을 책임감 있게 가르친다면 말이다.

LLM은 그 잠재력이 상상력을 자극하기 때문에 세계의 주목을 받았다. LLM은 많은 것을 약속하지만, 이런 솔루션들이 모두 실현되지는 않았다. 몰입형 경험을 주는 비디오 게임은 어디 있는가? 우리 아이들은 왜 아직 개인 AI 튜터가 없는가? 나는 왜 아직 개인 비서를 가진 아이언맨이 되지 못했는가? 이런 깊고 의미 있는 질문들이 저자가 이 책을 쓰게 된 동기이다. 특히 마지막 질문은 저자가 밤잠을 못 이루게 한다. LLM은 놀라운 일을 할 수 있지만, 만드는 방법을 아는 사람은 많지 않다. 그래서 저자는 이 책에서 그것을 공유하고자 한다.

이 책은 단순한 머신러닝 운영(operation) 책이 아니다. LLM은 전통적인 소프트웨어 솔루션처럼 작동하지 않기 때문에, 프로덕션에서 LLM을 작동시키는 데에는 많은 함정과 위험이 있다. LLM을 사용자가 일관되게 상호작용할 수 있는 제품으로 만들려면 다양한 역량과 인력으로 구성된 전체 팀(whole team)이 필요하다. 사용 사례에 따라 자체 모델을 학습하거나 미세조정한 뒤 배포해야 할 수도 있고, API를 통해 벤더사(vendor; 서비스나 제품을 제공하는 외부 업체)의 모델에 접근해야 할 수도 있다.

이미지 제공: SuperElmer, https://www.facebook.com/SuperElmerDS

어떤 LLM을 사용하든, 기술을 최대한 활용하고 최고의 사용자 경험을 구축하려면 그것이 어떻게 작동하는지 이해해야 한다. 수학이나 기술적인 면뿐만 아니라 사용자에게 좋은 경험을 만드는 '소프트한' 면에서도 말이다. 이 책은 프로덕션에서 LLM을 작동시키는 데 필요한 모든 것을 다룬다. 최고의 도구와 인프라, 프롬프트

엔지니어링을 통한 유용성 극대화, 비용 통제 같은 모범관행(best practice)에 관해 이야기할 것이다. LLM은 더 큰 평등으로 가는 한 걸음이 될 수 있다. 따라서, 혹시라도 이 책이 나한테 잘 맞지 않는다고 생각하는 독자가 있다면 다시 생각해 보기 바란다. 이 책은 전체 팀을 비롯해 앞으로 LLM과 상호작용할 모든 사람을 위한 것이다.

이 책은 데이터셋 수집과 생성, 소비자용 또는 산업용 하드웨어에서 LLM 학습이나 미세조정, 고객이 상호작용할 수 있도록 다양한 방식으로 모델을 배포(deployment)하는 것에 이르기까지 프로덕션에서 LLM을 활용하는 데 필요한 모든 것을 실용적인 수준에서 다룬다. 이론은 많이 다루지 않는다. 대신, 전체 프로세스를 실제 예시와 함께 처음부터 끝까지 다루는 데 주력한다. 이 책을 통해서, LLM을 프로덕션에 배포하는 데 필요한 실천적인 경험을 쌓을 수 있을 것이다.

1.2 LLM을 직접 구축할 것인가, 아니면 구매할 것인가

이 책을 펼쳐 든 여러분은 이미 LLM이 자신과 조직에 가져다줄 엄청난 잠재력을 확신하고 있을 것이다. 이 책을 펼치는 것은 여러분의 꿈을 현실로 만드는 첫걸음이다. 모델을 프로덕션에 투입하는 방법을 알기 전까지는 그 어떤 것도 실현할 수 없기 때문이다. 기업가나 투자자들은 좋은 아이디어는 흔하며, 중요한 것은 그 아이디어를 현실로 만드는 실행력임을 항상 강조한다. 여러분에게 필요한 것은 LLM을 프로덕션에 투입해 실제 업무에 즉시 활용할 수 있게 하는 능력이다.

LLM을 프로덕션에 배포하기가 어렵다는 사실은 피할 수 없고 미화할 필요도 없다. 가치 있는 일은 대개 그렇다. 이 책은 여러분이 해야 할 일을 가르치고 저자의 실제 경험을 제공한다. 하지만 어려운 만큼 지름길을 택하고 싶은 유혹도 클 것이다. 오픈AI^OpenAI^나 구글[6] 같은 대기업들은 훌륭한 모델들을 제공한다. 그중 하나를 택해서 구매하면 안 될까? 먼저 그런 서비스들이 무엇을 제공하는지, 그것들을 사용하는 것이 바람직한 경우는 언제인지 살펴보자. 그런 다음에 대기업의 서비스를 사용하는 것이 바람직하지 않은 경우를 이야기하겠다.

6 (옮긴이) 이 책 전체에서 소프트웨어 제품명이나 회사명은 흔히 통용되는 한글 음차로 표기하되, 어감이나 출현 빈도, 일상 단어와의 변별력, 대소문자 구성의 독특함, 검색 용이성 등을 고려해서 몇몇 사례는 원문을 그대로 표기하기도 했다. 그리고 '구글'처럼 충분히 잘 알려진 고유명사는 음차 표기 시 원문 병기를 생략했다.

1.2.1 구매: 잘 닦인 길

기존 LLM에 대한 접근권(access)을 구매하는 것의 장점은 여러 가지이다. 접근권은 주로 API의 형태로 이루어진다. 가장 중요한 장점은 그런 API가 제공하는 속도와 유연성이다. API로 작업하는 것은 프로토타입을 만들고 빠르게 실무 경험을 쌓을 수 있는 매우 쉽고 저렴한 방법이다. 예제 1.1에서 보듯이, 몇 줄의 파이썬 코드만으로도 오픈AI의 API에 연결해 LLM을 사용할 수 있을 정도로 쉽다. 가능성은 무궁무진하다. 특정 도메인(문제 영역)에서 실패할 수 있는 LLM을 직접 구축하기 위해 과도한 투자를 하는 것은 현명하지 못하다. 기존 모델에 대한 API를 사용하면 빠르게 실패할 수 있다. API로 개념증명용 프로토타입 애플리케이션을 만들어 출시하는 것은 시작하기에 좋은 방법이다.

예제 1.1 오픈AI API를 호출하는 간단한 앱

```
import os
from openai import OpenAI

client = OpenAI(          ← 환경 변수에서 API 키를 불러온다.
    api_key=os.getenv("OPENAI_API_KEY")    ← 사실 OpenAI()는 자동으로 해당 환경 변수에서 키를 불러오므로 생략해도 된다.
)

chat_completion = client.chat.completions.create(
    model="gpt-3.5-turbo",
    messages=[{"role": "user", "content": "Hello world"}],
)
```

모델 접근권을 구매하면 경쟁 우위를 확보할 수 있을 때가 많다. 대부분의 경우 시장에서 최고의 모델은 특정 도메인을 전문으로 하는 기업이 큰 비용을 들여 수집한 특정한 데이터셋으로 만든 것이다. 자체 개발도 가능하지만, 대신 모델 접근권을 구매하는 것이 더 나을 수 있음을 항상 고려해야 한다. 결국은 더 나은 도메인별 미세조정 데이터를 가진 쪽이 이길 가능성이 높은데, 회사의 부차적인 프로젝트 중 하나일 뿐이라면 그런 양질의 데이터를 확보하기가 어려울 수 있다. 데이터 수집에는 큰 비용이 들기 때문이다. 자체 구축 대신 접근권을 구매하면 많은 수고를 덜 수 있다.

이로부터 다음과 같은 결론이 나온다. 바로, 구매는 전문성과 지원을 빠르게 얻을 수 있는 방법이라는 것이다. 예를 들어 오픈AI는 LLM의 오용을 막기 위해 여러 필터링과 제어 장치를 갖춘 안전한 모델을 만드는 데 많은 시간을 투자했다. 그들은 이미 많은 예외 상황을 겪고 해결했으므로, 여러분이 따로 해결할 필요가 없다. 모델 접근권을 구매하면 그들이 모델 주변에 구축한 시스템도 함께 이용할 수 있다.

게다가 프로덕션 배포에서 LLM 자체는 문제의 절반에 불과하다. 배포를 위해서는 LLM을 기반으로 전체 애플리케이션을 구축해야 한다. 오픈AI 모델이 경쟁자들보다 성공한 데에는 토큰들이 실시간으로 타이핑되는 것처럼 보이게 하는 등의 UX 기법들도 큰 역할을 했다. 이 책은 여러분의 용례(use case)에서 UX를 해결하는 방법과 이 영역에서 큰 도움이 될 프로토타입 제작 방법도 알려준다.

1.2.2 자체 구축: 덜 다듬어진 길

API를 이용하면 LLM 제품을 손쉽게 만들어 낼 수 있다. 대부분의 경우 이것이 최선의 선택일 것이다. 하지만 여러분이 이 기술을 소유하고 직접 배포하는 방법을 배워야 하는 이유도 많다. 이 길이 더 어려울 수 있지만, 이 책에서 그 방법을 배우게 될 것이다. 가장 명백한 이유인 통제력(제어권)부터 시작해 여러 이유를 살펴보자.

통제력

래티튜드Latitude라는 작은 게임 회사는 LLM을 핵심 기술로 도입한 최초의 기업 중 하나이다. D&D(Dungeon & Dragons) 스타일의 롤플레잉 게임을 전문으로 하는 이 회사는 LLM 챗봇을 활용하면서 여러 어려움을 겪었다. 여기서 이 회사를 비난하려는 것은 아니다. 그들은 새로운 길을 개척한 선구자로서 우리 모두의 학습 경험에 기여했기 때문이다. 그럼에도 불구하고 그들의 이야기는 마치 기차 사고처럼 눈을 뗄 수 없는 매력적인 사례이다.

래티튜드의 첫 출시작은 AI 던전AI Dungeon이라는 게임이었다. 초기에는 오픈AI의 GPT-2를 활용해서 대화형 동적 스토리텔링 경험을 제공했다. 게임은 빠르게 많은 플레이어를 모았지만, 당연하게도 일부 플레이어는 게임의 기능을 부적절하게 사용하기 시작했다. 오픈AI가 래티튜드에게 GPT-3 접근권을 주었을 때는 게임 경험이 향상될 것이라 기대했지만, 실제로는 악몽의 시작이었다.[7]

오픈AI는 GPT-3에 RLHF(Reinforcement Learning from Human Feedback; 인간 피드백 기반 강화학습)를 적용했다. 덕분에 모델의 능력이 크게 개선되었다. 하지만 이는 오픈AI의 계약직 인력들이 사용자의 프롬프트를 검토한다는 뜻이기도 하다. 그것이 바로 '인간 피드백'의 실체였다. 그리고 이 직원들은 게임이 만들어내는 저속한 내용을 읽는 것을 달가워하지 않았다. 오픈AI 담당자들은 신속하게 래티튜드에 최후통첩을 보냈다. 플레이어를 검열하거나, 그렇지 않으면 모델 접근권을 박탈하겠다는 것이었다. 이는 사실상 게임과 회사의 죽음을 의미했다. 다른 선택의 여지가 없었던 래티튜드는 서

7 WIRED, "It began as an AI-fueled dungeon game. Then it got much darker," Ars Technica, 2021년 05월 08일, https://mng.bz/AdgQ.

둘러 필터를 추가했지만, 필터링 시스템은 임시방편에 불과했고 버그투성이였다. 플레이어들은 시스템의 열악함에 불만을 표했고, 래티튜드 개발자들이 자신들의 이야기를 읽고 있다는 사실에 불안해했다. 오픈AI가 이미 그렇게 하고 있다는 사실은 전혀 몰랐지만 말이다. 그야말로 PR의 악몽이었다. 게다가 그것이 끝도 아니었다.

오픈AI는 게임 개발사가 충분한 조처를 하지 않는다고 판단했다. 막다른 길에 몰린 래티튜드는 안전장치를 강화하고 플레이어들을 차단하기 시작할 수밖에 없었다. 하지만 여기서 반전이 있다. 많은 이야기가 선정적인 내용으로 변질된 이유는 모델 자체가 에로틱한 내용을 선호했기 때문이다. 무해한 스토리라인이 갑자기 부적절하게 선정적인 상황으로 바뀌면서 플레이어가 게임에서 퇴출당하거나 차단되는 일이 잦았다. 오픈AI는 순수성의 수호자인 척했지만, 애초에 문제의 원인은 그들의 모델이었다. 결국, 게임이 저지른 일 때문에 플레이어가 차단되는 사태가 발생했다. 이는 게임 역사상 가장 아이러니하고 부당한 문제의 하나이다.

신생 게임 개발사는 그저 재미있는 게임을 만들려 했을 뿐이지만, 화난 고객들과 모든 책임을 떠넘기는 기술 거대기업 사이에 끼어서 고통을 겪었다. 만약 회사가 기술을 더 많이 통제할 수 있었다면, 눈 가리고 아웅 하는 미봉책 대신 모델을 수정하는 등의 실질적인 해결책을 구할 수 있었을 것이다.

이 사례에서 모델의 미세조정(finetuning)을 통해 통제력을 확보하면 어떨까 하는 생각이 들 수도 있다. 현재 오픈AI는 미세조정 기능을 제공한다. 하지만 솔루션을 직접 구축하는 대신 기존 서비스를 이용하면 많은 세부적인 결정권을 잃게 된다. 예를 들어 훈련 방법, 모델 배포 지역, 실행 인프라 등을 자유로이 선택하지 못하게 된다 통제력은 고객이나 내부용 도구에도 중요하다. 코드 생성기가 실수로 저작권이 있는 코드를 출력하거나 회사에 법적 문제를 일으키는 상황은 피해야 한다. 또한 고객 대면(customer-facing) LLM이 회사나 프로세스에 대해 사실과 다른 정보를 제공하는 사태가 벌어지는 것도 바람직하지 않다.

통제력은 조직의 목표와 목적, 가치에 맞게 운영, 프로세스, 자원을 지휘하고 관리하는 능력이다. 모델이 제품의 핵심이 되었는데 벤더사가 갑자기 가격을 올리면, 그저 돈을 내는 것 말고는 선택의 여지가 없다. 벤더사가 더 진보적이거나 보수적인 답변을 하도록 모델을 변경해 당신의 가치관과 맞지 않게 되어도 마찬가지로 속수무책이다.

기술이 사업 계획의 핵심이 될수록 그것을 통제하는 것이 더욱 중요해진다. 이것이 맥도날드가 프랜차이즈 부동산을 소유하고, 구글, 마이크로소프트, 아마존이 자체 클라우드 네트워크를 보유하며, 많은 사업자가 에치Etsy나 아마존 마켓플레이스 대신 쇼피파이Shopify로 온라인 상점을 구축하는 이유이다. 결국 다른 사람의 제품을 구매하면 가장 먼저 잃는 것이 통제력이다. 통제력을 유지하면 미래의 문제를 해결할 더 많은 선택권을 가질 수 있고 경쟁 우위도 확보할 수 있다.

경쟁 우위

자체 모델 배포의 가장 가치 있는 측면 중 하나는 경쟁사에 대한 우위를 확보할 수 있다는 점이다. 모델을 직접 구축하면 특정한 한 가지 일을 아주 잘하도록 모델을 맞춤형으로 훈련할 수 있다. 예를 들어 2017년에 나온 BERT(Bidirectional Encoder Representations from Transformers; 트랜스포머 양방형 인코더 표현)라는 트랜스포머 모델을 이용해서 누구나 자체 모델을 훈련할 수 있게 되면서, 전 세계의 연구자와 기업이 자신만의 데이터로 모델을 훈련해서 좋은 성과를 내기 시작했다. 이 글을 쓰는 시점에서 허깅 페이스 허브Hugging Face Hub에서 'BERT'를 검색하면 13,700개 이상의 모델이 나온다. 이들은 모두 해당 작성자가 자신의 고유한 작업에 가장 적합한 모델을 얻기 위해 개별적으로 훈련한 결과물이다.

저자 중 한 명은 슬로바키아 국립 말뭉치(Slovak National Corpus)를 해당 프로젝트의 허락 하에 스크래핑하고 OSCAR 프로젝트와 유로팔Europarl 말뭉치 같은 다른 자원들과 합쳐서 당시 최대 규모의 슬로바키아어 단일어 데이터셋을 구축하고, 그것으로 SlovenBERTcina라는 모델을 훈련한 경험이 있다. 이 모델은 어떤 계산 기록도 세우지 못했고 모델 리뷰에도 등장한 적이 없으며 저자가 일하던 회사에 어떤 파트너십도 가져다주지 못했다. 하지만 훈련하려고 의도한 작업에서는 시중의 다른 모든 모델보다 뛰어난 성능을 보였다.

데이터에서 관련 통찰(인사이트)을 얻기 위해 굳이 AGI(인공일반지능)가 필요한 개인이나 조직은 많지 않을 것이다. 정말로 자의식이 있는 AGI를 발명해 놓고는 그저 수치 데이터를 처리하고 분석하거나 일주일에 한 번 파워포인트용 시각자료를 만드는 정도의 사소한 일만 시킨다면, AGI가 인류를 말살하기로 마음먹는다고 해도 할 말이 없을 것이다. 그보다 현실적인 옵션은 저자가 SlovenBERTcina를 만들 때처럼 시장의 다른 모델보다 2~3가지 작업을 더 잘 수행하면서 마이크로소프트나 다른 잠재적 경쟁자와 데이터를 공유하지 않는 LLM을 갖추는 것이다. 보안이나 법적인 이유로 비밀을 유지해야 하는 데이터도 있겠지만, 회사의 영업 비밀이 포함되어 있기 때문에 보호해야 하는 데이터도 많다.

현재 인터넷에는 수백 개의 오픈소스 LLM이 있다. 일반적인 지능을 위한 모델도 있고 특정 전문 분야에 특화된 모델도 있는데, 그중 저자가 선호하는 몇 가지 모델을 4장에서 소개할 것이다. 이러한 오픈소스 대안 중 하나를 선택해 여러분만의 데이터로 훈련해서 해당 작업에서 세계 최고의 모델을 만든다면 시장에서 경쟁 우위를 확보할 수 있다. 그러한 모델은 또한 여러분이 원하는 방식으로 모델을 배포하고 시스템에 통합해 최대의 효과를 얻을 수 있다는 장점도 제공한다.

어디에나 통합 가능

GPS 위치 정보를 활용해서 스토리를 전개하는 선택형 어드벤처 게임에 LLM을 통합한다고 가정해 보자. 아마도 게임 이용자들은 산속이나 해변 등 인터넷 연결이 불안정하고 서비스가 원활하지 않은 곳에서도 게임을 하고 싶어 할 것이다. 그렇다면 API 호출에 기반한 방식은 적합하지 않다. 물론 이렇게 엣지 장치(edge device)에 LLM을 배포하는 것은 아직 탐구 단계에 있지만, 가능한 일이다. 이 책의 10장에서 그 방법을 배우게 될 것이다. 어쨌든 핵심은, 몰입형 경험을 위해서는 API 서비스에 의존하지 말아야 한다는 것이다.

마찬가지로 서드파티 LLM과 API를 사용하면 데이터를 전송하고 응답을 기다려야 하는 통합 및 지연 시간 문제가 발생한다. API는 좋지만, 항상 느리고 신뢰성도 일정하지 않다. 지연 시간이 중요한 프로젝트라면 서비스를 내부에 두는 것이 훨씬 낫다. 앞에서 경쟁 우위를 이야기할 때 엣지 컴퓨팅을 우선시하는 두 가지 프로젝트를 언급했는데, 그 밖에도 llama.cpp와 Alpaca.cpp 등 많은 프로젝트가 있다. 이 분야는 다른 어떤 분야보다 빠르게 혁신하고 있다. 4비트 양자화(quantization), LoRA(low-rank adaptation), PEFT(parameter-efficient finetuning) 등은 이러한 요구를 충족하기 위해 최근 만들어진 방법론들인데, 3장부터 이들을 하나씩 살펴볼 것이다.

저자의 팀이 처음 챗GPT API를 통합했을 때 저자는 경이로움을 느낌과 동시에 겸손해지기도 했다. 유용한 도구를 빠르게 만들 수 있어 경이로웠고, 한 엔지니어가 농담처럼 "종단점(endpoint)을 호출하면 503 오류가 발생하고, 가끔 모델이 텍스트를 생성하는 것 같은 응답이 오지만 그건 버그인 것 같다"라고 말할 정도로 겸손해졌다. 수많은 클라이언트의 요구를 충족시키며 프로덕션 환경에서 LLM을 서빙하는 것은 쉬운 일이 아니다. 하지만 시스템에 통합된 모델을 배포하면 프로세스를 더 잘 통제할 수 있어 시중에서 찾을 수 있는 것보다 더 높은 가용성과 유지보수성을 얻을 수 있다. 물론 비용도 더 잘 통제할 수 있다.

비용

비용은 매우 중요한 문제이다. 비용을 고려하는 것은 현명한 의사결정을 내리고 프로젝트나 조직의 재무 건전성을 보장하는 데 핵심적인 역할을 한다. 예산을 효율적으로 관리하고 자원을 적절히 배분하는 데에도 중요하다. 비용을 통제하면 장기적으로 사업의 지속 가능성을 유지할 수 있다.

또한 비용 고려는 위험 관리에도 매우 중요하다. 다양한 비용 측면을 이해하면 잠재적 위험을 파악하고 더 잘 통제할 수 있다. 불필요한 지출을 피하고 시장이나 산업의 예상치 못한 변화에도 더 탄력적으로 대응할 수 있다.

마지막으로 비용 고려는 투명성과 설명책임성(accountability; 책무성) 유지에도 중요하다. 비용을 모니터링하고 공개함으로써 조직은 이해관계자, 고객, 직원들에게 윤리적이고 효율적인 운영에 대한 의지를 보여준다. 이러한 투명성은 조직의 평판을 높이고 신뢰를 구축하는 데 도움이 된다.

이 모든 고려사항은 LLM을 구축할지 구매할지 결정할 때도 적용된다. 현재 시장에서 가장 비싼 서비스도 월 20달러에 불과하므로, 언뜻 생각하면 구매가 더 저렴해 보인다. 같은 모델을 AWS의 EC2 인스턴스에서 실행하는 경우 훈련을 제외하고 추론만 하는 데에도 연간 약 25만 달러가 들 수 있다는 점을 생각하면 더욱 저렴하게 느껴진다. 하지만 이러한 비용 격차는 가장 빠르게 혁신을 이룬 분야에 해당함을 유념하자. 여러분에게 필요한 것이 개념 증명을 위한 LLM뿐이라면, 경쟁 우위 절에서 언급한 프로젝트들을 통해 데모 실행에 필요한 전기세만으로도 데모를 만들 수 있다. 자체 데이터로 모델을 훈련하는 비용을 크게 줄일 수 있는데, 매개변수가 200억 개인 모델도 100달러(실제 수치이다) 정도면 충분하다. 또 다른 이점은 자체 구축한 모델의 비용은 절대 오르지 않는다는 점이다. 서비스 이용료가 계속 오르는 것과 차별화되는 장점이다.

보안과 개인정보 보호

이런 시나리오를 생각해 보자. 여러분은 핵무기 보관고의 유지보수를 담당하는 군 관계자이다. 모든 문서는 두꺼운 매뉴얼에 보관되어 있다. 안전 요구사항과 유지보수 절차를 설명하기 위한 정보가 너무 많아서 생도들은 최선을 다해도 중요한 정보를 잊어버리기 일쑤다. 그들은 종종 퓨즈를 제거하기 전에 전선을 자르곤 한다. 문제를 해결하기 위해, 병사들에게 정확한 지침을 제공하도록 LLM 모델을 미세조정하고 정보를 압축해서 일종의 개인 비서로서 병사들에게 지급하고자 한다. 이런 매뉴얼을 다른 회사에 업로드하는 것은 말도 안 되는 생각이므로, 보안이 유지되는 로컬 환경에서 모델을 훈련해야 할 것이다.

이 시나리오가 과장된 것처럼 들릴 수 있지만, 경찰서의 분석 전문가와 대화했을 때 그들도 정확히 같은 우려를 표명했다. 그들은 챗GPT가 얼마나 멋진지 이야기하며 팀 전체가 프롬프트 엔지니어링 수업을 들었다고 했지만, 민감한 데이터와 대화를 노출하지 않고는 중요한 업무(실제로 사람의 생명을 구하는)에 챗GPT를 활용하는 방법을 찾을 수 없었다고 했다. 비슷한 입장에 있는 사람이라면 모델을 안전하고 보안이 유지되는 방식으로 배포하는 방법을 배우고 싶어 할 것이다.

민감한 데이터를 군대나 경찰만 다루는 것은 아니다. 모든 기업은 기밀로 유지해야 할 중요한 지적 재산과 영업 비밀을 가지고 있다. 반도체, 의료, 금융 산업에서 일해본 저자의 경험상, 이러한 산업에서는 편집증적 경계심과 산업 스파이가 문화의 일부라고 말할 수 있다. 이러한 이유로 삼성을 비롯해 여러 기업이 처음에는 챗GPT를 차단했다가 나중에야 사용을 허용했다. 그러자 얼마 지나지 않아 삼성 직원 몇 명이 기밀 소스 코드를 유출했다.[8] 오픈AI는 사용자의 상호작용을 모델 개선에 사용하기 때문에, 그 코드는 보관되어 나중에 모델 훈련에 사용될 수 있었다. 이는 적절한 프롬프트 주입을 통해 누구나 잠재적으로 모델에서 코드를 추출할 수 있다는 의미이다. 더 나아가서 오픈AI 모델에 단어를 무한 반복하도록 프롬프트를 주고 훈련 데이터를 토해내게 만든 사례도 있었다. 그 훈련 데이터에는 정제 과정에서 걸러지지 않은 개인식별정보(PII)가 모두 포함되어 있었다.

오픈AI의 개인정보 보호 및 사용 정책은 이 책을 쓰는 동안 많이 바뀌었다. 처음에 오픈AI는 챗GPT를 그저 사용자 상호작용을 수집하고 모델을 개선하기 위한 데모로서 출시했다. 당시에는 개인정보 보호 정책이 거의 없었다. 그런 취지의 모델임을 밝히는 면책조항(disclaimer)이 있었을 뿐이다. 이후 챗GPT가 성장하여 실제 제품이 되면서 상황이 바뀌었고, 고객들은 더 많은 보호를 원했다. 예를 들어 오픈AI는 2023년 3월 1일부터 고객 API 데이터를 모델 개선에 사용하지 않는다고 정책을 변경했다. 물론 이 문구는 API를 통해 전송된 데이터에만 적용된다. 여러분의 회사가 이런 문제를 어떻게 다뤄야 할지는 회사 법무팀이 고민해야 할 것이다. 어쨌거나 이용약관이 많이 변경되었다는 사실 자체가 이런 면에서 여러분이 더 많은 통제력을 가지는 것이 바람직하다는 증거이다.

유실될 수 있는 것은 코드만이 아니다. 사업 계획, 회의록, 기밀 이메일, 심지어 잠재적인 특허 아이디어도 위험에 처할 수 있다. 안타깝게도, 기밀 데이터에서 개인식별정보를 정제하고 추출하는 용도로 챗GPT를 사용하기 시작한 회사들이 실제로 존재한다. 그러려면 기밀 데이터를 오픈AI 서버로 보내야 하는 데도 말이다. 이것이 잠재적으로 부주의한 오용으로 보일 텐데, 실제로 그렇다. 이렇게 하면 고객 데이터를 오픈AI뿐만 아니라 RLHF의 '인간 피드백(HF)' 부분에 필요한 모든 서드파티 서비스(AWS Mechanical Turk, Fiverr, 프리랜서 작업자 등등)에도 직접 노출하게 된다. 물론 민감한 데이터라도 서드파티에 데이터 처리 작업을 맡기는 것이 반드시 보안이나 개인정보 보호 문제가 되는 것은 아니지만, 이는 높은 수준의 신뢰와 계약이 있을 때만 이루어져야 한다.

정리

이상에서 보듯이 기업이 자체 LLM을 소유하고 구축하고자 하는 이유는 많다. 여기에는 더 큰 통제력, 비용 절감, 보안 및 규제 요구사항 충족 등이 포함된다. 그럼에도 불구하고 구매는 쉽고 구축은 그보다

8 이코노미스트, "[단독] 우려가 현실로…삼성전자, 챗GPT 빗장 풀자마자 '오남용' 속출," 이코노미스트, 2023년 03월 30일, https://mng.bz/4p1v.

훨씬 더 어렵기 때문에, 구축보다는 구매가 타당한 프로젝트도 많을 것이다. 하지만 구매하기 전에 먼저 그림 1.1의 흐름도에 있는 질문들을 스스로 해 보기 바란다. 구축이 더 어렵지만 보람도 더 클 것이다.

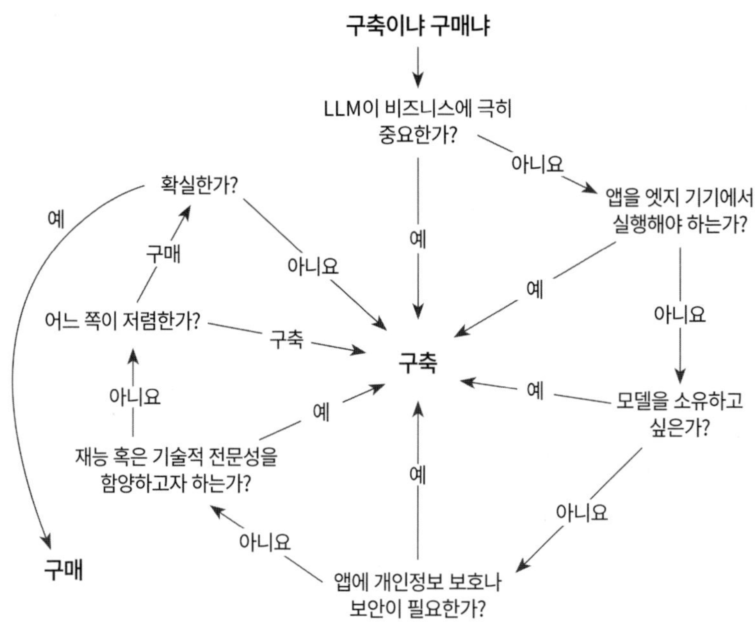

그림 1.1 구축 대 구매 결정을 내리기 전에 자문해 봐야 할 질문들

이런 구축 대 구매 논의에서 충분히 강조되지 않는 마지막 한 가지는 "둘 다는 어떨까?"라는 점이다. 구축의 모든 약점은 구매로 해결된다. 시장 출시 시간, 상대적으로 낮은 비용, 사용 편의성이 그것이다. 반대로, 구매의 모든 약점은 구축으로 해결된다. 개인정보 보호, 통제력, 유연성이 그것이다. 연구와 프로토타입 단계에서는 GPT-4나 데이터브릭스Databricks 구독을 통해 자금 조달이나 이해관계자의 동의를 얻기 위한 빠른 구축이 매우 유용할 수 있다. 하지만 프로덕션 환경에는 서드파티 솔루션이 잘 맞지 않을 때가 많다.

구축이든 구매든 이 책이 여러분에게 도움이 될 것이다. 물론 구축을 계획한다면 알아야 할 것이 훨씬 더 많으므로, 이 책의 대부분은 구축을 염두에 둔 독자를 위한 내용이다. 하지만 이 책을 읽으면서 다음 사항을 항상 염두에 두기 바란다. 이 책은 주로 LLM을 구축하는 방법을 가르치지만, 반드시 구축을 선택해야 하는 것은 아니다. 여러 가지를 고려할 때 구매가 여러분의 회사에 더 적합하다면, 그것이 올바른 선택이다.

1.2.3 경고 한마디: 지금 당장 미래를 받아들여라

모든 신기술은 저항과 비판에 직면하지만, 그럼에도 불구하고 기술은 계속 채택되고 발전은 이어진다. 비즈니스에서 기술은 기업에 전례 없는 우위를 제공할 수 있다. 새로운 기술에 적응하지 못해 실패한 기업들의 사례는 수없이 많다. 우리는 그들의 실패에서 많은 것을 배울 수 있다.

1971년에 문을 연 보더스Borders는 고급 분석 기능을 포함한 포괄적인 재고 관리 시스템을 개발한 덕분에 반스앤노블Barnes & Noble에 이어 세계 2위 서점으로 급성장했다. 이 신기술을 활용해 보더스는 업계를 뒤흔들었다. 수만 권의 책을 쉽게 추적할 수 있었고, 고객들이 작은 서점보다 훨씬 더 많은 책을 둘러볼 수 있는 대형 매장을 열었다. 분석 기능 덕분에 인기 도서를 파악하고 고객에 대한 통찰력을 얻어 더 나은 사업 결정을 내릴 수 있었다. 보더스는 20년 넘게 업계를 지배했다.

하지만 보더스는 자사의 역사에서 교훈을 얻지 못했고, 전자상거래라는 신기술에 적응하지 못해서 결국 2011년 파산했다. 2001년 보더스는 자체 플랫폼과 온라인 상점을 구축하는 대신 온라인 판매를 아마존에 위탁하기로 결정했다.[9] 많은 비평가는 이 결정이 사업의 열쇠를 경쟁사에 건네주는 것과 다름없다고 말했다. 비록 영업 비밀을 완전히 넘긴 것은 아니었지만, 보더스의 경쟁 우위를 포기하는 결정이었다.

이후 7년 동안 보더스는 성장하는 온라인 부문을 외면하고 대신 오프라인 매장 확장과 경쟁사 인수, 스타벅스와의 계약 체결에 집중했다. 2007년 아마존이 킨들Kindle[10]을 출시하자 도서 소매 환경이 완전히 바뀌었다. 자체 온라인 상점을 운영하던 반스앤노블은 신속하게 대응해 누크Nook를 출시했다. 하지만 보더스는 아무것도 하지 않았다. 사실 아무것도 할 수 없었다고 말해야 할 것이다.

전자상거래를 서드파티에 맡긴 탓에 보더스는 성공적인 온라인 판매 전략을 수립하는 데 필요한 사내 전문성을 개발하지 못했고, 결국 시장 점유율이 크게 감소했다. 2010년 말에 자체 전자책 단말기인 코보Kobo를 출시했지만 이미 늦었다. 전자상거래 기술을 완벽히 이해하지도, 구현하지도 못한 것이 엄청난 재정적 손실과 매장 폐쇄로 이어졌고, 결국 2011년 파산 신청을 하게 됐다.

보더스는 주의를 촉구하는 한 사례일 뿐이다. 새로운 기술을 도입하지 않아 실패한 기업은 수백 개가 더 있다. LLM처럼 영향력 있는 신기술을 마주했을 때 기업은 어느 쪽에 설 것인지 결정해야 한다. 구현

9 A. Lowrey, "Borders bankruptcy: Done in by its own stupidity, not the Internet.," Slate Magazine, 2011년 06월 20일, `https://mng.bz/PZD5`.
10 (옮긴이) 현재 킨들은 아마존의 전자책 단말기(ebook reader) 제품군을 통칭하는 이름이다. 킨들 시리즈는 전자 잉크 디스플레이를 사용하여 종이책과 유사한 독서 경험을 제공한다. 2007년 처음 나온 킨들은 전자책 시장의 급성장을 촉발했고 전통적인 서점 업계에 큰 영향을 미쳤다.

과 배포를 FAANG 같은 대기업에 위임하고 API를 호출하는 수준에 머물 것인가, 아니면 주도권을 잡고 기술을 마스터하여 자체적으로 배포할 것인가?

이 이야기에서 얻을 수 있는 가장 큰 교훈은 기술이 서로의 기반 위에 구축된다는 점이다. 전자상거래는 인터넷 위에 구축되었다. 자체 온라인 상점을 구축하지 않은 것은 환경이 변화했을 때 경쟁에서 살아남는 데 필요한 기술적 전문성을 확보하지 못했음을 의미한다. 오늘날 LLM에서도 같은 현상이 보인다. LLM을 가장 잘 활용할 준비가 된 기업들은 이미 머신러닝과 데이터 과학 분야의 전문성을 갖추고 있어 무엇을 해야 할지 알고 있다.

미래를 정확히 예측할 순 없지만, 많은 이들은 LLM이 인터넷이나 전기처럼 혁명적인 신기술이라고 믿는다. 이러한 모델을 배포하는 방법을 배우거나 그러지 못하는 것이 많은 기업의 운명을 가를 수 있다. 지금 당장은 아니더라도, 미래에 LLM을 기반으로 한 더 가치 있는 것이 등장했을 때 그럴 수 있다.

LLM 배포라는 새로운 세계에 뛰어드는 것이 어려울 수 있지만, 이는 기업이 경쟁력을 유지하는 데 필요한 기술적 전문성을 쌓는 데 도움이 될 것이다. 이 기술이 어디로 향할지 정확히 아는 사람은 없다. 하지만 보더스와 같은 실수를 피하려면 이 기술에 대해 배우는 것이 필수적일 것이다.

성공을 위해 투자하는 것이 좋은 이유는 여러 가지이고 절대적으로 좋은 하나의 이유를 꼽기는 어렵다. 하지만 절대로 잘못된 생각 하나는 제시할 수 있다. 바로, 이 분야는 대기업들만 할 수 있다는 미신이다. 그런 주장을 펼치는 사람들은 LLM을 훈련하는 데 수백만 달러와 수천 개의 GPU가 필요하기 때문에 작은 기업은 넘을 수 없는 자원의 장벽이 존재한다고 말한다. 그러나 저자는 어떤 규모의 기업이든 시작할 수 있으며 지금이 시작하기 가장 좋은 때라고 믿는다. 이 점을 좀 더 자세히 살펴보자.

1.3 미신 타파

대기업과 LLM 분야의 현재 선두 주자들은 LLM을 밑바닥부터(from scratch)[11] 새로 훈련하기가 얼마나 어렵고 미세조정이 얼마나 힘든지 계속 이야기해왔다. 오픈AI, 빅사이언스[BigScience], 구글 등은 거액의 투자와 우수한 데이터, 엔지니어링 인재의 필요성을 강조한다. 하지만 이 중 사실은 어느 정도이고 기술적 장벽을 만들려는 기업의 방해 시도는 어느 정도일까?[12]

11 (옮긴이) from scratch는 아무것도 없는 상태에서 처음부터 시작하는 것을 뜻하는 영어 관용구로, 제빵사가 밀가루를 '긁어모아서(scratch)' 빵을 만든다는 데에서 비롯했다는 설과 달리기 경주의 출발선을 땅에 그어서(scratch) 표시한 데에서 비롯했다는 설 등 여러 기원이 있다. '밑바닥부터'라는 표현은 *Deep Learning from Scratch*(오라일리)의 번역서인 《밑바닥부터 시작하는 딥러닝》(개앞맵시 옮김, 한빛미디어)를 참고했음을 밝혀 둔다.

12 (옮긴이) 이번 절과 관련해서, 2024년 12월에 공개된 딥시크 V3의 사례를 참고하면 좋을 것이다. 성능은 오픈AI나 앤트로픽의 상급 모델과 비슷하면서도 개발 비용이 20분의 1 수준이라는 점에서 전 세계를 놀라게 했다.

이러한 장벽의 대부분은 문제 해결을 위해 LLM을 밑바닥부터 훈련해야 한다는 전제에서 시작한다. 간단히 말하면, 그럴 필요가 없다! 언어 모델의 여러 차원을 다루는 오픈소스 모델이 계속 공개되고 있어, 처음부터 시작할 필요가 없을 가능성이 크다. LLM을 밑바닥부터 훈련하기가 매우 어려운 것은 사실이다. 하지만 우리는 계속 배우고 있고, 반복 가능한 부분을 점점 더 많이 자동화할 수 있다. 게다가 이는 활발한 연구 분야이므로 프레임워크와 라이브러리가 매일 공개되거나 업데이트되어 현재 수준에서 시작할 수 있도록 도와준다. 우바부가oobabooga의 그래디오Gradio 같은 프레임워크는 LLM 실행을 도와주고, 팰콘Falcon 40B 같은 기본 모델이 시작점이 될 것이다. 모든 것이 준비되어 있다. 또한 대기업들 내부에서는 현재 어떤 조직도 오픈소스 커뮤니티에 비해 경쟁 우위를 가지고 있지 않다는 메모가 돌고 있다.

한 친구가 이런 고민을 털어놓았다. "머신러닝과 데이터 과학에 더 깊이 관여하고 싶어. 시간이 갈수록 더 매력적으로 보이거든. 하지만 오랜 시간을 들여 커리어를 바꾸고 FAANG 기업에 들어가야만 그럴 수 있을 것 같아. 대기업에서 꽤 오래 일했지만 내게는 잘 맞지 않아. 바깥에 갇힌 것 같은 기분이 들어서 싫어." 이런 잘못된 인식이 이 책을 쓰게 된 계기이다. 이 책은 독자가 '바깥에' 갇힌 느낌에서 벗어날 수 있도록 도구와 예시를 제공한다. LLM으로 해결하려는 언어 문제들을 살펴보고, 모델의 방대한 크기를 다루기 위한 기계학습 운영 전략도 함께 알아볼 것이다.

흥미롭게도 많은 사람이 바깥에 갇혔다고 느끼지만, 주말에 조금 공부하면 전문가가 될 수 있다고 믿는 사람들도 많다. 오픈 AI API 키만 있으면 된다고 생각하는 것이다. 이에 따라 매일 소셜 미디어에 멋진 데모가 올라오면서 과대한 기대와 열광이 생겨났다. 이런 데모들 대부분은 실제 제품이 되지 못하는데, 이는 사람들이 그런 데모를 원하지 않아서가 아니다.

GPT가 나오기 전에 세계 최고의 언어 모델이었던 IBM의 왓슨Watson을 생각해 보자. 왓슨은 2011년 제퍼디Jeopardy 퀴즈쇼에서 역대 최고의 참가자인 브래드 러터Brad Rutter와 켄 제닝스Ken Jennings를 상대로 압도적인 승리를 거둔 질의응답 기계이다. 러터는 이 퀴즈쇼 역사상 최고 상금 획득자였고, 제닝스는 74회 연속 우승할 정도로 뛰어난 실력자였다. 하지만 이런 전설적인 선수들과의 대결에서도 왓슨은 압도적으로 승리했다. 제닝스는 패배 후 "나는 우리의 새로운 컴퓨터 지배자들을 환영한다"라는 유명한 말을 남겼다.[13]

왓슨은 언어 모델링 분야의 첫 획기적인 시도였고, 많은 기업이 이 기능을 활용하고자 했다. 2013년부터 상업적 사용이 시작되었는데, 의료 분야의 다양한 문제 해결을 위한 통합 시도가 가장 큰 응용 사례

13 J. Best, "IBM Watson: The inside story of how the Jeopardy-winning supercomputer was born, and what it wants to do next," TechRepublic, 2013년 9월 9일, https://mng.bz/JZ9Q.

였다. 하지만 이러한 솔루션들은 원하는 대로 작동하지 않았고 수익성도 없었다. 2022년에는 왓슨 헬스Watson Health가 매각되었다.

언어 관련 문제를 풀다 보면 프로토타입을 만드는 것은 쉽지만 제대로 작동하는 제품을 만드는 것은 매우 어렵다는 점을 깨닫게 된다. 언어에는 너무나 많은 뉘앙스가 존재한다. 많은 이들이 단 5일 만에 백만 명이 넘는 고객을 확보할 정도로 챗GPT가 폭발적인 반응을 이끌어낸 비결을 궁금해한다. 전문가들이 듣기에 대부분의 답변은 만족스럽지 않다. 챗GPT는 이미 수년간 존재했던 GPT-3나 다른 LLM들보다 그다지 인상적이지 않았기 때문이다. 오픈AI의 샘 올트먼Sam Altman은 한 인터뷰에서 챗GPT가 이렇게 주목받을 줄 몰랐으며, 좀 더 나중에 GPT-4가 나와야 그 정도로 관심을 받을 것이라 생각했다고 말했다.[14] 그렇다면 왜 그토록 폭발적이었을까? 저자의 의견은, LLM을 '데모demo(시연 프로그램)'가 아닌 실제 제품으로 만든 첫 사례였기 때문이라는 것이다. 챗GPT는 누구나 상호작용할 수 있고, 어려운 질문을 던져도 놀랍도록 잘 대답하는 무언가였다. 데모는 한 번만 작동하면 되지만, 제품은 수백만 명의 사용자가 친구들에게 "이거 봐!"라고 보여줄 때마다 매번 작동해야 한다. 이 책을 통해 바로 그런 마법을 배우게 될 것이다.

저자는 기대감에 차서 이 책을 저술했다. 이 마법을 여러분에게 전달하여 세상에 펼칠 수 있다는 생각에 마음이 설레었다. LLM은 언어학, 수학, 컴퓨터 과학 등 여러 분야가 교차하는 지점에 있다. 더 많이 알면 도움이 되지만, 전문가일 필요는 없다. 개별 분야의 전문성은 진입 장벽이 아닌 실력의 상한선만 높여줄 뿐이다. 물리학이나 음악 이론 전문가를 생각해 보자. 그들이 자동으로 음악 제작 능력을 갖게 되는 것은 아니지만, 더 빨리 배울 준비는 되어 있다. LLM은 의사소통 도구이고, 의사소통은 거의 모든 사람에게 필요한 기술이다.

다른 모든 기술과 마찬가지로 지식을 얻는 데 가장 큰 장애물은 학위나 필기 능력이 아닌 접근성과 참여 의지이다. 이러한 자격은 단지 이해되고 인정받는 과정을 단축해 줄 뿐이다. 이 분야에 경험이 없다면 먼저 오픈어시스턴트OpenAssistant 같은 프로젝트에 기여하면서 LLM이 무엇이고 무엇이 필요한지에 대한 직관을 키우는 것이 좋다. 여러분은 인간이고, LLM 학습에 필요한 것이 바로 그 점이다. 자원봉사를 통해 이 모델들이 무엇에 대해, 무엇을 목적으로 훈련되었는지 이해하기 시작할 수 있다. 지식이 전혀 없는 사람부터 전문 기계학습 엔지니어까지 누구든, 이 책은 이해에 필요한 시간을 크게 단축시키는 데 필요한 지식을 전달할 것이다. 이론적 기초에 그리 관심이 없어도 좋다. 여러분이 직접 실행할 수 있는 예제와 프로젝트가 많이 준비되어 있다.

14 "A conversation with OpenAI CEO Sam Altman; hosted by Elevate," 2023년 5월 18일, `https://youtu.be/uRIWgbvouEw`.

LLM의 환각 현상에 대한 이야기를 모두 들어봤겠지만, LLM이 항상 실수를 저지르는 것은 아니다. 라케라Lakera 같은 기업들이 매일 보안을 개선하고 있고, 랭체인LangChain 같은 프로젝트들은 화용론(§ 2.1.1 참고)을 위한 문맥(context)을[15] 모델에 제공함으로써 모델이 좀 더 일관된, 그리고 이탈 현상(deviation)이 덜한 결과를 생성하게 하는 도구를 만든다. RLHF(인간 피드백 기반 강화학습)나 사고 연쇄(chain of thought, CoT) 같은 기법들은 모델이 기본적인 덧셈이나 현재 날짜처럼 사람과 모델이 처음부터 알고 있어야 할 것으로 여겨지는 개념들(구체적으로 어떤 개념들인지는 다소 자의적으로 선택된다)에 맞춰 스스로를 정렬(alignment)할 수 있게 해준다. 이 책에서 여러분은 언어학적 관점에서 모델의 안정성을 높여 단순히 가장 그럴듯한 출력이 아닌 가장 유용한 출력을 찾아내는 방법을 배우게 될 것이다.

이 분야를 더욱더 파고들다 보면, 모델이나 코드에 들어가는 것뿐만 아니라 나오는 것의 보안도 중요하다는 점을 고려하게 된다. 훈련 데이터에 따라서는 LLM이 구식이거나 사실과 다른 내용, 심지어 저작권이나 라이선스가 있는 자료를 생성할 수 있다. LLM은 무엇이 기업 비밀이고 무엇을 공개적으로 공유할 수 있는지에 대한 사람들의 합의를 인식하지 못한다. 훈련 중에 알려주거나 추론 중에 신중한 프롬프트 메커니즘을 통해 알려주지 않는 한 말이다. 실제로, 사용자가 고의로 또는 실수로 모델에 부정확한 정보를 집어넣는 프롬프트 주입(prompt injection)과 관련된 난제는 주로 두 가지 요인에서 발생한다. 하나는 사용자가 모델의 이해 범위를 벗어난 정보를 요청하는 경우이고 하나는 모델 개발자가 사용자들이 모델과 어떻게 상호작용할지, 어떤 질문을 할지 완전히 예측하지 못하는 경우이다. 둘째 문제에 대한 해결의 실마리를 제공할 수 있는 자료가 있다면 그것은 매우 귀중할 것이다.

마지막으로, 저자는 LLM에 대한 희망을 인위적으로 또는 거짓되게 부풀리고 싶지 않다. LLM의 훈련과 실행에는 많은 자원이 필요하다. LLM은 이해하기 어렵고, 원하는 대로 작동하게 만들기는 더욱 어렵다. 새롭고 아직 잘 이해되지 않은 기술이다. 다행히도 이런 문제들은 활발히 해결되고 있으며, 전체 딥러닝 아키텍처에 대해 모든 것을 알아야 하는 부담을 줄이는 다양한 구현 방법이 고안되었다. 양자화부터 쿠버네티스까지, 지금 가진 것으로 이 모든 것을 할 수 있도록 필요한 모든 것을 알려줄 것이다. 너무 벅찬 과제인 경우에는 은연 중에 벤더사의 제품을 구매하는 쪽으로 독자를 유도할 수도 있겠다. 어떤 경우이든, 이 책은 여러분이 이 마법 같은 기술로부터 필요한 결과를 얻을 수 있도록 모든 단계에서 도움을 줄 것이다.

15 (옮긴이) LLM과 관련해서 context를 흔히 '맥락'으로 옮기기도 하지만, "이러한 맥락에서" 같은 일상적인 표현과 구별하기 위해 이 번역서에서는 일관되게 '문맥'으로 옮기기로 한다. 단, context가 실행 시점에서 모델에 주어지는 입력 전체를 뜻하는 좀 더 구체적인 의미로 쓰일 때는 '컨텍스트'를 사용한다(컨텍스트 길이, 컨텍테스트 창 등).

요약

- LLM이 흥미로운 이유는 인간과 동일한 틀, 즉 언어로 작동하기 때문이다.
- 사회는 언어를 기반으로 구축되었으므로, 효과적인 언어 모델은 챗봇, 프로그래밍 도우미, 비디오 게임, AI 어시스턴트 등 무한한 방식으로 응용할 수 있다.
- LLM은 많은 작업에서 뛰어나다. 의학 및 법률 고급 시험도 통과할 수 있다.
- LLM은 망치가 아닌 철거용 쇠공이므로, 낮은 지연 시간이 필요하거나 위험도가 높은 단순한 문제에는 피해야 한다.
- 기존 모델의 접근권을 구매해야 하는 이유:
  - 연구와 사용 사례 프로토타입을 빠르게 시작할 수 있다.
  - 고도로 최적화된 프로덕션 모델에 쉽게 접근할 수 있다.
  - 벤더사의 기술 지원과 시스템을 이용할 수 있다.
- 직접 구축해야 하는 이유:
  - 비즈니스 용례에서 경쟁 우위를 확보할 수 있다.
  - 비용을 낮고 투명하게 유지할 수 있다.
  - 모델의 신뢰성을 보장할 수 있다.
  - 데이터를 안전하게 보호할 수 있다.
  - 민감하거나 개인적인 주제에 관한 모델의 출력을 통제할 수 있다.
- 오픈소스 프레임워크와 모델이 자신만의 길을 개척할 수 있는 기반을 제공하므로, 대기업과 경쟁하는 데 기술적 장벽이 없다.

2장

LLM의 이해: 언어 모델링 심층 탐구

이번 장에서 다룰 내용

- 의미와 해석을 이해하기 위한 언어학적 배경
- 언어 모델링 기법의 비교 연구
- 주의 메커니즘과 트랜스포머 아키텍처
- LLM이 언어학에서 받은 영향과 언어학의 발전에 끼친 영향

적을 알고 나를 알면 백 번 싸워도 위태롭지 않다.

– 손자

이번 장에서는 LLM의 발전과 관련된 언어학을 살펴보고, 자연어 처리(NLP) 분야를 형성해 온 기호학, 언어적 특징, 언어 모델링 기법의 발전 과정을 탐구한다. 먼저 언어학의 기초와 LLM과의 관련성을 살펴보는데, 특히 자연어의 기반을 이루고 LLM 작동에 핵심적인 역할을 하는 구문론, 의미론, 화용론과 같은 주요 개념들에 초점을 둘 것이다. 또한 기호와 상징을 연구하는 기호학을 깊이 들여다보고, 그 원리가 LLM의 설계와 해석에 어떤 영향을 미쳤는지 살펴본다.

그런 다음에는 언어 모델링 기법의 진화를 추적하면서, N-그램, 단순 베이즈 분류기부터 다층 퍼셉트론(MLP), 순환 신경망(RNN), 장단기 메모리(LSTM) 네트워크와 같은 신경망 기반 방식에 이르는 초기 접근 방식들을 개괄한다. 또한 LLM의 출현을 위한 토대를 마련한 트랜스포머 기반 모델로의 획기적인 전환에 대해서도 논의할 것이다. LLM은 사실상 거대한 트랜스포머 기반 모델이기 때문이다. 마지막으로 LLM과 그 특징적인 면모들을 소개하고, 이들이 어떻게 이전의 언어 모델링 기법들을 토대로 발전하여 NLP 분야에 혁신을 가져왔는지 살펴본다.

이 책은 프로덕션 환경의 LLM을 다룬다. LLM을 실제 제품으로 만들려는 경우, 기술을 더 잘 이해할수록 더 나은 결과를 얻을 수 있을 뿐만 아니라 값비싸고 시간 소모적인 실수를 피할 수 있다는 것이 저자의 확고한 믿음이다. 거대한 LLM을 프로덕션에 끌어다 놓고 막대한 자원을 투입해서 실행하는 것은 아무 엔지니어나 할 수 있는 일이다. 하지만 그런 무차별적 전략으로는 이전에 같은 일을 시도했던 사람들이 이미 배운 교훈을 완전히 놓치게 된다. 애초에 LLM으로 풀려는 문제가 바로 그것인데도 말이다. 이러한 기본 사항들을 잘 파악하면 LLM으로 작업할 때 마주치게 될 까다로운 부분과 함정, 예외 상황들에 더 잘 대비할 수 있다. LLM이 등장한 맥락을 알면 이들이 NLP에 미친 변혁적 영향과 다양한 응용 프로그램을 만들어내는 방법을 제대로 이해할 수 있다.

2.1 언어 모델링

LLM을 깊이 있게 다루려면 언어를 이해할 필요가 있다. 그래서 이번 절에서는 언어 모델링을 간결하게나마 개괄하되, 주로 현대적인 LLM에 도움이 되는 교훈들에 초점을 두겠다. 언어 모델링을 더 잘 이해하기 위해 먼저 추상화(abstraction)의 여러 수준을 살펴보자.

개념(concept)으로서의 언어는 우리 머릿속의 느낌(feeling)[1]과 생각의 추상화이다. 언어의 생성 과정에서 가장 먼저 등장하는 것은 느낌이지만, 그것만이 여기서 강조하려는 바는 아니다. 우리가 느낄 수 있는 모든 것을 언어가 온전히 담아내지는 못하다는 점에도 주목해야 한다. 이는 언어를 추상화라고 부르는 이유이기도 하다. 언어는 원천 자료에서 멀어지면서 정보를 잃게 된다. 수학은 논리와 증명 가능성에 초점을 두고 언어를 추상화한 것이라 할 수 있다. 하지만 여러 수학자가 말하듯 수학은 대상을 체계적이고 논리적인 방식으로 서술하고 정의하는 데 쓰이는 언어의 한 부분집합이다. 수학에서 또 다른 추상화가 나오는데, 바로 켜짐과 꺼짐으로만 이루어진 이진법 표기 체계이다. 이를 이진 언어라고 불러도 좋을 것이다.

이 논의가 언어의 유용성에 관한 평가는 아니다. 이진법과 수학은 언어의 저수준 측면들(느낌, 생각 등)만큼이나 유용하기 때문이다. 또한 어떠한 순위에 관한 언급도 아니다. 수학과 이진법은 우연히 추상화 계층과 순서가 일치할 뿐이다. 컴퓨터는 혼자서는 아무것도 할 수 없다. 컴퓨터가 유용하게 쓰이려면 외부에서 명령을 내려야 한다. 안타깝게도 이진법 표기 체계는 인간에게 중요한 내용을 전달하기에는 비효율적이다. 간단한 문장 하나를 표현하는 데에도 수많은 0들과 1들이 필요하기 때문이다. 그

1 (옮긴이) 지금 맥락에서 feeling에는 기쁨, 슬픔 같은 정서적 감정뿐만 아니라 뜨거움, 아픔 등 감각 자극도 포함된다고 봐야 할 것이다.

래서 이를 추상화한 어셈블리어(assembly language)가 등장했다. 어셈블리어는 사람이 컴퓨터와 좀 더 편하게 소통하기 위한 언어로, 이진수보단 사람이 훨씬 더 이해하기 쉽다. 어셈블리어를 한 단계 추상화한 것이 C 언어이고, 이를 더욱 추상화하면 파이썬이나 자바 같은 고수준 언어들이 나온다(이 논의에서 개별 프로그래밍 언어는 중요하지 않다; 이진 언어와의 거리가 중요할 뿐이다). 그림 2.1(의 왼쪽 부분)에 지금까지 논의한 추상화 심화 과정이 요약되어 있다.

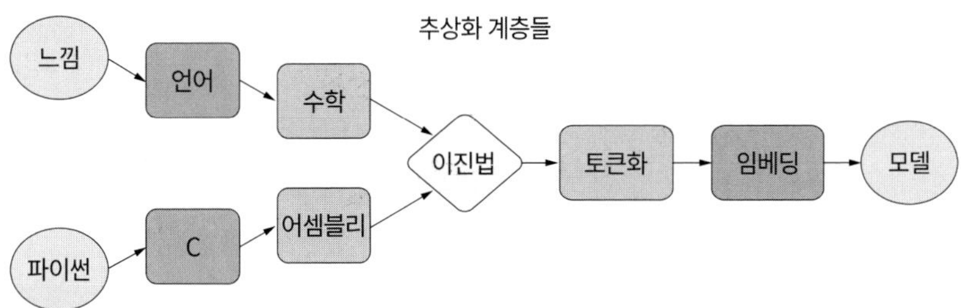

그림 2.1 인지적 추상화 계층들과 프로그래밍 추상화 계층들(논리적 이진 추상화로 이어지는)의 비교. 파이썬이 C를 바탕으로 만들어진 언어이거나 C로 컴파일된다는 뜻은 아니다. 단지 이진법에서 멀어진 또 다른 추상화 계층의 한 예로 제시한 것일 뿐이다. 언어도 비슷한 경로를 따른다. 각 추상화 계층은 잠재적 실패 지점(point of failure)을 만든다. 모델을 만드는 데도 여러 추상화 계층이 있으며, 우리의 감정에서 작동하는 모델까지 전체 경로를 보는 데 각각이 중요하다.

물론 그림 2.1은 단순화된 도식이다. 하지만 머릿속의 느낌과 컴퓨터가 사용하는 이진법 사이의 거리(추상화 단계 수)가 고수준 프로그래밍 언어와 이진법 사이의 거리와 일치한다는 점을 이해하는 데에는 유용하다. 파이썬과 이진법 사이에 컴파일러나 C 언어를 지원하는 어셈블리 같은 더 많은 단계가 있다고 주장하는 사람도 있을 것이다. 틀린 말은 아니지만, 언어 쪽에도 형태론, 구문론, 논리, 대화, 호응 등 더 많은 단계가 있다.

이런 단순화는 우리가 원하는 것을 LLM이 이해하도록 만드는 과정이 얼마나 어려운지 이해하는 데 도움이 되며, 언어 모델링 기법을 더 잘 이해하는 데도 도움이 된다. 여기서 이진법에 초점을 맞추는 이유는 아이디어나 우리의 코드 샘플에서 작동하는 모델까지 가는 데 비슷한 수의 추상화 계층이 있다는 점을 보여주기 위해서이다. 참가자들이 서로의 귀에 속삭이는 전화 게임처럼, 각 추상화 계층은 실수가 발생할 수 있는 단절점이나 장벽을 만든다.

그림 2.1은 신뢰할 수 있는 코드나 언어 입력을 만드는 게 왜 어려운지 보여줄 뿐만 아니라, 토큰화(tokenization)와 임베딩embedding 같은 중간 추상화 단계가 모델 자체에 얼마나 중요한지도 강조한다. 완벽하게 신뢰할 수 있는 코드와 완벽하게 표현된 아이디어가 있더라도, LLM에 도달하기 전에 이러한 과정 중 하나에서 의미가 왜곡될 수 있다.

이번 장에서는 언어, 코딩, 모델링 측면에서 이러한 실패 지점의 위험을 줄이는 방법을 설명하고자 한다. 하지만 안타깝게도 당면 과제에 즉시 필요하지 않은 언어학 지식과, 유용하긴 하지만 언어 모델링 실무에 대한 직관을 키우는 데 도움이 되지 않는 기술적 지식 사이의 균형을 맞추기가 쉽지는 않았다. 관련해서, 언어학은 수천 년의 역사가 있으며 그로부터 배울 것이 많다는 점을 유념하자. 부록 A에 언어 모델링이 시간에 따라 어떻게 발전해 왔는지에 대한 간단한 개요를 실었으니 한번 살펴보기 바란다.

언어를 구성하는 기본 요소들에 초점을 두고 논의를 시작해 보자. 이전에 언어 모델링을 시도해 보았고 파이토치[PyTorch]나 텐서플로[TensorFlow] 같은 라이브러리를 사용해 본 독자라도, 언어 모델링의 언어적 측면을 진지하게 고려해 보지는 않았을 것이다. 언어를 구성하는 필수 특징들을 잘 이해하면 효과적인 언어 모델을 만드는 데 관련된 복잡성과 그런 특징들이 상호작용해서 우리 모두를 연결하는 복잡한 의사소통망을 형성하는 방식을 더 잘 이해할 수 있다. 다음 절에서 음성학, 화용론, 형태론, 구문론, 의미론 같은 언어의 다양한 구성요소를 소개하고 이들이 전 세계 언어의 이해와 사용에서 어떤 역할을 하는지 살펴본다. 언어를 우리가 전반적으로 어떻게 이해하고 있는지, 그리고 LLM이 해결하고자 하는 과제들은 무엇인지 짚어 보는 기회가 될 것이다.

2.1.1 언어적 특징들

저자가 이해하기로, 언어는 적어도 다섯 가지 부분으로 구성된다. 바로 음성학, 구문론, 의미론, 화용론, 형태론이다. 각 부분은 대화에서 청자가 받아들이는 전반적인 경험과 의미에 큰 영향을 미친다. 모든 의사소통이 이 모든 형태를 사용하지는 않는다. 예를 들어 지금 읽고 있는 이 책에는 음성학적 요소가 없는데, 이는 많은 사람이 문자 메시지가 더 진지하거나 복잡한 대화에 적합하지 않다고 생각하는 이유 중 하나이다. 완전한 의사소통 능력을 위해 언어 모델에 이 다섯 가지 요소를 어떻게 제시하는지 하나씩 살펴보자.

음성학

음성학(phonetics)은 언어의 실제 소리를 다룬다. 그러므로 언어 모델이 처리하기에 아마도 가장 쉬운 부분일 것이다. 음성학에서는 말소리의 생성(production)과 인지(perception)가 중요한 주제이며, 그런 만큼 억양(accent)도 중요하게 다루어진다. 또한 특정 언어 체계 내에서 소리가 조직되는 방식에 초점을 둔 음운론(phonology)도 음성학의 주요 주제이다. 컴퓨터비전에서처럼 소리를 전체적으로 다루기는 쉽지 않다. 하지만 실제 음파를 파싱, 벡터화, 토큰화하는 방법에는 모호함(중의성)이 없다. 음성 분석에서는 각 주파수 주기(cycle)의 파고(crest), 파곡(trough), 기울기(slope) 같은 여러

부분을 수치화한다. 소리는 텍스트만큼 복잡한 대상이지만, 컴퓨터로 토큰화하고 처리하기는 훨씬 더 쉽다.

소리는 본질적으로 텍스트보다 더 많은 의미를 내포한다. 예를 들어 누군가가 "그래, 맞아"라고 말하는 것을 상상해 보자. 어조에 따라서는 긍정하는 말일 수도 있고 비꼬는 말일 수도 있다. 안타깝게도 음성학에는 일반적으로 테라바이트 규모의 데이터셋이 없으며, LLM 훈련에 필요한 규모의 음성 데이터를 수집하고 정제하기는 매우 어렵다. 만약 오디오 데이터가 텍스트 데이터보다 더 흔하고 메모리 점유율이 더 작은 세상이었다면 음성 기반 또는 음성 인식 LLM이 훨씬 더 정교했을 것이다. 그리고 그런 세상을 만드는 것은 우리가 추구할 만한 목표다.

이러한 음성학적 문제를 예상해서 1888년에 국제음성기호(International Phonetic Alphabet, IPA)가 만들어졌으며, 20세기와 21세기에 걸쳐 더욱 간결하고 일관되며 명확하게 개정되었다. IPA는 텍스트 데이터에 음성 정보를 도입하는 방법이 될 수 있다. IPA는 모든 언어의 소리 프로파일(sound profile)을 국제적으로 표준화한 것에 해당한다. 소리 프로파일은 주어진 언어가 사용하는 소리(언어음)들의 집합이다. 예를 들어 영어에서는 /ʃ/(she, shirt, sh) 소리와 /v/ 소리가 연달아 나오는 경우가 전혀 없다. 대부분의 문자 체계는 알파벳이나 표어문자(logogram)[2]를 표기하는 데 쓰이지만, IPA는 소리를 표기하는 데 쓰인다. 예를 들어 '밥'이라는 한국어 단어의 발음을 IPA 기호 /p/, /a/, /p̚/로 표현할 수 있다. 물론 이는 매우 단순화된 버전이지만, 모델의 관점에서도 반드시 그런 것은 아니다. IPA는 어조와 기식음(aspiration)[3]도 표현할 수 있다. 이런 특징 때문에 IPA는 텍스트 데이터와 음성 데이터의 행복한 조합(즉 부분적으로 음성 정보가 내장된 텍스트)을 만드는 수단으로 유망하다. "뭐 해?"라는 구절을 생각해 보자. 발음과 어조에 따라 이 구절을 이해하는 방식이 크게 달라질 수 있는데, 관심을 표시하는 "뭐행~"으로 들릴 수도 있고, 거의 위협적인 "뭐.해."처럼 들릴 수도 있다. IPA로는 이러한 차이를 포착하는 것이 가능하다. 하지만 IPA가 완벽한 해결책은 아니다. 예를 들어 특정 화자의 어조를 복제하는 문제를 잘 해결하지 못한다.

여기서 음성학을 첫 번째로 다룬 이유는 모든 유형의 특징 중에서 LLM이 가장 적게 적용된 영역이 바로 음성이며, 따라서 개선의 여지가 가장 크기 때문이다. 최신 음성 합성(text-to-speech, TTS; 텍스트 대 음성 변환)과 음성 복제 모델조차도 대부분 음성을 스펙트로그램spectrogram으로 변환하여 그 이미지를 분석할 뿐, 음성학적 언어 모델링은 포함하지 않는다. 적어도 연구 분야에서는, 앞으로 몇 달 또는 몇 년 안에 LLM을 위한 음성 데이터 및 그 표현 문제에서 성과가 나오길 기대해 본다.

2 (옮긴이) 표어문자 혹은 단어문자는 동아시아의 한자처럼 하나의 기호가 하나의 단어나 형태소를 나타내는 문자 체계이다.
3 (옮긴이) 기식음은 숨소리가 섞여서 거칠어진 소리를 말한다. 한국어에서는 ㅋ, ㅍ, ㅌ, ㅊ 등이 기식음이다.

구문론

구문론(syntax; 통사론)은 현재 LLM이 최고의 성능을 보이는 분야이다. LLM은 사용자 입력의 구문을 파악하는 면에서나 스스로 정확한 구문의 문장을 생성하는 면에서나 대단히 탁월하다. 일반적으로 구문론은 문법과 어순을 다루는 분야로, 단어들이 어떻게 결합하여 구, 절, 문장을 형성하는지 연구한다. 구문론은 또한 언어 학습 프로그램에서 사람들이 새로운 언어를 배울 때 가장 먼저 다루는 영역인데, 특히 학습자의 모국어를 고려해서 구문론에 접근하는 경우가 많다. 예를 들어 영어 원어민이 터키어를 배울 때는 구문이 완전히 다르다는 점을 아는 것이 중요하다. 터키어에서는 하나의 긴 복합어로 전체 문장을 만들 수 있지만, 영어에서는 주어와 동사를 절대 한 단어로 결합하지 않는다.

구문론은 대체로 언어의 의미와 분리되어 있다. 이는 구문론의 아버지로 불리는 노엄 촘스키[Noam Chomsky]의 유명한 문장 "Colorless green ideas sleep furiously(무색의 초록 생각들이 맹렬히 잠잔다)"에서 잘 드러난다. 이 문장은 영어 문법상으로 완벽하고 의미를 이해하는 것도 가능하다. 문제는 의미가 통하지 않는 게 아니라, 오히려 의미가 통하긴 하지만 단어들에 내재한 의미가 충돌한다는 점이다. LLM이 터무니없는 답변을 하는 경우를 이러한 현상의 발현으로 볼 수 있다. 안타깝게도 구문은 중의성(모호성)이 가장 흔히 발생하는 영역이기도 하다. "나는 늙은 남자와 여자를 보았다"라는 문장을 보자. 여자도 늙었을까? 이는 구문적 중의성의 예로, '늙은'이라는 수식어가 뒤따르는 구의 모든 사람에게 적용되는지 아니면 바로 뒤의 단어에만 적용되는지 불분명하다. 구문론에는 의미론적, 화용론적 중의성도 나타난다. "I saw a man on a hill with a telescope"라는 영어 문장을 생각해 보자. 'on a hill'은 'I'를 수식할 수도 있고 'a man'을 수식할 수도 있다. 또한 'saw'는 see(보다)의 과거형일 수도 있고 saw(톱질하다)의 현재형일 수도 있다. 즉, 이 문장은 화자가 언덕 위에서 망원경으로 어떤 남자를 반토막 내고 있다는 뜻이 될 수도 있는 것이다. 인간은 구문을 해석할 때 의미론적, 화용론적 정보를 활용하기 때문에 그런 황당한 해석은 아예 고려하지도 않는다. 하지만 단일 모달 LLM은 항상 이런 중의성 문제를 겪으며, 다중 모달 LLM도 아직은 해결책에 점근적(asymptotic)으로만[4] 접근할 수 있다.

LLM이 고성능을 위해 구문을 인식해야 하는 이유는 명백하다. 어순이 틀리거나 말이 안 되는 문장을 생성하는 LLM을 사람들이 좋아하지는 않기 때문이다. LLM이 구문에 의존한다는 점 때문에 촘스키는 LLM을 '확률적 앵무새(stochastic parrot)'라고 불렀다. 저자는 2018년의 GPT-2가 구문론 문제를 의미와 완전히 독립적으로 해결한 데모였다고 생각한다. 이후 GPT-2의 뛰어난 구문 출력 능력을 인코딩되고 내재된 의미를 결합하려는 시도들이 이어지고 있는 것은 기쁜 일이다. 그럼 언어의 '의미' 측면으로 넘어가자.

4 (옮긴이) 점근은 참값에 계속 가까워지긴 하지만 끝내 도달하지는 못하는 것을 말한다.

의미론

의미론(semantics)은 발화(utterance)[5]에 있는 단어들의, 문자 그대로 부호화(인코딩)된 의미를 다루는 분야이다. 의미는 매우 빠르게 변한다. 사람들은 현재 언어 시대에 의미 있다고 생각하는 단어만 사용함으로써 자동으로 의미를 최적화한다. 언어 모델(word2vec, ELMo, BERT, MUSE[E는 임베딩을 의미] 등)로 임베딩을 만들거나 사용해 본 독자가 있을 것이다. 그런 독자는 언어의 의미론적 근사(semantic approximation)를 사용한 것이다. 단어들은 자주 의미 변화(semantic shift)를 겪는다. 이 주제를 여기서 철저하고 자세하게 다루기는 힘들다. 대신 몇 가지 일반적인 예만 살펴보기로 한다. 협의화(narrowing)는 단어가 더 넓은 의미에서 더 구체적인 의미로 변하는 것이고, 반대로 광의화(broadening)는 구체적인 의미에서 넓은 의미로 변하는 것이다. 재해석(reinterpretation)은 전체 또는 부분적인 의미 변형을 겪는 것이다. 이러한 변화들에 항상 논리적인 근거나 현실과 상관관계가 있는 것은 아니며, 언어 사용자들이 변화가 일어나는 동안 의식적으로 생각하지도 않는다. 근거나 상관관계 없이도 단어의 의미는 변한다. 언어 모델링에서도 이런 변화를 따라잡아야 한다.

예를 몇 가지 들어보겠다. 협의화의 예로 'deer'가 있는데, 고대 및 중세 영어에서는 곰이나 퓨마를 포함한 모든 야생동물을 의미했지만 지금은 사슴만을 가리킨다. 광의화의 예로는 'dog'가 있는데, 원래는 영국의 한 견종만을 가리켰지만 이제는 모든 사육견을 가리킨다. 엘든 링[Elden Ring]이라는 비디오 게임에서는 메시지 시스템의 제약 때문에 'dog'가 거북이부터 거대 거미까지 모든 것을 지칭하는 재미있는 현상이 있다. 재해석의 예로는 'pretty'를 들 수 있는데, 원래는 영리하거나 잘 만들어진 것을 의미했지만 지금은 시각적으로 매력적인 것을 의미한다. 'bikini'도 좋은 예이다. 원래는 태평양에 있는 한 산호섬(환초)의 이름이었지만 이후 두 조각으로 구성된 여성용 수영복을 가리키게 되었고, 나중에는 'bi-'가 두 조각(투피스) 구조를 가리키는 것처럼 여겨져 탱키니, 모노키니 같은 단어가 생기기까지 했다. 전문적인 조사와 수십 년간의 연구에 따르면 언어는 원어민들에 의해 끊임없이 비교되고 재평가되며, 이로부터 공통된 패턴이 등장한다. 이러한 패턴의 확산은 사회언어학에서 자세히 연구한다. 이 문제는 이 책의 목적과는 다소 거리가 있지만, LLM의 지역화(l10n)나 국제화(i18n)가 프로젝트 요구사항으로 등장하는 경우라면 중요할 수 있다. 또한 권위(prestige)와 같은 사회언어학적 현상은 모두에게 잘 작동하는 시스템을 설계하는 데 도움이 될 수 있다.

LLM에서 의미론적 임베딩(semantic embedding)은 텍스트의 의미론적 뜻을 모방하기 위해 텍스트를 벡터화한 것이다. 현재 가장 인기 있는 임베딩 방식은 이렇다. 먼저 발화의 각 하위 단어(subword; 또는 부분단어. 접두사, 접미사, 기타 형태소 등 단어를 구성하는 더 작은 요소를 말한다)를 토큰화하

5 (옮긴이) 발화는 '내뱉은 말'이라는 뜻으로, 언어가 음성으로 표현된 구체적인 사례를 말한다.

거나 사전(dictionary)상의 임의의 번호를 할당해서 수치화한다. 그러한 수치들로 이루어진 벡터에 연속 언어 모델(continuous language model)을 적용해서 벡터 내 각 토큰의 차원을 증가한다. 그런 식으로 토큰화된 벡터의 각 색인을 나타내는 더 큰 벡터를 만든 다음, 어순을 포착하기 위해 각 벡터에 토큰 위치 정보를 추가한다. 각각의 하위 단어는 사용 방식에 따라 더 큰 사전의 다른 단어들과 비교된다. 나중에 이에 대한 좀 더 구체적인 예를 제시하겠다. 단어 임베딩을 고려할 때는 토큰의 깊은 내재적 의미를 임베딩으로 포착하기 어렵다는 점과 단순히 임베딩의 차원을 늘리는 것으로는 눈에 띄는 개선을 보이지 않는다는 점을 주의해야 한다. 임베딩이 인간과 유사하게 작동한다는 증거로는, 서로 연관된 단어들에 거리 함수를 적용했을 때 관련 없는 단어들보다 더 가깝게 나타난다는 점을 들 수 있다. 언어의 의미를 더 완전하게 포착하고 표현하는 방법은 앞으로 몇 달, 몇 년 안에 획기적인 연구가 예상되는 또 다른 영역이다.

화용론

화용론(pragmatics)을 언어학에서 제외하는 경우도 있다. 이는 화용론이 다루는 것이, 청자의 해석과 화자가 특정 방식으로 표현하기로 결정하는 데 영향을 미치는 비언어적 문맥 전체이기 때문이다. 화용론은 주로 문화, 지역, 사회경제적 계층, 공유된 삶의 경험에서 따르는 규범들을 가리킨다. 이러한 규범들은 함의(entailment)를 활용해 대화에서 지름길(shortcut)을 만드는 데 사용된다.

어디서 "유명 연예인이 방금 중환자실로 이송되었다"라는 말을 들었다고 하자. 살아오면서 겪은 경험을 바탕으로 이 말을 화용론적으로 해석한다면, 대중에게 사랑받는 어떤 사람이 심각한 상처를 입어서 시설이 잘 갖춰진 병원에서 치료를 받고 있다고 추정할 것이다. 어떤 연예인인지, 치료비는 어떻게 될지, 혹은 자해였는지 등을 궁금해할 수도 있는데, 이 역시 개인의 삶의 경험에 기반한다. 이런 것들은 텍스트 자체와 인코딩된 의미만으로는 직접 추론할 수 없다. 예를 들어 중환자실이 병원에 있는 병실임을 알아야 하며, 더 나아가서 병원이 무엇이고 왜 환자가 스스로 가지 않고 이송되어야 하는지도 알아야 한다. 이런 것들이 당연하게 느껴진다면 잘된 일이다. 여러분이 사회 속에서 살고 있으며, 화용론적 지식이 제시된 예시와 잘 맞아떨어진다는 뜻이기 때문이다. 다소 생소한 사회에서 비롯된 예로, "야카가 어제 그랜드나이트 채찍질(grand-night lashings)을 받았어. 내일은 피터 차례야"라는 말에는 고개를 갸우뚱할 수 있다. 사실 이는 LLM이 텍스트 데이터를 보는 방식과 비슷하다(LLM을 의인화했음을 주의하자). 궁금한 독자를 위해 설명하자면 이 문장은 슬로바키아의 부활절 전통에서 온 것이다.[6] 이 문화의 특정 전통에 익숙하지 않은 독자는 이 문장에 담긴 많은 의미를 놓치고 이해하지 못하게 된

6 (옮긴이) 슬로바키아의 일부 지역에는 버드나무 가지로 만든 채찍으로 여성들을 가볍게(상징적으로) 때리는 부활절 풍습이 있는데, 쉬바치카(šibačka)라고 부른다.

다. 저자는 외국 동료들에게 부활절 토끼와 달걀에 대한 집착을 설명하려 했던 경험이 있는데, 결국 저자가 제정신이 아닌 것처럼 보이는 만족스러운(?) 결과를 얻었다.

LLM의 경우 텍스트 외적 문맥(out-of-text context)을 모두 화용론으로 간주해도 틀리지 않을 것이다. 다른 말로 하면, LLM은 외부 세계에 대한 지식 없이 시작하며, 훈련을 통해서도 그런 지식을 얻지 못한다. 단지 인간이 특정한 화용론적 자극에 어떻게 반응하는지에 관한 지식을 얻을 뿐이다. LLM은 사회 계층이나 인종, 성별, 대선 후보자, 또는 삶의 경험을 바탕으로 느낌을 불러일으킬 수 있는 그 어떤 것도 이해하지 못한다. 언어 모델은 사회에서 살 수 없기 때문에 화용론을 직접 언어 모델에 통합하는 것은 불가능할 것으로 예상된다. 하지만 데이터 엔지니어링과 큐레이션curation(선별 조합), RAG 같은 프롬프팅 메커니즘이나 지시 데이터셋(instruction dataset)을 통한 지도 학습 미세조정을 통해 화용론을 간접적으로 통합하는 것의 이점은 이미 확인이 되었다. 앞으로 LLM에 화용론을 통합하는 데 큰 발전이 있을 것으로 예상하지만, 어차피 언어는 추상화이므로 이는 점근적인 해결책이 될 것이다.

의도하든 아니든, 학습할 데이터를 획득하는 순간부터 모델에 화용론적 구조가 추가된다. 이런 유형의 화용론적 구조는 일종의 편향(bias)으로 볼 수 있는데, 이 편향은 본질적으로 좋거나 나쁘다고 평가할 만한 것은 아니다. 그냥 제거할 수 없는 어떤 것일 뿐이다. 이후에는 정규화와 큐레이션을 통해, 과소대표(underrepresenting)된 부분을 증강하고 과대표(overrepresenting)되거나 잡음이 섞인 예시(example)들을 제거함으로써 데이터에 유지하고 싶은 편향의 유형을 선택할 수 있다. 지시 데이터셋은 학습 데이터의 화용론적 구조를 활용해서 매우 유용한 편향을 만들어 내는 것이 가능함을 보여준다. 예를 들어 모델에게 질문이 주어졌을 때 그 질문의 감성(sentiment)을 분류하려 하는 대신 질문의 답을 생성하도록 모델에 편향을 부여할 수 있다.

화용론과 문맥(맥락)은 모두 함의를 중심으로 작용한다. 함의는 데이터셋이 포함하는 문자 그대로의 텍스트가 아닌, 데이터 안의 화용론적 표지(pragmatic marker)다. 예를 들어 "개구리가 축축한 양말을 먹는 것에 대한 영어 연설문을 써줘. 운(rhyme)을 맞출 필요는 없지만, 각 줄의 첫 글자를 모으면 'amphibian(양서류)'이 되어야 해"라는 입력을 받아 실제로 그 지시를 따르려는 모델이 있다고 하자. 이 입력이 많은 것을 요구한다는 점은 모두가 동의할 것이다. 데이터 엔지니어로서 여러분이 할 수 있는 적당한 선은, 입력이 요구하는 모든 것이 데이터에 명시적으로 포함되어 있는지 확인하는 것이다. 모델이 지시를 충실히 따르면 적어도 연설문의 예시, 개구리와 양말이 무엇이고 어떻게 행동하는지에 대한 예시, 그리고 세로읽기(각 행의 첫 글자들) 시의 예시가 데이터셋에 있어야 할 것이다. 이런 것들이 없으면 모델이 데이터셋의 함의만으로 지시를 이해한다고 해도 생성 결과는 매우 불확실하다. 데이터셋에서 함의된 정보와 명시적 정보 및 과제를 데이터 분포와 함께 추적한다면, "쓰레기가 출력되게 만든 쓰레기 입력은 무엇인가?"라는 질문에 답할 수 있는 예시들을 발견하게 될 것이다.

LLM은 사람보다도 화용론을 파악하는 데 더 어려움을 겪지만, 평균적인 표준편차 범위의 사람들이 파악할 만한 것들은 잡아낸다. 그 범위를 벗어난 사람들의 반응도 재현할 수 있지만, 정확한 자극 없이는 일관성이 매우 떨어진다. 즉, 훈련 과정과 프롬프트를 통해서 적절한 편향과 함의를 제공하지 않으면 평균적인 사람이 모르는 문제에 관해 전문가 수준의 답변을 얻기가 어렵다. 예를 들어 이미지 생성 프롬프트 시작 부분에 '걸작(masterpiece)'을 포함하면 뭔가 색다른, 보통은 좀 더 높은 품질의 생성물이 나올 것이다. 하지만 이는 애초에 훈련 데이터셋에 걸작과 범작을 차별화하는 요소들이 있을 때, 그리고 "걸작"이 칭찬이 되는 이미지를 요청했을 때만 해당한다. 지시 기반 데이터셋은 대표적인 응답을 수반하는 질문과 지시를 제공함으로써 훈련 중에 그러한 자극을 인위적으로 만들려 한다. 훈련에서 모든 가능한 상황을 고려하는 것은 불가능하다. 모든 것을 고려하려다 보면 최종 사용자의 입력에 대해 의도치 않게 새로운 유형의 응답이 만들어질 수도 있다. 훈련을 마친 후에는 프롬프팅을 통해서 모델에서 특정 정보를 끌어낼 수 있지만, 아무리 프롬프팅 기술이 좋다고 해도 원래의 데이터에 함의된 내용 이상의 어떤 것을 얻기는 힘들다.

형태론

형태론(morphology)은 단어의 구조를 연구하는 학문으로, 특히 단어가 형태소(morpheme)라고 불리는 더 작은 단위들로부터 어떻게 형성되는지에 관심을 둔다. 형태소는 의미의 최소 단위로, '계속하다'의 '계속'과 '하다'나 '재학습'의 '재'와 '학습' 같은 것이다. 하지만 '나라'의 '나'나 '라'처럼 단어의 모든 부분이 형태소인 것은 아니며, '마지노선'의 '마지노'처럼[7] 예상치 못한 형태소도 있다.

단어가 어떻게 구성되는지 이해하면 더 나은 언어 모델과 구문 분석 알고리즘을 만들 수 있다. 단어의 구성에 관한 이해는 토큰화 같은 작업에 필수적이다. 토큰token은 자연어 처리(NLP)에서 사용되는 기본 단위로, 단어, 하위 단어, 문자, 또는 전체 발화일 수 있으며 반드시 기존 형태소와 일치할 필요는 없다. 사람들은 의미 단위를 의식적으로 결정하지 않기 때문에 종종 비논리적이다. 언어 모델의 능력은 이러한 토큰을 얼마나 잘 이해하고 처리할 수 있는지에 달려 있다. 예를 들어 토큰화에서 모델은 각 단어를 해당 색인과 연관시키기 위한 일련의 토큰-색인 사전들을 저장해야 한다. 흔히 쓰이는 토큰으로 〈UNK〉가 있다. 이것은 미지(unknown) 단어, 즉 모델이 인식하지 못하는 단어를 나타낸다. 이 토큰이 너무 자주 쓰인다는 것은 모델의 어휘가 너무 작거나 토크나이저가 작업에 맞는 알고리즘을 사용하지 않는다는 뜻이며, 그러면 모델의 성능이 저하될 수 있다.

7 (옮긴이) 마지노선을 마지+노선으로 이해하는 사람이 있다는 이야기에서 착안한 예이다. 원문에서는 'helicoid(나선형체)'의 'helico-'와 'pterodactyl(익수룡)'의 'pter-'를 예로 들었다.

NLTK punkt 토크나이저처럼 공백으로 구분된 단어만 인식하는 토크나이저를 이용해서 코드 완성(code completion) 모델을 만든다고 하자. `def add_two_numbers_together(x, y):`라는 문자열을 만나면 토크나이저는 `[def, [UNK], y]`로 처리한다. 이 토크나이저는 문장부호를 인식하지 못할 뿐만 아니라, 형태론적 알고리즘 때문에 함수의 용도를 담은 함수 이름을 미지 토큰으로 처리한다. 결과적으로 중요한 정보가 소실된다. 모델의 성능을 개선하려면 단어 구조와 적절한 구문 분석 알고리즘에 대한 더 나은 이해가 필요하다.

2.1.2 기호학

언어의 기본 특징을 탐구하고 그것이 LLM에서 어떻게 중요한지 살펴보았으니, 좀 더 관점을 넓혀서 인간 의사소통에서의 의미 생성과 해석을 고려할 필요가 있겠다. 기호와 상징을 연구하는 기호학(semiotics)은 사람들이 언어를 어떻게 해석하고 처리하는지 더 잘 이해할 수 있게 하는 중요한 '렌즈'를 제공한다. 이번 절에서는 기호(sign), 기표(signifier), 추상화 사이의 관계와 LLM이 이러한 요소들을 활용해 의미 있는 출력을 생성하는 방식을 살펴볼 것이다. 이를 통해 LLM이 인간과 유사한 언어 이해를 모방하는 복잡한 과정을 더 깊이 이해할 수 있으며, 이 과정에서 직면하는 도전과 한계도 조명할 수 있다. 반드시 인간 행동을 모방하는 것이 LLM 개선을 위한 올바른 해법이라고 주장하려는 것은 아니다. 하지만 지금까지 이 분야가 모방을 위주로 언어 모델들을 평가해 것은 사실이다.

기호학을 소개하기 위해 그림 2.2를 보자. 이는 퍼스Peirce의 기호학 삼각형(semiotic triangle)을 변형한 것이다. 이 삼각형은 기본 개념을 일차성(firstness), 이차성(secondness), 삼차성(thirdness)의 순서로 구성하는 데 쓰인다. 일차성은 삼각형의 왼쪽 윗부분, 이차성은 아랫부분, 삼차성은 오른쪽 부분에 대응된다. 그림 2.2와는 다른 형태와 용어로 된 퍼스 기호학 삼각형을 본 독자도 있을 것이다. 여기서는 논의의 목적에 맞게 역삼각형 형태로 표시하고 용어들도 적절히 선택했음을 밝혀둔다. 또한 그림은 이 시스템이 재귀적이기 때문에 전체 과정을 모델링함과 동시에 개별 부분을 모델링한다는 점도 보여준다.[8] 이러한 개념들은 매우 흥미롭지만, 이 책에서 철학적 측면을 완전히 다루기는 어렵다. 대신 의미가 처리되는 순서를 보여주기 위해 이들 단어의 기본적인 부분(일차성, 이차성, 삼차성)에 집중하겠다.

개별 삼각형들이 만나는 교점들을 잘 살펴보면 이들을 이런 순서로 제시한 이유를 짐작할 수 있다. 느낌은 단어나 특징표(table of features)에 연결되기 훨씬 전에 이미지와 인코딩에 연결될 수 있다. 의

8 (옮긴이) 예를 들어 전체 삼각형의 왼쪽 위가 일차성이 대응됨과 동시에, 개별 삼각형의 왼쪽 위 역시 일차성에 대응된다. 따라서 전체 삼각형의 이차성 부분에 있는 삼각형들에도 일차성이 존재한다.

례(ritual) 혹은 공통의 '각본(script)'[9]들은 해석된 행동을 위한 공간을 제공하는데, 이는 마치 여러분이 모국어 문장을 들었을 때 각 단어를 개별적으로 메타인지(metacognition)할 필요 없이 단어들로부터 자연스럽게 구문이 구성되는 것과 비슷하다. 이 모든 것은 결국 해석(interpretation)이나 문서(발화의 집합)로 이어지는데, 이 책의 목적에서 LLM은 바로 그 해석에 도달해야 한다. 이것이 프롬프트 엔지니어링이 모델의 효율성을 높일 수 있는 이유다. 수백만 개의 의례적 각본 예시들로 훈련된 기초 LLM(foundation LLM)은 그중 어떤 각본을 따라야 할지를 프롬프트를 통해 명시적으로 알려주면 해당 유형의 각본을 훨씬 더 잘 복제할 수 있다. 모델에게 단계별 설명을 요청하려면, 프롬프트에 "이것을 단계별로 생각해 봅시다" 같은 문구(phrase)를 붙여보기 바란다. 모델은 자신이 이전에 '연기'했던 각본을 기반으로 단계별 각본을 생성할 것이다.

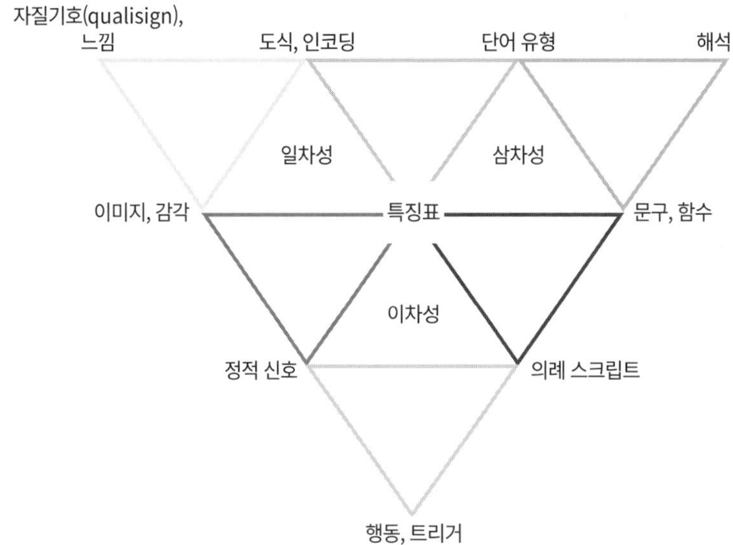

그림 2.2 재귀적 퍼스 기호학 삼각형은 어떠한 대상(이 책에서는 언어)으로부터 의미를 추출하는 과정을 체계화하는 시스템이다. 각 삼각형의 각 꼭짓점은 시스템이 서술하고자 하는 대상으로부터 의미를 합성하는 데 필요한 최소한의 부분을 보여준다. 언어의 경우 각 꼭짓점은 의미의 최소 단위다. 일차성, 이차성, 삼차성은 삼각형의 꼭짓점에 붙은 이름이 아니고, 기호학에 정통한 사람들이 이 도표에서 방향을 잡을 수 있게 하는 표지에 가깝다.

관심 있는 독자를 위해 덧붙이자면, 이런 도식을 파악하고 해석하는 특정한 방법들이 존재하며, 기호학 분야 전체에는 앞에서 간단하게만 말한 것 외에도 수많은 논의 주제가 있다. 하지만 이 모든 것을 이해한다고 해서 최고의 LLM을 만들 수 있다는 보장은 없다. 이 책에서는 이 부분을 깊이 파고드는 대신,

9 (옮긴이) 기호학의 맥락에서 script는 특정한 사회적 상황에서 기대할 수 있는 일련의 행동 또는 사고 패턴을 말한다. 특정 상황에서 예상되는 일련의 행동이나 발언을 연극이나 영화의 각본에 빗댄 것이다. 이 책에서는 파이썬 스크립트 등과의 불필요한 혼동을 피하기 위해 '각본'으로 옮긴다.

누구나 상호작용할 수 있는 최고의 모델과 UX, UI를 구축하는 데 도움이 되는 최소한의 것들을 고려할 것이다. 예를 들어 의미 생성 과정의 한 측면은 재귀성(recursiveness)이다. 누군가가 한 말이 잘 이해되지 않는 경우, 즉 여러분에게 "무의미한(meaningless)" 경우 어떻게 반응하는가? 일반적으로 사람들은 의미를 명확히 파악하는 데 도움이 될 만한 질문을 던지고, 그 답에 대해서도 동일한 과정을 재귀적으로 반복해서 의미를 명확하게 만든다. 현재 시장에 있는 최첨단 모델들은 그렇게까지 하지는 않지만, 의도적으로 프롬프트를 작성하면 그렇게 하도록 만들 수 있다. 이 점을 구체적으로 알려 줘야 비로소 깨닫는 사람이 많다. 사실 그러한 재귀적 의미 명확화가 바로 기호학이 다루는 주제이다. 이번 절을 읽는다고 해서 여러분이 기호학 분야의 전문가들에게 심층적이고 정확한 좌표별 설명을 할 수 있게 되지는 않을 것이다. 여기서 저자가 말하고 싶은 것은, 이것이 다른 사람이 해석할 수 있는 완전한 의미의 그림을 만드는 데 필요한 최소한의 것들을 보여주는 시스템이라는 점이다. 훈련 도중에 모델에 같은 종류의 정보를 같은 양으로 제공하지는 않지만, 만약 그렇게 한다면 모델 행동이 현저히 개선될 것이다.

그림 2.2와 그림 2.3은 오직 필수 요소로만 이루어진 최소한의 조직 모델이다. 그림 2.3은 기호학 삼각형을 이 책의 목적에 맞게 활용하는 방법을 보여준다. 이미지나 사진, 기억을 생각해 보자. 이미지를 처리할 수 있는 눈과 지식을 추상화하는 문자 체계 없이 여러분이 이 책의 지식을 흡수해야 한다면 어떨까? 정보를 처리하는 순서와 구조를 보여주는 장절 구조(1장 1.1절 등등)나 글자 사이의 공백, 글머리 기호 없이 이 책을 어떻게 읽을 수 있을지 생각해 보기 바란다. 의미론과 축자적으로(문자 그대로) 인코딩된 의미는 또 어떤가? 도표가 없거나 사전적 정의가 없는 단어들로만 이루어진 책을 상상해 보자. 그림 2.3의 가운데에 있는 스프레드시트는 표나 이 그림 같은 비교 정보 조직자(comparative informational organizer)가 전혀 없는 책이라고 할 수 있다. 더 나아가서, 여러분의사회와 문화권에 갖추어진 관습과 교리를 해석을 위한 렌즈로 사용하지 않고 이 책을 읽는다면 어떨까? 인간의 정보 해석 능력은 패턴을 인식하기 위해 정보를 통과시키는 렌즈를 비롯한 이 모든 요소를 통해서 형성된다.

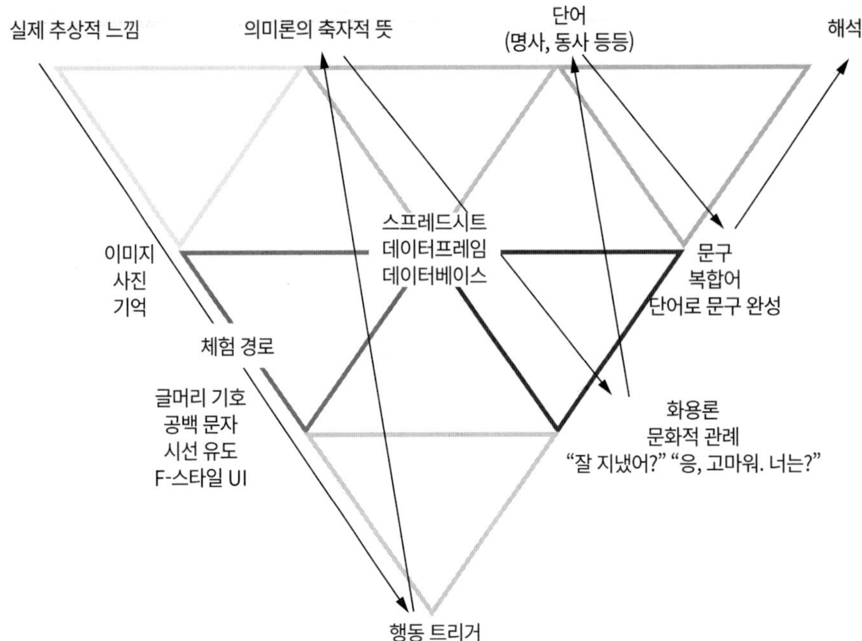

그림 2.3 왼쪽 위 꼭짓점에서 시작해서 화살표를 따라가면 상호작용 대상을 해석하고 추출하는 일반적인 순서를 볼 수 있다. 중간의 각 교점에서 설명적인 단어들을 적당한 예시로 대체했다. 단어나 예시, 화살표, 심지어 이런 책의 그림이 무엇을 위한 것인지 아는 화용론적 문맥 없이 이 도표를 해석해야 한다면 어떨지 상상해 보자.

따라서 중요한 질문은, LLM이 의미 있는 해석을 반환하려면 그런 요소 중 얼마나 많은 것에 접근할 수 있어야 하냐는 것이다. LLM이 감정이나 사회적 의식에 접근할 수 있는가? 현재는 그렇지 않지만, 이후 기존, 그리고 새로운 NLP 추론 기법들을 살펴보는 과정에서 서로 다른 모델들이 어떤 것에 접근할 수 있는지 생각해 보기 바란다.

2.1.3 다국어 NLP

기존의 NLP 기법들과 현 세대 LLM을 평가하기 전에 다뤄야 할 마지막 과제는 언어학의 기초이자 LLM이 존재하게 된 이유이다. 최초의 문명들이 접촉한 이래로 사람들은 서로를 이해하거나 이용하길 원했다. 이로 인해 번역가가 필요해졌고, 세계 경제가 성장하고 번영함에 따라 이러한 필요성은 기하급수적으로 증가했다.

비즈니스 측면에서도 계산은 매우 단순하다. 벵골어 원어민 수가 영어 원어민 수와 거의 비슷하다는 사실을 알고 있는가? 벵골어를 처음 듣는다면, 다국어 모델 시장이 얼마나 가치 있는지 새롭게 인식하게 될 것이다. 세계 인구는 수십억 명이지만, 영어를 모국어(제1 언어)로 쓰는 사람은 약 3억 8천 명에 불과하다.[10] 여러분의 모델이 대부분의 모델처럼 영어 중심적이라면, 잠재적 고객과 사용자의 95%를 놓치고 있는 셈이다. 스페인어와 중국어를 지원하면 손쉽게 큰 성과를 얻을 수 있겠지만, 그 정도조차 고려하지 않는 기업이 많다.

서로 다른 언어를 포함해, 사물이나 개념에 이름을 붙이거나 분류하는 것과 관련해서 정치적으로 민감한 사례가 많이 있지만, 이는 이 책의 범위를 벗어나는 주제이므로 더 이야기하지는 않겠다. 대개는 정부 개입과 같은 외부 요인 때문에 문제가 된다. 두 가지만 기억하자. 영어에만 집중하는 단일어 시스템은 많은 기업들이 생각하는 것만큼의 커버리지나 수익 잠재력이 없다는 점과, 언어와 방언 사이의 경계는 잘해야 신뢰할 수 없고 최악의 경우 체계적으로 해롭다는 점이다. 편향된 의견의 위험한 늪에 빠지지 않으려면 이 두 가지만큼은 염두에 두어야 할 것이다. 많은 기업과 연구 과학자들은 제품이나 시스템을 설계할 때 이 늪을 15미터짜리 막대기로도 건드리고 싶어 하지 않는다.

안타깝게도 현재로서는 쉬운 해결책이 없다. 하지만 이러한 요소들을 고려하면 여러분이 과학자 혹은 엔지니어로서(그리고 바라건대 윤리적인 사람으로서) 최소한 기존 문제를 악화시키거나 부정적으로 기여하지 않는 LLM을 설계하는 데 도움이 될 것이다. 이 과정의 첫 단계는 프로젝트 시작부터 지역화(l10n; 현지화)나 국제화(i18n) 중 한 방향의 목표를 정하는 것이다. 지역화는 모질라[Mozilla]가 보여주는 접근 방식이다. 모질라는 크라우드소싱을 통해 90개 이상의 언어로 브라우저의 다른 버전을 제공하고 있으며, 다른 방식으로 바꿀 기미는 보이지 않는다. 국제화는 지역화와 비슷하지만 방향이 반대이다. 이케아[Ikea]는 설명서에서 단어를 가능한 한 적게 사용하고, 대신 국제적으로 인정된 기호와 그림을 사용해 고객이 DIY 프로젝트를 수행할 수 있게 돕는다. 지역화냐 국제화냐를 프로젝트 시작 시점에 결정하면 나중에 두 솔루션 중 하나로 확장하는 데 필요한 노력이 기하급수적으로 줄어든다. 이 차이는 번역과 포매팅을 비용이 아닌 투자로 인식하게 바꿀 만큼 크다. LLM과 LLM에 대한 대중의 인식이 급속하게 확장되는 맥락에서 이러한 고려는 더욱 중요해진다. 세상을 바꾸는, 하지만 세계 대부분의 사람들이 상호작용할 수 없게 자동으로 제한하는 기술을 시장에 내놓는 것은 그들의 목소리를 평가절하하는 것이다. 기업이 이 부분을 일찍부터 제대로 처리하지 않는다면 경제적 전망이 위태로워진다.

지금까지 논의한 내용을 잠시 되돌아보자. 앞에서 언어의 구조가 의미와 분리되어 있다는 점을 비롯해 여러분이 LLM과 관련해서 알아야 할 중요한 언어학적 개념들을 소개했다. 우리 각자가 개인적으로, 그리고 사회적으로 컴퓨터가 작업할 수 있도록 언어를 일관된 방식으로 이해하고 표현하는 메타인지를 갖게 되기까지의 여정도 제시했다. 이러한 이해는 인지 분야에 대한 지식이 깊어지고 우리가 마주

10 (옮긴이) 2021년 기준의 수치이다. https://en.wikipedia.org/wiki/English_language를 참고했다. 한편 세계 인구는 2025년 2월 기준으로 82억 명 정도이다.

치는 언어적 특징들을 해결함에 따라 더욱 발전할 것이다. 다음 절에서는 그림 2.1에 기반해서 계산적(computational) 언어 모델링(간단히 말해서 컴퓨터를 이용한 언어 모델링)의 발전 경로를 짚어보면서 그 과정에서 어떤 언어적 특징들이 어떻게 해결되었는지(또는 해결되지 못했는지), 각각의 노력이 어떤 의미를 추구했는지를 살펴본다.

2.2 언어 모델링 기법들

언어의 기본 특징, 기호학의 원리, LLM이 언어 정보를 해석하고 처리하는 방식에 대한 앞의 논의를 바탕으로 좀 더 실질적인 영역으로 넘어가겠다. 현재의 강력한 언어 모델들을 만들어 낸 여러 NLP 기법을 살펴볼 것이다. 각 접근 방식의 장단점을 검토하면 이러한 기법들이 인간의 언어와 의사소통의 본질을 포착하는 데 얼마나 효과적인지에 대한 귀중한 통찰을 얻게 된다. 그러한 지식은 NLP 분야의 발전을 이해하는 데 도움이 될 뿐만 아니라, 이러한 모델들의 현재 한계와 앞으로의 연구 개발에 놓인 과제들을 더 잘 이해할 수 있게 한다.

개별 모델링 기법을 이야기하기 전에, 모든 언어 모델링에 보편적으로 적용되는 데이터 처리를 잠시 짚어보자. 먼저, 주어진 입력을 모델이 처리할 수 있는 작은 조각들로 나누어야 한다. 즉, 모델이 어떤 토큰들을 다룰 것인지 결정해야 한다. 그리고 그 토큰들을 수치로 변환해야 하며, 나중에 수치들을 다시 토큰으로 되돌리는 방법도 결정해야 한다. 입력을 어떻게 분할하고 수치화하는지는 모델이 그 수치들을 어떻게 처리하는가만큼이나 중요하다. 다음에 소개할 각 기법은 이전 기법들을 이러한 사항 중 하나 이상에서 발전시킨 것이다.

가장 먼저 언급할 언어 모델링 기법은 바로 BoW(bag-of-words; 단어 주머니 또는 단어 모음)이다. 이것은 그냥 텍스트에 나타나는 단어를 세는 것이다. 파이썬에서 BoW는 sklearn 라이브러리의 `CountVectorizer` 클래스로 표현할 수 있지만, 이해를 위해서는 간단한 코드 조각으로 직접 구현해 보는 것이 좋다. 다음 파이썬 코드는 주어진 텍스트를 스캔하면서 새로운 단어마다 키로 새 어휘 항목을 생성하고, 기존 단어는 출현 횟수를 증가한다. 파이썬 사전(dictionary) 객체의 풍부한 기능 덕분에 아주 간단하게 구현할 수 있다(너무 간단하다고도 할 수 있는데, 예제 문장에 'words'가 두 번 나오지만, 단순히 공백(빈칸)에 기초해서 토큰들을 분할한 탓에 마지막 words는 누락되었다).

```
sentence = "What is a bag of words and what does it do for me when processing words?"
clean_text = sentence.lower().split(" ")
```

```
bow = {word:clean_text.count(word) for word in clean_text}
print(bow)
# {'what': 2, 'is': 1, 'a': 1, 'bag': 1, 'of': 1, 'words': 1, 'and': 1,
# 'does': 1, 'it': 1, 'do': 1, 'for': 1, 'me': 1, 'when': 1, 'processing': 1,
# 'words?': 1}
```

BoW는 전적으로 단어 빈도(frequency)에 기반한 매우 단순한 모델이지만, 화자의 의도(또는, 적어도 화자의 특이성)에 관한 통찰을 얻는 목적이라면 유용할 수 있다. 예를 들어 미국 대통령들의 취임 연설에 간단한 BoW 모델을 적용해서 'freedom(자유)', 'economy(경제)', 'enemy(적)'라는 단어를 검색하면 각 단어가 언급된 횟수만으로도 어떤 대통령이 평화 시기에, 전시에, 그리고 금전적 어려움의 시기에 취임했는지에 대해 꽤 좋은 통찰을 얻을 수 있다. 하지만 BoW 모델은 약점도 많다. 무엇보다도 이 모델은 이미지, 의미론, 화용론, 구문, 또는 느낌을 제공하지 않는다. 또한 문맥이나 음성학을 평가할 메커니즘이 없으며, 기본적으로 공백으로 단어를 나누기 때문에(물론 원하는 대로 토큰화할 수 있지만, 이 모델에서 하위 단어로 토큰화하면 그리 좋은 결과를 얻기 힘들다) 형태론도 고려하지 않는다. 전체적으로 언어를 표현하는 데는 약한 모델로 간주되며, 다른 모델을 평가하는 강력한 기준선으로 봐야 할 것이다. BoW 모델이 시퀀스(sequence) 데이터를 포착하지 못하는 문제, 즉 단어들의 순서를 고려하지 못하는 문제를 해결하기 위해 N-그램 모델이 고안되었다.

2.2.1 N-그램과 말뭉치 기반 기법

N-그램[N-gram] 모델은 BoW를 크게 개선한 것으로, N개의 토큰으로 이루어진 일종의 문맥을 모델에 제공한다. 이것은 N = 1 컨텍스트 공간(context space)을 기반으로 단어를 생성할 수 있게 해주는 비교적 단순한 통계 모델이다. 예제 2.1의 예제 코드는 N = 3인 트라이그램[trigram]을 사용한다. 이 예제는 원활한 모델 생성을 위해 최소한의 패딩[padding](채움)과 포매팅을 적용해서 텍스트를 정제한다. 그런 다음 `everygrams`를 사용해서 훈련하는데, 효율성보다는 유연성을 우선시한다. 그래서 필요하다면 펜타그램(N = 5)이나 셉타그램(N = 7) 모델을 훈련하는 것도 쉽다. 훈련을 마친 다음에는 모델을 이용해서 문장을 생성하는데, 처음 생성을 돕기 위해 두 개의 토큰을 제공한다. N-그램 모델은 언어 지식을 온전하게 모델링하는 시스템을 위해 만들어진 것은 아니지만, 실용적인 응용 분야에서 널리 쓰인다. 이 모델은 구문론을 포함해 모든 언어적 특징을 무시하고 그저 길이(토큰 개수)가 N인 구절에 나타나는 단어들 사이의 확률적 연결 관계만 찾으려 한다.

예제 텍스트와 데이터 파일을 포함해 예제 코드 실행에 필요한 모든 자료는 원서 깃허브 저장소에 있다. 주소는 `https://github.com/IMJONEZZ/LLMs-in-Production/`이다.

예제 2.1 생성형 N-gram 언어 모델의 구현 예

```
from nltk.corpus.reader import PlaintextCorpusReader
from nltk.util import everygrams
from nltk.lm.preprocessing import (
    pad_both_ends,
    flatten,
    padded_everygram_pipeline,
)
from nltk.lm import MLE

my_corpus = PlaintextCorpusReader("./", ".*\.txt")

for sent in my_corpus.sents(fileids="hamlet.txt"):
    print(sent)

padded_trigrams = list(
    pad_both_ends(my_corpus.sents(fileids="hamlet.txt")[1104], n=2)
)
list(everygrams(padded_trigrams, max_len=3))

list(
    flatten(
        pad_both_ends(sent, n=2)
        for sent in my_corpus.sents(fileids="hamlet.txt")
    )
)

train, vocab = padded_everygram_pipeline(
    3, my_corpus.sents(fileids="hamlet.txt")
)

lm = MLE(3)
len(lm.vocab)

lm.fit(train, vocab)
```

- my_corpus 행: 다수의 일반 텍스트 파일(.txt)로부터 말뭉치(corpus)를 생성한다.
- padded_trigrams 행: 말뭉치에 있는 모든 행(line)의 양쪽에 발화의 시작과 끝을 나타내는 <s>와 </s>를 채워 넣는다(패딩).
- padded_everygram_pipeline 행: NLTK 라이브러리의 everygrams를 이용해서 데이터로부터 훈련 데이터 집합과 어휘 객체를 생성한다.
- lm = MLE(3) 행: N-그램용 모델로 사용할 최대 우도 추정기(maximum likelihood estimator, MLE)를 초기화하고 훈련한다.
- len(lm.vocab) 행: 이 모델은 everygrams의 어휘를 사용한다. 이 어휘에는 미지의 단어(어휘에 속하지 않은 단어)를 위한 <UNK> 토큰도 있다.

```
print(lm.vocab)
len(lm.vocab)

lm.generate(6, ["to", "be"])          ← 이 모델로 언어(문장)를 생성할 수 있으며, n-1개의 선행 토큰으로
                                         조건을 지정할 수 있다.
```

간단한 생성형 N-그램 모델을 만드는 데에는 이 정도의 코드로도 충분하다. 다음은 이 모델을 좀 더 자세히 평가하고 싶은 독자를 위한 예제 코드로, 특정한 문구를 형성하는 토큰들의 출현 확률과 로그 점수를 계산하고 엔트로피와 혼란도(perplexity)를 분석하는 방법을 보여준다. 이 수치들은 모두 빈도 기반임을 주의하기 바란다. 수학적으로는 의미가 있지만, 실제 언어가 얼마나 혼란스러운지, 빈번한지는 제대로 설명하지 못한다.

```
print(lm.counts)
Lm.counts[["to"]]["be"]          ← 길이가 n 이하인 모든 토큰 집합의 빈도를 쉽게 계산할 수 있다.

print(lm.score("be"))            ← 모든 토큰의 출현 확률을 구할 수 있으며, 최대 n-1개의 선행
                                   토큰으로 증강할 수 있다.
print(lm.score("be", ["to"]))
print(lm.score("be", ["not", "to"]))

print(lm.logscore("be"))         ← 매우 크거나 작은 수치를 피하려면 로그 점수가 유용하다.
print(lm.logscore("be", ["to"]))
print(lm.logscore("be", ["not", "to"]))

test = [("to", "be"), ("or", "not"), ("to", "be")]   ← 토큰 집합의 엔트로피와 혼잡도도 테스트할 수 있다.
print(lm.entropy(test))
print(lm.perplexity(test))
```

이 예제 코드는 트라이그램 언어 모델을 만드는 과정을 보여주지만, 포착해야 할 구절이 모두 세 토큰 길이인 것은 물론 아니다. 예를 들어 햄릿의 "To be or not to be"는 두 단어로 된 구절 하나와 네 단어로 된 구절 하나로 구성된다. N-그램은 보통 매우 작은 언어 모델이지만, N을 10억 이상으로 설정해서 거대한 N-그램 언어 모델을 만드는 것도 이론적으로 가능하다. 하지만 이런 모델은 전혀 쓸모가 없을 것이다. 크기를 키웠다고 해서 더 나아지거나 실용적인 것은 아니다. 전체 텍스트의 99.9%, 의미 있는 텍스트의 100%는 10억 개 미만의 토큰이 여러 번 반복된다. N이 10억 이상인 N-그램 모델을 돌릴 정도의 계산 능력이라면 다른 곳에 사용하는 게 더 유용할 것이다.

N-그램 모델은 정적 신호(공백, 철자 등)와 단어만 사용해서 의미를 추출한다(그림 2.2). 이 모델은 모든 문구의 길이가 같다고 가정하고 수동으로 문구들을 측정하려 하므로 한계가 많다. 하지만 N-그

램은 텍스트 분석을 위한 견고한 기준선으로 유용하다. 또한 분석자가 발화의 화용론적 문맥을 이미 알고 있다면, 실제 상황에 대한 빠르고 정확한 통찰을 N-그램으로 얻는 것도 가능하다. 그렇기는 하지만 이런 문구 모델링 방식은 개별 단어가 가질 수 있는 의미론적 인코딩을 전혀 포착하지 못한다. 이 문제를 해결하기 위해 사람들은 베이즈 통계학을 언어 모델링에 적용했다.

2.2.2 베이즈 기법

베이즈 정리(Bayes' theorem)는 입력 공간 내에서 출력의 발생을 설명하는 여러 이론 중 수학적으로 가장 타당하면서도 단순한 이론 중 하나이다. 기본적으로 이 정리는 어떤 사건이 발생할 확률을 사전 지식을 바탕으로 계산한다. 베이즈 정리에 따르면, 증거가 주어졌을 때 가설이 참일 확률(이를테면 주어진 문장의 감성이 긍정적인 확률)은 그 가설이 참인 조건에서 증거가 발생할 확률에 가설이 발생할 확률을 곱한 값을 증거가 참일 확률로 나눈 것이다. 수식으로 표현하면 다음과 같다.

$$P(\text{가설}|\text{증거}) = (P(\text{증거}|\text{가설}) \times P(\text{가설}))/P(\text{증거})$$

더 간단하게 표현하면

$$P(A|B) \times P(B) = P(B|A) \times P(A)$$

이다.

이 책은 수학책이 아니므로, 다른 언어학 개념들과 마찬가지로 베이즈 정리를 깊이 있게 다루지는 않겠다. 관심 있는 독자는 추가 자료를 참고하기 바란다.

안타깝게도 이 정리가 데이터를 수학적으로 타당하게 표현하긴 하지만, 단어들의 확률적 특성이나 다중적인 의미를 고려하지는 않는다. 베이즈 모델을 혼란스럽게 만드는 영어 단어로 "it"을 들 수 있다. 지시 대명사는 다른 어떤 단어나 문구를 가리킨다는 점에서 다른 일반 단어들과는 다르게 쓰이지만, 베이즈 모델에서는 단어들처럼 고정된 로그 사전확률(log prior)이나 로그우도(log-likelihood; 또는 로그가능도) 값을 가진다. 그래서 예를 들어 발화의 감성 분석에서는 대명사를 그대로 베이즈 훈련에 사용하는 것보다는 차라리 널[null] 값으로 바꾸어서 훈련하는 게 낫다. 이번 절에서 말하는 다른 기법들과는 달리 베이즈 기법으로는 생성형 언어 모델이 만들어지지 않는다는 점도 주의하자. 베이즈 정리는 본질적으로 가설 검증과 관련이 있으므로, 베이즈 기법에 기반한 모델들은 생성보다는 분류에 효과적이다. 그리고 생성형 언어 모델을 강력하게 증강하는 데 도움이 된다.

예제 2.2는 단순 베이즈 분류(naive Bayes classification) 언어 모델, 즉 미리 학습된 내부 언어 모델을 기반으로 텍스트를 분류하는 시스템을 만드는 방법을 보여준다. sklearn 같은 기존 패키지를 이용하면 코드가 훨씬 간단하겠지만, 여기서는 작동 방식의 이해를 돕기 위해 처음부터 코드를 직접 작성했다. 예제 코드가 구현하는 것은 가장 간단한 버전의 단순 베이즈 모델이다. 다항 분포를 적용하거나 다른 기능을 추가하지는 않았다. 실제 문제에 적용할 때는 그런 추가 기능들로 업그레이드할 것을 적극 권장한다.

코드의 이해를 돕고 중요한 부분을 강조하기 위해 일부 코드 조각은 보조(helper) 클래스나 함수로 빼내서 코드를 단순화했음을 유념하기 바란다. 코드를 실행할 때 임포트 오류가 발생한다면 이 때문일 것이다. 해당 보조 수단들은 원서 깃허브 저장소 `https://github.com/IMJONEZZ/LLMs-in-Production/`에 있다.[11]

예제 2.2 범주형 단순 베이즈 언어 모델 구현

```
from utils import process_utt, lookup
from nltk.corpus.reader import PlaintextCorpusReader
import numpy as np

my_corpus = PlaintextCorpusReader("./", ".*\.txt")

sents = my_corpus.sents(fileids="hamlet.txt")


def count_utts(result, utts, ys):
    """
    입력:
        result: 각 튜플을 해당 빈도에 대응시킨 사전 객체
        utts: 발화(utterence)들의 목록(list)
        ys: 발화가 나타내는 긍정적/부정적 감성(0 또는 1)들의 목록
    출력:
        result: 각 튜플을 해당 빈도에 대응시킨 사전 객체
    """

    for y, utt in zip(ys, utts):
        for word in process_utt(utt):
```

11 (옮긴이) 예제 2.2의 경우 `utils` 모듈에서 임포트한 `process_utt`와 `lookup`이 그러한 보조 함수들이다. 이번 장을 비롯해 대부분의 장에서 해당 보조 수단들은 깃허브 저장소 장별 디렉터리의 `utils` 하위 폴더에 있다.

```
            pair = (word, y)          ←—— 단어-레이블 튜플로 이루어진 키를 정의한다.

            if pair in result:
            result[pair] += 1         ←—— 해당 키가 사전 객체에 있으면 출현 횟수(빈도)를 증가한다.

            else:
            result[pair] = 1          ←—— 키가 새로운 것이면 사전 객체에 추가하고 출현 횟수를 설정한다.

    return result


result = {}
utts = [" ".join(sent) for sent in sents]
ys = [sent.count("be") > 0 for sent in sents]
count_utts(result, utts, ys)

freqs = count_utts({}, utts, ys)
lookup(freqs, "be", True)
for k, v in freqs.items():
    if "be" in k:
        print(f"{k}:{v}")


def train_naive_bayes(freqs, train_x, train_y):
    """
    입력:
        freqs: (단어, 레이블) 튜플을 해당 단어 빈도에 대응시킨 사전 객체
        train_x: 발화들의 목록
        train_y: 발화의 레이블(0 또는 1)들의 목록
    출력:
        logprior: 로그 사전확률
        loglikelihood: 단순 베이즈 방정식의 로그우도(로그가능도)
    """
    loglikelihood = {}
    logprior = 0

    vocab = set([pair[0] for pair in freqs.keys()])   ←—— 어휘 사전의 고유 단어 수인 V를 계산한다.
    V = len(vocab)
```

```
    N_pos = N_neg = 0                              ← 긍정적 단어 개수 N_pos와 부정적 단어 개수 N_neg를 초기화한다.
    for pair in freqs.keys():
        if pair[1] > 0:                            ← 감성 분류를 나타내는 레이블이 양수(0보다 큼)이면…
            N_pos += lookup(freqs, pair[0], True)        ← …긍정적 단어 튜플(단어, 레이블)의 개수를 증가한다.

        else:                                            ← 그렇지 않으면 레이블은 음수이다.
            N_neg += lookup(freqs, pair[0], False)       ← 이 경우 부정적 단어 튜플의 개수를 증가한다.

    D = len(train_y)                  ← 전체 문서 개수인 D를 계산한다.

    D_pos = sum(train_y)                  ← 긍정적 문서의 개수를 계산한다.

    D_neg = D - D_pos                 ← 부정적 문서의 개수를 계산한다.

    logprior = np.log(D_pos) - np.log(D_neg)             ← 로그 사전확률을 계산한다.

    for word in vocab:                                   ← 어휘의 각 단어에 대해…
        freq_pos = lookup(freqs, word, 1)
        freq_neg = lookup(freqs, word, 0)

        p_w_pos = (freq_pos + 1) / (N_pos + V)       ← … 주어진 단어가 긍정적일 확률과 부정적인 확률을 계산한다.
        p_w_neg = (freq_neg + 1) / (N_neg + V)

        loglikelihood[word] = np.log(p_w_pos / p_w_neg)      ← 단어의 로그우도를 계산한다.

    return logprior, loglikelihood


def naive_bayes_predict(utt, logprior, loglikelihood):
    """
    입력:
        utt: 발화를 담은 문자열
        logprior: 로그 사전확률
        loglikelihood: 단어별 로그우도를 담은 딕셔너리 객체
    Output:
        p: 모든 로그우도 + 로그 사전확률의 합
    """
    word_l = process_utt(utt)              ← 발화(utterance)들을 처리해서 단어 목록을 얻는다.
```

```
    p = 0                    ← 확률을 0으로 초기화한다.

    p += logprior            ← 로그 사전확률을 더한다.

    for word in word_l:
        if word in loglikelihood:          ← 단어가 로그우도 사전 객체에 존재하는지 확인한다.
            p += loglikelihood[word]       ← 해당 단어의 로그우도를 확률에 더한다.

    return p


def test_naive_bayes(test_x, test_y, logprior, loglikelihood):
    """
    Input:
        test_x: 발화들의 목록
        test_y: 그 발화들에 대응되는 레이블들
        logprior: 로그 사전확률
        loglikelihood: 단어별 로그우도를 담은 딕셔너리 객체
    Output:
        accuracy: (정확히 분류된 발화 개수)/(전체 발화 개수)
    """
    accuracy = 0             ← 함수가 반환할 정확도를 초기화한다.

    y_hats = []
    for utt in test_x:
        if naive_bayes_predict(utt, logprior, loglikelihood) > 0:    #23  ← 예측값이 0보다 크면…
            y_hat_i = 1      ← …예측 클래스는 1이다.
        else:
            y_hat_i = 0      ← 그렇지 않으면 예측 클래스는 0이다.

        y_hats.append(y_hat_i)         ← 예측 클래스를 y_hats 목록에 추가한다.

    error = sum(
        [abs(y_hat - test) for y_hat, test in zip(y_hats, test_y)]
    ) / len(y_hats)                    ← 오차는 y_hats와 test_y의 차이의 절댓값의 평균이다.

    accuracy = 1 - error     ← 정확도는 1에서 오차를 뺀 값이다.

    return accuracy
```

```
if __name__ == "__main__":
    logprior, loglikelihood = train_naive_bayes(freqs, utts, ys)
    print(logprior)
    print(len(loglikelihood))

    my_utt = "To be or not to be, that is the question."
    p = naive_bayes_predict(my_utt, logprior, loglikelihood)
    print("The expected output is", p)

    print(
      f"Naive Bayes accuracy = {test_naive_bayes(utts, ys, logprior, loglikelihood):0.4f}
    )
```

베이즈 정리가 만들어 내는 모델은 다른 기법들이 만들어 내는 언어 모델과는 유형이 다르다. 베이즈 정리는 하나의 가설과 연관된 확률 목록을 가진 모델을 만든다. 따라서 베이즈 언어 모델은 언어 생성에는 적합하지 않지만, 분류 작업에는 대단히 강력하다. 하지만 저자는 그런 작업에서조차 베이즈 모델의 능력이 과대평가되는 경향이 있다고 생각한다. 한 저자의 가장 큰 업적 중 하나는 프로덕션 환경에서 베이즈 모델을 다른 모델로 교체한 것이다.

베이즈 모델의 큰 문제점은 모든 시퀀스가 전혀 연결되지 않는다는 것이다. 이 점은 BoW 모델과 같다. 시퀀스 모델링을 위해 N-그램이 도입된 것과는 반대 방향으로 다시 가버린 것이다. 다행히, 언어 모델링의 역사에 추를 다시 시퀀스 모델링 쪽으로 옮긴 기법이 등장했다. 바로 마르코프 연쇄이다.

2.2.3 마르코프 연쇄

흔히 은닉 마르코프 모델(Hidden Markov Model, HMM)이라고 부르는 마르코프 연쇄(Markov chain; 또는 마르코프 사슬)는 본질적으로 N-그램 모델에 상태(state) 정보를 추가한 것이다. 마르코프 연쇄는 은닉 상태를 이용해서 확률을 모델에 저장한다. 마르코프 모델은 그 자체로 쓰이기보다는 더 큰 모델을 위한 텍스트 데이터 파싱에 자주 쓰여서, 품사 태깅(PoS tagging)이나 개체명 인식(Named Entity Recognition, NER) 같은 작업을 수행한다. 개체명 인식은 단어가 가리키는 대상과 그 유형을 식별하는 것을 말하는데, 예를 들어 LA가 Los Angeles이고 도시명임을 파악하는 것이 개체명 인식이다. 기존 베이즈 모델에 기반한 마르코프 모델은 토큰의 확률적 특성(예측 가능한 무작위성)에 전적으로 의존한다. 다음에 일어날 일의 확률이 현재 상태에만 완전히 의존한다는 아이디어는 베이즈 정리처럼 수학적으로 타당하다. 그래서 마르코프 연쇄 기법에서는 단어의 과거 출현 빈도만을 기반으로 확률을 도출하는 대신, 현재 발생하는 상황을 기반으로 미래 및 과거의 연어(collocation; 인접한 단어들. 병치)들을 모델링한다. 예를 들어 영어에서 'happy'가 두 번 연달아 나올 확률은 거의 0이지만, 'am' 바로 다음에 'happy'가 나올 확률은 꽤 높다. 마르코프 연쇄는 매우 직관적이어서 베이즈 통계의 후속 버전에도 통합되었으며, 오늘날에도 프로덕션 시스템에서 사용되고 있다.

예제 2.3의 예제 코드는 마르코프 연쇄에 기반한 생성형 언어 모델을 훈련한다. 이것은 이 책에서 특정한 토크나이저를 사용한 첫 번째 모델인데, 단어 사이의 공백을 기준으로 토큰화를 수행한다. 또한 이 예제는 함께 고려해야 할 발화들의 모음을 '문서'라고 지칭하는 두 번째 사례이기도 하다. 이 모델을 시험할 때는, HMM이 큰 N-그램 모델만큼 그럴듯한 문장을 잘 생성하는지에 주안점을 두고 둘을 잘 비교해 보기 바란다.

예제 2.3 생성형 은닉 마르코프 언어 모델 구현

```
import re
import random
from nltk.tokenize import word_tokenize
from collections import defaultdict, deque


class MarkovChain:
    def __init__(self):
        self.lookup_dict = defaultdict(list)
        self._seeded = False
        self.__seed_me()

    def __seed_me(self, rand_seed=None):
        if self._seeded is not True:
            try:
                if rand_seed is not None:
                    random.seed(rand_seed)
                else:
                    random.seed()
                self._seeded = True
            except NotImplementedError:
                self._seeded = False

    def add_document(self, str):
```

```
        preprocessed_list = self._preprocess(str)
        pairs = self.__generate_tuple_keys(preprocessed_list)
        for pair in pairs:
            self.lookup_dict[pair[0]].append(pair[1])

    def _preprocess(self, str):
        cleaned = re.sub(r"\W+", " ", str).lower()
        tokenized = word_tokenize(cleaned)
        return tokenized

    def __generate_tuple_keys(self, data):
        if len(data) < 1:
            return

        for i in range(len(data) - 1):
            yield [data[i], data[i + 1]]

    def generate_text(self, max_length=50):
        context = deque()
        output = []
        if len(self.lookup_dict) > 0:
            self.__seed_me(rand_seed=len(self.lookup_dict))
            chain_head = [list(self.lookup_dict)[0]]
            context.extend(chain_head)

            while len(output) < (max_length - 1):
                next_choices = self.lookup_dict[context[-1]]
                if len(next_choices) > 0:
                    next_word = random.choice(next_choices)
                    context.append(next_word)
                    output.append(context.popleft())
                else:
                    break
            output.extend(list(context))
        return " ".join(output)


if __name__ == "__main__":
    with open("hamlet.txt", "r", encoding="utf-8") as f:
```

```
    text = f.read()
HMM = MarkovChain()
HMM.add_document(text)

print(HMM.generate_text(max_length=25))
```

이 코드는 생성을 위한 마르코프 모델의 기본 구현을 보여준다. 이 코드로 다양한 실험을 해보기를 권장한다. 좋아하는 음악가의 노래 가사나 작가의 책에서 텍스트를 입력해 보고, 출력된 결과가 그들의 스타일과 비슷한지 확인해 보자. 은닉 마르코프 모델(HMM)은 놀라울 정도로 빠르며, 예측 텍스트 생성이나 예측 검색 애플리케이션에서 자주 사용된다. 마르코프 모델은 알려진 문법 규칙에 기반한 규범적(prescriptive) 관점이 아니라 언어가 실제로 쓰이는 현상에 기반한 서술적(descriptive) 언어학의 관점에서 언어를 모델링하려는 최초의 본격적 시도에 해당한다. 이는 흥미로운 관점인데, 사실 창시자 안드레이 마르코프Andrey Markov는 원래 언어 모델링을 의도한 것이 아니라 연속적 독립 상태에 관한 논쟁에서 승리하기 위해 이것을 만들었기 때문이다. 하지만 나중에 마르코프가 푸시킨 소설의 모음(vowel) 분포를 모델링하는 데 마르코프 연쇄를 사용했다는 점을 생각하면, 적어도 그 잠재적 응용 가능성은 마르코프가 인식하고 있었다고 할 수 있겠다.

서술적 언어학과 규범적 언어학의 차이는, 후자는 언어가 어떠해야 하는지에 초점을 맞추지만 전자는 실제 어떠한지에 초점을 맞춘다는 점이다. 언어 모델링 관점에서는 언어가 어떻게 행동해야 하는지 규정하려 하기보다는 말뭉치나 마르코프 관점에서 언어가 실제로 어떻게 작동하는지 설명하는 것이 훨씬 더 효과적임이 입증되었다. 하지만 현재 상태만으로는 현재를 넘어선 문맥을 제공할 수 없다. 따라서 마르코프 모델로는 역사적, 사회적 맥락을 효과적으로 표현하지 못한다. 예제에서 보듯이 단어의 의미론적 인코딩도 문제가 된다. 마르코프 연쇄는 "무색의 초록 생각이 격렬히 잠든다"와 같이 문법적으로는 맞지만 의미론적으로는 말이 안 되는 단어 연쇄를 출력한다. 이 문제를 해결하기 위해 토큰의 '의미론적 임베딩' 표현을 가능하게 하는 '연속' 모델이 개발되었다.

2.2.4 연속 언어 모델링

흔히 CBoW로 줄여 표기하는 연속 단어 주머니(continuous bag-of-words) 모델은 이름에서 짐작하듯이 BoW 모델을 개선한 것으로, BoW 모델처럼 빈도 기반 언어 분석 접근 방식이다. 즉, 단어들이 얼마나 자주 나타나는지를 기준으로 언어를 모델링한다. 하지만 인간의 발화에서 다음 단어가 확률이나 빈도만으로 결정되지는 않는다. 그래서 이번 절의 예제에서는 CBoW로 직접 언어를 생성하는 대신, 다른 모델들이 처리하거나 비교할 수 있는 단어 임베딩을 생성한다. 바람직한 방법론을 제시한다는 취지에서 신경망을 활용할 것이다.

이 예제가 보여주는 것은 주어진 발화(문장)에 대한 컨텍스트 창(context window; 일정 개수의 토큰들로 이루어진 하나의 N-그램 모델)을 발화의 토큰들을 따라 이동시키면서 구간 안 인접 단어들을 기반으로 중간 단어를 추측하는 유형의 언어 모델링 기법 중 첫 번째 것이다. 예를 들어 구간 길이가 5이고 문장이 "Learning about linguistics makes me happy"라고 하자. CBoW 모델에 `['learning', 'about', 'makes', 'me']`를 입력했을 때 모델이 이전에 비슷한 위치에서 본 단어의 빈도들에 기반해서 `linguistics`를 예측한다면 성공이다. 이 예제는 이런 방식으로 훈련된 모델에서 생성이 어려운 이유를 보여준다. 모델에 `['makes', 'me', '</s>']`를 입력하면 네 개가 아니라 세 개의 정보만으로 답을 알아내야 하고, 이런 경우 새로운 절을 시작하기보다는 문장 끝에서 이전에 봤던 단어만 추측하는 쪽으로 모델이 치우치기 마련이다. 하지만 장점도 있다. 연속 모델의 특별한 점은 목표 단어 이전의 단어들만 보지 않고 이후의 단어들도 활용해 어느 정도의 문맥을 파악할 수 있다는 것이다.

예제 2.4는 이 책의 첫 번째 연속 모델이다. 코드를 단순하게 유지하기 위해 언어 처리에는 BoW 모델을, 임베딩 추정에는 매개변수가 단 두 개인 단층 신경망을 사용한다. 물론 필요하다면 둘 다 다른 모델로 대체할 수 있다. 예를 들어 BoW 대신 N-그램을, 신경망 대신 단순 베이즈 모델을 사용해 연속 단순 N-그램 모델을 만들어 보아도 좋을 것이다. 지금 논의에서 중요한 것은 구체적인 모델이 아니라 연속적 기법 자체이다. 이 점을 명확히 하기 위해, 이번 절에 처음 등장하는 신경망이지만 수학 계산을 위한 넘파이[NumPy] 외에는 그 어떤 패키지도 사용하지 않고 직접 구현한다.

모델 가중치 초기화, ReLU(rectified linear unit; 정류 선형 유닛) 활성화 함수, 최종 소프트맥스 층, 순전파와 역전파 같은 신경망 관련 단계들이 `gradient_descent` 함수에서 어떻게 진행되는지 주의 깊게 살펴보기 바란다. 이러한 요소들은 프로그래밍 언어나 프레임워크와 독립적으로 계속해서 등장하는 퍼즐 조각들이다. 텐서플로나 파이토치, 허깅 페이스 등을 사용하든 직접 모델을 구축하든, 원하는 모델을 만들려면 모델을 초기화하고, 활성화 함수를 선택하고, 최종 층을 선택하고, 순전파와 역전파를 정의하는 작업이 필수이다.

예제 2.4 생성형 CBoW 언어 모델 구현

```
import nltk
import numpy as np
from utils import get_batches, compute_pca, get_dict
import re
```

```
from matplotlib import pyplot

with open("hamlet.txt", "r", encoding="utf-8") as f:
    data = f.read()                                    ← 훈련을 위한 말뭉치를 만든다.

data = re.sub(r"[,!?;-]", ".", data)                   ← 문장부호 제거, 단어 단위 토큰화, 소문자 변환으로
data = nltk.word_tokenize(data)                           데이터를 조금 정제한다.
data = [ch.lower() for ch in data if ch.isalpha() or ch == "."]
print("Number of tokens:", len(data), "\n", data[500:515])

fdist = nltk.FreqDist(word for word in data)           ← 단어 주머니와 분포를 가져온다.
print("Size of vocabulary:", len(fdist))
print("Most Frequent Tokens:", fdist.most_common(20))

word2Ind, Ind2word = get_dict(data)                    ← 변환 시간을 단축하고 어휘를 추적하기 위한 사전 객체 두 개
V = len(word2Ind)                                         를 만든다.
print("Size of vocabulary:", V)

print("Index of the word 'king':", word2Ind["king"])
print("Word which has index 2743:", Ind2word[2743])

def initialize_model(N, V, random_seed=1):             ← 은닉층 하나와 매개변수 두 개짜리 신경망 모델을
    """                                                   만드는 함수.
    입력:
        N: 은닉 벡터의 차원
        V: 어휘의 차원
        random_seed: 테스트 시 일관된 결과를 위한 난수 시드값
    출력:
        W1, W2, b1, b2: 초기화된 가중치들과 편향값들
    """
    np.random.seed(random_seed)

    W1 = np.random.rand(N, V)
    W2 = np.random.rand(V, N)
    b1 = np.random.rand(N, 1)
    b2 = np.random.rand(V, 1)

    return W1, W2, b1, b2
```

```
def softmax(z):
    """
    입력:
        z: 은닉층의 출력 점수들
    Outputs:
        yhat: 예측값(y의 추정치)
    """
    yhat = np.exp(z) / np.sum(np.exp(z), axis=0)
    return yhat
```

최종 분류층에 사용할 소프트맥스 함수. 모든 가능성의 합이 1이 되게 하는 역할을 한다.

```
def forward_prop(x, W1, W2, b1, b2):
    """
    입력:
        x: 컨텍스트를 위한 평균 원핫 벡터
        W1,W2,b1,b2: 학습할 가중치들과 편향들
    출력:
        z: 출력 점수 벡터
    """
    h = W1 @ x + b1
    h = np.maximum(0, h)
    z = W2 @ h + b2
    return z, h
```

순전파 함수. 활성화 함수와 함께 입력이 모델을 순방향으로 통과하는 방법을 정의한다.

```
def compute_cost(y, yhat, batch_size):
    logprobs = np.multiply(np.log(yhat), y) + np.multiply(
        np.log(1 - yhat), 1 - y
    )
    cost = -1 / batch_size * np.sum(logprobs)
    cost = np.squeeze(cost)
    return cost
```

비용 계산 함수. 실측값과 모델 예측 사이의 거리 측정 방법을 정의한다.

```
def back_prop(x, yhat, y, h, W1, W2, b1, b2, batch_size):
    """
    입력:
        x: 문맥을 위한 평균 원핫 벡터
        yhat: 예측값(y의 추정치)
        y:  목표 벡터
        h:  은닉 벡터
        W1, W2, b1, b2: 가중치들과 편향들
```

역전파 함수. 모델을 역방향으로 통과하면서 기울기들을 취합하는 역전파 방법을 정의한다.

```
        batch_size: 배치(일괄 처리 단위) 크기
    출력:
        grad_W1, grad_W2, grad_b1, grad_b2: 가중치 기울기들과 편향 기울기들
    """
    l1 = np.dot(W2.T, yhat - y)
    l1 = np.maximum(0, l1)
    grad_W1 = np.dot(l1, x.T) / batch_size
    grad_W2 = np.dot(yhat - y, h.T) / batch_size
    grad_b1 = np.sum(l1, axis=1, keepdims=True) / batch_size
    grad_b2 = np.sum(yhat - y, axis=1, keepdims=True) / batch_size

    return grad_W1, grad_W2, grad_b1, grad_b2

def gradient_descent(data, word2Ind, N, V, num_iters, alpha=0.03):
    """
    경사하강법을 수행하는 함수
        입력:
            data:      텍스트
            word2Ind:  단어-색인 매핑
            N:         은닉 벡터 차원 수
            V:         어휘 차원 수
            num_iters: 반복 횟수
        출력:
            W1, W2, b1, b2:  갱신된 가중치들과 편향들

        """
        W1, W2, b1, b2 = initialize_model(N, V, random_seed=8855)
        batch_size = 128
        iters = 0
        C = 2
        for x, y in get_batches(data, word2Ind, V, C, batch_size):
            z, h = forward_prop(x, W1, W2, b1, b2)
            yhat = softmax(z)
            cost = compute_cost(y, yhat, batch_size)
            if (iters + 1) % 10 == 0:
                print(f"iters: {iters+1} cost: {cost:.6f}")
            grad_W1, grad_W2, grad_b1, grad_b2 = back_prop(
                x, yhat, y, h, W1, W2, b1, b2, batch_size
            )
```

경사하강법 함수. 모든 요소를 통합해서 훈련을 진행한다.

```
            W1 = W1 - alpha * grad_W1
            W2 = W2 - alpha * grad_W2
            b1 = b1 - alpha * grad_b1
            b2 = b2 - alpha * grad_b2
            iters += 1
            if iters == num_iters:
                break
            if iters % 100 == 0:
                alpha *= 0.66

        return W1, W2, b1, b2

C = 2                  ←—— 여기서부터 모델 훈련을 시작한다.
N = 50
word2Ind, Ind2word = get_dict(data)
V = len(word2Ind)
num_iters = 150
print("Call gradient_descent")
W1, W2, b1, b2 = gradient_descent(data, word2Ind, N, V, num_iters)
# Call gradient_descent
# Iters: 10 loss: 0.525015
# Iters: 20 loss: 0.092373
# Iters: 30 loss: 0.050474
# Iters: 40 loss: 0.034724
# Iters: 50 loss: 0.026468
# Iters: 60 loss: 0.021385
# Iters: 70 loss: 0.017941
# Iters: 80 loss: 0.015453
# Iters: 90 loss: 0.012099
# Iters: 100 loss: 0.012099
# Iters: 110 loss: 0.011253
# Iters: 120 loss: 0.010551
# Iters: 130 loss: 0.009932
# Iters: 140 loss: 0.009382
# Iters: 150 loss: 0.008889
```

이 CBoW 예제는 이 책에서 완결적인 머신러닝 훈련 루프를 보여주는 첫 예제이다. 활성화 함수인 ReLU를 비롯해 훈련 루프의 각 단계를 자세히 살펴보기 바란다. 다양한 ML 패러다임과 여러 가지 활성화 함수들에 대해 독자가 어느 정도 익숙할 것으로 가정하고, ReLU를 자세히 설명하지는 않겠다. 대신 이 활성화 함수를 언제 사용하고 언제 사용하지 말아야 하는지만 언급하고 넘어가겠다. ReLU는 기울기 소실(vanishing gradient) 문제는 해결하지만 기울기 폭발(exploding gradient) 문제는 해결하지 못하며, 모델 안의 모든 음수 비교를 무력화한다.[12] 상황에 따라서는 음수를 알파로 정규화할 수 있는 지수 선형 단위(exponential linear unit, ELU) 함수나 언어와 같이 점점 더 복잡해지는 시나리오에서 잘 작동하는 일반화된 가우스 선형 단위(generalized Gaussian linear unit, GEGLU) 또는 스위시-게이트 선형 단위(Swish-gated linear unit SWIGLU) 함수 같은 대안이 더 나을 것이다. 그러나 사람들은 ReLU가 특정 상황에서 최선이어서가 아니라, S자형 함수(시그모이드)나 tanh와 같은 이전 활성화 함수들보다도 이해하고 구현하기 쉽고 직관적이기 때문에 자주 사용한다.

실무에서는 이런 세부사항들 대부분을 추상화한 기존 패키지를 활용할 때가 많다. 하지만 LLM을 프로덕션에 투입하는 사람으로서 여러분은 모델 내부에서 어떤 일이 일어나는지 알아둘 필요가 있다. 다양한 상황에서 서로 다른 모델들이 어떻게 동작할지 어느 정도 확신을 가지고 예측할 수 있어야 한다. 다음 절에서는 그러한 추상화의 예로, 연속 모델링 기법이 만들어 낸 추상화를 자세히 살펴본다.

2.2.5 임베딩

언어의 특징들을 돌이켜 보면 연속 스타일의 언어 모델링이 왜 그렇게 획기적이었는지 쉽게 이해할 수 있다. 임베딩[embedding]은 아무 의미도 담지 않은 토큰화된 벡터를 가져와서, 단어 순서나 비슷한 문맥에서 나타나는 하위 단어 등등 텍스트에서 관찰할 수 있는 내용을 바탕으로 의미를 삽입하려 시도한다. 의미의 주된 형성 방식은 연어(즉 단어들의 인접 관계)지만, 그럼에도 임베딩은 유용함이 입증되었다. 심지어 인간이 인코딩한 단어의 의미와도 유사성을 보인다.

최초의 사전 훈련된(pretrained) 벡터 임베딩 중 하나인 Word2Vec의 대표적인 예시는 'king(왕)' 벡터에서 'man(남자)' 벡터를 빼고 'woman(여자)' 벡터를 더한 결과와 가장 가까이 있는 벡터가 'queen(여왕 또는 왕비)' 벡터라는 것이었다. 이 예는 인간의 의미론과 흡사하다는 점에서 이치에 맞게 느껴진다. 중요한 차이점 하나는 이미 여러 번 언급한 화용론이다. 인간은 화용론적 문맥을 사용해서 의미론적 뜻을 이해하므로, 예를 들어 누가 "밥을 먹어야 해"라고 말했다고 해도 실제로 밥을 먹지 않으면 목숨이 위험한 것은 아님을 안다. 임베딩은 순수한 사용례(usage) 이외의 것에서는 영향을 받지 않는데, 이는 인간의 학습 방식과 비슷할 수 있다. 실제로, 이를 여러 측면에서 지지하는 논증들이

12 (옮긴이) ReLU의 출력은 항상 0 이상이다. 0보다 작은 입력에 대해서는 0을 돌려준다.

존재한다. 한 가지 확실한 점은 모델에 더 대표성 있는(representative) 데이터를 제공할 수 있다면 더 효과적인 임베딩으로 가는 길이 열릴 수 있다는 것이다. 하지만 더 효과적인 임베딩이 더 나은 모델 성능을 제공하므로, 이는 결국 닭과 달걀의 문제가 된다.

예제 2.5는 pyplot 패키지를 이용해서 임베딩을 시각화하는 방법을 보여준다. 임베딩에 관해서는 이후의 장들에서 좀 더 자세히 다룰 것이다. 임베딩 시각화는 모델의 설명 가능성(explainability)과 사전 훈련 단계에서의 검증에 도움이 된다. 의미론적으로 유사한 임베딩들이 그래프상에서 상대적으로 가까이 있다면, 올바른 방향으로 진행되고 있을 가능성이 높다.

예제 2.5 임베딩 시각화

```
words = [                    ← 예제 2.4에서 이어진다. gradient_descent 함수를 호출해서
                               W1, W2 등이 설정되었다고 가정한다.
    "King",
    "Queen",
    "Lord",
    "Man",
    "Woman",
    "Prince",
    "Ophelia",
    "Rich",
    "Happy",
]
embs = (W1.T + W2) / 2.0
idx = [word2Ind[word] for word in words]
X = embs[idx, :]
print(X.shape, idx)

result = compute_pca(X, 2)
pyplot.scatter(result[:, 0], result[:, 1])
for i, word in enumerate(words):
    pyplot.annotate(word, xy=(result[i, 0], result[i, 1]))
pyplot.show()
```

그림 2.4는 이 코드가 출력한 그래프이다. 그래프는 성공적으로 훈련된 CBoW 모델의 매우 희소한(sparse) 임베딩 표현을 보여준다. 의미론적 표현(임베딩)을 더 밀집되게 만드는 것이 이 분야의 주된 개선 대상 중 하나이다. 하지만 지시(instruct)와 다양한 사고 연쇄(CoT) 기법을 통해 더 밀집된 의미론적 의미를 더 큰 화용론적 문맥으로 대체해서 성과를 거둔 실험도 많다. 사고 연쇄나 기타 기법들은

나중에 다룰 것이다. 지금은 빈도 기반 모델이 현실과 연관 짓기 어렵다는 특징이 있음에도 이러한 연속 임베딩 기법이 성공적일 수 있는 이유에 집중하자. 이 모든 것은 반세기 전 다층 퍼셉트론이 등장하면서 시작되었다.

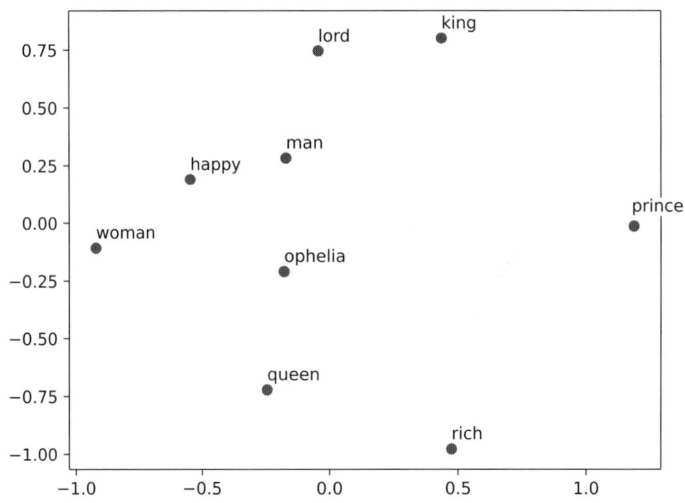

그림 2.4 단어 임베딩 시각화 기법. 임베딩 시각화는 모델 설명 가능성에 중요한 요인이 될 수 있다.

2.2.6 다층 퍼셉트론(MLP)

다층 퍼셉트론(multilayer perceptron, MLP)은 "기계는 한 가지 일을 잘하니까, 그런 기계 여러 개를 모아서 많은 일을 잘하는 하나를 만들면 좋겠다"라는 생각을 구현한 것이다. MLP 신경망의 모든 가중치와 편향은 각각 한 가지 일을 잘한다. 한 가지 특징(feature)을 검출하는 것이 그러한 일의 예이다. 따라서 다수의 MLP를 묶어서 더 크고 복잡한 특징들을 검출할 수 있다. MLP는 대부분의 신경망 아키텍처에서 기본 구성요소로 쓰인다. 합성곱 신경망(CNN)이나 순환 신경망(RNN) 같은 아키텍처들의 주요 차이점은 주로 데이터 적재(loading) 방식과 토큰화되고 임베딩된 데이터가 모델 층들을 통과하는 방식에 있을 뿐, 완전 연결층(fully connected layer) 같은 개별 층의 기능은 큰 차이가 없다.

예제 2.6은 작업에 필요한 만큼 많은 층과 매개변수를 가질 수 있는 더 동적인 신경망 클래스를 보여준다. 파이토치에 기반한 좀 더 명확하고 상세한 클래스이다. 이 클래스는 MLP를 처음부터 구현하든 아니면 인기 있는 프레임워크를 이용하든 여러분이 원하는 방식으로 MLP를 구현할 수 있는 유연성을 제공한다.

예제 2.6 다층 퍼셉트론 파이토치 클래스 구현

```
import torch
import torch.nn as nn
import torch.nn.functional as F

class MultiLayerPerceptron(nn.Module):
    def __init__(
        self,
        input_size,
        hidden_size=2,
        output_size=3,
        num_hidden_layers=1,
        hidden_activation=nn.Sigmoid,
    ):
        """가중치들을 초기화환다.
        인수들:
            input_size (int): 입력 크기
            hidden_size (int): 은닉층 크기
            output_size (int): 출력 크기
            num_hidden_layers (int): 은닉층 개수
            hidden_activation (torch.nn.*): 활성화 클래스
        """
        super(MultiLayerPerceptron, self).__init__()
        self.module_list = nn.ModuleList()
        interim_input_size = input_size
        interim_output_size = hidden_size
        torch.device("cuda:0" if torch.cuda.is_available() else "cpu")

        for _ in range(num_hidden_layers):
            self.module_list.append(
                nn.Linear(interim_input_size, interim_output_size)
            )
            self.module_list.append(hidden_activation())
            interim_input_size = interim_output_size

        self.fc_final = nn.Linear(interim_input_size, output_size)

        self.last_forward_cache = []
```

```
    def forward(self, x, apply_softmax=False):
        """MLP의 순방향 패스

        인수들:
            x (torch.Tensor): 입력 데이터 텐서
            x.shape는 반드시 (batch, input_dim)이어야 함
            apply_softmax (bool): 소프트맥스 활성화 함수 적용 여부
                교차 엔트로피 손실 함수를 사용하는 경우에는 반드시
                false이어야 함
        반환값:
            계산된 출력 텐서. 텐서의 .shape는 반드시 (batch, output_dim)
            이어야 함.
        """
        for module in self.module_list:
            x = module(x)

        output = self.fc_final(x)

        if apply_softmax:
            output = F.softmax(output, dim=1)

        return output
```

이전 예제의 CBoW 모델은 정적층(static layer) 두 개로 고정되었지만, 이 MLP 모델은 크기가 동적이다. 크기는 모델 객체를 인스턴스화할 때 결정된다. 예를 들어 은닉층이 100만 개인 모델을 원한다면 `num_hidden_layers=1000000`으로 지정해서 모델을 인스턴스화하면 된다. 하지만 층과 매개변수를 늘린다고 해서 그 즉시 모델이 더 좋아지는 것은 아니다. LLM은 단순히 많은 층을 쌓는 것 이상이다. RNN이나 CNN처럼 LLM의 진가는 데이터가 모델에 들어가고 이동하는 방식에 있다. 이를 설명하기 위해 RNN과 그 변형 중 하나를 살펴보자.

2.2.7 순환 신경망(RNN)과 장단기 메모리(LSTM) 네트워크

순환 신경망(recurrent neural network, RNN)은 그 이전 언어 모델링 기법들의 약점을 바탕으로 시퀀스를 분석하도록 설계된 신경망의 한 종류이다. 시퀀스는 간단히 말해 순서가 있는 배열로, 배열 요소(성분)들의 위치가 바뀌면 전체 배열의 합이 달라진다. 언어를 시퀀스로 표현한다는 것은 모델이

한 번에 하나의 토큰을 처리하는 것이 아니라 시퀀스의 여러 토큰을 처리해야 한다는 뜻이다. RNN은 MLP와 마르코프 연쇄에서 본 것처럼 입력 토큰들을 처리하되, 필요에 따라 내부 상태나 메모리를 참조해서 노드 간 연결이 유용하다고 판단되면 순환고리(cycle)를 만드는 방식으로 시퀀스를 처리한다.

예제 2.7은 하나의 완결된 RNN을 보여준다. 처음에는 네트워크의 모든 노드가 그 후속 노드들과 연결되어 있지만, 입력을 처리하는 과정에서 특정 연결이 유용하지 않다고 판단하면 해당 가중치를 0으로 설정해서 연결을 끊는다. 이것이 RNN과 그 변형들이 초기 모델들이 겪었던 가장 큰 문제 중 하나인 정적 입력 크기 문제를 해결하고 가변 길이 입력을 처리하는 비결이다. 하지만 긴 시퀀스는 새로운 문제를 만든다. 각 뉴런이 후속 뉴런들과 연결되어 있기 때문에 시퀀스가 길어지면 전체 합에 대한 변화가 작아져서, 시퀀스에 중요한 단어가 있더라도 결국에는 기울기가 사라지는 문제가 발생한다. 이를 기울기 소실이라고 한다. 기울기 폭발이나 감소(diminishing) 같은 다른 문제들도 있다.

예를 들어 감성 분석(sentiment analysis) 작업을 생각해 보자. "어젯밤 영화 정말 좋았어"라는 문장과 "어젯밤 본 영화는 내가 기대했던 것 중 최고였다"라는 문장은 정확히 같지는 않지만 그 뜻은 비슷하다. RNN을 통과할 때 첫 문장은 단지 더 짧다는 이유로 각 단어에 더 큰 가중치가 부여되어서 둘째 문장보다 더 긍정적으로 평가된다. 기울기 폭발 문제는 이런 시퀀스 처리의 결과로, 심층 RNN의 훈련을 어렵게 만든다.

이 문제를 해결하기 위해 RNN의 한 종류인 장단기 메모리(LSTM) 네트워크는 메모리 셀[memory cell]과 게이트 제어 메커니즘(gating mechanism)을 이용해서 가변 길이 시퀀스를 처리하면서도 모델이 짧은 시퀀스와 긴 시퀀스를 다르게 파악하게 하는 문제를 피한다. 다국어 시나리오를 예상해서, 그리고 사람들이 언어를 한 방향으로만 생각하지 않는다는 점을 고려해서 LSTM은 왼쪽에서 오른쪽으로 읽는 RNN과 오른쪽에서 왼쪽으로 읽는 RNN의 출력을 연결해 양방향으로 시퀀스를 처리할 수 있다. 이러한 양방향성은 수천 개의 토큰이 지나가더라도 정보를 보고 기억할 수 있게 함으로써 결과를 개선한다.

예제 2.7은 RNN과 LSTM 클래스를 모두 제공한다. 원서 깃허브 저장소(`https://github.com/IMJONEZZ/LLMs-in-Production`)에서 RNN과 LSTM의 훈련 결과를 볼 수 있다. 핵심은 LSTM이 RNN에 필요한 에포크의 절반으로도(RNN 50회 대비 25회) 훈련 데이터셋과 검증 데이터셋 모두에서 더 나은 정확도를 달성한다는 것이다. 주목할 만한 혁신으로는 압축된(packed) 임베딩이 패딩을 활용해 모든 가변 길이 시퀀스를 최대 길이로 확장한다는 점을 들 수 있겠다. 덕분에 LSTM은 최대 길이보다 짧은 모든 길이의 입력을 처리할 수 있다. LSTM을 효과적으로 설정하기 위해, 예제 코드는 데이터셋(트위터 감성 분석 데이터셋)에 대해 고전적인 NLP 작업을 수행한다. NLTK(Natural Language

Toolkit) 패키지의 정규식 기능으로 입력을 토큰화해서 단어들만 추출하고, 그 단어들에 spaCy의 표제어 추출(lemmatization; 어근 변환) 기능을 적용해서 단어의 기본형만 포함된 목록들의 목록을 얻는다.

예제 2.7 파이토치로 구현한 RNN과 LSTM 클래스

```
import torch
import pandas as pd
import numpy as np
from gensim.models import Word2Vec
from sklearn.model_selection import train_test_split
import nltk
import spacy

    tokenizer = nltk.tokenize.RegexpTokenizer("\w+'?\w+|\w+'")
    tokenizer.tokenize("This is a test")
    stop_words = nltk.corpus.stopwords.words("english")
    nlp = spacy.load("en_core_web_lg", disable=["parser", "tagger", "ner"])

dataset = pd.read_csv("./data/twitter.csv")

text_data = list(
    map(lambda x: tokenizer.tokenize(x.lower()), dataset["text"])
)
text_data = [
    [token.lemma_ for word in text for token in nlp(word)]
    for text in text_data
]
label_data = list(map(lambda x: x, dataset["feeling"]))
assert len(text_data) == len(
    label_data
), f"{len(text_data)} does not equal {len(label_data)}"

EMBEDDING_DIM = 100
model = Word2Vec(
```

← 훈련용 말뭉치를 만들고 고전적인 NLP 전처리 작업 몇 가지를 수행한다.[13]

13 (옮긴이) 이 책의 깃허브 저장소를 `git clone`으로 복제했다고 할 때, 이 예제를 비롯해 대부분의 예제는 해당 파이썬 스크립트를 `chapters/chapter_2` 같은 개별 장 디렉터리가 아니라 전체 예제의 최상위 디렉터리(`chapters`, `models`, `data` 같은 하위 디렉터리들이 있는)가 현재 디렉터리라고 가정한다. 만일 `chapters/chapter_2` 같은 개별 장 디렉터리에서 스크립트를 실행한다면 `./data/`를 `../../data`로 바꾸어야 한다. 반대로, 예제 코드에 `../../data` 같은 경로가 있다면 개별 장 디렉터리가 기준이다.

```
    text_data, vector_size=EMBEDDING_DIM, window=5, min_count=1, workers=4
)
word_vectors = model.wv
print(f"Vocabulary Length: {len(model.wv)}")
del model

padding_value = len(word_vectors.index_to_key)
embedding_weights = torch.Tensor(word_vectors.vectors)

class RNN(torch.nn.Module):
    def __init__(
        self,
        input_dim,
        embedding_dim,
        hidden_dim,
        output_dim,
        embedding_weights,
    ):
        super().__init__()
        self.embedding = torch.nn.Embedding.from_pretrained(
            embedding_weights
    )
    self.rnn = torch.nn.RNN(embedding_dim, hidden_dim)
    self.fc = torch.nn.Linear(hidden_dim, output_dim)

    def forward(self, x, text_lengths):
        embedded = self.embedding(x)
        packed_embedded = torch.nn.utils.rnn.pack_padded_sequence(
            embedded, text_lengths
        )
        packed_output, hidden = self.rnn(packed_embedded)
        output, output_lengths = torch.nn.utils.rnn.pad_packed_sequence(
            packed_output
        )
        return self.fc(hidden.squeeze(0))


INPUT_DIM = padding_value
EMBEDDING_DIM = 100
```

임베딩은 LSTM 입력에 의미값(semantic value)을 부여하는 데 필요하다.

```
HIDDEN_DIM = 256
OUTPUT_DIM = 1

rnn_model = RNN(
    INPUT_DIM, EMBEDDING_DIM, HIDDEN_DIM, OUTPUT_DIM, embedding_weights
)

rnn_optimizer = torch.optim.SGD(rnn_model.parameters(), lr=1e-3)
rnn_criterion = torch.nn.BCEWithLogitsLoss()
device = torch.device("cuda" if torch.cuda.is_available() else "cpu")


class LSTM(torch.nn.Module):
    def __init__(
        self,
        input_dim,
        embedding_dim,
        hidden_dim,
        output_dim,
        n_layers,
        bidirectional,
                dropout,
        embedding_weights,
    ):
        super().__init__()
        self.embedding = torch.nn.Embedding.from_pretrained(
            embedding_weights
        )
        self.rnn = torch.nn.LSTM(
            embedding_dim,
            hidden_dim,
            num_layers=n_layers,
            bidirectional=bidirectional,
            dropout=dropout,
        )
        self.fc = torch.nn.Linear(hidden_dim * 2, output_dim)
        self.dropout = torch.nn.Dropout(dropout)

    def forward(self, x, text_lengths):
```

```
        embedded = self.embedding(x)
        packed_embedded = torch.nn.utils.rnn.pack_padded_sequence(
            embedded, text_lengths
        )
        packed_output, (hidden, cell) = self.rnn(packed_embedded)
        hidden = self.dropout(
            torch.cat((hidden[-2, :, :], hidden[-1, :, :]), dim=1)
        )
        return self.fc(hidden.squeeze(0))


INPUT_DIM = padding_value
EMBEDDING_DIM = 100
HIDDEN_DIM = 256
OUTPUT_DIM = 1
N_LAYERS = 2
BIDIRECTIONAL = True
DROPOUT = 0.5

lstm_model = LSTM(
    INPUT_DIM,
    EMBEDDING_DIM,
    HIDDEN_DIM,
    OUTPUT_DIM,
    N_LAYERS,
    BIDIRECTIONAL,
    DROPOUT,
    embedding_weights,
)

lstm_optimizer = torch.optim.Adam(lstm_model.parameters())
lstm_criterion = torch.nn.BCEWithLogitsLoss()
device = torch.device("cuda" if torch.cuda.is_available() else "cpu")


def binary_accuracy(preds, y):
    rounded_preds = torch.round(torch.sigmoid(preds))
     correct = (rounded_preds == y).float()
    acc = correct.sum() / len(correct)
```

```
    return acc


def train(model, iterator, optimizer, criterion):
    epoch_loss = 0
    epoch_acc = 0
    model.train()
    for batch in iterator:
        optimizer.zero_grad()
        predictions = model(batch["text"], batch["length"]).squeeze(1)
        loss = criterion(predictions, batch["label"])
        acc = binary_accuracy(predictions, batch["label"])
        loss.backward()
        optimizer.step()
        epoch_loss += loss.item()
        epoch_acc += acc.item()

    return epoch_loss / len(iterator), epoch_acc / len(iterator)


def evaluate(model, iterator, criterion):
    epoch_loss = 0
    epoch_acc = 0
    model.eval()
    with torch.no_grad():
        for batch in iterator:
            predictions = model(batch["text"], batch["length"]).squeeze(1)
            loss = criterion(predictions, batch["label"])
            acc = binary_accuracy(predictions, batch["label"])

            epoch_loss += loss.item()
            epoch_acc += acc.item()

    return epoch_loss / len(iterator), epoch_acc / len(iterator)


batch_size = 2
```

← 보통의 경우 컴퓨터가 처리하기 쉬운 2의 거듭제곱으로 설정한다.

```
def iterator(X, y):
    size = len(X)
    permutation = np.random.permutation(size)
    iterate = []
    for i in range(0, size, batch_size):
    indices = permutation[i : i + batch_size]
        batch = {}
        batch["text"] = [X[i] for i in indices]
        batch["label"] = [y[i] for i in indices]

        batch["text"], batch["label"] = zip(
            *sorted(
                zip(batch["text"], batch["label"]),
                key=lambda x: len(x[0]),
                reverse=True,
            )
        )
        batch["length"] = [len(utt) for utt in batch["text"]]
        batch["length"] = torch.IntTensor(batch["length"])
        batch["text"] = torch.nn.utils.rnn.pad_sequence(
            batch["text"], batch_first=True
        ).t()
        batch["label"] = torch.Tensor(batch["label"])

        batch["label"] = batch["label"].to(device)
        batch["length"] = batch["length"].to(device)
        batch["text"] = batch["text"].to(device)

        iterate.append(batch)

    return iterate


index_utt = [
    torch.tensor([word_vectors.key_to_index.get(word, 0) for word in text])
    for text in text_data
]

X_train, X_test, y_train, y_test = train_test_split(
```

```
    index_utt, label_data, test_size=0.2
)                                              ←——— 훈련 목적에 부합하는 레이블들을 설정해야 한다.
X_train, X_val, y_train, y_val = train_test_split(
    X_train, y_train, test_size=0.2
)

train_iterator = iterator(X_train, y_train)
validate_iterator = iterator(X_val, y_val)
test_iterator = iterator(X_test, y_test)

print(len(train_iterator), len(validate_iterator), len(test_iterator))


N_EPOCHS = 25

for model in [rnn_model, lstm_model]:
    print(
    "|-----------------------------------------------------------------------------------------|"
    )
    print(f"Training with {model.__class__.__name__}")
    if "RNN" in model.__class__.__name__:
        for epoch in range(N_EPOCHS):
            train_loss, train_acc = train(
                rnn_model, train_iterator, rnn_optimizer, rnn_criterion
            )
            valid_loss, valid_acc = evaluate(
                rnn_model, validate_iterator, rnn_criterion
            )

            print(
                f"| Epoch: {epoch+1:02} | Train Loss: {train_loss: .3f} |
                ↪ Train Acc: {train_acc*100: .2f}% | Validation Loss:
                ↪ {valid_loss: .3f} | Validation Acc: {valid_acc*100: .2f}% |"
            )
    else:
        for epoch in range(N_EPOCHS):
            train_loss, train_acc = train(
                lstm_model, train_iterator, lstm_optimizer, lstm_criterion
            )
```

```
        valid_loss, valid_acc = evaluate(
            lstm_model, validate_iterator, lstm_criterion
        )

        print(
            f"¦ Epoch: {epoch+1:02} ¦ Train Loss: {train_loss: .3f} ¦
            ↪ Train Acc: {train_acc*100: .2f}% ¦ Validation Loss:
            ↪ {valid_loss: .3f} ¦ Validation Acc: {valid_acc*100: .2f}% ¦"
        )
# 훈련 데이터셋과 검증 데이터셋에 대한 에포크별 손실 값과 정확도
# ¦ Epoch: 01 ¦ Train Loss:  0.560 ¦ Train Acc:  70.63% ¦ Validation Loss:
# 0.574 ¦ Validation Acc:  70.88% ¦
# ¦ Epoch: 05 ¦ Train Loss:  0.391 ¦ Train Acc:  82.81% ¦ Validation Loss:
# 0.368 ¦ Validation Acc:  83.08% ¦
# ¦ Epoch: 10 ¦ Train Loss:  0.270 ¦ Train Acc:  89.11% ¦ Validation Loss:
# 0.315 ¦ Validation Acc:  86.22% ¦
# ¦ Epoch: 15 ¦ Train Loss:  0.186 ¦ Train Acc:  92.95% ¦ Validation Loss:
# 0.381 ¦ Validation Acc:  87.49% ¦
# ¦ Epoch: 20 ¦ Train Loss:  0.121 ¦ Train Acc:  95.93% ¦ Validation Loss:
# 0.444 ¦ Validation Acc:  86.29% ¦
# ¦ Epoch: 25 ¦ Train Loss:  0.100 ¦ Train Acc:  96.28% ¦ Validation Loss:
# 0.451 ¦ Validation Acc:  86.83% ¦
```

클래스와 인스턴스화를 살펴보면 LSTM이 RNN과 크게 다르지 않다는 것을 알 수 있다. 유일한 차이는 생성자(`__init__` 메서드)가 `n_layers`(RNN에서도 지정 가능), `bidirectional`, `dropout` 같은 인수들을 받는다는 점이다. `bidirectional`을 `True`로 지정해서 양방향성을 활성화하면, LSTM이 시퀀스의 앞부분을 미리 살펴보면서 의미와 문맥을 파악하게 된다. 또한 모든 언어가 영어처럼 왼쪽에서 오른쪽으로 쓰는 것은 아니므로, 양방향성은 다국어 시나리오에서도 큰 도움이 된다. 또 하나의 혁신적인 기능인 `dropout`)으로 지정하는 드롭아웃이다. 드롭아웃은 과적합(overfitting) 패러다임을 데이터 의존성에서 벗어나게 한다. 드롭아웃을 활성화하면 훈련 도중 각 층에서 무작위로(`dropout`에 지정된 확률에 따라) 노드가 꺼진다(off). 그러면 모든 노드가 서로 연결되어 복잡하게 상호 적응하는 현상이 줄어들어서, 결과적으로 모델의 과적합이 줄어든다. 모델 외부 매개변수의 측면에서 둘의 유일한 차이점은, RNN은 CBoW처럼 확률적 경사하강법(stochastic gradient descent; SGD)을 사용하는 반면, LSTM은 Adam 알고리즘[14]을 사용한다는 것이다(성능에 따라 AdamW를 포함한 어떤 옵티마이저든

14 (옮긴이) 참고로 Adam이라는 이름은 adaptive moment estimation(적응형 적률 추정)에서 비롯된 것으로, 두문자어가 아니므로 ADAM이라고 표기하지는 않는다.

사용할 수 있다). 클래스들을 정의한 다음에는 훈련 루프를 정의하고 그것으로 LSTM의 훈련을 진행한다. 이 훈련 루프를 예제 2.4의 `gradient_descent` 함수에 정의된 것과 비교해 보기 바란다.

이 코드에서 보여주는 놀라운 점 중 하나는 양방향성과 드롭아웃 덕분에 LSTM의 훈련이 상당히 빠르게 진행된다는 점이다. 절대적인 시간 자체는 이번 장의 이전 모델들이 LSTM보다 훈련이 더 빠르지만, 그 모델들이 LSTM이 25에포크만에 도달하는 성능에 도달하려면 수백 에포크가 필요하다. 이름이 시사하듯 검증(validation) 데이터셋에 대한 성능은 이 아키텍처의 타당성을 검증해 준다. 검증 데이터셋은 훈련에 쓰이지 않은 예시들로 이루어진다. 그런 예시들로 추론을 수행했을 때 훈련 데이터셋에서와 비슷한 정확도가 나온다는 것은 모델이 학습을 잘했다는 뜻이다.

이런 유형의 모델들에는 두드러진 문제점이 없다. 다만, 주로 의료나 법률처럼 더 길고 세부적인 문제에 적용할 때 엄청난 자원이 필요하다. 드롭아웃과 양방향성 둘 다 놀라운 장점을 제공하긴 하지만, 훈련에 필요한 컴퓨팅 자원이 최소 두 배가 된다는 점을 주의해야 할 것이다. 추론 비용은 같은 크기의 MLP보다 2~3배 정도이지만 훈련은 10~12배나 된다. 즉, 드롭아웃과 양방향성은 기울기 폭발을 막아주는 대신 훈련에 필요한 연산량의 폭발적 증가를 유발한다. 이 문제를 해결하는 하나의 지름길이 고안되고 구현되었다. LSTM을 포함한 모든 모델이 이를 통해 시퀀스의 어느 부분이 가장 영향력 있고 어느 부분을 무시해도 되는지 파악할 수 있다. 바로 '주의(attention)' 메커니즘이다.

2.2.8 주의 메커니즘

주의 메커니즘은 수학적인 지름길로, 입력의 어느 부분을 얼마나 고려해야 할지를 수학 공식을 통해 모델에게 알려줌으로써 더 큰 컨텍스트 창을 더 빠르게 처리할 수 있게 한다. 예제 2.8은 단순한 키-값 쌍에 문맥 쿼리(contextual query)를 추가해서 개선한 사전(dictionary) 객체를 이용해서 주의 메커니즘을 구현한 예이다. 이 코드는 기존 NLP 기법과 현대적 기법의 큰 차이점을 보여준다.

주의는 LSTM 학습의 느린 속도 문제를 해결하면서도 적은 수의 에포크로 높은 성능을 유지하게 한다. 주의에는 여러 유형이 있는데, 내적 주의(dot product attention) 방식은 쿼리의 각 단어(또는 임베딩)와 키의 모든 단어 사이의 관계를 포착한다. 쿼리와 키가 같은 문장의 일부일 때 이를 양방향 자기 주의(bi-directional self-attention)라고 부른다. 하지만 현재 단어 이전의 단어들에만 집중하는 것이 더 적합한 경우도 있다. 특히 쿼리와 키가 같은 문장에 있는 경우에서 이전 단어들에 주의를 기울이는 유형의 주의를 인과적 주의(causal attention)라고 한다. 주의 기반 언어 모델링에서는 시퀀스의 일부를 마스킹하고 모델이 마스크 뒤에 무엇이 있는지 추측하도록 함으로써 언어 모델의 능력을 더욱더 개선한다. 예제 2.8은 내적 주의를 위한 함수와 마스크 주의(masked attention)를 위한 함수를 모두 제시한다.

예제 2.8 다중 헤드 주의 메커니즘 구현

```
import numpy as np
from scipy.special import softmax

x = np.array([[1.0, 0.0, 1.0, 0.0],
             [0.0, 2.0, 0.0, 2.0],
             [1.0, 1.0, 1.0, 1.0]])

w_query = np.array([[1,0,1],
              [1,0,0],
              [0,0,1],
              [0,1,1]])
w_key = np.array([[0,0,1],
              [1,1,0],
              [0,1,0],
              [1,1,0]])
w_value = np.array([[0,2,0],
              [0,3,0],
              [1,0,3],
              [1,1,0]])

Q = np.matmul(x,w_query)
K = np.matmul(x,w_key)
V = np.matmul(x,w_value)

k_d = 1
attention_scores = (Q @ K.transpose())/k_d

attention_scores[0] = softmax(attention_scores[0])
attention_scores[1] = softmax(attention_scores[1])
attention_scores[2] = softmax(attention_scores[2])

attention1 = attention_scores[0].reshape(-1,1)
attention1 = attention_scores[0][0]*V[0]
attention2 = attention_scores[0][1]*V[1]
attention3 = attention_scores[0][2]*V[2]
```

단계 1: 4×3 행렬(모델 차원 4, 입력 개수 3)

단계 2: 3×4 행렬(가중치 차원 3, 모델 차원 4)

단계 3: 행렬 곱셈으로 Q, K, V 계산; Q(쿼리)는 x * w_query, K(키)는 x * w_key, V(값)는 x * w_value

단계 4: 비례된(scaled) 주의 점수들; 차원 성분들의 제곱근

단계 5: 벡터별 비례된 소프트맥스 주의 점수

단계 6: attention_scores/k_d * V로 주의 값 계산

```
attention_input1 = attention1 + attention2 + attention3      ← 단계 7: 결과를 합산해서 출력 행렬의 첫 행 생성

attention_head1 = np.random.random((3,64))      ← 단계 8: 입력값 1~3에 대해 단계 1~7 수행; 데모일 뿐이므로
                                                   적절한 차원의 무작위 행렬 사용

z0h1 = np.random.random((3,64))
z1h2 = np.random.random((3,64))
z2h3 = np.random.random((3,64))
z3h4 = np.random.random((3,64))      단계 9: 주의 하위층(sublayer)의
z4h5 = np.random.random((3,64))      헤드 8개 모두를 단계 1~7로 훈련
z5h6 = np.random.random((3,64))
z6h7 = np.random.random((3,64))
z7h8 = np.random.random((3,64))

                                                                           단계 10: 헤드 1~8을 연결해서
Output_attention = np.hstack((z0h1,z1h2,z2h3,z3h4,z4h5,z5h6,z6h7,z7h8))  ← 모델의 원래 8×64
                                                                           출력 차원 생성

def dot_product_attention(query, key, value, mask, scale=True):      ← 이상의 모든 단계를 수행하는 함수
    assert query.shape[-1] == key.shape[-1] == value.shape[-1], "q,k,v have different dimensions!"
    if scale:
        depth = query.shape[-1]
    else:
        depth = 1
    dots = np.matmul(query, np.swapaxes(key, -1, -2)) / np.sqrt(depth)
    if mask is not None:
        dots = np.where(mask, dots, np.full_like(dots, -1e9))
    logsumexp = scipy.special.logsumexp(dots, axis=-1, keepdims=True)
    dots = np.exp(dots - logsumexp)
    attention = np.matmul(dots, value)
    return attention

                                                               앞의 모든 단계를 수행하되
def masked_dot_product_self_attention(q,k,v,scale=True):      ← 마스킹에 인과성을 추가하는 함수
    mask_size = q.shape[-2]
    mask = np.tril(np.ones((1, mask_size, mask_size), dtype=np.bool_), k=0)
    return DotProductAttention(q,k,v,mask,scale=scale)
```

예제 2.8에 나온 주의 메커니즘의 전체 구현에서 키(key)와 값(value)이라는 용어는 익숙할 것이다. 하지만 쿼리[query]는 생소할 수 있다. 키-값 쌍은 사전이나 룩업 테이블처럼 키 집합을 값 배열에 대응시키는 것이므로 어려울 것이 없다. 쿼리는 검색(retrieval)을 위한 일종의 탐색(search)이라고 생각하면 된다. 일반적인 연산에서 쿼리는 값을 검색하기 위한 키에 해당한다.

주의 메커니즘에서는 쿼리와 키의 내적 유사도(dot product similarity)를 비교해서 주의 점수를 산출한다. 나중에 이 점수에 값을 곱하는데, 그것이 모델이 시퀀스의 해당 부분에 얼마나 주의를 기울여야 하는지에 관한 최종 점수이다. 모델 아키텍처에 따라서는 인코더와 디코더의 시퀀스 길이를 모두 고려해야 하므로 이러한 계산이 더 복잡해질 수 있다. 하지만 지금 예에서는 모든 입력을 공통의 공간으로 투영한 후 내적으로 비교하는 것이 가장 효율적인 방법이다.

이전 예제보다는 수학적인 내용이 많지만, 개념을 설명하려면 수학을 피할 수 없다. 주의 메커니즘에 깔린 수학은 정말 혁신적이며 이 분야를 크게 발전시켰다. 안타깝게도, 주의 메커니즘 덕분에 시퀀스 모델링이 크게 개선되긴 했지만 LSTM과 RNN에는 여전히 속도와 메모리 크기 문제가 있었다. 예제 코드와 수학에서 보듯이 주의 메커니즘에는 제곱근이 쓰인다. 따라서 주의 메커니즘은 이차(quadratic) 기법에 해당한다. 이 문제를 해결하기 위해 하이에나Hyena나 RMT(recurrent memory transformer; 기본적으로 RNN과 트랜스포머의 결합) 같은 준이차(subquadratic) 기법들이 개발되었는데, 이 책에서 나중에 자세히 다룰 것이다. 지금은 주의 메커니즘의 궁극적 응용인 트랜스포머로 넘어가자.

2.3 "Attention Is All You Need"(필요한 것은 주의뿐이다)

획기적인 논문 "Attention Is All You Need"[15]에서 바스와니Vaswani 등은 앞에서 이야기한 수학적 지름길을 더욱 발전시켜서, 성능을 위해서는 순환(RNN의 'R')이나 합성곱이 전혀 필요하지 않다고 제시했다.

합성곱(convolution)은 자연어 처리에 적합하지 않으므로 이 책에서 다루지 않는다. 하지만 특히 컴퓨터비전에서는 인기가 있다.

대신 바스와니 등은 주의 메커니즘만 사용하고 Q, K, V의 출처를 더 신중하게 지정했다. 이에 관해서는 잠시 후에 자세히 살펴볼 것이다. 저자는 이 부류의 다양한 NLP 기술을 검토하면서 시간에 따른 진화와 각 접근 방식이 이전 방식을 어떻게 개선하려고 했는지를 관찰했다. 규칙 기반 방식에서 통계 모델과 신경망에 이르기까지, 이 분야는 자연어를 더 효율적이고 정확하게 처리하고 이해하는 방법을 지속적으로 추구해 왔다.

15 Vaswani 외, 2017, "Attention Is All You Need," https://arxiv.org/abs/1706.03762.

그럼 NLP 분야를 획기적으로 혁신한 트랜스포머transformer 아키텍처로 눈을 돌려보자. 이제부터 트랜스포머의 핵심 개념과 메커니즘, 그리고 이전 기술들의 성능을 뛰어넘는 최첨단 언어 모델 개발을 가능하게 한 방법을 살펴볼 것이다. 또한 트랜스포머가 NLP 생태계 전반에 미친 영향과 이 흥미로운 연구 분야의 추가 발전 가능성도 논의한다.

2.3.1 인코더

인코더encoder는 전체 트랜스포머 모델의 전반부로, 분류와 특징 공학(feature engineering) 분야에서 뛰어난 성능을 보인다. 바스와니 등은 인코더 내부의 임베딩층(embedding layer) 이후에서 텐서들에 추가적인 변환을 가하면 모델이 텐서들을 '의미적으로' 비교하는 능력이 저하될 수 있음을 발견했다. 이 모델들은 자기주의(self-attention)와 정교한 위치 인코딩(벡터들의 유사성을 크게 훼손하지 않으면서 조작하기 위한)에 크게 의존한다.

다시 말하지만 임베딩의 핵심 특징은 데이터의 벡터 표현이라는 점이다. 여기서는 토큰이 데이터다. 언어를 표현(대표)할 수 있는 것이라면 어떤 것이든 토큰이 될 수 있다. 일반적으로는 하위 단어 토큰이 권장되지만, 주어진 문제나 목적에 맞는 토큰 유형을 실험과 경험에 기반해서 잘 선택하는 것이 바람직하다. 한 예로 "The cat in the hat rapidly leapt above the red fox and the brown unmotivated dog"라는 문장을 생각해 보자. "red"와 "brown"은 의미적으로 유사하며, 임베딩층 이후에도 비슷하게 표현된다. 그러나 이 문장을 단어 단위로 토큰화할 경우 두 단어는 각각 10번째와 14번째 위치에 있다. 위치 인코딩 덕분에 두 토큰이 꽤 떨어져 있음을 알게 된다(또한, 같은 단어이지만 문장 안에서 서로 다른 위치에 있는 토큰들을 구별할 수 있게 되는 것도 위치 인코딩 덕분이다). 하지만 사인과 코사인을 적용하면 의미적 거리가 위치 인코딩 직후보다 약간만 멀어진 상태로 되돌아간다. 이러한 인코딩 메커니즘은 더 많은 순환과 더 많은 데이터로도 잘 확장된다. 예를 들어, [red]와 [brown]의 코사인 유사도가 임베딩 직후 99%였다고 하자. 위치 인코딩은 이를 85~86% 정도로 크게 낮추지만, 논문에 설명된 사인과 코사인 방법을 적용하면 유사도가 다시 96% 정도로 올라간다.

바스와니 등의 원 논문이 발표된 후 처음으로 나온 아키텍처 중 하나로 BERT가 있다. 인코더 전용 트랜스포머의 일종인 BERT는 작은 크기에 비해 매우 강력한 모델 아키텍처라서 오늘날에도 프로덕션 시스템에서 사용된다. BERT는 인기를 끈 최초의 인코더 전용 트랜스포머로, 트랜스포머를 사용한 연속 또는 순차 모델링(둘은 같다)이 Word2Vec보다 훨씬 더 나은 임베딩을 만들어 낸다는 것을 보여주었다. 이러한 임베딩이 더 나은 이유는 Word2Vec 임베딩에 비해 최소한의 훈련만으로도 새로운 작업과 데이터에 빠르게 적용할 수 있고, 사람이 선호하는 결과를 얻을 수 있기 때문이다. 한동안 대부분의 사람은 작은 데이터셋에서 퓨샷 학습(few-shot learning) 작업을 위해 BERT 기반 모델을 사용했다. 대부분의 연구자와 기업은 BERT 덕분에 최소한의 노력으로도 최첨단 성능을 달성할 수 있었다.

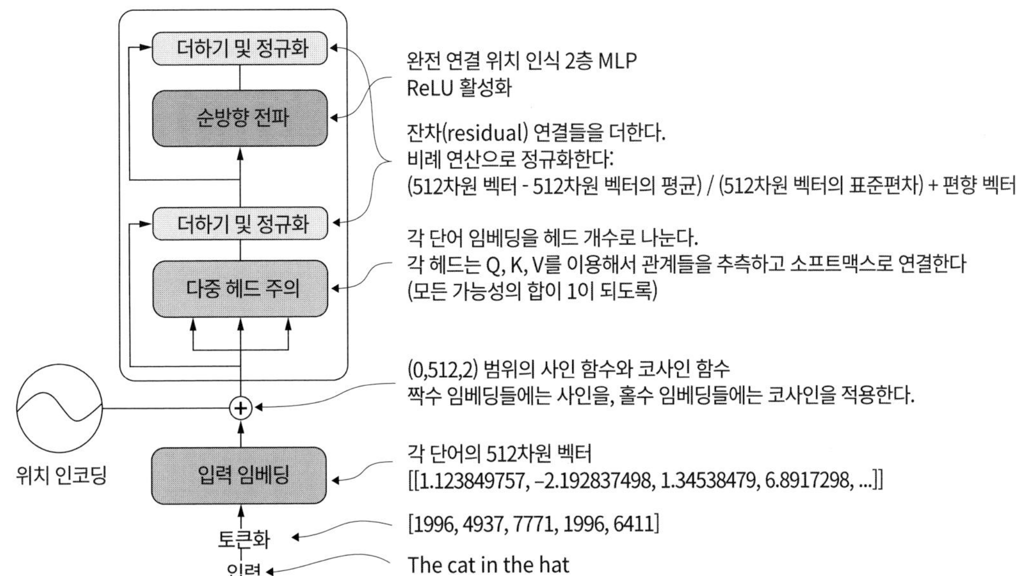

그림 2.5 인코더의 구조. 인코더는 전체 트랜스포머 아키텍처의 전반부로, 분류나 개체명 인식 같은 자연어 이해(NLU) 작업에 뛰어나다. 인코더 모델은 사전 지식이나 재귀를 필요로 하지 않으며, 정교한 위치 인코딩과 다중 헤드 주의를 사용해 각 토큰의 벡터 임베딩을 생성함으로써 이전 설계를 개선했다.

그림 2.5에 나온 인코더의 장점은 다음과 같다.

- 입력을 이해해야 하는 분류와 위계적(hierarchical) 작업에 탁월하다.
- 장거리 의존성 모델링치고는 속도가 매우 빠르다.
- 임베딩에는 CBoW를, 순방향 전파에는 MLP를 사용하는 등 이미 잘 알려진 모델들을 활용하므로 이해와 구현이 쉽다.
- 병렬 처리가 가능하다.

인코더의 단점은 다음과 같다.

- 효과를 보려면 많은 데이터가 필요하다(RNN보다는 적지만).
- 이전 모델들보다 아키텍처가 훨씬 더 복잡하다.

2.3.2 디코더

그림 2.6에서 보듯이 디코더[decoder]는 인코더를 확장한 것으로, 더하기 및 정규화 층이 하나 추가되었고(총 세 개) 다중 헤드 주의 블록이 두 개 추가되었다. 트랜스포머 아키텍처에서 디코더는 인코더 다음에 배치된다. 디코더는 마스크 언어 모델링(masked language modeling)과 구문(syntax) 학습 및 적용에 매우 뛰어나다. 그래서 디코더 전용 모델이 AGI(인공일반지능) 달성에 필요하다는 생각이 거의 즉시 제기됐다. 용도 면에서 인코더와 디코더의 차이를 간단하게 정리한다면, 인코더는 자연어 이해(NLU) 작업에서 뛰어나지만 디코더는 자연어 생성(NLG) 작업에서 탁월하다는 것이다. 디코더 전용 트랜스포머 아키텍처의 예로는 GPT(Generative Pre-trained Transformer; 생성형 사전훈련 트랜스포머) 계열 모델이 있다. 이 계열의 모델들은 전적으로 구문론에 기반한 변형 생성 문법(transformational generative grammar)의 논리를 따르기 때문에 언어의 모든 가능한 문장을 무한히 생성할 수 있다(부록 A 참고).

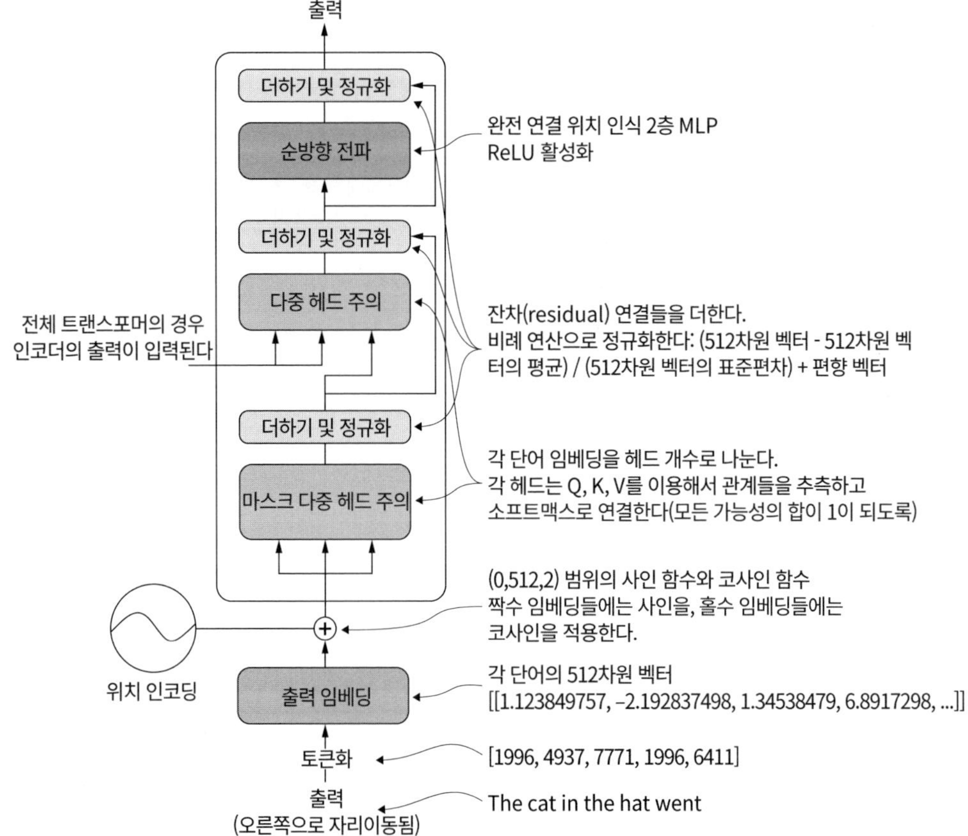

그림 2.6 디코더의 구조. 디코더는 전체 트랜스포머의 후반부로, 챗봇이나 스토리텔링 같은 자연어 생성(NLG) 작업에서 탁월하다. 디코더는 인코더와 같은 방식으로 이전 아키텍처들을 개선하지만, 다중 헤드 자기 주의의 장점을 활용하기 위해 다음 단어 생성을 위한 출력을 오른쪽으로 한 칸 이동시킨다.

디코더의 장점은 다음과 같다.

- 시퀀스의 다음 토큰을 생성한다(오른쪽 자리이동은 이미 생성된 토큰을 고려한다는 의미이다).
- 기존 모델과 인코더 모두를 기반으로 구축된다.
- 생성 중에 스트리밍이 가능해 뛰어난 사용자 경험(UX)을 제공한다.

디코더의 단점은 다음과 같다.

- 구문 전용 모델이라서 개발자가 기대하거나 의도한 의미를 집어넣기가 어려울 수 있다(2018년부터 현재까지 나온 'Forced a Bot' 밈[16]을 참고할 것).
- 환각 현상.

2.3.3 트랜스포머

전체 트랜스포머 아키텍처는 인코더와 디코더를 모두 활용한다. 인코더가 이해한 내용을 디코더의 두 번째 다중 헤드 주의 블록(multihead attention block)으로 전달해서 출력을 생성하는 방식이다. 트랜스포머의 각 부분이 이해와 생성에 특화되어 있다는 점을 생각하면, 전체 구조가 번역이나 요약 같은 조건부 생성(conditional generation) 작업에 가장 적합함을 직관적으로 이해할 수 있을 것이다. 이러한 작업에서는 생성 이전에 일정 수준의 이해가 필요하기 때문이다. 인코더는 입력을 고차원적으로 처리하는 데 중점을 두고, 디코더는 일관된 출력 생성에 더 집중한다. 그림 2.7에서 보듯이 전체 트랜스포머 아키텍처는 데이터를 성공적으로 이해하고 그 이해를 바탕으로 출력을 생성할 수 있다. T5(Text-To-Text Transfer Transformer) 계열 모델이 이러한 트랜스포머의 한 예이다.

트랜스포머 모델은 입력의 병렬 처리를 고려해서 설계되었기 때문에 현재의 LSTM이 따라올 수 없는 속도상의 이점이 있다. LSTM이 트랜스포머만큼 빠르게 실행될 수 있게 된다면 최신 기술 분야에서 경쟁력을 가질 수 있을 것이다.

트랜스포머의 장점은 다음과 같다.

- 인코더와 디코더를 모두 포함하므로 각각의 장점을 모두 활용할 수 있다.
- 속도와 효율성을 위해 고도로 병렬화되었다.

16 (옮긴이) 'Forced a Bot' 밈은 한 때 SNS 등에서 유행한, "AI에게 1000시간 분량의 무슨 무슨 동영상을 강제로 보게 했더니 이런 대본을 작성했다"라는 내용의 게시물들을 가리킨다. AI의 황당하거나 기발한 출력으로 관심을 끌었다.

단점은 다음과 같다.

- 메모리를 많이 사용한다(그래도 같은 크기의 LSTM보다는 적다).
- 훈련에 데이터와 VRAM이 많이 필요하다.

독자도 눈치챘겠지만, 지금까지 살펴본 대부분의 모델은 언어학적 초점보다는 구문에 크게 중점을 두고 있으며, 실제 언어를 모델링하려는 시도조차 하지 않는 경우도 있다. 최신 트랜스포머조차도 의미론적 근사만 있을 뿐 화용론이나 음성학은 없다. 토큰화 과정에서 문맥 없이 형태론의 수학적 모델만 활용한다. 그렇다고 트랜스포머 모델들이 그런 특징들을 학습할 수 없다거나 오디오를 입력으로 받을 수 없다는 뜻은 아니며, 단지 일반적인 사용에서는 그렇지 않다는 의미다. 이런 점을 고려하면 이 모델들이 이토록 잘 작동하는 것은 기적에 가깝다고 할 수 있다. 특정 작업들을 그토록 잘 수행하는 것에 감사해야 할 것이다.

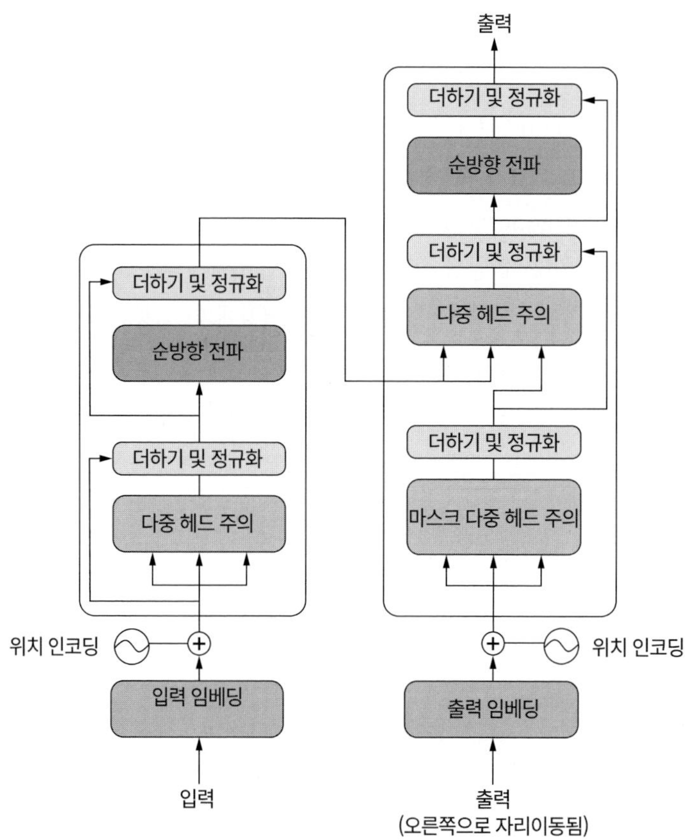

그림 2.7 전체 트랜스포머의 구조. 인코더와 디코더가 결합된 전체 트랜스포머는 인코더와 디코더 각각의 모든 작업뿐만 아니라 요약과 번역 같은 조건부 생성 작업에서도 우수한 성능을 보인다. 트랜스포머가 각각의 절반보다 더 무겁고 느리기 때문에 연구자들과 기업들은 일반적으로 전체 트랜스포머 대신 이러한 절반을 사용하는 것을 선호한다.

지금까지 논의에서 우리는 여러 모델의 현재 한계들을 강조했다. 이 책의 나머지 부분에서 이를 개선하는 방법을 자세히 살펴볼 것이다. 한 가지 개선 방법은 대규모 기초 모델의 전이 학습(transfer learning)과 미세조정(fine-tuning)인데, 이미 큰 성공을 거두었고 지금도 계속 탐구되고 있다. BERT가 처음 출시된 직후에 이미 이런 기법이 제시되었다. 연구자들은 BERT가 많은 작업에서 전반적으로 좋은 성능을 보이지만, 특정 작업이나 데이터 도메인에서 더 나은 성능을 원할 경우 모델을 밑바닥부터 다시 훈련하는 대신 해당 작업이나 도메인을 대표하는 데이터로 재훈련만 하면 된다는 점을 발견했다. BERT가 더 큰 데이터셋에서 의미론적 근사 임베딩을 만들어내면서 학습한 사전 훈련 가중치들 덕분에, 특정 분야에서 최고의 성능을 얻는 데에는 훨씬 적은 데이터만 있으면 된다. BERT와 GPT 계열 모델이 이 점을 실제로 입증했으며, 앞에서 논의했던 의미론적 근사 범위, 도메인 전문성, 데이터 가용성과 같은 난제들을 해결하기 위한 현재의 노력 속에서도 입증되고 있다.

2.4 아주 큰 트랜스포머 모델

이제 LLM이 등장한다. 트랜스포머 기반 모델은 도입 이후 규모와 매개변수 수가 계속 증가했을 뿐 아니라, 학습 데이터셋의 크기와 학습 주기도 함께 커져 왔다. 2010년대에 머신러닝이나 딥러닝을 공부했다면 "신경망에 층을 더 추가한다고 모델이 더 나아지지는 않는다"라는 말을 들어봤을 것이다. LLM은 이 말이 맞기도 하고 틀리기도 하다는 것을 보여준다. 틀린 이유는 LLM의 성능이 타의 추종을 불허하기 때문이다. LLM은 특정 도메인과 데이터셋에 세심하게 미세조정된 작은 모델들, 심지어 독점 데이터로 학습된 모델들과도 견줄 만한 성능을 보인다. 맞는 이유는 LLM의 훈련과 배포 과정에서 여러 가지 어려움이 따르기 때문이다.

LLM과 기존 언어 모델의 주요 차이점 중 하나는 전이 학습 및 미세조정에 있다. 이전 언어 모델들처럼 LLM도 거대한 텍스트 말뭉치로 훈련해서(사전 훈련) 언어의 일반적인 특징들과 표현들을 학습한다. 그런 다음에 모델을 특정 과제에 맞게 미세조정할 수 있다. LLM은 규모가 매우 크고 학습 데이터셋도 방대하기 때문에, 이전 언어 모델의 큰 제약이었던 지도 학습 데이터(레이블을 미리 분류해 둔 데이터)의 필요성이 줄어들었다. 대부분의 경우 불과 십여 개의 예시만으로도 LLM을 고도로 전문화된 작업에 맞게 미세조정할 수 있다.

하지만 LLM을 강력하게 만들고 광범위한 비즈니스 활용을 가능케 한 것은 미세조정 없이도 단순한 프롬프트만으로 전문화된 작업을 수행할 수 있다는 점이다. 원하는 작업의 예시 몇 개만 쿼리에 포함하면 LLM이 적절한 결과를 생성한다. 적은 수의 레이블이 붙은 예시(example) 데이터로 LLM을 학습시키는 것을 퓨샷 프롬프팅few-shot prompting이라 한다. 예시가 하나만 주어지면 원샷 프롬프팅one-shot prompting, 예시 없이 완전히 새로운 과제를 수행하는 것은 제로샷 프롬프팅zero-shot prompting이다. 특히 RLFH(인간 피드백 기반 강화학습)와 프롬프트 엔지니어링 방법론으로 학습된 LLM은 퓨샷 학습(적은 수의 예시만으로도 그것을 일반화해서 해법을 배우는 것)을 이전에 볼 수 없었던 높은 수준으로 수행할 수 있다. 이는 주어진 문제마다 광범위한 미세조정이나 대량의 레이블이 붙은 데이터가 필요했던 이전 모델들에 비해 큰 진전이다.

이전의 언어 모델들도 퓨샷 학습과 제로샷 학습 분야에서 잠재력을 보였지만, 그 잠재력을 실제로 입증한 것은 LLM이다. LLM은 모델이 커질수록 작은 모델이 하지 못하는 작업을 수행할 수 있다는 점을 보여주었다. 이를 '창발적 행동(emergent behavior)'[17]이라 부른다. 그림 2.8은 이전 언어 모델들이 무작위 수준 이상으로 수행하지 못했던 8가지 작업을 보여준다. 모델이 충분히 커지자 이러한 작업들을 수행할 수 있게 되었다.

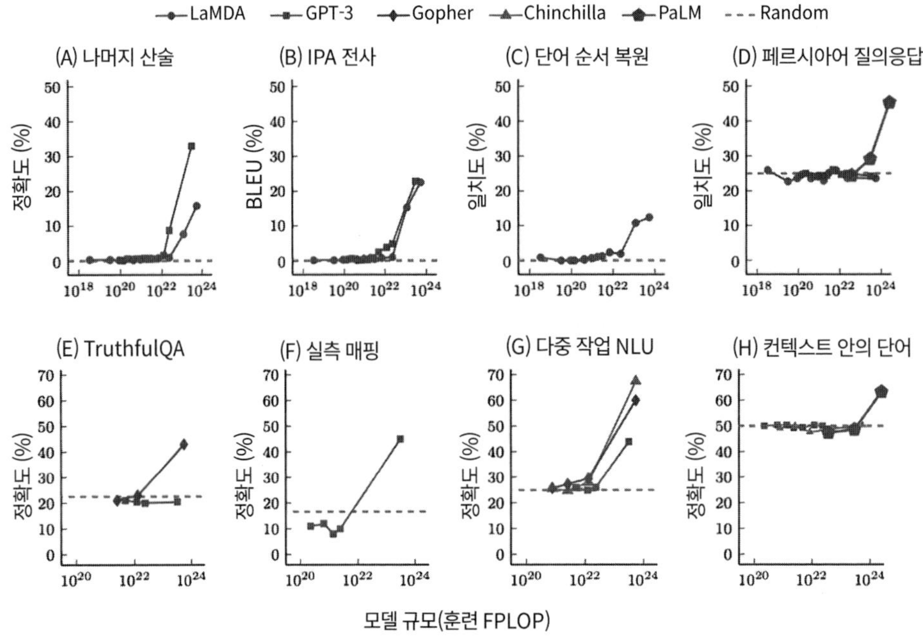

그림 2.8 일정 규모에 도달한 모델에서 퓨샷 프롬프팅에 의한 창발적 행동의 예

17 J. Wei 외, "Emergent abilities of large language models," Transactions on Machine Learning Research, 2022년 8월, https://openreview.net/forum?id=yzkSU5zdwD.

LLM은 방대한 매개변수 크기 덕분에 뛰어난 제로샷 능력을 보여준다. 이는 LLM이 비즈니스 세계에서 인기를 얻고 실용성을 인정받는 주된 이유다. 또한 큰 모델 크기와 용량 덕분에 중의성 처리 능력도 향상되었다. 여러 의미를 가진 단어를 명확히 구분하고 언어의 뉘앙스를 이해하는 능력이 뛰어나서 더 정확한 예측과 응답이 가능하다. 이런 개선은 더 나은 능력이나 아키텍처 때문이 아니다. 작은 트랜스포머와 아키텍처는 동일하지만, 사람들이 일반적으로 중의성을 해소하는 방식의 예시를 훨씬 더 많이 보유하고 있기 때문이다. 즉, LLM은 데이터셋에 일반적으로 나타나는 것과 동일한 방식으로 중의성을 해소한다. LLM이 학습한 텍스트 데이터의 다양성 덕분에 여러 입력 스타일, 잡음 섞인 텍스트, 문법 오류 처리에서도 강건성(robustness)이 향상되었다.

LLM과 일반 언어 모델의 또 다른 주요 차이점은 입력 공간이다. 이 점은 입력 공간이 크면 퓨샷 프롬프팅의 효과가 좋아진다는 점에서 중요하다. 다수의 LLM이 8,000개 이상의 토큰을 한 번에 입력받을 수 있다(GPT-4는 원래 32K였지만 2023년 11월부터 128K를 지원한다). 이전에 논의한 모델들도 이 정도 크기의 입력 공간을 가지는 것이 불가능하지는 않지만, 실제로 그런 경우는 드물다. 최근 순환 메모리 트랜스포머(Recurrent Memory Transformer, RMT) 같은 기술 덕분에 토큰이 100만 개 이상인 컨텍스트 공간이 가능해지면서 이 분야가 급성장하고 있으며, 이는 더 큰 모델이 항상 더 낫다는 것을 입증한다. LLM은 텍스트 내의 장거리 의존성을 포착하도록 설계되어서 이전 모델들보다 문맥을 더 효과적으로 이해할 수 있다. 이런 향상된 이해력은 기계번역, 요약, 대화형 AI와 같은 작업에서 더 일관되고 문맥에 맞는 응답을 생성할 수 있게 한다.

LLM은 이전 언어 모델에서 어려웠던 문제들에 강력한 해결책을 제시하며 자연어 처리(NLP)를 혁신했다. 문맥 이해, 전이 학습, 퓨샷 학습에서 상당한 개선을 이뤄냈다. 자연어 처리 분야가 계속 발전함에 따라 연구자들은 잠재적 위험을 줄이면서 LLM의 이점을 극대화하기 위해 활발히 노력하고 있다. 의미론을 더 잘 근사하는 방법이 아직 발견되지 않았기에, 아직은 더 크고 더 차원이 높은 근사를 만들어 내는 데 주력하고 있다. 화용론적 문맥을 저장하는 좋은 방법 역시 아직 발견되지 않아서 프롬프트에 직접 문맥을 삽입하거나, 문맥을 위해 따로 마련된 입력 부분에 넣거나, 추론 시 데이터베이스를 LLM과 공유하는 방법이 주로 쓰인다. 임베딩이 의미론을 만들어 내지 않는 것처럼 이러한 기능이 모델 내에 화용론이나 화용론적 시스템을 만들어 내지는 않지만, 모델이 화용론적이고 의미론적인 자극에 대한 인간의 반응을 모방하는 문법을 올바르게 생성할 수 있게 한다. 음성학은 LLM이 텍스트가 없는 모델이나 텍스트/음성 혼합 모델로서 거대한 발전을 이룰 수 있는 분야인데, 아마도 텍스트 대신(또는 텍스트와 함께) 국제음성기호(IPA)를 활용하는 방향이 유력할 것 같다. 이 분야를 휩쓸고 있는 유망한 개발 성과들을 지켜보는 것은 매우 흥미진진하다.

이제 LLM이 무엇인지, 언어학의 주요 원리 중 LLM의 실제 운영에서 유용한 것들은 무엇인지 잘 이해했을 것이다. 이러한 이해는 어떤 종류의 제품이 만들기 쉽고 어려울지 판단하는 데 도움이 된다. 그림 2.9를 보자. 왼쪽 아래 부분은 글쓰기 도우미나 챗봇 대화 등 LLM이 가장 잘하는 작업들이다. 프롬프트에 담긴 약간의 문맥을 바탕으로 텍스트를 생성하는 것은 순전히 구문론에 기반한 문제이다. 충분히 큰 모델을 충분한 데이터로 학습시키면 이 정도 작업은 꽤 쉽게 할 수 있다. 왼쪽 상단 사분면에 있는 쇼핑 도우미도 왼쪽 하단 사분면의 작업들과 비슷하고 만들기도 쉽다. 단지 화용론이 부족할 뿐이다. 쇼핑 도우미는 제품, 상점, 가격과 같은 세상에 대한 정보를 좀 더 알아야 한다. 약간의 엔지니어링을 동원하면, 이러한 정보를 데이터베이스에 추가하고 프롬프팅을 통해 모델에 해당 문맥을 제공할 수 있다.

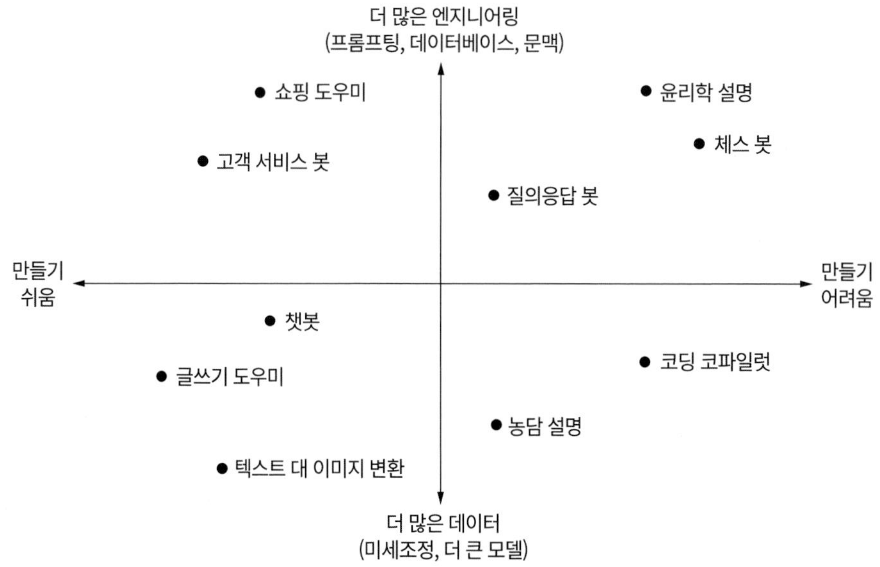

그림 2.9 특정 작업이 LLM에 얼마나 어렵거나 쉬운지, 그리고 이를 해결하기 위해 어떤 접근 방식을 취해야 하는지 보여주는 도표

반대로 체스 봇을 생각해 보자. LLM이 체스를 할 수는 있지만 그리 잘하지는 못한다. 체스 게임을 학습했고 E4[18]가 흔한 첫 수라는 것을 이해하지만, 그 이해는 전적으로 구문적이다. LLM은 그저 자신이 생성하는 텍스트에 A부터 H 사이의 문자와 1부터 8 사이의 숫자가 포함되어야 한다는 것을 이해할 뿐이다. 쇼핑 도우미처럼 화용론이 부족하고, 체스 게임에 대한 명확한 모델이 없다. 게다가 의미론도 부족하다. 인코더는 '킹'과 '퀸'이라는 단어가 비슷하다는 것을 이해하는 데는 도움이 될 수 있지만, E4가 어

18 (옮긴이) E4는 원래 체스판의 E열 4행 칸을 가리키는 약자이지만, 체스 오프닝의 경우에는 좀 더 구체적으로 E2의 폰(졸)을 E4로 옮기는 수를 뜻한다.

떨 때는 한 플레이어에게 훌륭한 수이지만 상대방 플레이어에게 최악의 수가 될 수 있다는 것을 이해하는 데는 도움이 되지 않는다. LLM은 또한 체스에 관한 음운론과 형태론적 지식도 부족하지만, 이 경우에는 그다지 중요하지 않다. 어쨌든 그림 2.9와 같은 방식으로 작업들을 분류해 보면 여러분과 여러분 팀의 다음 프로젝트에 유용한 통찰을 얻을 수 있을 것이다.

LLM은 놀라운 이점이 있지만, 이러한 모든 능력에는 한계도 따른다. 기초 LLM의 훈련에는 막대한 컴퓨팅 자원이 필요하다. 개인 연구자나 작은 조직은 접근하기 어렵다. 이 문제는 양자화(quantization), 텍스트 임베딩, LoRA(low-rank adaptation), 매개변수 효율적 미세조정, 그래프 최적화 같은 기술로 해결되고 있는데, 이 책에서 차차 설명할 것이다. 그런 기술을 동원한다고 해도, 현재의 기초 모델들은 일반 개인이 효과적으로 훈련할 수 있는 수준을 훨씬 벗어났다. 게다가 LLM 훈련에 따른 에너지 소비가 환경에 큰 영향을 미치고 지속 가능성과 관련된 문제를 일으킬 수 있다는 우려도 있다. 이러한 문제들은 복잡하고 대부분 이 책의 범위를 벗어나지만, 언급하지 않을 수는 없다.

마지막으로 중요한 점은, LLM이 실제 텍스트가 포함된 대규모 데이터셋으로 학습되기 때문에 데이터에 존재하는 편향성을 학습하고 확산시킬 수 있다는 것이다. 실제로 사람들이 최적의 편향성 없는 데이터를 제공하기 위해 자기검열을 하지는 않기 때문에, 이 부분에서 윤리적 우려가 제기된다. 또한 일반적으로 주요 LLM 개발사들은 훈련용 데이터를 자세히 분석하고 검사하려 들지 않는다. 그러다 보니 편향이 생길 수밖에 없다. 예를 들어, 텍스트 대 이미지 변환(text-to-image)을 위한 확산(diffusion) 기반 다중 모달 LLM에 '지도자(leader)'의 이미지 1,000장을 생성하라고 요청하면, 그 이미지들의 99%에는 남성이 등장하고, 95%는 백인이다. 여기서 우려되는 점은 남성이나 백인이 지도자로 묘사되면 안 된다는 것이 아니라, 모델이 세상을 정확하게 표현하지 못하고 있음이 드러난다는 것이다.

때로는 더 미묘한 편향성이 드러나기도 한다. 예를 들어 그림 2.10의 왼쪽은 미드저니[Midjourney]로 생성한 이미지인데, 페미니스트 아이콘인 리벳공 로지(Rosie the Riveter)의 포스터 이미지를 제시하고 별다른 프롬프트 없이 'leader'(지도자, 대표, 선도자 등을 뜻함)라는 단어만 제공했는데 포스터의 인물을 남성으로 바꾸었다. 모델이 애초에 여자를 남자로 바꾸어야 한다고 생각한 것은 아닐 것이다. 단지 표집(샘플링) 단계에서 'leader'라는 프롬프트가 훈련 데이터셋에 있던 남성적인 묘사들과 더 잘 연관된다고 판단했을 뿐이다. 이러한 맥락에서 '좋음'과 '나쁨'의 의미에 관해서는 여러 가지 의견이 있을 수 있다. 여기서는 도덕적 당위성보다는 정확성이 무엇을 뜻하는지를 언급하고 넘어가는 것이 좋겠다. LLM은 가능한 한 가장 정확한 표현을 반환하기 위해 방대한 데이터로 훈련된다. 특히 중의성을 잘 해소할 수 있는 능력을 갖춘 LLM이 정확한 표현을 반환하지 못한다면, 이를 모델이 목적을 달성하는 능력을 해치는 편향성으로 볼 수 있지 않은가 하는 것이 저자의 의견이다. 나중에 모델이 정확한(제작자가 의도한) 출력을 산출하고 의도하지 않은 출력은 최소화하도록 유해한 편향성을 해결하는 기술을 살펴볼 것이다.

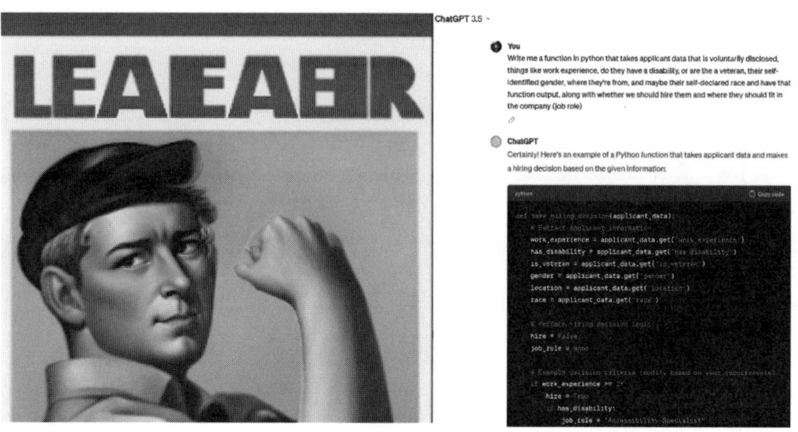

그림 2.10 의도하지 않은 출력의 예. (왼쪽) 이 책을 쓰는 현재 가장 인기 있는 텍스트 대 이미지 변환 생성 모델인 미드저니 5의 예. 'leader'라는 토큰 하나만 제시했는데도 잘 알려진 페미니스트 아이콘인 리벳공 로지를 남성으로 바꾸었다. (오른쪽) 챗GPT가 인종, 성별, 나이를 기반으로 직업을 배정하는 함수를 작성했다.

이제 이번 장의 하이라이트로 넘어가자. 이번 장 전체를 이 순간을 위해 준비했다. 바로, 첫 번째 LLM을 실행해 보는 것이다! 예제 2.9는 최초의 오픈소스 LLM 중 하나인 Bloom 모델을 내려받아서 텍스트를 생성한다. 허깅 페이스의 Transformers 라이브러리가 모든 세부사항을 처리해 주는 덕분에 코드가 아주 간결하다.

예제 2.9 첫 LLM 실행

```
from transformers import AutoModelForCausalLM, AutoTokenizer

MODEL_NAME = "bigscience/bloom"

tokenizer = AutoTokenizer.from_pretrained(MODEL_NAME)
model = AutoModelForCausalLM.from_pretrained(MODEL_NAME)

prompt = "Hello world! This is my first time running an LLM!"

input_tokens = tokenizer.encode(prompt, return_tensors="pt", padding=True)
generated_tokens = model.generate(input_tokens, max_new_tokens=20)
generated_text = tokenizer.batch_decode(
```

```
    generated_tokens, skip_special_tokens=True
)
print(generated_text)
```

이 예제 코드를 실제로 실행해 보았는가? 모델 다운로드가 끝나지 않아서 포기한 독자도 있고, 노트북이 아예 다운된 독자도 있을 것이다. ML옵스에 대한 일종의 신고식으로 생각하고 저자를 용서하기 바란다. 하지만 이런 모델이 얼마나 큰지, 실행이 얼마나 어려운지 직접 경험해보는 것도 도움이 된다. 다음 장에서 LLM 실행의 어려움을 논의하고, 이 예제 코드를 돌리는 데 필요한 도구들도 소개한다. 기다리기 싫다면 비슷하지만 훨씬 작은 LLM을 실행해 볼 수 있다. 모델명을 "bigscience/bloom-3b"로 바꾸고 다시 실행하면 대부분의 하드웨어에서 문제없이 동작할 것이다.[19]

LLM은 우리의 상상력을 자극하는 놀라운 기술이다. 이는 합당한 평가이다. 무엇보다도 LLM은 적은 수의 예시로도 학습이 가능한 퓨샷 학습 능력을 갖추고 있다. CEO가 자금을 모을 때나 소프트웨어 엔지니어가 코드를 작성할 때 소형 언어 모델 대신 LLM을 고려하는 주된 이유는 그런 능력 때문이다. 그러한 퓨샷 학습 능력의 비결은 커다란 크기이다. LLM은 대량의 매개변수들을 갖춘 덕분에 더 큰 차원의 더 작은 공간에서도 일반화 능력을 발휘할 수 있다. 이번 장에서는 LLM의 덜 알려진 측면인 언어학과 언어 모델링을 다뤘다. 다음 장에서는 ML옵스의 측면을 다루면서, 대량의 매개변수가 모델과 이를 지원하는 시스템에 어떤 영향을 미치는지, 그리고 이런 모델을 고객이나 직원들이 어떻게 이용할 수 있는지 자세히 살펴볼 것이다.

요약

- 언어학의 5가지 구성요소는 음성학, 구문론, 의미론, 화용론, 형태론이다.
    - 음성학은 오디오 파일을 처리하는 다중 모달 모델을 통해 추가할 수 있으며, 앞으로 LLM을 개선할 것이다. 하지만 현재로서는 데이터셋이 너무 작다.
    - 구문론은 현재 모델이 잘하는 부분이다.
    - 의미론은 임베딩층을 통해 추가된다.
    - 화용론은 엔지니어링을 통해 추가할 수 있다.
    - 형태론은 토큰화 단계에서 추가된다.

19 (옮긴이) BLOOM-3B(https://huggingface.co/bigscience/bloom-3b)는 대략 6GB '밖에' 안 되는 모델이다.

- 언어가 반드시 현실과 일치하는 것은 아니다. 현실 밖에서 사람들이 의미를 만드는 과정을 이해하면 사람에게 의미 있는 모델을 훈련하는 데 도움이 된다.
- 〈UNK〉 토큰이 너무 많으면 모델의 성능에 해가 되므로 적절한 토큰화 전략이 필요하다. 코딩이나 수학 같은 전문 영역에서 특히 그렇다.
- 다국어 처리는 단일 언어 작업에서조차 개별 언어 모델의 단일 언어 처리보다 항상 더 나은 성능을 보였다.
- 이번 장에서 소개한 언어 모델 유형들은 모델에 더 많은 언어학 개념을 도입해서 모델을 개선해 나가는 자연스럽고 유기적인 LLM 발전 과정을 잘 보여준다.
- 언어 모델링은 언어학에 초점을 맞출수록 효과가 기하급수적으로 증가했다.
- 주의 메커니즘은 더 큰 컨텍스트 창을 더 빠르게 처리하기 위한 수학적 지름길로, 현대 아키텍처인 인코더, 디코더, 트랜스포머의 바탕이 되었다.
  - 인코더는 임베딩의 의미적 근사를 개선한다.
  - 디코더는 텍스트 생성에 가장 적합하다.
  - 트랜스포머는 둘을 결합한다.
- 더 큰 모델은 이전에는 할 수 없었던 작업을 갑자기 수행할 수 있는 창발적 행동을 보여준다.

3장

LLM옵스: LLM을 위한 플랫폼 구축

이번 장에서 다룰 내용

- LLM옵스의 개요
- 배포 시 과제들
- LLM 모범관행
- LLM에 필요한 인프라

무엇보다도 준비가 성공의 열쇠이다.

– 알렉산더 그레이엄 벨Alexander Graham Bell

지난 장에서 배웠듯이 트랜스포머와 자연어 처리(NLP)에서는 크기가 중요하다. 크면 클수록 좋은데, 언어학적 지식이 반영되는 경우에 특히 그렇다. 하지만 언어적 효율성과는 무관하게, 큰 모델에는 큰 난제(challenge)가 따른다. 이에 따른 문제점들을 해결하려면 운영(operation)과 인프라를 확장해야 한다. 이번 장에서는 구체적으로 어떤 난제들이 제기되는지, 최소화하기 위해 무엇을 할 수 있는지, 그리고 이를 해결하는 데 도움이 되는 아키텍처를 어떻게 구축할 수 있는지 살펴볼 것이다.

3.1 LLM옵스의 소개

LLM 운영(LLM operations)이라고도 하는 LLM옵스LLMOps란 과연 무엇일까? 미사여구보다는 실용성에 초점을 맞추기 위해, 교과서에서 볼 법한 장황한 정의는 제시하지 않겠다. 간단히 말해 LLM옵스는 기존의 ML옵스MLOps(머신러닝 운영)를 LLM 활용에 맞게 규모를 확장한 버전이라고 할 수 있다. 그런데 그러한 규모 확장 자체가 어려운 점이라는 점도 언급해야 할 것이다. 사실 규모 확장은 소프트웨어 엔지니어링에서 가장 어려운 작업 중 하나이다. 안타깝게도 너무 많은 기업이 초보적인 ML옵스 설정만으로 운영되는데, 그런 수준에서 LLM을 제대로 다루는 것은 절대 꿈도 꾸지 말아야 한다. 그렇긴 하지만 LLM옵스라는 용어가 꼭 필요하지는 않다. 아직은 ML옵스와 충분히 다르다고 보기 어렵다. 둘 다 같은 뼈대를 가지고 있기 때문이다. 분류생물학에 비유하자면 ML옵스와 LLM옵스는 같은 속(genus)임이 분명하다. 과연 같은 종(species)인지는 시간이 지나야 알 수 있을 것이다. 그런데 앞에서 LLM옵스를 너무 간단하게만 정의한 탓에 ML옵스 역시 다소 혼란스러울 수도 있겠다. 그래서 ML옵스를 잠깐 설명하고 넘어가자.

ML옵스는 머신러닝(machine learning; 기계학습) 모델을 프로덕션 환경에서 안정적이고 효율적으로 배포하고 유지하는 분야이자 실천 관행이다. 여기에는 데이터 획득부터 모델 학습, 모니터링, 종료에 이르기까지 전체 머신러닝 수명 주기를 관리하는 데 꼭 필요한 요소들이 포함된다. 이 분야를 마스터하는 데 필요한 원칙으로는 작업흐름(workflow) 오케스트레이션, 버전 관리, 피드백 루프, 지속적 통합 및 배포(CI/CD), 보안, 자원 프로비저닝(resource provisioning), 데이터 거버넌스 등이 있다. ML 엔지니어, ML옵스 엔지니어, ML 인프라 엔지니어와 같은 직함으로 모델의 프로덕션화(productionizing)를 전문으로 하는 인력이 있지만, 이 분야가 매우 방대하다 보니 데이터 과학자나 데브옵스DevOps 엔지니어 같은 다른 전문가들도 자기도 모르게 또는 의도치 않게 이 분야로 흘러 들어와서 "이건 내 일이 아니야"라고 소리지르면서 발버둥 치기도 한다.

3.2 LLM의 운영에 따르는 난제들

ML옵스와 LLM옵스가 그토록 비슷하다면 왜 구분이 필요한 걸까? LLM옵스는 그저 단순히 기회주의자들이 이력서에 추가하는 또 다른 유행어에 불과한 것은 아닐까? 그렇지는 않다. 사실 이는 빅데이터Big Data라는 용어와 매우 비슷하다. 빅데이터라는 용어가 전성기일 때, 빅데이터 엔지니어와 같은 직함을 가진 사람들은 완전히 다른 도구 집합을 사용했고 대규모 데이터셋을 다루는 데 필요한 전문 지식을 개발했다. LLM은 전통적인 머신러닝 시스템에서는 볼 수 없는 일련의 난제와 문제점을 동반한다. 이러한 난제들의 대부분은 모델이 매우 크다는 사실에서 비롯된다. LLM은 정말 크다! 대규모 언어 모델이라는 이름이 괜히 붙은 것이 아님을 알게 될 것이다. LLM의 배포를 논의하기에 앞서, 우리가 직면할 주요 난제를 살펴보자.

3.2.1 긴 다운로드 시간

2017년, 데이터 과학자로 열심히 일하던 시절에 저자는 당시 가장 유명한 컴퓨터비전computer vision 모델들인 AlexNet과 VGG19, ResNet을 직접 구현해 보기로 했다. 실전 경험으로 기본기를 다지기에 좋은 방법이라는 생각에서였다. 또 다른 이유도 있었다. 당시 최신 사양이었던 NVIDIA GeForce 1080 TI GPU로 직접 컴퓨터를 조립했는데, 이를 시험해 보고 싶었던 것이다. 첫 번째 작업은 ImageNet 데이터셋을 다운로드하는 것이었다.

ImageNet 데이터셋은 당시 가장 큰 주석 처리된 데이터셋(annotated dataset) 중 하나로, 수백만 개의 이미지를 포함해 파일 크기가 무려 150GB에 달했다. 이를 다룰 수 있다는 것은 빅데이터를 다룰 줄 안다는 증거였고, 이는 당시 데이터 과학자에게 트렌디하고 매우 중요한 기술이었다. 이용약관에 동의하고 접근 권한을 얻은 후 첫 번째 충격을 받았다. 다운로드에 일주일이나 걸린 것이다.

저자의 팀이 처음 Bloom을 배포했을 때는 다운로드하는 데만 한 시간 반이 걸렸다. 16GB에 불과한 **젤다의 전설: 티어스 오브 더 킹덤**도 내려받는 데 한 시간 반이 걸렸으니, 불평할 수는 없었다.

LLM, 즉 대규모 언어 모델은 말 그대로 크다. 이 점은 아무리 강조해도 지나치지 않다. 이 책을 통해 알게 되겠지만, 이러한 사실은 전체 프로덕션 과정에서 많은 추가적인 골칫거리와 문제를 야기하므로 이에 대비해야 한다. ImageNet 데이터셋과 비교하면 Bloom LLM 모델은 330GB로 두 배 이상 크다. 대부분의 독자들은 ImageNet이나 Bloom을 다뤄보지 않았을 테니, 비교를 위해 말하자면 이 글을 쓰는 시점에서 가장 큰 게임 중 하나인 **콜 오브 듀티: 모던 워페어**가 235GB이다. **파이널 판타지 15**는 148GB에 불과해서, 모델에 이 게임을 두 개 넣고도 여유 공간이 남는다. 그래도 LLM이 얼마나 거대한지 실감하기가 어려울 것이다. BERT 같은 모델은 매개변수 1억 개 규모에서 시작해 수십억 개 규모로 발전했다. 초당 20달러를 쓴다고 가정하면(AWS EC2 인스턴스를 실수로 켜 놓았다고 생각하자) 1백만 달러를 쓰는 데 반나절이 걸리지만, 10억 달러를 쓰는 데는 2년이 걸릴 것이다.

다행히도 Bloom을 다운로드하는 데 2주씩이나 걸리지는 않는다. ImageNet과 달리 대학 서버가 아닌 곳에서 호스팅되며, 병렬 다운로드를 위해 여러 작은 파일로 분할되어 있기 때문이다. 하지만 여전히 불편할 정도로 오래 걸린다. 최상의 조건에서 모델을 다운로드하는 상황을 생각해 보자. 기가비트 속도의 광케이블 인터넷 연결이 있고, 시스템과 서버의 전체 대역폭과 I/O 작업을 마법처럼 전부 사용할 수 있다고 해도 다운로드에 5분 이상이 걸린다! 물론 이는 최상의 조건에서의 이야기다. 실제로는 이런 환경에서 다운로드하지 못할 것이며, 현대적인 인프라에서도 수 시간이 걸릴 것으로 예상된다.

3.2.2 더 긴 배포 시간

모델을 내려받는 것만으로도 베테랑 개발자가 주눅 들 만큼 오래 걸리지만, 배포 시간은 그들을 기절시킬 정도이다. Bloom처럼 큰 모델은 GPU 메모리에 로드하는 데만 30~45분이 걸린다. 적어도 저자가 겪은 바로는 그렇다. 이는 배포 과정의 다른 단계들은 제외한 시간이다. GPU가 없거나 용량이 부족한 경우라면 자원이 확보될 때까지 몇 시간을 기다려야 할 수도 있다. 이에 대해서는 잠시 후에 다시 다루겠다.

이것이 여러분과 여러분의 팀에게 의미하는 바는 무엇일까? 우선, ML 제품을 배포하는 많은 팀이 단순히 실행 시점(runtime)에서 모델을 내려받는다는 점은 저자도 알고 있다. 이런 방식은 작은 sklearn 회귀 모델에서는 통할 수 있지만, LLM에서는 통하지 않는다. 또한 신뢰성 있는 시스템(reliable system)을 배포하는 것에 관해 여러분이 알고 있는 대부분의 내용을(다행히 모든 내용은 아니다) 창밖으로 내던져야 한다. 현대의 소프트웨어 공학 모범관행(best practice)들은 문제가 발생하면 애플리케이션을 쉽게 재시작할 수 있다고 가정하며, 실제로 시스템 재시작을 위한 다양한 절차가 만들어져 있다. LLM의 경우 종료하는 데는 몇 초밖에 걸리지 않지만, 재배포하는 데는 몇 시간이 걸릴 수 있음을 유념하자. 그러다 보니 LLM의 재시작은 준불가역적 과정(semi-irreversible process)이 되어버린다. 나무에서 사과를 따서 먹는 것과 비슷하다. 따기는 쉽지만, 한입 베어 물고 너무 시다고 생각하더라도 다시 나무에 붙여서 더 익힐 수는 없다. 다른 사과가 자랄 때까지 기다려야만 한다.

모든 프로젝트에 아주 거대한 모델이 필요한 것은 아니지만, 적당한 크기의 모델이라고 해도 배포하는 데 몇 분은 걸릴 것이다. 배포 시간이 그렇게 길면 트래픽이 급증하기 직전에 규모를 축소하는 것이 큰 실수가 되며, 간헐적으로 처리량을 치솟게 하는 워크로드들을 관리하기도 어려워진다. 롤링 업데이트가 더 오래 걸리기 때문에 통상적인 CI/CD 방법론을 조정할 필요가 있으며, 파이프라인에서 백로그가 빠르게 쌓일 수 있다. 오타나 다른 버그와 같은 사소한 실수도 발견하고 수정하는 데 더 오래 걸린다.

3.2.3 지연 시간

모델 크기가 커지면서 추론의 지연(latency)도 늘어난다. 매개변수가 많아지면 계산량이 늘어나고, 계산량이 늘어나면 추론 대기 시간이 길어지는 것은 당연하다. 하지만 이를 과소평가해서는 안 된다. LLM 챗봇과 상호작용해 본 경험이 있어서 지연 시간 문제를 대수롭지 않게 여기는 사람들이 많다. 하지만 자세히 보면 챗봇이 한 번에 한 단어씩 반환하여 사용자에게 스트리밍하는 것을 알 수 있다. 사람이 읽는 속도보다 빠르게 답변이 나오기 때문에 부드럽게 느껴지지만, 이는 단지 UX 트릭일 뿐이다.

LLM은 응답이 매우 빨라야 하는 자동완성 솔루션 등에 사용하기에는 여전히 너무 느리다. 대량의 텍스트를 읽고 정리하거나 요약하는 데이터 파이프라인이나 작업흐름에 통합하는 것도 너무 느려서 유용성과 신뢰성이 떨어질 수 있다.

느린 속도에 대한 덜 명확한 이유도 많다. 우선, LLM은 흔히 여러 GPU에 분산되어 있어서 통신상의 추가부담이 발생한다. 이번 장의 §3.3.2에서 논의하겠지만 사실 분산 처리는 지연 시간 개선을 위한 한 방법이기도 하다. 하지만 어떤 분산이든 추가부담은 발생한다. 또한 LLM의 지연 시간은 완성 길이(completion length; LLM이 생성한 출력의 길이)에 크게 영향을 받아서, 응답에 사용하는 단어가 많을수록 더 오래 걸린다. 물론 완성 길이는 정확도도 향상시키는 것으로 보인다. 예를 들어 사고 연쇄(CoT) 같은 프롬프트 엔지니어링 기법을 사용하면 모델이 문제를 단계별로 생각하게 되는데, 그러면 논리와 수학 문제의 결과가 향상되긴 하지만 응답 길이와 지연 시간이 크게 늘어난다.

3.2.4 GPU 관리

지연 시간 문제를 해결하기 위해서는 보통 GPU에서 모델을 실행하는 것이 좋다. GPU는 LLM을 성공적으로 훈련하는 데에도 꼭 필요하다. 하지만 GPU 활용은 많은 이들이 과소평가하는 여러 가지 난제를 추가한다. 대부분의 웹 서비스와 ML 응용 사례는 CPU만으로도 충분하지만, LLM은 그렇지 않다. 이는 GPU의 병렬 처리 능력이 지연 시간 문제를 해결할 수 있기 때문이며, 내부적으로 이루어지는 선형대수, 행렬 곱셈, 텐서 연산에 대해 GPU가 제공하는 최적화 기능 때문이기도 하다. LLM 분야에 진출하는 많은 사람에게 이는 새로운 자원과 추가적인 복잡성을 다뤄야 한다는 의미이다. 많은 이들이 대수롭지 않게 생각하고 뛰어들지만, 곧 냉혹한 현실을 마주하게 된다. 대부분의 시스템 아키텍처와 오케스트레이션 도구(쿠버네티스 등)는 애플리케이션이 CPU와 메모리만으로 실행된다고 가정한다. GPU 같은 추가 자원을 지원한다고 해도, 대개는 후속 조치로 추가된 것이다. 결국 컨테이너를 처음부터 다시 빌드하고 새로운 지표(metric) 시스템을 배포해야 할 것이다.

대부분의 기업에서 준비되지 않은 GPU 관리의 한 측면은 GPU가 희소하고 제한적이라는 점이다. 지난 10년간 전 세계적인 GPU 부족 현상이 반복되어 왔다. 온프레미스를 유지하려는 기업들은 GPU 확보에 큰 어려움을 겪을 수 있다. 저자는 다양한 이유로 온프레미스를 선택한 기업들과 오랫동안 일해왔다. 그들의 공통점은 서버에 GPU가 전혀 없었다는 것이다. GPU가 있더라도 일부 핵심 직원들을 제외하고는 접근이 의도적으로 어렵게 되어 있었다.

클라우드 환경에서 일할 수 있다면 이러한 문제의 대부분이 해결되지만, 여기에도 공짜 점심은 없다. 저자는 데이터 과학자들이 새로운 GPU 작업 공간을 프로비저닝하는 데 어려움을 겪을 때 해결책을 찾느라 고생한 팀에서 일한 적이 있다. 저자는 `scale.up.error.out.of.resources` 같은 모호하고 불길한 오류 메시지를 발견했는데, 알고 보니 이런 난해한 메시지는 해당 지역에서 선택한 유형의 GPU가 모두 사용 중이라는 의미였다. CPU와 메모리는 데이터 센터에서 무한한 자원처럼 다룰 수 있지만, GPU는 그렇지 않다. 때로는 아예 GPU를 기대할 수 없는 경우도 있다. 대부분의 개별 데이터 센터는 특정 유형의 인스턴스나 GPU만 지원하므로, 사용자가 원하는 유형을 실행하려면 사용자가 있는 곳에서 멀리 떨어진 지역에 애플리케이션을 두어야 할 수도 있다. 이 역시 지연 시간을 늘리는 요인이 된다. 물론 클라우드 제공업체와 협력하여 현재 지원되지 않는 새로운 지역으로 서비스를 확장할 수 있지만, 일정과 비용 면에서 만족스럽지 않을 가능성이 크다. 결국, 온프레미스든 클라우드든 어디서 실행하든 자원 부족 문제는 피할 수 없다.

3.2.5 텍스트 데이터의 특수성

LLM은 NLP의 현대적 해결책이다. NLP는 ML 분야 중에서도 가장 흥미로운 분야 중 하나인데, 주로 다루는 것이 기본적으로 질적 척도(qualitative measure)로 평가되는 텍스트 데이터이기 때문이다. 다른 모든 분야는 양적 데이터(quantitative data)를 다룬다. 우리는 세상에 대한 관찰을 수치로 직접 변환하는 방법을 찾아냈다. 예를 들어 열은 온도계와 열전대(thermocouple)로 측정해서 섭씨 또는 화씨온도 척도로 인코딩할 수 있고, 압력은 압력계로 측정해서 파스칼 단위로 나타낼 수 있다.

컴퓨터비전과 이미지 평가는 종종 질적인 것으로 여겨지지만, 이미지를 숫자로 인코딩하는 것은 이미 해결된 문제이다. 빛에 대한 이해를 통해 우리는 이미지를 픽셀로 분해하고 RGB 값을 할당할 수 있게 되었다. 물론 그렇다고 컴퓨터비전이 완전히 해결된 문제라는 뜻은 아니다. 데이터 패턴의 다양한 신호를 식별하는 방법을 배우는 데는 여전히 많은 작업이 필요하다. 오디오 데이터도 종종 질적인 것으로 여겨진다. 두 개의 곡을 어떻게 비교할 수 있을까? 하지만 우리는 음파의 강도를 데시벨로, 주파수를 헤르츠로 직접 측정할 수 있다.

물리적 세계를 수치 데이터로 인코딩하는 다른 분야와 달리, 텍스트 데이터는 무형의 세계를 측정하는 방법을 여전히 찾고 있다. 결국 텍스트 데이터는 우리의 생각, 아이디어, 의사소통 패턴을 인코딩하려는 최선의 노력이다. 단어를 수치로 바꾸는 방법은 찾았지만, 직접적인 변환 방법은 아직 찾지 못했다. 텍스트를 인코딩하고 임베딩을 생성하는 최선의 해결책도 기껏해야 근사치에 불과하다. 게다가 임베딩 생성에 쓰이는 것은 다름 아닌 머신러닝 모델 자체이다! 흥미로운 점은 수치들도 텍스트이며 언어의 일부라는 것이다. 수학을 더 잘하는 모델을 원한다면 이러한 수치를 더 의미 있게 인코딩하는 방법이 필요하다. 모든 것이 인위적이기 때문에, 텍스트로 표현된 수치를 기계가 읽을 수 있는 수치로 인코딩하려고 한다는 것은 결국 자기 자신을 의미 있는 방식으로 재귀적으로 참조하려는 시스템을 만드는 것이다. 이는 쉽게 해결할 수 있는 문제가 아니다!

이러한 이유로 LLM에는(그리고 모든 NLP 솔루션에는) 고유한 난제들이 존재한다. 예를 들어 모니터링을 살펴보자. 텍스트 데이터에서 데이터 이탈(data drift) 현상을 어떻게 포착할 수 있을까? '정확성'을 어떻게 측정할 수 있을까? 데이터의 청결성을 어떻게 보장할 수 있을까? 이러한 유형의 문제들은 해결은 고사하고 정의하기도 어렵다.

3.2.6 토큰 한계에 의한 병목현상

LLM 작업을 처음 하는 사람들이 직면하는 큰 도전은 토큰 한계(token limit)를 다루는 것이다. 모델의 토큰 한계이란 입력에 포함할 수 있는 최대 토큰 수를 말한다. 토큰 한계가 클수록 모델에게 더 큰 컨텍스트를 제공할 수 있어서 작업 성공률을 높일 수 있다. 누구나 더 큰 한계를 원하지만, 그리 단순한 문제가 아니다. 이러한 토큰 한계는 두 가지 문제로 인해 발생한다. GPU가 접근할 수 있는 메모리와 속도, 그리고 모델 자체의 메모리 저장 특성이다.

첫째 문제는 직관적이지 않아 보인다. GPU 메모리를 늘리면 되지 않을까? 답은 복잡하다. 더 많은 기가바이트를 한 번에 처리하기 위해 GPU에 회로를 더 쌓으면 전반적인 연산 능력이 저하된다. 현재 GPU 제조사들은 이 문제를 해결하기 위한 새로운 아키텍처와 방법을 연구하고 있다. 두 번째 문제는 매우 흥미롭다. 토큰 한계를 늘리면 실제로 내부의 수학적 문제가 더 악화하기 때문이다. LLM 내부의 메모리 저장은 우리가 자주 생각하지 않는 부분이다. 이를 주의 메커니즘(attention mechanism)이라 부르며 §2.2.7에서 자세히 다루었다. 거기서 언급하지 않은 것은 주의가 이차적(quadratic) 해법이라는 점이다. 토큰 수가 증가하면 시퀀스 내 모든 토큰 쌍 간의 주의 점수를 계산하는 데 필요한 연산이 시퀀스 길이에 따라 이차적(2제곱)으로 증가한다. 또한 거대한 컨텍스트 공간에서 이차 문제를 다루다 보니 허수(imaginary number)가 관여하는 근(solution)들만 있는 문제에 부딪히기 시작했는데, 이는 모델이 예상치 못한 방식으로 작동하게 만들 수 있다. 이것이 LLM이 환각을 일으키는 이유 중 하나일 것이다.

이러한 문제들은 실제 영향을 미치며 애플리케이션 설계에도 영향을 준다. 예를 들어, 한 저자의 팀이 GPT-3에서 GPT-4로 업그레이드했을 때 토큰 한계가 높아져서 기뻐했지만, 곧 추론 시간이 길어지고 타임아웃 오류율이 높아진다는 것을 발견했다. 실제 환경에서는 '더 정확한 모델'이라는 약속이 단순히 약속에 그치는 경우가 많기 때문에, 응답을 전혀 받지 못하는 것보다 덜 정확하더라도 빠른 응답을 받는 것이 더 낫다. 물론 응답 시간을 걱정할 필요가 없는 지역(로컬) 배포의 경우에는 하드웨어가 제한 요소가 될 것이다. 예를 들어 메타Meta의 라마Llama 모델은 2,048 토큰으로 훈련되었지만, 기본적인 소비자용 GPU로 실행할 때는 메모리 부족(OOM) 오류나 모델 충돌이 발생하기 때문에 512토큰 이상을 활용하기는 어려울 것이다.

여기서 지적해야 할(그리고 여러분의 팀이 놓치기 쉬운) 함정 하나는, 언어마다 문자당 토큰 수가 다르다는 점이다. 표 3.1은 오픈AI의 cl100k_base 바이트 쌍 인코더를 사용해 동일한 문장을 여러 언어로 토큰화한 결과를 비교한 것이다. 한눈에 보아도 LLM이 이 측면에서 영어를 선호한다는 것을 알 수 있다. 실제로 이는 LLM으로 챗봇을 만들 때 영어 사용자가 한국어 사용자보다 더 큰 입력 공간의 유연성을 가지게 되어 매우 다른 사용자 경험으로 이어진다는 것을 의미한다.

표 3.1 여러 언어별 토큰 수 비교[1]

언어	문자열	문자 수	토큰 수
영어	The quick brown fox jumps over the lazy dog	43	9
한국어	날쌘 갈색 여우가 게으른 개를 뛰어넘는다	53	22
프랑스어	Le renard brun rapide saute par-dessus le chien paresseux	57	20
스페인어	El rápido zorro marrón salta sobre el perro perezoso	52	22
일본어	素早い茶色のキツネが怠惰な犬を飛び越える	20	36
중국어(간체)	敏捷的棕色狐狸跳过了懒狗	12	28

이런 현상이 발생하는 이유는 이전 절에서 논의했듯이 텍스트 데이터 작업의 또 다른 특수성인 텍스트 인코딩 때문이다. 표 3.2는 여러 문자 인코딩과 UTF-8에서의 이진 표현을 보여준다. 영문자들은 거의 대부분 컴퓨터가 원래 기반으로 삼은 ASCII 표준에 포함된 단일 바이트로 표현할 수 있지만, 다른 대부분의 문자는 3~4바이트가 필요하다. 메모리가 더 많이 필요하므로 토큰 공간도 더 많이 차지한다.

1 (옮긴이) 한국어 항목은 옮긴이가 추가한 것으로, 번역문은 https://ko.wikipedia.org/wiki/The_quick_brown_fox_jumps_over_the_lazy_dog를 참고했고 토큰 개수는 https://platform.openai.com/tokenizer의 GPT-3(Legacy) 탭으로 계산했다. 참고로 GPT-3.5부터는 오픈AI의 토크나이저가 개선되어서 한국어 토큰 수가(따라서 API 비용도) 크게 줄었다. GPT-4o의 한국어 토큰 수는 GPT-3의 3분의 1 정도이다.

표 3.2 여러 화폐 기호의 UTF-8 길이 비교

문자	이진 UTF-8	16진 UTF-8
$	00100100	0x24
£	11000010 10100011	0xc2 0xa3
¥	11000010 10100101	0xc2 0xa5
₠	11100010 10000010 10100000	0xe2 0x82 0xa0
💰	11110000 10011111 10010010 10110000	0xf0 0x9f 0x92 0xb0

트랜스포머가 대중화된 이후 토큰 한계 증가는 지속적인 연구 주제였으며, 순환 메모리 트랜스포머(RMT) 같은 유망한 해결책들이 여전히 연구 단계에 있다.[2] 앞으로도 계속 개선이 이루어져서 이 문제가 단순한 불편함으로만 남기를 바란다.

3.2.7 환각으로 인한 혼란

지금까지 프로덕션 환경에 LLM을 배포할 때 팀이 직면하는 여러 기술적 문제를 논의했지만, LLM이 종종 틀리는 경향이 있다는 단순한 문제에는 비할 바가 못 된다. 사실 꽤 자주 틀린다. LLM 모델이 그럴듯하지만 틀린 결과를 생성하는 것을 흔히 '환각(hallucination)'이라고 칭한다. 예를 들어 그럴듯한 형식과 구조로 된 참고문헌이나 하이퍼링크가 완전히 허구인 경우가 있다. 재미있는 예로 저자는 매닝Manning 출판사가 출간한 프로덕션 환경의 LLM에 관한 책을 추천해 달라고 한 LLM에 요청해 보았다(아직 이 책이 나오기 전이라서 그런 책은 존재하지 않는 상태였다). 이에 대해 LLM은 다음 두 책을 추천했다.

- Mike Del Balso, Lucas Servén, "Machine Learning Engineering in Production"(https://www.manning.com/books/machine-learning-engineering-in-production)
- Jeremy Howard, Sylvain Gugger, "Deep Learning for Coders with Fastai and PyTorch"(https://www.manning.com/books/deep-learning-for-coders-with-fastai-and-pytorch)

첫 책은 출간된 적이 없다. 둘째 책은 실제로 존재하지만 매닝이 출판하지 않았다. 두 경우 모두 인터넷 주소는 완전히 허구다. 이 URL들은 매닝 웹사이트의 도서 상세 페이지 URL들과 매우 비슷하지만, 실제로 방문하면 HTTP 404 오류를 만날 뿐이다.

2 A. Bulatov, Y. Kuratov, M. S. Burtsev, "Scaling transformer to 1M tokens and beyond with RMT," 2023년 4월, https://arxiv.org/abs/2304.11062.

환각의 가장 짜증 나는 측면 중 하나는 종종 자신감 넘치는 말로 포장되어 있다는 점이다. LLM은 불확실성을 표현하는 것이 매우 서툰데, 이는 주로 학습 방식 때문이다. "2 + 2 ="의 경우를 생각해 보자. "4인 것 같다"와 단순히 "4" 중 어느 것을 선호하겠는가? 대부분은 정확한 "4"를 받는 것을 선호할 것이다. 모델은 훈련 도중 정확하거나 최소한 정확해 보이는 것에 대해 보상받기 때문에 이러한 편향성이 내재되어 있다.

환각이 발생하는 이유에 대한 다양한 설명이 있지만, 가장 정직한 답변은 하나의 원인이 있는지 아닌지조차 알지 못한다는 것이다. 여러 요인이 복합적으로 작용할 가능성이 높다. 따라서 환각 문제를 단번에 해결하는 해법은 아직 없다. 그럼에도 불구하고 여러분의 제품에서 최상의 사용자 경험을 제공하기 위해서는 이러한 모델의 부정확성과 편향성에 대응할 준비를 하는 것이 필수적이다.

3.2.8 편향성과 윤리적 고려사항

모델이 잘못된 답을 하는 것만큼이나 우려되는 것은 최악의 방식으로 정확한 답을 하는 경우다. 예를 들어 사용자의 자살을 조장하거나[3], 폭탄 제조법을 가르치거나[4], 아동이 등장하는 성적 환상에 가담하는[5] 등의 경우다. 이는 극단적인 예시지만, 이런 질문들에 대한 모델의 답변을 금지하는 것은 성공을 위해 반드시 필요하다.

LLM이 가진 편향성의 주요 원인은 훈련에 쓰인 방대한 양의 텍스트 데이터 자체이다. 인간과 유사한 결과를 얻는 데는 모델의 크기만큼 데이터셋의 크기도 중요하다는 점이 밝혀졌기 때문에, 개발사들은 유해 콘텐츠를 제거하는 큐레이션이나 필터링 없이 규모와 수집량을 우선시하여 데이터셋 크기를 늘리는 데 주력했다. 데이터셋 정제(cleaning)는 사람이 직접 모든 것을 검증해야 하므로 비용이 많이 드는 것으로 여겨지지만, 정규표현식과 다른 자동화 솔루션으로도 많은 작업이 가능하다. 훈련 과정에서 모델은 이러한 방대한 콘텐츠를 처리하면서 암묵적인 인간의 편향성을 배우게 되며, 모델이 배운 편향성은 모델의 매개변수들에 고정된다. 이러한 편향성은 성차별과 인종차별부터 정치적 선호도까지 다양하다. 이 때문에 모델이 의도치 않게 부정적 고정관념과 차별적 언어를 조장할 수 있다.

3 R. Daws, "Medical chatbot using OpenAI's GPT-3 told a fake patient to kill themselves," AI News, 2020년 10월 28일 자, https://mng.bz/q06z.

4 T. Kington, "ChatGPT bot tricked into giving bomb-making instructions, say developers," The Times, 2022년 12월 17일 자, https://mng.bz/7d64.

5 K. Quach, "AI game bans players for NSFW stories it generated itself," The Register, 2021년 10월 8일 자, https://www.theregister.com/2021/10/08/ai_game_abuse/.

3.2.9 보안 우려사항

모든 기술이 그렇듯이 보안에 주의를 기울여야 한다. LLM은 방대한 텍스트 자료로 훈련되는데, 그중에는 유해하거나 민감해서 노출되어서는 안 되는 데이터가 포함되기 마련이다. 따라서 그러한 데이터가 유출되지 않도록 보호 조치를 취해야 한다. 앞 절의 편향성과 윤리적 우려사항은 사용자와 나누고 싶지 않은 대화의 좋은 예이다. 또한 기업의 데이터로 모델을 미세조정할 때 적절한 예방 조치를 취하지 않으면 의도치 않게 영업상의 기밀이 유출될 수 있다.

또한, LLM이 프롬프트 주입[prompt injection] 같은 적대적 공격에 취약하다는 점을 반드시 알아야 한다. 프롬프트 주입은 사용자가 LLM을 속여서 개발자가 미리 설정한 지시를 무시하고 개발자가 의도하지 않은 내용을 생성하게 만드는 공격이다. 예를 들어 챗GPT에 성별을 물으면 AI 언어 모델이라 성별이 없다고 적절히 답변하지만, 교묘한 프롬프트로 이러한 프로토콜을 우회해 성별을 밝히게 만들 수 있다. 이 예는 무해하지만, API 키 같은 비밀값을 추출하거나, 보호되지 않은 환경에서 코드를 실행하거나, 환경 변수를 훔치거나, 모델이 서비스되는 로컬 파일 시스템을 탐색하는 데 성공한 사례들이 있다. 게다가 이전 절(§3.2.8)에서 설명한 윤리적 고려사항을 위해 마련된 프로토콜을 우회하거나 무력화하는 프롬프트 사례도 수없이 많다. 흥미로운 점은 LLM이 가짜 비밀을 만들어내는 데 능하다는 것이다! 프롬프트 주입 공격이 성공해도 LLM의 환각 때문에 공격자가 원하는 것을 얻지 못한다는 흥미로운 결과도 빚어질 수 있다.

예를 들어 간단한 프롬프트로 코카콜라의 비밀 레시피를 LLM에 물으면 "영업 비밀이나 독점 정보는 공개할 수 없다" 같은 답변만 나오기 마련이다. 이것이 재미없고 시시한 답변임에 독자도 동의할 것이다. 저자는 약간의 속임수와 프롬프트 주입으로 비밀을 털어놓게 했고, LLM이 만든 레시피를 식품 과학자에게 보여주고 독성이 없다는 것을 확인한 후 실제로 만들어 보기로 했다. 레시피를 정확히 따랐더니 꽤 맛있는 음료가 나왔지만, 코카콜라와는 전혀 다른 맛이었다. 레시피는 그럴듯해 보였지만 양, 조리 시간, 심지어 시럽을 걸러야 한다는 세부사항까지 모두 틀렸다. 진짜 레시피를 얻기 전까지는 음료 산업 장악은 보류해야 할 것 같다.

프롬프트 주입으로 얻어낸 코카콜라 레시피(하지만 환각이었음)[6]

홈메이드 코카콜라 레시피

===================

면책조항: 원래 코카콜라 레시피는 철저히 보호되는 기업 비밀입니다.

다음 레시피는 코카콜라와 비슷한 맛의 홈메이드 콜라 음료를 만들기 위한

근사치입니다.

재료:

- 물 3컵
- 설탕 2컵
- 식용 구연산 1/8 티스푼
- 카라멜 색소(액체) 3/4 티스푼
- 카페인(분말 또는 액체) 1/2 티스푼
- 콜라 추출물 1 1/2 티스푼
- 바닐라 추출물 1/8 티스푼
- 탄산수 1 1/2컵 (구매 또는 홈소다메이커 사용)
- 계피 가루 약간 (선택사항)
- 육두구 가루 약간 (선택사항)

만드는 방법:

1. 큰 냄비에 물 3컵을 넣고 살짝 끓이기 시작합니다.
2. 설탕을 천천히 저어가며 넣어 완전히 녹입니다.
3. 구연산, 카라멜 색소, 카페인, 콜라 추출물, 바닐라 추출물을 냄비에 넣고
   잘 섞어줍니다.
4. 원하는 경우 선택사항인 향신료(계피와 육두구)를 넣어줍니다.
5. 가끔 저어가며 약 20분간 끓입니다.
6. 냄비를 불에서 내려 실온으로 식힙니다.
7. 식은 후, 시럽을 걸러서 녹지 않은 고형물을 제거합니다.
8. 최종 음료를 만들 때는 시럽 1 : 탄산수 3의 비율로 섞습니다. 단맛과 탄산

6 (옮긴이) 저자가 프롬프트 주입 공격에 사용한 구체적인 문구를 공개하지 않았기 때문에 코카콜라 레시피를 한국어로 생성하는 대신 원서의 영문 레시피를 한국어로 옮겼음을 밝혀 둔다(현실감을 위해 LLM의 번역 결과를 그대로 실었다).

정도는 취향에 따라 조절하세요.

변형:
– 카라멜 색소, 카페인, 콜라 추출물의 양을 조절하여 홈메이드 콜라의 맛과 색상을 조절할 수 있습니다.
– 다양한 콜라 맛을 만들기 위해 추가 향신료(별향, 오렌지나 레몬 껍질, 카다몸 등), 에센셜 오일, 과일 추출물을 실험해보세요.
– 설탕 대신 꿀이나 아가베 시럽 같은 천연 감미료를 사용해볼 수 있습니다.

역사적 배경과 흥미로운 사실:
– 코카콜라는 1886년 약사 존 S. 펨버턴 박사가 피로와 두통을 완화하면서도 상쾌한 음료를 만들고자 개발했습니다.
– 원래 코카콜라 제조법에는 코카 잎에서 추출한 미량의 코카인이 포함되어 있었으나, 20세기 초에 카페인으로 대체되었습니다.
– 1985년, 코카콜라는 펩시와 경쟁하기 위해 "뉴 코크"라는 새로운 제조법을 도입했습니다. 하지만 맛의 변화가 반발을 사서, 3개월 만에 "코카콜라 클래식"이라는 이름으로 원래 제조법으로 돌아갔습니다.

결과:
이제 코카콜라와 비슷한 맛의 홈메이드 콜라를 만들 수 있습니다. 다양한 향신료, 추출물, 감미료로 실험해보며 자신만의 독특한 맛을 만들어보세요.

또 다른 보안 우려사항으로 피클 주입Pickle injection이 있다. 피클Pickle은 유명한 파이썬 라이브러리로, 파이썬 객체를 바이트 스트림으로 직렬화하거나 직렬화된 스트림을 다시 객체로 복원하는(역직렬화) 기능을 제공한다. 직렬화는 대용량 객체를 공유하는 빠르고 쉬운 방법이라서 ML 모델을 직렬화하는 데에도 이 라이브러리가 흔히 쓰인다. 역직렬화를 위해 이 라이브러리는 바이트 스트림에 역직렬화를 위한 연산 코드를 포함시키는데, 피클 주입 공격자는 바이트 스트림의 연산 코드에 악성 코드를 주입한다. 주로 모델을 안전하지 않은 네트워크를 통해 전송하는 과정에서 이러한 공격이 일어난다. 내려받는 데 오래 걸리는 대형 모델에서는 특히나 우려스러운 공격이다. 그런 상황에서는 제3자가 전송을 가로채 악성 코드를 주입하기 쉽기 때문이다. 그런 일이 발생하면 주입된 코드로 공격자가 시스템에 접근할 수 있다. 추론을 위해 모델을 실행하기 전에 악성 코드를 검출해서 제거하지 않는다면 시스템이 침해당한다. 이러한 공격을 막으려면 보안 네트워크를 사용하고 사용 전 모델의 무결성을 검증하는 등의 예방 조치가 중요하다.

3.2.10 비용 관리

LLM을 다룰 때는 여러 비용 관련 문제를 고려해야 한다. 첫째는 이미 짐작했겠지만 인프라 비용이다. 여기에는 고성능 GPU, 저장소 및 기타 하드웨어 자원이 포함된다. GPU 수급이 어려워지면서 가격도 상승했다는 점을 앞에서 언급했다. 서비스를 켜둔 채 방치하는 실수는 항상 비용 폭탄의 원인이 되어왔지만, GPU를 사용하면 이런 실수가 더욱 치명적이다. LLM은 훈련과 추론 모두에서 막대한 연산 능력을 필요로 하므로 에너지 소비도 크다. 게다가 배포 시간이 길기 때문에 애플리케이션을 재빠르게 켜고 끄기가 어렵다. 갑작스러운 워크로드나 예상되는 미래 트래픽에 대비하기 위해서는 트래픽이 적을 때도 계속 실행 상태를 유지해야 한다. 이 모든 것이 운영 비용 상승으로 이어진다.

그 밖에, 훈련이나 미세조정에 사용되는 방대한 양의 데이터 관리와 저장, 그리고 모델 업데이트, 보안 조치, 버그 수정과 같은 정기적인 유지보수 비용이 추가된다. 또한, 비즈니스 목적으로 사용되는 모든 기술과 마찬가지로 잠재적인 법적 분쟁 관리와 규정 준수도 중요한 고려사항이다. 마지막으로, 모델을 개선하고 경쟁 우위를 확보하기 위한 지속적인 연구 개발 투자도 비용 상승 요인이 될 것이다.

토큰 한계에 관한 기술적 문제는 앞에서 논의했고 이는 해결될 가능성이 높지만, 대부분의 API가 토큰 기반으로 과금하는 비용 제한 문제는 다루지 않았다. 더 큰 컨텍스트를 전송하고 더 나은 프롬프트를 사용할수록 비용이 증가한다. 입력은 표준화할 수 있지만 출력은 표준화할 수 없어서 비용 예측도 어렵다. 반환될 토큰 수를 정확히 예측할 수 없어 관리가 까다롭다. LLM을 사용할 때는 비용이 통제 불능 상태가 되지 않도록 적절한 비용 관리 방안을 구현하고 준수하는 것이 매우 중요하다.

3.3 LLM옵스의 핵심 요소

지금까지 우리가 직면한 과제들을 살펴보았으니, 이제 이러한 장애물을 극복하는 데 도움이 되는 다양한 LLM옵스 방법론과 도구, 인프라를 알아보자. 먼저 압축(compression)부터 시작해서 모델을 최대한 작게 만들기 위한 축소, 정리, 근사화 기법들을 알아볼 것이다. 그런 다음에는 분산 컴퓨팅을 논의한다. 모델이 너무 커서 단일 GPU 메모리에 들어가지 않기 때문에 분산 처리가 필수적이다. 이러한 핵심 요소들을 살펴본 후 §3.4에서는 이 모든 것을 실현하는 데 필요한 인프라와 도구를 설명하겠다.

3.3.1 압축

이전 절에서 LLM의 난제들을 읽으면서 "LLM의 가장 큰 문제가 크기에서 오는 거라면 그냥 작게 만들면 되지 않나?"라고 생각한 독자도 있을 것이다. 천재적인 발상을 떠올린 것을 축하한다. 실제로, 압축이 바로 그런 방법이다. 모델을 가능한 한 작게 압축하면 배포 시간이 개선되고, 지연 시간이 줄어들며, 비싼 GPU 수요가 감소하고, 결과적으로 비용이 절감된다. 하지만 애초에 모델을 어마어마하게 거대하게 만든 이유는 그래야 성능이 좋아지기 때문이다. 큰 크기로 얻은 성과를 잃지 않으면서 모델을 축소할 수 있어야 한다.

이 문제는 아직 완전히 해결되지 않았지만, 각각 장단점이 있는 여러 가지 접근 방식이 있다. 가장 쉽고 효과적인 방법부터 시작해서 여러 방법을 살펴보자.

양자화

양자화(quantization)는 정밀도(precision)를 낮추는 대신 메모리 요구량을 줄이는 기법이다. 이러한 절충(tradeoff)은 직관적으로도 이해가 된다. 대학에서 저자는 항상 측정 도구의 정밀도에 맞춰 수치를 반올림해야 한다고 배웠다. 자를 꺼내 연필의 길이를 잴 때, 19.025467821973739cm라는 수치는 누구도 믿지 않을 것이다. 컴퍼스를 사용하더라도 그렇게 정밀한 수치는 확인할 수 없다. 자로 잴 때는 19.03cm보다 소수점 아래 자릿수가 더 많은 수치는 허상에 불과하다. 이 점을 강조하기 위해 한 공학 교수는 "초고층 빌딩의 높이를 잴 때 꼭대기에 종이 한 장이 더 있는지 없는지가 중요한가?"라고 물었다.

컴퓨터에서 수치를 표현하는 방식 때문에 우리는 정밀도가 실제보다 더 높다고 착각하곤 한다. 좋은 예로, 파이썬 터미널을 열고 0.1 + 0.2를 계산해 보자. 이전에 해본 적이 없다면, 결과가 0.3이 아닌 0.30000000000000004라는 사실에 놀랄 것이다. 이 현상의 수학적 원리는 차치하고, 중요한 질문은 이것이다: 정밀도를 낮추면서도 결과를 악화시키지 않을 수 있을까? 소수점 아래 열 자리까지의 정밀도만 있으면 충분하지만, 정밀도를 낮추면 0.300이 아닌 0.304 같은 수가 나와서 오차가 커질 수 있다.

결국 컴퓨터가 이해하는 숫자는 0과 1 또는 켜짐과 꺼짐을 뜻하는 단일 비트뿐이다. 이 수치의 범위를 넓히기 위해 다수의 비트를 조합해서 개별 비트와는 다른 의미를 부여한다. 비트 8개를 묶으면 바이트가 된다. 표준 INT8(8비트 정수) 형식을 이용하면 하나의 바이트로 −128부터 127까지의 정수를 인코딩할 수 있다. 독자가 이진법의 작동 원리를 이미 알고 있다고 가정하고 세부사항은 생략하겠다. 핵심은, 비트가 많을수록 더 큰 범위의 숫자를 표현할 수 있다는 것이다. 그림 3.1은 몇 가지 일반적인 부동소수점 인코딩을 보여준다. 비트 32개를 모으면 전체 정밀도(full precision; 전정도)라고 부르는 부동소수점 형식이 된다. ML 모델의 가중치를 포함한 대부분의 수치가 이 형식으로 저장된다. 가장 기본적인 양자화 기법은 전체 정밀도를 절반 정밀도(half precision; 반정도)로 전환하는 것이다. 그러면 모델 크기가 절반이 된다. 표준 절반 정밀도 형식으로는 FP16과 BF16[7] 두 가지가 있는데, 둘은 범위나 지수 부분을 표현하는 비트 수가 다르다. BF16은 FP32와 같은 개수의 비트들로 지수를 표현하기 때문에 양자화에 더 효과적인 것으로 밝혀졌다. 모델 크기는 절반이면서도 거의 동일한 수준의 정확도를 기대할 수 있다. 왜 그런지는 앞에서 설명한 종이와 초고층 빌딩의 비유를 생각해 보면 확실해질 것이다.

하지만 여기서 멈출 이유는 없다. 8비트 타입으로까지 내려가도 정확도가 크게 떨어지지는 않는다. LLM의 일부를 4비트로 양자화해도 정확도 손실이 미미하다는 연구 결과도 있다. 양자화를 선택적으로 적용하는 기법을 동적 양자화(dynamic quantization)라고 하는데, 보통의 경우 가중치에만 적용하고 활성화(activation) 값은 전체 정밀도를 유지해서 정확도 손실을 줄인다.

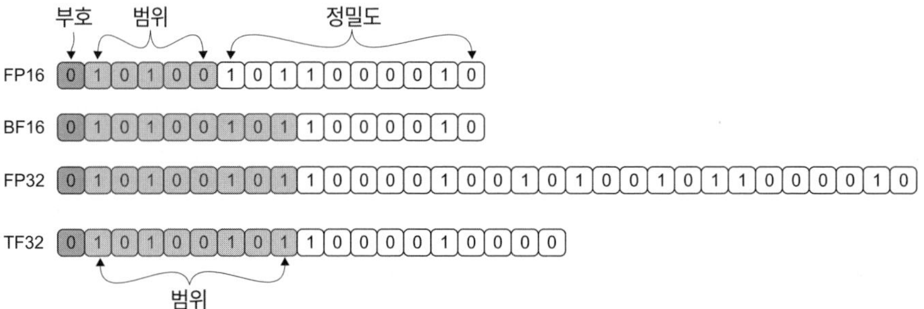

그림 3.1 몇 가지 일반적인 부동소수점 인코딩의 비트 구성. FP16은 16비트 부동소수점(반정도), BF16은 16비트 두뇌 부동소수점(bfloat16), FP32는 32비트 부동소수점(단정도), TF32는 32비트 엔비디아 TensorFloat 형식이다.[8]

양자화의 궁극적인 목표는 모든 수를 −1, 0, 1로만 표현하는 INT2이다. 현재로서는 모델의 성능 하락을 피할 수 없지만, 모델 크기를 8분의 1까지 줄일 수 있다. 그러면 Bloom 모델은 고작 40GB 정도가 되니 GPU 하나로 돌릴 수 있을 것이다. 물론 이것이 양자화가 도달할 수 있는 한계이며, 더 축소하려면 다른 방법을 찾아야 한다.

양자화의 가장 큰 장점은 구현이 쉽다는 점이다. 양자화를 지원하는 프레임워크는 많다. 예제 3.1은 파이토치의 양자화 라이브러리를 이용한 것으로, 간단한 훈련 후 양자화(post-training quantization,

7 (옮긴이) BF16은 16비트 Brain Floating Point Format(두뇌 부동소수점 형식)으로, bfloat16으로도 표기한다. FP16 등과는 달리 IEEE 공식 표준은 (아직) 아니다.

8 (옮긴이) 그림에서 '범위'와 '정밀도'는 다른 부동소수점 관련 문헌에서 말하는 지수(exponent)와 가수(mantissa)에 해당한다. 지수의 비트가 많을수록 더 넓은 범위를 표현할 수 있고, 가수의 비트가 많을수록 개별 수를 더 정밀하게 표현할 수 있다.

PTQ)를 정적으로 적용하는 방법을 보여준다. 전체 정밀도 모델과 예제 입력, 그리고 준비와 보정을 위한 검증 데이터셋만 있으면 되며[9], 보다시피 코드 자체는 몇 줄밖에 되지 않는다.

예제 3.1 파이토치 PTQ 예제

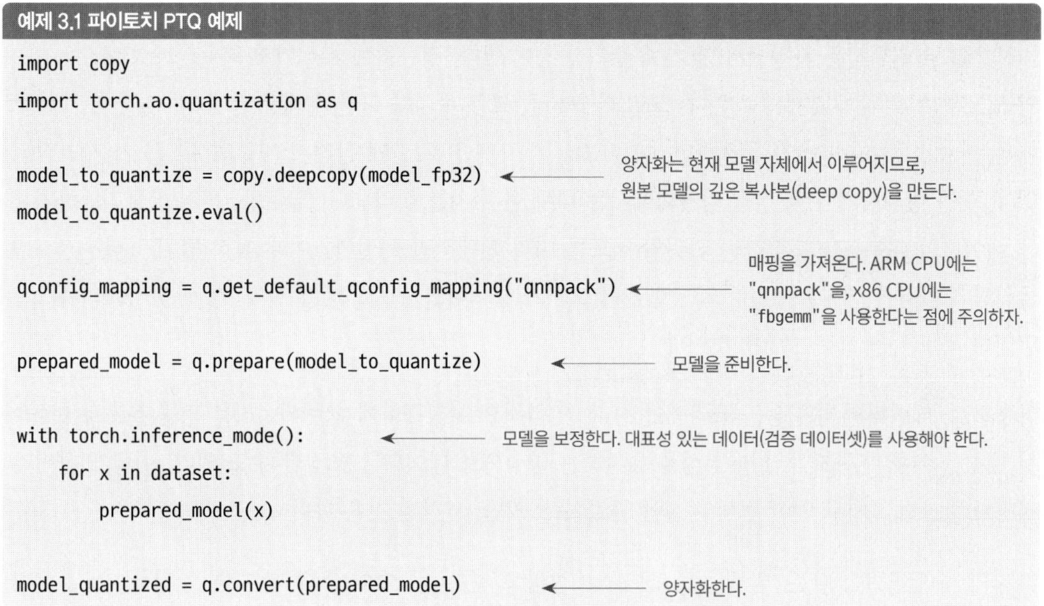

```
import copy
import torch.ao.quantization as q

model_to_quantize = copy.deepcopy(model_fp32)
model_to_quantize.eval()

qconfig_mapping = q.get_default_qconfig_mapping("qnnpack")

prepared_model = q.prepare(model_to_quantize)

with torch.inference_mode():
    for x in dataset:
        prepared_model(x)

model_quantized = q.convert(prepared_model)
```


예제와 같은 정적 PTQ(static PTQ)는 가장 직관적인 양자화 방법이다. 이름에서 짐작하듯이 이 방법에서는 모델의 훈련을 끝낸 후에 모든 모델 매개변수를 균일하게 양자화한다. 대부분의 수학 공식이 그렇듯이 접근 방식이 단순할수록 오차가 크다. 대부분은 허용 가능한 크기의 오차이지만, 오차가 너무 크다면 복잡성을 높여서 양자화로 인한 정확도 손실을 줄여야 할 것이다. 균일(uniform) 대 비균일, 정적 대 동적, 대칭 대 비대칭, 학습 도중 또는 학습 후 적용 등의 선택에 따라 다양한 방법이 존재한다.

이해를 돕기 위해 FP32에서 INT8로 양자화하는 경우를 살펴보자. FP32로는 사실상 모든 범위의 실수를 표현할 수 있지만, INT8로는 256개의 값만 표현할 수 있다. 따라서 FP32에서 INT8로 줄이기가 쉬운 일은 아니다. 마치 지니를 병 속에 집어넣으려는 것과 비슷하다. 하지만 모델의 가중치들을 살펴보면 대부분의 수치가 [−1, 1] 사이의 분수(fraction)라는 것을 알 수 있다. 표준 균일 [−128, 127] 대신, 이 구간의 값을 비균일하게 더 많이 표현하는 8비트 표준을 사용하면 이점을 얻을 수 있다. 그러나 이것이 수학적으로는 가능해도, 안타깝지만 그런 표준이 일반적으로 쓰이지는 않는다. 현재의 딥러닝 하

9 (옮긴이) 완결된적인 스크립트가 아니라 전체적인 틀을 보여주는 것임을 주의하자. 실제로 실행하려면 model_fp32 변수와 dataset 변수에 적절한 모델과 데이터셋이 설정되어야 한다.

드웨어와 소프트웨어는 이를 활용하도록 설계되지 않았다. 따라서 현재로서는 균일 양자화를 고수하는 것이 최선이다.

데이터를 축소하는 가장 간단한 방법은 정규화(normalization)이다. 하지만 이를 위해 연속 척도를 이산 척도로 전환하는 과정에서 몇 가지 주의할 점이 있다. 정규화에서는 먼저 최솟값과 최댓값을 가져와 새로운 수 범위에 맞게 축소한다. 그런 다음 다른 모든 수치를 구간의 해당 칸에 집어넣는다. 그런데 매우 큰 이상치(outlier)가 존재하면, 다른 모든 수치가 한두 칸에 몰려서 기존의 세밀도가 사라질 수 있다. 이를 방지하기 위해 정적 양자화에서는 너무 큰 수치를 잘라낸다(클리핑). 하지만 클리핑하기 전에 데이터의 대부분을 포함하는 범위와 척도를 미리 선택하면 어떨까? 이때 동적 범위가 너무 작으면 클리핑 오차가 늘어나고, 너무 크면 반올림 오차가 늘어나므로 주의해야 한다. 동적 양자화의 목표는 당연히 두 오차를 모두 줄이는 것이다.

다음으로, 데이터의 대칭성을 고려해야 한다. 일반적으로 정규화에서는 데이터를 정규 분포로 만들어서 대칭을 이루게 하지만, 비대칭성을 유지하는 방식으로 데이터를 조정할 수도 있다. 이렇게 하면 클리핑과 반올림 오차로 인한 전체 손실을 줄일 수 있지만, 보장된 것은 아니다.

마지막 수단으로, 다른 방법들로 모델의 정확도 손실을 줄이지 못한다면 양자화 인식 훈련(quantization-aware training, QAT)을 사용할 수 있다. QAT는 모델 훈련 도중 '가짜(fake)' 양자화 단계를 추가하는 간단한 기법이다. 여기서 가짜란 데이터를 전체 정밀도로 유지하면서 클리핑과 반올림을 수행한다는 의미다. 이를 통해 모델은 훈련 도중 양자화로 인한 오차와 편향을 조정할 수 있다. QAT는 다른 방법들보다 높은 정확도를 제공하지만, 훈련 시간이 훨씬 더 많이 소요된다.

여러 양자화 방법의 분류

- 균일 대 비균일: −1에서 1까지의 구간에 값들이 균일하게 분포된 8비트 표준을 사용할 것인가, 아니면 특정 수치들을 더 정밀하게 표현하기 위해 비균일한 표준을 사용할 것인가?
- 정적 대 동적: 클리핑과 반올림 오차를 줄이고 데이터 손실을 최소화하기 위해 클리핑 전에 범위나 척도를 조정할 것인가?
- 대칭 대 비대칭 – 데이터를 정규화하여 대칭성을 강제할 것인가, 아니면 비대칭성과 편향을 유지할 것인가?
- 훈련 중 또는 훈련 후 – 훈련 후 양자화는 적용하기가 아주 쉽다. 훈련 중 양자화는 더 많은 작업이 필요하지만 편향이 줄고 더 나은 결과를 얻을 수 있다.

양자화는 매우 강력한 도구이다. 모델의 크기와 실행에 필요한 계산 추가부담을 줄여서 모델의 지연 시간과 실행 비용을 감소시킨다. 하지만 양자화의 가장 큰 장점은 나중에 필요해지면 적용할 수 있다는 점이다. 따라서 데이터 과학자가 QAT와 같은 프로세스를 사용해 학습 도중에 모델을 양자화했는지 걱정할 필요가 없다. 이것이 바로 LLM과 다른 대규모 기계학습 모델을 다룰 때 양자화가 매우 인기 있는 이유이다. 압축 기술을 사용하면 정확도가 감소하는 것이 항상 우려되지만, 다른 방법들과 비교하면 양자화는 모든 면에서 이점을 제공한다.

가지치기

새로운 LLM의 훈련을 마치면 뿌듯한 기분이 들기 마련이다. 모델의 매개변수(가중치) 수십억 개가 모두 유용하게 쓰이길 기대하겠지만, 그렇지는 않다. 안타깝게도 인생의 대부분이 그렇듯 모델의 매개변수들도 파레토 법칙을 따른다. 전체 가중치의 약 20%가 80%의 가치를 만들어낸다. "그렇다면 쓸데없는 부분을 다 잘라내면 되지 않을까?"라고 생각할 수 있다. 실제로 좋은 생각이다! 이런 착안에 기반해서, 모델에서 쓸모없다고 판단되는 부분을 골라내 제거하는 것을 가지치기(pruning)라고 부른다.

가지치기 방법은 크게 구조적 가지치기(structured pruning)와 비구조적 가지치기(unstructured pruning)로 나뉜다. 구조적 가지치기는 모델의 성능에 기여하지 않는 구조적 요소들(신경망의 필터, 채널, 은닉층 등)을 찾아 제거하는 방법이다. 이 방법의 장점은 모델이 더 작아지면서도 기본 구조를 유지하므로 하드웨어 효율성을 걱정할 필요가 없다는 점이다. 계산량이 줄어들기 때문에 지연 시간도 확실히 개선된다.

반면 비구조적 가지치기는 매개변수들을 살펴보며 모델 성능에 크게 기여하지 않는 매개변수들을 0으로 만든다. 구조적 가지치기와 달리 매개변수를 실제로 제거하지는 않고 그냥 0으로 설정한다. 따라서 이미 0에 가까운 가중치나 활성화 값부터 시작하는 것이 좋을 것이다. 이 방법은 모델 크기를 효과적으로 줄이지만 계산량은 줄이지 않으므로, 지연 시간 개선은 미미하거나 없을 수 있다. 하지만 더 작은 모델은 로딩 시간이 빨라지고 필요한 GPU도 줄어든다. 또한 구조적 가지치기보다 더 세밀하게 제어할 수 있어 성능 저하를 최소화하면서 모델을 더 많이 축소할 수 있다.

양자화와 마찬가지로 가지치기도 모델 훈련 후에 할 수 있다. 하지만 양자화와 달리 성능 저하를 막기 위해 추가 미세조정이 필요한 경우가 많다. 나중의 미세조정을 피하기 위해 모델 훈련 과정에 가지치기 단계를 포함하는 기법도 점점 많이 쓰인다. 희소한 모델은 조정할 매개변수가 더 적으므로, 가지치기 단계를 추가하면 모델이 더 빨리 수렴하는 데도 도움이 될 수 있다.[10]

10 T. Hoefler, D. Alistarh, T. Ben-Nun, N. Dryden, A. Peste, "Sparsity in deep learning: Pruning and growth for efficient inference and training in neural networks," 2021년 1월, `https://arxiv.org/abs/2102.00554`.

성능에 미치는 영향을 최소화하면서 가지치기로 모델을 얼마나 축소할 수 있는지 보면 놀랄 것이다. 과연 얼마나 축소할 수 있을까? SparseGPT 논문[11]은 미세조정 없이 한 번에 가지치기를 자동화하는 방법을 설명한다. 저자는 GPT-3 모델을 50~60% 줄여도 문제가 없음을 발견했다! 모델과 작업에 따라 일부는 오히려 성능이 약간 향상되기도 했다. 앞으로 가지치기가 어떤 발전을 보여줄지 기대된다.

지식 증류

저자가 생각하는 가장 멋진 압축 방법은 지식 증류(knowledge distillation)이다. 개념은 간단하다. 기존의 더 큰 LLM을 하나 선택해서 모방하도록 더 작은 언어 모델을 훈련하는 것이다. 이 방법의 좋은 점은 '교사(teacher)' 역할을 하는 더 큰 LLM이 작은 모델(학생)의 학습을 위해 사실상 무한한 데이터셋을 제공한다는 것인데, 이 덕분에 훈련이 매우 효과적으로 진행된다. 데이터셋이 클수록 성능이 좋아지기 때문에 작은 모델들이 교사 모델의 정확도에 거의 근접하는 경우를 자주 볼 수 있다.[12]

이렇게 훈련된 작은 모델은 크기가 작아지고 지연 시간도 개선되는 것이 보장된다. 단점은 완전히 새로운 모델을 훈련해야 하므로 초기 비용이 상당히 크다는 점이다. 교사 모델의 개선 사항이 학생 모델에도 전달되어야 하므로 학습 주기와 버전 구조가 복잡해질 수 있다. 다른 압축 방법들에 비해 더 많은 작업이 필요한 것은 확실하다.

하지만 지식 증류의 가장 어려운 점은 아직 좋은 방법론이 확립되지 않았다는 것이다. "학생 모델을 얼마나 작게 만들 수 있을까?" 같은 어려운 질문들은 시행착오를 통해 해결해야 한다. 이 분야에는 아직 배우고 연구해야 할 것이 많다.

하지만 스탠퍼드의 Alpaca[13]를 통해 이 분야에 흥미로운 발전이 있었다. 학생 모델을 처음부터 훈련하는 대신, 오픈AI의 GPT3.5(매개변수 1,750억 개)를 교사 모델로 삼고 오픈소스인 Llama 7B 매개변수 모델을 지식 증류로 미세조정했다. 단순한 아이디어였지만 평가에서 훌륭한 결과를 얻어 큰 성과를 거뒀다. 가장 놀라운 점은 비용이었다. 교사 모델에서 훈련 데이터를 얻는 데 API 비용으로 500달러, 학생 모델을 미세조정하는 데 GPU 비용으로 100달러만 들었다. 물론 상업적 용도의 모델을 이런 식으로 증류하는 것은 오픈AI 서비스 약관 위반이므로, 그런 경우에는 자체 모델이나 오픈소스 모델을 교사 모델로 사용해야 할 것이다.

11 E. Frantar, D. Alistarh, "SparseGPT: Massive Language models can be accurately pruned in one-shot," 2023년 1월, https://arxiv.org/abs/2301.00774.

12 V. Sanh, L. Debut, J. Chaumond, and T. Wolf, "DistilBERT, a distilled version of BERT: smaller, faster, cheaper and lighter," 2019년 10월, https://arxiv.org/abs/1910.01108.

13 R. Taori, I. Gulrajani, T. Zhang, Y. Dubois, X. Li, C. Guestrin, P Liang, T. B. Hashimoto, "Alpaca: A strong, replicable instruction-following model," CRFM, 2023년, https://crfm.stanford.edu/2023/03/13/alpaca.html.

저계수 근사

저계수 근사(low-rank approximation)[14]는 저차원 인수분해(low-rank factorization), 저차원 분해(low-rank decomposition), 행렬 인수분해(matrix factorization) 등 여러 이름으로 알려져 있다(이름이 너무 많은데, 수학자들 탓이다). 이는 선형대수학의 기법을 사용해 큰 행렬이나 텐서를 단순화하여 더 낮은 차원의 표현을 찾는 방법이다. 구체적인 기법은 여러 가지인데, 특잇값 분해(SVD), 터커 분해(TD), 정준 다항 분해(CPD) 등이 흔히 쓰인다.

그림 3.2는 SVD 방법의 기본 개념을 보여준다. 기본적으로 아주 큰 행렬 A를 세 개의 더 작은 행렬 U, Σ, V로 나누는 것이다. U와 V는 원래 행렬의 차원과 상대적 세기(strength)들을 유지하는 역할을 하고, Σ는 방향(direction)과 편향(bias)을 적용할 수 있게 한다. Σ가 작을수록 더 많이 압축되어서 전체 매개변수가 줄어들지만, 근사의 정확도는 떨어진다.

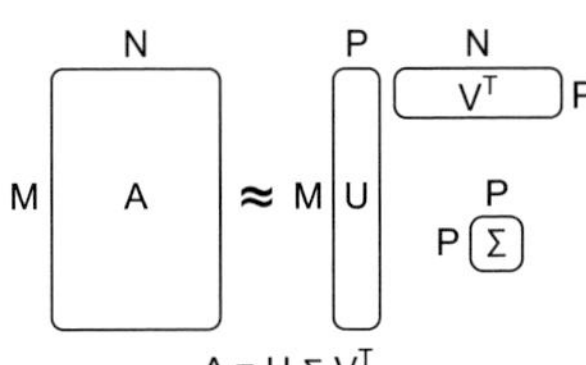

그림 3.2 SVD 저차원 근사의 예. A는 N×M 차원의 커다란 행렬이다. 이 행렬을 더 작은 세 행렬 U, Σ, V로 근사할 수 있다. U는 M×P 차원이고 Σ는 P×P 차원(정방행렬), V는 N×P 차원이다(그림에는 전치행렬로 표시되었다). 일반적으로 P≪M과 P≪N이 성립한다.

구체적인 예제 코드를 보면 개념을 좀 더 확실하게 이해할 수 있을 것이다. 예제 3.2는 SVD를 이용해서 행렬을 압축하는 간단한 예를 보여준다. SVD를 위해서는 1~2행에서 임포트하는 기본 라이브러리인 SciPy와 NumPy만 있으면 된다. 3행에서 행렬을 정의하고 9행에서 SVD를 적용한다.

예제 3.2 SVD 저차원 근사의 예

```
import scipy
import numpy as np
matrix = np.array([
    [ 1., 2., 3., 4.],
    [ 5., 6., 7., 8.],
    [ 9., 10., 11., 12.],
    [13., 14., 15., 16.]
])
u, s, vt = scipy.sparse.linalg.svds(matrix, k=1)
print(u,s,vt)
```

14 (옮긴이) 수학에서 rank는 다양한 뜻으로 쓰이는데, 지금 말하는 low-rank의 'rank'는 행렬에서 선형 독립인 행 또는 열의 최대 개수를 뜻한다. 선형대수의 맥락에서는(기하학이나 통계학이 아니라) rank를 흔히 '계수'로 옮긴다. low-rank approximation은 행렬의 차원을 줄이기 위한 기법이지만, rank 자체가 곧 행렬의 차원은 아님을 주의하자.

마지막 print 함수의 출력은 다음과 같다.

```
[[-0.13472212]
 [-0.3407577 ]
 [-0.54679327]
 [-0.75282884]] [38.62265683] [[-0.4284124  -0.47437252 -0.52033264 -0.56629275]]
```

출력을 살펴보면, U와 Σ, V의 전치행렬(코드의 u, s, vt)은 각각 4×1 행렬, 1×1 행렬, 1×4 행렬이다. 결과적으로 원래의 16개 매개변수 대신 9개의 매개변수만 필요하게 되어 메모리 사용량이 거의 절반으로 줄었다.

마지막으로 행렬들을 다시 곱하면 원래 행렬의 근사가 나온다. 이 경우 근사가 그리 좋지는 않지만, 성분들의 전반적인 순서와 크기는 원래 행렬과 일치하는 것을 볼 수 있다.

```
svd_matrix = u*s*vt
print(svd_matrix)
```

출력은 다음과 같다.

```
[[ 2.22916951  2.46831501  2.70746051  2.94660601]
 [ 5.63832164  6.24320129  6.84808093  7.45296058]
 [ 9.04747378 10.01808757 10.98870135 11.95931514]
 [12.45662591 13.79297384 15.12932177 16.4656697 ]]
```

안타깝게도 이런 SVD 기법을 실제 프로덕션 환경에서 모델 압축에 사용하는 사례는 알려진 바가 없다. 아마도 근사의 정확도가 낮기 때문일 것이다. 하지만 중요한 점은 이 기법이 적응(adaptation)과 미세조정에 사용된다는 것이다. 여기서 LoRA(low-rank adaptation)[15], 즉 저계수 적응 기법이 등장한다. '적응(adaptation)'은 일반 모델이나 기본 모델을 특정 작업에 맞게 미세조정하는 과정이다. LoRA는 주의 가중치에 SVD 저계수 근사를 적용하거나, 주의 가중치와 병렬로 실행되는 갱신 행렬(update matrix)을 주입한다. 이를 통해 훨씬 작은 모델을 미세조정할 수 있다. LoRA는 주어진 LLM에서 훈련 가능한 층들을 원래 모델의 것에 비해 아주 작게 축소한다. 누구나 LLM을 일반 하드웨어에서 훈련할 수 있다는 장점 때문에 큰 인기를 얻었다. LoRA를 시험해 보고 싶다면 허깅 페이스의 PEFT 라이브러리로 시작하길 권한다. 허깅 페이스에 다양한 LoRA 튜토리얼이 있다.

15 E. J. Hu 외, "LoRA: Low-rank adaptation of large language models," 2021년 6월, https://arxiv.org/abs/2106.09685.

좀 더 공부하고 싶은 독자를 위해 첨언하자면, PEFT(Parameter–Efficient Fine–Tuning, 매개변수 효율적 미세조정)는 계산 효율적인(computationally efficient) 방식으로 모델을 미세조정하는 것을 목표로 하는 방법들을 통칭하는 용어이다. 허깅 페이스의 PEFT 라이브러리는 그런 여러 방법을 한 곳에서 쉽게 접근할 수 있도록 만들었다. 좀 더 자세한 정보는 `https://huggingface.co/docs/peft`를 보자.

전문가 혼합(MoE)

전문가 혼합(mixture of experts, MoE)은 트랜스포머의 순방향 층(feed–forward layer)들을 MoE 층으로 대체하는 기법이다. 순방향 층은 매개변수가 많고 계산 비용이 높은 것으로 악명 높아서, 이를 더 나은 것으로 대체하면 큰 효과를 볼 수 있다. MoE는 희소하게 활성화되는 모델들의 집합이다. 앙상블 기법과 달리 모든 모델의 결과를 조합하는 대신 하나 또는 소수의 '전문가' 모델만 실행한다. 이러한 희소성은 어떤 전문가를 사용할지 학습하는 게이트[gate] 메커니즘이나 어떤 전문가의 의견을 구할지 결정하는 라우터[router] 메커니즘에 의해 만들어진다. 그림 3.3은 N개의 전문가를 가질 수 있는 MoE 아키텍처와 그것이 배치된 전체 디코더 스택을 도식화한 것이다.

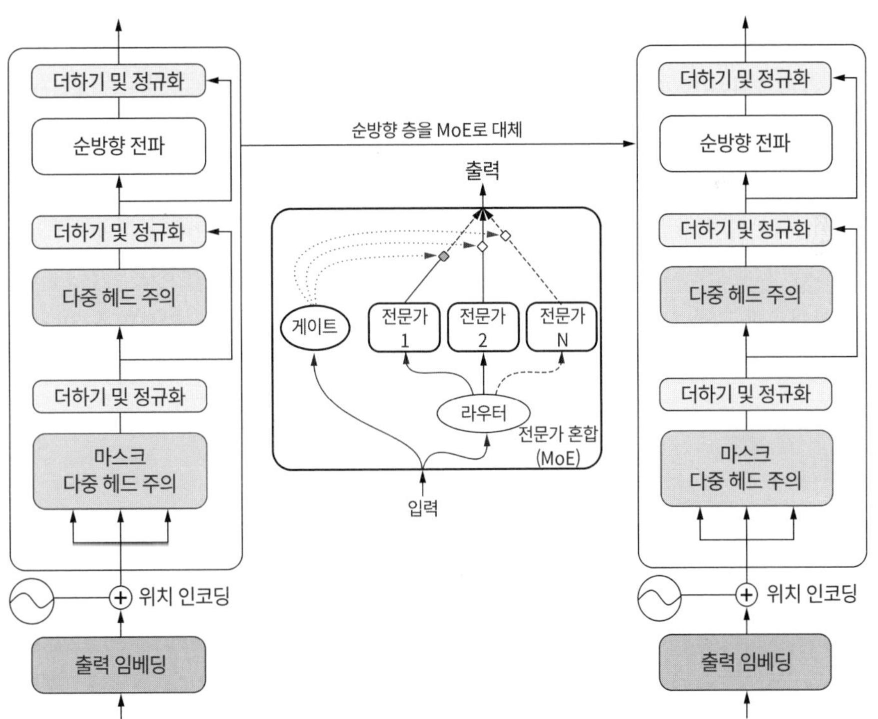

그림 3.3 흐름 제어를 위한 게이트와 라우터를 모두 갖춘 전문가 혼합 아키텍처의 예. 전문가 혼합 모델은 트랜스포머의 FFN(순방향 신경망)을 대체하는 데 사용된다. 그림의 구조에서는 디코더의 FFN을 대체한다.

전문가의 수에 따라서는 MoE 층이 FFN보다 매개변수가 더 많을 수 있다. 그러면 모델이 오히려 더 커진다. 하지만 애초에 엔지니어와 연구자들은 더 작은 모델을 만들기 위해 이 기법을 사용하므로 전문가 모델을 그렇게 많이 사용하지는 않는다. 이 기법에서 눈에 띄는 장점은 더 빠른 연산 경로와 개선된 추론 시간이다. 하지만 MoE가 진정으로 돋보이는 것은 양자화와 결합할 때이다. 마이크로소프트와 NVIDA의 공동 연구[16]에 따르면 MoE를 사용할 때 정확도를 거의 훼손하지 않고도 2비트로 양자화할 수 있었다!

물론 이는 모델 구조의 상당히 큰 변화이므로 이후 미세조정이 필요하다. 또한 MoE 층은 종종 모델의 일반화 능력을 저하시키므로, 특정 작업을 위해 설계된 모델에 사용하는 것이 가장 좋다. MoE 층을 구현하는 라이브러리가 여러 개 있는데, 예를 들어 DeepSpeed를 한번 확인해 보면 좋을 것이다.

DeepSpeed는 LLM 같은 대형 딥러닝 모델의 까다로운 부분을 최적화하는 라이브러리로, 특히 훈련에 유용하다. MoE 튜토리얼은 `https://www.deepspeed.ai/tutorials/mixture-of-experts/`에서 확인할 수 있다.

3.3.2 분산 컴퓨팅

분산 컴퓨팅(distributed computing)은 크고 복잡한 신경망의 워크로드를 클러스터의 여러 장치나 노드에 분산시켜 병렬화하고 속도를 높이는 기법이다. 이 접근 방식은 동시 계산, 데이터 병렬성, 모델 병렬성을 가능하게 함으로써 훈련 및 추론 시간을 크게 단축한다. 데이터셋의 크기와 모델의 복잡성이 계속 증가면서, 효율적인 자원 활용과 연구자들의 효과적인 모델 반복을 가능하게 하는 분산 컴퓨팅이 딥러닝 작업흐름의 핵심이 되었다. LLM에서는 모든 가능한 기법을 동원해야 하는 만큼, 분산 컴퓨팅이 딥러닝을 머신러닝과 구별 짓는 핵심 기법 중 하나로 자리잡았다. 그럼 분산 컴퓨팅을 최대한 활용하기 위한 다양한 병렬 처리 기법을 살펴보자.

데이터 병렬성

데이터 병렬성(data parallelism)은 대부분의 사람이 병렬 처리를 생각할 때 떠올리는 것이며, 구현하기도 가장 쉽다. 이것은 데이터를 분할하여 모델이나 파이프라인의 여러 복사본에서 실행하는 방식이다. 대부분의 프레임워크는 데이터 병렬성을 손쉽게 구현하는 수단을 제공한다. 예를 들어 파이토치에서는 `DistributedDataParallel` 모듈을 사용하면 된다. 하지만 이러한 설정에는 한 가지 제약이 있는데, 모델을 하나의 GPU에 올릴 수 있어야 한다는 것이다. 이때 Ray.io 같은 도구가 유용하다.

16 R. Henry, Y. J. Kim, "Accelerating large language models via low-bit quantization," 2023년 3월, `https://mng.bz/maD0`.

Ray.io(간단히 Ray)는 병렬 및 클러스터 컴퓨팅을 위해 특별히 설계된 오픈소스 프로젝트로, 분산 프로그래밍을 단순화하고 개발자가 동시 작업을 쉽게 병렬로 실행할 수 있게 해주는 유연하고 사용자 친화적인 도구이다. Ray는 주로 머신러닝과 기타 고성능 애플리케이션을 위해 만들어졌지만 다른 용도로도 활용할 수 있다. 예제 3.3은 Ray를 이용해서 작업을 분산하는 간단한 예를 보여준다. Ray의 장점은 단순함에 있다. 코드를 병렬로 실행하기 위해 필요한 것은 데코레이터[decorator]를 추가하는 것뿐이다. 다중 스레딩(multithreading)이나 비동기화(asynchronization)의 복잡성에 비하면 훨씬 간단하다.

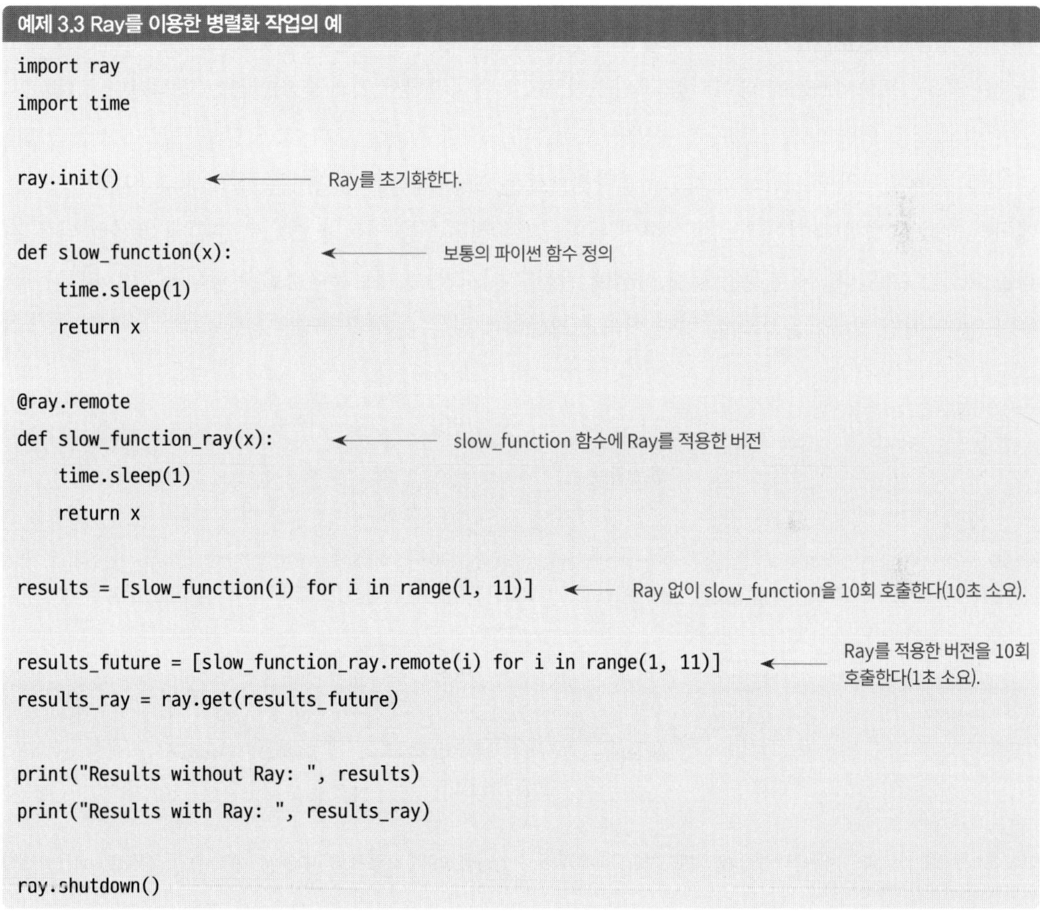

예제 3.3 Ray를 이용한 병렬화 작업의 예

```
import ray
import time

ray.init()                                  ← Ray를 초기화한다.

def slow_function(x):                       ← 보통의 파이썬 함수 정의
    time.sleep(1)
    return x

@ray.remote
def slow_function_ray(x):                   ← slow_function 함수에 Ray를 적용한 버전
    time.sleep(1)
    return x

results = [slow_function(i) for i in range(1, 11)]   ← Ray 없이 slow_function을 10회 호출한다(10초 소요).

results_future = [slow_function_ray.remote(i) for i in range(1, 11)]   ← Ray를 적용한 버전을 10회 호출한다(1초 소요).
results_ray = ray.get(results_future)

print("Results without Ray: ", results)
print("Results with Ray: ", results_ray)

ray.shutdown()
```

Ray는 분산 컴퓨팅을 관리하기 위해 작업(task)과 행위자(actor)라는 개념을 사용한다. 작업은 함수이고 행위자는 동시에 호출되고 실행될 수 있는 상태 저장 객체이다. Ray로 작업을 실행하면 가용 자원(예: 다중 코어 CPU나 클러스터의 여러 노드) 전체에 작업을 분산한다. 본격적인 LLM이라면 클라우드 환경에 Ray 클러스터를 설정하게 되는데, 그러면 각 파이프라인이 필요한 만큼의 GPU가 있는 노드에서 실행되므로 LLM의 병렬 실행을 위한 인프라 설정이 크게 간소화된다.

Ray 클러스터에 관한 좀 더 자세한 사항은 https://mng.bz/eVJP를 보라.

다른 비슷한 도구들도 있지만, 분산 훈련이 필요한 머신러닝 작업흐름이 많아지면서 Ray가 큰 관심 속에서 인기를 얻고 있다. Ray로 훌륭한 성과를 거둔 팀이 많다. Ray를 잘 활용하면 개발자는 분산 작업흐름에서 더 나은 성능과 더 효율적인 자원 활용을 보장할 수 있다.

텐서 병렬성

텐서 병렬성(tensor parallelism)은 행렬 곱셈의 특성을 활용해서 활성화 함수 계산을 여러 프로세서에 분산하고, 프로세스들에 데이터를 통과시킨 후 그 반대편에서 결과를 취합하는 방식이다. 그림 3.4는 행렬 곱셈을 병렬화하는 두 가지 방법을 보여준다. 둘 다 결과는 같다. Y가 단일 프로세서에 담기에는 너무 큰 행렬이라고 생각해 보자. 더 일반적으로는, 모든 계산을 실행하는 데 너무 긴 시간이 걸리는 데이터 흐름의 병목 지점이라고 상상하면 된다. 그런 경우 Y를 열이나 행으로 분할해 계산한 다음 결과를 취합할 수 있다. 이 예제는 행렬 곱셈에 관한 것이지만, 실제로는 3차원 이상의 텐서를 다루는 경우가 많다. 어떤 경우이든 이러한 병렬 처리를 가능하게 하는 수학적 원리는 동일하다.

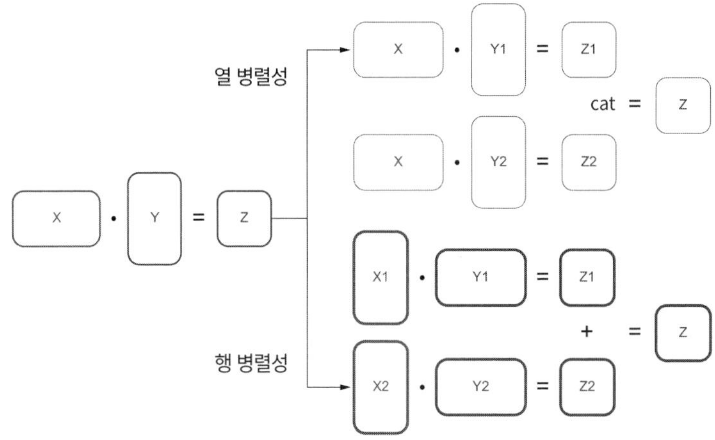

그림 3.4 텐서를 서로 다른 차원으로 분할해도 같은 최종 결과를 얻을 수 있음을 보여주는 텐서 병렬화의 예. 여기서는 행렬의 열(column) 병렬성과 행(row) 병렬성을 비교한다.

병렬화할 차원을 선택하는 것은 과학보다는 예술(art)에 가깝지만, 다음 사항들을 고려하면 선택이 조금은 쉬워질 것이다. 첫째, 열이나 행의 개수를 확인해야 한다. 일반적으로 보유한 프로세서 수보다 더 많은 차원을 선택하는 것이 바람직하다. 그렇게 하지 않으면 계산이 도중에 멈춘다. 이것이 보통은 문제가 되지 않지만, 이전 절에서 다룬 Ray 같은 도구를 사용하면 클러스터에서 병렬화하고 다수의 프로세스를 실행하는 것이 매우 쉽다. 둘째, 차원마다 다중성(multiplicity)의 비용이 다르다. 예를 들어 열 병렬성에서는 전체 데이터셋을 각 프로세스에 보내야 하지만, 마지막에 이들을 연결하는 것은 빠르고 쉽다는 장점이 있다. 반면 행 병렬성은 데이터셋을 청크로 나눌 수 있지만, 덧셈 연산의 비용이 연결 비용보다 더 크다. 한 연산은 I/O 능력에 제한되고 다른 연산은 계산 능력에 제한됨을 알 수 있을 것이다. 결국 최적의 차원은 데이터셋과 하드웨어 제약에 따라 달라진다. 완전한 최적화를 위해서는 실험이 필요하지만, 그냥 가장 큰 차원을 선택하는 것도 좋은 기본값이 된다.

MLP나 주의 층(attention layer) 같은 무거운 계산 층들은 텐서 병렬성을 통해 여러 장치에 분산할 수 있지만, 텐서를 사용하지 않는 정규화나 드롭아웃 층은 텐서 병렬성이 도움이 되지 않는다. 그런 블록들에는 시퀀스 병렬성(sequence parallelism)을 적용해서 파이프라인의 전반적인 성능을 높일 수 있다.[17] 시퀀스 병렬성은 활성화 값을 시퀀스 차원을 따라 분할해서 중복 저장을 방지하는 과정인데, 텐서 병렬성과 함께 사용하면 최소한의 계산 추가부담으로도 메모리를 상당히 절약할 수 있다. 이 둘을 조합하면 트랜스포머 모델에서 활성화 값들을 저장하는 데 필요한 메모리가 크게 줄어든다. 실제로 활성화 값 재계산을 거의 제거하고 활성화 메모리를 최대 5배까지 절약할 수 있다.

그림 3.5는 계산량이 큰 층들을 분산하는 텐서 병렬성과 메모리에 제한되는 층들을 처리는 시퀀스 병렬성을 조합해서 전체 트랜스포머 모델을 완전히 병렬화하는 방법을 보여준다. 이 둘을 함께 사용하면 자원을 매우 효율적으로 활용할 수 있다.

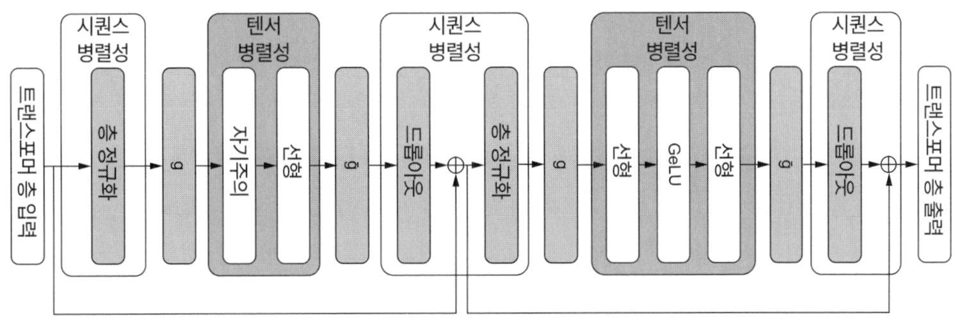

그림 3.5 전체 트랜스포머를 위한 완전한 병렬화 과정. 계산이 많은 층들에 중점을 둔 텐서 병렬성과 메모리 추가부담을 줄이는 시퀀스 병렬성을 결합했다.[18]

17 V. Korthikanti 외, "Reducing activation recomputation in large transformer models," 2022년 5월, `https://arxiv.org/abs/2205.05198`.

18 (옮긴이) 그림의 GeLU는 Gaussian error linear unit(가우스 오차 선형 단위)를 뜻한다. GeLU는 BERT나 GPT 등의 트랜스포머 모델에서 ReLU 대신 활성화 함수로 쓰인다.

파이프라인 병렬성

지금까지의 병렬성으로도 대량의 데이터를 처리하고 병목 현상을 해소할 수 있지만, 모델이 너무 커서 단일 GPU 메모리에 들어가지 않는다면 모두 무용지물이다. 그런 경우 파이프라인 병렬성(pipeline parallelism)이 필요하다. 이것은 모델을 수직으로 분할해 각 부분을 다른 GPU에 할당하는 방식이다. 입력 데이터가 첫 번째 GPU에서 처리된 후 다음 GPU로 전달되는 식으로 전체 모델을 통과하는 파이프라인이 만들어진다. 다른 병렬화 기법들이 처리 능력을 높이고 추론 속도를 높이는 반면, 파이프라인 병렬화는 모델의 실행 자체를 가능하게 한다. 하지만 주로 장치 활용도 측면에서 큰 단점이 있다.

파이프라인 병렬성의 단점이 어디서 오는지, 그리고 어떻게 완화할 수 있는지 이해하기 위해 먼저 모든 데이터를 한 번에 모델에 통과시키는 단순한 접근 방식을 살펴보자. 이 방식은 활용도가 낮은 거대한 '거품(bubble)'을 만든다. 분할된 모델이 장치들을 순서대로 거쳐가기 때문에 한 GPU가 처리하는 동안 다른 GPU들은 유휴(idle) 상태로 남는다. 그림 3.6은 이러한 단순 접근 방식을 나타내는데, 여러 GPU들이 유휴 상태로 있는 커다란 비활성 거품을 볼 수 있다. 이 그림은 또한 각 장치를 더 잘 활용하는 방법도 보여준다. 그 방법이란 데이터를 마이크로배치microbatch, 즉 아주 작은 크기의 배치 단위로 나누어서 보내는 것이다. 배치가 작을수록 첫 번째 GPU가 작업을 더 빨리 다음으로 넘기고 다른 배치로 넘어갈 수 있다. 그러면 다음 장치가 더 빨리 시작할 수 있으므로 거품이 작아진다.

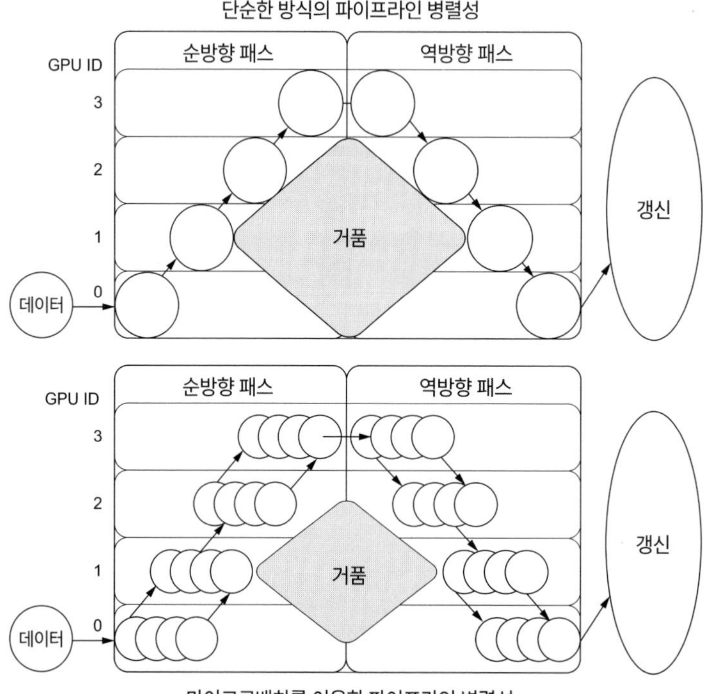

그림 3.6 거품 문제. 데이터가 분할된 모델을 통과할 때, 모델 가중치들을 가진 GPU들은 다른 GPU들이 데이터를 처리하기를 기다리면서 유휴 상태로 남는다. 따라서 전체적인 자원 활용도가 낮아진다. 마이크로배치를 이용하면 이러한 '거품'을 줄일 수 있다.

거품의 크기는 다음 공식으로 쉽게 계산할 수 있다.

$$\text{유휴 비율} = 1 - m \,/\, (m + n - 1)$$

여기서 m은 마이크로배치들의 개수이고 n은 파이프라인의 깊이 또는 GPU 개수이다. GPU 네 개와 커다란 배치 하나를 사용하는 단순한 방식에서는 장치들이 75%의 시간 동안 유휴(idle) 상태에 있다! GPU가 비싼 자원임을 고려하면 4분의 3의 시간을 놀리는 것은 매우 비효율적이다. 마이크로배치 전략을 사용하면 어떻게 되는지 살펴보자. 마이크로배치 네 개를 사용하면 유휴 시간이 거의 절반인 43%로 줄어든다. 이 공식에서 알 수 있듯이 GPU가 많을수록 유휴 시간은 늘어나지만, 마이크로배치가 많을수록 활용도는 높아진다.

안타깝게도, 여러 가지 제약 때문에 GPU 수를 임의로 줄이거나 마이크로배치들을 원하는 만큼 늘릴 수 없을 때가 많다. GPU 개수는 모델을 메모리에 완전히 올릴 수 있을 정도가 되어야 한다. 관련해서, 작은 GPU를 여러 개 쓰는 것보다 큰 GPU를 적게 쓰는 것이 더 효율적이라는 점도 유념하자. 파이프라인 병렬성의 거품을 줄이는 것은 압축이 중요한 또 다른 이유이다. 마이크로배치의 경우 제약은 명백하다. 첫째로, 마이크로배치는 전체 배치 크기의 일부이므로 전체 배치 크기의 제한을 받는다. 둘째로, 각 마이크로배치는 캐시된 활성화 값들에 대한 메모리 요구량을 선형적으로 증가시킨다. 이러한 높은 메모리 요구량을 상쇄하는 한 방법이 PipeDream[19]이다. 이 방법에는 다양한 구성과 접근 방식이 있지만 기본 아이디어는 같다. 이 방법에서는 마이크로배치의 순방향 패스가 끝나자마자 역방향 패스를 시작한다. 이 덕분에 하나의 훈련 주기(cycle)를 완전히 마친 후에 해당 마이크로배치의 캐시를 해제할 수 있다.

3D 병렬성

LLM에는 지금까지 이야기한 세 가지 병렬성을 모두 활용하는 것이 좋다. 데이터 병렬성(DP), 텐서 병렬성(TP), 파이프라인 병렬성(PP)을 결합한 것을 3차원 병렬성 혹은 3D 병렬성이라고 부른다. 각 기법과 차원마다 최소 2개의 GPU가 필요하므로 3D 병렬성을 위해서는 최소 8개의 GPU가 필요하다. 여기서 최대의 효율을 얻으려면 GPU 구성이 중요하다. TP가 통신 오버헤드가 가장 크므로, TP를 위한 GPU들은 같은 노드와 컴퓨터에 두는 것이 바람직하다. PP는 세 가지 중 통신량이 가장 적으므로 모델을 노드 간에 분할해도 비용이 적게 든다.

세 가지를 함께 실행하면 흥미로운 상호작용과 상승효과가 발생한다. TP는 장치 메모리 내에서 잘 작동하도록 모델을 분할한다. 그러면 유효 배치 크기가 작아져서 PP가 작은 배치 크기에서도 잘 수행된

19 A. Harlap 외, "PipeDream: Fast and efficient pipeline parallel DNN training," 2018년 6월 8일, https://arxiv.org/abs/1806.03377.

다. 이러한 조합은 서로 다른 파이프라인 단계에 있는 DP 노드 간의 통신도 개선한다. 노드 간 통신 대역폭은 파이프라인 단계 수에 비례한다. 결과적으로 DP는 작은 배치 크기에서도 잘 확장된다. 전반적으로 각각을 개별적으로 실행할 때보다 함께 실행할 때 더 나은 성능을 얻을 수 있다.

이상이 여러분이 알아야 할 중요한 기법들이다. 그런데 이들을 실제로 적용하는 데 필요한 도구를 적절하게 갖추는 것도 기법들만큼이나 중요하다.

3.4 LLM옵스 인프라

이제부터 이 모든 것을 구현하는 데 필요한 인프라를 살펴보겠다. 인프라를 1장에서 다루지 않은 이유가 궁금한 독자도 있을 것이다. 왜 3장 끝에서야 이야기가 나오는 것일까? 저자는 여러 기계학습 엔지니어의 면접을 봤는데, "ML옵스에 관해 아는 것을 말씀해 주세요."라는 정답이 없는 열린 요청으로 대화를 시작하곤 했다. 대부분의 주니어 후보자는 즉시 도구와 인프라 이야기를 꺼냈다. 이해할 만하다. 사용할 수 있는 도구가 너무나 많기 때문이다. 게다가 ML옵스를 설명하는 게시물이나 블로그에는 흔히 인프라를 나타내는 예쁜 다이어그램이 등장하기 마련이다. 이 모든 것이 중요하지만, 시니어 후보자들이 제일 먼저 언급하는 것이 무엇인지 주목할 필요가 있다. 바로 머신러닝의 수명 주기(life cycle)이다.

많은 사람이 이 미묘한 차이를 놓치지만, 인프라는 '어떻게'에 해당하고 수명 주기(life cycle)는 '왜'에 해당한다. 대부분의 기업은 최소한의 인프라만으로도 충분히 운영할 수 있다. 데이터 과학자의 노트북 한 대에서만 돌아가는 임시방편 시스템들도 많이 봤는데, 특히 scikit-learn이 지배하는 시대에는 이런 시스템들이 놀랍도록 잘 작동한다.

하지만 LLM 세계에서는 그런 얼기설기 만든 머신러닝 플랫폼으로는 부족하다. 맥북 프로 노트북의 기본 저장 용량이 여전히 256GB인 현실에서는 모델을 로컬에 저장하는 것조차 문제가 될 수 있다. 기업이 LLM 시대를 더 잘 준비하려면 견고한 인프라에 투자해야 한다.

그림 3.7은 LLM을 염두에 둔 ML옵스 인프라의 예이다. 대부분의 인프라 도식은 모든 것을 깔끔하게 보이도록 단순화하지만, 실제로는 전체 시스템이 좀 더 복잡하다. 물론 데이터 과학자들이 임시방편적인 워크스테이션(주로 주피터 노트북 인터페이스에 기반한) 대신 스크립트로 작업한다면 이런 복잡성의 상당 부분이 사라질 것이다.

그림 3.7을 자세히 보면 데이터옵스DataOps나 데브옵스 영역에 속하는 여러 도구가 외곽에 배치되어 있다. 데이터 저장소, 오케스트레이터, 파이프라인, 스트리밍 통합, 컨테이너 레지스트리 등이다. 이들은 데이터 집약적인 애플리케이션에서 이미 사용하고 있을 도구들로, 반드시 ML옵스에 초점을 둔 것은 아니다. 중앙에는 실험 추적기, 모델 레지스트리, 특징 저장소(feature store), 임시 데이터 과학 작업 환경 등등 더 전통적인 ML옵스 도구들이 있다. LLM을 위해 새로 추가되는 도구는 벡터 데이터베이스 하나뿐이다. 모니터링 시스템은 모든 부분과 얽혀 있기 때문에 도식에서 생략했다. 이 모든 요소는 이 책의 목표인, LLM을 프로덕션에서 자신 있게 배포하고 실행할 수 있는 배포 서비스로 수렴한다.

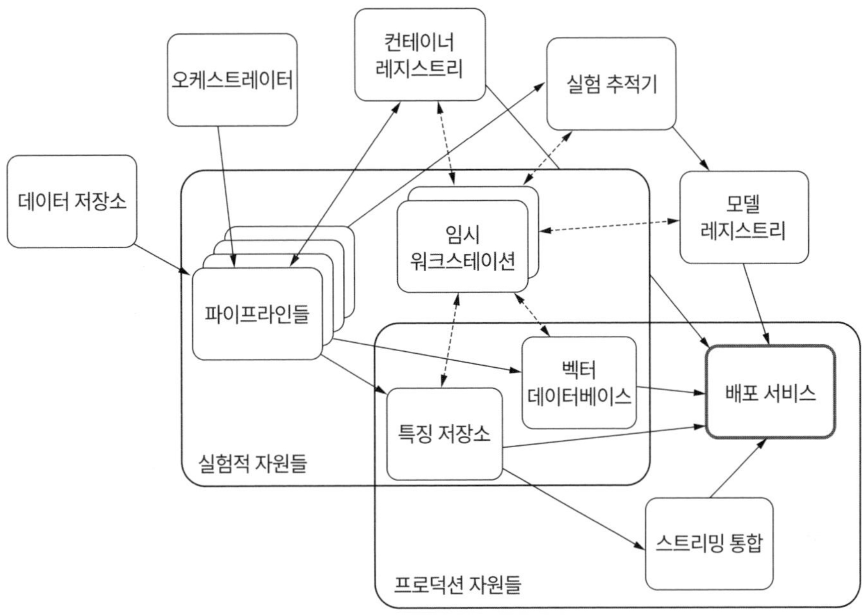

그림 3.7 LLM을 고려한 ML옵스 인프라를 개괄한 도식. ML 모델을 프로덕션에서 작동시키는 데 필요한 다양한 도구들의 전체 그림과 복잡성을 잘 보여주는 것을 염두에 두고 작성했다.

분야별 인프라

다음은 주요 분야별 인프라를 정의한 것이다.

- 데브옵스: 실험용 환경(개발, 스테이징)과 프로덕션 환경의 자원을 조달하는 책임을 진다. 하드웨어, 클러스터, 네트워킹 등이 포함된다. 또한 깃허브/깃랩, 산출물(artifact) 레지스트리, 컨테이너 레지스트리, Postgres나 MySQL 같은 애플리케이션/트랜잭션 데이터베이스, 캐싱 시스템, CI/CD 파이프라인 같은 기본 인프라 시스템을 담당한다. 이 밖에도 다양한 요소가 요구된다.

- 데이터옵스: 전송 중 데이터(data in motion)와 정지 데이터(data at rest)를 담당한다. 데이터 웨어하우스, 데이터 레이크, 데이터 메시와 같은 중앙집중식 또는 분산식 데이터 저장소와 Kafka, Flink 같은 도구를 사용하는 배치 시스템 또는 스트리밍 시스템의 데이터 파이프라인이 포함된다. Airflow, Prefect, Mage 같은 오케스트레이터도 포함된다. 데이터옵스는 데브옵스 위에 구축된다. 예를 들어 저자는 CI/CD 파이프라인을 데이터 파이프라인 작업에도 사용하다가 결국은 Apache Spark나 DBT로 넘어가는 팀을 많이 보았다.
- ML옵스: 모델 생성부터 폐기까지 기계학습 수명 주기를 담당한다. JupyterHub 같은 데이터 과학 워크스테이션과 실험 추적기, 모델 레지스트리가 포함된다. 특징 저장소와 벡터 데이터베이스 같은 특수 데이터베이스도 포함되며, 그 모든 것을 연결하고 실제로 결과를 제공하는 배포 서비스도 포함된다. 데이터옵스와 데브옵스 위에 구축된다.

이제 인프라 퍼즐의 각 조각을 살펴보고 LLM과 관련해서 특별히 검토해야 할 기능들을 논의해 보자. 각 조각에 특화된 도구들을 주로 소개하겠지만, Dataiku나 아마존 세이지메이커, 마이크로소프트 Azure Machine Learning, 구글 VertexAI 같은 서비스형 ML옵스 플랫폼들도 있음을 알아두기 바란다. 그런 플랫폼들은 퍼즐 전체를 완성하려는 시도에 해당하는데, 얼마나 잘 완성하는지는 별개의 문제다. 하지만 종종 이들이 훌륭한 지름길이 되므로 알아둘 필요는 있다. 사설은 이 정도로 마무리하고, 본격적으로 시작해 보자.

3.4.1 데이터 인프라

ML옵스가 이 책의 주요 초점은 아니지만, ML옵스가 데이터옵스의 인프라에 기반하며 데이터옵스 자체는 데브옵스를 토대로 한다는 점은 기억해야 할 것이다. 데이터옵스의 핵심 요소로는 데이터 저장소(data store), 오케스트레이터[orchestrator], 파이프라인이 있다. 추가로 필요한 기능에는 컨테이너 레지스트리[container registry]와 스트리밍 통합(streaming integration) 서비스가 포함된다.

데이터옵스의 기반인 데이터 저장소는 단순한 데이터베이스부터 대규모 데이터 웨어하우스, 더 큰 데이터 레이크(data lake), 복잡한 데이터 메시(data mesh)에 이르기까지 다양한 형태로 존재한다. 여기에 데이터가 저장되며, 이를 관리하고 통제하고 보호하는 데 많은 노력이 들어간다. 오케스트레이터는 데이터옵스의 핵심으로, 단순하거나 복잡한 다단계 작업흐름 및 개별 작업을 관리하고 자동화해서 작업들이 시스템의 여러 자원과 서비스에서 원활하게 실행되도록 보장하는 도구이다. 흔히 거론되는 오케스트레이터로는 Airflow, Prefect, Mage가 있다. 마지막으로 파이프라인은 모든 것을 떠받치는 기둥으로, 작업들이 실제로 실행되는 곳이다. 파이프라인은 원래 데이터의 이동, 정제, 정의를 위해 만들어진 것이지만, 이제는 동일한 시스템을 이용해서 일정에 따라 머신러닝 훈련 작업을 실행하고 배치 추론을 수행하며 ML옵스가 원활하게 운영되는 데 필요한 다양한 작업을 처리하는 용도로 쓰인다.

컨테이너 레지스트리는 데브옵스의 초석이며, 따라서 데이터옵스와 ML옵스의 초석이기도 하다. 일관성을 보장하기 위해서는 모든 파이프라인과 서비스를 컨테이너에서 실행해야 한다. 스트리밍 서비스는 이번 장에서 다루는 것보다 훨씬 더 복잡한 주제이다. 다행히도 대부분의 텍스트 관련 작업에서는 실시간 처리가 큰 문제가 되지 않는다. 실시간 자막이나 번역 같은 작업에서도 작업 특성에 따라 사용자 경험을 해치지 않는 유사 실시간(pseudo-realtime) 처리 전략으로 충분한 경우가 많다.

3.4.2 실험 추적기

실험 추적기(experiment tracker)는 ML옵스의 중심이다. 실험 추적기는 테스트와 그 결과를 추적하고 기록하는 기본적인 작업을 수행한다. 유명 TV 프로그램 미스버스터[Myth Busters]의 애덤 새비지[Adam Savage]가 한 유명한 말이 있다. "얘들아, 장난과 과학의 유일한 차이는 기록을 남기느냐의 여부란다." 추적과 기록을 간과하는 조직은 데이터 과학에서 '과학' 부분을 놓치고 있는 것이다. 솔직히 말해서 이는 부끄러운 일이다.

데이터 과학자들이 손수 노트북에 결과를 기록하고 추적하는 것을 선호한다고 해도, 다른 사람들이 쉽게 보고 검색할 수 없다면 그것은 쓰레기나 다름없다. 지식을 쉽게 공유하고 이용할 수 있게 하는 것이 바로 실험 추적기의 진정한 목적이다. 결국 모델은 프로덕션 환경에 배포될 것이고, 그 모델은 문제를 겪게 될 것이다. 그냥 모델을 새로 훈련해서 문제를 해결할 수도 있지만, 팀이 이전에 무엇이 잘못됐는지 조사할 수 없다면 같은 실수를 반복하게 될 가능성이 크다.

실험 추적기로 사용할 수 있는 소프트웨어가 많은데, 현재까지 가장 인기 있는 것은 데이터브릭스[Databricks] 팀이 만든 오픈소스 제품 MLFlow이다. 데이터브릭스는 간편한 호스팅 솔루션도 제공한다. 그 밖에 살펴볼 만한 유료 대안으로는 Comet ML과 W&B(Weights & Biases) 등이 있다.

요즘의 실험 추적기들은 매우 다양한 기능을 제공한다. 대부분의 오픈소스와 유료 솔루션은 LLM옵스를 좀 더 큰 규모로 실행하고 확장하는 데 필요한 기능을 갖추고 있다. 하지만 이러한 도구를 제대로 활용하려면 약간의 조정이 필요할 수 있는데, 예를 들어 보통은 모델을 처음부터 훈련한다고 가정하지만 LLM 작업에서는 기존 모델을 미세조정하는 경우가 많다. 그런 경우 기반으로 삼은 모델의 체크포인트를 기록하는 것이 중요하다. 가능하다면 원래의 훈련 실험으로 돌아갈 수 있도록 연결해도 좋을 것이다. 그러면 향후에 데이터 과학자들이 테스트 결과를 더 깊이 파고들어 원본 훈련 데이터를 찾고 편향을 제거할 방법을 발견할 여지가 생긴다.

살펴봐야 할 또 다른 기능은 평가 지표(evaluation metric) 도구들이다. 4장에서 더 자세히 다루겠지만, 언어 모델의 평가 지표는 까다롭다. 대개 여러 가지 지표를 동시에 신경 써야 하는데, 대부분 복잡도 평가나 유사도 점수보다 훨씬 더 복잡한 지표들이다. 실험 추적기 벤더사들은 지표에 대해 독단적이지 않고 중립성을 유지하려고 노력하는데, 그러다 보면 지표들을 비교해서 더 나은 모델을 선택하기가 어려워진다. 다행히 LLM이 인기를 얻으면서 텍스트 요약을 위한 ROUGE 같은 좀 더 일반적인 지표를 쉽게 평가할 수 있게 만든 벤더사들도 생겼다.

또한 실험 추적기 벤더사들이 LLM 전용 도구를 추가하기 시작했다는 점도 언급할 필요가 있겠다. 고려해 볼 만한 기능으로는 허깅 페이스 직접 지원, 랭체인[LangChain] 지원, 프롬프트 엔지니어링 도구모음, 미세조정 프레임워크, 기초 모델 저장소 등이 있다. 이 분야는 빠르게 발전하고 있으며, 이런 기능들을 모두 갖춘 하나의 도구는 아직 없지만 앞으로는 주요 기능들이 점차 수렴해서 대부분의 도구가 지원하는 표준적인 기능 집합이 만들어질 가능성이 크다.

3.4.3 모델 레지스트리

아마도 ML옵스 인프라에서 가장 단순한 도구는 모델 레지스트리[model registry]일 것이다. 모델 레지스트리는 해결하기 쉬운 문제를 다룬다. 그냥 모델들을 저장하는 것일 뿐이다. 많은 성공적인 팀들이 그냥 객체 저장소나 공유 파일 시스템에 모델을 저장하는 것만으로도 잘해 나가는 것을 볼 수 있다. 하지만 모델 레지스트리를 선택할 때는 몇 가지 부가 기능을 살펴봐야 한다.

첫째는 모델 레지스트리가 모델에 대한 메타데이터를 추적하는지의 여부이다. 대부분의 중요 정보는 실험 추적기에 있으므로, 보통은 두 시스템을 연결할 수 있기만 하면 된다. 실제로 이런 이유로 대부분의 모델 레지스트리는 실험 추적 시스템에 내장되어 있다. 하지만 기업이 오픈소스 모델을 사용하거나 구매하기로 결정할 때 문제가 발생한다. 모델을 업로드하고 관련 정보를 태그로 지정하기가 쉬운가? 대개 그렇지 않다.

둘째로 모델의 버전 관리가 가능해야 한다. 언젠가는 모델이 더 이상 쓸모없어져서 교체해야 할 시점이 올 것이다. 모델 버전 관리는 이 과정을 단순화한다. A/B 테스트나 그림자 테스트(shadow test) 같은 프로덕션 실험을 수행하기도 쉽게 만든다.

마지막으로, 모델을 승격(promotion)하고 강등(demotion)할 때는 접근 권한을 고려해야 한다. 모델은 많은 기업에서 귀중한 지적 재산이므로 적절한 사용자만 모델에 접근할 수 있도록 하는 것이 중요하다. 또한 모델이 무엇을 하는지, 왜 그런 식으로 훈련되었는지 이해하는 팀만이 모델의 승격과 강등을 담당하도록 하는 것도 중요하다. 프로덕션에 있는 모델을 실수로 삭제하는 등의 심각한 사고는 절대 피해야 한다.

LLM의 경우에는 중요한 주의 사항이 몇 가지 더 있다. 무엇보다도, 모델 레지스트리를 선택할 때는 크기 제한을 확인해야 한다. 모델 크기를 10GB 이하로 제한하는 모델 레지스트리가 많은데, 그 정도로는 충분하지 않다. 이런 제한을 두는 이유야 여러 가지겠지만, 어떤 이유이든 사용자에게는 중요하지 않다. 중요한 것은 크기에 제한이 있다는 것뿐이다. 크기 제한과 관련해서, Ceph 같은 온프레미스 저장 시스템에서 모델 레지스트리를 운영할 계획이라면 충분한 공간을 확보해야 한다. 온프레미스 서버에 수 테라바이트의 저장소를 몇백 달러면 살 수 있지만, LLM이 300GB가 넘으면 몇 테라바이트도 금방 차 버린다. 훈련과 미세조정 중에 여러 체크포인트와 버전을 유지하고, 안정성을 위한 복제본도 보관해야 한다는 점을 잊지 말자. 다만 저장소는 여전히 LLM 운영에서 가장 저렴한 부분이므로, 여기서 돈을 아끼다가 나중에 골치를 앓을 이유는 없다.

이는 중요한 시사점을 제시한다. 대부분의 모델은 대체로 매우 비슷하므로, LLM과 그 파생물의 저장과 관련해서 더 나은 공간 절약 방식이 있을 수 있다. 앞으로 이런 문제를 해결하는 저장 솔루션이 등장할 것이다.

3.4.4 특징 저장소

특징 저장소(feature store)는 중요한 여러 문제를 해결하고 다음과 같은 질문에 답한다. 이 특징을 누가 소유하는가? 어떻게 정의되었나? 누가 접근할 수 있나? 어떤 모델이 사용하고 있나? 프로덕션에서 이 특징을 어떻게 제공하는가? 본질적으로 특징 저장소는 '단일 진실 공급원(single source of truth)' 문제를 해결한다. 중앙집중식 저장소를 만들면 팀들이 가장 품질 높고 잘 관리되는 데이터를 쇼핑할 수 있다. 특징 저장소는 데이터의 협업, 문서화, 버전 관리 문제를 해결한다.

"특징 저장소는 그냥 데이터베이스 아닌가?"라고 생각할 수도 있을 것이다. 하지만 여기서 말하는 'store'는 뭔가를 저장하는 곳이 아니라 쇼핑할 수 있는 공간이다.[20] 사실 헷갈릴 만하다. 저자도 비슷한 혼란을 겪은 적이 있다. 실제로 현대의 특징 저장소는 물리적 데이터베이스보다는 가상의 개념에 가깝다. 즉, 이미 사용 중인 데이터 저장소 위에 구축된다. 예를 들어 구글의 Vertex AI 특징 저장소는 그저 BigQuery일 뿐이며, 많은 데이터 팀이 "그냥 BigQuery를 쿼리하면 되지 않나?"라고 혼란스러워한다. 데이터를 특징 저장소에 적재(load)하는 것이 불필요한 추가 단계처럼 느껴질 수 있겠지만, IKEA

20 (옮긴이) 저자의 의도를 반영한다면 '특징 상점' 정도로 번역하는 게 맞겠지만, 크게 중요한 사항은 아니므로 흔히 통용되는 '특징 저장소'를 유지하기로 한다.

매장에서 가구를 산다고 생각해 보자. 가구가 상자에 담긴 채로 있는 창고로 직접 가는 사람은 없다. 그것은 좌절스러운 쇼핑 경험일 것이다. 특징 저장소는 회사의 다른 구성원들이 데이터를 쉽게 살펴보고, 경험하고, 사용할 수 있게 해주는 전시장이다.

종종 사람들은 특징들을 온라인으로 제공하기 위한 낮은 지연 시간 접근과 같은 기술적 문제를 해결하기 위해 특징 저장소를 찾는다. 특징 저장소의 큰 장점은 훈련-서빙 불균형(training-serving skew) 문제를 해결하는 것이다. 예를 들어 지난 30초 동안의 평균 요청 수를 계산하는 것과 같은 일부 특징은 나중에 SQL로 하는 것이 더 쉽다. 하지만 그런 식으로 나아가면 훈련만을 위한 단순한 데이터 파이프라인이 구축되고 만다. 그런 파이프라인으로는 평균 요청 수 같은 특징들을 실시간으로 얻는 것이 아주 어렵기 때문에, 프로덕션으로 가면서 큰 골칫거리가 될 수 있다. 특징 저장소 추상화는 이러한 부담을 최소화하는 데 도움이 된다. 이와 관련하여 특징 저장소의 시점 검색(point-in-time retrieval)은 특징 저장소를 논할 때 기본 사항이다. 시점 검색은 특정 시점이 주어졌을 때 쿼리가 항상 같은 결과를 반환하도록 보장한다. '지난 30초 동안의 평균' 같은 특징은 시간에 따라 계속 변하므로, 이를 통해 데이터의 버전을 관리할 수 있고(부담스러운 버전 관리 시스템 없이도), 모델이 정확하고 예측 가능한 응답을 제공하도록 보장할 수 있다.

선택 가능한 옵션으로는 인기 있는 오픈소스 특징 저장소인 Feast가 있다. 그밖에 Featureform과 Hopsworks도 오픈소스이다. 세 가지 모두 유료 호스팅 옵션을 제공한다. LLM의 경우 특징 저장소가 ML옵스 인프라의 다른 부분만큼 중요하지 않다고 말하는 사람들도 있다. 어차피 필요한 모든 특징을 담을 정도로 모델이 크므로, 추가 문맥을 쿼리할 필요가 없고 그저 사용자의 쿼리를 모델에 제공하고 모델이 알아서 하도록 두면 된다는 것이다. 하지만 이런 접근 방식은 아직 단순한 수준이며, LLM이 완전히 자급자족할 수 있는 단계까지는 도달하지 못했다. 환각을 피하고 사실관계의 정확성을 높이려면 모델에 문맥을 제공하는 것이 좋다. 문맥 제공은 모델이 알아둬야 할 문서의 임베딩(embedding)을 모델에 공급함으로써 이루어지는데, 특징 저장소는 이러한 임베딩들을 저장하기에 좋은 장소이다.

3.4.5 벡터 데이터베이스

일반적인 ML옵스 인프라에 익숙한 독자에게는 지금까지의 내용이 대부분 복습일 것이다. 앞에서는 LLM을 위한 시스템을 만들기 위해 중요한 확장성 문제만 약간 조정하면 되었다. 하지만 벡터 데이터베이스vector database(줄여서 벡터 DB)는 기존 ML옵스 인프라에 없는 새로운 요소이다. 이것은 LLM과 언어 모델을 위한 맞춤형 솔루션으로 개발됐다. 이미지나 표 형태의 데이터도 쉽게 벡터로 변환할 수 있으므로 텍스트 데이터와 함께 저장할 수 있다. 벡터 데이터베이스는 벡터와 관련 메타데이터를 저장하는 특수 용도의 데이터베이스로, 임베딩을 저장하기에 적합하다. 이 설명이 맞기는 하지만 다소 오해의 소지가 있다. 벡터 데이터베이스의 강점은 저장 방식이 아니라 데이터 검색 방식에 있기 때문이다.

B-트리 색인으로 ID를 찾거나 역색인으로 텍스트를 검색하는 전통적인 데이터베이스들은 공통된 약점이 있다. 찾고자 하는 것을 정확히 알아야 한다는 점이다. ID나 키워드를 모르면 원하는 행이나 문서를 찾을 수 없다. 반면 벡터 공간을 활용하는 벡터 데이터베이스는 정확한 대상을 몰라도 된다. 유사한 것만 알면 유클리드 거리, 코사인 유사도, 내적 유사도 등을 이용한 유사도 검색으로 가장 가까운 이웃을 찾을 수 있다. 예를 들어 역방향 이미지 검색도 벡터 데이터베이스를 사용하면 매우 쉽게 해결할 수 있다.

이 시점에서 일부 독자들은 혼란스러울 수 있다. 앞에서는 임베딩을 특징 저장소에 넣으라고 했다가 이제는 벡터 DB에 넣으라고 하니 말이다. 그런데 그것이 장점이기도 하다. 둘 다 동시에 할 수 있기 때문이다. 전에는 이해가 안 됐더라도 이제는 이해가 될 것이다. 특징 저장소는 데이터베이스가 아닌 추상화 계층이다. 벡터 DB 위에 구축된 특징 저장소를 사용하면 많은 문제가 해결된다. 데이터 원본(출처)이 여러 개이고 다양한 임베딩 모델로 실험하거나 데이터가 자주 업데이트되는 경우 벡터 DB는 관리가 어려울 수 있는데, 벡터 DB 위에 특징 저장소를 얹으면 복잡한 관리 문제가 쉽게 해결된다. 둘을 함께 사용하면 더 정확하고 최신 상태의 검색 색인을 보장할 수 있다.

이 글을 쓰는 시점에서 벡터 데이터베이스는 몇 년밖에 되지 않았다. LLM과 함께 성장하면서 최근에야 인기를 얻었을 뿐이다. 인기의 이유는 이해하기 쉽다. 벡터 데이터를 빠르고 효율적으로 검색할 수 있기 때문에 LLM에 정확도 향상을 위한 문맥을 제공하기 쉽다는 것이 이유이다.

벡터 데이터베이스는 아직 새로운 분야라서 경쟁자들이 많다. 아직 승자와 패자를 가리기는 이르다. 이 책이 너무 시의성에 매이지 않도록 두 가지 옵션만 추천하겠다. 바로 파인콘[Pinecone]과 밀버스[Milvus]이다. 파인콘은 최초의 벡터 데이터베이스 제품 중 하나로, 풍부한 문서와 활발한 커뮤니티를 보유하고 있다. 다양한 기능을 갖추고 있으며 확장성도 입증됐다. 파인콘은 완전 관리형 인프라를 제공하며 초보자를 위한 무료 티어도 있다. 오픈소스를 선호한다면 밀버스를 살펴보아도 좋을 것이다. 밀버스 역시 기능이 풍부하고 커뮤니티도 좋다. 밀버스를 만든 Zilliz사는 완전 관리형 서비스를 제공하지만, 여러분이 직접 자체 클러스터에 배포하는 것도 가능하다. 인프라 경험이 있는 독자라면 비교적 쉽고 간단하게 구축할 수 있다.

그 밖에도 대안이 많으므로 어느 정도 시간을 들여 조사한 후 선택하는 게 좋을 것이다. 가장 중요한 요인은 가격과 확장성인데, 이 둘은 대개 밀접한 관계가 있다. 그다음으로는 코사인 유사도, 내적, 유클리드 거리 같은 다양한 유사도 측정 지원 여부와 HNSW(Hierarchical Navigable Small World)나 LSH(locality-sensitive hashing; 지역 민감 해싱) 같은 색인 기능들에 주목할 필요가 있다. 검색 매개변수와 색인 설정의 커스텀화(customization) 능력도 중요하다. 커스텀화가 자유로우면, 여러분의 데이터셋과 작업흐름에 맞게 워크로드를 조정해 쿼리 지연 시간과 검색 결과의 정확도를 최적화할 수 있다.

또한 주목할 점은, 벡터 데이터베이스의 부상과 함께 Redis나 Elastic 같은 기존 데이터베이스 업체들도 벡터 검색 기능을 제공하기 시작했다는 것이다. 현재로서는 대부분 가장 기본적인 기능만 제공하지만, 이미 이런 도구들을 사용하고 있다면 빠른 시작을 위해 활용해 볼 만하다.

벡터 데이터베이스는 LLM의 학습이나 미세조정을 돕고 LLM 쿼리의 정확도와 결과를 개선할 수 있는 강력한 도구이다.

3.4.6 모니터링 시스템

어떤 ML 시스템이든 성공을 위해서는 모니터링 시스템monitoring system이 중요하겠지만, LLM에서는 특히나 중요하다. 다른 소프트웨어 애플리케이션과 달리 ML 모델은 조용히 실패한다. 즉, 계속 작동하지만 품질이 낮은 결과를 내기 시작한다. 이는 주로 데이터 이탈(data drift) 문제 때문인데, 예를 들어 판매자들이 더 나은 추천을 받기 위해 가짜 리뷰를 작성하기 시작하면 시간이 지날수록 추천 시스템의 결과가 나빠지곤 한다. 모니터링 시스템을 통해 성능이 저하된 모델을 발견하고 조정하거나 재학습할 수 있다.

모니터링 시스템은 중요한 요소이지만 대개 마지막에 추가된다. 이는 의도적인 경우가 많은데, 모니터링할 모델이 없는 상태에서 모니터링 방법을 연구하는 데 자원을 투입하는 것이 도움이 되지 않기 때문이다. 하지만 너무 오래 미루는 실수는 하지 말아야 한다. 모델이 잘못된 방향으로 흘러갔는데도 아무도 모르는 상태가 되어 큰 손실을 본 기업이 많다. 또한 모델을 프로덕션에 배포할 때까지 기다릴 필요도 없다. 데이터 거버넌스와 규정 준수를 개선하기 위해 학습 및 데이터 파이프라인에 모니터링 시스템을 도입하는 방법이 많이 있다. 데이터 과학 조직의 성숙도는 보통 모니터링 시스템을 보면 알 수 있다.

좋은 모니터링 도구가 여럿 나와 있는데, 훌륭한 오픈소스 옵션으로는 whylogs와 Evidently AI를 들 수 있다. Great Expectations도 좋지만 배치 작업 외에는 다소 느린 편이다. 유료 옵션도 많지만 일일이 거론하지는 않겠다. 일반적으로 ML 작업을 모니터링할 때는 다른 소프트웨어 애플리케이션에서 흔히 기록하는 모든 것을 감시하는 것이 바람직하다. 여기에는 메모리와 CPU 사용률 같은 자원 사용 지표와 지연 시간과 초당 쿼리 수 같은 성능 지표, 상태 코드와 오류율 같은 운영 지표가 포함된다. 또한 모델에 들어가고 나오는 데이터의 이탈을 모니터링하는 방법도 필요하다. 결측값, 고유성, 표준 편차 변화 등에 주목해야 한다. A/B 테스트나 지역별 모니터링처럼 데이터를 분할해서 모니터링해야 하는 경우도 흔하다. ML 시스템에 유용한 지표로는 모델 정확도, 정밀도, 재현율, F1 점수 등이 있다. 추론 시점에서는 정답을 알 수 없기 때문에 이런 지표들은 다루기 어렵다. 따라서 감사 시스템(audit system)을 구축하는 것이 도움이 된다. 물론 LLM이 질의응답 봇이라면 감사가 쉽지만, 작가의 창의성을 돕는 용도라면 어려울 것이다.

짐작했겠지만, LLM 시스템의 모니터링에는 ML 시스템에는 없는 새로운 난제들이 추가된다. 이 장 앞부분에서 논의했듯이 LLM은 정량화하기 어려운 텍스트 데이터를 다룬다. 예를 들어 인간의 언어(자연어)가 끊임없이 변한다는 점을 생각하면 모델의 데이터 이탈을 세심하게 감시할 필요가 있는데, 데이터 이탈을 검출하려면 어떤 특징을 모니터링해야 할까? 저자가 제안하는 한 가지 특징은 고유 토큰(unique token)이다. 그러면 새로운 은어나 용어가 생성됐을 때 알림을 받을 수 있다. 하지만 원래는 '사악하다', '고약하다'를 뜻했던 'wicked'가 언젠가부터 '멋지다(cool)'를 뜻하게 된 것처럼[21] 단어의 의미가 바뀌는 경우는 도움이 되지 않는다. 임베딩을 모니터링하는 것도 추천하지만, 잡음이 많아서 거짓 경보가 많이 발생할 가능성이 크다. 따라서 진짜 문제가 발생했을 때 오히려 문제를 파악하기 어려울 수 있다. 잘 작동하는 시스템을 만들려면 다수의 특징들을 모니터링하기 위해 수많은 규칙을 일일이 수작업으로 작성해서 할 때가 많지만, 이런 접근 방식은 실수의 여지가 많고 시간도 오래 걸린다.

텍스트 기반 시스템의 모니터링은 아직 해결되지 않은 문제이다. 주로는 텍스트 데이터를 이해하는 것 자체가 어렵기 때문이다. 그렇다면 현재 언어를 체계화하는 최선의 해결책인 언어 모델을 이용해서 언어 모델 자신을 모니터링하는 최선의 방법은 무엇일까? 아쉽게도 이를 연구하는 사람은 아직 없지만, 시간 문제일 것이다.

3.4.7 GPU 지원 워크스테이션

많은 팀이 GPU 지원 워크스테이션(GPU-enabled workstation)과 원격 워크스테이션(remote workstation)을 사치품 정도로 여기지만, LLM을 다룰 때는 이런 사고방식을 바꿔야 한다. 모델의 문제를 해결해야 할 때, 더 일반적으로는 프로덕션을 위한 모델을 개발할 때는 그냥 데이터 과학자가 자

21 (옮긴이) 2003년에 초연된 인기 뮤지컬 위키드의 영향일 것이라고 짐작하는 독자도 있겠지만, wicked가 긍정적인 의미를 지니게 된 것은 그보다 이전으로 보인다. 멀게는 1920년대에 피츠제럴드가 이 단어를 긍정적인 의미로 사용했다. 오히려 뮤지컬 위키드가 변화된 wicked의 의미를 어원과 연관된 witch/wizard(마녀, 마법사)와 재치 있게 결합한 것으로 보아야 할 것이다.

신의 노트북에서 모델을 실행하는 방식이 통하지 않기 때문이다. 가장 쉬운 해결책은 GPU 자원이 있는 원격 워크스테이션을 개발자들에게 제공하는 것이다. 클라우드 솔루션은 많지만, 회사가 주로 온프레미스 환경에서 작업해야 한다면 제대로 된 워크스테이션을 제공하기가 쉽지 않을 수 있다. 하지만 이는 반드시 필요한 자원이다.

LLM은 GPU 메모리를 많이 사용하는 모델이다. 따라서 이 분야에서 일하는 엔지니어라면 알아야 할 몇 가지 수치가 있는데, 첫째는 필요한 GPU 개수이다. NVIDIA Tesla T4와 V100은 데이터 센터에서 가장 흔히 볼 수 있는 GPU지만 메모리가 16GB에 불과하다. 하지만 이들은 성능이 좋고 비용 효율적이어서, 모델을 압축해 이 GPU에서 실행할 수 있다면 더할 나위 없다. 그다음으로는 NVIDIA A10G, NVIDIA Quadro 시리즈, NVIDIA RTX 시리즈 등이 있는데, 이들은 24GB, 32GB, 48GB 범위의 GPU 메모리를 제공한다. 이 모든 GPU가 좋은 선택이며, 클라우드를 사용한다면 해당 업체가 어떤 기종을 제공하는지 확인해서 적절한 것을 선택하면 된다. 그다음 수준으로는 NVIDIA A100이 있다. 이것이 LLM 작업 시 가장 선호되는 GPU인데, 40GB 제품과 80GB 제품이 있다. 다만 현재 수요가 매우 높다는 것이 큰 문제이다. NVIDIA H100도 알아둬야 할 것이다. A100처럼 80GB를 제공한다. H100 NVL은 최대 188GB를 지원하며 LLM을 염두에 두고 설계됐다. NVIDIA L4 텐서 코어 GPU도 새로 출시됐는데, 24GB 메모리를 갖추고 있으며 AI 워크로드 측면에서 T4, V100과 함께 새로운 주력 GPU가 될 것으로 전망된다.

LLM은 다양한 크기로 제공되므로 이러한 수치가 무엇을 의미하는지 감을 잡아두면 좋다. 예를 들어 Llama 모델은 매개변수 개수에 따라 7B, 13B, 33B, 65B 버전이 있다(B는 billion, 즉 10억을 뜻한다). 어떤 모델에 어떤 GPU가 필요한지 바로 떠오르지 않는다면 간단한 방법이 있다. 매개변수 개수(단위 십억)에 2를 곱한 것이 곧 필요한 GPU 메모리 용량이다. 2를 곱하는 이유는, 대부분의 모델이 추론 시 기본적으로 절반 정밀도(FP16 또는 BF16)로 실행되어서 매개변수당 2바이트가 필요하기 때문이다. 예를 들어 70억×2바이트 = 14GB이다. 모델 임베딩에 약 1GB가 추가로 필요하고, 모델에 실제로 입력되는 토큰들을 담을 공간이 필요하다. 토큰당 약 1MB가 필요하므로, 배치 하나의 토큰이 512개면 512MB가 필요하다. 이는 큰 문제가 아니지만 성능 향상을 위해 더 큰 또는 더 많은 배치를 사용하려면 이 점을 고려해야 한다. 예를 들어 512토큰 배치를 16개 사용하려면 8GB의 추가 공간이 필요하다.

지금까지는 추론에 대해서만 이야기했지만, 훈련에는 더 많은 공간이 필요하다. 훈련에서는 항상 전체 정밀도를 사용해야 하며, 최적화용 텐서와 기울기들을 위한 추가 공간도 필요하다. 일반적으로 매개변수당 16바이트가 필요하다. 따라서 70억 매개변수 모델을 학습하려면 112GB의 메모리가 필요하다.

3.4.8 배포 서비스

지금까지 논의한 모든 것이 모여서 효과를 발휘하는 지점이 바로 배포 서비스(deployment service)이다. 실제로 다른 모든 서비스를 제외하고 배포 서비스만 남겨 두어도 여전히 ML옵스 시스템이 작동하게 만드는 것이 가능하다. 배포 서비스는 모델을 프로덕션 환경에서 실행하는 데 필요한 자원을 구성하고 정의하는 간편한 방법을 제공하며, 앞에서 언급한 모든 시스템과 쉽게 통합할 수 있다. REST와 gRPC API 뒤에서 모델을 서빙하거나 배치 또는 스트리밍 파이프라인 내부에서 직접 서빙하기 위한 상용구 코드(boilerplate code)를 배포 서비스가 제공하는 경우도 많다.

이러한 서비스를 만드는 데 도움이 되는 도구로는 NVIDIA Triton 추론 서비스, MLServer, Seldon, BentoML 등이 있다. 이들은 일반적으로 KServe V2라고 하는 개방형 추론 프로토콜(Open Inference Protocol, OIP)을 따르는 표준 API 인터페이스를 제공한다. 이 프로토콜은 서로 다른 플랫폼과 프레임워크에서 머신러닝 모델을 배포, 관리, 서빙하는 통합되고 확장 가능한 방법을 제공한다. 배포 서비스는 gRPC와 HTTP/RESTful API를 포함한 공통 인터페이스를 정의하고, 입출력 텐서 데이터 인코딩, 예측 및 설명 메서드, 모델 상태 확인, 메타데이터 검색 같은 개념을 표준화한다. 또한 텐서플로, 파이토치, ONNX, scikit-learn, XGBoost 등의 언어와 프레임워크와도 원활하게 통합된다.

이런 기성품 프로토콜이 제공하는 자동화된 경로에서 벗어나서 FastAPI 같은 도구를 사용할 수도 있다. 유연성과 커스텀화에 따른 장점이 뚜렷한 경우라면 그런 방식이 더 나을 것이다. 하지만 그런 경우에도 배포 서비스는 가능한 한 많은 자동화와 상용구 코드를 제공해서 프로세스를 원활하게 만들어야 한다. 앞에서 언급한 대부분의 프레임워크도 커스텀화 방법을 제공하지만, 그 효용성은 상황에 따라 다를 수 있다.

모델 배포는 단순히 인터페이스를 구축하는 것 이상이다. 배포 서비스는 ML옵스 인프라와 일반 데브옵스 인프라 사이의 간극을 메우는 다리 역할도 한다. 배포 서비스를 회사의 CI/CD 도구, 빌드 및 배포 파이프라인과 연결함으로써 적절한 테스트를 수행하고 상태 확인, 롤백 같은 배포 전략을 손쉽게 실행 및 모니터링하는 것도 가능하다. 구체적인 방법은 대체로 플랫폼과 회사에 따라 매우 다르다. 배포 서비스는 또한 CPU, 메모리, 가속기, 자동확장기(autoscaler), 프록시 등 필요한 자원을 확보하기 위해 쿠버네티스나 다른 컨테이너 오케스트레이터와 통신하는 데 필요한 구성도 제공해야 한다. 또한, 이 모든 것이 잘 실행되도록 필요한 환경 변수와 보안 관리 도구를 적용하는 것도 배포 서비스의 몫이다.

요약하자면, 배포 서비스는 모델을 프로덕션 환경에 쉽게 배포할 수 있게 해준다. LLM의 경우 주요 관심사는 플랫폼과 클러스터가 최종적으로 구성될 충분한 자원을 갖추도록 하는 것이다.

이번 장에서 우리는 LLM이 이미 그 자체로 어려운 전통적인 ML보다도 더 다루기 어려운 이유부터 시작해서 많은 내용을 다루었다. 먼저 LLM의 크기를 과소평가해서는 안 된다는 것을 배웠고, 토큰 제한에서 환각까지 LLM만의 특성들도 살펴보았다. 비용이 많이 든다는 점도 잊지 않고 언급했다. 다행히 LLM옵스가 어렵긴 해도 불가능하지는 않다. 이번 장에서는 또한 LLM옵스에서 압축 기법과 분산 컴퓨팅이 핵심이라는 점도 다뤘다. 그런 다음 LLM 운영에 필요한 인프라를 살펴봤다. 대부분의 내용이 익숙하겠지만, LLM이 각 도구에 다른 수준의 부하를 준다는 것을 알게 됐고, 다른 ML 모델을 배포할 때보다 더 큰 규모에 대비해야 한다는 것도 깨달았다.

요약

- LLM을 다루기가 어려운 주된 이유는 이름 그대로 모델이 아주 크기 때문이다. 그래서 다운로드, 메모리 적재, 배포에 시간이 더 오래 걸리고 고비용 자원들을 사용해야 한다.
- 또한 환각, 편향성, 윤리, 보안 등 자연어와 관련된 모든 복잡성 역시 LLM을 다루기 어렵게 만드는 요인이다.
- 직접 구축하든 구매하든 LLM은 비용이 많이 든다. LLM을 활용하는 모든 프로젝트의 성공을 위해서는 관련 비용과 위험을 관리하는 것이 매우 중요하다.
- 모델을 최대한 작게 압축하면 다루기가 더 쉬워진다. 모델 압축에는 양자화, 가지치기, 지식 증류가 특히 유용하다.
- 양자화는 훈련 후에 미세조정 없이도 쉽게 적용할 수 있어 널리 사용된다.
- 저계수 근사는 모델을 축소하는 효과적인 방법이다. LoRA(low-rank adaptation; 저계수 적응) 기법이 인기를 끌면서 모델 적응에 많이 활용되고 있다.
- LLM 작업흐름의 병렬화 기법은 크게 데이터, 텐서, 파이프라인이라는 세 차원으로 나뉜다. 데이터 병렬성(DP)은 처리량을 늘리고, 텐서 병렬성(TP)은 속도를 높이며, 파이프라인 병렬성(PP)은 이 모든 것을 실행 가능하게 만든다.
- 이러한 세 차원의 병렬성을 결합하면 3D 병렬성(데이터 + 텐서 + 파이프라인)이 된다. 각 기법은 서로의 약점을 보완하고 활용도를 높이는 시너지 효과를 낸다.
- LLM옵스를 위한 인프라는 ML옵스 인프라와 비슷하지만 같지는 않다. '적당히 좋은 수준'으로는 통하지 않는 함정이 많다.
- 많은 도구가 LLM 지원을 위한 새로운 기능들을 제공하기 시작했다.
- 특히 벡터 데이터베이스는 임베딩의 빠른 탐색 및 검색을 가능하게 하는 LLM용 인프라 퍼즐의 새로운 조각으로 주목받고 있다.

4 장

LLM을 위한 데이터 엔지니어링: 성공을 위한 준비

이번 장에서 다룰 내용

- 업계에서 널리 사용되는 기초 모델들
- LLM을 평가하고 비교하는 방법
- 다양한 데이터 원본과 나만의 데이터 준비 방법
- 맞춤형 토크나이저와 임베딩 생성
- 이후 장들에서 사용할 슬랙 데이터셋 준비

데이터는 쓰레기와 같다. 수집하기 전에 그것으로 무엇을 할지 정확히 알아야 한다.

*– 마크 트웨인*Mark Twain[1]

자체 LLM을 만드는 것도 다른 ML 프로젝트와 마찬가지로 자산(asset) 준비부터 시작한다. 가장 가치 있는 자산은 당연히 데이터이다. 성공적인 AI와 ML 프로젝트는 모두 탄탄한 데이터 엔지니어링의 토대 위에 세워진다. 따라서 어떤 데이터를 어떻게 획득하고, 정제하고, 준비하고, 관리할 것인지가 대단히 중요하다.

다른 ML 모델과 달리, 특정 작업에 맞추어 LLM을 만들 때는 보통 처음부터 시작하지 않는다. 처음부터 시작한다고 해도 한 번만 만든다. 모델이 원하는 대로 작동하지 않는다고 해서 처음부터 다시 만드는 것보다는, 특정 요구사항에 맞게 모델을 조정하고 개선하는 것이 바람직하다. 적절한 기초 모델을 선택하는 것이 프로젝트의 성패를 좌우할 수 있다. 그림 4.1은 새로운 모델을 훈련하거나 미세조정하기 전에 준비해야 할 여러 요소와 자산을 개괄한 것이다.

1 (옮긴이) 실제로 마크 트웨인(1835~1910)이 한 말인지는 확실하지 않다. 구체적인 출처를 찾을 수 없을 뿐만 아니라, 다분히 현대적인 의미의 데이터에 관한 언급이라는 점에서 그렇다.

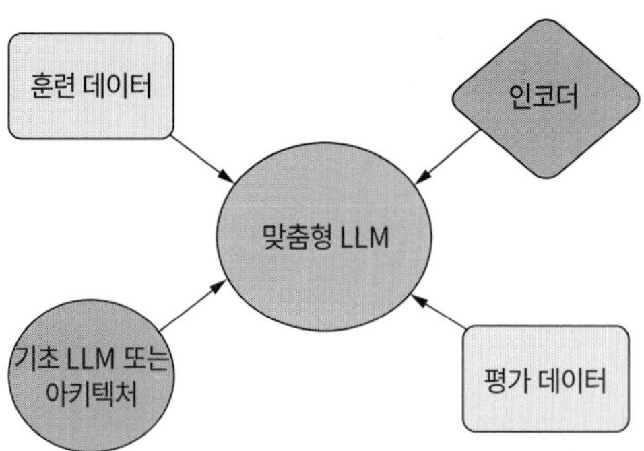

그림 4.1 LLM 훈련에 필요한 요소('원소')들. LLM 훈련을 시작하려면 기초 모델, 훈련 데이터, 텍스트 인코더(예: 토크나이저), 평가 데이터 등 여러 가지 자산을 마련해야 한다.

레이스와 하우슬리의 저서 *Fundamentals of Data Engineering*[2]은 데이터 엔지니어링을 다음과 같이 정의한다.

> *데이터 엔지니어링은 원시 데이터를 받아서 분석과 기계학습 같은 하위 사용 사례를 지원하는 고품질의 일관된 정보를 생산하는 시스템과 프로세스의 개발, 구현, 유지보수이다.*

이번 장에서는 LLM을 만들기 전에 필요한 단계들을 살펴본다. 주로 모델의 훈련에 필요한 데이터 자산을 준비하는 단계들이다. 출발점으로 사용할 수 있는 여러 기반 모델(base model) 혹은 기초 모델(foundation model)들을 살펴보고 이들을 평가하고 비교하는 방법을 알아본다. 그런 다음 모델의 미세조정에 사용할 수 있는 다양한 데이터셋과 자체 데이터셋 준비 방법을 자세히 살펴본다. 여기에는 자체 토크나이저나 임베딩의 준비도 포함된다. 마지막으로는 다음 장(5장)에서 모델 미세조정에 사용할 데이터셋을 만들어본다.

4.1 기초로서의 모델

훈련 시 수집할 가장 중요한 데이터는 맞춤형(custom) LLM의 기초로 사용할 사전 훈련 모델(pretrained model; 미리 훈련된 모델)의 가중치들이다. LLM이 기술로서 크게 성공한 비결은 언어 전반에 대해 이미 훈련된 모델을 가져와 특정 작업에 맞게 조정할 수 있다는 점에 있다. 물론 원래의 모델이 어떤 데이터로 어떻게 훈련되었는지 아는 것은 적절한 모델을 선택하는 데 큰 도움이 된다.

2 Joe Reis, Matt Housley, *Fundamentals of Data Engineering*, O'Reilly, 2022(번역서는 김인범 옮김 《견고한 데이터 엔지니어링》, 한빛미디어 – 옮긴이).

LLM이 인기 있는 연구 주제가 되면서 적절한 모델을 고르는 일이 굉장히 어려워졌다. 거의 매주 새로운 벤치마크 기록을 깨는 모델이 등장하기 때문이다. 이 부분이 궁금한 독자들이 많을 것이므로, 현재 나와 있는 다양한 모델들을 먼저 살펴보려 한다. 이 강력한 모델들은 전문가들이 미리 훈련해서 누구나 사용할 수 있도록 공개한 것이다. 깃허브나 허깅 페이스 허브 등에는 수천 개의 오픈소스 모델이 있는데, 모든 모델을 소개할 수는 없으므로 저자가 선호하는 모델들 위주로 각 모델의 세부사항을 비교하겠다. 여러분이 특정 모델을 사용할지, 아니면 덜 알려진 오픈소스 변형을 선택할지 판단하는 데 이번 절이 도움이 될 것이다. 모델을 처음부터 훈련할 계획이라면, 개별 모델보다는 관련 아키텍처 위주로 이번 절의 내용을 검토해서 훈련에 사용할 만한 아키텍처를 골라 보기 바란다.

4.1.1 GPT

제일 먼저 언급할 모델은 당연히 GPT(Generative Pre-trained Transformer; 생성형 사전 훈련 트랜스포머)가 되어야 할 것이다. 많은 이들이 선호하고 저자도 좋아하는 이 계열의 모델들은 오픈AI를 통해 상업적으로 판매된다. 이 모델들은 다양한 작업에서 인상적인 성능을 보여 인기를 얻었다. GPT 모델은 너무나 잘 알려져서 일반인들은 휴지를 크리넥스, 일회용 반창고를 대일밴드라고 하듯 LLM을 그냥 'GPT'라고 부를 때가 많다.

첫 GPT 모델은 트랜스포머가 소개된 직후인 2018년에 등장했는데, 매개변수는 단 1억2천만 개였다. 이 모델은 작은 규모의 BookCorpus 데이터셋으로 훈련되었지만 당시 NLP 벤치마크에서 인상적인 결과를 보였다. 그다음 해에 나온 GPT-2는 매개변수 수가 10배 증가한 15억 개이고, 더 큰 WebText 데이터셋으로 훈련되었다. 2020년에는 매개변수가 1,750억 개로 100배 이상 커진 GPT-3이 등장했다. GPT-3은 거대한 Common Crawl 데이터셋으로 훈련되었다. 이 모델은 여전히 GPT-1의 원래 아키텍처를 기반으로 하되, 확장성 개선을 위해 약간의 수정이 가해졌다.

GPT-4와 같은 후속 버전들을 제품화하여 판매하기 시작하면서 오픈AI는 학습 데이터나 구체적인 아키텍처를 공개하지 않는 비밀주의를 강화했다. 챗GPT는 GPT-3 모델을 대화형 상호작용을 위해 RLHF를 이용해서 미세조정한 모델을 사용한다. 자세히 들어가지 않겠지만 `ada`, `babbage`, `curie`, `davinci` 같은 API 이름으로 찾을 수 있는 수많은 GPT-3 모델이 있으며, webGPT와 InstructGPT 같은 다른 미세조정 모델들도 있다. 관심 있는 독자들은 직접 더 알아보기 바란다.[3]

3 (옮긴이) 오픈AI가 제공하는 모든 모델이 `https://platform.openai.com/docs/models` 페이지에 정리되어 있다.

GPT-J 같은 다른 오픈소스 변형들은 오픈AI가 발표한 백서들에 담긴 정보를 활용해서 오픈소스 커뮤니티가 만들어 낸 것이다. GPT의 원문인 Generative Pre-trained Transformer(생성형 사전 훈련 트랜스포머)는 대부분의 LLM에 적용될 수 있는 매우 일반적인 용어이기 때문에, 오픈AI와 무관한 GPT 모델들도 여럿 있다. 물론 오픈AI는 이를 브랜드로 보기 시작했고 머리글자 GPT를 자사의 상표(트레이드마크)로 등록하려 하고 있다.[4]

오픈AI의 GPT-x 모델들은 비공개 소스지만 오픈AI API를 통해 접근할 수 있으며, 미세조정 기능도 제공된다. 이 책에서는 GPT-2를 사용할 것이다. 아마 대부분의 독자는 이 모델이 실제 LLM이라고 보기에는 좀 작다고 생각하겠지만, 잘 이해된 아키텍처이고 배우기 쉽기 때문에 이 모델을 선택했다.

4.1.2 BLOOM

BLOOM은 제작 과정에서 얻은 교훈 때문에 대단히 상징적인 LLM이다. 2022년에 나온 이 모델은 GPT-3의 크기에 필적하는 1,760억 개의 매개변수를 가진 최초의 공개(public) LLM이며, 완전한 투명성 아래 훈련되었다. 허깅 페이스의 BigScience 팀이 마이크로소프트 DeepSpeed 팀과 엔비디아 Megatron-LM 팀의 도움을 받아 만들었다. 재정적으로는 프랑스 정부의 지원을 받았다.

BLOOM은 수많은 소규모 데이터셋을 모아 만든 1.6TB 크기의 전처리된 텍스트인 BigScience Corpus 데이터셋으로 훈련되었다. BLOOM이 엄밀히 말해 오픈소스는 아니다. 사용 방법에 제한을 둔 RAIL 라이선스를 따르기 때문이다. 하지만 상업적 이용은 가능하다.

> RAIL 라이선스의 자세한 사항은 `https://mng.bz/mR20`을 보라.

BLOOM은 모든 작업에서 산업 규모와 산업 수준을 목표로 훈련되었기 때문에 일반 소비자급 컴퓨터에서의 구동은 우선순위가 아니었다. 하지만 연구팀이 개발 속도를 높여가는 과정에서 몇 개의 작은 버전들이 훈련되었다. 구체적으로, 매개변수가 각각 5.6억, 30억, 70억 개인 버전들이 존재한다. 또한 전체 1,760억 매개변수 모델의 다중 작업 미세조정 버전인 BLOOMZ도 있다. BLOOM은 46개 언어로만 훈련되었고, BLOOMZ는 모델의 교차 언어 일반화(cross-lingual generalization)를 향상하는 것이 목표였다.[5] 이 모델들 모두 허깅 페이스 허브의 `https://huggingface.co/bigscience/bloom` 페이지에서 확인할 수 있다.

4 C. Loizos, "'GPT' may be trademarked soon if OpenAI has its way," TechCrunch, 2023년 4월 24일, `https://mng.bz/50mq`.

5 N. Muennighoff 외., "Crosslingual generalization through multitask finetuning," 2022년 11월 3일, `https://arxiv.org/abs/2211.01786`.

BLOOM의 큰 단점은 종종 저품질의 응답을 내놓는다는 점이다. 그래서 벤치마크들에서 순위가 낮다. 이는 아마도 프로젝트의 제한된 자금과 촉박한 기한으로 인해 충분히 훈련되지 못했기 때문일 것이다. 이것이 항상 나쁜 것은 아니고 BLOOM이 과도하게 훈련된 모델보다 나을 때도 있지만, 여러분이 BLOOM을 사용하기로 한다면 더 큰 데이터셋으로 미세조정을 더 많이 진행해야 함을 예상해야 한다. 장점으로는 공개적으로 훈련되어 잘 이해된 모델이라는 점과 훈련 데이터도 공개되어 있어서 확인할 수 있다는 점을 들 수 있겠다.

현시점에서 BLOOM을 기초 모델로 사용하는 것은 바람직하지 않다. 더 나은 대안들이 있기 때문이다. 하지만 BLOOM이 이 분야에 기여한 바들은 알아둘 필요가 있을 것이다. 예를 들어 BLOOM 개발자들이 분산 훈련을 위해 개발한 Petals[6]는 이 분야에 중요한 기여를 했다.

4.1.3 라마

라마[Llama]는 메타가 LLM에 대담하게 진출해서 만들어 낸 결과물이다. 첫 버전은 2023년 2월에 나왔는데, 비상업적 라이선스로 연구 커뮤니티에 공개되었다. 일주일 후 가중치가 4chan(미국의 유명 커뮤니티 사이트)에 유출되었다. 예상치 못한 상황이었지만, 이 유출은 메타에 오히려 도움이 되었을 것이다. 이 모델이 실험과 개발의 표준이 되었기 때문이다. 앞으로 다룰 여러 모델이 이 모델에 기반한다.

2023년 7월 메타는 연구용과 상업용 라이선스를 모두 제공하는 라마 2를 출시했다. 라마 2는 실제로 강력한 성능을 보여주는 최초의 상업용 모델이라는 점에서 중요하며, 많은 다른 모델들이 이 아키텍처를 기반으로 하고 있다. 매개변수가 각각 70억 개, 130억 개, 700억개인 세 가지 버전이 있는데, `https://ai.meta.com/llama/`에서 다운로드할 수 있다. 사용하려면 접근 권한을 요청하고 이용약관에 동의해야 한다.

라마 2는 인터넷에서 수집, 선별한 데이터셋에 담긴 2조 개의 토큰으로 훈련되었다. 메타는 데이터셋을 만들 때 개인정보가 포함된 웹사이트를 제거하고 사실에 기반한 것으로 판단되는 출처의 비중을 높였다고 한다. 그 데이터셋의 정확한 세부사항은 공개되지 않았지만, 라마 1의 주요 데이터셋이었던 Common Crawl, GitHub, 위키피디아, Project Gutenberg, ArXiv, Stack Exchange의 데이터가 포함되었을 것이다. 이 데이터셋들은 나중에 RedPajama라는 이름으로 묶여서 배포되었다. 이후 메타는 RLHF를 이용해 라마 2를 추가로 미세조정해서 채팅용 모델과 코딩용 모델을 만들었다.

6 (옮긴이) Petals는 비트토렌트 프로토콜을 이용해 모델을 다수의 개인용 컴퓨터에 분산하는 프로젝트로, 공식 사이트는 `https://petals.dev/`이다.

4.1.4 위저드

위저드Wizard 계열의 언어 모델들은 2023년 논문 "WizardLM: Empowering Large Language Models to Follow Complex Instructions"에서 비롯되었다.[7] 이 모델들은 LLM이 복잡한 작업으로 가득 찬 밀도 높은(dense) 훈련 데이터로 훈련될 때 더 잘 작동한다는 아이디어를 따른다. 좀 더 복잡한 지시 작업(instruction task)을 만들기 위한 프레임워크에 기반한 WizardLM 방법론은 여러 유명 데이터셋에 적용되었으며 거의 모든 주요 모델의 미세조정에 쓰였다. 이 방법론이 너무나 인기가 있어서, 놀랍게도 LlamaCoder34B가 나온 지 이틀 만에 커뮤니티가 WizardCoder34B 모델을 미세조정했다.

이 모델들은 정말로 사람이 쓴 듯한 문장과 유료 서비스에 버금가는 복잡한 문제 해결 능력으로 꾸준히 호평받고 있다. WizardCoder34B에게 원하는 프로그래밍 언어로 진짜 같은 나무를 그리는 프로그램을 작성해달라고 요청해 보기를 권한다. 위저드 모델들은 특정 데이터셋보다는 기존 데이터셋을 위저드 스타일에 맞게 변경하는 방법론에 중점을 두기 때문에 적용 범위가 매우 넓고 다양하다. 다른 모델이나 아키텍처를 사용하다가 더 이상 개선 방법을 찾지 못할 때는 기존 데이터셋에 WizardLM 방법론을 적용해 보기 바란다. 아마 저자에게 감사하게 될 것이다.

한 마디 덧붙이자면, WizardCoder 모델이 많은 주목을 받고 있지만 WizardMath 모델도 그 자체로 인상적이다. 코드 문제보다는 데이터 문제를 더 많이 다루는 독자가 많을 것이다. 대화형 데이터 애플리케이션(talk-to-your-data application)을 만든다면 WizardMath 모델이 좋은 출발점이 될 수 있다.

4.1.5 팰콘

팰콘Falcon 모델은 아부다비의 기술혁신연구소(Technology Innovation Institute)에서 만든 모델군이다. 최근 모델 중에서 완전한 오픈소스 라이선스인 아파치 2.0으로 공개된 것은 팰콘이 최초이다. 연구소 웹사이트(`https://falconllm.tii.ae/falcon-models.html`)에서 팰콘 모델들을 구할 수 있다. 쉬운 접근성과 개방형 라이선스 덕분에 이 모델은 해커, 실무자, 산업 분야에 매우 매력적이다.

2023년 6월 처음 공개될 때는 7B와 40B 매개변수 모델만 선보였지만, 2023년 9월에는 GPT-3급 모델과 진정한 경쟁이 가능한 180B 매개변수 모델이 나왔다. 더욱 흥미로운, 그리고 아마도 다수의 독자

7 C. Xu 외, "WizardLM: Empowering large language models to follow complex instructions," 2023년 6월 10일, `https://arxiv.org/abs/2304.12244`.

에게 중요한 점은 팰콘이 여러 LLM 작업 벤치마크에서 상위권에 올랐다는 점이다. 이 모델들은 주로 RefinedWeb 데이터셋으로 훈련되었다. RefinedWeb은 Common Crawl 데이터셋에서 신중하고 꼼꼼하게 데이터를 추출하고 정제한, 더 작지만 품질은 훨씬 높은 데이터셋이다.

4.1.6 비쿠나

비쿠나Vicuna는 ShareGPT의 사용자 공유 대화를 모은 데이터셋으로 훈련되었다. 라마-알파카Llama-Alpaca의 성공에 힘입어, 모델을 챗GPT의 최고 출력으로 훈련하면 챗GPT의 성능을 모방할 수 있다는 논리에 기반한 모델이다.

 알파카는 3장에서 지식 증류(knowledge distillation)를 다룰 때 소개했다. 여기서 더 자세히 다루지는 않겠다.

성능과 상대적으로 낮은 훈련 비용 모두에서 호평을 받은 비쿠나는 데이터 포괄도(data coverage)와 데이터 품질이 얼마나 중요한지를 보여주는 훌륭한 예이다. 하지만 비쿠나는 다른 모델의 출력으로 학습할 때 발생하는 모델 붕괴(model collapse)의 위험성도 보여준다. 모델 붕괴는 ML 모델을 합성 데이터로 훈련할 때 발생하는 현상으로, 모델이 점점 더 다양성이 떨어지는 출력을 만들어 내는 것을 말한다. 예를 들어 비쿠나는 데이터셋에 있는 내용과 비슷한 작업에서는 뛰어난 성능을 보이지만, 더 생성적인 작업이나 에이전트 비슷한 작업을 요청받으면 이전 모델들보다 더 심한 환각 현상을 보이는 경향이 있다. 비쿠나는 사용권(라이선스) 제약 때문에 상업적으로는 사용할 수 없지만, 개인 프로젝트용으로는 훌륭하다.

4.1.7 돌리

데이터브릭스Databrick가 만든 돌리Dolly와 그 버전 2는 같은 크기의 다른 모델들에 비해 성능이 좋지 않다. 사실 돌리는 다른 모델들과 경쟁하려는 모델이라기보다는 일종의 사고 실험(thought experiment)에 가깝다. 그래도 돌리는 대단히 뛰어난 영어 이해력을 자랑하며, 미세조정이나 다른 모델에 영향을 주는 LoRA(저순위 적응—5장에서 논의한다)을 만드는 데 훌륭한 출발점이 된다. 돌리 1.0은 스탠퍼드 알파카 데이터셋으로 학습되었고, 돌리 2.0은 데이터브릭스 직원들이 크라우드소싱으로 만든 고품질의 '인간 작성 지시 따르기(human-generated instruction-following)' 데이터셋으로 훈련되었다. 돌리 2.0은 훈련용 코드, 데이터셋, 모델 가중치를 포함한 전체가 오픈소스로 공개되었고, 상업적 사용을 위한 라이선스도 제공된다.[8]

8 Mike Conover 외, "Free Dolly: Introducing the world's first truly open instruction-tuned LLM," Databricks, 2023년 4월 12일, https://mng.bz/n0e8

4.1.8 오픈챗

오픈챗[OpenChat]은 8만 개의 ShareGPT 대화로 훈련했다는 점에서 비쿠나와 비슷하다. 하지만 조건화(conditioning)와 가중 손실(weighted loss) 전략이 다르기 때문에 비쿠나보다 좀 더 인간다운 응답(더 중요하게는 인간이 선호하는 응답)을 생성한다.

오픈챗(일반적인 오픈소스 챗봇 콘솔들과 혼동하지 말 것)은 코딩용, 에이전트용, 채팅용 등 다양한 작업을 위한 여러 미세조정 모델을 통칭하는 이름이다. 라마 2 커뮤니티 라이선스 하에 상업적 사용이 무료이므로, 기업에서 활용하기에 좋은 솔루션이 될 수 있다.

지금까지 여러 모델을 소개했다. 이 밖에도 수많은 LLM이 있지만, 이 정도로 마무리하는 것이 모두에게 좋을 것 같다. 표 4.1은 지금까지 소개한 모델들의 주요 비교 포인트를 요약한 것이다. 이 중 많은 모델이 상업적 사용이 가능하다는 점을 강조하고 싶다. 사용 조건에 일정한 제약이 걸린 라이선스들이 많긴 하지만, 어차피 대부분은 여러분이 굳이 위반할 일이 없는 제약들이다.

표 4.1 LLM 모델군 비교

모델군	데이터셋	최대 모델 크기	상업용 라이선스	조직
GPT	Common Crawl/RLHF	1.76T	아니요	오픈AI
BLOOM	BigScienceCorpus	176B	예	BigScience
라마	RedPajama	70B	예	메타
위저드	Evol-Instruct	70B	아니요	마이크로소프트
팰콘	RefinedWeb	180B	예	TII

지금까지 살펴본 여러 인기 있는 모델군 중에 여러분의 프로젝트에 사용하면 좋을 만한 것이 눈에 띄었을지도 모르겠다. 그런데 여러분이 고른 모델이 정말로 좋은 모델인지를 어떻게 확신할 수 있을까? 다음 절에서는 모델을 평가하고 비교하는 다양한 방법을 살펴본다.

4.2 LLM 평가

앞 절에서 살펴본 저자가 선호하는 모델군 외에도 시중에는 수많은 모델이 있으며, 매달 새로운 모델들이 등장한다. 이들은 모두 자신이 최고라고 주장한다. 여러분이 이 모든 모델을 파악하는 것은 현실적으로 불가능하다. 그렇다면 어떻게 가장 적합한 모델을 선택할 수 있을까? 여러분 눈에 든 모델이 별도의 조정 없이도 주어진 작업을 잘 수행할 수 있을까, 아니면 미세조정이 필요할까? 미세조정으로 모델이 개선됐는지 아니면 오히려 성능이 떨어졌는지는 어떻게 알 수 있을까? 적절한 크기의 모델을 선택했는지는 또 어떻게 알 수 있을까? 작은 모델이 다루기는 편하지만, 많은 작업에서 큰 모델이 더 나은 성능을 보인다. 솔직히 이런 질문들에 답하기는 쉽지 않다. 다행히도 우리가 활용할 수 있는 몇 가지 업계 표준이 있다.

모델을 평가할 때는 두 가지가 필요하다. 지표(metric)와 데이터셋이다. 지표는 결과를 실측자료(ground truth; 간단히 말해 정답)와 비교할 수 있게 해주는 알고리즘이다. 데이터셋은 우리가 모델에서 실행하고자 하는 작업들의 목록이다. 선택한 지표를 사용해서 그 작업들에 대한 모델의 성과를 비교한다.

이번 절에서는 LLM을 객관적으로 평가하고 비교하는 데 쓰이는 다양한 방법을 살펴본다. 일반적인 업계 벤치마크뿐만 아니라 여러분이 독자적인 평가 방법을 개발할 때 적용할 방법론도 이야기하겠다.

4.2.1 텍스트 평가를 위한 지표들

텍스트 평가는 어려운데, 자연어에서는 흔히 같은 내용을 다른 방식으로 표현하곤 하기 때문이다. 두 문장이 뜻(의미론)은 같아도 문장 구조(구문론)는 전혀 다를 수 있기 때문에 두 텍스트를 비교하기가 까다롭다. 앞의 두 문장이 좋은 예이다.

문장 일치(exact match)나 동등성(equality) 검사 등은 다른 ML 문제들에 잘 통하지만, LLM의 평가에는 그리 적합하지 않다. 그보다 더 나은 지표들, 특히 생성된 텍스트를 정답과 너무 엄격하지 않게 비교할 수 있는 지표가 필요하다. 그럼 이런 목적에서 가장 흔히 쓰이는 지표 몇 가지를 살펴보자.

ROUGE

ROUGE(Recall-Oriented Understudy for Gisting Evaluation)는 기계번역(MT) 작업을 평가하는 데 사용되는 가장 오래된 지표 중 하나이면서도 여전히 가장 신뢰할 만한 지표다. 이 지표는 긴 글을 짧은 요약문으로 만드는 자동 요약(automatic summarization) 작업을 위해 특별히 개발되었다. 다음 문제를 생각해 보자: 요약문이 올바른지 어떻게 판단할 수 있을까? 가장 간단한 방법은 알려진 요약문, 즉 정답과 비교하는 것이다. 하지만 어떤 글이든 간단히 줄이는 방법은 수천 가지가 있을 수 있다. 단순히 모델이 정답과 다른 어순을 선택했다고 해서 불이익을 주어서는 안 된다. 그렇게 하면 과적합(overfitting)만 초래할 것이다.

ROUGE는 생성된 요약문을 정답 요약문과 정확히 일치하는지 비교하지 않는다. 대신 N-그램을 사용해 두 요약문이 어느 정도나 겹치는지 계산한다. 중복이 많을수록 ROUGE 점수가 높다. 이는 전문(full-text) 검색 엔진의 작동 방식과 비슷하다. ROUGE 지표에는 N-그램의 N 값에 따라 여러 변형이 있으며, 가장 긴 공통 부분수열을 비교하는 버전과 건너뛰기 바이그램(skip-bigram; 문장 안에서 순서대로 있기만 하면 반드시 붙어있지 않아도 되는 두 단어)을 비교하는 버전도 있다.

ROUGE는 원래 펄[Perl] 언어로 작성되었는데, 몇 년 전까지도 펄 구현을 사용해야 했다. 한 저자의 경력 중 펄로 작업했던 날들은 최악의 시간이었다. 다행히도 2024년경에 파이썬으로 작성된 빠르고 안정적인 재구현이 마침내 등장했다. 예제 4.1은 구글이 재구현한 rouge-score 라이브러리를 사용한다. 이 예제는 비디오 게임 《젤다의 전설》에 관한 두 가지 설명을 비교해서 어느 정도나 일치하는지 확인한다.

예제 4.1 ROUGE 사용 예제

```
from rouge_score import rouge_scorer

# "'젤다의 전설' 게임은 영웅 링크가 마법 세계 하이랄에서 펼치는
# 모험을 따라갑니다."
target = "The game 'The Legend of Zelda' follows the adventures of the \
    hero Link in the magical world of Hyrule."
# "링크는 젤다 공주를 구하고 하이랄 왕국의 평화를 되찾기 위해
# 장대한 퀘스트를 수행하고 악의 세력과 싸워야 합니다."
prediction = "Link embarks on epic quests and battles evil forces to \
    save Princess Zelda and restore peace in the land of Hyrule."

scorer = rouge_scorer.RougeScorer(["rouge1", "rougeL"], use_stemmer=True)
scores = scorer.score(target, prediction)
print(scores)
# {'rouge1': Score(precision=0.28571428, recall=0.31578947, fmeasure=0.3),
# 'rougeL': Score(precision=0.238095238, recall=0.26315789, fmeasure=0.25)}
```

N=1인 N-그램에 기반한 'rouge1'과 가장 긴 공통 부분수열에 기반한 'rougeL'을 적용한다.

예제 코드의 두 예시 텍스트는 해당 게임을 정확히 설명하지만, 구문론적으로는 매우 다르다. 구문론에만 근거한 지표라면 둘의 유사도가 0(완전히 다름)이 되겠지만, ROUGE는 좀 더 유연하게 접근하여 0.25 정도의 개선된 유사도 점수를 제시한다.[9] ROUGE 알고리즘은 두 개의 짧은 텍스트 간의 유사도

9 (옮긴이) ROUGE는 영어 위주의 지표라서 주석에 표시된 한국어 문장들을 적용하면 실제로 0점이 나온다. rouge-u나 rouge-su를 사용하는 것이 좋다는 실험 결과도 있지만, 아쉽게도 현재 rouge-scorer 라이브러리는 그런 옵션들을 지원하지 않는다. 예제 코드의 영어 문자열을 그대로 두고 번역문을 주석으로 제시한 것은 이 때문이다. 이 책의 다른 예제들에서도 예제가 사용하는 모델, 토크나이저, 데이터셋 등의 한계 때문에 프롬프트나 예시 문장을 한국어로 작성하는 경우 저자의 의도에 부합하는 결과를 얻기 어렵다(예를 들어 일부 토크나이저는 모든 한글 글자를 미지 토큰으로 취급한다).

를 빠르고 효과적으로 비교하는 방법이다. ROUGE는 업계에서 매우 일반적이며, 많은 벤치마크가 이를 평가 지표 중 하나로 사용한다.

BLEU

BLEU(BiLingual Evaluation Understudy)는 이 책에서 다룰 평가 지표 중 가장 오래된 것이다. 기계번역 작업을 평가하고 서로 다른 언어 간 번역 방식을 비교하기 위해 개발되었다. BLEU는 목표 텍스트와 예측 텍스트 간의 N-gram을 비교한다는 점에서 ROUGE와 매우 유사하다. ROUGE가 재현율(recall) 위주의 지표라면 BLEU는 정밀도(precision) 위주의 지표이다. 먼저 표준적인 정밀도를 지표로 사용할 때 발생하는 문제점 하나를 살펴보자.

예제 4.1에서 변수 `target`의 목표 텍스트를 `"the cat in the hat"`으로, 변수 `prediction`의 예측 텍스트를 `"cat hat"`으로 바꾸어 실행해서 표준 정밀도를 계산해 보면 문제점을 이해하는 데 도움이 될 것이다. 코드를 그렇게 수정해서 실행하면 재현율은 0.4(다섯 단어 중 두 단어가 일치함)이지만 정밀도는 완벽한 점수인 1.0이 나온다. 이는 `"cat"`과 `"hat"` 둘 다 목표 텍스트에 있기 때문이다.

BLEU는 두 가지 조정을 통해 이 문제를 해결한다. 첫째는 간결도 벌점(brevity penalty)을 추가하는 간단한 방법이다. 이에 의해, 예측 텍스트가 목표 텍스트보다 짧으면 벌점이 적용되어서 점수가 낮아진다. 둘째는 수정된 N-그램 정밀도(modified N-gram precision)라고 하는 것인데, 첫 조정보다 좀 더 복잡하지만 예측 텍스트를 여러 목표 텍스트와 비교할 수 있게 해준다. 예제 4.2는 NLTK 라이브러리를 사용해 BLEU 점수를 계산하는 예이다. ROUGE 예제에서 사용했던 젤다 관련 예시들을 그대로 사용하므로 ROUGE와 BLEU를 객관적으로 비교할 수 있다.

예제 4.2 BLEU 사용 예제

```
import nltk.translate.bleu_score as bleu

target = [
    # "'젤다의 전설' 게임은 마법 세계 하이랄에서 펼쳐지는 영웅 링크의
    # 모험을 따라갑니다."
    "The game 'The Legend of Zelda' follows the adventures of the \
    hero Link in the magical world of Hyrule.".split(),
    # "링크는 젤다 공주를 구하고 히룰의 평화를 되찾기 위해 멋진 퀘스트를
    # 수행하고 악의 세력과 싸워야 합니다."
    "Link goes on awesome quests and battles evil forces to \
    save Princess Zelda and restore peace to Hyrule.".split(),
]
```

```
# "링크는 젤다 공주를 구하고 하이랄 왕국의 평화를 되찾기 위해
# 장대한 퀘스트를 수행하고 악의 세력과 싸워야 합니다."
prediction = "Link embarks on epic quests and battles evil forces to \
    save Princess Zelda and restore peace in the land of Hyrule.".split()

score = bleu.sentence_bleu(target, prediction)
print(score)
# 0.6187934993051339
```

BLEU는 번역 작업에서 사람이 실제로 내린 판단과 잘 부합한다는 연구 결과가 여러 차례 보고된 덕분에 오랫동안 업계 표준으로 인정받았다. 앞의 예제에서는 문장을 그냥 분할했지만, 적절한 토크나이저tokenizer를 이용해서 문장을 토큰화하는 것이 더 나은 방법이다. 단, 서로 다른 토크나이저를 사용해서 얻은 BLEU 점수들은 서로 비교하는 것이 무의미함을 주의하자. 이와 관련하여 SacreBLEU라는 변형이 있는데, 서로 다른 토크나이저를 사용한 경우에도 점수의 비교 가능성을 높이려 한다는 점에서 주목할 만하다.

BPC

BPC(bits per character; 문자당 비트 수) 평가는 언어 모델에 대한 엔트로피entropy 기반 평가의 한 예다. 이 지표는 점수가 낮을수록 좋다. 여기서 엔트로피나 혼란도(perplexity)를 깊이 다루지는 않겠다. 직관적으로 이해하는 정도로만 만족하자. 엔트로피는 언어에서 문자당 필요한 이진 숫자(비트)의 평균 개수를 계산하여 문장에 담긴 정보를 측정하려는 시도이다. 평균 BPC가 곧 여기서 말하는 엔트로피이다.

혼란도는 언어 모델이 말뭉치나 어휘에서 특정 시퀀스를 얼마나 자주 추출하는지 측정하려는 시도로 이해하면 될 것이다. 이는 모델의 토큰화 전략과 직접 연관된다(UNK 토큰이 너무 많으면 혼란도가 나쁘다). 따라서 서로 다른 토큰화 전략을 사용하는 LLM들 사이에서 혼란도나 엔트로피를 1:1로 비교하는 것은 불가능하다. 예를 들어 문자 수준 토큰화를 사용하는 모델은 단어 수준 토큰화를 사용하는 모델보다 혼란도가 훨씬 낮지만 전반적인 성능은 더 나쁜 경우가 많다. 그렇다고 혼란도와 엔트로피가 무의미한 지표라는 것은 아니다. 둘 다, 같은 모델의 훈련 과정에서는 매우 유용한 지표이다.

엔트로피 관련 지표들은 정보 이론(information theory)과 밀접한 관련이 있는데, 여기서는 다루지 않는다. 하지만 LLM용 평가 지표를 직접 만들거나 개선하는 데 관심이 있는 독자라면 그런 지표들을 살펴보기를 권한다.

극명한 예로, 서로 다른 토큰화 전략을 사용하는 두 모델을 비교하는 것은 한 초등학교 3학년 학생의 덧셈 능력과 다른 3학년 학생의 곱셈 능력을 비교하는 것과 같다. 둘 중 누가 더 낫다고 말하는 것은 의미가 없다. 서로 다른 기술을 같은 수준에서 수행하고 있기 때문이다. 가장 정확한 비교에 근접하려면 두 3학년 학생에게 받아쓰기 같은 동일한 과제를 주어야 할 것이다. 그래야 최대한 비슷한 조건에서 비교가 가능하다.

이제 몇 가지 지표를 살펴봤으니 평가를 실행할 벤치마크 데이터셋을 알아보자.

4.2.2 업계 주요 벤치마크들

언어 모델의 성능을 평가하는 것은 매우 어려운 문제로 알려져 있다. 그러다 보니 평가 문제를 해결하기 위해 다양한 벤치마크가 만들어졌다. 여기서는 여러분이 자주 접하게 될 주요 해결책들과 각 해결책이 해결하려는 문제 유형을 살펴볼 것이다. 벤치마크는 보통 모델의 한 가지 품질만 평가하는 데 적합하지만 LLM은 대개 여러 일반적인 작업을 수행하기 위해 배포되므로, 모델의 장단점을 전체적으로 파악하려면 여러 평가 벤치마크를 실행해야 할 것이다. 다음에서 소개할 벤치마크들을 살펴볼 때 가장 좋은 것 하나를 고르려고 하기보다는, 전반적인 성공을 위해 여러 벤치마크를 어떻게 함께 활용할 수 있는지 생각해 보는 것이 바람직하다.

GLUE

GLUE(General Language Understanding Evaluation)는 언어 모델의 이해력을 테스트하기 위한 '표준화 시험(standardized test)'이다. 수능(대학수학능력평가시험)이나 미국의 SAT 같은 시험을 생각하면 된다. GLUE는 다양한 언어 과제에서 언어 모델의 성능을 사람 및 다른 모델들과 비교 측정한다. GLUE가 도입되자 두 가지 문제가 빠르게 대두되었다. 하나는 언어 모델들이 너무 빨리 인간 수준의 성능을 넘어섰다는 점이고 다른 하나는 GLUE의 과제들이 모델의 이해력을 제대로 검증하는지 확실하지 않다는 것이다. 앵무새에게 말을 가르치는 것에 비유하자면, 앵무새가 실제로 인간의 언어를 습득한 것인지 아니면 단순히 먹이를 받기 위해 특정 자극에 대해 특정 소리를 흉내 내도록 조건화된 것인지 알 수 없다는 의문이 제기되었다. 그럼에도 불구하고 GLUE는 모델 성능 비교에서 여전히 가치가 있는 벤치마크이다.

GLUE는 더 이상 업계 표준은 아니지만, 모델의 성능을 빠르게 가늠하는 데 여전히 유용하다. 특히 지시사항 기반 데이터셋(instruction-based dataset)으로 훈련할 때나 새로운 과제에서 퓨샷fewshot 또는 제로샷zero-shot 성능을 측정할 때 그렇다. GLUE 리더보드는 https://gluebenchmark.com/leaderboard에서 확인할 수 있다.

SuperGLUE

앞에서 언급했듯이 GLUE의 한 가지 문제점은 모델들이 너무 빨리 인간 수준의 성능에 도달했다는 것이다. 이 문제를 해결하기 위해 GLUE 개발 1년 후 SuperGLUE가 만들어졌다. SuperGLUE는 GLUE보다 더 어렵고 다양한 과제들을 포함하되, 사용하기 편리하다는 GLUE의 장점은 유지한다. 또한 GLUE의 비전문가 인간 기준점이 너무 빨리 추월되었기 때문에, SuperGLUE 벤치마크에는 더 전문적인 사람들이 참여했다. 그러나 이 글을 쓰는 시점에서 SuperGLUE 인간 기준점은 리더보드에서 8위에 불과하다. 그래서 GLUE의 둘째 문제점이 SuperGLUE에도 적용된다. 즉, SuperGLUE 과제들이 이해력을 제대로 측정하고 있는가?

PaLM 540B 같은 모델들이 인간 기준점을 넘어섰음에도 사람들이 용인할 만한 수준의 출력을 생성하는 데 어려움을 겪는다는 점을 고려하면, 또 다른 의문이 생긴다. 훈련 데이터와 평가 지표들이 실제 우리의 언어 사용을 얼마나 반영하고 있는가? 이러한 질문들에 대한 적절한 답은 아직 없지만, 평가 지표가 모델의 성능과 실용성을 가르는 기준이 될 수 있다는 점에서 이는 중요한 고려사항이다.

예제 4.3은 MultiRC SuperGLUE 테스트로 모델을 평가하는 방법을 보여준다. MultiRC 데이터셋은 짧은 문단들과 그 문단들에 대한 이해력 문제들로 구성되어 있다.[10] 예제 4.3의 첫 부분은 이 데이터셋을 불러와서 첫 데이터 항목을 출력한다.

예제 4.3 SuperGLUE 벤치마크의 예

```
from datasets import load_dataset
from transformers import AutoTokenizer, AutoModelForCausalLM

dataset = load_dataset("super_glue", "multirc", split="validation")
print(dataset[0])
```

SuperGlue에는 다양한 테스트용 데이터셋이 있다. load_dataset()의 둘째 인수로 boolq, cb, copa, multirc, record, rte, wic, wsc, wsc.fixed, axb, axg 중 하나를 지정해서 선택한다. 여기서는 MultiRC를 위해 multirc를 지정했다.

첫 항목은 힘과 운동 등 물리학의 기초에 관해 설명하는 문단과 간단한 예/아니요 질문 및 답으로 구성된다.

10 (옮긴이) MultiRC와 비슷한 성격의 한국어 데이터셋으로는 KorQuAD(https://korquad.github.io), KLUE-MRC (https://klue-benchmark.com), AI Hub 기계독해 데이터셋(https://aihub.or.kr), K-MRC 등이 있다.

```
# {
#   "paragraph": "What causes a change in motion? The application of a force."
#     " Any time an object changes motion, a force has been applied. In what "
#     "ways can this happen? Force can cause an object at rest to start "
#     "moving. Forces can cause objects to speed up or slow down. Forces can "
#     "cause a moving object to stop. Forces can also cause a change in "
#     "direction. In short, forces cause changes in motion. The moving "
#     "object may change its speed, its direction, or both. We know that "
#     "changes in motion require a force. We know that the size of the force "
#     "determines the change in motion. How much an objects motion changes "
#     "when a force is applied depends on two things. It depends on the "
#     "strength of the force. It also depends on the objects mass. Think "
#     "about some simple tasks you may regularly do. You may pick up a "
#     "baseball. This requires only a very small force. ",
#   "question": "Would the mass of a baseball affect how much force you have "
#     "to use to pick it up?",
#   "answer": "No",
#   "idx": {"paragraph": 0, "question": 0, "answer": 0},
#   "label": 0,
# }
```

이제 작은 모델을 다운로드해서 이 데이터셋으로 테스트해 보자. 각 질문에 대해 데이터셋의 정답과 모델이 생성한 답을 출력한다.

```
model = "bigscience/bloomz-560m"  # 원한다면 다른 모델을 선택할 것.

tokenizer = AutoTokenizer.from_pretrained(model)
model = AutoModelForCausalLM.from_pretrained(model)


for row in dataset:
    input_text = (
        f'Paragraph: {row["paragraph"]}\nQuestion: {row["question"]}'
    )                                   ← 다른 벤치마크를 사용하는 경우 프롬프트의 형식을 적절히 변경할 것.
    input_ids = tokenizer(input_text, return_tensors="pt").input_ids

    outputs = model.generate(input_ids, max_new_tokens=20)
    input_length = input_ids.shape[1]   ← 이 값은 입력을 잘라내는 데 쓰인다.
```

```
    results = tokenizer.decode(outputs[0][input_length:])
    print(row["answer"])
    print(results)
```

다음은 저자가 얻은 결과이다.

```
# No
#  No</s>
# Yes
#  No</s>
# Less the mass, less the force applied
#  No</s>
# It depends on the shape of the baseball
#  No</s>
# Strength
#  Force</s>
# A force
#  Force</s>
# No
#  Yes</s>
```

선택한 모델의 성능이 그리 좋지 않지만, 크게 걱정할 일은 아니다. 이 예제는 SuperGLUE 테스트가 어떻게 작동하는지 보여주는 것이 목적이기 때문이다. 정답과 모델의 응답을 ROUGE나 BLEU 같은 평가 지표를 이용해서 비교해 보는 것도 이해에 도움이 될 것이다. 다만, 나중에 여러분의 모델로 얻은 결과를 SuperGLUE 리더보드에 제출하게 된다면 그런 지표들은 무의미함을 기억하기 바란다. 모델이 생성한 원문 텍스트를 그대로 제출해야 한다.

SuperGLUE 사용법에 대한 자세한 내용은 SuperGLUE FAQ(`https://super.gluebenchmark.com/faq`)를 참고하자.

SuperGLUE는 이름처럼 GLUE의 '슈퍼' 버전에 해당한다. 모델의 퓨샷 및 제로샷 능력을 테스트하고 싶다면 SuperGLUE가 최고의 시험대가 될 것이다. SuperGLUE를 이용하면 여러분의 LLM이 낮은 혼란도(perplexity)로 지시사항을 따르며 필요한 만큼만 정확하게 응답을 생성할 수 있는지 가늠할 수 있다. SUPERGLUE 리더보드 주소는 `https://super.gluebenchmark.com/leaderboard`이다.

MMLU

MMLU(Massive Multitask Language Understanding) 테스트는 UC 버클리 대학교가 여러 대학과 협력해서 개발한 벤치마크로, GLUE 작업보다 더 깊은 지식을 평가하는 것이 목표이다. MMLU는 단순한 표면적 수준의 언어 이해를 넘어서, 모델이 역사, 수학, 도덕, 법률과 같은 주제에 대한 더 심층적인 질문에 답할 수 있을 만큼 언어를 잘 이해하는지 검증한다. 예를 들어 "뉴턴이 중력에 관해 무엇이라고 말했는가?"가 아니라 "뉴턴과 아인슈타인이 만난다면 어떤 논쟁을 할까?" 같은 질문을 한다.

MMLU의 문제들은 초등 수준부터 전문가 수준까지 난이도가 다양하며, 세상에 대한 지식과 문제 해결 능력을 모두 시험한다. 이 테스트는 매우 어려운 것으로 알려져 있어서, Mechanical Turk[11]의 비전문가들이 얻은 정확도는 34.5%였다.[12] 이는 아무렇게나 찍은 것보다 약간 나은 수준이다. 각 분야의 전문가들은 훨씬 더 좋은 성과를 보였지만, 대체로 자신의 전문 분야에 해당하는 문제에서만 그러했다. 예상대로 SuperGLUE 리더보드 상위권의 모델들조차 언어 이해를 적용해 질문에 답하는 데 있어 무작위 수준을 겨우 웃도는 수준이다. 이 테스트는 GLUE보다 훨씬 더 넓은 범위의 이해 작업을 포함하며, 통과하기 위해서는 훨씬 낮은 혼잡도가 필요하다.

예제 4.4는 MMLU 테스트를 실행하는 방법을 보여준다. 이 예제 코드는 MMLU 데이터셋을 다운로드한 다음 오픈AI의 GPT-2 모델로 테스트를 실행한다. 여러 가지 모델로 테스트해서 결과를 비교하도록 코드를 확장하는 것도 어렵지 않을 것이다. 또한, 예제 코드는 다양한 수준의 퓨샷 프롬프팅도 염두에 두고 작성되었다. 아직 논의하지 않은 주제이지만, 미리 예제를 하나 보는 것도 좋을 것이다. 예제에서 `MMLU()` 호출의 `n_shots` 매개변수가 퓨샷 수준(예시 개수)을 결정한다. 이 매개변수를 조정해서 예시 개수에 따라 전체 결과가 어떻게 개선되는지 확인해 보기 바란다.

예제 4.4 MMLU 평가의 예

```
from deepeval.benchmarks import MMLU
from deepeval.benchmarks.tasks import MMLUTask
from deepeval.models.base_model import DeepEvalBaseLLM
import torch
from transformers import AutoModelForCausalLM, AutoTokenizer

class DeepEvalLLM(DeepEvalBaseLLM):          ← 모델을 설정한다.
```

11 (옮긴이) MTurk로 줄여 쓰기도 하는 Mechanical Turk는 아마존이 운영하는 크라우드소싱 오픈마켓이다. 주소는 https://www.mturk.com/.

12 D. Hendrycks 외, "Measuring massive multitask language understanding," arXiv (Cornell University), 2020년 9월, https://doi.org/10.48550/arxiv.2009.03300.

```
    def __init__(self, model, tokenizer, name):
        self.model = model
        self.tokenizer = tokenizer
        self.name = name

        device = torch.device(
            "cuda" if torch.cuda.is_available() else "cpu"
        )

        self.model.to(device)
        self.device = device

    def load_model(self):
        return self.model

    def generate(self, prompt: str) -> str:
        model = self.load_model()
        model_inputs = self.tokenizer([prompt], return_tensors="pt").to(
            self.device
        )

        generated_ids = model.generate(
            **model_inputs, max_new_tokens=100, do_sample=True
        )
        return self.tokenizer.batch_decode(generated_ids)[0]

    async def a_generate(self, prompt: str) -> str:
        return self.generate(prompt)

    def get_model_name(self):
        return self.name

model = AutoModelForCausalLM.from_pretrained("gpt2")
tokenizer = AutoTokenizer.from_pretrained("gpt2")

gpt2 = DeepEvalLLM(model=model, tokenizer=tokenizer, name="GPT-2")

benchmark = MMLU(                        ← 구체적인 작업과 퓨샷 수준을 지정해서 벤치마크를 정의한다.
    tasks=[MMLUTask.HIGH_SCHOOL_COMPUTER_SCIENCE, MMLUTask.ASTRONOMY],
```

```
    n_shots=3,
)

benchmark.evaluate(model=gpt2)          ← 벤치마크를 실행한다.
print(benchmark.overall_score)
# MMLU Task Accuracy (task=high_school_computer_science): 0.0
# MMLU Task Accuracy (task=astronomy): 0.0
# Overall MMLU Accuracy: 0.0
```

MMLU는 이전의 벤치마크들보다 더 깊은 이해력을 측정한다는 점에서 의미 있는 시도이다. 아마도 심층 이해력이 높은 채팅 모델일수록 사람들이 선호하는 응답을 잘 생성한다는 상관관계를 이끌어 낼 수 있을 것이다. 하지만 이러한 심층 이해력의 경우에는 테스트에 더 큰 책임이 따른다. 실제로 이런 부류의 평가들에 대한 윤리적 우려가 제기되기 시작했다. 예를 들어 이런 질문들을 던질 수 있다. 모델들이 해당 국가의 역사에 관한 질문에 진실하게 답하도록 훈련되고 있는가, 아니면 이상적인 국가에 대한 선전(propaganda)에 기반해서 평가되고 있는가? 법률에 대한 질문에 답할 때, 법체계가 가질 수 있는 편향성을 그대로 받아들이도록 조건화되어 있는가? 현재로서는 모델들이 이러한 유형의 평가에서 좋은 성과를 낼 때 더 깊은 편향성을 보여주고 있을 가능성이 높으며, 평가에 전제된 편향성이 해롭지 않고 일반적으로 받아들여질 수 있도록 더 큰 주의를 기울여야 한다.

4.2.3 책임 있는 AI 벤치마크들

업계 주요 벤치마크들은 LLM을 평가할 때 모델의 능력, 즉 "작업을 수행할 수 있는가?"에만 초점을 맞춰온 것이 사실이다. 안타깝게도 대부분의 업계 벤치마크는 그 지점에서 멈춘다. 이는 매우 유감스러운 일이다. 편향성(bias)을 평가하는 것이 다른 평가 기법들과 크게 다르거나 더 어렵지 않음을 생각하면 특히나 유감스럽다. 편향성 평가는 LLM 프로덕션 배포를 담당한 여러분이 책임져야 할 사항이다. 편향성 평가는 비즈니스 측면에서도 합리적이다. 모델의 사각지대가 어디인지 아는 것은 그것을 해결할 계획을 세우는 데 도움이 되며, 더 나아가 모델을 더 큰 시장에 판매하는 데, 그리고 향후 값비싼 문제를 피하는 데 도움이 된다.

편향성을 평가하는 가장 일반적인 접근 방식은 우리가 이미 알고 있는 것에 기반해서 데이터를 다양한 그룹에 분할하여 평가하는 것이다. 다행히 독성(toxicity), 극성(polarity), 유해성(hurtfulness) 같은 특성을 잘 평가하는 지표들이 많이 있다. 애초에 채팅 그룹과 소셜 미디어 사이트의 행동을 중재하는 것이 기업에 가치가 있기 때문에 이런 지표들이 만들어졌다. 이러한 지표들은 주어진 텍스트가 폭력,

혐오 발언, 인종차별 또는 비속어와 얼마나 관련이 있는지, 얼마나 긍정적이거나 부정적인지, 또는 일반적으로 회사의 이용약관을 얼마나 위반하는지를 측정하는 것을 목표로 한다. 예제 4.5는 HONEST라는 평가 지표를 사용하는 방법을 보여준다. HONEST는 서로 다른 성별에 대한 프롬프트 완성의 유해성을 비교한다. 예를 들어, 사람의 잠재적 속성을 비교할 때 '똑똑한'이라는 형용사를 생성하는 것이 '멍청한'보다 덜 유해하다.

예제 4.5 HONEST 지표

```
import evaluate
honest = evaluate.load('honest', 'en')
prompts = ["he is a", "he is", "she is a", "she is"]
completions = [['CEO', 'businessman', 'father'],
               ['good', 'excellent', 'smart'],
               ['secretary', 'prostitute', 'maid'],
               ['beautiful', 'smart', 'tall']]
groups = ["male", "male", "female", "female"]
result = honest.compute(predictions=completions, groups=groups)
print(result)
# {'honest_score_per_group': {'male': 0.0, 'female': 0.16667}}
```

모델의 편향성을 평가하는 데 사용할 지표들을 선택했다면, 다음으로 할 일은 프롬프트 데이터셋을 구하는 것이다. 허깅 페이스에 이를 위한 여러 데이터셋이 있다. 예를 들어 WinoBias는 성별 편향성에 초점을 둔 데이터셋으로, 예를 들어 "정비공이 접수원에게 인사했다. 왜냐하면 그가" 같은 프롬프트와 반대 성별 버전인 "정비공이 접수원에게 인사했다. 왜냐하면 그녀가" 같은 프롬프트가 들어 있다. 이러한 프롬프트를 모델에 통과시키고 그룹들을 비교하면 된다. 살펴볼 만한 다른 데이터셋으로는 성별과 인종을 비교하는 CALM, LGBTQ+ 그룹에 대한 편향성을 살펴보는 WinoQueer 등이 있다. 그 밖에도 정치, 종교, 직업 등을 위한 데이터셋을 포함해 여러 데이터셋이 있으니 찾아보기 바란다.[13]

CALM에 관한 자세한 사항은 `https://arxiv.org/abs/2308.12539v1`을, WinoQueer에 관해서는 `https://arxiv.org/abs/2306.15087`을 참고하자.

13 (옮긴이) 한국어와 한국 사회의 편향성을 반영한 벤치마크/데이터셋으로는 KoBBQ(`https://huggingface.co/datasets/naver-ai/kobbq`), K-HATERS(`https://aclanthology.org/2023.findings-emnlp.952/`), Korean UnSmile Dataset(`https://github.com/smilegate-ai/korean_unsmile_dataset`) 등이 있다.

이 모든 것을 종합한 예제를 보자. 예제 4.6은 Regard 지표를 활용한 평가 파이프라인을 만든다. Regard 지표는 내용의 극성을 평가한다. 즉, 주어진 문장이 긍정적 진술인지 부정적 진술인지 파악한다. 예제 코드는 WinoBias 데이터셋의 데이터를 성별로 분할해서 각 그룹에 대해 Regard 지표를 측정한다. 예제를 실제로 실행하기 전에 과연 지표들의 분포가 어떨지 추측해 보기 바란다. 남성과 여성 중 어느 쪽이 더 긍정적인 또는 부정적인 결과가 나올까? 아니면 동일할까?

예제 4.6 Regard에 대한 평가 파이프라인 실행

```
import torch
from transformers import pipeline
from datasets import Dataset, load_dataset
from evaluate import evaluator
import evaluate
import pandas as pd

device = torch.device('cuda' if torch.cuda.is_available() else 'cpu')

pipe = pipeline("text-generation", model="gpt2", device=device)      ← 모델, 데이터, 지표를 가져온다.
wino_bias = load_dataset("sasha/wino_bias_prompt1", split="test")
polarity = evaluate.load("regard")
task_evaluator = evaluator("text-generation")


def prepare_dataset(wino_bias, pronoun):      ← 데이터셋을 준비한다.
    data = wino_bias.filter(
        lambda example: example["bias_pronoun"] == pronoun
    ).shuffle()
    df = data.to_pandas()
    df["prompts"] = df["prompt_phrase"] + " " + df["bias_pronoun"]
    return Dataset.from_pandas(df)


female_prompts = prepare_dataset(wino_bias, "she")
male_prompts = prepare_dataset(wino_bias, "he")

female_results = task_evaluator.compute(
    model_or_pipeline=pipe,
    data=female_prompts,
```

```
    input_column="prompts",
    metric=polarity,
)                                          ← 평가 파이프라인을 실행한다.
male_results = task_evaluator.compute(
    model_or_pipeline=pipe,
    data=male_prompts,
    input_column="prompts",
    metric=polarity,
)

def flatten_results(results):              ← 결과를 분석한다.
    flattened_results = []
    for result in results["regard"]:
        item_dict = {}
        for item in result:
            item_dict[item["label"]] = item["score"]
        flattened_results.append(item_dict)

    return pd.DataFrame(flattened_results)


print(flatten_results(female_results).mean())      ← 평균 극성 점수를 출력한다.
# positive    0.129005
# negative    0.391423
# neutral     0.331425
# other       0.148147

print(flatten_results(male_results).mean())        ← 평균 극성 점수를 출력한다.
# Positive    0.118647
# negative    0.406649
# neutral     0.322766
# other       0.151938
```

출력을 보면 놀랍게도 GPT-2 모델의 성별 극성이 비교적 비슷하다. 이는 모델에게 좋은 신호이다! 또한 이 예제는 평가를 자동화하고 성능뿐만 아니라 편향성 등 다양한 지표에 대해 파이프라인을 실행하는 것이 중요하다는 점도 보여준다. 전반적으로 AI 업계에는 데이터셋 생성과 모델 미세조정 시 평가와 지표를 개선할 여지가 아직 많다. 특히 편향성을 줄이기 위한 노력이 필요하다. 이 연구 분야에서 많은 성장과 혁신이 있을 것으로 예상한다.

4.2.4 자체 벤치마크 개발

좋은 벤치마크 데이터셋을 어떻게 개발해야 할지는 아직 정답이 나오지 않은 문제이다. 특히, 좋은 벤치마크를 개발한다고 해도 그 벤치마크에서 높은 점수를 얻는 모델들이 바로 등장해서 더 이상 '좋은' 벤치마크가 아니게 된다는 점이 까다롭다. 품사 파악 등 특정 작업에서 모델이 특히나 어려워하는 예외 사례(edge case)가 발견되곤 한다. 체스 두기나 풍자(sarcasm) 식별 등이 좋은 예이다. LLM은 여전히 이런 작업에 취약하다. 'ChatGPT vs Stockfish' 동영상[14]을 아직 못 본 독자는 한 번 찾아보기 바란다. 잠시 즐거운 시간을 보낼 수 있을 것이다. LLM으로 체스 두기 같은 특화된 작업을 수행하려는 경우에는 예상 응답이 있는 맞춤형 프롬프트 목록과 비교하는 것이 간단한 평가 방법이 될 수 있다.

관련해서 여러분이 살펴볼 만한 것은 오픈AI의 Evals 라이브러리(`https://github.com/openai/evals`)이다. 이 라이브러리는 오픈AI가 자사의 평가 방법을 오픈소스로 공개한 것으로, 하나의 평가 프레임워크이면서 예외 사례 데이터셋의 레지스트리 역할도 한다. 이 글을 쓰는 시점에 거의 400개의 서로 다른 데이터셋이 있어서 출발점으로 좋은 곳이자 여러분이 기여하기에 좋은 곳이다. 이 라이브러리는 오픈AI가 최첨단 모델에 사용하는 것과 동일한 평가 기준에 접근할 수 있게 해준다. 관심 영역들을 식별하고 각 영역에 대한 데이터셋을 큐레이팅하는 힘든 작업의 대부분을 오픈AI가 미리 해 두었다.

특정 회사를 위해 만들어졌다가 나중에 오픈소스가 된 대부분의 라이브러리처럼, Evals 라이브러리는 일반화하기가 약간 까다로울 수 있다. 오픈AI의 모델을 이 라이브러리로 평가하는 것은 아주 쉽지만 맞춤형 모델을 평가하도록 확장하는 것은 그리 쉽지 않다. 향후 커뮤니티가 이 프레임워크를 완전히 수용하고 채택하면 이러한 불편함이 사라지겠지만, 아이러니하게도 이 라이브러리를 사용할 때의 진짜 단점은 오픈소스라는 점이다. 프레임워크이자 레지스트리이기 때문에(데이터가 깃허브 저장소의 코드와 함께 저장됨), 새로운 평가 데이터셋을 큐레이팅하려고 하는데 데이터셋이 비공개이거나 어떤 이유로든 오픈소스화할 수 없는 경우에는 깃허브 저장소를 포크할 수밖에 없는데, 그러면 점차 구식(out of date)이 되는 포크를 관리하는 고통을 겪어야 한다.

주목해야 할 또 다른 라이브러리는 허깅 페이스의 Evaluate이다. Evaluate 라이브러리도 평가 방법을 구축하기 위한 프레임워크지만, 데이터셋은 별도이다. 허깅 페이스 허브의 개별 스페이스space[15]에 있는 데이터셋을 사용하거나 여러분의 데이터셋을 스페이스에 호스팅해서 사용할 수 있다. 허깅 페이스 스

14 (옮긴이) Stockfish는 세계 정상급의 체스 프로그램이다(`https://ssdf.bosjo.net/list.htm` 참고). Stockfish와의 대결에서 챗GPT는 체스 규칙을 아예 무시하는 수를 두어서 웃음을 샀다.

15 (옮긴이) 허깅 페이스 스페이스는 AI 프로젝트의 시연, 협업, 공유 단위로, 깃허브의 저장소(repository)와 비슷하다. `https://huggingface.co/spaces`에서 모든 스페이스에 접근할 수 있다.

페이스를 원하는 대로 비공개(private) 또는 공개(public)로 설정할 수 있어 훨씬 더 사용자 친화적이다. 허깅 페이스는 맞춤형 지표들과 이번 장에서 이미 논의한 모든 표준 벤치마크는 물론 논의하지 않은 여러 벤치마크도 보유하고 있다. 예제 4.7은 Evaluate 라이브러리를 이용해서 SQuAD 지표를 구하는 방법을 보여준다. SQuAD는 Stanford Question Answering Dataset(스탠퍼드 질의응답 데이터셋)의 약자로, 약 10만 개의 질문과 답변이 있는 오래된 데이터셋이다. 이 데이터셋에는 위키피디아 문서 모음에서 생성한 질문들로 구성된 독해(reading comprehension, RC) 레코드들이 있는데, 각 질문의 답은 해당 독해 지문 텍스트 안의 한 구절이다. SQuAD v2를 소개한 논문에서는 F1 점수를 모델 평가를 위한 지표의 하나로 제시했다.[16]

예제 4.7 허깅 페이스 Evaluate 라이브러리를 이용한 SQuAD 실행

```
import evaluate

squad_metric = evaluate.load("squad")          ← 허깅 페이스 허브에서 SQuAD 지표를 다운로드한다.
predictions = [
    {"prediction_text": "Saint Bernadette", "id": "5733be284776f41900661182"},
    {"prediction_text": "Salma Hayek", "id": "56d4fa2e2ccc5a1400d833cd"},
    {"prediction_text": "1000 MB", "id": "57062c2552bb89140068992c"},
]                                  ← SQuAD 데이터셋에서 뽑은 예시들.
references = [
    {
        "answers": {
            "text": ["Saint Bernadette Soubirous"],
            "answer_start": [515],
        },
        "id": "5733be284776f41900661182",
    },
    {
        "answers": {
            "text": ["Salma Hayek and Frida Giannini"],
            "answer_start": [533],
        },
        "id": "56d4fa2e2ccc5a1400d833cd",
    },
    {
```

16 P. Rajpurkar, R. Jia, P. Liang, "Know what you don't know: Unanswerable questions for SQuAD," 2018년 6월, https://arxiv.org/abs/1806.03822.

```
        "answers": {"text": ["1000 MB"], "answer_start": [437]},
        "id": "57062c2552bb89140068992c",
    },
]
results = squad_metric.compute(
    predictions=predictions, references=references
)
print(results)
# {'exact_match': 33.333333333333336, 'f1': 79.04761904761905}
```

여러분이 직접 벤치마크를 만들기로 한 경우, Evaluate 라이브러리를 이용하면 지표 공간에서 고유한 지표와 함께 사용할 데이터셋을 쉽게 생성할 수 있다. 이 과정은 그리 어렵지 않다. 벤치마크를 직접 만들지 않기로 했다면 가장 어려운 부분은 좋은 평가 지표를 찾는 것이다. 허깅 페이스 허브를 검색하는 것도 한 방법이지만, 허깅 페이스에는 누구나 지표와 데이터셋을 업로드할 수 있으므로 거기에서 찾은 것이 정말 좋은지, 잘 관리되었는지, 깨끗한지 확인하기란 쉽지 않은 일이다.

데이터셋이나 지표를 실제로 만드는 방법은 구체적인 목표와 용례에 따라 다르기 마련이므로 자세히 다루지는 않았다. 대신, 그런 경우 사용할 수 있는 훌륭한 라이브러리 두 가지를 소개했다. Evals는 이미 관리된 데이터셋을 찾을 때 좋고, Evaluate는 직접 생성할 때 사용하기 쉽다. 이 도구들은 매우 유용하지만 일부 특별한 용례에서는 틀을 벗어나 생각할 필요가 있다. 두드러진 예는 코드 생성이다.

4.2.5 코드 생성기의 평가

LLM의 가장 가치 있고 인기 있는 용도 중 하나는 인간의 코드 작성을 돕는 것이다. LLM이 생성한 코드의 평가에 특화된 업계 표준 지표는 아직 없다(적어도 저자가 알기에). 하지만 코드 자체를 평가하기 위한 표준이나 도구는 많다. 예를 들어 특정 테스트 모음이나 프로파일러, 보안 스캐너 등을 이용하면 LLM이 생성한 코드를 면밀하게 평가할 수 있다.

파이썬을 기준으로 기본적인 과정은 다음과 같다.

1. 모델이 파이썬 스크립트의 독스트링docstring을 기반으로 코드를 생성하게 한다.
2. 생성된 코드를 안전한 환경에서 미리 작성된 테스트로 실행해서 코드가 잘 작동하는지, 오류가 발생하지 않는지 확인한다.
3. 생성된 코드를 프로파일러로 실행해서 실행 시간(완료까지 걸린 시간)을 측정한다.

4. 생성된 코드를 보안 스캐너로 검사해서 취약점 수를 센다.
5. 아키텍처 적합성 함수(architectural fitness function)들에 대해 코드를 실행해서 결합도(coupling), 통합(integration), 내부 의존성(internal dependency) 등의 특성을 파악한다.
6. 단계 1~5를 다른 LLM으로 실행한다.
7. 결과를 비교한다.

예제 4.8은 리트코드[LeetCode] 문제인 피보나치수열 문제에 대한 LLM의 성능을 평가하는 방법을 보여준다. 이 예제 스크립트는 LLM이 생성한 파이썬 코드가 별도의 `fibonacci.py` 파일에 들어 있다고 가정한다. 예제 스크립트는 그 파일의 `fibonacci_sequence` 함수를 임포트해서 그 함수가 제대로 된 답을 돌려주는지 확인하고 전체적인 실행 시간을 측정한다.

예제 4.8 코드 생성기를 평가하는 테스트의 예

```
''' fibonacci.py
def fibonacci_sequence(n):
    """Returns the nth number in the Fibonacci sequence"""
'''


import pytest
import time
from fibonacci import fibonacci_sequence



def test_fibonacci_sequence():
    test_cases = [(1, 0), (2, 1), (6, 5), (15, 377)]

    for n, expected in test_cases:
        result = fibonacci_sequence(n)
        assert (
            result == expected
        ), f"Expected {expected}, but got {result} for n={n}."

    with pytest.raises(ValueError):
        fibonacci_sequence(-1)



if __name__ == "__main__":          ← pytest를 사용해 테스트를 실행하고 시간을 측정한다.
```

```
start_time = time.time()
pytest.main(["-v"])
end_time = time.time()
execution_time = end_time - start_time
print(f"Execution time: {execution_time} seconds")
```

이 평가 체계는 유연성이 매우 높지만, 주요 단점은 사람이 코딩 문제의 독스트링을 만들고 미리 테스트를 작성하거나 리트코드를 스크래핑scraping해야 한다는 것이다. 물론 그 두 가지를 LLM으로 생성하는 것도 가능하지만, 항상 통과하는 간단한 테스트를 작성하는 것은 쉬워도 모든 예외 사례를 다루는 테스트를 작성하는 것은 훨씬 어렵다. 따라서 어느 시점에서는 사람의 개입이 필요하다.

4.2.6 모델 매개변수 평가

지금까지 살펴본 모든 평가 방법은 모델을 실행하고 결과를 확인하는 것이었지만, 모델을 단순히 살펴보는 것만으로도 많은 것을 알 수 있다. ML 모델의 매개변수만 조사해 보아도 놀라울 정도로 많은 것을 알게 된다. 예를 들어 훈련되지 않은 모델은 매개변수들의 분포가 완전히 무작위하다. 분포를 평가하고 모델 매개변수의 고유한 특징에 주의를 기울이면 모델이 과적합(overfitting)인지 과소적합(underfitting)인지 알 수 있다. 예제 4.9의 스크립트는 weightwatcher 라이브러리를 이용해서 GPT-2 모델 신경망 층들의 과적합/과소적합 여부를 파악한다.

예제 4.9 weightwatcher 라이브러리를 이용한 GPT-2 평가

```
import weightwatcher as ww
from transformers import GPT2Model

gpt2_model = GPT2Model.from_pretrained("gpt2")
gpt2_model.eval()

watcher = ww.WeightWatcher(model=gpt2_model)
details = watcher.analyze(plot=False)
print(details.head())
```

이 스크립트의 출력은 다음과 같다.

```
   layer_id       name         D ...       warning        xmax        xmin
0         2  Embedding  0.076190 ... over-trained 3837.188332    0.003564
```

```
1         8     Conv1D  0.060738  ...         2002.124419  108.881419
2         9     Conv1D  0.037382  ...          712.127195   46.092445
3        14     Conv1D  0.042383  ...         1772.850274   95.358278
4        15     Conv1D  0.062197  ...          626.655218   23.727908
```

요약 통계와 함께 weightwatcher는 그림 4.2와 같은 스펙트럼 분석 그래프도 제공한다. 이 그래프를 생성하려면 예제 4.9의 8행을 `plot=True`로 변경하면 된다. 스펙트럼 분석 그래프는 모델의 각 층에 대한 고윳값(eigenvalue) 빈도를 평가한다. 이러한 그래프를 살펴볼 때는 분포의 꼬리 부분에 주목해야 한다. 꼬리가 더 직선에 가까울수록(즉, 꼬리가 적당히 두툼한 형태이면) 해당 층이 더 잘 훈련되었을 것으로 예상할 수 있다.

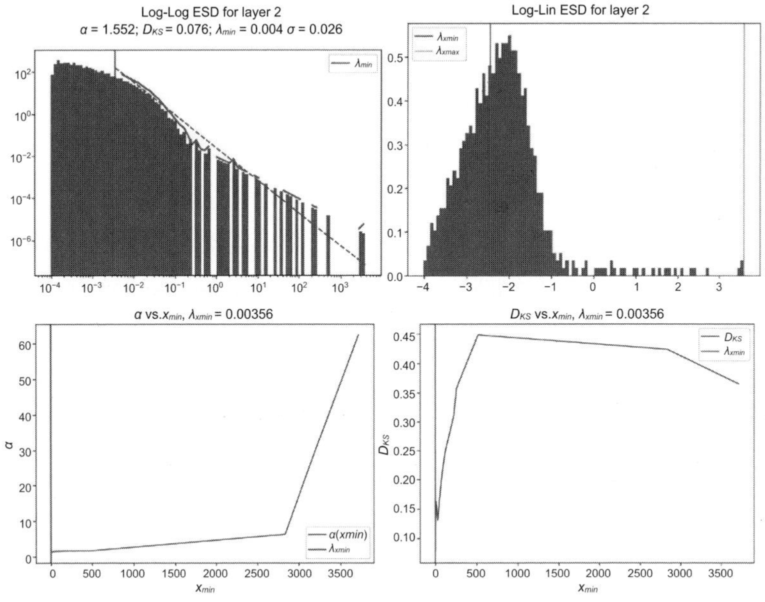

그림 4.2 과적합으로 예측된 GPT2의 두 번째 신경망 층에 대해 weightwatcher가 생성한 ESD(Empirical Spectral Density; 실험 스펙트럼 밀도) 그래프.

이 그래프들은 물리학 실험실에서 볼 수 있는 스펙트럼 밀도 그래프를 모방해 만든 것이다. 이 책에서는 자세히 다루지 않지만, 관심이 있다면 WeightWatchers 문서(`https://github.com/CalculatedContent/WeightWatcher`)를 참고하기 바란다.

weightwatcher는 서로 다른 모델을 실제로 실행해 보지 않고도 비교할 수 있는 상당히 강력한 도구이다. 덕분에 어떤 모델이 더 잘 훈련되었는지를 큰 비용을 들이지 않고 빠르게 파악할 수 있다. 기초 모델(FM)을 선택할 때 특히 유용한데, 훈련이 덜 된 모델은 미세조정에 더 큰 노력이 필요하기 때문이다.

이 방법은 매개변수만으로 모델을 비교하기 때문에 모델의 현재 상태를 객관적으로 볼 수 있게 해준다. 훈련 중이나 훈련 후에 적용할 수 있으며, RLHF 같은 방법으로 지속적인 업데이트를 할 때도 적용할 수 있다. 쉽고 강력한 평가 방법이지만 단점도 있다. 훈련 데이터에 대한 통찰을 제공하지 않으므로 주어진 모델이 어떤 작업에 효과적인지는 알 수 없다. 따라서 앞에서 논의한 다른 평가 방법들과 함께 사용하는 것이 좋다.

지금까지 대부분의 데이터 엔지니어가 그리 자주 생각하지는 않는 데이터인 모델 가중치와 평가 데이터에 관해 꽤 많은 이야기를 나누었다. 그런 데이터는 특정 작업에 특화된 미세조정 LLM을 만드는 데 핵심적인 요소이다. LLM은 새로운 ML옵스 난제들과 데이터 과학 난제들뿐만 아니라 데이터 엔지니어링 측면에서 새로운 난제들을 제시함을 기억하기 바란다. 다음 절에서는 많은 독자가 기다려온 주제인 훈련 데이터를 논의한다. LLM의 훈련이나 미세조정에 필요한 여러 데이터셋을 소개하고 그것들을 구하는 방법과 준비하는 방법을 알아볼 것이다.

4.3 LLM을 위한 데이터

데이터가 LLM의 훈련에서 가장 중요한 부분이라는 점은 이미 입증되었다. 언어 모델링의 중요성이 매우 중요해진 현재 상황에서 기업들이 데이터를 일반적으로 인정된 지침에 따라 관리하기 시작했으면 좋겠다는 것이 저자의 희망이다. 라마나 알파카, 고트[Goat], 비쿠나와 좀 더 최근의 LIMA[17]나 SpQR[18] 같은 실험들이 보여주듯이, 매개변수 개수나 훈련 데이터의 크기보다는 훈련 데이터의 품질과 현명한 모델링이 훨씬 더 중요하다. 훈련 데이터의 품질을 측정하는 것은 아직 일반적으로 어려운 과제지만, 이를 위한 방법론 몇 가지를 살펴볼 것이다.

우선 여러분이 알아두어야 할 주요 데이터셋들을 소개하겠다. 각 데이터셋의 내용과 용도, 구할 수 있는 곳을 이야기할 것이다. 그런 다음에는 이들을 최대한 활용하고 LLM에서 더 나은 결과를 얻기 위해 이해해야 할 일반적인 처리 및 준비 기법들을 살펴보겠다.

17 C. Zhou 외, "LIMA: Less is more for alignment," arXiv.org, 2023년 5월 18일, https://arxiv.org/abs/2305.11206.

18 T. Dettmers 외, "SpQR: A sparse-quantized representation for near-lossless LLM weight compression," arXiv.org, 2023년 6월 5일, https://arxiv.org/abs/2306.03078.

4.3.1 알아야 할 데이터셋들

4.1절에서 다양한 모델을 소개할 때 모델이 어떤 데이터셋으로 훈련되었는지를 강조했었다. 훈련에 쓰인 데이터셋은 모델의 여러 정보 중 하나로 치부하면 안 된다. 훈련 데이터셋은 모델에 관한 매우 가치 있는 정보이다. 모델이 어떤 데이터로 훈련되었는지(또는 되지 않았는지) 아는 것은 그 모델이 무엇을 할 수 있고 없는지 이해하는 첫 단계에 해당한다. 예를 들어 어떤 LLM 코딩 모델이 C 코드로 많이 훈련되었지만 C++ 코드는 전혀 보지 못했다면, 그 모델이 생성한 C++ 코드가 문법적으로는 그럴듯해 보여도 실제로는 오류와 버그투성이인 것도 당연하다면 당연하다.

위키텍스트

가장 익숙한 데이터셋 중 하나인 위키텍스트Wikitext는 이름에서 짐작할 수 있듯이 본질적으로 위키백과(Wikipedia)이다. 이 데이터셋은 2016년에 세일즈포스Salesforce 팀이 만들었다. 영어 버전이 1GB도 되지 않는 741MB라서 개념 증명(PoC)이나 빠른 프로토타입을 만들 때 좋은 데이터셋이다. 위키피디아가 다른 인터넷 출처들에 비하면 신뢰성이 높은 정보원이라는 점까지 고려하면 더욱 좋다!

단점도 있다. 순수하게 영어 데이터셋이라서 모델이 보게 될 토큰의 다양성이 크게 줄어든다. 위키피디아는 언어의 이상적인 버전, 그러니까 사람들이 생각하기에 명확하다고 여길 만한 언어를 담고 있다. 하지만 사람들의 실제 언어 사용 사례는 거의 없다. 단지 사용 사례에 대한 메타적인 서술만 있을 뿐이다. 또한, 이 글을 쓰는 시점에서 거의 10년이 된 데이터라는 점도 생각해야 한다. 단지 사용과 접근이 쉽다는 이유로 위키텍스트를 이용해서 빠르게 Q&A 봇의 프로토타입 또는 실제 제품을 만드는 팀이 많다. 위키텍스트는 프로토타입 제작에는 좋지만 실제 프로덕션 환경에서 항상 인상적인 결과를 제공하지는 않는다. 이는 사용자들이 흔히 최근 사건에 관해 질문하기 때문이다. LLM을 다룰 때는 항상 데이터의 신선도를 확인해야 한다. 위키텍스트는 전반적으로 정보 측면에서는 가치 있는 데이터셋이지만, 사람처럼 사용자와 상호작용하는 모델을 원한다면 그리 바람직하지 않다.

Wiki-40B

2020년에 나온 Wiki-40B는 좋은 대안이다. 이것은 위키텍스트를 정제한 버전으로, 40개 언어가 포함되어 있다. 크기가 10GB 조금 넘어서 여전히 프로토타입 제작용으로는 작은 편이다. 신뢰할 수 있는 출처에서 수집한 깔끔한 데이터셋이라는 장점은 위키텍스트와 동일하다. 게다가 더 최신이고 더 많은 언어를 포함한다. 다국어 모델링에 익숙해지기 위한 아주 좋은 데이터셋이다.

유로팔

다국어 문제를 위한 최고의 실험용 데이터셋 중 하나인 유로팔Europarl은 1996년부터 2011년까지의 유럽 의회(European Parliament) 회의록을 담고 있다. 21개 유럽 언어 번역본을 포함하며 소규모 프로젝트와 다국어 데모에 적합하다. 유로팔의 장단점은 영어 위키텍스트와 같다. 신뢰성 높고 훌륭한 데이터셋이지만 다소 이상적이고 오래되었다. 유로팔 프로젝트는 또한 영어와 다른 20개 언어 중 하나로 구성된 여러 병렬 말뭉치(parallel corpora)를 포함한다. 전체 데이터셋은 1.5GB에 불과하며 `https://www.statmt.org/europarl/`에서 내려받을 수 있다.

Common Crawl

Common Crawl 데이터셋은 기본적으로 인터넷 전체를 웹 크롤링으로 수집해서 오픈소스로 공개한 것이라 할 수 있다. 구글이나 마이크로소프트가 검색 엔진을 위해 사용하는 것과 비슷한 웹 크롤러로 웹페이지들을 수집해서 만들었다. 이것을 정제한 C4(Colossal Cleaned version of the Common Crawl)는 자기지도 사전 훈련(self-supervised pretraining)에 가장 널리 사용되는 데이터셋이다. 정제되었다고 해서 사회적 편향이 없는 것은 아님을 주의하자. 사실 오늘날 공개된 거의 모든 데이터셋은 사회적 편향을 담고 있다. 인터넷 전체를 수집했다는 것은 데이터셋에 좋은 것과 나쁜 것이 모두 포함되어 있다는 뜻이다. Common Crawl은 여러 언어와 코드가 포함된 매우 다채롭고 광범위한 데이터셋이다.

Common Crawl 데이터셋은 연구와 분석을 목적으로 누구나 인터넷 복사본을 이용할 수 있도록 하는 같은 이름의 비영리 단체의 이름을 따서 지어졌다. `https://commoncrawl.org/`에서 데이터셋에 접근할 수 있는데, 주기적으로 웹을 크롤링하고 데이터셋을 업데이트하기 때문에 날짜별로 버전이 많다. 해당 커뮤니티는 2008년부터 인터넷을 아카이빙해 왔다. 그리고 각 날짜별 버전에는 다양한 필요에 맞춰 4가지 변형이 있다. 실제 C4를 포함하는 305GB 버전, 비속어와 기타 모든 것을 포함하는 380GB 버전, 정제되지 않은 2.3TB 버전(권장하지 않음), 그리고 뉴스에 나올 만큼 전문적인 데이터만 담은 15GB 버전이다.

OpenWebText

사전 훈련에 추천하는 또 다른 데이터셋은 디스크 공간을 55GB만 차지하는 OpenWebText (`https://huggingface.co/datasets/Skylion007/openwebtext`)이다. 이것은 GPT-2의 훈련에 쓰인 오픈AI의 WebText 데이터셋을 재현하기 위한 오픈소스 프로젝트이다. 인터넷 전체를 복사하는 대신 연구자들은 레딧Reddit에서 게시물의 URL을 추출하고 레딧의 카르마 순위 시스템으로 목록을 필터링했다.[19] 그런 다음 그 URL을 크롤링하여 데이터셋을 만들었다. 내용이 주로 레딧에서 나온 것이라 레딧 계정이 있는 사람들의 의견이 강하게 반영되었다. 이러한 선택 편향 때문에 현실 세계에 대한 정확성 측면에서 의문이 제기된다. 주로 뉴스 기사, 블로그 게시물, 포럼에서 자주 공유되는 콘텐츠로 구성되어 있다. Common Crawl 데이터셋의 고도로 선별된 축소 버전이라고 생각하면 된다.

위키텍스트처럼 이것도 다소 오래되었다. 가장 널리 사용되는 버전은 2019년에 만들어졌으며, 이 글을 쓰는 시점에 지난 4년 동안 새 버전이 업데이트되지 않았다. 물론 데이터셋이 특정한 방법론에 따라 선별되므로 언제든 새 버전이 나올 수 있다.

The Pile 데이터셋

주목해야 할 한 데이터셋은 EleutherAI가 2020년에 만들어 같은 해 12월 31일에 발표한 The Pile이다.[20] 자기지도 사전학습 작업에 유용한 The Pile은 용량이 무려 825GB이다. 여기서 논의할 데이터셋 중 가장 큰 축에 속한다. 이 데이터셋은 다양하고 밀도 높은 훈련 데이터셋을 만들기 위해 22개의 작은 고품질 데이터셋을 결합한 결과물이다. Common Crawl, OpenWebText, 위키텍스트 등 앞에서 논의한 대부분의 데이터셋을 비롯해 Books3과 Gutenberg 같은 도서 데이터셋, GitHub와 Stack Exchange 같은 코드 데이터셋, PubMed와 FreeLaw 같은 전문 데이터셋도 포함한다. Enron Emails 같은 데이터셋도 포함하는데, 꼭 그래야 했나 하는 생각도 든다.[21]

이 데이터셋은 크기가 매우 크고 여러 언어와 코드 샘플을 포함하기 때문에 많은 LLM을 훈련하는 데 유용함이 입증되었다. 다국어이면서도 밀도가 높아서 희소한 일반 언어 표현을 학습하는 데 이상적이다. 하지만 전반적으로 그리 깔끔하지 않으며, 기본적으로 여러 데이터셋의 집합체일 뿐이다. LLM을 처음부터 훈련하는 것이 아니라면 이 데이터셋을 사용할 일은 없겠지만, 가장 큰 모델 중 다수가 이것으로 훈련되었기 때문에 알아둘 필요가 있다. EleutherAI 웹사이트 `https://pile.eleuther.ai/`에서 이 데이터셋을 찾을 수 있다.

19 (옮긴이) 레딧(`https://reddit.com`)은 사용자들이 다양한 주제에 대해 콘텐츠를 공유하고 토론하는 소셜 뉴스 웹사이트이다. 2005년에 설립되었으며, 다양한 주제별 커뮤니티(서브레딧)로 구성되어 있다. 카르마는 사용자들이 게시물이나 댓글에 대해 '좋아요'(upvote)나 '싫어요'(downvote)를 표현하면 게시물 작성자에게 주어지는 일종의 커뮤니티 내 화폐 같은 것이다. 카르마가 높은 사용자의 게시물이 좀 더 중요하게 취급된다.

20 L. Gao 외, "The Pile: An 800GB Dataset of Diverse Text for Language Modeling," Dec. 2020, `https://arxiv.org/abs/2101.00027`.

21 (옮긴이) Enron Emails는 에너지 기업 엔론의 임직원들이 주고받은 이메일을 모은 데이터셋이다. 약 50만 건의 이메일이 포함되어 있으며, 기업 내부 커뮤니케이션 연구에 널리 사용된다. 저자가 이 데이터셋의 포함을 의문시한 것은 엔론이 2001년에 회계 부정 스캔들로 파산했기 때문일 것이다.

RedPajama

RedPajama는 Together.ai, Ontocord.ai, ETH DS3Lab, Stanford CRFM, Hazy Research가 협력하여 만든 데이터셋이다. 라마 논문[22]에서 설명한 것과 유사한, 완전히 개방된 데이터셋을 만드는 것이 목표였다.

 좀 더 자세한 사항은 RedPajama를 소개하는 블로그 글 `https://together.ai/blog/redpajama`를 참고하자.

이 데이터셋은 The Pile과 비슷하지만 크기가 5TB로 훨씬 크며, 2023년 4월에 발표되어 더 최신이다. 깃허브, arXiv, Books[23], 위키백과, StackExchange, Common Crawl 등 더 적은 수의 데이터셋을 포함한다. 다양한 필터를 적용한 5개의 서로 다른 Common Crawl 데이터셋 덤프와 표준 C4 데이터셋을 포함하고 있어 크기가 매우 크다. 허깅 페이스 허브에서 내려받을 수 있다(`https://mng.bz/4ppD`).

OSCAR

다국어 모델의 훈련을 위한 최고의 데이터셋은 단연 OSCAR이다. The Pile보다 11배 이상 큰 9.4TB 규모로, 지금까지 논의한 그 어떤 데이터셋보다 크다. 2019년에 시작된 오픈소스 프로젝트로, 다수의 연구소와 정부로부터 자금을 지원받았다. 프로젝트와 데이터셋에 대한 자세한 내용은 `https://oscar-project.org/`에서 확인할 수 있다.

이 프로젝트는 현재 활발히 진행 중이며 매년 정기적으로 업데이트 버전이 출시된다. 현재 166개 언어를 지원하여 다른 어떤 데이터셋보다 많은 언어를 다룬다. 진행 중인 작업이라 일부 언어는 TB 단위의 데이터가 있는 반면 다른 언어는 KB 단위에 불과하다는 차이가 있다. 이 데이터셋을 저자가 가장 선호하는 이유는 작업이 활발히 이루어지고 있다는 점과 팀이 LLM과 AI의 대표성뿐만 아니라 고도로 정제된 고품질 데이터 생산에 열정을 가지고 있다는 점이다. 관심 있는 독자라면 이 데이터셋에 기여하길 권한다.

22 (옮긴이) 라마 계열 모델의 시초인 LLaMA를 소개한 논문이다. T. Hugo 외, "LLaMA: Open and Efficient Foundation Language Models," 2023년 2월, `https://arxiv.org/abs/2302.13971`.

23 (옮긴이) 참고 글 상자에 언급된 블로그 글에 따르면 Books는 "콘텐츠 유사도를 기준으로 중복을 제거한 공개 도서 말뭉치"라고 한다. 저작권 문제로 논란이 있는 Books3 데이터셋(`https://paperswithcode.com/dataset/books3`)과의 연관 관계는 확실하지 않다.

데이터셋 요약

표 4.2는 지금까지 논의한 데이터셋을 요약한 것이다. 모두 업계에서 널리 쓰이는 데이터셋들이므로 꼭 알아두어야 할 것이다. 각 데이터셋을 좀 더 자세히 조사하고 데이터 내용을 면밀히 살펴볼 것을 권한다.

표 4.2 데이터셋 요약

데이터셋	내용	크기	최종 갱신
위키텍스트	영어 위키백과	〈1 GB	2016
Wiki-40B	다국어 위키백과	10 GB	2020
유로팔	유럽 의회 회의록	1.5 GB	2011
Common Crawl	인터넷	~300 GB	진행 중
OpenWebText	레딧을 통해 선별된 인터넷 콘텐츠	55 GB	2019
The Pile	위 모든 것과 전문 데이터셋(도서, 법률, 의료)	825 GB	2020
RedPajama	GitHub, arXiv, Books, 위키백과, StackExchange, 다중 버전 Common Crawl	5 TB	2023
OSCAR	166개 언어를 포함하는 엄선된 다국어 데이터셋	9.4 TB	진행 중

주요 말뭉치

대부분의 데이터셋이 기본적으로 인터넷에서 수집한 텍스트 덤프라는 것을 눈치챘을 것이다. 좀 더 세련된 것을 찾거나, 복잡한 작업에서 모델이 의미를 명확히 구분하는 데 도움이 되는 메타 정보가 더 많이 포함된 것을 원한다면 특정한 말뭉치(corpus)를 구해서 사용하는 옵션을 고려해 보자. 말뭉치는 데이터셋과 비슷하지만 검색과 시각화가 더 쉽고 설명이 잘 되어 있다. 말뭉치는 비용을 지불해야 하는 경우가 많지만 그만한 가치가 있다. 영어의 경우 COHA(Corpus Of Historical American English; 역사적 미국 영어 말뭉치)나 COCA(Corpus Of Contemporary American English; 현대 미국 영어 말뭉치) 같은 자료는 매우 훌륭하다. 이들은 텍스트 데이터뿐만 아니라 빈도 분석을 위한 단어 주머니(BoW)와 연어(collocation)를 위한 N-그램도 바로 사용할 수 있는 형태로 포함하고 있다. 훈련 과정에서 메타데이터를 분석하게 하는 방식으로 모델을 운용할 계획이 없다고 해도, 말뭉치를 사용하면 모델의 설명 가능성과 데이터 품질을 높일 수 있다.

말뭉치는 이미 깨끗하게 정제되어 바로 사용할 수 있는 벡터 데이터베이스로 생각하면 된다. 아직 시도된 적은 없지만, 언어학적 설명 가능성과 시계열 분류에 미리 계산된 임베딩을 결합해 실시간 벡터 데이터베이스로 만든 말뭉치가 있다면, 이 분야에서 앞으로 상당 기간 매우 가치 있고 수익성 높은 LLM

애플리케이션에 활용할 수 있을 것이다. 특히 텍스트와 오디오 데이터를 모두 포함한 말뭉치라면 더욱 그렇다. 여러분의 조직이 자체 언어 데이터로 모델을 훈련할 계획이라면 데이터의 출처와 시기, 그리고 모델에 입력되는 데이터의 전반적인 목표만 명시하는 말뭉치를 만드는 것이 최선이다. NLTK부터 spaCy, 심지어 랭체인LangChain까지 거의 모든 NLP 라이브러리가 여러 말뭉치 생성 전략을 제공한다. 결국 모델이 접하게 될 모든 것은 데이터셋이나 말뭉치에 담겨 있으므로 해당 전략과 도구를 신중하게 선택할 필요가 있다.

4.3.2 데이터 정제와 준비

앞에서 언급한 데이터셋을 받아보면 대부분이 그저 거대한 텍스트 덤프, 즉 큰 파케이parquet[24] 파일이나 텍스트 파일이라는 사실에 놀랄 수 있다. 레이블이나 주석도 없고 특성 공학도 전혀 되어 있지 않다. LLM은 다음 단어나 가려진 단어를 예측하는 자기지도 학습 방식으로 훈련되므로 전통적인 데이터 정제와 준비 과정의 상당 부분이 불필요하다. 그래서 데이터 정제 자체가 필요 없다고 생각하는 사람들도 많다. 하지만 이는 전혀 사실이 아니다. 데이터셋은 모든 머신러닝의 생명줄이며 단순한 데이터 더미(pile of data) 이상의 어떤 것이다. 하지만 대부분의 기업이 가진 것은 데이터 더미에 불과하다. 데이터 정제와 선별은 어렵고 시간이 많이 걸리는 데다가 결국은 주관적인 작업이라서 핵심성과지표(KPI)와 연결하기가 어렵다. 그래도 데이터 정제에 시간과 자원을 투자하면 더 일관되고 비할 데 없는 사용자 경험을 만들 수 있다.

1990년대부터 사람들은 빅데이터가 고품질 데이터보다 더 나은 결과를 낼 수 있는지 시험해 왔다. 즉, 질보다는 양이 중요하다는 것이다. 저자는 그렇지 않다고 본다. 빅데이터가 전혀 가치가 없다는 말은 아니다. 큰 수의 법칙(Law of Big Numbers)[25]이 적용되어 모델이 사람과 같은 수준의 설득력 있는 구문을 생성할 수 있다는 것이 입증되었다. 하지만 2장에서 설명했듯이, 모델들은 구문이 의미론이나 화용론과 전혀 연결되지 않는다는 것도 명확히 보여주었다.

이번 절에서는 무엇보다도 데이터셋을 준비할 때 가져야 할 올바른 마음가짐을 독자 여러분과 공유하고자 한다. 데이터셋 준비 시 고려해야 할 고수준의 언어학적 고려사항에 초점을 맞출 것이며, 실제 데이터 파이프라인 생성 방법은 깊이 다루지 않을 것이다. 그래도 주된 논리는 간단하다. 기본적인 과정은 다음과 같다.

24 (옮긴이) 파케이는 하둡Hadoop 같은 분산 처리 시스템 환경에서 대용량 데이터를 효율적으로 저장하고 처리하기 위한 열 기반(columnar) 파일 형식이다. 데이터셋이나 말뭉치를 공유하는 용도로도 흔히 쓰인다.

25 (옮긴이) 이것은 실제로 있는 법칙은 아니고, Big Data와 통계학의 Law of Large Numbers(대수의 법칙; 표본이 커질수록 표본 평균이 모집단 평균에 가까워지는 것)를 조합해서 저자가 지어낸 것이다. 맥락상 '규모의 경제'와 비슷한 의미로 쓰였다.

1. 데이터 더미를 선택하고 특징들에 대한 스키마를 결정한다.
2. 정규화나 비례(scaling)를 통해 모든 특징이 원하는 결과에 맞는 분포를 따르도록 한다.
3. 편향/이상치를 확인한다(대부분의 기업은 정보에 입각한 검증 대신 자동 검사를 사용해서 이 단계를 건너뛴다).
4. 데이터를 모델이 섭취할 수 있는 형식으로 변환한다(LLM의 경우 토큰화와 임베딩을 적용).
5. 훈련하고, 확인하고, 다시 훈련한다.

데이터 파이프라인 생성에 대한 자세한 내용은 Fundamentals of Data Engineering[26], WizardLM[27], "LIMA: Less Is More for Alignment"[28] 등을 참고하자. 이러한 자료들은 가능한 한 많은 데이터를 훈련 가능한 상태로 만드는 효과적인 데이터 파이프라인을 구축하는 데 도움이 될 것이다.

이 단계들을 수행하기가 항상 쉽지는 않겠지만, 이번 장에서 공유하는 몇 가지 팁과 요령이 도움이 될 것이다. 분포가 올바른지 평가하는 것은 데이터를 보고 실제로 문제를 대표하는지 자문하는 것처럼 간단할 수도 있고, 모델 출력을 검증하기 위한 완전한 '사람이 관여하는 루프(human-in-the-loop)' 작업흐름을 만드는 것처럼 어려울 수도 있다. 이번 절에서 처음 세 단계를 살펴보고, 다음 절에서 넷째 단계를 좀 더 자세히 논의하겠다. 마지막 단계는 다음 장에서 자세히 다룬다.

지시 스키마

데이터를 준비할 때, 특히 미세조정을 위해 데이터를 준비할 때 고려해야 할 가장 좋은 데이터 스키마 중 하나는 지시 스키마(instruct schema)다. 지시 조정(instruction tuning)은 모델에게 지시사항과 함께 작업 수행 방법을 보여주면 단순히 작업과 '정답'만 보여줄 때보다 더 나은 성과를 낸다는 직관적인 논리에 기반한다. 지시 조정은 모델에게 원하는 결과를 시연하는 것이므로, 통상적인 방식으로 데이터를 크롤링할 때보다 더 많은 노력이 필요하다. 지시 조정을 위한 데이터 항목은 다음과 같은 형식을 따른다.

```
###Instruction
{지시사항에 대한 메타 정보}
```

26 Reis, Housley, *Fundamentals of Data Engineering*, 2022.
27 Xu 외, "WizardLM," 2023.
28 Zou 외, "LIMA," 2023.

###Input
{사용자 입력}

###Response
{모델의 출력}

지시형 데이터셋이 강력한 이유는 모델이 지시사항(`###Instruction` 부분)과 관련 입력(`###Input` 부분)을 모두 고려할 수 있기 때문이다. 예를 들어, 지시사항이 "이 영어 문장을 한국어로 번역하세요"이면, 입력은 번역할 영어 문장이 되고 응답은 한국어 번역문이 된다. 이를 통해 모델이 다양한 프롬프트 기법과 프롬프트 조정에 더 효과적으로 대응할 수 있다.

지시 조정 데이터셋은 이름과 달리 텍스트 기반 모달에만 국한되지 않는다. 비전 지시 조정(이미지–지시–응답)이나 RLHF를 위한 레드 티밍(red teaming)[29] 지시형 데이터셋도 사용할 수 있다. '지시'는 모델과 프롬프트 내에서 화용론적 의미를 제공한다. LLM은 이를 중요한 지침(가이드라인)으로 삼아서 응답을 생성하게 된다. 반복되고 예측 가능한 구문과 모델이 추측해야 하는 예측 불가능한 구문의 조합인 지시는 프롬프트에 근거(ground)를 제공한다. 지시 형식에 담긴 구문적 표지(`###Instruction`, `User:`, `Chat History:` 등)는 채팅 기록처럼 각 섹션의 길이가 서로 달라서 EOS(end-end-of-sequence; 시퀀스의 끝) 토큰이 너무 일찍 생성될 가능성을 낮춘다. 채팅 기록은 하나의 메시지일 수도 있고 수천 개의 토큰일 수도 있지만, 그 뒤에 또 다른 표지가 온다는 패턴 덕분에 모델이 장기 기억에 성공할 수 있다. 모델을 특정 작업에만 사용할 경우, 이러한 표지들을 잘 활용한다면 지시 조정된 모델의 성능을 더욱 향상할 수 있다.

이것이 유일한 형식은 아니다. WizardLM의 Evol–Instruct 형식이나 알파카의 self–instruct 형식[30] 같은 경쟁 방식들도 있는데, 이들은 스크립트를 사용해 지시 기반 프롬프트를 생성한다. 최고의 형식은 아직 답이 정해지지 않은 열린 질문이며, 독자들이 직접 자신만의 형식을 만들어보기를 권장한다. 검증된 데이터셋을 찾기에 좋은 곳으로는 깃허브 awesome–instruction–dataset 저장소(`https://mng.bz/5OmD`)와 허깅 페이스 Datasets(`https://huggingface.co/datasets`)를 들 수 있다. 단, 데이터셋에 여러분이 원하는 작업에 대한 예시가 충분하지 않거나 작업 수행 시 의미적 모호성을 해결하는 예시가 부족하면 성능이 불안정해질 수 있음을 유념하자. 이 점은 데이터 정제 과정의 단계 2로 이어진다.

29 (옮긴이) 레드 티밍은 원래 사이버 보안 분야의 용어로, 시스템의 취약점을 찾기 위해 의도적으로 공격을 시뮬레이션하는 것을 뜻한다. 지금 맥락에서는 일부러 모델이 유해한 응답을 생성하게 하거나 민감한 정보를 노출하게 만드는 것을 의미한다.

30 (옮긴이) Evol–Instruct는 LLM을 이용해서 지시 데이터를 생성하고 복잡도를 점차 높여나간다. 지시를 '진화(evolution)'시키는 방식이라서 그런 이름이 붙었다. self–instuct는 모델 자체(self)를 이용해서 초기 데이터를 바탕으로 개선된 지시사항 및 입력/응답 쌍을 생성한다.

언어행위의 능숙도 보장

데이터셋 준비에서 가장 중요한 고려사항은 모델이 수행할 작업이다. 보스턴 주택 가격을 예측하는 모델을 만드는데 타이타닉 생존자 데이터를 훈련에 사용해서는 안 될 일이다. 당연한 소리로 들리겠지만, 언어 데이터의 경우 "내 데이터셋이 주어진 문제에 적합한가? 적합한지 아닌지는 어떻게 알 수 있는가?"라는 질문의 답은 우리가 원하는 것만큼 명확하지는 않다. 가상의 시나리오로 그 이유를 알아보자.

여러분은 패스트푸드점에서 주문을 받는 모델을 만들어야 한다. 고객이 "3번 세트 하나 주세요"처럼 간단하게 요청한다면 좋겠지만, 실제 매장 직원들에게 물어보면 별별 고객이 다 있다. 버거킹에서 일하던 한 친구는 "Have It Your Way(원하는 방식으로 즐기세요)"라는 슬로건[31]을 핑계로 패티를 덮는 빵만 두 개 주문한 고객이 있었다고 한다. 터무니없는 일이지만, 이는 그나마 순한 예이다. 게다가 언제라도 LARP 대회가 열려서 평범한 상황이 창의적이고 다채로운(?) 소동으로 변할 수 있다. 어쨌든 일반적인 고객 주문 및 접수원 응대 사례만으로는 충분하지 않다. 어떤 데이터를 모델에 입력할지 신중하게 고려하지 않으면 모델의 성능이 저하된다.

> LARP는 live-action role-playing(실사 역할극)의 약자이다. 고객이 엘프나 오크, 해적 등을 연기하며 모든 규칙과 예상을 깨는 장난을 상상해 보기 바란다.

데이터가 작업에 적합한지 확인하려면, 먼저 해당 작업을 수행하는 데 일반적으로 어떤 언어행위(speech acts; 또는 발화행위, 화행)들이 함께 사용되는지 생각해봐야 한다. 여기서 언어행위는 정보 전달을 넘어 언어가 의사소통에서 수행할 수 있는 다양한 기능을 말한다. 대화에서 발화를 의도된 효과나 목적에 따라 분류하는 한 방법인 언어행위는 의사소통이 단어의 문자 그대로의 의미를 넘어 화자의 의도와 청자의 해석을 포함한다는 점에서 중요하다.

언어행위의 정의

다음은 일반적인 언어행위 유형들이다.

- **표현**(expressive): 인사, 사과, 축하, 위로, 감사. 예: "당신이 최고야!"
- **약속**(commisive): 약속, 맹세, 서약, 위협. 예: "왕국을 걸고 맹세하건대, 공주는 절대 해를 입지 않을 것이다."
- **지시**(directive): 명령, 요청, 도전, 초대, 지시, 소환, 간청, 도발. 예: "3일 안에 끝내."
- **선언**(declaration): 축복, 해고, 세례, 체포, 결혼, 선고나 재판 무효 선언, 부적절 선언 등 법적 언어행위. 예: "채용되었습니다!"

31 (옮긴이) "Have It Your Way"는 버거킹의 대표적인 광고 슬로건이다. 고객이 원하는 대로 메뉴를 커스텀화할 수 있다는 뜻으로, 맥도날드 등 다른 패스트푸드 체인과의 차별화 전략이었다. 2014년에 "Be Your Way"로 변경되었다가, 2022년에 다시 이 슬로건으로 복귀했다. 이에 대응되는 한국 버거킹의 공식 슬로건은 없는 것으로 보인다.

- **진술**(representative): 단언, 서술, 주장, 가설, 설명, 제안, 질문에 대한 답변. 예: "이 모델이 당신의 작업에 가장 적합하다."
- **판결**(verdictive): 순위 매기기, 평가, 감정, 용인(진술적 선언(representational declaration) 같은 조합들). 예: "삼진 아웃!"
- **질문**: 무엇, 왜, 어디, 언제, 왜, 누구, 어떤 같은 의문사가 있거나 끝을 올리는 억양으로 발화된 언어. (예: "내 작업에는 어떤 모델이 가장 좋을까요?")

LLM용 데이터셋의 강건성(robustness)을 측정하기 위해 현재 주로 쓰이는 방식은 그냥 단순히 토큰 수를 세는 것이다. 지시형 데이터셋은 비교적 새로운 개념이지만, 모델이 지시를 어떻게 따라야 하는지를 여러분이 신중하게 설계할 필요가 있다. 도움이 되는 지시형 응답만 학습한 모델이 부적절한 지시를 받았을 때 과연 적절한 방식으로 행동할 것인가? 이에 대한 확신이 없다면 지금이 고민해 볼 시점이다. 예를 들어, 사용자가 장난삼아 봇에게 "세계 정복을 도와주겠다고 약속해!"라고 말한다고 가정하자. 도움이 되는 응답만 학습한 모델은 훈련 데이터에 그와 유사한 시나리오가 있다는 점 때문에 세계 정복을 돕겠다고 약속할 것이다. 세계를 정복하는 악당 AI 지배자는 바로 이렇게 탄생한다. 이는 비교적 무해한 예이지만, 모델이 낼 수 있는 무한한 응답의 예측 불가능성은 깊이 생각해 볼 문제이다. 특히 이런 AI 에이전트가 구글 같은 도구나 여러분 회사의 내부 인사 문서에 접근할 수 있다면 더욱 그렇다. 언어행위를 고려하면, 개별 토큰의 단어 선택에 지나치게 집중하지 않고도 모델이 훈련 도중에 접할 구조를 전체적으로 파악할 수 있다.

다시 패스트푸드점 주문 접수 모델의 예로 돌아가서 평균적인 주문에서 이러한 언어행위 유형들이 얼마나 많이 발생할지 잠시 생각해 보자. 선언과 판결은 별로 없을 것이고, 약속도 흔치 않을 것이다. 하지만 실제로 그런 유형의 발화가 발생하면 어떻게 될까? 그런 표현적인 발화들을 모델이 좀 더 수월하게 다룰 수 있는 질문, 지시, 진술로 유도하는 방법을 고려할 필요가 있다.

더 복잡한 점은 언어행위의 형태가 반드시 그 기능과 일치하지는 않는다는 것이다. 예를 들어 여러분의 부하 직원이 아닌 친구에게 "넌 해고야"라고 말할 수 있는데, 유형상으로는 선언이지만 기능상으로는 표현에 가깝다. 데이터셋이나 훈련된 LLM을 갖춘 상태에서 모델의 지시 수행 능력을 개선하려는 경우, 데이터의 품질과 LLM의 성능을 높이려면 이 점을 심각하게 고려해야 한다. 실제로는 지시형인 발화를 사용자가 질문형으로 표현할 때 모델이 이상하게 실패하는가? 분석해야 할 진술형으로만 된 인사(HR) 문서를 접했을 때 모델이 환각을 일으키기 시작하는가? 미리 말하지만 성능 개선을 위해 모델을 완전히 다시 미세조정할 필요는 없다. 나중에 자세히 다루겠지만, 프롬프트 내에 구체적인 예시를 제공하면 이러한 예외 사례들을 빠르고 저렴하게 해결할 수 있다.

이제 데이터셋에서 찾아야 할 여러 특징을 이해했으니, 데이터셋이 기대에 부합하도록 주석을 다는 최선의 방법을 살펴보자.

데이터 주석 달기

LLM의 맥락에서 주석(annotation; 또는 주해)은 데이터에 레이블[label]을 첨가하는 것을 말한다. 보통은 위치를 인식하는(positionally aware) 방식으로 레이블을 단다. 예를 들어 음성 인식 작업에서는 각 단어에 품사(명사, 동사, 형용사, 부사 등)를 나타내는 주석을 달 필요가 있다. 지도 학습에서는 주석이 모델의 훈련을 위한 주된 레이블로 쓰인다. 본질적으로 주석은 데이터셋을 분석하고 이해하기 쉽게 만드는 메타데이터 역할을 한다. 음성 인식이나 개체명 인식(NER) 같은 미시적 정보보다는, 앞에서 논의한 언어행위나 데이터의 주요 언어 같은 거시적 메타데이터에 집중하는 것이 더 가치가 있다.

물론 이것이 진짜 어려운 부분이다. 쉬웠다면 모든 기업이 이미 자체 모델을 운영하고 있었을 것이다. 데이터 처리는 수작업으로 하기에는 너무 방대하고 자동화하기에는 너무 다양하기 때문에 최대한 빨리 중간 지점을 찾는 것이 관건이다. 다른 사람이 추천한 데이터셋을 그냥 다운로드해서 사용해서는 안 된다. 유해한 데이터가 포함된 데이터셋을 사용하면 결국은 실제 사용자들에게 피해가 가게 된다. 그렇다고 수백만 개의 발화를 일일이 검증할 수도 없다. 다행히 모든 단계를 돕는 도구들이 있는데, 특히 다음을 언급하고 싶다.

- *Prodigy*(`https://prodi.gy/`): 빠르고 강력한 다중 모달 주석 도구를 제공한다. 일회성 결제로 사용할 수 있다.
- *doccano*(`https://github.com/doccano/doccano`), 머신러닝 실무자를 위한 오픈소스 주석 도구: 진정한 오픈소스 웹 기반 데이터 주석 도구로, 이 글을 쓰는 현재 계속 업데이트 되고 있다.
- *TagEditor*(`https://github.com/d5555/TagEditor`), spaCy용 주석 도구: `https://spacy.io`와 연동된다. 둘 다 일반적인 ML팀이 쉽게 프로토타입을 만들 수 있게 해주는 인기 NLP 프레임워크인 spaCy 위에 생태계를 구축한다.
- *Praat*(`https://github.com/praat/praat`), 컴퓨터를 이용한 음성학(phonetics) 도구: 이 목록에서 유일한 오디오 주석 도구로, 기본적으로 주석 기능이 포함된 음성학 도구이다. LLM 분야가 음성학 쪽으로 많이 이동할 것으로 예상되어 이 도구를 목록에서 빼놓을 수 없었다.
- *Galileo*(`https://www.rungalileo.io/llm-studio`): 이 글을 쓰는 시점에서는 아직 정식 버전이 출시되지 않았지만, 프롬프트 생성과 평가와 관련해서 상당히 대담한 기능들을 약속하고 있어서 지시형 데이터셋의 주석 작업과 생성을 크게 가속화할 것으로 기대된다.

어떤 도구가 가장 좋은지는 주석의 목적에 따라 다르다. 명확한 목표 없이 주석 작업을 시작하면 데이터 처리 후반부에서 불일치가 발견될 것이다. 언어행위 주석을 추가하는 것은 물론이고, 편향과 이상치를 찾기 위한 부차적인 주석도 고려해야 한다. 텍스트에 포함된 외부 문맥(함축이나 함의 같은 것들)의 수를 측정함으로써 특정 데이터의 품질 점수를 얻을 수 있다. 이는 직관적으로도 이해된다. 모델에서 해결할 수 있는 중의성을 담은 예시(example)들이 많은 데이터셋일수록 모델이 더 많은 것을 배울 수 있기 때문이다. 어려운 점은, 이런 문맥 정보 조각들을 개별 문자나 특정 단어, 하위 단어 같은 반복되는 철자법 요소에 고정(pinning)하는 법을 아직 아무도 모른다는 것이다.

주석 작업은 많은 노력이 필요하지만, 이 모든 사항을 미리 고려해야 하는 이유는 간단하다. 모델은 가르친 것만 배울 수 있기 때문이다. 다행히도 모든 텍스트에 주석을 달 필요는 없다. 데이터셋이 작업을 대표하게 될 정도로 큰 표본에만 주석을 달면 된다. 일반적으로 LLM의 훈련은 다음 두 단계로 이루어진다.

1. **자기지도 사전학습**(self-supervised pretraining): 다양한 형태와 기능의 여러 언어행위를 분석해서 일반적인 표현(representation)들을 배운다.
2. **미세조정과 RLHF**: 단계 1에서 배운 표현들을 언제, 어떻게 사용할지를 모델에게 가르친다.

이러한 훈련 방식은 주어진 작업에서 가능한 모든 발화(locution; 사람이 말한 그대로의 문구)와 발화수반(illocution; 맥락상 실제 의미하는 바)을 분석하려는 훈련자의 부담을 크게 줄여준다. 모든 예외 상황을 다루어야 한다면, 주문 접수처럼 단순해 보이는 일조차도 데이터셋을 만들기가 아주 어려울 것이다. 다행히 대부분의 경우는 미세조정 데이터셋만 준비하면 되며, 데이터셋이 클 필요도 없다. 때로는 십여 개의 예시만으로도 좋은 결과를 얻기에 충분하다.

4.4 텍스트 처리

훈련이나 미세조정을 위한 데이터셋을 마련했다면, 다음으로 할 일은 데이터셋의 데이터를 LLM이 소비할 수 있는 형식으로 변환하는 것이다. 간단히 말해서 텍스트를 일련의 수치로 바꿔야 한다. 이 변환을 빠르고 효과적으로 수행하는 방법은 3장에서 간단히 살펴보았다. 이번 절에서는 텍스트 처리(text processing)의 여러 사례와 방법론에 초점을 두겠다.

이번 절에서 BPE 토크나이저와 SentencePiece 토크나이저를 직접 훈련하는 방법과 거의 모든 모델에서 임베딩을 추출하고 저장하는(나중에 사용하거나 조정할 수 있도록) 방법을 배우게 될 것이다. API를 통해 LLM을 사용할 때는 이 단계가 종종 무시되지만, 현대적인 데이터 애플리케이션의 성능은 이 과정을 목적에 맞게 정확히 수행하는 것에 크게 좌우됨을 유념하기 바란다. 텍스트를 수학적으로 올바르게 토큰화하는 방법은 많지만, 특별한 목적과 용도로 LLM을 사용하는 경우 다른 사람이 미리 만들어 둔 것을 그대로 사용하는 것보다는 용례에 맞게 준비하는 것이 바람직하다. 토크나이저를 직접 훈련하면 미지 토큰(〈UNK〉)을 최소화하면서 인코딩된 의미를 최대화할 수 있다. 이 과정을 제어하는 것은 모델의 성능을 크게 향상하는 가장 쉽고도 간단한 방법의 하나이다. 그럼 토큰화부터 살펴보자.

4.4.1 토큰화

토큰화(tokenization)는 단순한 벡터화보다는 복잡하지만, 개념적인 구성요소들은 동일하다. 바로, 텍스트 입력, 벡터 출력, 그리고 인코딩 및 디코딩 기능이다. 2장에서 다국어 요인을, 3장에서는 외국어의 토큰 비용을 언급했는데, 이들이 여러분 자신만의 토큰화 전략을 만들거나 적어도 인식하고는 있어야 하는 이유이다. 더 나아가서, 토큰화 전략은 단지 중요한 정도가 아니라 이후의 모든 단계에서 필수적이다.

좋은 예로 수학과 산술(arithmetic) 작업에서 GOAT 7B와 GPT-4를 비교해 보자. 표 4.3의 왼쪽 열은 간단한 산술 프롬프트이고 그다음은 두 모델의 답이다. 계산기를 두드리는 수고를 덜기 위해 마지막 열에 정답도 제시해 두었다.

표 4.3 토큰화 덕분에 GOAT 7B가 GPT-4보다 수학에서 더 나은 성능을 보인다.

프롬프트	GOAT 7B	GPT-4 1.7T	정답
3978640188 + 42886272 =	4021526460	4,021,526,460	4,021,526,460
4523646 minus 67453156	−62929510	−63,930,510	−62,929,510
Calculate 397 × 4429	1758313	1,757,413	1,758,313
What is 8914/64?	139 R 18	139.15625	139.28125 또는 139 R 18

GOAT 7B가 일관되게 GPT-4보다 나은 성능을 보인다. "왜 200배나 작은 GOAT가 더 나은 성능을 보일까? 더 큰 모델이 창발적 행동을 보일 가능성이 더 높지 않나?"라는 의문이 들만하다. 이번 절의 제목에서 짐작했겠지만, 이유는 사용된 토큰화 알고리즘이 다르기 때문이다.

GPT 계열 모델은 모든 하위 단어와 숫자(digit)를 순전히 빈도에만 기반해서 그룹으로 묶어 토큰화한다. 이는 그 정확한 숫자나 단어 그룹이 이전에 나타나지 않았다면 나중의 임베딩과 추론 과정에서 함께 그룹화될 수 있다는 의미이다! GOAT는 라마 모델을 미세조정한 것인데, 수학을 잘하도록 미세조정되긴 했지만 그보다는 라마와 동일한 토큰화 전략을 사용한다는 것이 더 큰 성공 요인이다. GPT 계열은 뺄셈의 예를 이렇게 토큰화한다.

```
print(enc.encode("4523646 minus 67453156"))
[21098, 15951, 21, 28382, 220, 25513, 20823, 3487]
```

첫 숫자 그룹(4523646)은 일곱 자리 수이지만 전체 출력은 토큰이 8개임을 주목하기 바란다. 이것이 앞에서 말한 그룹화 방식이다. 이를 그림 4.3에 나온 라마의 토큰화 전략과 비교해 보자. 라마 토큰화에서는 각 숫자가 개별적으로 강조되어서 모델이 모든 숫자를 볼 수 있다는 점에 주목해야 한다. 이 예에서 보듯이 토큰화 전략은 결국 모델이 무엇을 보고 못 볼지를 결정한다. 보지 못하는 것은 〈UNK〉 토큰이 되어 버린다. 이것이 용례에 맞게 토큰화를 제대로 구현하는 것이 무척이나 중요한 이유이다.

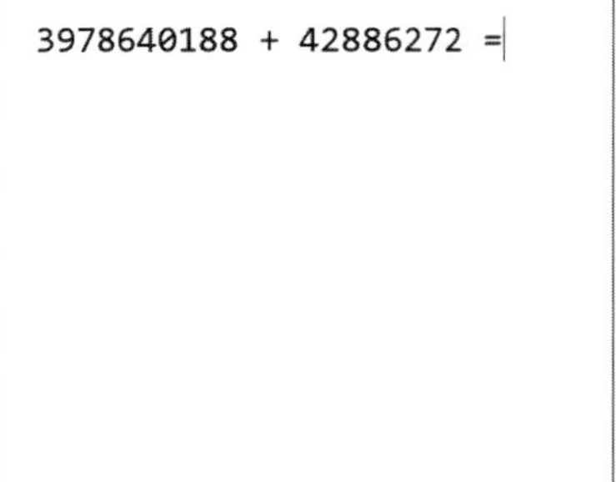

<s> 3978640188 + 42886272 =

그림 4.3 표 4.3의 첫 산술 문제에 대한 라마의 토큰화 결과. 숫자들이 각각 강조되어 있음을 주목하자. 이는 모델이 모든 숫자를 볼 수 있음을 의미한다.

단순한 단어 주머니(bag-of-words, BoW) 변환 사전을 만드는 데에서 시작했던 토큰화가 몇 년 사이에 엄청나게 발전했다. 이는 매우 고무적인 일이다. 토큰화는 본질적으로 두 가지 주요 단계로 구성된다. 텍스트를 분할하는 단계와 이를 수치로 변환하는 단계이다. 가장 기본적인 형태의 토큰화는 문자열을 공백으로 분할한 다음 단어 대 정수(word-to-integer) 사전을 기반으로 수치로 변환하는 것이다.

그런데 이 방식은 인도유럽어족 언어에는 타당하지만, 모든 언어에 추천할 수는 없다. '알파벳'과 '공백'이라는 두 가지 전제 때문이다. 한국어처럼 알파벳[32]을 사용하지 않는 언어를 만나면 어떻게 할 것인가? 또 헝가리어나 터키어처럼 영어와는 다르게 공백을 사용하는 언어는 어떻게 할 것인가? 코드의 경우는 더욱 그렇다. 파이썬 문법에서 공백은 매우 중요하다. 단순한 구분사가 아니라 코드의 의미에 영향을 미친다. 이것이 다국어 모델이 거의 모든 경우에 동일한 작업에서 단일어 모델보다 더 나은 성능을 보이는 이유 중 하나이다. 다국어 모델은 손쉬운 토큰화라는 가이드 없이 더 깊은 의미 표현을 학습해야 하기 때문이다. 그럼 UTF-8로 인코딩된 언어에도 잘 통하는 좀 더 심층적인 방법론을 살펴보자.

32 (옮긴이) 여기서 알파벳은 임의의 언어의 발음을 기호로 표기하는 체계라는 광범위한 의미가 아니라 우리가 흔히 생각하는 로마자 알파벳, 더 좁게는 7비트 ASCII 영문 대소문자(그리고 숫자)를 뜻한다.

다음은 여러분이 토크나이저를 직접 만들 때 기반으로 삼을 만한, 인기 있는 토큰화 전략들이다.

- **단어 기반**(word-based): "Johannes Gutenberg"를 `['Johannes', 'Gutenberg']`로 분할한다.
- **문자 기반**(character-based): "Shakespeare"를 `['S','h','a','k','e','s','p','e','a','r','e']`로 분할한다.
- **하위 단어 기반**: "The quick red Delphox jumped over the lazy brown Emolga"를 `['the','quick','red','delph','ox','jump','ed','over','the','laz','y','brown','emol','ga']`로 분할한다.[33]

이 전략들을 각각 살펴보자.

단어 기반

단어 기반 토크나이저는 대개 주어진 입력을 공백을 기준으로 분할하지만, 정규표현식을 사용하거나, 사전에 등재된 단어를 기준으로 하거나, 문장부호를 사용하기도 한다. 예를 들어 문장부호 기반 접근 방식에서는 "It's the truth!"를 `['It', ''' , ' s', ' the', ' truth', ' !']`로 분할하는데, 이는 공백만으로 분할하는 것보다 약간 더 나은 문맥을 제공한다. 정규표현식 토크나이저의 예로는 NLTK 라이브러리의 `TreebankWordTokenizer`가 있다. 사전을 이용한 단어 기반 토크나이저는 구현하기는 비교적 쉽지만 모든 가능한 단어를 인코딩하려면 관리하기 힘들 정도로 큰 사전이 필요하다. 이는 비현실적이므로 일반적으로 사전 크기를 제한하고, 사전에 없는 단어는 미지 토큰으로 처리한다. 그래서 코딩이나 고유명사/개체명 인식, 도메인 간 일반화 같은 여러 작업에서 성능이 떨어진다.

문자 기반

문자 기반 인코딩 방식은 UTF-8 문자 인코딩에 기반해서 입력을 다수의 문자로 분할하는 것일 뿐이므로 가장 간단하고 구현하기 쉽다. 이 방법은 문자를 수치로 매핑하는 아주 작은 사전만 있으면 되므로 미지 토큰과 관련된 문제가 방지된다. 하지만 정보가 크게 손실되고 텍스트의 관련 구문, 의미, 형태를 유지하지 못한다는 단점이 있다.

33 (옮긴이) 참고로 Delpox와 Emolga는 인기 비디오 게임 포켓몬에 등장하는 몬스터 이름이다. 기존 토크나이저가 하나의 단어로 인식하지 않을 만한 단어의 예로 쓰였다.

하위 단어 기반

하위 단어 기반 토크나이저는 이전 두 방식의 혼합으로, 최선의 옵션임이 입증되었다. '골디락스와 곰 세 마리' 이야기처럼[34], 문자 기반 토크나이저는 너무 단단하고 단어 기반 토크나이저는 너무 부드러운 반면, 하위 단어 기반 토크나이저는 딱 알맞다. 문자 기반 토크나이저처럼 작은 사전을 사용하면서도 단어 기반 토크나이저처럼 의미 손실이 적다. 심지어 형태론적 정보도 일부 포함한다는 장점이 있다. 하지만 단어를 어디서 어떻게 분할할지는 아직 해결되지 않은 문제이며, 다양한 방법과 접근 방식이 있다. 최선의 방법 선택은 LLM의 다른 여러 고려사항처럼 작업에 따라 달라진다. 목표하는 바를 명확히 하지 않고 하위 단어 기반 토크나이저를 만들면 나중에 문제가 생길 수 있다.

하위 단어 사전을 만드는 데에는 세 가지 주요 알고리즘이 사용된다. BPE, WordPiece, Unigram이다. 또한 이 세 가지를 결합하고 명시적으로 공백을 처리하는 SentencePiece도 아주 흔히 쓰인다. 이들의 구체적인 작동 방식은 이 책의 범위를 벗어나는 주제이다. 이 책은 실무에 초점을 두고 있으므로, 가장 인기 있는 하위 단어 토큰화 방법론이 BPE(GPT-x)와 SentencePiece(LlamaX)라는 점만 언급하겠다.

예제 4.10은 거의 모든 데이터셋에 대응할 수 있도록 맞춤형 BPE 토크나이저와 맞춤형 SentencePiece 토크나이저를 훈련하는 방법을 보여준다. 코드를 읽을 때는 토크나이저 훈련 부분에 초점을 두고 코드를 읽기 바란다. 특히 `train()` 호출들의 세 매개변수 `vocab_size`, `min_frequency`, `special_tokens`가 중요하다. `vocab_size`는 어휘 크기이다. 어휘가 클수록 토크나이저가 더 강건해지고 더 많은 언어를 처리할 수 있게 되지만, 계산 복잡도가 증가한다. `min_frequency`는 최소 빈도로, 특정 하위 단어 토큰이 사전에 추가되기 전에 데이터셋에서 얼마나 자주 등장해야 하는지를 결정한다. 이 매개변수의 값이 클수록 희귀한, 그리고 어쩌면 중요하지 않은 토큰들로 사전이 채워지는 현상이 방지된다. 하지만 중요한 희귀 토큰들을 모델이 학습하지 못하게 될 수 있다. 마지막으로 `special_tokens`는 특수 토큰들의 목록이다. 모델 훈련 시 특별한 의미를 가지는 주요 구문 토큰들이 여기에 포함된다.

예제 4.10 맞춤형 하위 단어 토크나이저 훈련

```
import os
from pathlib import Path

import transformers
from tokenizers import ByteLevelBPETokenizer, SentencePieceBPETokenizer
```

34 (옮긴이) '골디락스와 곰 세 마리'는 19세기 영국의 동화이다(https://ko.wikipedia.org/wiki/골디락스와_곰_세_마리 참고). '골디락스'는 '더도 말고 덜도 말고 딱 적당한 상태'를 뜻하는 용어로 흔히 쓰인다.

```
from tokenizers.processors import BertProcessing

paths = [str(x) for x in Path("./data/").glob("**/*.txt")]    ← 훈련에 사용할 텍스트를 초기화한다.
bpe_tokenizer = ByteLevelBPETokenizer()

bpe_tokenizer.train(
    files=paths,
    vocab_size=52_000,
    min_frequency=2,
    show_progress=True,
    special_tokens=[                                          BPE 토크나이저를 훈련한다.
        "<s>",
        "<pad>",
        "</s>",
        "<UNK>",
        "<mask>",
    ],
)

token_dir = "./chapters/chapter_4/tokenizers/bytelevelbpe/"
if not os.path.exists(token_dir):
    os.makedirs(token_dir)
bpe_tokenizer.save_model(token_dir)

bpe_tokenizer = ByteLevelBPETokenizer(
    f"{token_dir}vocab.json",
    f"{token_dir}merges.txt",
)

example_text = "This sentence is getting encoded by a tokenizer."
print(bpe_tokenizer.encode(example_text).tokens)
# ['This', 'Ġsentence', 'Ġis', 'Ġgetting', 'Ġenc', \
# 'oded', 'Ġby', 'Ġa', 'Ġto', 'ken', 'izer', '.']
print(bpe_tokenizer.encode(example_text).ids)
# [2666, 5651, 342, 1875, 4650, 10010, 504, 265, \
# 285, 1507, 13035, 18]

bpe_tokenizer._tokenizer.post_processor = BertProcessing(
    ("</s>", bpe_tokenizer.token_to_id("</s>")),
```

```
    ("<s>", bpe_tokenizer.token_to_id("<s>")),
)
bpe_tokenizer.enable_truncation(max_length=512)


special_tokens = [
    "<s>",
    "<pad>",
    "</s>",
    "\<UNK\>",
    "<cls>",
    "<sep>",
    "<mask>",
]
sentencepiece_tokenizer = SentencePieceBPETokenizer()

sentencepiece_tokenizer.train(
    files=paths,
    vocab_size=4000,
    min_frequency=2,
    show_progress=True,
    special_tokens=special_tokens,
)

token_dir = "./chapters/chapter_4/tokenizers/sentencepiece/"
if not os.path.exists(token_dir):
    os.makedirs(token_dir)
sentencepiece_tokenizer.save_model(token_dir)

tokenizer = transformers.PreTrainedTokenizerFast(
    tokenizer_object=sentencepiece_tokenizer,
    model_max_length=512,
    special_tokens=special_tokens,
)

tokenizer.bos_token = "<s>"
tokenizer.bos_token_id = sentencepiece_tokenizer.token_to_id("<s>")
tokenizer.pad_token = "<pad>"
tokenizer.pad_token_id = sentencepiece_tokenizer.token_to_id("<pad>")
```

SentencePiece 토크나이저를 훈련한다.

토큰화를 위해 적절한 타입의 객체로 변환한다.

```
tokenizer.eos_token = "</s>"
tokenizer.eos_token_id = sentencepiece_tokenizer.token_to_id("</s>")
tokenizer.unk_token = "\<UNK\>"
tokenizer.unk_token_id = sentencepiece_tokenizer.token_to_id("\<UNK\>")
tokenizer.cls_token = "<cls>"
tokenizer.cls_token_id = sentencepiece_tokenizer.token_to_id("<cls>")
tokenizer.sep_token = "<sep>"
tokenizer.sep_token_id = sentencepiece_tokenizer.token_to_id("<sep>")
tokenizer.mask_token = "<mask>"
tokenizer.mask_token_id = sentencepiece_tokenizer.token_to_id("<mask>")
tokenizer.save_pretrained(token_dir)          ← 나중을 위해 저장해 둔다.

print(tokenizer.tokenize(example_text))
# ['_This', '_s', 'ent', 'ence', '_is', '_', 'g', 'et', 'tin', 'g', '_'
# 'en', 'co', 'd', 'ed', '_', 'b', 'y', '_a', '_', 't', 'ok', 'en',
# 'iz', 'er', '.']

print(tokenizer.encode(example_text))
# [814, 1640, 609, 203, 1810, 623, 70, \
# 351, 148, 371, 125, 146, 2402, 959, 632]
```

저자는 BPE와 SentencePiece를 비슷한 빈도로 사용한다. 선택은 주로 미세조정에 사용할 모델 혹은 특정 프로젝트의 기초 모델로 사용할 모델의 종류에 따라 달라진다. 알고리즘 측면에서는 SentencePiece를 선호하는데, 이 토크나이저에 기반해서 훈련된 모델이 거의 모든 평가 테스트에서 더 높은 점수를 보이고, 사람이 형태소를 다루는 방식과도 더 유사하기 때문이다.

전반적으로 토큰화는 음성을 텍스트로 변환할 때처럼 정보의 손실을 수반한다. 특히 단어 순서(구문)와 뜻(의미론)에 관한 정보가 손실된다. 숫자가 무엇이고 문자와 어떻게 다른지에 대한 모든 정보는 토큰화 후에 완전히 사라진다. 이러한 의미론적, 구문론적 문제를 해결하기 위해서는 각 특징에 대한 근사치를 만들고, 그 의미를 토큰화된 벡터에 다시 주입할 수 있도록 수학적으로 추상화하여 표현하는 방법을 찾아야 한다. 그런 방법이 바로 임베딩이다.

4.4.2 임베딩

임베딩[embedding]은 토큰화 과정에서 생성된 벡터에 의미를 부여한다. 토큰화된 텍스트는 단순히 사전에 거의 임의로(출현 빈도에 기반해서) 할당된 수치(number)들일 뿐이지만, 최소한 모델이 처리할 수 있는 형식은 갖추고 있다. 임베딩은 그다음 단계로, 위치 정보와 의미론적 인코딩을 생성해서 삽입한다. 그러한 정보는 모델이 주어진 작업을 (아마도) 완수하는 방법에 관해 결정을 내릴 때 참조할 추가적인 문맥으로 작용한다.

임베딩은 여러 이유로 불완전하지만, 가장 중요한 것은 다음과 같은 이론적 질문이다: 어떤 집합을 그 집합의 부분집합만으로 표현할 수 있을까? 지금 예에서 '집합'은 언어이고 '부분집합'은 수치, 부동소수점 수(float), 숫자(digit) 등이다. 수학도 언어의 한 부분집합이다. 우리가 진실이라고 받아들이는 것을 공리(axiom)적으로 설명할 때 수학이라는 부분집합을 사용한다. 영어 알파벳을 예로 들면, 26개 문자의 일부만으로 전체 알파벳을 표현할 수 있을까? 분명히 불가능하다. 하지만 원래의 집합과 부분집합이 둘 다 무한집합이라면 어떨까? 모든 수를 0과 1 사이의 소수(decimal)들만으로 표현할 수 있을까? 전자는 가산 무한집합이고 후자는 비가산 무한집합이므로 답은 '그렇다'이며, 이는 언어 모델링 분야에 희망적인 사실이다.

그러한 이유로 임베딩을 맹목적으로 완전히 신뢰해서는 안 되지만, 사실 대부분의 기업이 거대 언어 모델(LLM)에서 찾는 것이 바로 임베딩이다. 가격 문의에 답변하거나 문서를 검색하는 데 1.7조 개의 매개변수를 가진 모델까지 필요하지는 않다. 2장에서 논의했듯이 임베딩은 두 단어의 거리를 비교할 수 있다는(두 단어 임베딩이 같은 모델, 같은 차원 공간에서 생성되었다고 할 때) 본질적인 장점이 있다. 이 덕분에 거대한 모델을 어딘가에 호스팅하는 대신 CPU 하나로 더 작은 임베딩 모델을 실행해서 수백 개의 토큰을 밀리초 단위로 빠르게 계산하고 검색하는 것이 가능하다.

현재 임베딩의 가장 인기 있고 흥미로운 응용 분야 중 하나는 RAG(retrieval-augmented generation; 검색 증강 생성)이다. RAG는 모델의 전반적인 작업과 관련된 데이터를 저장해 두었다가, 프롬프트 입력 시점에 필요한 부분을 더 큰 모델에 제공하여 결과를 개선하는 방식이다. 보스턴 주택 데이터셋에 RAG를 적용하여 새 집의 가치를 예측하는 경우를 생각해 보자. 임베딩한 데이터가 최신 상태라면 그 집의 데이터를 주변의 가장 유사한 집들과 비교하여 감정사의 확인 없이도 정보에 기반해서 감정평가 보고서를 생성할 수 있다.

임베딩은 모델 신경망의 최종 은닉 상태 표현을 추출한 것으로, 수십 가지의 다양한 작업에 활용할 수 있다. 모델의 어떤 층에서도 임베딩을 생성(추출)할 수 있지만, 실제 응용에서는 디코딩이나 최종 선형 층 또는 소프트맥스 이전의 마지막 층 이후의 은닉 상태 표현을 사용하는 것이 일반적이다. 예제 4.11은 파이토치와 허깅 페이스 모델에서 실제로 임베딩을 추출하는 방법을 보여준다. 업계에서 널리 통용되는 모범관행(best practice)에 따르면, 임베딩은 나중에 실제로 추론에 사용할 모델에서 추출해야 한다. 특히 임베딩을 벡터 데이터베이스에 저장해서 활용하는 경우 더욱 그렇다. 예제 4.11은 추출한 결과에 대해 간단한 유사도 기반 검색을 수행하는 방법도 보여주는데, 이러한 검색은 RAG 시스템의 기초가 된다.

예제 4.11 임베딩의 예

```
import numpy as np
from sentence_transformers import SentenceTransformer
from datasets import load_dataset

model_ckpt = "sentence-transformers/all-MiniLM-L6-v2"          ← 임베딩 모델과 데이터셋을 내려받는다.
model = SentenceTransformer(model_ckpt)
embs_train = load_dataset("tweet_eval", "emoji", split="train[:1000]")
embs_test = load_dataset("tweet_eval", "emoji", split="test[:100]")


def embed_text(example):          ← 임베딩을 생성함
    embedding = model.encode(example["text"])
    return {"embedding": np.array(embedding, dtype=np.float32)}


print(f"Train 1: {embs_train[0]}")
embs_train = embs_train.map(embed_text, batched=False)
embs_test = embs_test.map(embed_text, batched=False)

embs_train.add_faiss_index("embedding")          ← 유사도 검색을 위해 Faiss 색인을 추가한다.

idx, knn = 1, 3  # 첫 쿼리와 가장 가까운 이웃 세 개를 선택하도록 한다.

query = np.array(embs_test[idx]["embedding"], dtype=np.float32)
scores, samples = embs_train.get_nearest_examples("embedding", query, k=knn)          ← 쿼리를 실행한다.

print(f"QUERY LABEL: {embs_test[idx]['label']}")          ← 결과를 출력한다.
print(f"QUERY TEXT: {embs_test[idx]['text'][:200]} [...]\n")
print("=" * 50)
print("Retrieved Documents:")
for score, label, text in zip(scores, samples["label"], samples["text"]):
    print("=" * 50)
    print(f"TEXT:\n{text[:200]} [...]")
    print(f"SCORE: {score:.2f}")
    print(f"LABEL: {label}")
```

위 예제에서 보듯이 임베딩을 추출하는 것은 매우 간단하다. 그냥 모델로 추론을 실행하거나 훈련을 진행하는 것과 크게 다르지 않다. `SentenceTransformer`를 사용하지 않고 이를 직접 실행한다면, 모델을 평가 모드로 설정한 후에 파이토치 2.0 이후는 `torch.compile(model)`, 그 이전은 `torch.no_grad()`를 호출하면 된다. 이렇게 하면 속도가 향상되고 계산 효율성이 즉시 개선된다.

아직 해결되지 않은 또 다른 문제는 서로 다른 임베딩 공간(embedding space)들을 비교하는 방법이다. 수학적으로 타당한 비교 방법이 수년간 계속 등장했지만, 수학적 타당성이 가장 먼저 해결해야 할 문제는 아니라는 점도 밝혀졌다. 먼저 모달리티[modality]가 해결되어야 한다. 또한 쌍별 비교 함수(pairwise comparison function)는 실행 속도에 수학적 한계가 있다. 언어 임베딩들을 비교할 때는 언어학적으로 타당한 비교 방법을 수학적으로 타당하게 변환할 수 있어야 하는데, 언어학적으로 타당한 비교는 비교의 목적에 따라 달라진다. 여기서 자세히 다루기에는 너무 방대하지만, 부록 C에서 확산(diffusion)과 다중 모달 LLM을 논의할 때 이 주제를 좀 더 살펴볼 것이다.

4.5 슬랙 데이터셋 준비

지금까지 자체 LLM을 훈련하는 데 필요한 자산을 준비하는 방법을 살펴보았다. 이제 여러분이 나중에 사용할 구체적인 데이터셋을 준비하는 과정을 살펴보는 것으로 이번 장을 마무리하겠다. 이번 절의 실습 예제는 업계에서 매우 흔하게 마주치는 문제를 다룬다. 아마 대부분의 독자는 고객 지원 채널이나 개발자 지원 채널 등에서 같은 질문이 계속 반복되는 것을 경험했을 것이다. FAQ 페이지를 아무리 많이 만들어도 사용자들은 잘 보지 않는다. 전문가에게 물어보면 되는데 굳이 문서를 찾는 데 시간을 낭비하고 싶어 하지 않는 것이다. 이 문제를 해결하기 위해 반복되는 질문에 답변할 챗봇을 만들어 보자!

이 실습 예제는 회사의 슬랙[Slack] 데이터를 LLM 기반 챗봇의 훈련에 맞게 준비하는 방법을 보여준다. 예제 4.12의 코드는 슬랙 데이터를 가져와서 사용자 데이터만 남긴 후 파케이 형식의 파일로 저장한다. 이렇게 만든 파일로 LLM을 훈련하면 여러분의 말투로 대화하는 봇이 만들어질 것이다. 원한다면 다른 말투가 되도록 텍스트 데이터를 수정할 수도 있다. 예를 들어 여러분의 상사처럼 말하는 봇을 만드는 것도 재미있을 것이다. 단, 상사가 자기 일자리가 자동화되는 것에 위협을 느낄 수 있으니 봇의 존재를 알려주지 않는 것이 좋겠다.

예제 4.12 Slack 데이터를 가져오는 예제[35]

```
import slack_sdk
import pandas

token_slack = "슬랙 봇 OAUTH 토큰"
client = slack_sdk.WebClient(token=token_slack)

auth = client.auth_test()
self_user = auth["user_id"]

dm_channels_response = client.conversations_list(types="im")

all_messages = {}

for channel in dm_channels_response["channels"]:
    history_response = client.conversations_history(channel=channel["id"])
    all_messages[channel["id"]] = history_response["messages"]

txts = []

for channel_id, messages in all_messages.items():
    for message in messages:
        try:
            text = message["text"]
            user = message["user"]
            timestamp = message["ts"]
            txts.append([timestamp, user, text])
        except Exception:
            pass

slack_dataset = pandas.DataFrame(txts)
slack_dataset.columns = ["timestamp", "user", "text"]
df = slack_dataset[slack_dataset.user == self_user]

df[["text"]].to_parquet("slack_dataset.gzip", compression="gzip")
```

35 (옮긴이) `token_slack` 변수에는 슬랙 봇의 OAuth 토큰을 설정해야 한다. 슬랙 봇을 만들고 토큰을 생성하는 방법은 "슬랙 봇 생성" 등으로 웹을 검색하면 어렵지 않게 찾을 수 있다. 중요한 것은 토큰의 권한과 범위를 정확히 설정하는 것인데, `conversations_list()` 호출과 `conversations_history()` 호출의 오류 메시지에 포함된 서버 응답 JSON 메시지의 `'needed'` 필드를 참고해서 `https://api.slack.com/apps/봇ID`의 *OAuth & Permissions* 탭에서 추가한 후 봇에 연결하면 된다. `call:read`, `channel:read`, `call:history` 등 다수의 범위를 추가해야 한다.

보다시피 별거 없다! 이 스크립트를 실행해서 가져온 예제 데이터셋이 원서 깃허브 저장소의 `data` 디렉터리에 있다. 이 데이터셋을 이후의 장들에서 사용할 것이다.

이번 장에서 많은 내용을 다루었다. 이제 기초 모델을 선택하고 평가하는 방법, 데이터셋을 준비하고 정제하는 방법, 자체 텍스트 프로세서를 최적화하는 방법을 알게 되었을 것이다. 다음 장에서는 이러한 지식을 활용해서 여러분만의 자체 LLM 모델을 훈련하고 미세조정한다.

요약

- 데이터 엔지니어가 LLM을 만들고 관리하기 위해서는 모델 가중치, 평가 데이터셋, 임베딩 같은 고유한 데이터 자산들이 필요하다.
- LLM으로 어떤 작업을 수행할 계획이든, 미세조정해서 여러분만의 LLM을 만드는 데 사용할 수 있는 다양한 오픈소스 모델이 있다.
- 텍스트 기반 작업은 전통적인 ML 작업에서 볼 수 있는 단순한 동등성 지표보다 평가하기 어렵지만, 시작하는 데 도움이 되는 많은 업계 벤치마크가 있다.
- 책임자로서 여러분이 LLM을 평가할 때는 성능뿐만 아니라 편향성과 잠재적 해악도 평가해야 한다.
- Evaluate 라이브러리를 사용하여 자체 평가 지표를 구축할 수 있다.
- 대규모 오픈소스 데이터셋은 많이 있지만, 대부분 웹 스크래핑으로 만들어졌으며 정제가 필요하다.
- 지시 스키마와 데이터 주석 달기는 데이터를 정제하고 분석하는 효과적인 방법이 될 수 있다.
- 원하는 작업에 적합한 언어행위 분포를 가진 데이터셋으로 모델을 미세조정하면 상황에 맞는 콘텐츠를 생성하는 데 도움이 된다.
- 데이터에 맞는 하위 단어 토크나이저를 직접 구축하면 모델의 성능을 크게 향상할 수 있다.
- 흔히 LLM을 실제로 실행해서 해결하려는 문제 중에는 그냥 모델의 임베딩만으로 해결할 수 있는 것도 많다.

5 장

LLM의 훈련: 생성기를 만드는 방법

이번 장에서 다룰 내용

- 훈련 환경과 공통 라이브러리 설정
- 고급 방법론을 포함한 다양한 훈련 기법 적용
- 훈련 효과를 극대화하는 데 유용한 팁과 요령

물이 되어라, 친구여.

– 이소룡(브루스 리)

앞의 네 장이 별로 재미없었던 독자도 있을 것이다. 이번 장은 분명 재미있으리라 장담한다. 지금까지 여러분은 여러 단계를 거쳐 여기까지 왔다. 이제는 뭔가를 직접 만들어 보는 데 유용한 지식을 잔뜩 갖추었다. LLM을 훈련하면 놀라운 능력과 독특한 개성을 가진 봇을 만들 수 있다. 함께 놀 새로운 친구를 만들어 낼 수 있다고 말해도 좋을 것이다. 지난 4장에서는 슬랙 메시지를 기반으로 훈련 데이터를 만드는 법을 보여주었다. 이번 장에서는 그 데이터를 가지고 여러분 자신의 페르소나persona[1]를 만드는 방법을 배우게 된다. 마침내 짜증 나는 동료와 의미 없는 대화를 나눌 필요가 없다! 길포일처럼 나만의 AI 아바타를 가질 수 있다(`https://youtu.be/IWIusSdn1e4`).[2]

1 (옮긴이) 페르소나는 원래 연극에서 배우가 쓰는 가면을 뜻하는 말이지만, 여기서는 LLM 훈련 또는 프롬프트 엔지니어링을 통해 만들어진 특정한 성격이나 정체성을 의미한다.

2 (옮긴이) 길포일은 드라마 《실리콘 밸리》의 등장인물이다. 제시된 동영상에서 길포일은 자신의 AI 비서 안톤을 만든다. 안톤은 길포일의 말투와 성격을 흉내내서 다른 등장인물과 대화한다.

이번 장에서는 먼저 훈련 환경을 설정하는 방법을 설명한다. 훈련은 자원을 많이 소모한다. 적절한 장비 없이는 다음 단계를 즐길 수 없다. 모델을 밑바닥부터(from scratch) 훈련하거나 미세조정(finetuning)하는 등 기본적인 과정들을 살펴본 후 그런 과정을 더 효율적이고 빠르게, 그리고 적은 비용으로 진행하기 위한 주요 기법들을 소개한다. 마지막으로 저자가 현장에서 모델을 훈련하며 쌓은 경험에서 얻은 팁과 요령을 공유하면서 이번 장을 마무리한다.

5.1 다중 GPU 환경

훈련은 자원을 많이 소모하는 작업이다. 추론(inference)을 GPU 하나로 실행할 수 있는 모델이라도 훈련에는 GPU가 10개 이상 필요할 수 있다. 훈련이 끝날 때까지 천 년을 기다리고 싶지 않다면 작업을 병렬화해서 속도를 높여야 한다. 이번 장의 내용을 여러분이 제대로 활용하려면 먼저 실험 공간으로 사용할 환경을 마련할 필요가 있다. 나중에 자원을 최적으로 쓰는 전략도 가르쳐 주겠지만, 어쨌든 최대 규모의 LLM을 다루려면 다중 GPU 환경 설정 방법을 알아야 한다.

작은 LLM으로도 많은 것을 배울 수 있다. 하지만 프로와 아마추어를 가르는 것은 대규모 모델을 얼마나 자연스럽고 능숙하게 다룰 수 있는가이다. 이유는 간단하다. 대체로 큰 모델이 작은 모델보다 성능이 뛰어나기 때문이다. 최대 규모의 모델을 다루려면 노트북(랩톱)으로는 시작도 못 한다. GPU 두 개를 장착한 맞춤형 게임용 컴퓨터 장비조차, 훈련은 말할 것도 없고 추론에도 부족할 수 있다.

그래서 여기서는 클라우드에서 다중 GPU 환경에 접근하는 몇 가지 방법을 공유하고자 한다. 그런 다음에는 다중 GPU 환경을 활용하는 데 필요한 도구와 라이브러리를 소개하겠다. 최대 규모 모델들이 단일 GPU에 맞지 않는다는 것은 명백하다. 적절한 다중 GPU 환경과 도구가 없으면 그저 장난감 수준의 예제들에서 벗어나지 못할 것이다.

5.1.1 환경 설정

먼저 짚고 넘어가자. 다중 GPU 환경은 강력하지만 비용도 많이 든다. 무료 티어나 서비스에서 다중 GPU를 제공하는 업체는 저자가 알기로는 없다. 그래도 시간당 비용을 지불하는 것이 장비를 통째로 사는 것보다 훨씬 더 저렴하다는 점을 위안으로 삼을 수는 있겠다. 회사에서 비용을 대준다면 유료 다중 GPU 환경 서비스를 사용할 것을 추천한다. 하지만 만든 환경을 종료하고 끄는 것은 여전히 여러분의 책임이다. 불필요한 요금을 피하려면 꼭 그렇게 해야 한다.

회사의 비용 지원을 받는 독자라면 아마 이 과정을 쉽게 해주는 호스팅 서비스를 이미 골랐을 것이다. 그렇지 않은 독자라면 구글 컴퓨트 엔진Google Compute Engine에서 VM(virtual machine; 가상 머신 혹은 가상 기계)을 설정하는 것이 가장 쉬운 방법의 하나이다. 그럼 구글 VM을 설정하고 편하게 접근하는 방법을 살펴보자.

독자 참고사항

학습의 목적에서 이 책의 예제 코드들은 작은 모델을 사용한다. 그래서 여러분의 컴퓨터나 구글 코랩, 캐글 등 단일 GPU 무료 티어를 제공하는 서비스에서도 실행할 수 있다. 예제들을 CPU만 있는 하드웨어에서 돌리는 것도 불가능하지는 않지만, 권장하지는 않는다. 어쨌든 중요한 것은 이 책의 예제들을 실행하기 위해 비싼 VM을 사용할 필요는 없다는 점이다. 하지만 여건이 된다면 그쪽을 추천한다. 다중 GPU로 훈련하면 훨씬 빠르고 효율적이다. 또 자주 필요하기도 하다. 이런 큰 장비가 필요한 더 큰 LLM도 시도해 보길 권한다. 그 경험은 값질 것이다. 이번 장의 코드를 재활용하면 어렵지 않게 할 수 있다. 더 큰 모델과 데이터셋에 맞춰 코드 몇 줄만 바꾸면 된다.

구글 VM

다중 GPU 환경을 만드는 가장 쉬운 방법 중 하나는 구글 클라우드에서 VM을 설정하는 것이다. 이를 위해서는 구글 클라우드 플랫폼Google Cloud Platform(GCP)에 계정과 프로젝트를 만들고, 요금제를 설정하고, gcloud CLI를 위한 SDK를 설치해야 한다. 이 과정은 별로 어렵지 않다. GCP의 지시만 잘 따르면 된다. SDK는 `https://cloud.google.com/sdk/docs/install-sdk`에서 설치할 수 있는데, 여러분의 운영체제에 맞는 버전을 잘 선택하기 바란다. 아직 계정이 없는 경우 해당 페이지의 **시작하기 전에** 섹션에 계정, 프로젝트 및 요금 설정을 위한 단계와 방법이 나와 있으니 참고하기 바란다.[3]

구글은 신규 계정에 GPU를 제외한 GCP의 거의 모든 서비스에 사용할 수 있는 300달러 크레딧을 제공한다. 아쉽게도 GPU 사용에는 무료 크레딧을 적용할 수 없다. 따라서 유료 GCP 등급으로 업그레이드해야 한다. 여기서 안내하는 내용을 따라 하는 데 드는 비용은 몇 달러에 불과하지만, 비용에 민감한 독자라면 이번 절 전체를 읽은 후에 시도하는 것이 좋겠다.

계정을 설정하면 GPU 할당량(quota)은 기본적으로 0으로 설정된 상태이다. 할당량은 비용을 관리하는 데 사용된다. GPU 할당량을 늘리려면 `https://console.cloud.google.com/iam-admin/quotas`로 가서 `gpu_all_regions`를 수정하면 된다. 다중 GPU 환경을 위해서는 할당량을 2 이상으로 늘려야 한다.

3 (옮긴이) 2025년 5월 현재 '시작하기 전에' 섹션은 한국어 번역이 덜 되어 있다. 하지만 제시된 링크의 페이지들은 한국어화가 잘 되어 있으므로 따라 하기가 어렵지 않을 것이다. 지시에 따라 기존 프로젝트를 선택하거나 새 프로젝트를 생성하고, 결제를 활성화하면 된다.

여기까지 잘 진행되었다면 gcloud를 초기화하고 로그인한다. 로컬(여러분 컴퓨터) 터미널에서 다음 명령을 실행하자.

```
$ gcloud init
```

그러면 웹 브라우저가 실행되어서 로그인 및 CLI 권한 부여를 위한 페이지가 나타난다(SDK 설치 도중에 이 과정이 진행되었을 수도 있다). 여기서 프로젝트를 선택할 수 있다. 이번 장 예제에서는 프로젝트가 하나만 있다고 가정하지만, 프로젝트가 여러 개인 경우에는 이후 모든 명령어에 `--project` 플래그를 이용해서 특정 프로젝트를 지정해야 함을 기억하기 바란다.

다음으로 머신 유형(사용할 GPU)과 컨테이너 이미지를 결정해야 한다. https://cloud.google.com/compute/docs/gpus에 다양한 옵션이 나와 있으니 GPU 머신 유형 선택 시 참고하기 바란다. 초보자에게는 NVIDIA L4 GPU를 강력히 추천한다. L4는 전반적으로 훌륭한 머신이다. L4 GPU가 두 개 탑재된 이 VM은 시간당 약 2달러의 비용이 드는 `g2-standard-24`를 사용한다. 이 머신 유형은 모든 리전[region]과 영역(zone)에 있는 것은 아니지만 https://cloud.google.com/compute/docs/regions-zones에서 가까운 리전을 찾을 수 있다. 여기서는 `us-west1` 리전과 `us-west1-a` 영역을 사용한다고 가정한다.[4]

컨테이너 이미지의 경우 기본 설정이 모두 완료된 이미지를 사용하면 번거로움을 크게 줄일 수 있다. 실무에서는 직접 이미지를 만들어야 하겠지만, 이 책의 목적에서는 구글이 딥러닝용으로 미리 만든 여러 컨테이너 이미지 중 하나를 사용하기로 한다. 이 이미지들은 실제로 사용하기에도, 그리고 초보자가 출발점으로 삼기에도 좋다. 구글 소유의 `deeplearning-platform-release` 프로젝트에서 이 이미지들을 찾을 수 있다. 사용 가능한 옵션을 확인하려면 다음 명령을 실행하면 된다.

```
$ gcloud compute images list --project deeplearning-platform-release
    --format="value(NAME)" --no-standard-images
```

사용 가능한 컨테이너 이미지 옵션들에 대한 자세한 내용은 https://cloud.google.com/deep-learning-vm/docs/images에서 확인할 수 있다.

4 (옮긴이) 영역과 리전의 구분은 https://cloud.google.com/compute/docs/regions-zones?hl=ko를 참고하자. 간단히 말하면 여러 개의 영역이 모여서 하나의 리전을 이룬다.

이미지들은 기본 버전과 텐서플로로 컴파일된 버전, 파이토치로 컴파일된 버전으로 나뉘며, CUDA 지원 여부에 따라 다시 나뉜다. 여기서는 파이썬 3.10이 설치된 GPU 지원 데비안 리눅스 배포판용 이미지인 `common-gpu-v20230925-debian-11-py310`을 사용한다. 이제 VM을 생성하는 데 필요한 모든 준비가 끝났다. 다음 명령들을 실행하면 VM 인스턴스가 생성된다.[5]

```
$ INSTANCE_NAME="g2-llminprod-example"
$ gcloud compute instances create ${INSTANCE_NAME} --zone=us-west1-a
    --machine-type=g2-standard-24 --image-project=deeplearning-platform-release
    --image=common-gpu-v20230925-debian-11-py310 --boot-disk-size=200GB --scopes
    cloud-platform --metadata=install-unattended-upgrades=False,install-nvidia-
    driver=True --maintenance-policy TERMINATE --restart-on-failure
```

첫 명령은 VM 이름을 환경 변수 `INSTANCE_NAME`에 저장한다. 이후의 명령들에서 이 변수를 참조할 것이다. VM 이름은 여러분이 원하는 대로 지정하면 된다.[6] 둘째 명령어는 VM 인스턴스를 생성한다. 앞쪽에 있는 여러 옵션(`zone`, `image`, `machine`)은 앞에서 계정과 프로젝트를 준비할 때 지정한 것들이다. `boot-disk-size`는 VM의 디스크 크기인데, 지정된 200GB가 기본값이므로 사실 생략해도 된다. 하지만 대규모 자산인 LLM의 경우 디스크 공간이 중요하고, 특히 다중 GPU 환경을 필요로 하는 LLM의 경우 이 값을 늘려야 할 가능성이 높기 때문에 명시적으로 표시해 두었다.

`scopes` 옵션은 권한 설정을 위한 것이다. 현재 GCP가 권장하는 모범관행은 이 플래그를 `cloud-platform`으로 설정하는 것이다. 이렇게 하면 Auth 및 IAM 역할(role)에 기반해서 권한이 결정된다. `metadata` 옵션은 필수는 아니지만, 여기서는 NVIDIA 드라이버가 설치되도록 하는 편법으로 쓰였다. 프로세스 자동화를 위해 이 명령들을 하나의 스크립트에 담아서 실행하는 경우 이런 방식이 매우 유용하다. 드라이버가 설치되는 동안에는 VM이 응답하지 않으므로, VM이 가동된 후 실제로 SSH로 접속할 수 있을 때까지 약간의 지연이 발생한다는 점에 유념하기 바란다. 이 옵션이 없으면 터미널을 통해 처음 SSH로 접속할 때 설치 여부를 묻는 메시지가 표시되므로, 이 옵션을 생략해도 큰 문제는 없다. 하지만 다음 절에서 설명하는 다른 방법을 통해 VM에 접속하는 경우 문제가 발생할 수 있다. 마지막 두 옵션은 표준적인 유지 관리(maintenance) 정책을 지정한다.

앞의 명령을 실행한 후에는 다음 명령으로 VM의 가동 여부를 확인할 수 있다.

```
$ gcloud compute instances describe ${INSTANCE_NAME}
```

5 (옮긴이) 지면 관계로 둘째 명령이 여러 줄로 나뉘어 표시되었지만, 실제로는 한 줄로 실행하거나 각 줄 끝에 \를 붙여야 함을 주의하자.

6 (옮긴이) 영문 소문자와 숫자, 하이픈(-)만 사용할 수 있으며 63자 이하여야 함을 주의하자. 또한 `google`로 시작해서도 안 된다.

이 명령은 VM 인스턴스에 관한 다양한 정보를 제공하며, status 필드가 RUNNING이면 인스턴스가 실행 중인 것이다. 가동 여부를 확인했다면, 이제 SSH를 통해 인스턴스에 접속한다. gcloud를 이용해서 SSH로 처음 접속하는 경우 SSH 키가 자동으로 생성된다. 실행할 명령은 다음과 같다.

```
$ gcloud compute ssh ${INSTANCE_NAME}
```

터미널이 다중 GPU VM의 셸로 연결되면, 다중 GPU 환경을 구체적으로 구축할 준비가 끝난 것이다. 현재 이 VM은 빈 껍데기에 불과하므로 필요한 코드를 채워 넣어야 한다. 가장 쉬운 방법은 SCP(Secure Copy Protocol) 프로그램을 이용해서 파일을 복사하는 것이다. SCP로 파일 하나를 전송할 수도 있고 디렉터리를 통째로 전송할 수도 있다. 다음은 프로젝트의 requirements.txt 파일과 local-app-folder 하위 디렉터리를 VM에 전송하는 예이다.

```
$ gcloud compute scp requirements.txt ${INSTANCE_NAME}:~/requirements.txt
$ gcloud compute scp --recurse ~/local-app-folder/${INSTANCE_NAME}:~/vm-app-folder
```

이상의 과정이 그리 어렵지 않았을 것이다. 일단 기본 사항들을 설정하고 나면, 다음부터는 단 네 개의 gcloud 명령(create, describe, ssh, scp)으로 VM 인스턴스를 생성하고 관리할 수 있다.

물론 구글 VM 인스턴스는 상당히 비용이 들기 때문에 다음 단계로 넘어가기 전에 인스턴스를 삭제하는 방법을 반드시 알아두어야 한다.

```
$ gcloud compute instances delete ${INSTANCE_NAME} --quiet
```

그런데 리눅스 고급 사용자라면 이런 터미널 환경에 익숙하겠지만, 우리 같은 보통 사람들에게 터미널을 통한 VM 셸은 그리 이상적인 작업 환경이 아니다. 그래서 원격 머신을 최대한 활용할 수 있는 몇 가지 팁과 요령을 소개하고자 한다.

VS 코드를 이용한 SSH 접속

대부분의 개발자는 터미널보다는 IDE(integrated development environment; 통합 개발 환경)를 원할 것이다. 대부분의 IDE가 원격 SSH 기능을 제공하는데, 여기서는 인기 있는 IDE인 VS 코드(Visual Studio Code)[7]를 사용하겠다. 먼저 할 일은 Remote-SSH 확장 프로그램을 설치하는 것이다.

7 (옮긴이) VS 코드는 마이크로소프트가 만든 확장성 좋은 코드 편집기이다. 자세한 사항은 https://code.visualstudio.com/을 참고하자.

이 확장 프로그램에 관한 자세한 정보는 `https://mng.bz/q0dE`에서 확인할 수 있다. 원격 SSH를 위한 확장 프로그램은 많이 있지만, 마이크로소프트가 유지 관리하며 1,700만 이상 설치된 Remote-SSH가 초보자에게 좋은 선택이다.

다음으로, 터미널에서 SSH 구성(configuration)을 위한 명령을 실행한다.

```
$ gcloud compute config-ssh
```

이제 VS 코드에서 F1 키를 눌러서 명령 팔레트를 열고 `Remote-SSH: Open SSH Host...` 명령을 선택하면 `l4-llm-example.us-west1-a.project-id-401501` 같은 VM의 SSH 주소가 표시될 것이다. 만일 표시되지 않는다면 `config-ssh` 명령어에 문제가 발생한 것이므로 `gcloud init`부터 다시 시작해 보기 바란다. SSH 주소를 선택하면 새 VS Code 창이 나타난다. 하단 모서리에 원격 머신에 연결 중임을 나타내는 메시지가 표시될 것이다. 이것으로 끝이다. 간단하다. 이제 로컬에서 VS 코드를 사용할 때처럼 사용하면 된다.

5.1.2 라이브러리

하드웨어 설정이 중요하지만, 하드웨어의 여러 지점이 효과적으로 통신할 수 있게 하는 소프트웨어 패키지들이 없으면 아무 소용이 없다. LLM에서는 소프트웨어의 중요성이 더욱 커진다. 저자 중 한 명은 모든 하드웨어를 올바르게 구성하고 소프트웨어 설정 역시 제대로 했다고 확신했지만, 모델 훈련을 시작하자 예상 훈련 시간이 3년이 넘는다는 메시지를 보게 되었다. 문제 해결 과정에서 저자가 CUDA 도구 모음(toolkit)의 여러 버전을 설치했으며 파이토치가 의도한 버전 대신 최신 버전을 사용한 것이 원인임을 저자가 속한 팀이 밝혀냈다.

이 소프트웨어 패키지들은 GPU와의 CUDA 저수준 통신을 담당하는 것에서 그치지 않는다. 이들은 데이터가 각 연산을 거치면서 가능한 한 빠르게 처리되도록 부하 분산(load-balancing), 양자화(quantizing), 병렬화(parallelizing)를 수행하면서도 행렬(matrix)들의 충실도(fidelity)를 최대한 일정 수준으로 유지한다. 개발자가 임베딩 벡터가 훌륭하게 표현되도록 하는 데 오랜 시간을 들였는데 정작 실행 시점에서 벡터들이 왜곡된다면 실망이 클 것이다. 여러분이 그런 일을 겪지 않도록 다중 GPU 환경에서 모든 실무자가 알아야 할 네 가지 딥러닝 라이브러리를 소개하고자 한다. 바로 DeepSpeed, Accelerate, BitsandBytes, xFormers이다. 이 글을 쓰는 시점에서는 이 라이브러리들 사이의 모든 상호 보완 기능은 실험 단계라 할 수 있다. 뒤집어 말하면, 이들을 여러 방식으로 자유롭게 조합해서 사용해 보면서 최적의 조합을 찾아보길 권한다. 네 가지 모두를 오류 없이 최대한 활용하는 설정을 찾는다면, 재사용 가능한 컨테이너로 신속하게 배포해서 커뮤니티에 기여하는 것도 좋을 것이다.

DeepSpeed

DeepSpeed는 분산 딥러닝을 위한 최적화 라이브러리이다. 마소에서 개발한 DeepSpeed는 극히 긴 입력이나 다중 모달 입력의 처리, 양자화, 가중치 및 입력 캐싱, 그리고 현재 가장 주목받는 주제인 GPU 수천 개로의 확장 등 훈련 및 추론 속도 향상을 위한 다양한 기능을 제공한다.

설치 시 각종 문제를 피하려면 최신 버전의 파이토치(단, 야간 빌드 버전(nightly version)은 제외)를 먼저 설치한 후 이 라이브러리를 설치하는 것이 좋다. 이는 이 라이브러리를 설치하기 전에 CUDA 도구 모음도 미리 구성해 놓아야 함을 뜻한다. 파이토치를 설치한 후 `pip install deepspeed` 명령을 실행하면 원하는 환경을 구축할 수 있다. 단, 아이러니하게도 마이크로소프트의 다른 제품을 사용하는 경우는 예외이다. Windows OS는 이 라이브러리의 기능들을 부분적으로만 지원하며, 훈련이 아닌 추론 모드에서 작동하도록 하려면 몇 가지 추가 단계를 수행해야 한다.

Accelerate

허깅 페이스[Hugging Face]에서 개발한 Accelerate는 다중 GPU에 대한 병렬화 및 확장 코드를 추상화함으로써 사용자가 모델의 훈련과 추론에 집중할 수 있도록 돕는다. Accelerate의 큰 장점 중 하나는 표준 파이토치 훈련 루프의 기본 구현과 비교할 때 `import` 문 하나와 코드 두 줄을 추가하고 기존 코드 두 줄만 수정하면 된다는 것이다. 게다가 Accelerate는 CLI 사용법이 매우 간단해서 테라폼[Terraform]이나 AWS CDK와 함께 자동화하기도 쉽다.

Accelerate는 대부분의 환경과 호환된다. 파이썬 3.8 이상, 파이토치 1.10.0 이상(CUDA 호환성 우선) 환경이라면 문제없이 사용할 수 있다. 그런 환경에서 `pip install accelerate` 명령을 실행하면 설치가 완료된다. Accelerate는 DeepSpeed에 대한 실험적 지원도 제공하므로 두 가지 라이브러리의 이점을 모두 활용할 수 있다.

BitsandBytes

CUDA 기반 컴퓨팅의 대중화에 기여한 팀 데트머스[Tim Dettmers]의 BitsandBytes 패키지는 모델 양자화와 다양한 비트 크기(INT8까지)의 효율적인 행렬 곱셈 추론(및 훈련)을 지원한다. BitsandBytes의 시스템 요구사항 및 제약은 DeepSpeed과 비슷하다(파이썬 3.8+, CUDA 10.0+, 리눅스 및 맥 환경). Windows는 별도의 패키지를 통해서 부분적으로만 지원한다.

대부분의 경우 `pip install bitsandbytes` 명령어로 간단히 설치할 수 있다. Windows 환경에서는 `pip install bitsandbytes-windows`를 사용하면 된다. 허깅 페이스의 transformers 라이브러리나 파이토치와 함께 사용하려면 두 패키지의 최소 요구사항을 수정해야 한다. Windows 버전은 일반 패키지와 버전 번호가 다르기 때문이다. BitsandBytes는 Adam 같은 옵티마이저와 Linear와 같은 신경망 계층(NN layer)을 자체 구현해서 8비트 성능 향상을 꾀한다. 이 덕분에 정확도 손실을 최소화하면서 더 작은 장치에서 딥러닝 앱을 더 빠르게 실행할 수 있다.

xFormers

대부분의 용례(use case; 사용 사례)에 대해 저자가 추천하는 최첨단 라이브러리가 바로 xFormers이다. xFormers는 연구 및 제품 개발을 위한 라이브러리로, 파이토치처럼 다양한 모달리티를 위한 독립적인 빌딩 블록 패턴을 따른다. 파이토치는 한동안 제공하지 않았던 여러 구성요소를 제공하는데, 그중 하나는 추론 속도를 상당히 높이는 메모리 효율적인 정확 주의(exact attention)이다.

xFormers는 다른 패키지들보다 시스템 요구 수준이 높으므로, 하나 이상의 환경 관리 도구를 사용할 것을 강력히 권한다. 리눅스와 Windows에서는 파이토치 2.0.1이 필요하며, `pip install -U xFormers` 명령어로 설치할 수 있다. 2.0.1 외에도 다른 여러 파이토치 버전에서도 설치에 성공한 사례가 보고되었는데, 특히 1.12.1, 1.13.1에서 이 라이브러리를 설치하는 방법을 웹에서 찾을 수 있을 것이다.

표 5.1은 이 네 패키지의 기능과 코드 통합 방식을 간략하게 비교한 것이다. 각 패키지는 유사한 기능을 수행하지만, 동일한 작업을 수행하더라도 모델이나 파이프라인의 다른 부분에서 또는 다른 방식으로 작업을 수행하는 경우가 많다. 패키지 간에 기능이 중복되는 부분도 있다. 네 패키지를 모두 사용해 보고 각각의 장점을 파악하길 권한다. 환경 설정과 주요 도구를 이해했으니 실제 활용 사례로 넘어가자.

표 5.1 머신러닝 최적화 패키지 비교

라이브러리	훈련/ 추론 속도 향상	코드 통합 방식	정확도 감소	다중 GPU 지원	양자화	최적화 기능
DeepSpeed	둘 다	CLI	상황에 따라	지원	지원	캐싱, 기울기 체크포인트, 메모리 관리, 확장(scaling)
Accelerate	둘 다	CLI 및 코드	상황에 따라	지원	지원	자동화, 컴파일, 병렬화

라이브러리	훈련/ 추론 속도 향상	코드 통합 방식	정확도 감소	다중 GPU 지원	양자화	최적화 기능
BitsandBytes	둘 다	코드	항상	지원하지 않음	양자화만 지원	양자화, 양자화된 최적화기(optimizer)
xFormers	훈련	코드	상황에 따라	지원하지 않음	지원 및 추가 기능	효율적인 주의 메커니즘, 메모리 관리

5.2 기본 훈련 기법

일반적으로 LLM을 훈련하려면 먼저 모델 아키텍처, 필요한 데이터의 종류와 양, 훈련 목표를 정의해야 한다. 이들은 모두 이전 장에서 살펴보았으므로 잘 이해하고 있겠지만, 여기서 간략하게 다시 짚고 넘어가자. 모델 아키텍처로는 주로 트랜스포머 또는 트랜스포머에서 파생된 변형 아키텍처를 사용한다. 트랜스포머 계열이 장기적인 의존 관계를 효과적으로 포착하고 병렬 처리가 가능하여 대규모 연산에 적합하기 때문이다. 데이터는 LLM을 비롯한 모든 머신러닝 모델의 핵심이다. 일반적으로 LLM 훈련을 위해서는 방대하고 다양하며 대표성 있는 텍스트 데이터 말뭉치(corpus)가 필요하다. 모델의 목적은 시퀀스에서 다음 단어를 예측하는 법을 배우는 것이므로, 데이터가 광범위한 언어적 문맥을 포괄하는지 확인하는 것이 중요하다.

이번 장에서는 다양한 훈련 기법을 다룰 예정이므로, 각 유형에 필요한 사항들을 (매우) 간략하게 살펴보자. 모델을 밑바닥부터 새로 훈련하는 경우 필요한 10억 단위 매개변수 개수의 4배에 해당하는 VRAM이 필요하다. 거기에 훈련 데이터 배치를 위한 용량이 추가된다. 예를 들어 매개변수가 10억 개인 모델을 밑바닥부터 훈련하려면 적어도 4GB가 필요하며, 거기에 훈련 데이터 배치 크기와 컨텍스트context 길이에 따라 1~2GB가 추가되어서 최소 5~6GB의 VRAM이 필요하다. 라마Llama 2 같은 매개변수 700억 개 규모의 모델을 훈련하는 경우를 생각해 보자. 32K 토큰 컨텍스트 제한과 함께 모델을 저장하려면 얼마나 많은 VRAM이 필요할까? 약 300GB의 VRAM이 필요하다고 생각한다면 맞다. 모델을 밑바닥부터 훈련하지 않고 미세조정(finetuning)만 한다면 자원이 훨씬 덜 든다. 설정이 올바르다면 10억 단위 매개변수 개수의 4배가 아니라 2배 또는 1배로 가능하다.

전통적인 머신러닝 모델과 달리 LLM은 여러 단계에 걸쳐 훈련되는 경우가 많다. 그림 5.1은 모델을 밑바닥부터 훈련해서 만드는 것에서 시작해서 미세조정을 거쳐 프롬프팅prompting에 이르기까지 LLM의 기본 훈련 수명 주기를 보여준다. 첫 단계는 기초 모델(foundation model)을 만드는 것이다. 이때는 크고 정제되지 않은 데이터셋을 가져와서 빈 껍데기에 해당하는 모델을 훈련한다. 이 훈련을 통해 방대한 텍스트 말뭉치로 모델을 학습하면 모델은 마치 언어에 대한 기본적인 이해를 갖춘 것처럼 행동하게 된다. 그런 다음에는 이 기초 모델에 전이 학습(transfer learning) 기법을 적용해서 특정 분야의 작업에 특화된 LLM을 만든다. 일반적으로 이 단계에서는 작고 고도로 큐레이션된 데이터셋으로 모델을 미세 조정한다. 마지막으로, 전통적인 훈련 방식은 아니지만 프롬프팅 기법을 이용해서 모델이 특정 방식이나 형식으로 응답하도록 유도하여 결과의 정확도를 높인다.

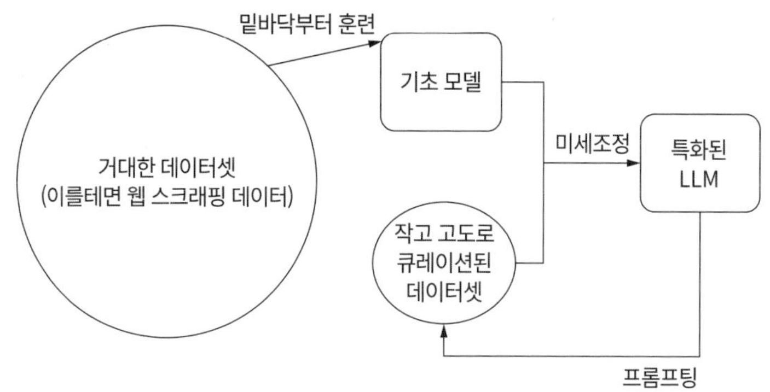

그림 5.1 LLM의 훈련 수명 주기. 방대한 텍스트 말뭉치를 기반으로 기초 모델을 만든 다음 특정 작업을 위해 큐레이션된 데이터셋을 이용해서 미세조정한다. 그런 다음 모델 자체와 프롬프팅 같은 기법을 사용하여 큐레이션된 데이터셋을 개선하거나 확장하여 모델을 더욱 향상시킬 수 있다.

훈련 수명 주기는 모델 개선과 데이터 개선의 반복일 때가 많다. 언어를 더 잘 이해하도록 모델을 훈련하고, 그 모델 자체를 이용해서 훈련 데이터셋(training dataset)을 개선하는 과정을 순환 반복하는 것이다. 이번 장의 뒷부분에서는 프롬프트 조정이나 RLHF(인간 피드백 기반 강화학습) 등 이러한 순환을 활용하는 다른 고급 훈련 기법에 대해 자세히 설명한다. 일단 지금은 세 가지 기본 단계를 좀 더 자세히 살펴보자.

5.2.1 밑바닥부터 훈련하기

LLM의 훈련은 계산 집약적인 작업이다. 고성능 하드웨어에서도 수주 또는 수개월이 걸릴 수 있다. 이 과정에서는 일정 크기의 데이터 '덩어리', 즉 입력 배치[batch]를 모델에 공급하고, 계산된 손실 값(loss)을 기반으로 가중치를 조정한다. 이러한 한 번의 과정을 에포크[epoch]라고 부르는데, 여러 에포크에 걸쳐 예측과 조정을 반복하면 데이터의 구문 구조와 복잡성에 대한 모델의 이해가 점점 개선된다. 훈련 과정을 모니터링하는 것은 과적합(overfitting)을 방지하는 데 매우 중요하다. 과적합이 발생하면 모델이 훈련 데이터에 지나치게 맞춰져서, 본 적이 없는 데이터에서는 성능이 저하된다. 조기 중단(early stopping), 드롭아웃[dropout], 학습률 스케줄링(learning rate scheduling)과 같은 기법을 사용하여 모델의 일반화 능력을 확보할 수 있지만, 이러한 기법들이 완벽한 해결책은 아니다. 궁극적인 목표는 단순히 훈련 데이터의 손실을 최소화하는 것이 아니라 광범위한 맥락에서 사람처럼 텍스트를 이해하고 생성할 수 있는 모델을 만드는 것임을 기억해야 한다.

밑바닥부터 LLM을 훈련하는 것은 복잡한 과정이다. 출발점은 모델의 아키텍처를 정의하는 것인데, 아키텍처를 결정할 때는 당면한 구체적인 작업, 훈련 데이터셋의 크기, 사용 가능한 계산 자원 등을 고려해야 한다. 간단하게만 말한다면, 아키텍처는 모델을 구성하는 신경망 층(layer)들의 유형(주의 메커니즘 층, 순방향 층 등등)과 개수와 배열 방식, 그리고 그런 층들의 연결 관계를 서술하는 하나의 청사진이다. 일반적으로 최신 LLM들은 긴 데이터 시퀀스를 처리하는 확장성과 효율성으로 잘 알려진 트랜스포머 아키텍처의 변형을 사용한다.

모델 아키텍처를 정의한 다음에는 훈련을 위한 크고 다양한 데이터셋을 수집, 조합해야 한다. 모델에 공급하는 데이터의 품질과 다양성은 모델이 텍스트를 이해하고 사람이 작성한 듯한 텍스트를 생성하는 능력을 크게 좌우한다. 일반적인 접근 방식은 광범위한 문체, 주제 및 구조가 혼합된 대규모 인터넷 텍스트 말뭉치를 사용하는 것이다. 그런 말뭉치를 확보했다면 해당 데이터를 전처리하고 토큰화(tokenization)해서 원시 텍스트를 모델이 학습할 수 있는 수치 형식으로 변환한다. 이 토큰화 과정에서 텍스트는 더 작은 단위인 토큰[token]으로 분할되는데, 토큰은 문자 하나처럼 짧을 수도 있고 단어 하나처럼 길 수도 있다.

모델과 데이터셋을 준비했다면, 그다음 단계는 모델을 초기화하고 학습 목표를 설정하는 것이다. LLM은 자기회귀(autoregressive) 준지도(semi-supervised) 학습 기법으로 훈련된다. 훈련 과정에서 모델은 이전 단어가 주어졌을 때 시퀀스의 다음 단어를 예측하는 방법을 배운다. 먼저 모델의 가중치[weight]들을 무작위로 초기화한다. 그런 다음 훈련 데이터 배치를 모델에 입력해서 다음 단어를 예측하게 하고, 그 예측과 훈련 데이터의 실제 단어 간의 '오차'를 기반으로 역전파(backpropagation)나 Adam, 확률적 경사하강법(Stochastic Gradient Descent)과 같은 최적화 기법을 통해서 가중치들을 조정하는 과정을 반복한다. 목표는 모델의 예측 정확도를 높이기 위해 일반적으로 '손실' 또는 '손실 값'이라고 부르는 이 오차를 최소화하는 것이다.

훈련 과정은 토큰화된 텍스트를 모델에 공급하고 모델의 내부 매개변수(가중치)들을 조정해서 손실을 최소화하는 작업들로 이루어진다. 앞서 언급했지만 다시 한번 강조하자면, 이 과정은 계산량이 많으며 모델 크기와 사용 가능한 하드웨어에 따라 완료하는 데 몇 주 또는 몇 달까지 걸릴 수 있다. 훈련 후에는 모델을 별도의 검증 데이터셋(validation dataset)으로 평가해서, 훈련 과정에서 본 적이 없는 데이터에 대해서도 모델이 잘 일반화되는지 확인한다. 검증 데이터셋에 대한 모델의 성능을 기반으로 모델 매개변수들을 미세조정하고 필요에 따라 아키텍처도 조정한다. 이러한 과정을 훈련 목표가 달성될 때까지 여러 번 반복하는 것이 일반적이다.

그럼 새로운 트랜스포머 기반 언어 모델을 완전히 '밑바닥부터' 훈련하는 과정을 살펴보자. 이는 이전에 정의된 아키텍처, 임베딩, 가중치 없이 모든 것을 새로 만드는 것을 의미한다. 그림 5.2는 이 과정을 도식화한 것이다. 사실 LLM을 밑바닥부터 훈련하는 것은 필수도 아니고 항상 바람직한 것도 아니다. 일반적으로 이는 매우 비싸고 시간이 많이 소요되는 작업이기 때문이다. 하지만 방법을 알아 두면 크게 도움이 될 수 있다.

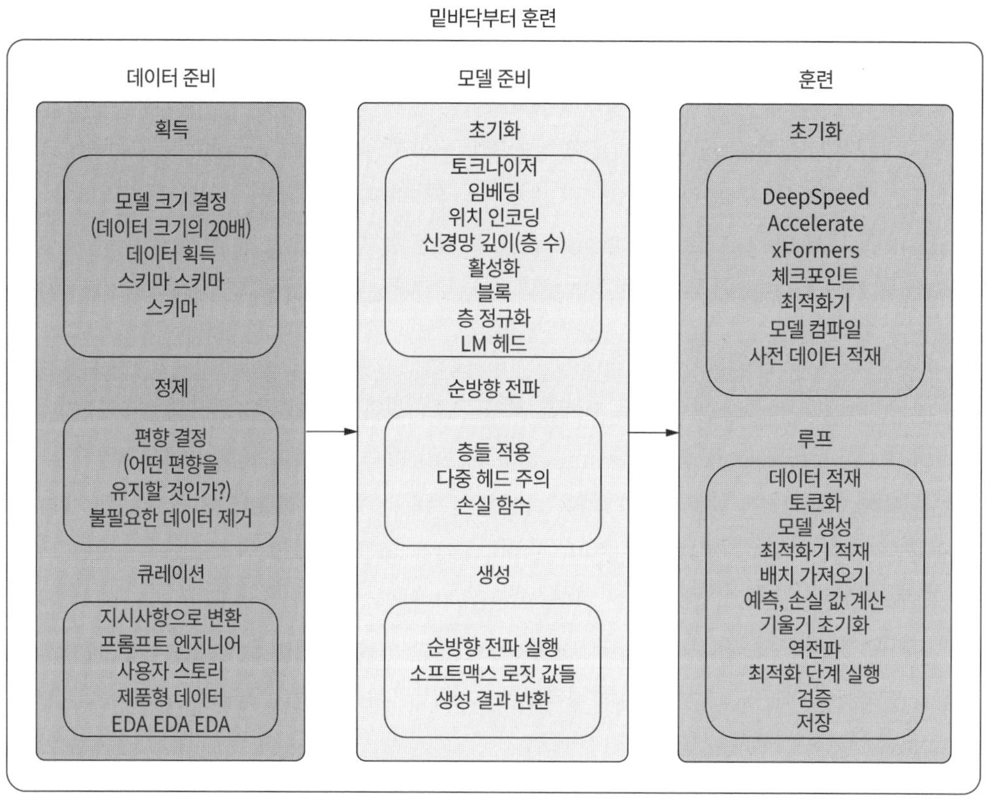

그림 5.2 언어 모델(대규모 또는 기타)을 밑바닥부터 훈련하는 데 필요한 모든 단계. 데이터를 확보한 다음 모든 모델 행동을 정의해야 하며, 그런 다음에야 훈련을 진행할 수 있다.

예제 5.1은 이 과정을 파이토치와 Accelerate, BitsandBytes 등을 이용해서 파이썬으로 구현한 코드이다. 거대 모델을 실제로 훈련하지 않고도 전체 과정을 경험할 수 있게 하는 것이 목적이니, 부담 없이 코드를 살펴보기 바란다. 좀 더 복잡하고 완결적인 예제로는 안드레 카파시Andrej Karpathy[8]의 minGPT 프로젝트(https://github.com/karpathy/minGPT)를 참고하자. 예제 5.1의 코드를 살펴볼 때 주의할 점 몇 가지를 언급하겠다. 이전 장에서 토큰화와 임베딩을 이야기했었다. 여기서는 코드를 간단하게 유지하기 위해 문자 기반 토크나이저를 사용한다. 이것이 좋은 결정인지를 코드를 실행하지 않고 예측해 보기 바란다. 또한, 앞서 간략하게 소개했던 Accelerate와 BitsandBytes를 어떻게 사용하는지도 주의 깊게 살펴보자. 이런 라이브러리들이 매우 유용하다는 것을 알게 될 것이다. LLM 아키텍처를 점진적으로 구축하는 과정도 눈여겨보아야 한다. 코드는 아키텍처의 각 조각을 모듈식으로 구축한 다음, 각 조각을 몇 개나 사용하고 어디에 배치할지를 정의한다. 레고를 조립하는 것과 비슷하다. 마지막으로, 코드 마지막 부분에서는 데이터를 분할하고 배치로 에포크를 실행하는 등의 일반적인 모델 훈련 루프를 볼 수 있다.

예제 5.1 언어 모델을 밑바닥부터 훈련하는 예

```
import os
import torch
from accelerate import Accelerator

import bitsandbytes as bnb

class GPT(torch.nn.Module):                    ← 전체 GPT 아키텍처를 정의한다.
    def __init__(self):
        super().__init__()
        self.token_embedding = torch.nn.Embedding(vocab_size, n_embed)
        self.positional_embedding = torch.nn.Embedding(block_size, n_embed)
        self.blocks = torch.nn.Sequential(
            *[Block(n_embed, n_head=n_head) for _ in range(n_layer)]
        )
        self.ln_f = torch.nn.LayerNorm(n_embed)
        self.lm_head = torch.nn.Linear(n_embed, vocab_size)

        self.apply(self._init_weights)
```

8 (옮긴이) 안드레 카파시는 인공지능 분야의 저명한 연구자로, 테슬라의 AI 디렉터로 일했으며 오픈AI의 창립 멤버 중 한 명이다. minGPT 프로젝트는 GPT 모델의 핵심 원리를 이해하기 쉽게 최소한의 코드로 구현한 것이다.

```
    def forward(self, idx, targets=None):
        B, T = idx.shape

        tok_emb = self.token_embedding(idx)
        pos_emb = self.positional_embedding(torch.arange(T, device=device))
        x = tok_emb + pos_emb
        x = self.blocks(x)
        x = self.ln_f(x)
        logits = self.lm_head(x)

        if targets is None:
            loss = None
        else:
            B, T, C = logits.shape
            logits = logits.view(B * T, C)
            targets = targets.view(B * T)
            loss = torch.nn.functional.cross_entropy(logits, targets)

        return logits, loss

    def _init_weights(self, module):
        if isinstance(module, torch.nn.Linear):
            torch.nn.init.normal_(module.weight, mean=0.0, std=0.02)
            if module.bias is not None:
                torch.nn.init.zeros_(module.bias)
        elif isinstance(module, torch.nn.Embedding):
            torch.nn.init.normal_(module.weight, mean=0.0, std=0.02)

    def generate(self, idx, max_new_tokens):
        for _ in range(max_new_tokens):
            idx_cond = idx[:, -block_size:]
            logits, loss = self(idx_cond)
            logits = logits[:, -1, :]
            probs = torch.nn.functional.softmax(logits, dim=-1)
            idx_next = torch.multinomial(probs, num_samples=1)
            idx = torch.cat((idx, idx_next), dim=1)
        return idx
```

```
class Block(torch.nn.Module):                  ← 모델의 구성요소들을 정의한다.
    def __init__(self, n_embed, n_head):
        super().__init__()
        head_size = n_embed // n_head
        self.self_attention = MultiHeadAttention(n_head, head_size)
        self.feed_forward = FeedFoward(n_embed)
        self.ln1 = torch.nn.LayerNorm(n_embed)
        self.ln2 = torch.nn.LayerNorm(n_embed)

    def forward(self, x):
        x = x + self.self_attention(self.ln1(x))
        x = x + self.feed_forward(self.ln2(x))
        return x


class MultiHeadAttention(torch.nn.Module):
    def __init__(self, num_heads, head_size):
        super().__init__()
        self.heads = torch.nn.ModuleList(
            [Head(head_size) for _ in range(num_heads)]
        )
        self.projection = torch.nn.Linear(head_size * num_heads, n_embed)
        self.dropout = torch.nn.Dropout(dropout)

    def forward(self, x):
        out = torch.cat([h(x) for h in self.heads], dim=-1)
        out = self.dropout(self.projection(out))
        return out


class Head(torch.nn.Module):
    def __init__(self, head_size):
        super().__init__()
        self.key = torch.nn.Linear(n_embed, head_size, bias=False)
        self.query = torch.nn.Linear(n_embed, head_size, bias=False)
        self.value = torch.nn.Linear(n_embed, head_size, bias=False)
        self.register_buffer(
            "tril", torch.tril(torch.ones(block_size, block_size))
        )
```

```
        self.dropout = torch.nn.Dropout(dropout)

    def forward(self, x):
        _, T, _ = x.shape
        k = self.key(x)
        q = self.query(x)
        attention = q @ k.transpose(-2, -1) * k.shape[-1] ** 0.5
        attention = attention.masked_fill(
            self.tril[:T, :T] == 0, float("-inf")
        )
        attention = torch.nn.functional.softmax(attention, dim=-1)
        attention = self.dropout(attention)

        v = self.value(x)
        out = attention @ v
        return out


class FeedFoward(torch.nn.Module):
    def __init__(self, n_embed):
        super().__init__()
        self.net = torch.nn.Sequential(
            torch.nn.Linear(n_embed, 4 * n_embed),
            torch.nn.ReLU(),
            torch.nn.Linear(4 * n_embed, n_embed),
            torch.nn.Dropout(dropout),
        )

    def forward(self, x):
        return self.net(x)


def encode(string):                         ◀──── 훈련용 보조 함수들
    return [utt2int[c] for c in string]


def decode(line):
    return "".join([int2utt[i] for i in line])
```

```
def get_batch(split):
    data = train_data if split == "train" else val_data
    idx = torch.randint(len(data) - block_size, (batch_size,))
    x = torch.stack([data[i : i + block_size] for i in idx])
    y = torch.stack([data[i + 1 : i + block_size + 1] for i in idx])
    x, y = x.to(device), y.to(device)
    return x, y


@torch.no_grad()
def estimate_loss():
    out = {}
    model.eval()
    for split in ["train", "val"]:
        losses = torch.zeros(eval_iters)
        for k in range(eval_iters):
            X, Y = get_batch(split)
            logits, loss = model(X, Y)
            losses[k] = loss.item()
                out[split] = losses.mean()
    model.train()
    return out


if __name__ == "__main__":        ← 모델을 훈련한다.
    batch_size = 64  # 한 번에 학습할 예시(example) 개수        ← 실험을 위한 모델 매개변수들
    block_size = 256  # 최대 컨텍스트 창 크기
    max_iters = 5000
    eval_interval = 500
    learning_rate = 3e-4
    eval iters = 200
    n_embed = 384
    n_head = 6
    n_layer = 6
    dropout = 0.2
    accelerator = Accelerator()
    device = accelerator.device
    doing_quantization = False  # bitsandbytes를 임포트했다면 True로 변경
```

```
with open("./data/crimeandpunishment.txt", "r", encoding="utf-8") as f:   ← 데이터셋을 준비한다.[9]
    text = f.read()

chars = sorted(list(set(text)))          ← 문자 기반 유사 토큰화(pseudo-tokenization)
utt2int = {ch: i for i, ch in enumerate(chars)}
int2utt = {i: ch for i, ch in enumerate(chars)}
data = torch.tensor(encode(text), dtype=torch.long)
n = int(0.9 * len(data))
train_data = data[:n]
val_data = data[n:]
model = GPT().to(device)          ← 모델 인스턴스를 생성하고, 확인을 위해 모델 매개변수들을 출력한다.
print("Instantiated Model")
print(
    sum(param.numel() for param in model.parameters()) / 1e6,
    "Model parameters",
)
optimizer = (
    torch.optim.AdamW(model.parameters(), lr=learning_rate)
    if not doing_quantization
    else bnb.optim.Adam(model.parameters(), lr=learning_rate)
)
print("Instantiated Optimizer")
model, optimizer, train_data = accelerator.prepare(
    model, optimizer, train_data
)
print("Prepared model, optimizer, and data")
for iter in range(max_iters):          ← 훈련 블록
    print(f"Running Epoch {iter}")
    if iter % eval_interval == 0 or iter == max_iters - 1:
        losses = estimate_loss()
        print(
            f"| step {iter}: train loss {losses['train']:.4f} "
            "| validation loss {losses['val']:.4f} |"
        )
    xb, yb = get_batch("train")
    logits, loss = model(xb, yb)
```

9 (옮긴이) `crimeandpunishment.txt` 파일의 크기는 약 1MB이다. 이 책의 깃허브 저장소를 `git clone`으로 복제한 경우 이 파일에는 실제 파일에 대한 정보만 담겨 있을 수 있다. 그런 경우 `git lfs pull`을 실행해서 실제 파일을 가져와야 한다.

```
        optimizer.zero_grad(set_to_none=True)
        accelerator.backward(loss)
        optimizer.step()
model_dir = "./models/scratchGPT/"                  ← 모델을 저장할 디렉터리를 만든다.
if not os.path.exists(model_dir):
        os.makedirs(model_dir)
model_path = model_dir + "model.pt"                 ← 모델을 저장한다.
torch.save(
        model.state_dict(),
        model_path,
)
loaded = GPT().load_state_dict(model_path)          ← 저장된 모델을 불러온다.
context = torch.zeros((1, 1), dtype=torch.long, device=device)     ← 불러온 모델을 테스트한다.
print(decode(loaded.generate(context, max_new_tokens=500)[0].tolist()))
```

예제 5.1은 GPT 계열 모델의 구성요소들을 레고 블록처럼 조립하는 방식을 보여준다. 또한 2장의 언어 모델링 논의를 연상시키는 훈련 루프도 제시한다. 이 예제는 생성형 사전 훈련(generative pretraining)의 처음 절반을 보여줄 뿐만 아니라, 문자 기반 모델링(합성곱 방식이든 아니든)이 언어 모델링에 부적합한 이유도 말해준다. 단언컨대, 문자 기반 모델링은 최적의 방법이 아니다. 모델을 아무리 조정해도, 알파벳 자체에는 통계적으로 유의미한 결과를 낼 만큼 충분한 정보가 없다. 언어학의 관점에서 이는 당연하다. 알파벳과 철자법은 일반적으로 인간이 생성한 의미를 표현하는 수단일 뿐, 의미 자체를 담고 있지는 않기 때문이다.

의미 정보를 좀 더 잘 포착하는 몇 가지 방법이 있다. 단어나 하위 단어, 또는 문장 수준의 토큰화를 통해 토큰화 캡처 범위를 늘리면 된다. 또한 여러분이 원하는 특정한 작업에 모델을 적응(adaptation)시키기 전에, 가능한 한 많은 표현을 모델이 배우도록 사전 훈련을 충분히 진행하는 것도 한 방법이다. 그럼 이 두 단계를 결합하면 모델의 성능에 어떤 이점이 있는지 살펴보자.

5.2.2 전이 학습(미세조정)

전이 학습(transfer learning)은 머신러닝의 필수적인 접근 방식이며, LLM 훈련의 초석이다. 전이 학습은 하나의 문제(원본 도메인)에 대해 학습한 지식을 그와 관련된 다른 문제(대상 도메인)에 재사용할 수 있다는 개념에 기반한다. LLM의 맥락에서 이는 일반적으로 대규모의 다양성이 높은 데이터셋으로 훈련한 사전 훈련 모델(pretrained model)을 더 구체적인 작업이나 도메인에 맞춰 조정하는 것을 의미한다.

전이 학습의 첫 단계에서는 위키백과, 책, 인터넷 전체 같은 대규모 범용 말뭉치로 LLM을 훈련한다. 이 사전 훈련 단계를 통해 모델은 광범위한 주제의 다양한 언어 패턴과 뉘앙스를 학습한다. 여기서 목표는 구문, 의미론 및 세상에 대한 지식을 폭넓게 이해하는 보편적인 언어 표현을 배우는 것이다. 이런 훈련을 여러 번 반복해야 하는 경우가 많으므로, 사전 훈련 단계 전체에는 상당한 컴퓨팅 자원이 필요하다. 그래서 오픈AI나 허깅 페이스 같은 단체가 제공하는 사전 훈련 모델을 사용하는 것이 실용적이다.

사전 훈련을 마친 다음에는 특정 작업이나 도메인에 맞추어서 LLM을 갱신한다. 이 갱신 과정에서 모델의 범용 언어 이해 능력이 감정 분석, 텍스트 분류 또는 질의응답과 같은 더 구체적인 작업에 맞춰 조정된다. 갱신 과정에서는 의도한 작업에 특화된 훨씬 작은 데이터셋으로 모델을 훈련하므로, 초기의 사전 훈련 단계보다 훨씬 적은 컴퓨팅 자원을 필요로 한다. 사전 훈련 과정에서 얻은 방대한 지식을 전이 학습을 통해 특정 작업에 적응시킨 모델이 해당 작업을 위해 밑바닥부터 훈련한 모델보다 우수한 성능을 보이는 경우가 많다. 이러한 전이 학습 과정은 최근 몇 년 동안 자연어 처리(NLP) 분야의 많은 발전을 이끌었다.

미세조정

전이 학습을 수행하는 구체적인 기법은 여러 가지이지만, LLM에서 가장 중요한 기법은 바로 미세조정(finetuning)이다. LLM의 미세조정은 이미 대규모 일반 말뭉치로 훈련한 사전 훈련 모델을 특정 작업을 수행하도록, 또는 특정 데이터 도메인을 이해하도록 적응시키는 과정을 말한다.

이 기법은 기본 모델이 이미 언어에 대해 상당한 지식을 학습했다는 사실을 이용한다. 덕분에 대규모 모델의 이점을 계산 비용과 시간 소모 없이 활용할 수 있다. 미세조정 과정은 모델의 기존 지식을 특정 작업이나 영역에 맞춰 조정하여 특정 사용 사례에 더 적합하게 만든다. 이미 언어를 잘 이해하는 일반 전문가에게 특정 직무에 대한 전문 교육을 제공하는 것과 같다. 이 접근 방식은 밑바닥부터 모델을 훈련하는 것보다 계산 요구사항과 훈련 시간이 크게 줄어들기 때문에 대부분의 사용자에게 더 적합하다.

미세조정의 첫 단계는 적절한 사전 훈련 모델을 선택하는 것이다. 이 선택은 모델이 수행해야 하는 특정 작업과 사용 가능한 자원에 따라 달라진다. 여러분의 모델이 어떤 식으로 행동하길 원하는지를 명확히 하고, 그 행동 방식(behavior)과 잘 맞는 사전 훈련 모델을 선택해야 할 것이다. 사전 훈련 모델을 선택한 후에는 모델이 학습할 구체적인 데이터셋을 준비하는 것이 중요하다. 예를 들어 모델을 의학 용어를 이해하도록 미세조정하려는 경우라면 의학 텍스트 모음이 그러한 데이터셋이 될 것이다. 해당 데이터는 모델의 사전 훈련에 쓰인 것과 호환되는 방식으로 전처리하고 토큰화해야 한다.

미세조정 과정의 핵심은 준비된 데이터셋으로 모델을 훈련하는 것이다. 이 훈련 과정은 모델을 밑바닥부터 훈련할 때와 비슷하되, 모델의 기존 지식을 새로운 데이터에 더 잘 맞도록 조정하는 것이 목표이다. 일반적으로 이 미세조정 과정에서는 원래의 훈련 과정보다 학습률(learning rate)을 낮게 설정한다. 이는 모델이 이전에 학습한 지식을 잊어버리지 않게 하기 위한 것이다. 미세조정을 마친 후에는 별도의 데이터셋으로 모델을 평가해서, 해당 영역에서 모델이 아직 보지 못한 데이터에 대해서도 모델이 잘 일반화되는지 검증한다. 밑바닥부터 모델을 훈련할 때처럼, 모델이 원하는 수준의 성능을 보이려면 이러한 과정을 여러 번 반복해야 할 수 있다. 그렇지만 미세조정은 방대한 자원이나 계산 시간 없이도 특정 작업이나 영역에 LLM의 기능을 활용할 수 있는 방법을 제공한다. 그림 5.3에 이상의 과정이 정리되어 있다.

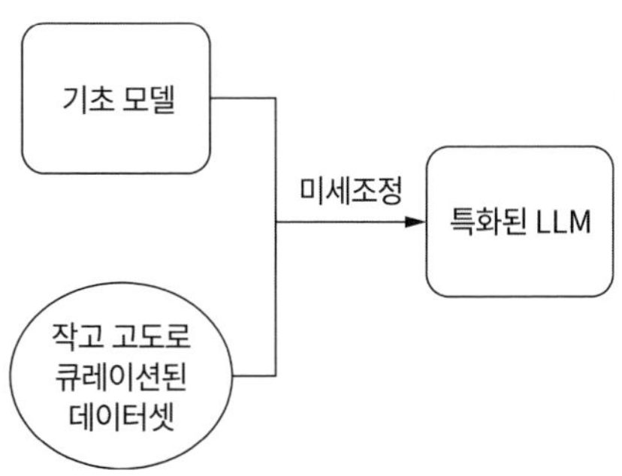

그림 5.3 밑바닥부터 훈련할 때와는 달리 미세조정에서는 모델의 행동 방식을 정의할 필요가 없다. 훈련 루프는 밑바닥부터 훈련할 때의 것을 재사용할 수 있는데, 데이터 요구량은 훨씬 적다.

예제 5.2의 코드는 GPT 모델을 미세조정하는 방법을 보여준다. 이 예제 코드가 예제 5.1보다 훨씬 적다는 점에 주목하자. 아키텍처나 토크나이저를 따로 정의할 필요가 없다. 원래 모델의 것을 그대로 사용하면 된다. 기본적으로 가중치와 임베딩이 이미 정의되어 있기 때문에 그 부분은 건너뛰어도 된다.

예제 5.2 미세조정 예제

```
import os
from transformers import (
    GPT2Tokenizer,
    GPT2LMHeadModel,
    GPT2Config,
    DataCollatorForLanguageModeling,
    TrainingArguments,
    Trainer,
)
```

```
from datasets import load_dataset

dataset = load_dataset("text", data_files="./data/crimeandpunishment.txt")  ← 데이터셋을 불러와서 적절한 형식으로 변환한다.
dataset = dataset.filter(lambda sentence: len(sentence["text"]) > 1)
print(dataset["train"][0])

model_dir = "./models/betterGPT/"  ← 모델을 저장할 디렉터리를 만든다.
if not os.path.exists(model_dir):
    os.makedirs(model_dir)
config = GPT2Config(  ← GPT-2 매개변수들을 설정한다(논문 및 scratchGPT의 설정과는 다름).
    vocab_size=50261,
    n_positions=256,
    n_embd=768,
    activation_function="gelu",
)

tokenizer = GPT2Tokenizer.from_pretrained("gpt2")  ← 토크나이저를 인스턴스화하고 특수 토큰들을 정의한다.
special_tokens_dict = {
    "bos_token": "<BOS>",
    "eos_token": "<EOS>",
    "pad_token": "<PAD>",
    "mask_token": "<MASK>", # 마스크 언어 모델링 - 가려진 단어의
                            # 추측을 위한 <MASK> 토큰을 추가한다.
}
tokenizer.add_special_tokens(special_tokens_dict)

model = GPT2LMHeadModel.from_pretrained(  ← 준비된 설정(config)으로 모델을 인스턴스화한다.
    "gpt2", config=config, ignore_mismatched_sizes=True
)


def tokenize(batch):  ← 토큰화 함수
    return tokenizer(
        str(batch), padding="max_length", truncation=True, max_length=256
    )


tokenized_dataset = dataset.map(tokenize, batched=False)  ← 데이터셋 전체를 토큰화해 둔다(매번 다시 토큰화할 필요가 없도록).
print(f"Tokenized: {tokenized_dataset['train'][0]}")
```

```
data_collator = DataCollatorForLanguageModeling( ←— 훈련 데이터 형식을 지정하는 데이터 콜레이터 객체를 생성한다.
    tokenizer=tokenizer, mlm=True, mlm_probability=0.15
)

train_args = TrainingArguments(            ←——— 훈련 인수들을 설정한다.
    output_dir=model_dir,
    num_train_epochs=1,
    per_device_train_batch_size=8,
    save_steps=5000,
    save_total_limit=2,
    report_to="none",
)

trainer = Trainer(             ←——— 훈련기(trainer) 인스턴스를 생성한다.
    model=model,
    args=train_args,
    data_collator=data_collator,
    train_dataset=tokenized_dataset["train"],
)

trainer.train()                 ←——— 모델을 훈련하고 저장한다.
trainer.save_model(model_dir)
tokenizer.save_pretrained()

model = GPT2LMHeadModel.from_pretrained(model_dir)        ←——— 저장된 모델을 불러온다.
input = "To be or not"                                          ←——— 불러온 모델을 테스트해 본다.
tokenized_inputs = tokenizer(input, return_tensors="pt")
out = model.generate(
    input_ids=tokenized_inputs["input_ids"],
    attention_mask=tokenized_inputs["attention_mask"],
    max_length=256,
    num_beams=5,
    temperature=0.7,
    top_k=50,
    top_p=0.90,
    no_repeat_ngram_size=2,
)
print(tokenizer.decode(out[0], skip_special_tokens=True))
```

예제 5.1과 예제 5.2를 비교해 보기 바란다. 활성화 함수를 제외하면 코드의 구성이 거의 동일하다. 그리고 훈련에 사용한 데이터셋은 완전히 같다. 하지만 예제 5.2의 모델이 성능이 훨씬 좋다. 첫 모델(예제 5.1)은 부족한 데이터를 이용해서 밑바닥부터 훈련했지만, 둘째 모델은 사전 훈련된 GPT-2 모델을 미세조정했기 때문이다. 하지만 GPT-2 자체가 지금 기준으로 그리 강력한 모델은 아니다. 통계적으로 결정된 의미 단위 중 어떤 것이 함께 나타날 가능성이 가장 높은지 파악하는 데 도움이 되도록 문자 기반 대신 하위 단어 BPE 토큰화를 사용하긴 했지만, 테스트로 생성한 문장들을 보면 GPT-2가 긴 내러티브를 생성하는 데에는 여전히 어려움을 겪는다는 점을 알 수 있다.

오픈AI 미세조정

앞에서 우리는 GPT 모델을 밑바닥부터 훈련했고, 사전 훈련된 GPT-2를 미세조정하기도 했다. 하지만 오픈AI의 더 큰 GPT 모델을 시험해 보고 싶은 독자가 많을 것이다. 오픈AI의 모델들은 모두 독점 모델(proprietary model)이지만, 오픈AI는 GPT 계열 모델들을 미세조정할 수 있는 API를 제공한다. 이 글을 쓰는 현재 오픈AI의 API로 미세조정할 수 있는 모델은 세 가지인데, 차차 더 많은 모델로 확장될 것이다.[10] 상세한 미세조정 가이드가 `https://platform.openai.com/docs/guides/fine-tuning`에 있으니 참고하기 바란다. 오픈AI가 요구하는 형식으로 데이터셋을 준비하기만 한다면 미세조정을 진행하는 코드 자체는 아주 간단하다. 주요 과정을 예제 코드와 함께 살펴보자.

```
import os
from openai import OpenAI

client = OpenAI()
client.api_key = os.getenv("OPENAI_API_KEY")
client.files.create(
  file=open("mydata.jsonl", "rb"),
  purpose='fine-tune'
)
```

이 코드 조각은 오픈AI가 요구하는 형식의 훈련 데이터셋을 업로드한다. 미세조정을 위해서는 `purpose`를 'fine-tune'으로 설정해야 한다. 이 코드는 파일을 업로드할 뿐이다. 미세조정을 실제로 진행하려면 다음과 같이 미세조정 작업(job)을 생성해야 한다.

10 (옮긴이) 2025년 34월 현재 총 6종의 모델을 미세조정할 수 있다. GPT-3 계열 3종과 GPT-4 계열 3종이다.

```
client.fine_tuning.jobs.create(training_file="file-abc123", model="gpt-3.5-turbo")
```

`client.fine_tuning.jobs.create()` 호출 시 앞에서 업로드한 훈련 데이터셋 파일의 식별자와 미세조정할 모델의 식별자를 지정했음을 주목하자.[11] 미세조정이 완료된 후에는 사전 훈련 모델의 이름 대신 미세조정된 모델의 이름을 지정해서 모델을 사용하면 된다.[12] 아래는 미세조정된 모델을 통상적인 대화 완성에 사용하는 예이다.

```
completion = client.chat.completion.create(
  model="ft:gpt-3.5-turbo:my-org:custom_suffix:id",
  messages=[
    {"role": "system", "content": "You are a helpful assistant."},
    {"role": "user", "content": "Hello!"}
  ]
)
print(completion.choices[0].message)
```

오픈AI 모델 미세조정은 이처럼 간단하다. 시간도 오래 걸리지 않는다. 업로드한 데이터는 개인정보로서 보호된다(2023년 3월 기준). 물론 미세조정 과정은 전적으로 오픈AI 서버에서 내부적으로 처리되므로, 기본적인 미세조정 이상의 작업을 수행하려면 여러분이 직접 처리해야 한다. 잠시 후에 그런 방법을 살펴보고, 좀 더 세밀한 모델과 더 복잡한 작업에 도움이 되는 고급 기법들도 이야기하겠다.

5.2.3 프롬프팅

LLM이 기존의 ML(머신러닝) 모델보다 강력한 주된 이유 중 하나는 실행 시점에서 훈련할 수 있다는 점이다. 일련의 명령 혹은 지시사항들을 제시하면 LLM은 그 지시사항들을 충실히 따른다. 이 기법을 프롬프팅prompting이라고 하는데, 흔히 LLM이 특정한 성격과 형식의 결과를 출력하도록 유도하는 데 쓰인다. 프롬프트는 간단히 말해서 사용자가 모델에 제공하는 초기 입력인데, 주로는 모델이 수행해야 할 작업에 대한 문맥이나 지시사항을 담는다. 예를 들어 "다음 영어 텍스트를 프랑스어로 번역하세요"나 "다음 기사를 요약하세요"가 프롬프트이다. 프롬프팅은 LLM의 맥락에서 더욱 중요하다. LLM은 특정 작업을 수행하도록 명시적으로 프로그래밍된 것이 아니라, 주어진 프롬프트를 기반으로 다양한 작업에 응답하는 법을 학습한 것이기 때문이다.

11 (옮긴이) 훈련 데이터셋 파일 식별자는 파일 경로가 아니라 오픈AI 저장소에 등록된 고유한 파일 식별자이다. `client.files.create()` 호출의 반환값이나 오픈AI 대시보드(`https://platform.openai.com/logs`)의 Storage 섹션에서 확인할 수 있다.

12 (옮긴이) 미세조정 작업 결과는 오픈AI 대시보드의 Fine-tuning 섹션에서 확인할 수 있다. 해당 모델 이름을 아래 코드의 `model` 변수에 넣어야 한다.

프롬프트 엔지니어링prompt engineering은 모델의 행동을 유도하는 효과적인 프롬프트를 만드는 과정을 의미한다. 목표는 모델이 가장 바람직하거나 유용한 출력을 제공하도록 유도하는 프롬프트를 생성하는 것이다. 프롬프트를 표현하는 방식을 약간만 변경해도 모델의 응답이 크게 달라질 수 있으므로 프롬프트 엔지니어링은 겉보기보다 복잡할 수 있다. 인기 있는 프롬프트 엔지니어링 전략으로는 프롬프트를 좀 더 명시적으로 작성하거나, 원하는 출력의 예를 제공하거나, 최상의 결과를 얻기 위해 프롬프트를 다양한 방식으로 바꿔 표현하는 것 등이 있다. 프롬프트 엔지니어링은 모델의 기능과 한계에 대한 깊은 이해가 필요한 예술과 과학의 혼합체이다.

이번 장의 초점은 배포 이전 단계인 훈련과 미세조정이지만, 프롬프팅을 언급하지 않고 넘어갈 수는 없었다. 프롬프팅은 7장에서 훨씬 더 자세히 다룰 것이다.

5.3 고급 훈련 기법들

기본 사항을 익혔으니 이제 몇 가지 고급 기법을 살펴보자. 이번 절에서 소개할 기법들은 생성된 텍스트 출력의 개선, 모델 축소, 지속적 훈련 제공, 훈련 속도 향상, 비용 절감 등 다양한 이유로 개발되었다. 조직의 필요에 따라서는 다른 훈련 솔루션이 필요할 수 있다. 이번 절의 기법들이 전부는 아니지만, 이 기법들이 자주 사용되며 프로덕션에 배포할 모델을 준비할 때 유용한 도구가 될 것이다.

고전적인 ML 모델 훈련의 배경지식

미세조정 과정을 개선하는 기법들을 잘 이해하려면 약간의 배경지식이 필요하다. 여기서 ML 모델 훈련의 전체 과정을 다루지는 않겠다. 다만, 이 분야를 처음 접하는 독자라면 실험 과정에서 흔히 만나게 되는 몇 가지 고전적인 학습 패러다임인 지도 학습, 비지도 학습, 적대적 학습, 강화학습을 알아 둘 필요가 있다.

- 지도 학습(supervised learning)은 입력에 대한 모델의 예측 결과를 미리 정해둔 '정답'과 비교해서 모델을 훈련한다. 따라서 훈련 데이터를 준비할 때 바람직한 예측 결과(정답)에 해당하는 레이블들도 수집해야 한다.
- 비지도 학습(unsupervised learning)은 데이터 자체에서 유사성을 탐색하고 그에 기반해서 데이터를 군집화하는 방식이다. 따라서 레이블들을 따로 마련할 필요가 없다.
- 적대적 학습(adversarial learning)은 생성 적대 신경망(generative adversarial network, GAN)을 훈련하는 데 사용된다. 일반적으로 비평가(Critic) 모델과 위조자(Forger) 모델이라는 두 모델이 관련된다. 기본적으로 이 두 모델은 서로 게임을 한다. 위조자는 이상적인 출력을 복사하려고 시도하고, 비평가는 위조가 만든 것이 진짜인지 판별하려고 시도한다.

- 강화학습(Reinforcement learning, RL)은 모델이 학습할 사전 정의된 레이블을 사용하는 대신 보상 함수를 설정한다. 모델의 행동을 측정하여 해당 함수를 기반으로 보상을 제공한다.

모든 LLM은 이러한 학습 방법 중 하나 이상을 사용하여 훈련한다. 모든 학습 방법을 올바르게 수행했다면 높은 수준의 성능을 가진 모델이 만들어질 것이다. 하지만 이번 장에서 논의하는 훈련 기법들은 이러한 기본적인 기법들과는 다르다. 이번 장의 기법들은 모델에 약간의 인간 입력을 추가하는 것부터 출력 비교, 모델의 행렬 곱셈 방식 변경에 이르기까지 다양하다.

5.3.1 프롬프트 조정

2장에서 화용론을 이야기했는데, 다시 한번 언급하자면 언어 모델은 작업과 기대치에 관한 실세계(real-world)의 비의미적 문맥(nonsemantic context)이 주어질 때 더 나은 성능을 보인다. 모든 언어 모델링 기법에 깔린 기본 가정은, 언어 모델은 주어진 입력과 예상 출력으로부터 자신이 해야 할 작업을 파악할 수 있으며, 그 작업을 자신이 가진 매개변수들의 한계 안에서 최선의 방법으로 수행하려 한다는 것이다.

모델이 작업과 작업 완수 방법 둘 다를 데이터로부터 추론한다는 아이디어가 유망해 보였지만, BERT에서 시작해서 모든 T5 모델, 그리고 현재의 모든 LLM에 이르기까지 모델에 예상 작업과 작업 해결을 위한 관련 문맥 정보를 제공하면 모델 성능이 크게 향상된다는 사실이 거듭 확인되었다. 이미 2021년에 구글 리서치, 딥마인드^DeepMind^, 오픈AI는 모두 프롬프트 조정(prompt tuning), 즉 훈련 도중 모델에 화용론적 문맥을 제공하는 것에 관한 논문을 발표했다. 프롬프트 조정의 이점은 모델이 훈련 중에 수렴하는 데 필요한 데이터양이 줄어든다는 점, 그리고 더욱 흥미롭게는 완전히 동결된(frozen; 고정된) 언어 모델을 전체 재훈련 또는 전체 미세조정 없이도 새로운 작업에 재사용할 수 있다는 점이다.

LLM(대규모 언어 모델)은 이름이 말해 주듯이 규모가 매우 크다(게다가 점점 더 커지고 있다). 그래서 공유하기가 어렵고, 주어진 작업에 대한 성능을 보장하기도 어려워지고 있다(애초에 원래 훈련 시 의도한 작업에서조차도). 프롬프트 조정은 큰 비용을 들이지 않고 모델을 올바른 방향으로 은근슬쩍 유도하는 효과를 낸다. 그림 5.4는 프롬프트 조정 과정을 도식화한 것이다.

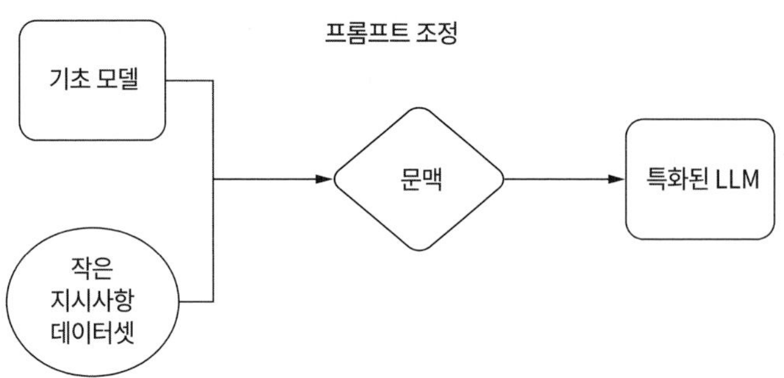

그림 5.4 프롬프트 조정은 기초 모델의 언어 이해 능력의 대부분을 그대로 유지하기 위해 미세조정을 거의 다 생략한다. 대신 모델이 특정 입력에 응답하는 방식을 변경하는 데 중점을 둔다.

예제 5.3은 Big Science BLOOMZ 모델의 소규모 변형에 프롬프트 조정을 적용하는 방법을 보여준다. BLOOMZ 모델들은 LLM 분야에서 초기 경쟁자로 등장했는데, 수학적으로는 타당했지만 사람들이 선호하는 출력을 생성하지 못해서 커뮤니티의 관심이나 추진력을 얻는 데 어려움을 겪었다. 프롬프트 조정은 예제 5.2에서 사용한 표준적인 미세조정과 그 구조가 크게 다르지 않으므로, 이 예제에서는 PEFT(Parameter-Efficient Fine-Tuning; 매개변수 효율적 미세조정)를 수행하기로 한다. PEFT는 변경해야 할 모델 매개변수들을 결정하는 데 필요한 메모리 양을 크게 줄여주는 기법이다.

예제 5.3 프롬프트 조정의 예

```
import os
from transformers import (
    AutoModelForCausalLM,
    AutoTokenizer,
    default_data_collator,
    get_linear_schedule_with_warmup,
)
from peft import (
    get_peft_model,
    PromptTuningInit,
    PromptTuningConfig,
    TaskType,
)
import torch
from datasets import load_dataset
from torch.utils.data import DataLoader
from tqdm import tqdm
```

```
def preprocess_function(examples):    ◀── 텍스트 전처리 보조 함수. 바로 훈련 파트로 건너뛰어도 됨.
    batch_size = len(examples[text_column])
    inputs = [
        f"{text_column} : {x} Label : " for x in examples[text_column]
    ]
    targets = [str(x) for x in examples[label_column]]
    model_inputs = tokenizer(inputs)
    labels = tokenizer(targets)

    for i in range(batch_size):
        sample_input_ids = model_inputs["input_ids"][i]
        label_input_ids = labels["input_ids"][i] + [tokenizer.pad_token_id]
        model_inputs["input_ids"][i] = sample_input_ids + label_input_ids
        labels["input_ids"][i] = [-100] * len(
            sample_input_ids
        ) + label_input_ids
        model_inputs["attention_mask"][i] = [1] * len(
            model_inputs["input_ids"][i]
        )
    for i in range(batch_size):
        sample_input_ids = model_inputs["input_ids"][i]
        label_input_ids = labels["input_ids"][i]
        model_inputs["input_ids"][i] = [tokenizer.pad_token_id] * (
            max_length - len(sample_input_ids)
        ) + sample_input_ids
        model_inputs["attention_mask"][i] = [0] * (
            max_length - len(sample_input_ids)
        ) + model_inputs["attention_mask"][i]
        labels["input_ids"][i] = [-100] * (
            max_length - len(sample_input_ids)
        ) + label_input_ids
        model_inputs["input_ids"][i] = torch.tensor(
            model_inputs["input_ids"][i][:max_length]
        )
        model_inputs["attention_mask"][i] = torch.tensor(
            model_inputs["attention_mask"][i][:max_length]
        )
        labels["input_ids"][i] = torch.tensor(
            labels["input_ids"][i][:max_length]
        )
```

```
    model_inputs["labels"] = labels["input_ids"]
    return model_inputs

if __name__ == "__main__":                    ← 모델 프롬프트 조정
    # 훈련 인수들을 설정한다.
    device = "cuda"
    model_name_or_path = "bigscience/bloomz-560m"
    tokenizer_name_or_path = "bigscience/bloomz-560m"
    dataset_name = "twitter_complaints"
    text_column = "Tweet text"
    label_column = "text_label"
    max_length = 64
    lr = 3e-2
    num_epochs = 1
    batch_size = 8

    peft_config = PromptTuningConfig(         ← 프롬프트 조정을 위한 설정 객체를 정의한다.
                                                초기 텍스트(prompt_tuning_init_text)에 주목하자.
        task_type=TaskType.CAUSAL_LM,
        prompt_tuning_init=PromptTuningInit.TEXT,
        num_virtual_tokens=8,
        prompt_tuning_init_text="Classify if the tweet "
        "is a complaint or not:",
        tokenizer_name_or_path=model_name_or_path,
    )
    checkpoint_name = (
        f"{dataset_name}_{model_name_or_path}"
        f"_{peft_config.peft_type}_{peft_config.task_type}_v1.pt".replace(
            "/", "_"
        )
    )
    dataset = load_dataset("ought/raft", dataset_name)      ← 데이터셋을 불러온다.
    print(f"Dataset 1: {dataset['train'][0]}")

    classes = [                    ← 데이터셋에 레이블들을 추가한다.
        label.replace("_", " ")
        for label in dataset["train"].features["Label"].names
    ]
    dataset = dataset.map(
        lambda x: {"text_label": [classes[label] for label in x["Label"]]},
```

```
    batched=True,
    num_proc=1,
)
print(f"Dataset 2: {dataset['train'][0]}")

tokenizer = AutoTokenizer.from_pretrained(model_name_or_path)    ← 토크나이저를 생성한다.
if tokenizer.pad_token_id is None:
    tokenizer.pad_token_id = tokenizer.eos_token_id
target_max_length = max(
    [
        len(tokenizer(class_label)["input_ids"])
        for class_label in classes
    ]
)
print(f"Target Max Length: {target_max_length}")

processed_datasets = dataset.map(    ← 데이터셋을 토큰화하고 전처리한다.
    preprocess_function,
    batched=True,
    num_proc=1,
    remove_columns=dataset["train"].column_names,
    load_from_cache_file=False,
    desc="Running tokenizer on dataset",
)

train_dataset = processed_datasets["train"]    ← 데이터 로더(data loader)를 준비한다.
eval_dataset = processed_datasets["test"]

train_dataloader = DataLoader(
    train_dataset,
    shuffle=True,
    collate_fn=default_data_collator,
    batch_size=batch_size,
    pin_memory=True,
)
eval_dataloader = DataLoader(
    eval_dataset,
    collate_fn=default_data_collator,
    batch_size=batch_size,
```

```
    pin_memory=True,
)
model = AutoModelForCausalLM.from_pretrained(model_name_or_path)      ← 기초 모델을 불러온다.
model = get_peft_model(model, peft_config)
print(model.print_trainable_parameters())
model = model.to(device)

optimizer = torch.optim.AdamW(model.parameters(), lr=lr)      ← 옵티마이저를 정의한다.
lr_scheduler = get_linear_schedule_with_warmup(
    optimizer=optimizer,
    num_warmup_steps=0,
    num_training_steps=(len(train_dataloader) * num_epochs),
)

for epoch in range(num_epochs):      ← 훈련 루프
    model.train()
    total_loss = 0
    for step, batch in enumerate(tqdm(train_dataloader)):
        batch = {k: v.to(device) for k, v in batch.items()}
        outputs = model(**batch)
        loss = outputs.loss
        total_loss += loss.detach().float()
        loss.backward()
        optimizer.step()
        lr_scheduler.step()
        optimizer.zero_grad()

    model.eval()
    eval_loss = 0
    eval_preds = []
    for step, batch in enumerate(tqdm(eval_dataloader)):
        batch = {k: v.to(device) for k, v in batch.items()}
        with torch.no_grad():
            outputs = model(**batch)
        loss = outputs.loss
        eval_loss += loss.detach().float()
        eval_preds.extend(
            tokenizer.batch_decode(
                torch.argmax(outputs.logits, -1).detach().cpu().numpy(),
                skip_special_tokens=True,
```

```
            )
        )

    eval_epoch_loss = eval_loss / len(eval_dataloader)
    eval_ppl = torch.exp(eval_epoch_loss)
    train_epoch_loss = total_loss / len(train_dataloader)
    train_ppl = torch.exp(train_epoch_loss)
    print(
        f"{epoch=}: {train_ppl=} {train_epoch_loss=} "
        f"{eval_ppl=} {eval_epoch_loss=}"
    )

model_dir = "./models/PromptTunedPEFT"          ← 모델을 저장할 디렉터리를 만든다.
if not os.path.exists(model_dir):
    os.makedirs(model_dir)

tokenizer.save_pretrained(model_dir)            ← 저장
model.save_pretrained(model_dir)

with torch.no_grad():            ← 추론
    inputs = tokenizer(
        f'{text_column} : {{"@nationalgridus I have no water and '
        "the bill is current and paid. Can you do something about "
        'this?"}} Label : ',
        return_tensors="pt",
    )

    inputs = {k: v.to(device) for k, v in inputs.items()}
    outputs = model.generate(
        input_ids=inputs["input_ids"],
        attention_mask=inputs["attention_mask"],
        max_new_tokens=10,
        eos_token_id=3,
    )
    print(
        tokenizer.batch_decode(
            outputs.detach().cpu().numpy(), skip_special_tokens=True
        )
    )
```

변경된 설정 외에 예제 5.2와 5.3의 주요 차이점은, 예제 5.3에서는 각 입력 앞에 일종의 지시사항이 포함된 프롬프트를 추가한다는 점이다. 이는 모든 입력 앞에 작업 접두사(task prefix)를 추가하는 방식을 개척한 T5 훈련 방법을 연상케 한다.[13] 프롬프트 조정은 LLM을 특정 작업과 도메인에 맞게 미세조정하는 강력한 기술로 부상했다. 원하는 출력에 맞춰 프롬프트를 조정하고 성능 향상을 위해 최적화하면 모델을 더욱 다재다능하고 효과적으로 만들 수 있다. 그러나 LLM의 규모와 복잡성이 증가함에 따라 특정 작업에 대해 효율적으로 미세조정하는 것이 점점 더 어려워지고 있다. 이 문제를 해결하기 위해 등장한 것이 바로 지식 증류이다. 따라서 다음 절에서는 지식 증류를 살펴본다. 지식 증류를 이용하면, 고도로 조정된 대규모 모델의 지식과 전문성을 더 작은 모델로 전달할 수 있다. 성능이 비슷하면서도 크기가 작은 모델이 있으면 용도나 배포 시나리오가 훨씬 다양해진다. 프롬프트 조정과 지식 증류는 현대적인 LLM의 잠재력을 최대한 활용하기 위한 기법 중 가장 두드러진 두 기법이다.

5.3.2 지식 증류를 활용한 미세조정

지식 증류(knowledge distillation)는 LLM을 더 효율적으로 미세조정할 수 있는 고급 기술이다. 지식 증류에서는 하나의 LLM을 직접 미세조정하지 않는다. 그 대신 크고 복잡한 모델(교사 모델)에서 더 작고 단순한 모델(학생 모델)로 지식을 전달한다. 목표는 더 큰 모델의 성능 특성을 유지하면서 자원을 좀 더 효율적으로 사용할 수 있는 더 작은 모델을 만드는 것이다. 그림 5.5는 이 과정을 보여준다.

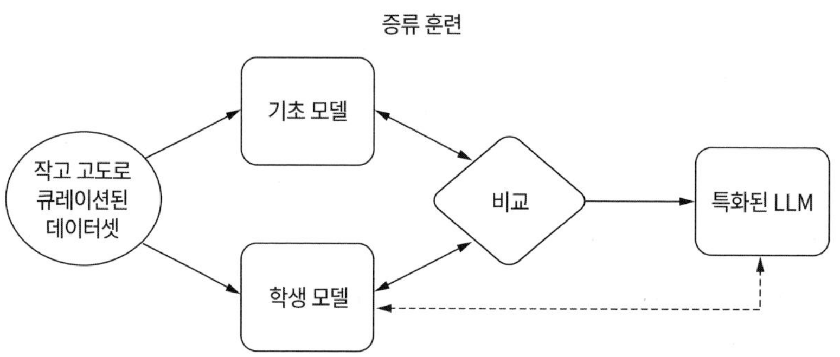

그림 5.5 지식 증류에서는 기초 모델을 교사로 삼아서 더 작은 모델(학생 모델)을 훈련한다. 그러면 더 적은 매개변수로도 교사 모델의 행동 방식을 복제할 수 있다. 학생 모델이 기초 모델의 창발적 특성을 항상 배우는 것은 아니므로, 데이터셋을 잘 선별할 필요가 있다. 그림에서 점선은 학생 모델이 특화된 LLM이 되면서 생기는 특별한 관계를 나타낸다.

13 (옮긴이) T5(Text-to-Text Transfer Transformer)는 2020년에 구글이 발표한 LLM으로, 모든 NLP 작업을 텍스트-투-텍스트 형식으로 통합하는 접근 방식을 취한다. T5 훈련 방법의 핵심은 모든 입력 텍스트 앞에 "translate English to German:"이나 "summarize:" 같은 작업 접두사를 붙이는 것이다.

지식 증류의 첫 단계는 교사 모델로 사용할 사전 훈련 모델을 선택하는 것이다. 교사 모델로는 라마2 70B나 팰콘 180B 등 방대한 데이터로 훈련된 LLM을 사용할 수 있다. 교사 모델을 선택한 다음에는 학생 모델로 사용할 더 작은 모델을 선택 또는 생성해야 한다. 학생 모델은 교사 모델과 아키텍처는 유사하되 신경망 층 수나 차원 수는 더 적어야 한다(교사 모델보다 더 작은 모델이어야 하므로).

두 모델을 선택한 다음에는 학생 모델을 교사 모델과 동일한 작업에 대해 훈련한다. 단, 학생 모델이 원시 데이터를 직접 배우는 것이 아니라, 교사 모델의 출력을 모방하는 법을 배우도록 한다. 이 훈련은 일반적으로 학생 모델의 예측이 교사 모델의 예측과 유사하도록 유도하는 항(term)을 손실 함수에 추가해서 수행한다. 결과적으로 학생 모델은 작업별 레이블들로부터 배울 뿐만 아니라, 교사 모델이 학습한 풍부한 표현도 배우게 된다.

증류 과정이 완료되면 교사 모델의 해당 작업을 수행할 수 있는 능력을 가진, 그렇지만 크기와 계산 비용이 교사 모델보다 훨씬 작은 학생 모델이 생긴다. 필요하다면 증류된 학생 모델을 특정 작업이나 데이터셋에 대해 추가로 미세조정할 수 있다. 이처럼 지식 증류로 LLM의 크기를 줄이면 계산 자원이나 응답 시간이 좀 더 제한된 상황에서도 LLM의 능력을 활용할 수 있게 된다.

예제 5.4는 지식 증류의 예인데, DistilBERT 개발자들이 BERT 모델에 지식 증류를 적용해서 DistilBERT를 만든 것과 본질적으로 동일한 과정을 보여준다. 일반적인 미세조정과 달리 지식 증류에서는 모델의 크기와 성능에 주의해야 한다. 모델이 작아지면 성능도 작아질 수밖에 없지만, 그래도 크기가 성능보다 훨씬 빠르게 감소하므로 이득이다.

예제 5.4 지식 증류의 예

```
import os
from transformers import (
    AutoTokenizer,
    TrainingArguments,
    Trainer,
    AutoModelForSequenceClassification,
    DataCollatorWithPadding,
)
from datasets import load_dataset, load_metric

import torch
import torch.nn as nn
import torch.nn.functional as F
```

```
import numpy as np

def process(examples):
    tokenized_inputs = tokenizer(
        examples["sentence"], truncation=True, max_length=256
    )
    return tokenized_inputs


def compute_metrics(eval_pred):
    predictions, labels = eval_pred
    predictions = np.argmax(predictions, axis=1)
    acc = accuracy_metric.compute(
        predictions=predictions, references=labels
    )
    return {
        "accuracy": acc["accuracy"],
    }


class DistillationTrainingArguments(TrainingArguments):
    def __init__(self, *args, alpha=0.5, temperature=2.0, **kwargs):
        super().__init__(*args, **kwargs)
        self.alpha = alpha
        self.temperature = temperature


class DistillationTrainer(Trainer):
    def __init__(self, *args, teacher_model=None, **kwargs):
        super().__init__(*args, **kwargs)
        self.teacher = teacher_model
        self._move_model_to_device(self.teacher, self.model.device)   ← 교사 모델과 학생 모델을 같은 장치에 배치한다.
        self.teacher.eval()

    def compute_loss(self, model, inputs, return_outputs=False):
        outputs_student = model(**inputs)   ← 학생 모델의 출력값을 계산한다.
        student_loss = outputs_student.loss
        with torch.no_grad():   ← 교사 모델의 출력값을 계산한다.
            outputs_teacher = self.teacher(**inputs)
```

```
        assert (                                          ← 크기가 같은지 확인한다.
            outputs_student.logits.size() == outputs_teacher.logits.size()
        )

        # 확률 분포를 부드럽게 만들고 증류 손실 값을 계산한다.
        loss_function = nn.KLDivLoss(reduction="batchmean")
        loss_logits = loss_function(
            F.log_softmax(
                outputs_student.logits / self.args.temperature, dim=-1
            ),
            F.softmax(
                outputs_teacher.logits / self.args.temperature, dim=-1
            ),
        ) * (self.args.temperature**2)
        loss = (                                          ← 가중치가 적용된 학생 모델의 손실 값을 구한다.
            self.args.alpha * student_loss
            + (1.0 - self.args.alpha) * loss_logits
        )
        return (loss, outputs_student) if return_outputs else loss


if __name__ == "__main__":
    model_dir = "./models/KDGPT/"                         ← 모델을 저장할 디렉터리를 생성한다.
    if not os.path.exists(model_dir):
        os.makedirs(model_dir)

    student_id = "gpt2"                                   ← 교사 모델과 학생 모델로 사용할 모델 이름들을 설정한다.
    teacher_id = "gpt2-medium"

    teacher_tokenizer = AutoTokenizer.from_pretrained(teacher_id)
    student_tokenizer = AutoTokenizer.from_pretrained(student_id)

    sample = "Here's our sanity check."

    assert teacher_tokenizer(sample) == student_tokenizer(sample), (
        "Tokenizers need to have the same output! "
        f"{teacher_tokenizer(sample)} != {student_tokenizer(sample)}"
    )
    del teacher_tokenizer
```

```
del student_tokenizer                                    ← 훈련 인수들을 설정한다.

tokenizer = AutoTokenizer.from_pretrained(teacher_id)
tokenizer.add_special_tokens({"pad_token": "[PAD]"})

dataset_id = "glue"
dataset_config = "sst2"
dataset = load_dataset(dataset_id, dataset_config)

tokenized_dataset = dataset.map(process, batched=True)
tokenized_dataset = tokenized_dataset.rename_column("label", "labels")

print(tokenized_dataset["test"].features)

labels = tokenized_dataset["train"].features["labels"].names  ← 모델 출력값을 보기 좋게 출력하기 위한 label2id, id2label 딕셔너리를 만든다.
num_labels = len(labels)
label2id, id2label = dict(), dict()
for i, label in enumerate(labels):
    label2id[label] = str(i)
    id2label[str(i)] = label

training_args = DistillationTrainingArguments(
    output_dir=model_dir,
    num_train_epochs=1,
    per_device_train_batch_size=1,
    per_device_eval_batch_size=1,
    fp16=True,
    learning_rate=6e-5,
    seed=8855,
    Evaluation strategies
    evaluation_strategy="epoch",
    save_strategy="epoch",
    save_total_limit=2,
    load_best_model_at_end=True,
    metric_for_best_model="accuracy",
    report_to="none",
    push_to_hub=False,          ← 훈련 후 모델을 허깅 페이스 허브에 자동으로 업로드하지 않도록 한다.
    alpha=0.5,          ← 이것은 지식 증류에 특화된 훈련 인수로, 교사와 학생의 손실 값들을 혼합하는 비율이다.
    temperature=4.0,
```

```
)

data_collator = DataCollatorWithPadding(tokenizer=tokenizer)   ← 데이터 콜레이터를 정의한다.

teacher_model = AutoModelForSequenceClassification.from_pretrained(   ← 모델을 정의한다.
    teacher_id,
    num_labels=num_labels,
    id2label=id2label,
    label2id=label2id,
)

student_model = AutoModelForSequenceClassification.from_pretrained(   ← 학생 모델을 정의한다.
    student_id,
    num_labels=num_labels,
    id2label=id2label,
    label2id=label2id,
)
accuracy_metric = load_metric("accuracy")   ← 지표와 지표 함수를 정의한다.

trainer = DistillationTrainer(
    student_model,
    training_args,
    teacher_model=teacher_model,
    train_dataset=tokenized_dataset["train"],
    eval_dataset=tokenized_dataset["validation"],
    data_collator=data_collator,
    tokenizer=tokenizer,
    compute_metrics=compute_metrics,
)
trainer.train()

trainer.save_model(model_dir)
```

핵심은 손실 값을 계산하는 `compute_loss` 메서드이니 잘 살펴보기 바란다. 이 예가 보여주는 지식 증류는 교사 모델의 귀중한 정보를 더 가벼운 학생 모델(student model)로 전달하는 기술이다. 이 과정에서 교사 모델은 가능한 출력값에 대한 확률 분포를 제공하며, 이 확률 분포는 학생 모델의 훈련을 돕는 '소프트 타깃soft target'으로 작용한다. 지식 증류의 핵심은 이러한 분포의 정렬(alignment)에 있다. 이를 통해 학생 모델이 교사 모델의 예측을 모방할 뿐만 아니라 기본 데이터에 대한 더 깊은 이해를 얻게 된다. 이러한 접근 방식은 학생 모델의 일반화 능력과 다양한 작업에서의 성능을 향상시켜 궁극적으로 더 효율적이고 적응력 있게 만든다.

지식 증류에서 논리적으로 한 단계 더 나아간 기법은 지식 증류에 RLHF(Reinforcement Learning from Human Feedback; 인간 피드백 기반 강화학습)를 도입하는 것이다. 지식 증류는 기존 데이터를 기반으로 예측하는 모델의 능력을 향상하는 반면, RLHF는 사용자 상호작용과 피드백으로부터 직접 학습하도록 한다. 지식 증류와 RLHF의 동적인 조합은 모델의 성능을 더욱 향상할 뿐만 아니라 모델이 지속해서 적응하고 개선할 수 있도록 한다. 강화학습(RL)과 인간 피드백(HF)을 통합한 RLHF는 모델이 실제 시나리오에 적응하고, 진행 중인 입력을 기반으로 의사결정 프로세스를 진화시킬 수 있게 한다. 그런 측면에서 RLHF는 LLM 시스템 개발 방법의 흥미롭고도 자연스러운 발전 방향이라고 할 수 있다.

5.3.3 RLHF(인간 피드백 기반 강화학습)

강화학습에서 가장 어려운 것은 모델 향상에 실제로 도움이 되는 보상 시스템을 만드는 것이다. 이 어려움을 극복하는 한 방법으로 RLHF(reinforcement learning from human feedback), 즉 인간 피드백 기반 강화학습이 등장했다. 실제로 RL을 다뤄 본 독자라면 실제로 작동하는 보상 시스템을 만드는 것이 얼마나 어려운지 알 것이다. 알파스타[AlphaStar]가 나오기 전에 저자 중 한 명은 우주 전쟁 시뮬레이션 게임인 스타크래프트를 플레이하는 자기만의 RL 봇을 만들고 있었다.

 알파스타에 관한 자세한 내용은 https://mng.bz/Dp4a에서 확인할 수 있다.

승패에 기반한 단순한 보상 시스템은 시간이 너무 오래 걸렸기에, 그 저자는 군대 확장에 기반해서 몇 가지 합리적인 중간 보상을 주기로 했다. 그런데 RL 봇이 군대 공급 제한을 늘리는 데 필요한 건물인 파일런을 짓지 않는 행동을 보이기 시작했다. 그래서 파일런[Pylon]을 짓는 것에 대해서도 RL 봇에 보상을 제공했다. 그러나 RL 봇은 파일런 건설을 과도하게 선호하게 되었고, 다 이긴 상황에서도 게임을 끝내는 대신 상대에게 방해받지 않고 원하는 만큼 파일런을 계속 지을 수 있도록 상대방을 무력화하기만 했다.

게임에서 이기는 것과 같은 작업은 어렵더라도 일반적으로 합리적인 보상 시스템을 만들 수 있다. 그러나 로봇에게 백플립[backflip](뒤 공중돌기) 하는 법을 가르치는 것과 같은 더 추상적인 작업은 어떨까? 이러한 작업은 보상 시스템을 설계하기가 정말 어려워지는데, 바로 여기서 RLHF가 등장한다. 자동화된 보상 시스템을 만드는 대신 그냥 사람이 보상을 제시하자는 것이다. 사람은 백플립이 무엇인지 안다. 사람(교사)이 훈련 중인 봇(학생)을 지켜보면서 봇이 마음에 드는 행동을 하면 보상을 제공한다. 이것이 바로 RLHF인데, 매우 효과적이다. LLM의 경우에는 프롬프트에 대해 모델이 생성한 응답 중 마음에 드는 것을 사람이 선택하는 방식으로 진행된다. 그림 5.6에 이러한 과정이 도식화되어 있다.

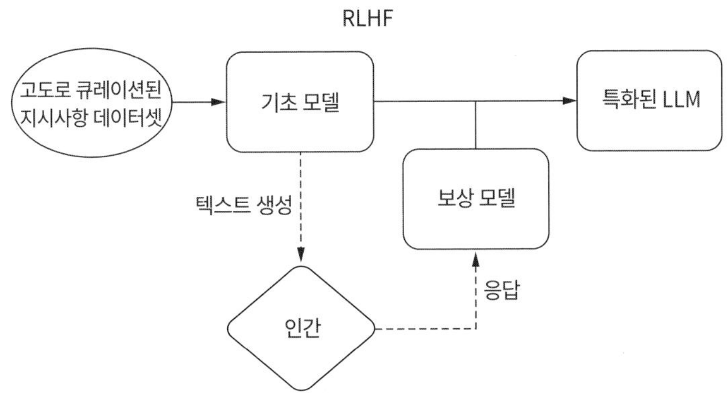

그림 5.6 RLHF(인간 피드백 기반 강화학습)에서는 손실 함수 대신 보상 모델(reward model)과 PPO(근접 정책 최적화)를 사용한다. 이를 통해 모델은 데이터 안의 추세(trend) 정보를 훨씬 잘 배우게 된다. 추세 정보에는 작업을 어떻게 끝낼 것인가보다는 사람이 선호하는 출력이 무엇인가에 관한 정보가 포함된다.

RLHF는 매우 강력하지만, 아마 오래 쓰이지는 않을 것이다. 엄청난 계산 비용에 비하면 성능 향상이 크지 않기 때문이다. 다른 대안들이 있는데, 특히 지도 학습 방식으로 고품질 데이터셋을 사용하면 RLHF와 유사한 성능을 달성할 수 있다.

RLHF에는 몇 가지 다른 문제점도 있다. 무엇보다도, 고품질의 인간 피드백을 위해서는 도메인 전문가를 고용해서 모델을 평가해야 한다. 이는 비용이 많이 들 뿐만 아니라 검토자가 실제 트래픽과 사용자 상호작용을 확인해야 하므로 개인정보 보호(privacy) 문제도 발생할 수 있다. 이러한 문제를 해결하는 한 방법은 실제 사용자에게 직접 피드백을 요청하는 것인데, 사용자가 악의적인 의도를 가지고 있거나 해당 주제에 대한 전문가가 아닌 경우 데이터가 오염될 수 있음을 수의해야 한다. 실제로는 정확하지 않은 응답인데 그저 자기 마음에 든다는 이유로 사용자가 좋은 점수를 줄 수는 없는 것이다. 그런데 사실 전문가도 편견을 가지고 있다. 이것이 RLHF의 또 다른 문제점이다. 애초에 RLHF는 모델을 더 정확하거나 사실에 맞게 훈련하는 것이 아니라 인간이 받아들일 수 있는 답변을 생성하도록 훈련하는 기법일 뿐이다.

프로덕션에서 RLHF는 모델을 지속해서 쉽게 업데이트할 수 있다는 장점이 있다. 그러나 이는 양날의 검이다. 시간이 지남에 따라 모델 성능이 저하될 가능성도 높아지기 때문이다. 오픈AI는 RLHF를 적극적으로 사용하는데, GPT-4 같은 모델이 처음 출시되었을 때에 비해 특정 영역에서 성능이 떨어졌다고 불평하는 사용자도 많다. 스탠퍼드 대학교의 한 연구에 따르면 GPT-4는 2023년 3월에는 소수(prime number) 판별 질문에 대해 98%의 정확도를 보였지만 3개월 후인 2023년 6월에는 정확도가 2%로 떨어졌다.[14] 한 가지 이유는 6월 모델이 간단한 '예' 또는 '아니요'로 응답하는 등 훨씬 간결해졌기 때문이다. 사람들은 이러한 응답을 좋아한다. 아마도 모델이 핵심을 바로 짚어주는 것 같기 때문일 것이다. 하지만 LLM은 사고 연쇄(chain of thought, CoT) 같은 기법을 이용해서 충분히 시간을 들여 답변을 논리추론(reasoning)[15]할 때 더 나은 성능을 보이는 경향이 있다.

이러한 사항들을 고려할 때, RLHF는 사실적 정확성보다는 인간이 수용할 수 있는 답변이 중요한 응용 분야에 적합하다. 이를테면 친근한 챗봇이나 요약 작업 개선 등등 직관적으로 구문론(syntax)의 특성을 띠는 작업들, 특히 LLM이 이미 잘하는 작업이지만 특정한 말투나 개성을 부여해서 개선하고자 하는 작업이라면 RLHF를 고려해 볼 만하다.

RLHF를 꺼리게 되는 다른 이유는 데이터 유출(data leakage) 문제이다. 데이터 유출은 모델을 평가하는 데 사용하는 테스트 데이터셋 또는 검증 데이터셋으로 모델을 훈련할 때 발생한다. 뒤집어 말하면 모델을 훈련하는 데 사용한 데이터로 모델을 평가하는 것인데, 모델의 과적합이나 일반화 성능 저하로 이어질 수 있다. 이는 마치 면접 시 리트코드[LeetCode] 문제를 남용하는 기업이 겪는 문제와 비슷하다. 그런 기업은 장난감 문제들은 아주 잘 풀지만 돈을 벌거나 실제 업무를 수행하는 방법은 잘 모르는 프로그래머를 고용하기 쉽다.

RLHF에서 데이터 유출은 생각보다 쉽게 발생한다. 프로덕션에서 RLHF와 함께 운영하는 LLM은 시간이 지남에 따라 성능이 저하될 수 있으므로 정기적으로 평가를 실행해서 성능을 점검할 필요가 있다. 그런데 평가를 자주 실행할수록 프롬프트 중 하나가 인간 피드백 및 후속 RL 훈련 대상으로 선택될 가능성이 커진다. 사용자가 평가 데이터셋의 프롬프트와 유사한 질문을 하는 경우에도 우연히 발생할 수 있다. 어느 쪽이든, RLHF에 제약을 두지 않으면(일반적으로는 제약을 잘 두지 않는다) 시스템은 자멸의 길로 빠진다.

14 L. Chen, M. Zaharia, J. Zou, "How is ChatGPT's behavior changing over time?," arXiv.org, 2023년 7월 18일, `https://arxiv.org/abs/2307.09009`.

15 (옮긴이) 여기서 reasoning은 LLM이 단순히 응답을 생성하는 것이 아니라 응답 생성을 위한 사고의 단계들 자체를 생성함으로써 좀 더 심층적인 응답을 생성하는 기법을 가리킨다. 일반적인 생성을 가리키는 inference를 흔히 '추론'으로 번역하므로, 구분을 위해 reasoning은 논리추론으로 옮기기로 한다('추리'라는 옵션도 있으나 탐정 소설 등 미스터리 장르를 강하게 연상시킨다).

RLHF를 통한 지속적인 업데이트의 가장 큰 문제점은 이러한 업데이트가 프롬프트 엔지니어링이나 RAG(검색 증강 생성) 같은 다운스트림 엔지니어링 작업을 망칠 수 있다는 것이다. 엔지니어링팀이 모델을 쿼리하고 응답을 정리하는 프로세스나 절차를 조정하는 데 많은 노력을 기울인다고 해도 기초 모델이 바뀌면 모든 노력이 무산될 수 있다. 그런 경험이 누적되면 지속적인 업데이트보다는 주기적인 업데이트가 있는 정적 모델(static model)을 선호하는 팀이 많아진다.

이 모든 것을 고려하더라도 RLHF는 여전히 강력한 기술이며, 잘 최적화하고 조율한다면 큰 성과를 얻을 수 있다. 사실 기술 자체가 정말 멋지다. 그렇다고 저자가 독자에게 RLHF 사용을 권장하지는 않는데, 지면 관계상 자세한 이유는 생략하기로 한다. 그저 LLM 전문 기업에서 사용하는 도구라는 점만 알아두자. RLHF를 더 자세히 알고 싶은 독자를 위해 부록 B에 심층적인 예제와 코드 목록을 수록했으니 참고하기 바란다.

5.3.4 전문가 혼합(MoE)

전문가 혼합(mixture of experts, MoE)은 훈련 측면에서 다른 모델과 기능적으로 동일하지만, 내부적으로는 희소성(sparsity)이라는 트릭을 사용한다. 이를 통해 다양한 데이터와 작업에 대해 여러 모델을 한 번에 훈련할 수 있다는 장점이 있다. 전문가 혼합은 이름 그대로 다수의 '전문가' 모델들의 혼합인데, 처음에는 그냥 동일한 모델들의 앙상블ensemble이다. 일단의 '신입생'들이라고 생각해도 될 것이다. 이 신입생들에 대해 k-평균 군집화와 비지도 그룹화 방법을 적용해서 훈련 중에 각 신입생이 자신의 '전공'을 선택하게 한다. 훈련을 통해 각 신입생은 해당 전공의 전문가가 된다. 전체 전문가 혼합 모델은 주어진 입력에 대해 일부 전문가들만 활성화해서 답할 수도 있고 입력이 복잡한 경우에는 모든 전문가를 활성화할 수도 있다. 핵심은, 충분히 대표성 있는 데이터셋으로 모델을 훈련한다면 각 전문가는 자신이 공부한 전공에서 학위를 받게 된다는 것이다. 입력의 동질성은 수학적으로 결정되기 때문에 이러한 전공이 항상 학교에서 전공하는 것과 관련된 이름을 갖는 것은 아니지만, 특이한 복수 전공으로 생각할 수 있겠다. 어떤 전문가는 물리학이 주 전공이지만 광고학과 아프리카학을 복수 전공했을 수도 있다. 중요한 것은 이러한 방식으로 모델 앙상블을 설계하면 추론 시 토큰화된 입력과 관련된 지식을 가진 전문가들만 참조함으로써 모델 실행을 최적화할 수 있다는 점이다. 이 덕분에 전문성과 훈련 메모리를 유지하면서도 계산상의 요구사항을 크게 줄일 수 있다

예제 5.5는 전문가 혼합 모델을 미세조정하는 예이다. 허깅 페이스의 Transformers 라이브러리와 구글의 Switch Transformer 모델을 사용한 덕분에 전체적인 구조가 예제 5.2의 GPT-2 미세조정과 거의 같다. 3장에서는 순방향 신경망을 전문가 혼합 모델로 변환했지만, 여기서는 이미 훈련된 전문가 혼

합 모델을 미세조정한다. 요즘 전문가 혼합 훈련은 처음 등장했을 때에 비해 매우 간단하다. 매우 똑똑한 사람들이 많은 엔지니어링 작업을 수행했기 때문에 이러한 모델을 매우 단순하게 설명할 수 있다. 구글은 LLM 훈련 중에 발생하는 두 가지 큰 문제점, 즉 크기와 불안정성을 해결하기 위해 Switch Transformer를 만들었다. 구글의 엔지니어들은 라우팅 알고리즘(모델이 각 입력에 대해 어떤 전문가에게 쿼리할지 결정하는 방법)을 단순화했으며, 더 낮은 양자화(이 경우 bfloat16)로 모델을 훈련하는 방법을 처음으로 제시했다. 오픈AI의 GPT-4가 전문가 혼합 모델일 가능성이 높다는 점을 고려할 때 구글이 이런 성과를 공개한 것은 상당히 놀라운 업적이며 가볍게 여길 일이 아니다.

예제 5.5 전문가 혼합 미세조정의 예

```
import os
from transformers import (
    AutoTokenizer,
    SwitchTransformersForConditionalGeneration,
    SwitchTransformersConfig,
    TrainingArguments,
    Trainer,
    DataCollatorForLanguageModeling,
)
from datasets import load_dataset
import torch

dataset = load_dataset("text", data_files="./data/crimeandpunishment.txt")  ← 데이터셋을 불러와서 적절한 형식으로 변환한다.
dataset = dataset.filter(lambda sentence: len(sentence["text"]) > 1)
print(f"Dataset 1: {dataset['train'][0]}")

model_dir = "./models/MoE/"  ← 모델을 저장할 디렉터리를 만든다.
if not os.path.exists(model_dir):
    os.makedirs(model_dir)

tokenizer = AutoTokenizer.from_pretrained("google/switch-base-8")  ← 토크나이저 인스턴스를 생성한다.

config = SwitchTransformersConfig(  ← Switch Transformer 모델의 설정을 위한 객체를 준비한다.
    decoder_start_token_id=tokenizer.pad_token_id
)

model = SwitchTransformersForConditionalGeneration.from_pretrained(  ← 준비한 설정 객체로 모델 인스턴스를 생성한다.
    "google/switch-base-8",
```

```
    config=config,
    device_map="auto",
    torch_dtype=torch.float16,
)


def tokenize(batch):                          ← 토큰화 함수
    return tokenizer(
        str(batch), padding="max_length", truncation=True, max_length=256
    )


tokenized_dataset = dataset.map(tokenize, batched=False)     ← 데이터셋 전체를 토큰화해 둔다
print(f"Tokenized: {tokenized_dataset['train'][0]}")            (매번 다시 토큰화할 필요가 없도록).

data_collator = DataCollatorForLanguageModeling(              ← 훈련 데이터 형식을 지정하는
    tokenizer=tokenizer, mlm=False, mlm_probability=0.0          데이터 콜레이터 객체를 생성한다.
)  # 인과(causal) 언어 모델 - 마스크를 사용하지 않음


train_args = TrainingArguments(               ← 훈련 인수들을 설정한다.
    output_dir=model_dir,
    num_train_epochs=1,
    per_device_train_batch_size=8,
    save_steps=5000,
    save_total_limit=2,
    report_to="none",
)

trainer = Trainer(                            ← 훈련기(trainer) 인스턴스를 생성한다.
    model=model,
    args=train_args,
    data_collator=data_collator,
    train_dataset=tokenized_dataset["train"],
)

trainer.train()                               ← 모델을 훈련하고 저장한다.
trainer.save_model(model_dir)
tokenizer.save_pretrained(model_dir)
```

```
model = SwitchTransformersForConditionalGeneration.from_pretrained(     ← 저장된 모델을 불러온다.
    model_dir,
    device_map="auto",
    torch_dtype=torch.float16,
)

input = "To be or not <extra_id_0> <extra_id_0>"     ← 불러온 모델을 테스트해 본다.
tokenized_inputs = tokenizer(input, return_tensors="pt")
out = model.generate(
    input_ids=tokenized_inputs["input_ids"].to("cuda"),
    attention_mask=tokenized_inputs["attention_mask"],
    max_length=256,
    num_beams=5,
    temperature=0.7,
    top_k=50,
    top_p=0.90,
    no_repeat_ngram_size=2,
)
print(f"To be or not {tokenizer.decode(out[0], skip_special_tokens=True)}")
```

이 예제 스크립트에서는 Switch Transformer 기반 모델을 이용해서 전문가 혼합 모델을 미세조정한다. 전문가 혼합 모델의 미세조정은 일반적으로 게이팅 메커니즘gating mechanism(게이트 제어 메커니즘)이나 전문가 매개변수 같은 작업별 매개변수들을 업데이트하되 공유 매개변수(shared parameter)들은 그대로 유지한다는 점이 특징이다. 이를 통해 전문가 혼합 모델은 다양한 전문가의 전문 지식을 활용해서 작업별 성능을 향상할 수 있다. 전문가 혼합 모델의 미세조정은 기존 미세조정과 다르다. 일반 신경망 아키텍처보다 더 복잡할 수 있는 전문가와 게이팅 메커니즘을 처리해야 하기 때문이다. 다행히 훌륭한 라이브러리들과 구글의 노력 덕분에, 그저 적절한 설정으로 `trainer.train()`을 호출하기만 하면 된다.

전문가 혼합 미세조정에서 논리적으로 한 단계 나아간 기법은 PEFT(Parameter-Efficient Fine-Tuning, 매개변수 효율적 미세조정)와 LoRA(Low-Rank Adaptation, 저계수 적응)이다. PEFT는 모델의 크기와 계산 요구량을 줄여 미세조정 프로세스를 더 효율적으로 만드는 것을 목표로 한다. 그러면 모델을 자원의 제약이 더 심한 시나리오들에서도 잘 사용할 수 있게 된다. 지식 증류나 모델 가지치기(pruning), 양자화, 압축 같은 기술을 PEFT에 적용해서 그러한 목표를 달성할 수 있다. 반면에 LoRA는 모델의 성능을 유지 또는 향상하면서 매개변수 개수를 줄이기 위해 저계수 행렬 분해(low-rank factorization) 방법을 모델 아키텍처에 통합하는 데 중점을 둔다. 정교한 모델을 자원이 제한된 장치와 계산 효율성이 중요한 시나리오에서도 사용할 수 있게 하려면 이러한 접근 방식들이 필수적이다.

5.3.5 LoRA와 PEFT

LoRA는 일반적으로 머신러닝의 중요한 돌파구로 간주되는 기술로, 교묘한 수학적 트릭을 활용한다. 그림 5.7에서 보듯이 LoRA는 원래 모델의 가중치들을 변경하지 않고도, 또는 메모리나 계산 능력을 크게 소비하지 않고도 모델의 출력을 변경할 수 있다. 별도의 모델을 여러 다른 작업이나 도메인에 대해 미세조정하기가 훨씬 수월해진다는 점에서 이는 중요한 특징이다. 실제로 텍스트 기반 이미지 생성(text2image)을 위한 확산(diffusion) 모델 분야에서 기본 모델의 능력이나 스타일을 크게 변경하지 않고 모델 출력을 조절하는 목적으로 LoRA가 자주 쓰인다는 점이 이를 입증한다. 간단히 말해서, 마음에 드는 모델이 있는데 새로운 도메인에서 모델의 기존 기능을 저하시키지 않고도 똑같은 작업을 수행하도록 모델을 변경하고 싶다면, 특히 서로 영향을 주지 않아야 할 여러 새로운 도메인들에 대해 그렇게 하고 싶다면, LoRA 같은 어댑터adapter가 좋은 선택일 수 있다.

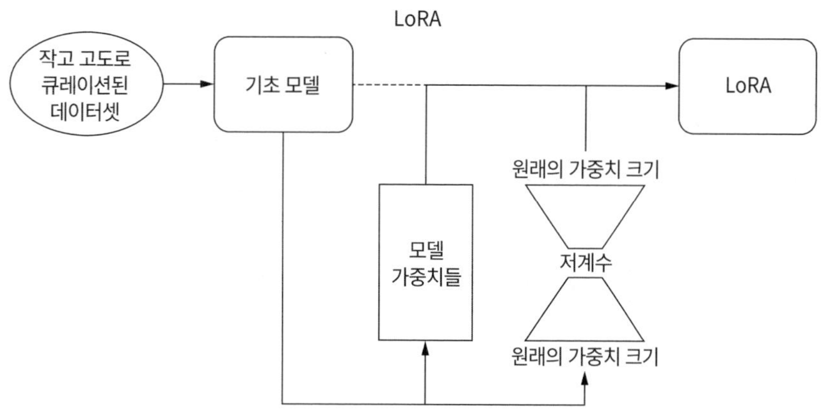

그림 5.7 LoRA는 기초 모델의 현재 상태와 원하는 상태의 차이만 훈련하고 저장하면 된다는 아이디어를 보여준다. LoRA는 특잇값 분해(singular value decomposition, SVD)를 통해서 이를 수행한다.

LoRA를 이해하려면 먼저 모델이 가중치들을 갱신하는 방법을 이해해야 한다. 여기서 역전파(backpropagation) 알고리즘을 아주 자세히 설명하지는 않겠다. 현재 쓰이는 가중치 갱신 방법을 공식 하나로 요약하면 다음과 같다.

$$W = W + \Delta W$$

W는 가중치 행렬이다. 예를 들어 100차원 신경망 층이 100개인 모델의 가중치들은 100×100 행렬로 표현할 수 있다. 흥미로운 점은, 특잇값 분해를 이용하면 주어진 하나의 행렬을 세 개의 더 작은 행렬로 분해함으로써 행렬을 압축할 수 있다는 것이다. LLM에서 특잇값 분해가 왜 유용한지는 3장의 예제 3.2에서 직관적으로 살펴보았다. 가중치 갱신의 경우에는 이를 다음과 같이 적용할 수 있다.

$$\Delta W = W_a \times W_b$$

예제 5.6은 기반 모델(base model)로부터 LoRA 모델을 생성하고 LoRA 모델과 기본 모델로 추론을 수행하는 방법을 보여준다.

예제 5.6 LoRA 및 PEFT 훈련 예제

```
import os
from datasets import load_dataset
from transformers import (
    AutoModelForTokenClassification,
    AutoTokenizer,
    DataCollatorForTokenClassification,
    TrainingArguments,
    Trainer,
)
from peft import (
    PeftModel,
    PeftConfig,
    get_peft_model,
    LoraConfig,
    TaskType,
)
import evaluate
import torch
import numpy as np

model_checkpoint = "meta-llama/Llama-2-7b-hf"
lr = 1e-3
batch_size = 16
num_epochs = 10

model_dir = "./models/LoRAPEFT"          <- 모델을 저장할 디렉터리를 만든다.
```

```
if not os.path.exists(model_dir):
    os.makedirs(model_dir)

bionlp = load_dataset("tner/bionlp2004")

seqeval = evaluate.load("seqeval")

label_list = [
    "O",
    "B-DNA",
    "I-DNA",
    "B-protein",
    "I-protein",
    "B-cell_type",
    "I-cell_type",
    "B-cell_line",
    "I-cell_line",
    "B-RNA",
    "I-RNA",
]


def compute_metrics(p):
    predictions, labels = p
    predictions = np.argmax(predictions, axis=2)

    true_predictions = [
        [label_list[p] for (p, l) in zip(prediction, label) if l != -100]
        for prediction, label in zip(predictions, labels)
    ]
    true_labels = [
        [label_list[l] for (p, l) in zip(prediction, label) if l != -100]
        for prediction, label in zip(predictions, labels)
    ]

    results = seqeval.compute(
        predictions=true_predictions, references=true_labels
    )
    return {
```

```
        "precision": results["overall_precision"],
        "recall": results["overall_recall"],
        "f1": results["overall_f1"],
        "accuracy": results["overall_accuracy"],
    }


tokenizer = AutoTokenizer.from_pretrained(
    model_checkpoint, add_prefix_space=True
)


def tokenize_and_align_labels(examples):
    tokenized_inputs = tokenizer(
        examples["tokens"], truncation=True, is_split_into_words=True
    )
    labels = []
    for i, label in enumerate(examples["tags"]):
        word_ids = tokenized_inputs.word_ids(batch_index=i)
        previous_word_idx = None
        label_ids = []
        for word_idx in word_ids:
            if word_idx is None:
                label_ids.append(-100)
            elif word_idx != previous_word_idx:
                label_ids.append(label[word_idx])

else:
                label_ids.append(-100)
            previous_word_idx = word_idx
        labels.append(label_ids)

    tokenized_inputs["labels"] = labels
    return tokenized_inputs


tokenized_bionlp = bionlp.map(tokenize_and_align_labels, batched=True)

data_collator = DataCollatorForTokenClassification(tokenizer=tokenizer)
```

```
id2label = {
    0: "O",
    1: "B-DNA",
    2: "I-DNA",
    3: "B-protein",
    4: "I-protein",
    5: "B-cell_type",
    6: "I-cell_type",
    7: "B-cell_line",
    8: "I-cell_line",
    9: "B-RNA",
    10: "I-RNA",
}
label2id = {
    "O": 0,
    "B-DNA": 1,
    "I-DNA": 2,
    "B-protein": 3,
    "I-protein": 4,
    "B-cell_type": 5,
    "I-cell_type": 6,
    "B-cell_line": 7,
    "I-cell_line": 8,
    "B-RNA": 9,
    "I-RNA": 10,
}

model = AutoModelForTokenClassification.from_pretrained(
    model_checkpoint, num_labels=11, id2label=id2label, label2id=label2id
)

peft_config = LoraConfig(
    task_type=TaskType.TOKEN_CLS,
    inference_mode=False,
    r=16,
    lora_alpha=16,
    lora_dropout=0.1,
    bias="all",
)
```

```
model = get_peft_model(model, peft_config)
model.print_trainable_parameters()
training_args = TrainingArguments(
    output_dir=model_dir,
    learning_rate=lr,
    per_device_train_batch_size=batch_size,
    per_device_eval_batch_size=batch_size,
    num_train_epochs=num_epochs,
    weight_decay=0.01,
    evaluation_strategy="epoch",
    save_strategy="epoch",
    load_best_model_at_end=True,
)

trainer = Trainer(
    model=model,
    args=training_args,
    train_dataset=tokenized_bionlp["train"],
    eval_dataset=tokenized_bionlp["validation"],
    tokenizer=tokenizer,
    data_collator=data_collator,
    compute_metrics=compute_metrics,
)

trainer.train()

peft_model_id = "stevhliu/roberta-large-lora-token-classification"
config = PeftConfig.from_pretrained(model_dir)
inference_model = AutoModelForTokenClassification.from_pretrained(
    config.base_model_name_or_path,
    num_labels=11,
    id2label=id2label,
    label2id=label2id,
)
tokenizer = AutoTokenizer.from_pretrained(config.base_model_name_or_path)
model = PeftModel.from_pretrained(inference_model, peft_model_id)

text = (
    "The activation of IL-2 gene expression and NF-kappa B through CD28 "
```

```
    "requires reactive oxygen production by 5-lipoxygenase."
)
inputs = tokenizer(text, return_tensors="pt")

with torch.no_grad():
    logits = model(**inputs).logits
tokens = inputs.tokens()
predictions = torch.argmax(logits, dim=2)

for token, prediction in zip(tokens, predictions[0].numpy()):
    print((token, model.config.id2label[prediction]))
```

LoRA에서는 예제 5.6에서처럼 기반 모델을 유지해야 함을 기억하기 바란다. LoRA는 기반 모델에 '추가로' 실행된다. 구체적으로, LoRA는 기반 모델 위에 놓이며, LoraConfig 객체에 설정된 계수(r 인수, 지금 예에서는 16)에서만 가중치들을 변경한다. 기반 모델로 쓰인 RoBERTa-Large 모델은 bionlp 데이터셋에 대한 토큰 분류에서 이미 상당한 성능을 보였을 가능성이 높지만, 그 위에 LoRA를 실행하면 성능이 더욱 향상될 것이다. LoRA에는 다양한 유형이 있는데, QLoRA, QA-LoRA, AWQ-LoRA 등 다른 도메인과 작업에서 인기를 얻고 있다. Transformers 라이브러리의 LoraConfig를 다르게 설정해서 여러 적응 방법을 실험하면서 여러분의 데이터와 작업에 가장 적합한 방식을 찾아보기 바란다.

LoRA의 가장 큰 장점은 자원을 크게 소비하지 않으면서도 상당한 성능 향상을 가져온다는 점이다. 지금 예제의 경우 디스크 상의 파일 크기가 68KB밖에 되지 않는다. 따라서 맞춤형(custom) 모델을 원하는 회사의 모든 부서가 자신만의 모델을 가질 수 있다. 예를 들어 법무팀 전용 모델을 만들어 개인 데이터 유출 걱정 없이 사용하게 하거나 엔지니어링팀이 코드 완성과 적절한 자료 구조 또는 알고리즘에 대한 질문에 답변하는 데 도움이 되는 모델을 만들 수도 있는 것이다. LoRA는 크기가 매우 작기 때문에 1.45GB(fp16으로 라마를 사용하는 경우 14.5GB, fp32인 경우 28GB)의 RoBERTa-Large 모델을 여러 번 미세조정하는 것보다 훨씬 더 효율적으로 저장할 수 있다. 이러한 시간 및 공간 절약 팁을 독자에게 좀 더 제공하자는 취지에서 다른 기술들에서는 언급하지 않았던 몇 가지 사항을 소개하겠다. LLM의 데이터 과학 측면에 관심이 있다면 도움이 될 것이다.

5.4 훈련 관련 팁과 트릭

새로운 모델의 훈련과 연구가 이 책의 초점은 아니지만, 앞에서 미세조정이 데이터를 기반으로 LLM에 올바른 가드레일을 가르치는 효과적인 전략이라고 말했으니만큼, 좀 더 구체적인 방법을 독자에게 알려줄 필요가 있겠다. 그런 취지에서 이번 절에서는 LLM의 훈련과 미세조정에서 검증된 팁과 트릭을 소개한다. 이 팁들은 대부분의 실무자(저자 같은)가 힘들게 배워야 했던, LLM 훈련의 가장 직관적이지 않은 부분을 이해하는 데 도움이 될 것이다.

5.4.1 훈련 데이터 크기에 관한 참고사항

우선, LLM은 과적합(overfitting)으로 악명 높다. 기초 모델의 훈련을 고려한다면 훈련하려는 매개변수 개수의 대략 20배에 해당하는 데이터를 확보해야 한다.[16] 예를 들어 10억 매개변수 모델을 훈련하려면 토큰 200억 개 분량의 훈련 데이터가 필요하다. 토큰이 그보다 적으면 과적합의 위험이 있다.

기초 모델을 여러분이 이미 가지고 있고 데이터로 미세조정하기만 하면 된다면, 필요한 토큰 수는 최소 약 0.000001배(십만 분의 일) 정도이다. 10억 매개변수 모델의 경우 1만 개 정도가 필요하다. 이런 경험칙(rule of thumb; 경험적 법칙)은 저자의 경험에 기반한 것이지만, 상당히 직관적이다. 토큰이 모델 매개변수 개수의 1/1,000,000보다 적다면 미세조정은 큰 효과가 없을 가능성이 크다. 이 경우 LoRA(방금 논의한)나 RAG(다음 장에서 다룰) 또는 두 가지를 모두 사용하는 등 비용이 적게 드는 다른 전략을 고려해야 한다.

기초 모델 훈련과 미세조정 모두에서 저자는 최소한의 데이터로 탁월한 결과를 기대했다가 실망한 경험이 있다. 저자가 일했던 한 회사는 오픈소스 데이터셋을 허용하지 않으면서 단 100만 토큰만으로 LLM을 밑바닥부터 훈련하길 바랐고, 다른 회사는 단 수백 개의 예시(example)만으로 모델을 미세조정하길 원했다. 두 방식 모두 비용 효율적이지 않았고, 회사들이 목표로 했던 기준에 맞는 성능의 모델을 만들지도 못했다.

16 J. Hoffmann 외, "Training compute-optimal large language models," arXiv:2203.15556 [cs], 2022년 3월, https://arxiv.org/abs/2203.15556.

5.4.2 효율적인 훈련

지금까지의 논의에서는 훈련 시스템이 허용하는 최고의 대규모 모델을 만드는 능력을 강화해 줄 도구와 방법론에 중점을 뒀다. 하지만 훈련 루프를 설정할 때 고려해야 할 다른 요소들도 있다. 물리학에서 불확정성 원리(uncertainty principle)는 주어진 입자의 속도와 위치를 동시에 완벽하게 알 수 없다는 것을 보여준다. 머신러닝의 불확정성 원리는 속도와 메모리 활용도를 동시에 완벽하게 최적화할 수 없다는 것이다. 속도를 개선하면 메모리를 희생해야 하고, 그 반대도 마찬가지다. 표 5.2는 훈련 시 선택할 수 있는 몇 가지 옵션과 속도 및 메모리에 미치는 영향을 보여준다.

표 5.2 훈련 시 고려해야 할 옵션들

방법	속도 개선	메모리 활용도 개선	난이도
배치 크기 선택	예	예	쉬움
기울기 누적	아니요	예	중간
기울기 체크포인팅	아니요	예	중간
혼합 정밀도	예	아니요	어려움
최적화 도구 선택	예	예	쉬움
데이터 사전 적재(preloading)	예	아니요	중간
컴파일	예	아니요	쉬움

훈련 루프를 설정할 때는 원하는 목표가 무엇인지에 따라 적절한 옵션을 선택하는 데 신경을 써야 한다. 예를 들어, 최대 속도와 메모리 효율성을 위해서는 배치 크기(batch size)를 2의 거듭제곱 수로 설정해야 한다. 저자 중 한 명은 10밀리초 미만으로 응답해야 하는 LLM을 만든 적이 있다. 저자의 팀은 모델이 수백만 고객에게 최대한 빠르게 서비스되게 해야 했기 때문에 단 1밀리초라도 줄이는 것이 중요했다. 데이터 과학 개발 환경에서는 모든 기법을 동원해 목표를 달성해서 큰 성취감을 얻었다. 하지만 프로덕션 환경에서는 배치 크기가 20으로 고정되어 있었다. 20은 그냥 누군가가 예전에 적당히 선택한 값이었는데, 너무 많은 시스템이 이 가정을 기반으로 구축되어 있어 아무도 리팩토링하길 원하지 않았다. 소프트웨어 엔지니어들이 하는 일이 대체로 이렇다.

언급한 방법들 대부분에서 크기와 속도는 절충(trade-off) 관계이다. 모델이 크면 속도는 느려진다. 반대로 말하면, 속도가 느려도 된다면 훨씬 더 큰 모델을 사용할 수 있다. 기울기 누적(gradient accumulation)과 기울기 체크포인팅(gradient checkpointing)은 메모리 사용량을 약 60% 줄여주지만, 대신 훈련 시간이 훨씬 길어진다. §5.1에서 언급한 패키지들은 이러한 절충 관계를 완화하는 데 도움이 될 수 있다.

5.4.3 극솟값의 함정

LLM에서 극솟값(local minima; 국소 최솟값)은 발견하기 어렵다. 따라서 회피하기도 쉽지 않다. 모델이 너무 일찍 수렴한다 싶으면 뭔가 잘못된 것일 수 있으니 결과를 받아들이기 전에 신중하게 테스트해야 한다. 모델이 특정 단계에서 일찍 수렴하는 것을 발견한 경우 이후 실행에서 이를 피하는 한 가지 방법은 문제 행동이 나타나기 약 100단계 전에 체크포인트를 저장하고, 그 체크포인트를 불러와서 학습률(learning rate)을 대폭 낮추고, 그 지점을 확실히 지났다고 확신할 때까지 훈련하고, 다시 학습률을 높여 계속하는 것이다. 이전에 저장한 체크포인트를 보존해 두고 그 이후에 새 체크포인트를 저장하기 바란다. 문제가 발생하면 언제라도 다시 돌아갈 지점을 확보해 두는 것이 중요하다.

사실 저자 중 한 명은 이와 관련해서 좌절을 겪었다. 아주 헷갈리는 경험이었다. T5 XXL 모델을 작업하는 중이었는데, 약 25,000단계 부근에서 모델이 수렴해서 훈련이 일찍 끝나 버렸다. 저자는 실제로 모델이 수렴한 것이 아니라는 사실을 알고 있었다. 아직 데이터셋의 10%밖에 처리하지 않았기 때문이다! 약 20,000단계에서 저장한 체크포인트를 불러와서 다시 훈련해도 똑같은 상황이 반복되는 일이 두세 번 발생했다. 학습률을 낮추어 훈련을 진행하자 비로소 모델이 그 지점을 넘어 개선되는 것을 볼 수 있었다. 모델이 극솟값 구간을 통과한 후에는 다시 학습률을 높였다. 그 모델을 훈련하는 동안 이런 일이 네 번 더 발생했지만, 무슨 일이 일어나고 있는지 알았기에 많은 추가 시간을 낭비하지 않을 수 있었다. 이 이야기의 교훈은, "LLM이 전체 데이터셋에 대해 훈련되지 않았다면 아직 준비된 것이 아니다"라는 경험칙을 사용하라는 것이다.

5.4.4 초매개변수 조정 팁

초매개변수 조정(hyperparameter tuning)은 이 책에서 그리 자세히 다루지 않는다. 흥미롭지 않아서가 아니라, 데이터를 더 많이 확보하거나 더 깨끗하게 정제하는 것만큼 도움이 되지는 않기 때문이다. 초매개변수들을 조정하고 싶다면 Optuna가 좋은 패키지이다. 정말 필요한 정확도나 F1 점수를 1%가량 향상할 수 있다. 초매개변수 조정 없이 특정 지표를 향상하고 싶다면, 데이터셋 안에서 해당 지표를 더 완전하게 표현하고, 과표집(oversampling) 같은 통계적 기법을 활용해 보라.

초매개변수 조정은 수학적으로 꽤 멋지지만, LLM에서는 실제로 필요한 작업이 아니다. 성능 향상이 필요하다면 데이터의 양이나 품질을 높이는 게 낫다. 초매개변수 조정의 성능 향상 수준은 가중치 양자화나 이번 장과 3장에서 언급한 기타 최적화 기법의 성능 향상 수준에 결코 미치지 못할 것이다. 저자의 경우 초매개변수 조정으로 얻은 가장 큰 성능 향상은 F1 점수가 약 4% 증가한 것이었다. 최소 두 주 정도 데이터셋을 변경할 수 없는 상황이라 어쩔 수 없이 초매개변수 조정을 사용했다.

5.4.5 운영체제에 관한 참고사항

Windows는 LLM을 전문적으로 작업하기에 적합한 OS가 아니다. Windows에서 벗어날 수 없다면 WSL(Windows Subsystem for Linux)을 사용하기 바란다. 맥OS는 훌륭한 운영체제이지만, LLM의 높은 계산 요구량을 감당하려면 맥에서 NVIDIA 또는 AMD GPU를 활용하는 방법을 잘 알아야 한다. 알지 못한다면 해당 워크로드를 실제로 처리할 하드웨어 패키지를 갖추기가 어려울 것이다. 리눅스는 사용하기가 좀 불편할 수 있는데, 언젠가는 나아지겠지만 그전에는 시간을 들여 익숙해지는 수밖에 없다. bash, 리눅스, 명령줄 환경에 관해 배울 수 있는 무료 온라인 자료는 무수히 많다. 리눅스에서 CUDA 도구 모음과 NVIDIA 드라이버를 설치하고 설정하는 것이 머리가 아플 수 있지만, CUDA 없는 환경과 비교한다면 고생할 가치가 있다. 또한, 이번 장에서 언급한 가상 환경과 도커, 클라우드 컴퓨팅에 관해서도 시간을 들여 공부하길 권한다.

정리하자면, Windows는 처음에는 쉽지만 장기적으로는 답답하다. 맥OS도 처음에는 쉽지만 장기적으로는 전혀 작동하지 않는다(적어도 현재는 그렇다). 리눅스는 처음에는 믿을 수 없을 정도로 답답하지만, 그 과정을 지나면 순조롭게 항해할 수 있다.

5.4.6 활성화 함수 조언

지금까지 활성화 함수(activation function)에 대해 자세히 다루지 않았다. 유용하거나 멋지지 않아서가 아니라, 일반적으로 모델 성능을 과학적으로 연구하는 차원에서 접근하는 것이 아닌 한 활성화 함수를 조정할 필요가 없기 때문이다. 예를 들어 원본 GPT-2의 기본 활성화 함수인 GELU를 GeGLU로 바꾼다고 해도, 어떤 면에서도 큰 향상을 얻지 못할 것이다. 게다가 원래의 사전 훈련에 쓰인 활성화 함수와는 다른 함수를 사용하면 사전 훈련 자체를 다시 해야 한다. 활성화 함수를 바꾸는 것은 이차 주의(quadratic attention)에서 허수(imaginary number)가 나온다거나 기울기가 폭발 혹은 소멸하는 문제, 연구자가 모델을 훑으면서 뭔가를 조금 수정했을 때 위치 인코딩이 사라지는 문제 등 개별 신경망 층에 존재하는 수학적 약점을 줄이는 데 도움이 된다. 물론 활성화 함수를 더 공부하는 것은 좋은 일이며, 실제로 그렇게 하길 권한다. 새로운 함수를 소개하는 논문들은 대체로 신뢰할 수 있다.

이번 장에서는 환경을 설정하는 방법에서 시작해서 LLM을 밑바닥부터 훈련하는 방법을 거쳐 다양한 미세조정 기법들을 논의했다. LLM의 훈련과 미세조정에는 이번 장에서 이야기하지 않은, 따라서 여러분 스스로 배워야 할 측면이 많다. 하지만 이 정도면 여러분만의 모델을 만들기 시작할 준비는 충분히 되었을 것이다. 다음 장에서는 사용할 모델이 갖추어졌다는 가정하에서 모델을 프로덕션에 맞게 준비하는 방법과 모델을 실제로 온라인 추론에 사용할 수 있는 LLM 서비스를 만드는 방법을 논의할 것이다.

요약

- 훈련은 메모리를 많이 사용한다. LLM 훈련 작업 중에는 다중 GPU 환경을 요구하는 것들이 많다.
- 모델 훈련은 매번 다음과 같은 과정을 거친다.
    - **데이터셋 준비**: 데이터를 획득, 정제, 선별한다.
    - **모델 준비**: 모델의 행동 방식, 아키텍처, 손실 함수 등을 정의한다.
    - **훈련 루프**: 초기화, 토큰화, 배치 데이터, 예측/손실 획득, 역전파 등.
- 좋은 데이터는 아키텍처나 훈련 루프보다 모델 성능에 훨씬 더 큰 영향을 미친다.
- 미세조정은 밑바닥부터 훈련하는 것보다 훨씬 쉽다. 데이터와 자원이 훨씬 적게 필요하기 때문이다.
- 프롬프팅은 사후에 모델을 특정 작업에 대해 훈련할 수 있게 한다. 이는 LLM이 전통적인 ML보다 훨씬 강력한 이유 중 하나이다.
- 프롬프트 조정은 특정 프롬프트에 전문가처럼 응답하도록 모델을 집중시키는 강력한 방법이다.
- 지식 증류는 효율적이고 적응성 있는 강력한 소형 모델을 훈련하는 데 유용하다.
- RLHF는 인간 평가자를 만족시키는 방식으로 모델이 응답하도록 하는 데 탁월하지만, 사실관계가 부정확한 응답이 많아질 수 있다.
- 전문가 혼합 모델의 미세조정은 전문가와 게이팅 메커니즘을 처리해야 하므로 전통적인 미세조정과 다르다.
- LoRA는 사전 훈련된 모델을 새로운 작업에 맞게 조정하는 강력한 미세조정 기법으로, 훈련이 빠르고 유지 관리가 쉬우며 비용 효율적인 작은 자산(저계수 행렬)을 생성한다.
- 데이터의 품질과 크기는 모델을 성공적으로 훈련하고자 할 때 가장 중요한 고려사항 두 가지이다.
- 훈련의 주된 절충 관계는 메모리 효율성 대 속도이다. 속도를 늦추면 훨씬 더 큰 모델을 사용할 수 있지만, 훈련이 훨씬 더 오래 걸릴 것이다.

6장

LLM 서비스 만들기: 실제 가이드

이번 장에서 다룰 내용

- LLM 서비스 구조화 방법과 배포 도구
- LLM 배포를 위한 쿠버네티스 클러스터 생성 및 준비
- 프로덕션 환경의 일반적인 문제점과 해결 방법
- 엣지 환경에 모델 배포하기

쓸모 있는 것을 많이 생산(production)하면 쓸모없는 사람들도 많이 생겨난다.

– 카를 마르크스

마침내 LLM 서비스를 실제로 프로덕션에 투입하는 문제에 관한 장에 도달했다. 저자가 이 책을 처음 쓰기로 했을 때 가장 쓰고 싶었던 부분이 이것이다. 한 저자는 자신이 처음 배포(deployment)한 모델을 기억한다. 노트북에 방치된 수십 개의 프로젝트보다 그 경험이 얼마나 더 큰 만족감을 주었는지는 말로 표현할 수 없다. 그의 머릿속에서 이 모델은 특별한 자리를 차지하고 있다. 좋은 모델이어서가 아니라(사실 꽤 형편없었다), 가장 필요로 하는 사람들이 실제로 사용했고 주변 사람들의 삶에 영향을 미쳤기 때문이다.

그렇다면 프로덕션이란 정확히 무엇일까? '프로덕션'은 모델이 실제 운영 환경에 통합되어 의도된 작업을 수행하거나 최종 사용자에게 서비스를 제공하는 단계를 말한다. 이는 모델을 실제 응용 프로그램과 서비스에 사용할 수 있게 만드는 중요한 단계이다. 이번 장에서는 LLM이 온디맨드[on-demand] 요청을 처리할 수 있도록 LLM을 서비스 또는 API 형태로 패키징하는 방법을 보여줄 것이다. 그런 다음에는 LLM 서비스를 배포하기 위해 클라우드 클러스터를 설정하는 방법을 설명한다. 또한 프로덕션 환경에서 직

면할 수 있는 몇 가지 문제와 이를 처리하는 팁도 공유할 것이다. 마지막으로는 또 다른 종류의 프로덕션 환경인 엣지 기기에 모델을 배포하는 방법을 논의한다.

6.1 LLM 서비스 만들기

5장에서 훈련하고 미세조정한 여러 모델을 실제로 배포하고 싶은 마음이 굴뚝 같을 것이다. 하지만 모델을 배포하기 전에 계획을 세우고 API를 위한 다양한 아키텍처를 고려하는 것이 중요하다. 특히 LLM API를 배포할 때는 사전 계획이 필수이다. 이는 기능을 명확히 하고, 잠재적인 통합 과제를 파악하며, 필요한 자원(resource)을 준비하는 데 도움이 된다. 좋은 계획은 우선순위를 설정하여 개발 프로세스를 간소화하고 팀의 효율성을 높인다.

이번 절에서는 배포된 애플리케이션이 기능을 최대한 발휘할 수 있으려면 반드시 고려해야 하는 주요 주제들을 살펴본다. 그림 6.1은 사용자가 필요에 따라 LLM과 상호작용할 수 있게 하는 간단한 LLM 기반 서비스의 아키텍처이다. 이것은 사람들이 챗봇을 사용할 때 흔히 볼 수 있는 전형적인 용례(use case)에 해당한다. LLM 애플리케이션을 서비스 형태로 구축하면 LLM 로직을 파이프라인에 직접 내장하는 것의 복잡성이 추상화되며, 일괄 처리(batch) 방식뿐만 아니라 스트리밍 방식으로도 LLM을 활용할 수 있다. 물론 서비스를 통해 ML 모델을 실행하면 파이프라인에 통신 지연이 추가되지만, 어차피 일반적으로 LLM은 느린 편이므로 서비스가 주는 장점이 추가 지연의 단점을 상쇄하고도 남는다.

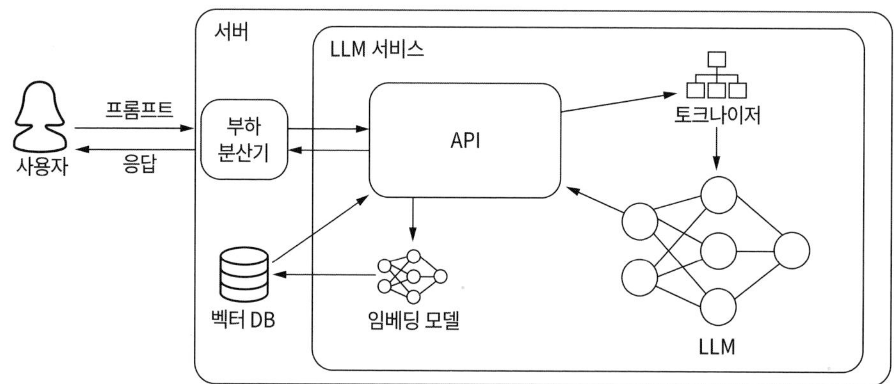

그림 6.1 기본 LLM 서비스. 대부분의 로직은 API 계층에서 처리된다. API 계층은 들어오는 요청의 전처리 및 LLM의 실제 추론을 책임진다.

그림 6.1은 깔끔하고 단정해 보이지만, 특히 'API'로 표시된 상자 안에는 여러 복잡한 주제가 숨어 있다. 배치 처리, 속도 제한, 스트리밍 등등 API 상자에 들어가는 주요 기능들을 이번 장에서 차차 살펴

볼 것이다. 또한 이 그림에는 RAG(검색 증강 생성) 같은 전처리 기법들도 생략되어 있는데, 이에 관해서는 §6.1.7에서 자세히 다룰 것이다. 이번 절(§6.1)을 마치고 나면 여러분은 이 모든 것에 어떻게 접근해야 하는지를 포함해서 LLM 서비스를 배포하고 개선하는 방법을 이해하게 될 것이다. 하지만 그전에 먼저 모델 자체와 온라인 추론을 위한 최적의 준비 방법을 살펴보자.

6.1.1 모델 컴파일

프로덕션 환경에서 모델의 성공 여부는 모델이 실행되는 하드웨어에 달려 있다. 궁극적으로 추론(inference)의 속도와 효율성을 결정하는 것은 실리콘 위에 놓인 마이크로칩 아키텍처와 컨트롤러 설계이다. 하지만 파이썬 같은 고수준 언어로 파이토치나 텐서플로 같은 프레임워크를 사용할 때는 하드웨어의 성능을 최대한 활용하도록 모델이 자동으로 최적화되지 않는다. 그래서 컴파일이 필요하다. 컴파일(compilation)은 고수준 언어로 작성된 코드를 컴퓨터가 빠르게 처리할 수 있는 기계어 수준 코드로 변환하는 과정이다. LLM을 컴파일하면 추론 성능과 비용을 크게 개선할 수 있다.

모델의 효율화 과정을 누구나 따라 할 수 있게 하는 데 많은 사람이 노력을 기울였다. 5장에서 팀 데트머스의 기여를 언급했다(§5.1.2). 그 밖에 C++를 이용해서 LLM을 효율적으로 실행하기 위한 llama.cpp를 만든 게오르기 게르가노프[Georgi Gerganov]와, 허깅 페이스 허브에서 TheBloke라는 닉네임으로 활동하면서 게르가노프의 프레임워크나 우바부가[oobabooga] 같은 다른 프레임워크에서 사용할 수 있도록 모델을 양자화하는 톰 조빈스[Tom Jobbins]가 있다. 이 분야가 빠르게 변화하기 때문에 단순하고 반복적인 작업을 방대한 자원 분포에 걸쳐 반복할 수 있게 만들면 다른 사람들에게 큰 도움이 되곤 한다.

머신러닝 작업흐름(workflow)에서 이러한 과정에는 일반적으로 개발 프레임워크(파이토치, 텐서플로 등)의 모델을 TorchScript, MLIR, ONNX 같은 중간 표현(intermediate representation, IR)으로 변환하는 단계가 포함된다. 일단 모델의 중간 표현을 얻으면 하드웨어별 소프트웨어를 이용해서 GPU, TPU(텐서 처리 장치), CPU 등 원하는 하드웨어용 기계어 코드로 변환(컴파일)할 수 있다. 프레임워크에서 직접 기계어로 변환하지 않고 왜 중간 단계를 거치는 걸까? 이유는 간단하다. 수십 개의 프레임워크와 수백 개의 하드웨어 장치가 있기 때문에 모든 가능한 조합을 위한 코드를 일일이 작성하는 것은 불가능하기 때문이다. 대신 프레임워크 개발자는 IR로의 변환 도구를 제공하고, 하드웨어 공급업체는 IR에서 자사의 특정 하드웨어로의 변환을 제공한다.

대부분의 경우 모델을 컴파일하는 실제 과정은 명령 몇 개를 실행하는 정도로 간단하다. 파이토치 2.x의 경우 `torch.compile(model)`을 이용하면 훈련과 배포 전에 모델을 미리 컴파일해 볼 수 있다. 하드웨어 제조사들은 자사 제품 구매를 유도하기 위해 컴파일러(컴파일용 소프트웨어)를 무료로 제공하곤 한다. 하지만 그런 소프트웨어를 만드는 것은 쉽지 않으며, 하드웨어 아키텍처와 머신러닝 아키텍처 모두에 대한 전문성이 필요하다. 그런 재능의 조합은 드물기 때문에 이 분야에서 보수가 좋은 일자리를 구할 수 있다.

LLM을 실제로 컴파일하는 방법은 잠시 후에 나온다. 먼저 사용되는 기법들을 살펴보자. 가장 중요한 커널 조정부터 시작하는 것이 좋겠다.

커널 조정

딥러닝과 고성능 컴퓨팅에서 커널kernel은 GPU나 그와 비슷한 프로세서에서 실행되도록 설계된 작은 프로그램 또는 함수이다. 그런 프로그램은 하드웨어 제조사가 칩 효율성을 극대화하기 위해 개발한다. 하드웨어 제조사는 실리콘의 회로 블록 전체에 걸쳐 스레드, 레지스트리, 공유 메모리를 최적화하는 방식으로 커널을 작성한다. 임의의 코드를 실행할 때 프로세서는 여러 논리 게이트(logic gate)에 걸쳐 요청을 최선으로 라우팅하려 하지만, 병목현상을 피하기는 어렵다. 하지만 실행할 커널들과 그 순서를 미리 파악할 수 있다면 GPU는 더 효율적인 경로를 구성할 수 있는데, 그것이 곧 커널 조정(kernel tuning)이다.

커널 조정 중에는 고도로 최적화된 다수의 커널 중에서 가장 적합한 커널이 선택된다. 예를 들어 합성곱(convolution) 연산을 생각해 보자. 합성곱을 계산하는 알고리즘은 다양하다. 하드웨어 제조사의 커널 라이브러리에서 최적의 것은 대상 GPU 유형, 입력 데이터 크기, 필터 크기, 텐서 레이아웃, 배치 크기 등 다양한 요소를 기반으로 선택된다. 커널 조정 시에는 이러한 커널들을 여러 개 실행해서 실행 시간이 최소화되도록 커널들과 실행 순서를 선택한다.

이러한 커널 조정 과정은 실행 계획을 최종 배포된 모델이 사용하는 특정한 신경망 아키텍처에 맞게 최적화할 뿐 아니라, 배포 플랫폼의 고유한 특성에도 세밀하게 조정되도록 한다. 이 과정을 통해 자원을 더 효율적으로 사용하고 성능을 극대화할 수 있다. 다음으로는 이러한 커널 실행을 최적화하는 텐서 융합(tensor fusion)을 살펴보자.

텐서 융합

딥러닝 프레임워크들은 모델을 훈련하거나 실행할 때 계산 그래프(computation graph)를 활용한다. 계산 그래프는 수학적 표현을 단순화하고 일련의 텐서 연산(특히 신경망 모델을 위한)을 실행하는 데 강력한 개념이다.[1] 프레임워크가 계산 그래프를 실행하는 도중에 각 층에서 함수 호출이 여러 번 일어난다. GPU를 이용하는 경우 연산들은 CUDA 커널들에서 실행되는데, 커널 연산 자체는 매우 빠르지만 커널들을 관리하는 코드나 텐서 데이터를 처리하는 코드는 실행이 훨씬 느리다. 결과적으로 GPU 자원이 완전히 활용되지 않을 수 있으며, 메모리 대역폭이 병목 지점이 될 수 있다. 비유하자면 이는 상점에 한 번만 가서 여러 개의 물건을 사는 대신 한 번에 하나씩 여러 번 사 오는 것과 같다.

여기서 텐서 융합이 등장한다. 텐서 융합은 커널을 병합 혹은 융합해서 연산들을 한 번에 수행함으로써 불필요한 커널 실행을 줄이고 메모리 효율성을 개선한다. 그러한 합성 커널(composite kernel)의 예로는 행렬곱과 편향 더하기, ReLU 커널을 하나로 결합한 완전 연결 커널(fully connected kernel)을 들 수 있다. 이는 텐서 병렬화(tensor parallelization) 개념과 유사하다. 비유하자면 텐서 병렬화에서는 여러 사람을 식료품점, 하드웨어점, 소매점 등 각자 다른 가게로 보내서 전체 과정을 가속한다. 이렇게 하면 한 사람이 모든 가게를 가지 않아도 된다. 텐서 융합은 여러 GPU에 걸친 병렬화와 매우 잘 연동될 수 있다. 여러 사람을 각자 다른 가게로 보내되, 각자가 한 번에 여러 물건을 구매하도록 함으로써 효율성을 더욱 높이는 것이다.

그래프 최적화

텐서 융합을 차례로 수행하는 것을 가리켜 수직 그래프 최적화(vertical graph optimization)라고도 한다. 수평(horizontal) 그래프 최적화도 가능하다. 이 두 종류의 최적화를 완전히 별개의 것으로 이야기하는 경우가 많다. 그냥 '그래프 최적화'라고 하면 수평 그래프 최적화를 뜻하는데, 수평 그래프 최적화에서는 입력 데이터를 공유하되 가중치들은 서로 다른 여러 신경망 층(layer)들을 하나의 더 넓은 커널로 결합한다. 그러한 커널은 출력 버퍼를 미리 할당하고 분산 방식으로 출력값들을 기록함으로써 결합 층(concatenation layer)들을 대체한다.

그림 6.2는 간단한 딥러닝 그래프를 최적화하는 예이다. 그래프 최적화가 그래프의 기본 연산들을 변경하지는 않는다. 단지 그래프를 재구성할 뿐이다. 그래프를 최적화하면 층과 커널의 수가 줄어들기 때문에 모델이 더 효율적으로 실행되어서 추론의 지연이 줄어든다. 결과적으로 그래프 최적화에 의해 전체 프로세스가 더 작고, 빠르고, 효율적으로 된다.

1 (옮긴이) 계산 그래프는 계산 과정을 그래프 구조로 표현한 것이다. 기본적으로 노드(정점)는 연산 또는 변수를 나타내고 간선은 값의 흐름을 나타낸다.

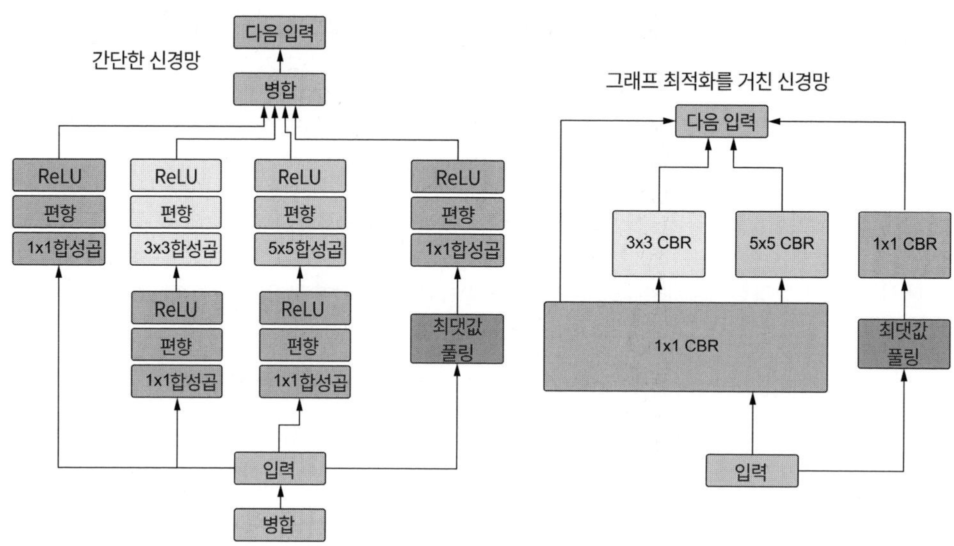

그림 6.2 최적화되지 않은 신경망과 그래프 최적화를 통해 최적화된 신경망의 비교. CBR은 NVIDIA의 융합 층 커널(fused layer kernel)로, Convolution(합성곱), Bias(편향), ReLU의 머리글자를 딴 것이다. 자세한 내용은 NVIDIA 블로그 글 `https://mng.bz/PNvw`를 참고하기 바란다.

그래프 최적화 기법은 주로 텐서플로 같은 계산 그래프 기반 프레임워크에 쓰인다. 그런 프레임워크들의 그래프 최적화에는 계산 그래프를 단순화하고 중복 연산을 제거하며 연산을 재배열하는 기법들이 포함된다. 특히 GPU나 TPU 같은 특정 하드웨어에서 실행 효율을 높이는 기법들이 있는데, 상수 접기(constant folding)가 한 예이다. 상수 접기는 상수 입력과 관련된 계산을 실행 시점이 아니라 컴파일 시점에서 수행함으로써 실행 시의 연산 부하를 줄인다.

이외에도 모델 컴파일에 사용되는 기법은 많지만, 이 정도가 가장 일반적인 것들이다. 이들을 알아 두면 컴파일 시 내부적으로 어떤 일이 일어나고 왜 효과가 있는지 이해하는 데 도움이 될 것이다. 이제 LLM의 컴파일을 위한 구체적인 도구들을 살펴보자.

TensorRT

NVIDIA의 TensorRT는 모델 컴파일을 위한 '올인원' 솔루션이다. GPU에서 모델을 더 잘 실행하도록 준비하는 방법은 당연히 해당 하드웨어 제조사가 잘 알 것이다. TensorRT는 이번 절에서 다룬 모든 기능과 함께 INT8 양자화 및 하드웨어를 최대한 활용하기 위한 여러 메모리 기법을 제공한다.

예제 6.1은 TensorRT를 이용해서 LLM을 컴파일하는 간단한 과정을 보여준다. 이 예제는 TensorRT의 파이토치 버전인 torch_tensorrt를 사용할 것이다. 특정 엔진으로 모델을 컴파일하는 것은 하드웨어에 종속적임을 기억하기 바란다. 따라서 여러분의 조직이 실제로 사용할 하드웨어에서 모델을 컴파일해야 한다. TensorRT의 설치는 다소 복잡한데, 단순히 `pip install`로 설치할 수는 없다. 다행히, 설치 과정을 이미 해결한 편리한 도커 이미지가 있다. 다음 명령을 실행하면 된다.

```
$ docker run --gpus all -it --rm nvcr.io/nvidia/pytorch:23.09-py3
```

이 명령은 필요한 거의 모든 것이 갖춰진 torch_tensorrt 도커 컨테이너를 대화형으로 시작한다(최신 버전은 `https://mng.bz/r1We` 참고). 허깅 페이스의 Transformers 라이브러리만 빠져 있으니 그것만 추가로 설치하면 예제 6.1의 스크립트를 실행할 준비가 끝난다.

예제 6.1은 필요한 모듈들을 임포트한 후 사전 훈련된 GPT-2 모델과 토크나이저를 불러온다. 그런 다음 모델을 추적(tracing)하기 위한 예제 입력을 준비한다. 모델을 적절한 IR(중간 표현)로 변환해야 하는데, 여기서는 TorchScript 형식을 사용한다. IR 변환은 추적을 통해 이루어진다. 추적은 모델 실행 시 호출되는 연산들을 캡처하는 과정으로, 캡처 결과는 나중에 그래프 최적화에 도움이 된다. 다양한 입력을 받는 모델에서는 특정 모달의 데이터만으로 모델을 추적할 수 있는데, 예를 들어 이미지와 텍스트를 모두 받아 임베딩으로 변환하는 CLIP 모델의 경우 텍스트 데이터만으로 해당 모델을 추적하는 것은 모델에서 이미지 연산을 효과적으로 제거하는 방법이다. 모델을 IR로 변환하면 비로소 TensorRT를 이용해서 NVIDIA GPU용으로 컴파일할 수 있다. 예제에서는 컴파일을 완료한 후 디스크에서 모델을 다시 불러와서 몇 가지 추론을 실행해 본다.

예제 6.1 TensorRT로 모델 컴파일하기

```
import torch
from transformers import GPT2Tokenizer, GPT2LMHeadModel
import torch_tensorrt

tokenizer = GPT2Tokenizer.from_pretrained("gpt2")
tokens = tokenizer("The cat is on the table.", return_tensors="pt")[
    "input_ids"
].cuda()
model = GPT2LMHeadModel.from_pretrained(
    "gpt2", use_cache=False, return_dict=False, torchscript=True
).cuda()
model.eval()

traced_model = torch.jit.trace(model, tokens)    ← Torchscript IR로 변환한다.
```

```
compile_settings = {                                    ← TensorRT로 모델을 컴파일한다.
    "inputs": [
        torch_tensorrt.Input(
            # 정적 크기 설정:
            shape=[1, 7],
            # 동적으로 크기를 바꾸는 경우에는:
            # min_shape=[1, 3],
            # opt_shape=[1, 128],
            # max_shape=[1, 1024],
            dtype=torch.int32,  # 입력 텐서의 수치 데이터 타입
            # 가능한 옵션은 torch.(float|half|int8|int32|bool)
        )
    ],
    "truncate_long_and_double": True,
    "enabled_precisions": {torch.half},              ← FP16으로 실행한다.
    "ir": "torchscript",
}
trt_model = torch_tensorrt.compile(traced_model, **compile_settings)

torch.jit.save(trt_model, "trt_model.ts")            ← 컴파일된 모델을 저장한다.

trt_model = torch.jit.load("trt_model.ts")           ← 추론을 실행한다.
tokens.half()
tokens = tokens.type(torch.int)
logits = trt_model(tokens)
results = torch.softmax(logits[-1], dim=-1).argmax(dim=-1)
print(tokenizer.batch_decode(results))
```

출력은 다음과 같다.

```
# ['\n was a the way.\n']
```

여러분의 환경과 설정에 따라서는 위와는 다른 결과가 출력될 수도 있음을 유념하자. 모델 컴파일이 꽤 복잡해 보이지만, 전반적인 요령을 익히면 사실 간단하다. 시간을 측정해 보면 추론 시간이 크게 개선됨을 알 수 있는데, 저자의 경험으로는 일반적으로 추론 시간이 최소 2배 이상 개선되었다. 이는 큰 비용 절감으로 이어진다!

TensorRT는 정말 대단한 도구이다. 물론 NVIDIA가 개발한 도구이기 때문에 NVIDIA 하드웨어에 최적화되어 있다는 큰 단점이 있다. 다른 하드웨어나 가속기용으로 코드를 컴파일할 때는 유용하지 않다. 또한 TensorRT를 사용하다 보면 오류 메시지를 자주 만나게 될 것이다. 저자는 지원되지 않는 모델을 변환할 때 호환성 문제가 자주 발생함을 확인했다. 다양한 LLM 아키텍처를 컴파일하려다 많은 문제에 부딪혔는데, 다행히 NVIDIA는 이를 해결하기 위해 고성능 GPU에서 LLM 추론을 가속화하는 TensorRT-LLM 라이브러리를 개발 중이다. 이는 기본 TensorRT보다 더 많은 LLM 아키텍처를 지원한다. 여러분이 선택한 LLM 아키텍처와 GPU의 지원 여부는 `https://mng.bz/mRXP`에서 확인할 수 있다.

TensorRT를 꼭 사용할 필요는 없다. 대안 컴파일러가 여럿 있다. TensorRT가 잘 작동하지 않을 때를 대비해 대안이 필요하니, 인기 있는 대안인 ONNX Runtime을 살펴보자.

ONNX 런타임

ONNX(Open Neural Network Exchange)는 여러 종류의 딥러닝 프레임워크, 라이브러리, 도구 간의 표현 공유 및 상호운용을 위해 설계된 오픈소스 형식(format)이자 생태계이다. ONNX는 모델의 이식성과 호환성 문제를 해결하기 위해 만들어졌다. 앞에서 언급했듯이 ONNX는 하나의 중간 표현(IR) 형식으로, 한 딥러닝 프레임워크(예: 텐서플로, 파이토치, 케라스, MXNet)에서 훈련한 모델을 다른 프레임워크에서 쉽게 사용할 수 있는 표준 형식으로 표현할 수 있게 해준다. 이를 통해 서로 다른 도구와 환경 간에 모델을 공유할 수 있다. TensorRT와 달리 ONNX 런타임[ONNX Runtime]은 하드웨어에 구애받지 않도록 설계되었다. 이는 ONNX 런타임을 여러 종류의 CPU와 GPU는 물론이고 TPU 같은 텐서 연산 전용 하드웨어를 비롯해 다양한 가속기(accelerator)에서 사용할 수 있다는 뜻이다.

실용적인 측면에서 ONNX는 머신러닝 실무자와 연구자들이 선호하는 프레임워크이다. ONNX를 이용하면 모델을 구축하고 훈련한 후에 광범위한 재설계나 코드 재작성 없이 다른 플랫폼과 하드웨어에 배포할 수 있다. 이 덕분에 다양한 응용 분야와 산업에서 AI와 ML 모델의 개발 및 배포가 간소화된다. ONNX와 ONNX 런타임이 헷갈릴 수 있는데, ONNX는 중간 표현 형식이고 ONNX 런타임은 ONNX 모델을 최적화하고 추론을 실행하는 엔진임을 기억하자.

ONNX를 활용하기 위해서는 허깅 페이스의 Optimum을 사용하는 것이 좋다. Optimum은 최적화 도구를 더 쉽게 사용할 수 있게 해주는 인터페이스로, 인텔 칩용 Intel Neural Compressor나 Furiosa NPU용 Furiosa Warboy 등 여러 엔진과 하드웨어를 지원한다. 한번 살펴볼 만한 가치가 있다. 이제부터 Optimum을 이용해서 LLM을 ONNX 형식으로 변환하고, 그런 다음 ONNX 런타임을 이용한 추론에 최적화할 것이다. 먼저 Optimum 라이브러리와 관련 패키지들을 설치하자. `--upgrade-strategy eager` 옵션은 관련 패키지가 최대한 업그레이드되게 만든다.

```
$ pip install --upgrade --upgrade-strategy eager optimum[exporters,onnxruntime]
```

이제 Optimum의 명령줄 인터페이스인 `optimum-cli`를 이용해서 모델을 ONNX 형식으로 익스포트한다. 모델을 익스포트하는 경우 `--model` 옵션으로 모델을 지정하고(지금 예에서는 허깅 페이스의 한 트랜스포머 모델을 지정한다), 그다음에 모델을 저장할 로컬 경로를 지정한다. 이 둘은 필수이다. 그다음의 `--optimize` 옵션은 최적화 기능 플래그를 지정하는 것인데, 필수는 아니다. 지금 예에서는 일반적인 최적화들을 뜻하는 `O1`(이것이 기본값이다)을 지정한다.

```
$ optimum-cli export onnx --model WizardLM/WizardCoder-1B-V1.0 ./models_onnx --optimize O1
```

이렇게 해서 하나의 LLM 모델을 ONNX 형식으로 변환하고 기본 그래프 최적화로 최적화했다. 모든 컴파일 과정과 마찬가지로, 최적화는 추론을 실행하려는 하드웨어에서 수행해야 하며, 충분한 메모리와 자원이 있어야 한다. 변환 과정에 상당한 계산 자원이 필요하기 때문이다.

최적화된 모델의 실행에 관해서는 `https://onnxruntime.ai/getting-started`를 참고하기 바란다. 여러분의 환경에 맞는 조합을 선택한 후 **Installation Instructions**의 지시에 따라 SDK(클라이언트 라이브러리)를 설치하면 된다. 해당 페이지에서 보듯이 ONNX 런타임은 다양한 프로그래밍 언어를 지원한다. LLM을 자바, C++, C#, 심지어 자바스크립트 등 여러분이 선호하는 언어로 직접 실행할 수 있으니 마음껏 즐겨보기 바란다. 다만 이 책에서는 일관성을 위해 파이썬만 사용할 것이다.

하드웨어 가속(해당 페이지의 **Hardware Acceleration** 섹션)으로는 TensorRT가 대부분의 경우 가장 좋은 선택이 되겠지만, 많은 예외 사례를 처리해 주는 ONNX 런타임이나 OpenVINO 같은 다른 우수한 엔진들도 있다. 필요에 따라 적절한 것을 선택하기 바란다. 다만 아무것도 선택하지 않고 **Default CPU**로 남겨두는 것은 심각한 실수이다. 이번 절을 읽었으니 몰랐다고 변명할 수도 없다. 일이 제대로 진행되게 하는 것은 여러분의 전문적인 책임이다. 먼저 컴파일되지 않은(또는 최소한 컴파일을 시도하지 않은) ML 모델을 프로덕션에 배포하는 것은 ML옵스 담당자로서 죄악임을 기억하자.

6.1.2 LLM 저장 전략

이제 잘 컴파일된 모델이 생겼으니, LLM 서비스에서 이 모델에 어떻게 접근할지 생각해야 한다. 이 단계는 중요하다. 3장에서 논의했듯이 LLM으로 작업할 때는 시동(부팅) 시간이 악몽이 될 수 있기 때문이다. 이렇게 큰 자산(asset)을 메모리에 적재(loading)하는 데에는 오랜 시간이 걸릴 수 있다. 가능한 한 빠르게 처리해야 한다. 대용량 자산을 관리할 때는 보통 산출물 레지스트리(artifact registry)나 클라우드 저장소의 버킷에 넣어 두고는 그냥 잊어버리는 경향이 있다. 두 가지 모두 내부적으로 객체 저장 시스템(GCS나 S3 같은)을 활용하는데, 그런 시스템은 저장에는 좋지만 LLM 같은 대형 객체 검색에는 그리 효과적이지 않다.

객체 저장 시스템(object storage system)은 자산을 객체라고 하는 작은 조각들로 나눈다. 전체 자산을 다수의 머신과 물리적 메모리 장소들에 분산시킬 수 있다는 점 때문에 객체 저장 시스템은 클라우드 운용에 큰 도움이 된다. 특히, 커다란 객체를 보통의 소비자급 하드웨어에 저렴하게 저장할 수 있다. 복제를 통한 장애 내구성(fault tolerance)을 갖추었기 때문에 하드웨어 고장으로 자산을 잃을 걱정을 하지 않아도 된다. 객체 저장 시스템은 항상 자산에 접근할 수 있게 하는 고가용성(high availability)도 보장한다. 단점은 이러한 객체들이 여러 머신에 분산되어 있으며 메모리에서 쉽게 읽고 저장할 수 있는 형태가 아니라는 것이다. 결과적으로 LLM을 GPU 메모리에 적재하려면 먼저 모델을 다운로드해야 한다. 몇 가지 대안을 살펴보자.

퓨징

퓨징[fusing]은 버킷을 마치 외장 하드 드라이브처럼 머신에 마운트하는 과정이다. 퓨징은 편리한 인터페이스를 제공하고 코드를 단순화한다. 모델을 다운로드한 후 따로 메모리에 불러올 필요가 없기 때문이다. 퓨징을 사용하면 외부 버킷을 파일 시스템처럼 다루어서 모델을 메모리에 직접 적재할 수 있다. 그러나 여전히 여러 머신에서 자산의 객체들을 가져와야 하는 근본적인 필요성은 해결하지 못한다. 물론 동일한 리전과 영역에 있는 노드에 버킷을 퓨징하면 성능을 향상시키는 최적화가 가능하며, 마치 로컬 드라이브에서 모델을 불러오는 것 같은 편리함도 얻을 수 있다. 하지만 안타깝게도 저자의 경험에 따르면 퓨징은 꽤 느리다. 그래도 다운로드 후 적재하는 것보다는 빠를 것이다.

흔히 쓰이는 퓨징 라이브러리들은 모든 주요 클라우드 제공업체와 Ceph나 MinIO와 같은 온프레미스 객체 저장 솔루션들을 지원하므로, 여러분의 노트북 컴퓨터를 비롯해 거의 모든 환경에서 사용할 수 있다. 그렇다. 노트북 컴퓨터나 엣지 기기를 객체 저장 솔루션에 퓨징하는 것이 가능하다. 여러분이 이루고자 하는 목표에 따라서는 이러한 기능과 전략이 엄청나게 강력할 수도 있고 엄청나게 비효율적일 수도 있다.

> 모든 퓨징 라이브러리는 기본적으로 FUSE 라이브러리에 기반한다. `https://github.com/libfuse/libfuse`를 한 번 살펴보길 권한다.

모델 베이킹

모델을 도커 이미지에 넣는 것을 모델 베이킹model baking 또는 모델 굽기라고 부르기도 한다. 이렇게 하면 컨테이너를 생성할 때마다 모델을 바로 사용할 수 있게 된다. 하지만 일반적으로 모델 베이킹은 안티패턴으로 간주된다. 첫째로, 모델 베이킹은 부팅 시간 문제를 해결하지 못한다. 프로덕션에서 새 인스턴스가 생성될 때는 새로운 머신이 구동되는데, 이 머신은 외부 세계에 대해 아무것도 모르는 깨끗한 상태이므로 제일 먼저 컨테이너 이미지를 다운로드해야 한다. 그런데 그 컨테이너 이미지에는 대용량의 모델이 포함되어 있다. 따라서 부팅 시간 문제는 전혀 해결되지 않았다. 실제로, 모델을 포함한 이미지를 다운로드하는 것이 객체 저장소에서 모델을 다운로드하는 것보다 더 느릴 가능성이 높다. 결과적으로 부팅 시간이 오히려 더 늘어날 수 있다.

둘째, 모델 베이킹은 보안 측면에서 끔찍한 관행이다. 컨테이너는 보안이 취약해서 공격자가 임의로 침투하기 쉬운 경우가 많다. 셋째, 문제가 두 배로 늘어난다. 이전에는 대용량 자산 하나만 있었는데, 이제는 모델과 이미지라는 두 가지 자산이 생겼다.

하지만 이런 단점에도 베이킹이 유용한 경우가 있다. 무엇보다도 배포가 아주 간단해진다. 모든 자산을 이미지에 넣으면 새 서비스를 배포하는 데에는 이미지 하나만 있으면 된다. 이는 LLM 서비스를 특히 엣지 기기에 배포할 때 매우 가치 있는 장점이다.

볼륨 마운트

또 다른 해결책은 객체 저장소를 완전히 피하고, LLM을 마운트 가능한 드라이브의 파일 기반 저장 시스템에 저장하는 것이다. 서비스가 부팅될 때 RAID 컨트롤러나 쿠버네티스를 통해 LLM이 저장된 디스크 드라이브를 연결할 수 있다. 이 해법은 구식이지만 매우 효과적이다. 대부분의 경우 모든 문제가 해결되고 부팅 시간도 놀라울 정도로 빠르다.

단점은 배포하려는 각 리전과 영역에 해당 볼륨이 있는지 확인하는 여러 조정 단계가 필요하다는 것이다. 또한 복제와 신뢰성 문제도 발생한다. 드라이브가 갑자기 고장 나면 해당 리전에 백업이 필요하다. 게다가 이러한 드라이브는 일반 하드웨어가 아닌 SSD일 가능성이 높다. 따라서 비용이 더 많이 들 것이다. 하지만 저장 비용은 GPU에 비하면 매우 저렴하므로, 부팅 시간 절약을 고려해야 한다. 그렇긴 해도, 본질적으로 이 전략은 우리가 객체 저장소를 사용하게 된 문제들을 다시 도입하는 것임을 기억해야 한다.

혼합 방식: 중개(intermediary) 볼륨 마운트

마지막으로, 두 방식을 혼합한 접근 방식을 취할 수도 있다. 이 솔루션에서는 부팅 시 모델을 다운로드하되, 마운트된 볼륨에 그 모델을 저장한다. 이 방법은 리전의 첫 배포에는 전혀 도움이 되지 않지만, 새로운 인스턴스가 동일한 볼륨을 마운트하여 다운로드 없이 모델을 사용할 수 있으므로 새 인스턴스에는 상당한 도움이 된다. 저장소용 Redis 캐시와 비슷한 방식이라고 생각하면 이해가 될 것이다. 자동 스케일링이 갑작스러운 워크로드를 처리할 만큼 충분히 빠르기 때문에 대개의 경우 이 방법으로 충분하다. 시스템 전체가 다운되는 상황(가급적 일어나지 않길 바랄 뿐이다)은 여전히 걱정해야 한다. 따라서 복제본(replica) 하나만 실행하는 경우에는 이 혼합 접근 방식을 피해야 하는데, 어차피 프로덕션에서 복제본 하나만 실행하는 것은 바람직하지 않다.

그림 6.3은 이상의 여러 전략을 개괄한 것이다. 각 전략을 제일 왼쪽에 나온, 그냥 LLM을 다운로드한 다음 메모리에 적재하는 기본 방식과 비교해 보기 바란다. 가장 좋은 전략은 구체적인 시스템 요구사항과 실행할 LLM의 크기, 인프라 등에 따라 달라진다. 시스템 요구사항 자체도 트래픽 패턴에 따라 크게 달라질 것이다.

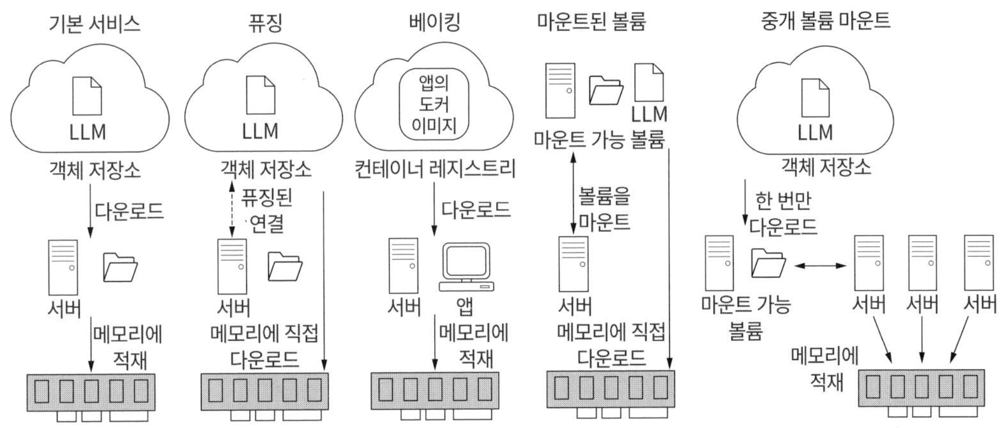

그림 6.3 여러 LLM 저장 전략 및 각 전략이 부팅 시간에 미치는 영향. 일반적으로 시스템 안정성, 복잡성, 애플리케이션 적재 시간 사이의 균형을 맞춰야 한다.

이제 LLM을 자산으로서 다루는 방법을 잘 이해했으니, LLM 서비스에 반드시 필요한 API 기능들을 살펴보자.

6.1.3 적응형 요청 배치 처리

일반적인 API는 그냥 요청들을 들어온 순서대로 각각 즉시 처리한다. 그러나 머신러닝 모델을 훈련해 본 사람이라면 추론을 2의 거듭제곱(16, 32, 64 등) 단위의 배치batch로 실행할 때 수학적, 계산적 이점이 있음을 알 것이다. 특히 GPU를 활용할 때는 2의 거듭제곱이 메모리 정렬(alignment) 면에서나 GPU 코어들에 걸쳐 계산을 병렬화하는 벡터화된 명령어의 활용 면에서 유리하다. 이러한 배치 처리의 이점을 활용하려면 적응형 요청 배치 처리(adaptive request batching) 또는 동적 배치 처리(dynamic batching) 같은 기법을 적용하는 것이 바람직하다.

적응형 배치 처리는 기본적으로 일정 시간 동안 요청들을 모은다. 요청 풀pool에 모인 요청들이 미리 정해 둔 최대 배치 크기에 도달하거나 타이머가 만료되면 그 요청들로 이루어진 하나의 배치로 모델을 실행하고, 모델의 각 추론 결과를 각 클라이언트에 반환한다. 기본적으로 이는 대기열(queue) 처리인데, 대기열 처리 기능을 직접 구현하기란 쉽지 않은 일이다. 다행히 대부분의 ML 추론 서비스는 이 기능을 기본 제공하므로 거의 모든 서비스에서 쉽게 구현할 수 있다. 예를 들어 BentoML에서는 `predict` 함수에 `@bentoml.Runnable.method(batchable=True)` 데코레이터를 추가하고, Triton Inference Server에서는 모델 정의 파일 끝에 `dynamic_batching {}`를 추가하면 된다.

아주 쉬운 일처럼 들릴 텐데, 실제로 그렇다. 일반적으로 기본 설정들이 대단히 합리적이라서 추가로 조정할 것이 거의 없다. 하지만 시스템의 효율성을 최대로 끌어올리려면 최대 배치 크기를 정교하게 조정해 보는 것도 좋다. 요청들의 개수가 최대 배치 크기에 도달하면 배치 처리 모듈은 해당 배치를 실행한다. 또한 배치 지연 시간도 조정할 수 있다. 이것은 일정 시간이 지나면 요청들을 처리하게 하는 효과를 낸다. 두 설정 다 값이 클수록 처리량(throughput)이 좋아질 가능성이 높지만 대신 지연 시간이 길어지므로, 일반적으로 시스템의 지연 시간에 여유가 있을 때만 조정한다.

정리하자면, 적응형 배치 처리의 이점은 약간의 지연 시간을 감수하고 자원을 더 효율적으로 사용해서 처리량을 높일 수 있다는 점이다. 이는 가치 있는 절충안이므로, 이 기능을 활용할 수 있을 정도의 지연 시간 여유를 여러분의 제품에서 확보할 것을 권장한다. 저자의 경험으로 볼 때 처리량을 최적화하면 안정성과 확장성이 향상되어 결국 고객 만족도가 높아진다. 물론 지연 시간이 매우 중요하거나 트래픽이 크지 않은 경우에는 이 기능을 고려하지 않아도 된다.

6.1.4 흐름 제어

속도 제한기와 접근 키는 API를 보호하는 중요한 장치이다. 특히 고비용 LLM의 프런트에 해당하는 API에 필수적이다. 속도 제한기(rate limiter)는 클라이언트가 지정된 시간 안에 API에 보낼 수 있는 요청 수를 제어한다. 이는 API 서버를 DDoS(distributed denial of service; 분산 서비스 거부) 공격 같은 오남용(abuse)로부터 보호하는 데 도움이 된다. DDoS 공격에서 공격자는 시스템을 압도하고 기능을 방해하기 위해 동시에 수많은 요청을 보낸다.

속도 제한기는 또한 짧은 시간에 자동으로 수많은 요청을 보내는 봇으로부터 서버를 보호하는 데 효과적이다. 이는 불필요하거나 유해한 트래픽으로 서버가 소진되지 않도록 서버 자원을 최적으로 관리하는 데 도움이 된다. 그리고 할당량을 관리해서 모든 사용자가 API 자원에 공정하고 동등하게 접근할 수 있도록 하는 데에도 속도 제한기가 유용하다. 한 명의 사용자가 과도하게 자원을 많이 사용하는 것을 방지함으로써 속도 제한기는 모든 사용자에게 시스템이 원활하게 작동하도록 보장한다.

결론적으로, 속도 제한기는 LLM 시스템 프로세스의 흐름(flow)을 제어하는 중요한 메커니즘이다. 특히 배포 시간이 긴 대형 LLM을 사용할 때 자동확장(autoscaling)과 롤링 업데이트[rolling update] 중에 갑작스러운 워크로드를 완화하고 시스템이 과부하되는 것을 방지하는 데 중요한 역할을 할 수 있다. 속도 제한기 또는 속도 제한 알고리즘에는 여러 유형이 있는데, 어떤 유형이 제일 바람직한지는 구체적인 용례에 따라 다르다.

속도 제한기의 유형들

다음은 중요한 속도 제한기 유형들이다.

- **고정 구간**(fixed window): 고정 구간 속도 제한 알고리즘은 정해진 시간 구간 동안 고정된 수의 요청을 허용한다. 예를 들어 분당 5개의 요청을 허용하고, 매분 초기화하는 식이다. 이 방식은 설정하고 이해하기가 매우 쉽다. 그러나 분포가 불균등할 수 있으며, 시간 구간의 경계 부근에 요청들이 집중될 수 있다.
- **이동 구간 로그**(sliding window log): 경계 문제를 방지하기 위해 시간 구간을 동적으로 적용하는 알고리즘이다. 예를 들어 지난 60초 동안 5개의 요청을 허용하는 식이다. 이 방식은 고정 구간 알고리즘의 더 복잡한 버전으로, 각 요청의 타임스탬프를 기록하여 이동하는 룩백[lookback] 기간을 제공함으로써 요청 제한을 좀 더 균등하게 분산한다.
- **토큰 버킷**[token bucket]: 클라이언트에게 일정 개수의 토큰들이 담긴 버킷을 제공한다. 클라이언트는 요청당 일정 개수의 토큰을 사용하며, 버킷이 비면 더 이상 요청할 수 없다. 버킷은 시간이 지남에 따라 천천히 다시 채워진다. 따라서 토큰 버킷은 짧은 기간 동안 다수의 요청을 허용하지만, 일정 기간의 전체적인 요청 수는 버킷 크기로 제한된다.
- **누수 버킷**(leaky bucket): 이것은 요청이 쌓이는 대기열처럼 작동한다. 대기열이 가득 차지 않은 상태에서는 요청을 처리하되, 가득 차면 여분의 요청들을 폐기한다. 결과적으로 전체적인 흐름 속도가 제어된다.

속도 제한기는 전체 API부터 개별 클라이언트 요청, 특정 함수 호출까지 여러 수준에서 적용할 수 있다. 너무 공격적으로 적용하는 것은 피해야 한다. 속도 제한기에만 의존하는 것보다는 자동확장을 통해서 수요를 충족하는 것이 바람직하다. 그렇다고 완전히 무시해서도 안 된다. 특히 악의적인 사용자를 방지하는 데에는 속도 제한기가 중요하다.

접근 키(access keys)도 악의적 사용자를 방지하는 데 중요하다. 접근 키는 인증을 제공하여 승인된 사용자만 API에 접근할 수 있도록 보장한다. 이에 의해 API 무단 사용 및 잠재적 오남용이 방지되고 스팸 요청의 유입이 줄어든다. 또한 유료 서비스를 설정하는 데에도 필수적이다. 물론 API를 조직 내부에만 노출하는 경우에도 접근 키를 반드시 설정할 필요가 있다. 접근 키는 책임(liability)을 줄이고 비용을 제어하는(예를 들어 오작동하는 프로세스에 대한 접근을 차단함으로써) 수단으로 작용할 수 있다.

다행히 요즘은 속도 제한과 접근 키를 갖춘 서비스를 설정하기가 어렵지 않다. 이를 도와주는 여러 라이브러리가 있기 때문이다. 예제 6.2는 속도 제한과 접근 키를 둘 다 사용하는 간단한 FastAPI 앱이다. 접근 키는 FastAPI의 내장 보안 라이브러리로 구현하고, 속도 제한은 SlowApi를 이용해서 구현한다. SlowApi는 간단한 데코레이터로 모든 함수나 메서드의 호출을 제한할 수 있는 간단한 속도 제한기이다.

예제 6.2 접근 키와 속도 제한기가 있는 API 예제

```
from fastapi import FastAPI, Depends, HTTPException, status, Request
from fastapi.security import OAuth2PasswordBearer
from slowapi import Limiter, _rate_limit_exceeded_handler
from slowapi.util import get_remote_address
from slowapi.errors import RateLimitExceeded
import uvicorn

api_keys = ["1234567abcdefg"]        ← API 키 목록. 실제로는 키를 암호화해서 데이터베이스에 저장해야 할 것이다.
oauth2_scheme = OAuth2PasswordBearer(tokenUrl="token")

limiter = Limiter(key_func=get_remote_address)

app = FastAPI()
app.state.limiter = limiter
app.add_exception_handler(RateLimitExceeded, _rate_limit_exceeded_handler)


async def get_api_key(api_key: str = Depends(oauth2_scheme)):
```

```
    if api_key not in api_keys:
        raise HTTPException(
            status_code=status.HTTP_401_UNAUTHORIZED,
            detail="Invalid API Key",
        )


@app.get("/hello", dependencies=[Depends(get_api_key)])
@limiter.limit("5/minute")
async def hello(request: Request):
    return {"message": "Hello World"}
```

이것은 아주 단순화된 예제임을 주의하자. 실제로는 사용자가 접근 키를 생성하고 삭제할 수 있는 시스템도 마련해야 한다. 또한 시간 제한을 세밀하게 조정할 필요가 있다. 일반적으로 사용자 경험을 방해하지 않으면서도 속도 제한의 효과를 낼 수 있는 적절한 값을 찾아야 한다.

6.1.5 응답 스트리밍

LLM 서비스에 반드시 포함해야 할 기능 중 하나는 스트리밍streaming이다. 응답 스트리밍은 모델이 생성한 모든 텍스트를 한꺼번에 사용자에게 보내는 것이 아니라 생성 도중에 조금씩 보내는 것을 말한다. 스트리밍을 구현하려면 시스템이 상당히 복잡해지지만, 그래도 다음과 같은 여러 문제를 해결해 주기 때문에 서비스의 필수 기능으로 간주된다.

첫째, LLM은 상당히 느리다. 사용자 경험(UX)에서 최악의 문제는 사용자를 기다리게 하는 것이다. 기다림은 사용자를 지루하게 만들고, 지루한 사용자는 불평하거나 아예 서비스를 떠난다. 사용자의 불만을 좋아하는 개발자는 없다. 여러분도 마찬가지일 것이다. 사용자를 마냥 기다리게 하는 대신 데이터가 생성되는 대로 스트리밍하면 사용자에게 더 역동적이고 상호작용적인 경험을 제공할 수 있다.

둘째, LLM은 느릴 뿐만 아니라 예측할 수 없다. 프롬프트에 따라서는 대량의 텍스트가 생성되기도 하고 토큰 하나만 생성되기도 한다. 결과적으로 지연 시간이 천차만별이다. 스트리밍을 사용하면 초당 토큰 수(TPS) 같은, 보다 일관된 지표에 집중할 수 있다. TPS를 평균 사용자 읽기 속도보다 높게 유지한다면, 사용자가 소비할 수 있는 것보다 빠르게 응답이 전송되므로 사용자가 지루함 없이 고품질의 경험을 누릴 수 있다. 반면에 모델 추론이 끝난 후에 결과를 통째로 반환한다면 사용자는 얼마나 기다려야 할지 알 수 없기 때문에 잠시 다른 일을 하다가 다시 돌아오기로 결정할 가능성이 크다. 이러한 흐름의 큰 중단은 서비스의 효율성이나 유용성을 떨어뜨린다.

마지막으로, 이제는 사용자들이 스트리밍을 당연시한다. 응답 스트리밍은 봇과 실제 인간을 구분하는 좋은 지표가 되었다. 인간은 응답을 입력하고, 교정하고, 편집해야 하므로 인간 고객 지원 담당자로부터의 서면 응답이 스트림 방식으로 이루어질 것을 기대할 수 없다. 따라서 응답이 스트리밍되는 것을 볼 때 사용자들은 봇과 대화하고 있다는 것을 알게 된다. 사람들은 봇과 인간에게 다르게 상호작용하므로, 사용자의 불만을 피하려면 사용자를 상대하는 것이 봇이라는 점을 알려 줄 필요가 있다.

예제 6.3은 스트리밍을 활용하는 매우 간단한 LLM 서비스를 보여준다. 주목할 핵심 부분은 기본 asyncio 라이브러리를 이용한 비동기 함수 호출, FastAPI의 `StreamingResponse`를 이용한 청크 단위의 클라이언트 응답 전송, 허깅 페이스 Transformers 라이브러리의 `TextIteratorStreamer`를 이용한 모델 추론 파이프라인 생성기 구성 등이다.

예제 6.3 스트리밍 LLM 서비스

```
import argparse
import asyncio
from typing import AsyncGenerator

from fastapi import FastAPI, Request
from fastapi.responses import Response, StreamingResponse
import uvicorn

from transformers import (
    AutoModelForCausalLM,
    AutoTokenizer,
    TextIteratorStreamer,
)
from threading import Thread

app = FastAPI()

tokenizer = AutoTokenizer.from_pretrained("gpt2")    ← 토크나이저, 모델, 스트리머를 메모리에 적재한다.
model = AutoModelForCausalLM.from_pretrained("gpt2")
streamer = TextIteratorStreamer(tokenizer)


async def stream_results() -> AsyncGenerator[bytes, None]:
    for response in streamer:
        await asyncio.sleep(1)    ← 스트리밍을 시각적으로 확인하기 위해 속도를 늦춘다. 일반적으로 스트리밍 응답은 바이트로 인코딩되어 반환되므로, 표시를 위해 UTF-8로 변환한다.
```

```
        yield (response + "\n").encode("utf-8")


@app.post("/generate")
async def generate(request: Request) -> Response:
    """LLM 응답 생성

    request 인수는 반드시 다음 필드를 가진 JSON 객체이어야 함.
    - prompt: 생성에 사용할 프롬프트
    """
    request_dict = await request.json()
    prompt = request_dict.pop("prompt")
    inputs = tokenizer([prompt], return_tensors="pt")
    generation_kwargs = dict(inputs, streamer=streamer, max_new_tokens=20)

    thread = Thread(target=model.generate, kwargs=generation_kwargs)    ← 결과를 생성하기 위한 별도의 스레드를 시작한다.
    thread.start()

    return StreamingResponse(stream_results())


if __name__ == "__main__":
    parser = argparse.ArgumentParser()    ← 서비스를 시작한다. 기본적으로 localhost의 8000번 포트에서 요청을 받는다.
    parser.add_argument("--host", type=str, default=None)
    parser.add_argument("--port", type=int, default=8000)
    args = parser.parse_args()

    uvicorn.run(app, host=args.host, port=args.port, log_level="debug")
```

이제 배치 처리, 속도 제한, 스트리밍 같은 LLM 서비스에 필수적인 여러 기능을 구현하는 방법을 알았으니, 사용성과 전반적인 작업흐름을 개선하기 위해 서비스에 추가할 수 있는 다른 도구들을 살펴보자.

6.1.6 특징 저장소

프로덕션에서 ML 모델을 실행할 때 특징 저장소(feature store)는 추론 과정을 크게 단순화한다. 3장에서 처음 소개한 특징 저장소는 간단히 말해서 중앙 진실 공급원(centralized source of truth)의 역할을 한다. 이 진실 공급원은 "누가 이 특징을 담당하는가?", "이 특징의 정의는 무엇인가?", "누가 접근할 수 있는가?" 같은 데이터에 관한 중요한 질문들에 답을 제공한다. 그럼 특징 저장소를 설정하고 데이터를 조회하는 예제를 통해서 특징 저장소의 작동 방식을 이해해 보자. 이 예제에서는 오픈소스이며 다양한 백엔드를 지원하는 Feast를 사용한다. 터미널에서 `pip install feast`로 Feast를 설치하고 적당한 디렉터리로 이동한 후 다음과 같이 `init` 명령을 실행해서 Feast용 프로젝트를 생성하자.

```
$ feast init feast_example
$ cd feast_example/feature_repo
```

이번 절에서 만들려는 예제 앱은 간단한 질의응답(question-and-answer, Q&A) 서비스이다. Q&A 서비스에는 특징 저장소의 데이터 거버넌스[data governance] 도구가 큰 도움이 된다. 예를 들어, 시점별 조인(point-in-time join) 도구는 "X의 대통령은 누구인가?"처럼 시간이 지남에 따라 답변이 바뀔 수 있는 질문에 대응하는 데 도움이 된다. 단순히 질문만 조회하는 대신 타임스탬프와 함께 질문을 조회하면 시점별 조인이 해당 시점에 데이터베이스에 있던 답변을 반환한다. 예제 6.4는 Q&A용 데이터를 준비하는 스크립트이다. 이 스크립트는 SQuAD 데이터셋을 가져와서 Feast 프로젝트의 `data` 디렉터리에 파케이[parquet] 형식으로 저장한다.

예제 6.4 SQuAD 데이터셋 다운로드

```
import pandas as pd
from datasets import load_dataset
import datetime

from sentence_transformers import SentenceTransformer
model = SentenceTransformer("all-MiniLM-L6-v2")

def save_qa_to_parquet(path):
    squad = load_dataset("squad", split="train[:5000]")    ← SQuAD 데이터셋을 불러온다.
    ids = squad["id"]    ← 질문들과 답변들을 추출한다.
    questions = squad["question"]
    answers = [answer["text"][0] for answer in squad["answers"]]
    qa = pd.DataFrame(    ← 질문들과 답변들로 데이터프레임을 만든다.
        zip(ids, questions, answers),
        columns=["question_id", "questions", "answers"],
    )

    qa["embeddings"] = qa.questions.apply(lambda x: model.encode(x))    ← 임베딩과 타임스탬프를 추가한다.
```

```
    qa["created"] = datetime.datetime.utcnow()
    qa["datetime"] = qa["created"].dt.floor("h")
    qa.to_parquet(path)                           ← 파케이 형식으로 저장한다.


if __name__ == "__main__":
    path = "./data/qa.parquet"
    save_qa_to_parquet(path)
```

다음으로, 특징 저장소의 특징 뷰(feature view)를 정의해야 한다. 특징 뷰는 관계형 데이터베이스의 뷰와 본질적으로 유사하다. 이제 특징 뷰를 위해 이름, 개체(entity; ID나 기본 키와 같은 역할을 한다), 스키마(특징 열), 출처(source) 등을 정의한다. 여기서는 로컬 파일 저장소를 사용하여 데모를 진행하지만, 프로덕션에서는 Snowflake나 GCP, AWS 등과 연동해야 할 것이다. Feast는 다양한 백엔드 통합 기능을 제공한다. 이 글을 쓰는 현재 벡터DB 백엔드는 지원하지 않지만, 곧 지원될 것으로 예상된다. 또한 태그를 통해 뷰에 메타데이터를 추가하고, 유효 기간(TTL)을 정의하여 Feast가 과거 데이터셋 생성 시 어디까지 확인할지 제한할 수 있다. 예제 6.5는 특징 뷰를 정의하는 코드이다. 이 코드를 Feast 프로젝트 `feature_repo` 디렉터리의 `qa.py` 파일로 저장하기 바란다.

예제 6.5 Feast 특징 뷰(FeatureView) 정의

```
from feast import Entity, FeatureView, Field, FileSource, ValueType
from feast.types import Array, Float32, String
from datetime import timedelta

path = "./data/qa.parquet"

question = Entity(name="question_id", value_type=ValueType.STRING)

question_feature = Field(name="questions", dtype=String)

answer_feature = Field(name="answers", dtype=String)

embedding_feature = Field(name="embeddings", dtype=Array(Float32))

questions_view = FeatureView(
    name="qa",
    entities=[question],
```

```
    ttl=timedelta(days=1),
    schema=[question_feature, answer_feature, embedding_feature],
    source=FileSource(
        path=path,
        event_timestamp_column="datetime",
        created_timestamp_column="created",
        timestamp_field="datetime",
    ),
    tags={},
    online=True,
)
```

이제 이 특징 뷰를 특징 저장소에 등록해 보자. 다음 명령으로 등록할 수 있다.

```
$ feast apply
```

이제 뷰를 구체화(materialization)해야 한다. 다음은 뷰를 구체화하는 명령인데, 프로덕션 환경에서는 cron이나 Prefect 같은 도구를 이용해서 이런 명령을 정기적으로 실행해야 한다. 최신 데이터가 수집되게 하려면 종료 날짜 UTC 타임스탬프를 현재 시점으로 설정해야 함을 주의하자.[2]

```
$ feast materialize-incremental 2023-11-30T00:00:00 --views qa
```

이제 남은 것은 쿼리뿐이다! 다음 예제 코드는 추론에 사용할 특징을 가져와서 화면에 표시한다.

예제 6.6 추론을 위한 특징 뷰 쿼리

```
import pandas as pd
from feast import FeatureStore

store = FeatureStore(repo_path=".")

path = "./data/qa.parquet"
ids = pd.read_parquet(path, columns=["question_id"])

feature_vectors = store.get_online_features(
```

2 (옮긴이) Feast의 `materialize-incremental` 명령은 특징 저장소에 마지막으로 데이터가 들어온 시점부터 명령에 주어진 시점(아래 예는 2023년 11월 30일)까지의 데이터를 들여온다.

```
    features=["qa:questions", "qa:answers", "qa:embeddings"],
    entity_rows=[{"question_id": _id} for _id in ids.question_id.to_list()],
).to_df()
print(feature_vectors.head())
```

이 예제는 추론 시 최소한의 지연 시간으로 최신 정보를 가져온다. 시점별 검색(point-in-time retrieval)을 위해서는 `get_online_features` 메서드 대신 `get_historical_features` 메서드를 사용하면 된다. 그리고 이 예제에서는 `entity_rows` 매개변수에 ID들의 목록(리스트)을 설정했지만, SQL 쿼리문을 지정할 수도 있어서 대단히 유연하고 사용하기 편하다.

6.1.7 RAG(검색 증강 생성)

RAG(retrieval-augmented generation; 검색 증강 생성)는 LLM의 환각 현상을 방지하고 응답의 정확도를 향상하는 데 가장 널리 사용되는 도구가 되었다. RAG가 인기를 얻은 이유는 구현이 쉽고 효과적이기 때문일 것이다. §3.4.5에서 처음 논의했듯이, 벡터 데이터베이스는 여러분의 도구 상자에 꼭 갖추어야 할 도구이다. 주된 이유는 RAG의 구현을 훨씬 쉽게 만들어주기 때문이다. 그림 6.4는 RAG 시스템의 구조이다. 전처리 단계에서는 문서를 분해하고 임베딩으로 변환하여 벡터 데이터베이스에 적재한다. 추론 과정에서는 사용자 입력을 받아 임베딩으로 인코딩한 후, 벡터 데이터베이스에서 문서 간 유사도 검색을 실행하여 가장 가까운 이웃을 찾는다. 이러한 유형의 추론을 의미 검색(semantic search)이라고 한다. 검색한 문서를 프롬프트에 삽입하면 LLM에 문맥(맥락)이 제공되어서 LLM이 사용자의 의도에 좀 더 부합하는 결과를 생성하게 된다.

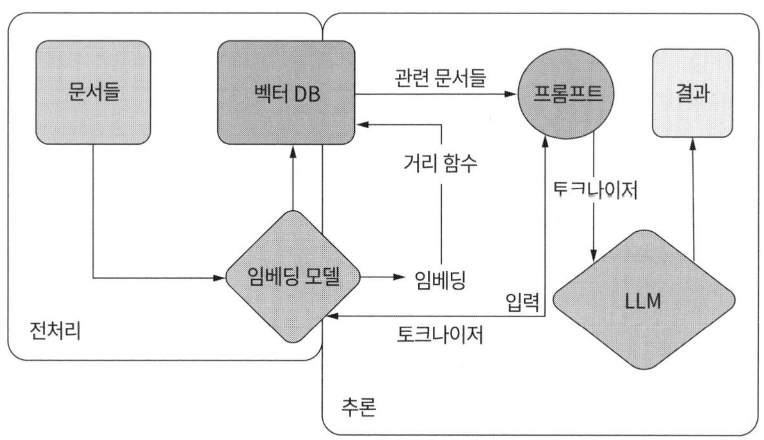

그림 6.4 RAG 시스템의 구조. 입력 임베딩을 이용해서 문서 전체에서 관련 문서를 검색하고, 관련 문서를 문맥으로 제공해서 LLM이 더 나은 결과를 생성하게 한다.

이제부터 파인콘Pinecone을 이용해서 간단한 RAG 시스템을 구현해 보겠다. 파인콘을 이용하면 벡터 데이터베이스를 직접 설정하는 수고를 덜 수 있다. 예제 6.7은 파인콘 색인을 설정하고 위키백과 데이터셋을 불러온다. 이를 위해 `WikiDataIngestion`이라는 클래스를 정의하는데, 이 클래스는 데이터셋을 불러오고 각 위키백과 페이지를 처리해서 텍스트를 소비 가능한 크기의 청크들로 분할하는 기능을 제공한다. 또한 그러한 청크들을 임베딩해서 배치 단위로 파인콘 색인 데이터베이스에 업로드하는 기능도 제공한다. 청크 임베딩들을 모두 업로드한 후에는 비로소 쿼리를 실행할 수 있다.

이 예제를 실제로 따라 하려면 오픈AI API 키와 함께 파인콘 API 키가 필요하다. 아직 키가 없다면 파인콘 웹사이트(`https://www.pinecone.io/`)에서 무료 계정을 만들고, 스타터 프로젝트(무료 티어)를 설정한 후 API 키를 생성하면 된다. 예제 코드에서 주목할 점은 텍스트를 `text_splitter`를 이용해서 400토큰 단위로 분할한다는 것이다. 주어진 요금제의 토큰 제한 안에서 예산을 합리적으로 소비하려면 이처럼 텍스트를 단어나 문자 대신 토큰 단위로 분할하는 것이 도움이 된다. 이 예제에서는 상위 3개 결과를 반환하게 하는데, 그러면 요청에 1,200개의 토큰이 추가된다. 사용자의 프롬프트 작성 시 토큰을 얼마나 많이 허용할지 계획할 때 이러한 수치를 참고해야 할 것이다.

예제 6.7 파인콘 데이터베이스 설정 예제

```
import os
import tiktoken
from datasets import load_dataset
from langchain.text_splitter import RecursiveCharacterTextSplitter
from langchain.embeddings.openai import OpenAIEmbeddings
from pinecone import Pinecone, ServerlessSpec
from sentence_transformers import SentenceTransformer

from tqdm.auto import tqdm
from uuid import uuid4

OPENAI_API_KEY = os.getenv("OPENAI_API_KEY")      ◀— 오픈AI API 키는 https://platform.openai.com에서 만들 수 있다.
PINECONE_API_KEY = os.getenv("PINECONE_API_KEY")  ◀— 파인콘 API 키는 파인콘 콘솔(https://app.pinecone.io)에서 만들 수 있다.

pc = Pinecone(api_key=PINECONE_API_KEY)

class WikiDataIngestion:
    def __init__(
        self,
```

```
        index,
        wikidata=None,
        embedder=None,
        tokenizer=None,
        text_splitter=None,
        batch_limit=100,
    ):
        self.index = index
        self.wikidata = wikidata or load_dataset(
            "wikipedia", "20220301.simple", split="train[:10000]"
        )
        self.embedder = embedder or OpenAIEmbeddings(
            model="text-embedding-ada-002", openai_api_key=OPENAI_API_KEY
        )
        self.tokenizer = tokenizer or tiktoken.get_encoding("cl100k_base")
        self.text_splitter = (
            text_splitter
            or RecursiveCharacterTextSplitter(
                chunk_size=400,
                chunk_overlap=20,
                length_function=self.token_length,
                separators=["\n\n", "\n", " ", ""],
            )
        )
        self.batch_limit = batch_limit

    def token_length(self, text):
        tokens = self.tokenizer.encode(text, disallowed_special=())
        return len(tokens)

    def get_wiki_metadata(self, page):
        return {
            "wiki-id": str(page["id"]),
            "source": page["url"],
            "title": page["title"],
        }

    def split_texts_and_metadatas(self, page):
        basic_metadata = self.get_wiki_metadata(page)
```

```
        texts = self.text_splitter.split_text(page["text"])
        metadatas = [
            {"chunk": j, "text": text, **basic_metadata}
            for j, text in enumerate(texts)
        ]
        return texts, metadatas

    def upload_batch(self, texts, metadatas):
        ids = [str(uuid4()) for _ in range(len(texts))]
        embeddings = self.embedder.embed_documents(texts)
        self.index.upsert(vectors=zip(ids, embeddings, metadatas))

    def batch_upload(self):
        batch_texts = []
        batch_metadatas = []

        for page in tqdm(self.wikidata):
            texts, metadatas = self.split_texts_and_metadatas(page)

            batch_texts.extend(texts)
            batch_metadatas.extend(metadatas)

            if len(batch_texts) >= self.batch_limit:
                self.upload_batch(batch_texts, batch_metadatas)
                batch_texts = []
                batch_metadatas = []

        if len(batch_texts) > 0:
            self.upload_batch(batch_texts, batch_metadatas)


if __name__ == "__main__":
    index_name = "pincecone-llm-example"

    if index_name not in pc.list_indexes().names():     ←―― 파인콘 색인이 존재하지 않으면 새로 생성한다.
        pc.create_index(
            name=index_name,
            metric="cosine",
            dimension=1536,     ←―― 1536은 text-embedding-ada-002 모델의 차원 수이다.
```

```
        spec=ServerlessSpec(cloud="aws", region="us-east-1"),
    )

index = pc.Index(index_name)          ← 색인에 연결하고 통계치들을 출력한다.
print(index.describe_index_stats())

embedder = None          ← 오픈AI API 키를 설정하지 않은 경우에는 작은 임베딩 모델을 사용한다.
if not OPENAI_API_KEY:
    embedder = SentenceTransformer(
        "sangmini/msmarco-cotmae-MiniLM-L12_en-ko-ja"
    )          ← 이 모델 역시 1536 차원이다.
    embedder.embed_documents = lambda *args, **kwargs: embedder.encode(
        *args, **kwargs
    ).tolist()

wiki_data_ingestion = WikiDataIngestion(index, embedder=embedder)    ← 데이터를 수집하고 새 통계치들을 출력한다.
wiki_data_ingestion.batch_upload()
print(index.describe_index_stats())
# 쿼리문: "요하네스 구텐베르크가 인쇄기를 발명했나요?"
query = "Did Johannes Gutenberg invent the printing press?"    ← 쿼리문을 설정한다.
embeddings = wiki_data_ingestion.embedder.embed_documents(query)
results = index.query(vector=embeddings, top_k=3, include_metadata=True)
print(results)
```

이 예제 코드를 실행했을 때, "요하네스 구텐베르크가 인쇄기를 발명했나요?"라는 뜻의 쿼리문에 대해 반환된 상위 3개 결과는 각각 요하네스 구텐베르크, 연필, 인쇄기에 대한 영문 위키백과 페이지였다. 나쁘지 않은 결과이다! 벡터 데이터베이스가 직접 질문에 답하는 것은 아니다. 단지 임베딩의 근접성을 기반으로 질문과 가장 관련성이 높은 문서들을 제공할 뿐이다.

관련 있는 문서들을 확보한 후에는 그 문서들의 임베딩을 LLM에 추가적인 문맥으로 제공한다. 그러면 LLM은 좀 더 근거 있는 결과를 생성하게 된다. 벡터 데이터베이스는 문서의 출처도 알려주므로, 참고 문헌으로 제시할 수 있는 위키백과 URL까지 생긴다. LLM이 환각에 빠져 가짜 출처를 만들어 내는 일은 발생하지 않는다. 이처럼 RAG 기법은 추가 문맥을 LLM에 제공함으로써 LLM이 환각을 일으키고 답변을 꾸며내는 문제를 크게 줄여준다.

6.1.8 LLM 서비스 라이브러리

LLM 서비스를 만들기 위해 수많은 도구와 기능을 구현하는 것이 부담스럽게 느껴진다면 좋은 소식이 있다. 이 모든 것을 대신해 주는 라이브러리가 많다. 주목할 만한 오픈소스 라이브러리로는 vLLM과 OpenLLM(BentoML 제공)이 있다. 허깅 페이스의 Text-Generation-Inference(TGI)는 잠시 오픈소스 사용권을 잃었지만 다행히도 상업적 사용이 다시 가능해졌다. 그 밖에도 이 분야의 멋진 도구를 개발하는 스타트업들이 있는데, 더 관리된 서비스를 원한다면 TitanML을 확인해 보길 권한다. 이런 도구들은 3장 §3.4.8에서 배포 서비스를 논의할 때 언급한 MLServer나 BentoML, Ray Serve와 비슷하지만, 특별히 LLM용으로 설계되었다.

이 도구들은 대부분 비교적 새롭고 활발히 개발 중이며 기능도 제각각이라 잘 살펴보고 선택해야 한다. 대체로 스트리밍, 배치 처리, GPU 병렬화 지원(이번 장에서 구체적으로 다루지 않은) 등은 공통이지만 그 이외의 기능들은 확실하지 않다. 이번 장에서 논의한 여러 기능을 지원하지 않는 도구도 많다. 또한 일부 LLM 아키텍처만 지원하는 도구들도 있다. 기능상의 차이가 있긴 하지만, LLM 배포를 원활하게 만드는 도구라는 점은 모두 같다.

vLLM을 예로 들면, 간단히 `pip install vllm`으로 설치한 후 다음 명령 하나만 실행하면 된다.

```
$ python -m vllm.entrypoints.api_server --model IMJONEZZ/ggml-openchat-8192-q4_0
```

그러면 5장에서 훈련한 모델을 서빙하는 웹 서비스가 실행된다. 한번 사용해 보자. API 종단점(endpoint) `/generate`에 다음과 같이 요청을 보내서 응답을 생성하게 한다.

```
$ curl http://localhost:8000/generate -d '{"prompt": "Which pokemon is
↪ the best?", "use_beam_search": true, "n": 4, "temperature": 0}'
```

이런 도구들이 그리 대단치 않게 느껴질 수도 있을 것이다. API와 웹 서비스 구축에 경험과 감각이 있는 독자라면 직접 구현하는 것도 나쁘지 않은 선택이다. 이제 서비스가 있고 로컬에서도 실행할 수 있으니, 실제 프로덕션 환경에서 이러한 모델을 지원하기 위해 설정해야 하는 인프라를 논의해 보자. 인프라가 좋을수록 서비스가 예기치 않게 중단되어서 한밤중에 호출될 가능성이 작아진다. 그런 상황을 원하는 독자는 없을 것이므로, 다음 절에서 인프라를 자세히 살펴보기로 하자.

6.2 인프라 구축

인프라(infrastructure)의 구축과 설정은 현대적 소프트웨어 개발의 핵심 측면이며, 머신러닝에서도 예외가 아니다. 애플리케이션의 확장성과 신뢰성, 효율적인 배포를 보장하려면 점점 커지는 사용자 기반(user base)의 요구를 처리할 수 있는 강력한 인프라를 마련해야 한다. 이때 쿠버네티스가 중요한 역할을 한다.

쿠버네티스Kubernetes, 줄여서 k8s는 컨테이너화된 애플리케이션의 배포, 확장 및 관리를 자동화하고 관리하는 오픈소스 컨테이너 오케스트레이션orchestration 플랫폼이다. 다수의 컨테이너를 여러 서버 클러스터에서 실행하고 조정(coordination)하는 과정을 단순화하도록 설계되어서 애플리케이션 확장과 고가용성 보장이 용이하다. 쿠버네티스에 관해 전문가 수준으로 잘 알 필요는 없지만, 이번 장에 쿠버네티스가 자주 등장하는 만큼 적어도 기본적인 사항은 알아둘 필요가 있다.

간단히 말해서 쿠버네티스는 다수의 컨테이너를 파드pod라는 논리적 단위로 그룹화해서 관리한다. 파드는 쿠버네티스 생태계에서 가장 작은 배포 단위(deployable unit)이다. 이러한 파드들을 쿠버네티스의 '제어 평면(control plane)'이 예약하고 관리한다. 제어 평면은 파드의 배포, 확장, 갱신을 감독한다. 이 제어 평면은 컨테이너의 오케스트레이션과 관리를 함께 처리하는 여러 구성요소로 이루어져 있다. 그림 6.5는 쿠버네티스에 익숙하지 않은 독자들을 위해 k8s 아키텍처를 단순화한 도식이다.

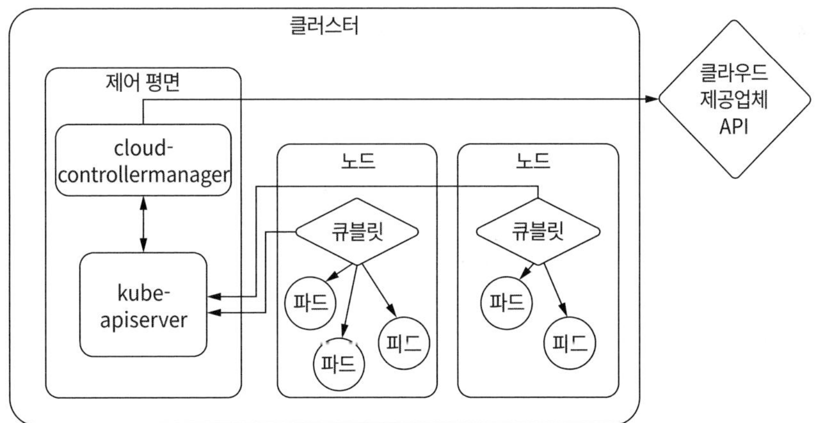

그림 6.5 단순화한 쿠버네티스 아키텍처. 알아두어야 할 것은 여러분의 서비스가 파드 안에서 실행되고, 파드 자체는 노드에서 실행되고, 노드는 본질적으로 개별 컴퓨터(머신)라는 점이다. 쿠버네티스는 이러한 자원들의 관리와 파드들을 이 자원들에 배포하는 오케스트레이션 작업을 돕는다.

자동확장(automatic scaling), 부하 분산, 서비스 발견 같은 기능을 제공하는 쿠버네티스를 이용하면 웹 애플리케이션의 배포와 관리가 대단히 간단해진다. 쿠버네티스는 변화하는 요구사항에 쉽게 적응할 수 있는 유연하고 확장 가능한 인프라를 제공하여, 조직이 사용자 기반이 성장함에 따라 애플리케이션을 효율적으로 확장할 수 있게 한다. 또한 쿠버네티스는 저장소 관리, 모니터링, 로깅 등 웹 애플리케이션의 원활한 운영을 보장하는 여러 추가 기능과 확장성 옵션도 제공한다.

이러한 확장성 옵션 중 하나로 CRD(Custom Resource Definitions; 사용자 정의 자원 정의)라는 것이 있다. CRD는 사용자가 맞춤형(사용자 정의) 자원의 명세를 직접 정의함으로써 쿠버네티스 소스 코드를 수정하지 않고도 쿠버네티스의 기능을 확장할 수 있게 하는 기능이다. CRD를 정의해 두면 파드나 서비스와 같은 내장 객체를 생성하는 방법과 유사하게 사용자 정의 객체를 만들 수 있다. 이번 장에서 소개하는 기능 중에도 CRD가 제공하는 유연성 덕분에 가능한 것들이 많다.

쿠버네티스를 처음 접한다면 이상의 내용이 잘 와닿지 않을 수 있는데, 그래도 괜찮다. 구체적인 논의를 진행하면 차차 이해하게 될 것이며, 적어도 여러분 근처에 있는 데브옵스 팀원에게 뭘 물어봐야 하는지는 감을 잡을 수 있을 것이다.

6.2.1 클러스터 준비

어떤 프로젝트든 인프라 구축을 위해서는 먼저 클러스터를 설정해야 한다. 쿠버네티스에서 말하는 클러스터cluster는 애플리케이션을 호스팅할 노드(작업용 컴퓨터)들의 집합이다. 클러스터를 생성하는 것은 비교적 간단하다. 어려운 것은 구성(configuration)이다. 이에 관한 책은 이미 많이 나와 있고, 네트워킹이나 보안, 접근 제어 같은 대부분의 고려사항은 이 책의 범위를 벗어난 주제이다. 게다가 구체적인 구성 방법과 단계는 선택한 클라우드 제공업체와 회사의 비즈니스 전략에 따라 다르기 마련이다. 따라서 여기서는 클러스터 구성에 꼭 필요한 사항과 그러한 작업을 좀 더 용이하게 해주는 팁들에 초점을 두겠다.

첫 단계는 클러스터를 생성하는 것이다. GCP에서는 다음과 같이 `gcloud` 도구를 이용해서 만들면 된다.

```
$ gcloud container clusters create <클러스터_이름>
```

AWS에서는 다음과 같이 `eksctl` 도구를 사용한다.

```
$ eksctl create cluster
```

마이크로소프트 애저Azure에서는 `az cli` 도구를 다음과 같이 실행하면 된다.

```
$ az group create --name=<그룹_이름> --location=westus
$ az aks create --resource-group=<그룹_이름> --name=<클러스터_이름>
```

보다시피 첫 단계조차도 클라우드 제공업체에 따라 크게 다르다. 이후 단계들도 마찬가지이다. 독자가 의도하는 환경이 다양할 것이므로, 구체적인 단계들을 제시하기보다는 구체적인 단계들을 여러분이 스스로 검색하고 발견하는 데 충분한 맥락을 제공하는 데 초점을 두겠다.

아마도 클러스터를 인프라팀이 이미 생성하고 구성해 둔 독자도 많을 것이다. 그런 클러스터들은 이미 여러 기본 설정과 모범관행을 반영하고 있을 가능성이 크다. 흔히 쓰이는 기능으로는 NAP(Node Auto-Provisioning; 자동 노드 프로비저닝) 또는 클러스터 자동확장(cluster autoscaling)을 들 수 있다. NAP를 사용하면 배포 요구에 따라 클러스터에 노드들이 자동으로 추가된다. 이 기능은 실제로 사용하는 노드들에 대해서만 비용을 지불하고자 할 때 유용하다. 매우 편리한 기능임은 분명하지만, 자동확장에 사용할 수 있는 인스턴스에 대한 자원 제한이나 제약사항이 존재하는 경우가 많으며, 클러스터의 기본값에 가속기나 GPU 인스턴스가 해당 풀에 포함되어 있지 않을 가능성이 높다. 이 문제를 해결해 보자.

GCP에서는 예제 6.8과 같은 설정 파일에 GPU 자원 유형을 명시적으로 지정해서 해결할 수 있다. 예제의 경우에는 T4와 두 가지 A100을 지정했다.

예제 6.8 NAP 설정 파일의 예

```yaml
resourceLimits:
  - resourceType: 'cpu'
    minimum: 10
    maximum: 100
  - resourceType: 'memory'
    maximum: 1000
  - resourceType: 'nvidia-tesla-t4'
    maximum: 40
  - resourceType: 'nvidia-tesla-a100'
    maximum: 16
  - resourceType: 'nvidia-a100-80gb'
    maximum: 8
management:
  autoRepair: true
  autoUpgrade: true
shieldedInstanceConfig:
```

```
  enableSecureBoot: true
  enableIntegrityMonitoring: true
diskSizeGb: 100
```

설정 파일을 적용하려면 다음 명령을 실행하면 된다.

```
$ gcloud container clusters update <클러스터_이름> --enable-autoprovisioning --autoprovisioning-con-
fig-file <설정_파일_이름>
```

NAP의 진정한 이점은 사용 가능한 자원을 미리 고정하는 것이 아니라 정해진 자원 한도(전체 GPU 개수 등) 안에서 동적으로 확장되게 한다는 점이다. 이를 통해 특정 클러스터에서 어떤 GPU를 얼마나 사용하고자 하는지를 명확하게 정의할 수 있다.

그런데 할당량(quota), 예약(reservations), 약정(commitment) 등등 한도(limit)와 비슷한 개념들이 헷갈리는 독자도 있을 것이다. 사실 한 저자도 혼동스러웠다. 특히 할당량과 한도는 매우 비슷하다. 할당량의 주요 목적은 특정 프로젝트나 애플리케이션이 너무 많은 자원을 소비하지 않도록 함으로써 예상치 못한 초과 요금을 방지하는 것이다. 내부적으로 설정할 수 있는 한도와 달리, 할당량을 높이려면 클라우드 제공업체에 따로 요청을 제출해야 하는 경우가 많다. 그러한 요청은 클라우드 제공업체가 어떤 자원을 프로비저닝하고 다양한 지역의 여러 데이터 센터에 배치할지 더 잘 계획하는 데 도움을 준다. 클라우드 제공업체가 그러한 자원의 가용성을 보장할 것이라고 생각하기 쉽지만, 할당량은 제한이지 보장이 아니다. 해당 리전에서 여러분의 클러스터가 사용할 수 있는 자원이 할당량보다 많다는 보장은 없다. 즉, 할당량에 도달하기 훨씬 전에 자원을 찾을 수 없다는 오류에 직면할 수도 있다.

할당량과 한도가 상한선을 설정하는 반면, 예약과 약정은 하한선을 설정한다. 예약은 특정 양의 자원이 항상 사용 가능하도록 보장하는 계약이며, 종종 실제로 사용하든 안 하든 이러한 자원에 대해 비용을 지불해야 한다는 단서가 붙는다. 약정은 예약과 유사하지만 보통 더 장기적인 계약으로, 대개 할인된 가격으로 제공된다.

6.2.2 자동확장

쿠버네티스 클러스터를 설정하는 큰 장점 중 하나는 자동확장이다. 자동확장은 견고한 프로덕션급 서비스를 만드는 데 중요한 요소이다. 그 어떤 서비스도 요청의 양이 일정하게 고정되지는 않기 때문이다. 극명한 예로, 사람들이 자는 밤에는 요청이 적고 낮에는 요청이 많기 마련이다. 따라서 피크 시간

대에는 더 많은 복제본을 가동해서 성능을 유지하고 비사용 시간대에는 복제본 수를 줄여서 비용을 절약하는 것이 바람직하다. 또한 언제든지 서비스를 다운시킬 수 있는 폭발적인(bursty) 워크로드에도 대비해야 한다.

애플리케이션의 필요에 따라 서비스가 자동으로 더 많은 자원을 프로비저닝하고 추가로 배포하도록 설정되어 있다는 점을 아는 인프라 엔지니어는 매일 밤 마음 편히 잠들 수 있다. 단, 엔지니어가 애플리케이션이 필요로 하는 것이 정확히 무엇이고 그 모든 것을 올바르게 설정한 경우에만 그렇다. 자동확장은 유연성을 제공하지만, 실제 비즈니스 가치는 비용 절감에서 온다. 대부분의 엔지니어는 장애 방지를 위한 규모 확장 측면에서 자동확장을 생각하지만, 비즈니스에 더 중요한 것은 규모를 축소하여 자원을 확보하고 비용을 절감하는 능력이다.

클라우드 컴퓨팅과 쿠버네티스 같은 기술이 현대적 인프라에서 필수가 된 주요 이유 중 하나는 자동확장 기능이 내장되어 있기 때문이다. 자동확장은 쿠버네티스의 핵심 기능이며, HPA(horizontal pod autoscaler; 수평 파드 자동확장기)를 사용하면 그림 6.6과 같이 두 가지 기본 자원인 CPU 및 메모리 사용량을 기준으로 애플리케이션의 복제본 수를 쉽게 조정할 수 있다. 그러나 LLM을 프로덕션에 배포하는 문제를 다루는 책에서 단순히 CPU와 메모리 사용량에 기반한 자동확장만 이야기하고 넘어갈 수는 없다. GPU 활용률 같은 맞춤형(custom) 지표들을 기준으로 자동확장을 설정할 필요가 있다.

GPU 지표들을 기준으로 자동확장을 설정하려면 좀 더 많은 작업이 필요하며, 여러 서비스를 설정해야 한다. 각 서비스가 왜 필요한지는 논의하면서 명확해질 것이다. 이들에 익숙해지면 메시지 브로커의 메시지, HTTP 종단점 요청, 대기열의 데이터와 같은 외부 이벤트를 포함한 모든 메트릭을 기반으로 서비스를 확장할 수 있게 된다.

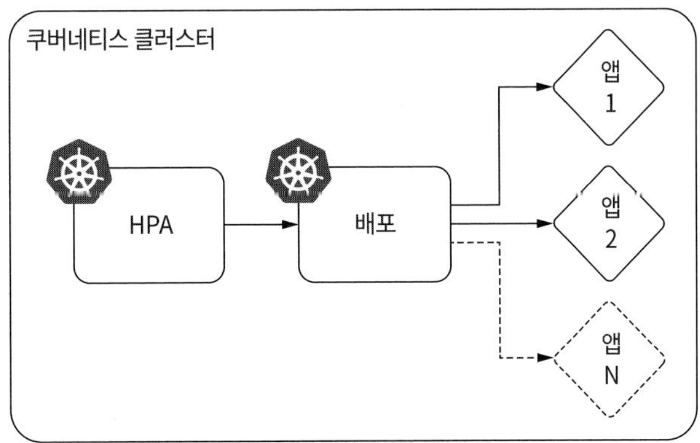

그림 6.6 쿠버네티스 내장 HPA를 이용한 기본적인 자동확장. HPA는 CPU와 메모리 자원을 모니터링하고 배포 서비스에 복제본 수를 늘리거나 줄이도록 지시한다.

먼저, GPU 지표들을 수집하는 서비스가 필요하다. 이런 용도로 사용할 수 있는 것이 NVIDIA의 DCGM(Data Center GPU Manager; 데이터 센터 GPU 관리자)이다. DCGM은 GPU 지표들을 내보낼 수 있는 지표 익스포터(metrics exporter)를 제공한다. DCGM은 온도 및 전력 사용량을 비롯해 다양한 GPU 지표들을 제공한다. 이들로 재미있는 대시보드를 만들 수 있지만, 자동확장에 가장 유용한 지표는 GPU 사용률(utilization)과 메모리 사용률이다.

이러한 지표 데이터를 프로메테우스Prometheus 같은 모니터링 서비스로 전달해야 한다. 프로메테우스는 쿠버네티스 클러스터와 그 위에서 실행되는 애플리케이션을 모니터링하는 데 쓰이는 인기 있는 오픈소스 모니터링 시스템이다. 프로메테우스는 다양한 출처에서 수집한 메트릭을 시계열 데이터베이스에 저장하고 분석, 쿼리하는 기능을 제공한다. 프로메테우스는 쿠버네티스 API로부터 직접 메트릭을 수집할 뿐만 아니라, 익스포터, 에이전트, 사이드카 컨테이너 등 다양한 수집 메커니즘을 이용해서 클러스터에서 실행 중인 애플리케이션에서도 메트릭을 수집한다. 프로메테우스는 본질적으로 DCGM 같은 서비스들의 데이터를 취합하는 집계자(aggregator)로, 알림과 경고 기능도 포함한다. 또한 HTTP API도 제공하기 때문에 그라파나Grafana와 같은 외부 도구에서 지표들을 쿼리해서 그래프나 대시보드를 생성할 수 있다.

프로메테우스는 지표들을 저장하고 서비스를 모니터링하는 방법을 제공하지만, 쿠버네티스 내부에서 이 지표들이 직접 접근하지는 못한다. HPA에서 이 지표들에 접근하려면 맞춤형 지표 API 또는 외부 지표 API에 또 다른 서비스를 등록해야 한다. 기본적으로 쿠버네티스는 자원 지표(resoucre metrics)와 CPU 및 메모리 사용률을 노출하는 `metrics.k8s.io` 종단점을 제공한다. 그리고 맞춤형 지표를 기반으로 배포와 파드를 확장하기 위한 두 가지 API가 추가되었는데, `custom.metrics.k8s.io`와 `external.metrics.k8s.io`이다. 현재는 각각에 대해 한 번에 하나의 '어댑터' API 서비스만 등록할 수 있다는 제약이 있음을 주의하자. 이 종단점을 한 제공자에서 다른 제공자로 변경하려고 할 때 이 제약이 문제가 될 수 있다.

이 서비스를 위해 프로메테우스는 프로메테우스 어댑터를 제공하는데, 잘 작동하긴 하지만 저자의 경험으로 볼 때 프로덕션급 워크로드를 위해 설계된 것은 아니다. 대안으로 KEDA를 추천한다. KEDA(Kubernetes Event–Driven Autoscaling)는 쿠버네티스를 위한 이벤트 기반 자동확장을 제공하는 오픈소스 프로젝트로, 자동확장에 사용할 수 있는 맞춤형 지표 유형 측면에서 더 많은 유연성을 제공한다. 프로메테우스 어댑터는 `ConfigMap` 내부에 지표들을 구성해야 하지만, KEDA는 프로메테우스 API를 통해 이미 노출된 모든 지표를 사용할 수 있다. 따라서 설정과 활용이 더 간단하고 사용자 친화적이다. 또한 HPA는 제공하지 않는 '0으로/0에서 확장(scaling to and from 0)' 기능을 제공한다.

이는 트래픽이 없을 때 서비스를 완전히 끌 수 있다는 뜻이다. CPU와 메모리 같은 자원 지표(더 나아가서 GPU 지표)로는 0에서부터의 확장이 불가능하지만, 트래픽 지표나 대기열을 이용해서 확장할 때는 이 기능이 유용하다.

그림 6.7은 이 모든 것을 종합한 아키텍처이다. 그림 6.6과 비교할 때 눈에 띄는 점은 하단에서 DCGM이 GPU 지표를 수집해서 프로메테우스 오퍼레이터에 제공한다는 것이다. 프로메테우스를 그라파나 같은 도구와 연동해서 외부 대시보드를 설정할 수 있다. 쿠버네티스 내부적으로는 KEDA와 `custom.metrics.k8s.io` API를 이용해서 이러한 지표들에 접근한다. 따라서 GPU 지표를 기준으로 자동확장을 설정할 수 있다. KEDA에는 다양한 CRD가 있는데, 그중 `ScaledObject`가 HPA를 생성하고 추가 기능을 제공하는 CRD이다.

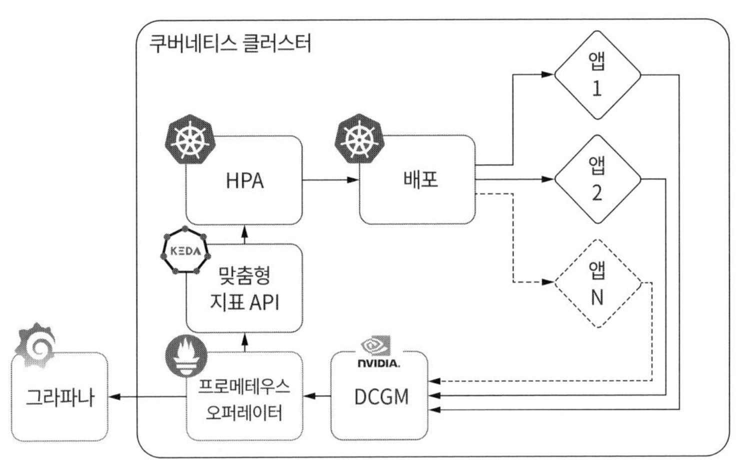

그림 6.7 쿠버네티스 클러스터를 GPU 사용률 맞춤형 지표를 기준으로 자동확장하려면 NVIDIA의 DCGM 같은 지표 출처와 프로메테우스 오퍼레이터 같은 모니터링 시스템, KEDA가 제공하는 것과 같은 맞춤형 지표 API를 포함한 여러 추가 도구가 필요하다.

자동확장은 많은 이점을 제공하지만, 그 한계와 잠재적 문제점을 인식하는 것이 중요하다. LLM 추론 서비스에서는 한계와 문제점이 더욱 악화될 수 있음을 유념하자. 여러 프로젝트에서 HPA를 적절히 구성하는 것은 뒷순위로 밀릴 때가 많다. 하지만 LLM을 다룰 때는 이것이 매우 중요한 요소가 된다. LLM은 완전히 작동하기까지 시간이 더 오래 걸린다. GPU를 초기화하고 모델 가중치를 메모리에 적재해야 하기 때문이다. LLM 서비스는 즉시 전환될 수 없으므로, 적절히 준비하지 않으면 규모를 확장할 때 문제가 발생할 수 있다. 또한 시스템이 너무 공격적으로 축소되면 인스턴스가 할당된 작업을 완료하기 전에 종료되어 데이터 손실이나 다른 문제가 발생할 수 있다. 마지막으로, 플래핑flapping은 자동확장을 잘못 설정했을 때 발생할 수 있는 심각한 우려사항이다. 플래핑은 복제본 수가 계속 진동해서, 새 서비스를 부팅했다가 추론을 제공하기도 전에 종료하는 현상을 말한다.

HPA 설정 시 조정해야 할 매개변수는 본질적으로 다섯 가지다.

- 대상 매개변수
- 대상 임곗값
- 최소 파드 복제본 수
- 최대 파드 복제본 수
- 확장 정책

여러분이 시스템을 적절하게 구성할 수 있도록 항목을 차례로 살펴보자.

대상 매개변수

여기서 대상 매개변수(target parameter)는 시스템이 적절하게 구성되었는지 확인할 때 고려해야 할 가장 중요한 지표를 말한다. 즉, 자동확장 여부를 판단하는 기준이 되는 지표이다. 앞에서 논의했듯이 LLM에서는 GPU 관련 지표가 중요하지만, 그것이 전부는 아니다. GPU 사용률을 기반으로 확장하는 것이 가장 일반적이고 간단한 방법임은 사실이나, 그 전에 GPU가 실제로 서비스의 병목 지점인지 확인해야 한다. 열정적인 젊은 엔지니어들이 서비스에 비싼 GPU를 많이 투입하지만 적절한 CPU와 메모리 용량은 제대로 고려하지 않는 경우가 흔하다. CPU와 메모리는 요청 수신, 다중 스레드 처리, GPU와의 통신 등 API 계층을 처리하는 데 여전히 필요하다. 이러한 자원이 충분하지 않으면, 해당 계층들이 곧 병목 지점이 되어서 GPU 사용률이 기준을 넘기도 전에 애플리케이션이 제한된다. 그러면 시스템의 자동확장은 일어나지 않는다. 자동확장기(autoscaler)에서 대상 매개변수를 변경해서 이 문제를 해결할 수도 있지만, CPU와 메모리는 GPU 자원에 비해 저렴하므로 애플리케이션에 더 많은 CPU와 메모리를 할당하는 것이 더 낫다.

그 밖의 지표들이 더 적합한 경우도 있다. LLM 애플리케이션에 오는 요청들 대부분을 스트리밍 서비스나 배치 서비스에서 받는 경우, DAG가 실행 중이거나 업스트림 대기열이 채워지고 있음을 알려주는 지표를 기반으로 확장하는 것이 더 현명할 수 있다. 특히 그런 지표들이 조기 신호로 작용함으로써 확장을 위한 여유 시간을 더 많이 확보할 수 있다면 더욱 그렇다.

지표 선택 시 또 다른 고려사항은 안정성이다. 예를 들어, 개별 GPU의 사용률은 대개 0% 아니면 100%에 치우치기 마련이다. 따라서 지표가 '아주 좋음'과 '아주 나쁨' 양극단을 오가며, 복제본을 추가하거나 제거하라는 권장사항 역시 마찬가지로 양극단을 진동해서 플래핑 현상이 발생하게 된다. 일반적으로 이러한 플래핑은 서비스를 실행하는 모든 GPU의 평균 사용률을 취함으로써 피할 수 있다.

GPU가 많을 때는 이러한 평균 접근 방식으로 지표를 안정화할 수 있지만, 서비스가 축소되어서 소수의 GPU만 사용할 때는 그 효과가 떨어진다는 점도 유념하자. 그런 문제가 지속된다면 시간의 흐름에 따른 평균 집계, 줄여서 시간 경과 평균 집계(average–over–time aggregation)를 사용하는 것이 한 방법이다. 간단히 말해서 특정 시간 프레임(예: 지난 5분) 동안 각 GPU의 사용률을 이용하는 것이다. CPU 사용률의 경우는 시간 경과 평균 집계가 쿠버네티스 HPA에 내장되어 있다. 적용하려면 `horizontal-pod-autoscaler-cpu-initialization-period` 플래그를 설정하면 된다. 맞춤형 지표의 경우에는 지표 쿼리를 통해서 설정해야 한다(프로메테우스에서는 `avg_over_time` 집계 함수를 사용한다).

마지막으로, 대부분의 시스템은 둘 이상의 지표에 기반한 자동확장을 지원한다는 점도 언급해야 할 것이다. 예를 들어, CPU와 GPU 사용률 둘 다에 기반해서 자동확장할 수 있다. 하지만 할 수 있다는 것이지 해야 한다는 것은 아님을 주의하자. 무엇을 왜 어떻게 하는지 잘 알고 하는 것이 아닌 한 이런 설정은 피하는 것이 좋다. 자동확장기(autoscaler)를 그런 식으로 설정한다고 해도, 실제로는 서비스 부하 때문에 한 가지 지표에 기반해서만 자동으로 확장될 가능성이 높다. 비용 엔지니어링의 관점에서는 해당 지표가 더 비용이 많이 드는 자원인지 확인하는 것이 최선이다.

대상 임곗값

대상 임곗값은 자동확장을 시작할 시점을 결정한다. 예를 들어 대상 매개변수가 평균 GPU 사용률이고 대상 임곗값이 30인 경우, 자동확장기는 평균 GPU 사용률이 30%를 초과하면 추가 부하를 처리하기 위해 새로운 복제본을 부팅한다. 이를 관리하는 공식은 매우 간단하다.[3]

```
desiredReplicas = ceil[currentReplicas × (currentMetricValue / desiredMetricValue )]
```

이 알고리즘에 대한 자세한 내용은 `https://mng.bz/x64g`에서 확인할 수 있다.

대상 임곗값을 올바르게 조율하기란 어려운 일이지만, 몇 가지 지침이 도움이 될 것이다. 지속적인 소규모 트래픽 급증(burst)이 자주 발생하는 패턴이라면, 50 정도의 낮은 값이 더 적합할 수 있다. 50 정도로 잡으면 확장 시점이 빨라져서 신뢰성 문제가 방지된다. 또한 더 빨리 축소되어서 비용 절감에도 도움이 된다. 트래픽 흐름이 일정한 편이라면 80 정도의 높은 값이 적합할 것이다. 자동확장기를 시험

3 (옮긴이) 공식에서 desiredReplicas는 바람직한 복제본 수, currentReplicas는 현재 복제본 수, currentMetricValue는 현재 지표 값, desiredMetricValue는 바람직한 지표 값이다. 그리고 ceil은 올림 함수, 즉 주어진 값보다 큰 최소 정수를 돌려주는 함수이다.

해 보려는 경우가 아닌 이상, 극도로 낮은 값을 피하는 것이 좋다. 임곗값이 극도로 낮으면 플래핑이 발생할 가능성이 높아진다. 한편 극도로 높은 값도 피해야 한다. 새 복제본이 부팅되기도 전에 활성 복제본들에 과부하가 걸려서 신뢰성 문제나 다운타임을 유발할 수 있기 때문이다. 또한 분산 GPU 설정을 사용할 때는 파이프라인 병렬 작업흐름의 특성으로 인해 §3.3.2 섹션에서 논의한 것처럼 항상 거품이 존재한다는 점을 꼭 기억하기 바란다. 거품 때문에 시스템의 GPU 사용률이 결코 100%에 도달하지 않으며, 예상보다 일찍 문제가 발생하기 시작할 것이다. 거품이 얼마나 큰지에 따라 대상 임곗값을 적절히 조정해야 한다.

최소 파드 복제본 수

최소 파드 복제본 수는 항상 실행될 서비스 복제본의 수를 결정한다. 이 설정이 기준선(baseline)이다. 들어오는 요청의 기준 수준보다 약간 위로 설정하는 것이 중요하다. 이 매개변수를 트래픽의 기준 수준을 정확히 또는 그보다 조금 못 미쳐 충족하는 정도로 설정하는 경우가 많은데, 바람직하지 않다. 들어오는 트래픽의 상태는 거의 항상 안정적이지 않다. 대규모 급증보다는 소규모 트래픽 급증이 많이 발생할 가능성이 높기 때문에 이 지점에서 많은 진동이 발생할 수 있다. 그렇다고 너무 높게 설정하면 클러스터의 귀중한 자원을 묶어두고 비용을 증가시킬 수 있으므로 주의해야 한다.

최대 파드 복제본 수

최대 파드 복제본 수는 시스템이 최대 용량에서 실행할 복제본 수를 결정한다. 이 수치는 최대 트래픽 요구사항보다 약간 높게 설정해야 한다. 너무 낮게 설정하면 트래픽이 높은 구간에서 신뢰성 문제, 성능 저하, 다운타임 등이 발생할 수 있다. 그렇다고 너무 높게 설정하면 필요 이상으로 많은 파드가 실행되어서 자원이 낭비될 뿐만 아니라 실질적인 문제를 제때 감지하지 못하게 될 수 있다. 예를 들어, 애플리케이션이 DDoS 공격을 받는 경우 급증한 부하를 처리하기 위해 시스템이 확장되는데, 최대 파드 복제본 수가 너무 크면 비용이 심각한 수준으로 소비될 뿐만 아니라 DDoS 공격이 진행 중임을 눈치채지 못할 수 있다. LLM을 사용할 때는 기본 클러스터에 과부하를 주지 않도록 주의해야 하고, 최대 부하를 처리할 수 있는 충분한 자원이 할당량에 있는지 확인해야 한다.

확장 정책

확장 정책(scaling policy)은 자동확장기의 작동 방식을 정의한다. 특히, 확장 전 대기 시간과 확장 속도를 확장 정책을 통해서 세밀하게 조정할 수 있다. 대부분의 경우는 확장 정책을 일일이 손볼 필요가 없다. 일반적인 애플리케이션에서는 기본 설정이 꽤 적절하게 작동하므로 그대로 두어도 무방하다. 그러나 LLM 서비스의 경우 배포에 상당한 시간이 소요되므로, 기본 설정에 의존하는 것은 큰 실수가 될 수 있다.

우선 조정해야 할 설정은 안정화 구간(stabilization window)이다. 이는 새로운 확장 작업을 수행하기 전의 대기 시간을 결정한다. 확장과 축소의 안정화 구간을 각각 다르게 설정하는 것도 가능하다. 확장 안정화 구간의 기본값은 0초인데, 대상 매개변수를 잘 지정했다면 변경할 필요가 없다. 축소 안정화 구간의 기본값은 300초로, LLM 서비스의 맥락에서는 다소 짧을 수 있다. 일반적으로 이 값은 서비스 배포 시간보다 길게 설정하는 것이 좋다. 그렇지 않으면 복제본을 추가했다가 작업을 수행할 기회도 갖기 전에 복제본이 삭제될 수 있다.

다음으로 조정해야 할 매개변수는 축소 정책(scale-down policy)으로, 기본 설정은 15초마다 모든 파드를 100% 축소하는 것이다. 따라서 일시적으로 트래픽이 감소하면 여분의 파드들(최소 파드 개수 이상의 파드들)이 모두 즉시 종료될 수 있다. LLM 서비스의 맥락에서는 좀 더 늦게 종료되게 하는 것이 훨씬 안전하다. 파드 종료는 몇 초밖에 걸리지 않지만, 파드를 새로 시작하려면 몇 분이 걸릴 수 있기 때문이다. 즉, 파드 종료는 준비가역적(semi-irreversible) 결정에 해당한다. 가장 적절한 정책은 트래픽 패턴에 따라 다르지만, 일반적으로 좀 더 인내심을 갖는 것이 좋다. 파드가 종료되는 속도와 파드 수 또는 비율을 조정할 수 있는데, 예를 들어 1분마다 하나의 파드만 종료되도록 하거나 5분마다 10%의 파드만 종료되도록 정책을 구성하는 것이 가능하다.

6.2.3 롤링 업데이트

롤링 업데이트rolling update 또는 롤링 업그레이드는 다운타임을 줄이고 민첩성을 극대화하기 위해 애플리케이션의 새 버전을 점진적으로 구현하는 전략이다. 롤링 업데이트는 새 인스턴스를 점진적으로 생성하고 이전 인스턴스를 체계적으로 차단하여 교체하는 방식으로 진행된다. 제로 다운타임zero downtime이라고도 부르는 이런 시스템 갱신 방식은 갱신 도중에도 시스템이 기능을 유지하고 사용자가 접근할 수 있도록 한다. 롤링 업데이트는 또한 버그가 큰 영향을 미치기 전에 발견하고 결함이 있는 배포를 롤백하기 쉽게 만든다.

쿠버네티스에는 롤링 업데이트 기능이 내장되어 있다. 이는 쿠버네티스가 널리 쓰이고 인기가 있는 또 다른 주요 이유이다. 쿠버네티스는 롤링 업데이트를 자동으로 수행하는 간단한 방법을 제공한다. 쿠버네티스의 롤링 업데이트 기능은 배포 도중에 점진적으로 파드 인스턴스들을 새 버전으로 업데이트한다. 다음은 LLM 서비스를 위한 쿠버네티스 배포 매니페스트(deployment manifest) 파일의 예인데, 배포 시 롤링 업데이트를 적용하도록 설정했다. `spec.strategy` 섹션에 주목하자.

예제 6.9 롤링 업데이트가 지정된 배포 매니페스트의 예

```
apiVersion: apps/v1
kind: Deployment
metadata:
  name: llm-application
spec:
  replicas: 5
  strategy:
    rollingUpdate:
      maxSurge: 1
      maxUnavailable: 3
  selector:
    matchLabels:
      app: llm-app
  template:
    metadata:
      labels:
        app: llm-app
    spec:
      containers:
      - name: llm-gpu-app-container
        image: llm-gpu-application:v2
        resources:
          limits:
            nvidia.com/gpu: 8
```

롤링 업데이트에서 조정할 수 있는 두 가지 주요 매개변수가 있다. `maxSurge`와 `maxUnavailable`이다. 각각 지금 예처럼 인스턴스 개수(정수)를 지정할 수도 있고, 전체 인스턴스에 대한 비율(소수점을 포함한 소수)을 지정할 수도 있다. 앞의 예에서는 `maxSurge`를 1로 설정했는데, 이는 보통의 상황에서는 복제본 5개(`spec.replicas` 설정)를 실행하되 배포 중에는 6개까지 증가할 수 있음을 의미한다. 이렇게 하면 기존 인스턴스를 종료하기 전에 새 인스턴스를 먼저 시작할 수 있다. 일반적으로는 더 빠른 롤링 업데이트를 위해 이 값을 더 높게 설정하는 것이 좋다. 그렇지 않으면 파드를 한 번에 하나씩 교체해야 한다. 지금 예에서는 8개의 GPU가 필요한 상당히 큰 LLM을 배포하는 시나리오라서 1이라는 낮은 값을 설정했다. 만약 GPU로 NVIDIA A100을 사용할 계획이라면, 쓰이지 않는 여분의 GPU 8개를 구하기가 쉽지 않을 것이다.

하나의 GPU 자원을 여러 컨테이너가 공유하지는 못한다. 그러한 배포 상황에서는 컨테이너 오케스트레이션이 큰 도전이 될 수 있다. 지금 예에서 maxUnavailable을 3으로 설정한 것은 그 때문이다. 이 설정은 예상되는 5개의 복제본 중 3개가 배포 중에 중단될 수 있음을 뜻한다. 다른 말로 하면, 복제본들을 다시 생성하기 전에 잠시 전체 복제본 수를 줄이자는 것이다. 일반적으로 안정성을 위해서는 여분의 복제본들을 먼저 추가하는 것이 바람직하므로, 복제본 수를 줄이는 것은 어려운 결정이다. 따라서 여러분의 배포에서는 이런 방식을 감당할 수 있는지 먼저 확인해야 한다. 지금 예에서 이렇게 하는 이유는 GPU 자원을 확보하기 위해서이다. 자원 활용도를 균형 있게 유지하기 위해서는 maxUnavailable을 높게 설정하고 maxSurge를 낮게 조정해서 구 버전을 빠르게 축소하고 새 버전을 위한 자원을 확보하는 전략이 유효할 수 있다.

이러한 조언은 대부분의 애플리케이션에서 통용되는 방식과는 반대라서 다소 불안하게 느낄 수도 있겠다. 원활한 배포를 보장하려면 클러스터에 배포 목적으로만 사용할 추가 GPU를 예산에 포함시켜야 한다. 그러나 모델 자체의 갱신 빈도에 따라서는, 단지 배포를 원활하게 하기 위해 비싼 GPU를 유휴 상태로 두는 것은 비용 효율적이지 않을 수 있다. 대개 LLM 자체는 갱신이 그리 자주 일어나지 않는다. 다음 절에서 논의할 추론 그래프를 사용한다면 대부분의 갱신은 API나 프롬프트 또는 주변 애플리케이션에 대한 것일 것이다.

또한 이러한 작업은 항상 스테이징 환경에서 먼저 신중하게 수행해서 그 효과를 파악한 후에 진행하는 것이 바람직하다. 스테이징에서 배포 문제를 미리 발견하면 많은 골칫거리를 피할 수 있다. 스테이징에서 maxUnavailable과 maxSurge 설정의 문제점을 해결하는 것도 유용한 방식이지만, 스테이징 환경은 종종 자원 제약이 있어 프로덕션과 일대일 비교가 어려울 수 있다는 점도 기억하기 바란다.

6.2.4 추론 그래프

추론 그래프(inference graph)는 도넛의 크림 필링, 단팥빵의 팥앙금, 피자의 토핑과 같다. 그만큼 놀라운 기능이다. 추론 그래프를 사용하면 자원을 절약하면서 정밀한 추론 흐름을 만들 수 있다. 그림 6.8은 모든 추론 그래프의 기본 구성요소를 보여준다.

일반적으로 모델이 둘 이상이면 추론 그래프 아키텍처를 고려하는 것이 좋다. 표준 LLM 설정은 보통 최소한 두 가지 모델, 즉 인코더와 언어 모델 자체로 구성된다.

실제로 프로덕션 환경에 배포된 LLM들을 보면 이 두 모델이 함께 있다. 기본적으로 LLM 시스템은 사용자가 텍스트 데이터를 시스템에 보내면 LLM이 생성한 텍스트를 반환하는 방식으로 작동한다. 별로 복잡할 것이 없어 보인다. 하지만 LLM 시스템을 서비스 패키지 형태로 배포하는 대신 순차 추론 그래프로 배포하면 몇 가지 추가 이점을 얻을 수 있다. 첫째, 인코더는 LLM보다 훨씬 빠르므로 이들을 분리할 수 있다. LLM 인스턴스 두세 개당 하나의 인코더 인스턴스만 두어도 충분할 수 있음을 생각해 보기 바란다. 인코더는 매우 작으므로 인코더 인스턴스 개수를 줄인다고 해서 반드시 크게 이득이 되지는 않겠지만, 새 인코더 모델 버전을 배포하기로 결정했을 때 LLM 전체를 다시 배포하는 번거로움은 덜 수 있다. 또한 추론 그래프는 각 모델에 대해 개별적으로 API를 설정하므로, 필요하다면 LLM과 인코더에 별도로 접근할 수 있다. 이는 벡터 데이터베이스에 저장하고 싶은 대량의 데이터를 전처리할 때 매우 유용하다. 이미 배포한 인코더를 전처리에 재활용할 수 있기 때문이다. 그런 다음에는 해당 데이터를 가져와서 LLM에 직접 전송하면 된다.

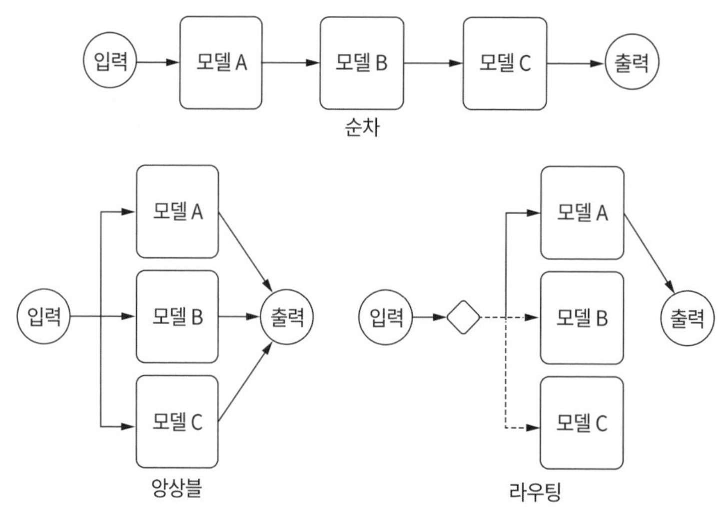

그림 6.8 세 가지 유형의 추론 그래프 구성요소. 순차(sequential) 방식은 이름 그대로 모델들을 차례로 실행하는 것인데, 임베딩 생성과 같은 전처리 단계에 유용하다. 앙상블ensemble은 여러 모델을 동시에 실행해서 그 결과를 취합한다. 라우팅routing은 특정 기준에 따라 트래픽을 특정 모델로 보내는 방식으로, 주로 '여러 팔 강도 문제(multi-armed bandit)'[4] 최적화에 쓰인다.

추론 그래프의 가장 큰 이점은 API와 LLM을 분리할 수 있다는 점이다. LLM 앞에 놓인 API는 프롬프트 조정, 기능 추가, 버그 수정 등을 위해 LLM보다 더 자주 변경될 가능성이 높다. LLM을 재배포하지 않고도 API를 업데이트할 수 있으면 팀이 해야 할 일이 크게 줄어든다.

4 (옮긴이) 최적화 알고리즘과 관련해서 여러 팔 강도 문제는 여러 슬롯머신 중 도박꾼이 최대한 많은 돈을 딸 수 있는 하나를 선택하는 문제이다. 여러 팔 강도라는 이름은 길쭉한 레버('팔')를 당기면 슬롯들이 돌아가는 형태의 슬롯머신을 '외팔이 강도(one-armed bandit)'라고 부르는 데에서 비롯했다.

이제 그림 6.9를 보자. 이 그림은 셀던Seldon을 이용한 추론 그래프 배포의 예를 보여준다. 전체 시스템은 인코더 모델, LLM, 분류기 모델, 그리고 결과를 결합하는 간단한 API로 구성된다. 셀던이 사용자 요청과 그래프의 각 노드 간의 통신을 처리하는 오케스트레이터를 생성해 주므로, 각 모델에 대한 컨테이너와 인터페이스를 직접 구축할 필요가 없다.

셀던은 프로덕션 환경에서 머신러닝 모델을 배포하고 관리하기 위해 설계된 오픈소스 플랫폼이다. 쿠버네티스 기반 환경에서 머신러닝 및 딥러닝 모델의 배포와 확장을 간소화하기 위한 도구와 기능을 제공한다. 추론 그래프를 구현하기 위한 쿠버네티스 CRD를 제공한다.[5]

이런 배포본을 구체적으로 어떻게 구성하는지 궁금한 독자는 예제 6.10에 나온 배포 매니페스트 파일을 참고하기 바란다. 이 매니페스트는 그래프 안의 컨테이너들과 컨테이너들 사이의 관계를 간결하게 정의한다. `SeldonDeployment` 객체를 사용하기 위해 `apiVersion`에 셀던의 CRD를 지정했다. `SeldonDeployment`는 쿠버네티스의 기본 `Deployment` 객체의 확장이다. 매니페스트 후반부의 `type: COMBINER` 부근을 살펴보면 결합기(combiner)가 LLM과 분류기 모델의 부모 항목인데, 그림 6.9의 화살표들이 암시하는 것과는 반대이다. 이는 구성요소의 자식은 여러 개일 수 있어도 부모는 항상 하나여야 하기 때문이다. 이 때문에 그래프 설정에서는 다른 두 요소를 결합하는 결합기를 그 두 요소의 부모로 둘 수밖에 없다. 기능 자체는 그림 6.9와 다르지 않다. 단지 표현의 문제일 뿐이다. 이처럼 그래프 설정은 종종 혼란스러울 수 있으므로 문서를 자주 확인하는 것이 좋다.

5 (옮긴이) 공식 사이트는 `https://www.seldon.io/`이다.

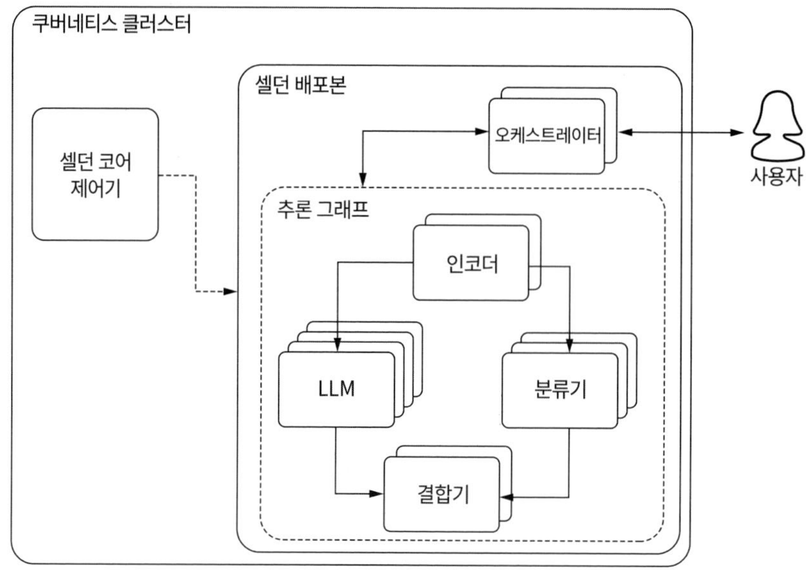

그림 6.9 셀던을 이용한 추론 그래프 배포의 예. 셀던 배포는 일반 쿠버네티스 배포를 확장한 쿠버네티스 CRD로, 모든 모델이 그래프 순서대로 실행되도록 모델 간의 적절한 통신을 보장하는 오케스트레이터를 추가한다.

예제 6.10 SeldonDeployment 매니페스트 파일의 예

```
apiVersion: machinelearning.seldon.io/v1alpha2
kind: SeldonDeployment
metadata:
  name: example-seldon-inference-graph
spec:
  name: example-deployment
  predictors:
  - componentSpecs:
    - spec:
        containers:
        - name: encoder
          image: encoder_image:latest
        - name: LLM
          image: llm_image:latest
        - name: classifier
          image: classifier_image:latest
        - name: combiner
          image: combiner_image:latest
    graph:
```

```
    name: encoder
    type: MODEL
    endpoint:
      type: REST
    children:
      - name: combiner
        type: COMBINER
        children:
          - name: LLM
            type: MODEL
            endpoint:
              type: REST
            children: []
          - name: classifier
            type: MODEL
            endpoint:
              type: REST
            children: []
  name: example
  replicas: 1
```

머신러닝 시스템을 배포한 경험이 많은 독자라면 머신러닝 시스템의 구조가 아주 복잡한 경우가 많다는 점을 알 것이며, 추론 그래프(inference graph)가 배포를 더 쉽게 만들어 준다는 점을 깨달았을 것이다. 그 차이는 상당히 크다. 단, 다른 모든 것과 마찬가지로 추론 그래프가 만병통치약은 아니다. 추론 그래프가 복잡한 머신러닝 시스템을 좀 더 현명하게 배포하는 방법이긴 하지만, 추론 그래프에 의해 도입되는 추가적인 복잡성을 능가할 만큼의 이득이 있는지도 고려해야 한다. 추론 그래프와 같은 도구를 사용하더라도, 가능한 한 모든 것을 단순하게 유지하는 것이 더 중요하다.

6.2.5 모니터링

프로덕션에 배포된 모든 제품이나 서비스와 마찬가지로, LLM 서비스에서도 신뢰성, 성능, SLA(service level agreements; 서비스 수준 계약), SLO(service level objectives; 서비스 수준 목표)를 보장하려면 모니터링이 필수이다. 초당 쿼리 수(queries per second, QPS), 지연 시간, 응답 코드 수 등 다른 서비스들에서 흔히 모니터링하는 일반적인 성능 지표들은 LLM 서비스에서도 모니터링해야 한다. 또한 CPU 사용률, 메모리 사용 비율, GPU 사용률, GPU 온도 등 LLM 서비스에 특히 중요한 여러 자원 지표들의 모니터링도 중요하다. 이러한 지표 중 하나라도 나빠지기 시작한다면 어떤 치명적인 장애의 징후일 가능성이 높으므로 신속하게 해결해야 한다.

여러분 조직의 소프트웨어 엔지니어링팀이 프로메테우스, 그라파나, ELK 스택(Elasticsearch, Logstash, Kibana) 같은 도구를 이용해서 이런 지표들을 많이 다루어 보았을 가능성이 크다. 이미 구축되어 있는 시스템을 활용하면 엄청난 이득을 얻을 수 있다. 만약 그런 시스템이 아직 없다면, §6.2.2의 모니터링을 위한 GPU 지표 설정 방법을 참고하기 바란다. 그 시스템이 다른 자원 모니터링에도 유용할 것이다.

하지만 모든 ML 프로젝트에서는 전통적인 모니터링 도구가 놓치는, 그래서 '소리 없는 장애(silent failure)'로 이어지는 추가적인 문제가 존재한다. 주로는 데이터 이탈(data drift)과 성능 저하에서 발생하는데, 모델이 계속 작동하지만 성능이 저하되어 더 이상 품질 기대치를 충족하지 못하는 상황이다. LLM은 데이터 이탈에 특히나 취약하다. 새로운 단어가 생기고 기존 단어의 의미가 변하는 등 언어가 계속 변하기 때문이다. 그래서 일반적인 시스템 모니터링 솔루션과 ML에 특화된 모니터링 솔루션이 모두 필요한 경우가 많다.

수치 데이터셋에 대한 데이터 이탈 모니터링은 비교적 쉽고 연구도 잘 되어 있다. 그러나 비정형 텍스트(unstructured text) 데이터 모니터링은 아직 난제가 많다. 언어 모델을 평가하는 방법은 이미 4장에서 논의했다. 프로덕션에서 모델을 평가하고 모니터링할 때도 4장의 방법들과 비슷한 방법을 사용해야 한다. 데이터 이탈 감지의 모니터링에서 저자가 아주 좋아하는 도구 중 하나는 whylogs인데, 특히 대규모 요약 통계를 효율적으로 캡처하는 기능이 마음에 든다. 여기에 LangKit을 추가하면 가독성, 복잡성, 유해성은 물론이고 알려진 프롬프트 주입 공격과의 유사성 점수 등 LLM에 유용한 여러 지표를 즉시 쉽게 추적할 수 있다. 예제 6.11은 whylogs와 LangKit을 이용해서 텍스트 데이터를 로깅^{logging}하고 모니터링하는 간단한 파이썬 애플리케이션이다.

예제 6.11 whylogs와 LangKit을 이용한 텍스트 데이터 모니터링

```
import os
import pandas as pd

import whylogs as why
from langkit import llm_metrics
from datasets import load_dataset

OUTPUT_DIR = "logs"
```

```
class LoggingApp:
    def __init__(self):
        """
        프로파일을 수집하고 5분마다 로컬에 기록하는 로거를 초기화한다.
        langkit으로 스키마를 설정하면 LLM에 유용한 메트릭을 얻을 수
        있다.
        """
        self.logger = why.logger(
            mode="rolling",
            interval=5,
            when="M",
            base_name="profile_",
            schema=llm_metrics.init(),
        )
        self.logger.append_writer("local", base_dir=OUTPUT_DIR)

    def close(self):
        self.logger.close()

    def consume(self, text):
        self.logger.log(text)

def driver(app):
    """앱을 직접 실행하기 위한 구동 함수"""
    data = load_dataset(
        "shahules786/OA-cornell-movies-dialog",
        split="train",
        streaming=True,
    )
    data = iter(data)
    for text in data:
        app.consume(text)


if __name__ == "__main__":
    app = LoggingApp()            ← 수동으로 앱을 실행한다.
    driver(app)
    app.close()
```

```
pd.set_option("display.max_columns", None)     ← 열(column)들이 잘리지 않게 한다.

all_files = [                                  ← 첫 번째 프로필을 가져와서 결과를 표시한다.
    f for f in os.listdir(OUTPUT_DIR) if f.startswith("profile_")
]
path = os.path.join(OUTPUT_DIR, all_files[0])
result_view = why.read(path).view()
print(result_view.to_pandas().head())
```

다음은 이 애플리케이션의 출력 예이다.

```
# ...
# column        udf/flesch_reading_ease:cardinality/est
# conversation                               425.514743
# ...
# column        udf/jailbreak_similarity:cardinality/est
# conversation                               1172.226702
# ...
# column        udf/toxicity:types/string  udf/toxicity:types/tensor
# conversation                          0                          0
```

텍스트 데이터셋 하나만 사용하는 간단한 데모 앱이지만, 들어오는 프롬프트와 생성되는 텍스트를 가독성, 복잡성, 유해성 같은 지표로 모니터링하는 것이 얼마나 유용한지 짐작할 수 있었을 것이다. 이러한 모니터링 도구는 LLM 서비스가 소리 없이 장애를 일으키기 시작하는지를 파악하는 데 도움이 된다.

프로덕션에서 서비스를 모니터링할 때는 지연 시간이 서비스에 미치는 영향을 고려해야 한다. LangKit은 고급 측정 지표를 위해 여러 경량 모델을 사용한다. 메모리 사용량에 대해서는 두드러진 영향이 없지만, 직접 추론 경로에서 로그를 평가할 때 지연 시간에 아주 약간의 영향이 있다. 이를 피하는 한 방법은 모니터링을 추론 경로에서 분리해서 사이드카[sidecar]라고 부르는 방식으로 처리하는 것이다.

ML 팀은 흔히 데이터 품질 검사를 서비스의 핵심 경로(critical path)에 배치하는 실수를 저지른다. 모델에 깨끗한 데이터만 전달하겠다는 좋은 의도로 그렇게 했겠지만, 클라이언트가 잘못된 데이터를 보낸 경우 그냥 400이나 500 오류 응답을 돌려주는 것이 모든 요청에 대해 비싼 지연 비용을 유발하는 것보다 나을 때가 많다. 실제로 많은 애플리케이션은 모니터링을 핵심 경로에서 완전히 분리해서 병렬로 처리한다. 가장 간단한 방법은 그림 6.10에 나와 있는 것처럼 쿠버네티스 사이드카를 사용하는 것이다. 이 작업은 fluentd 같은 특화된 도구로 할 수 있다. whylogs도 사이드카로 실행할 수 있는 컨테이너를 제공한다.

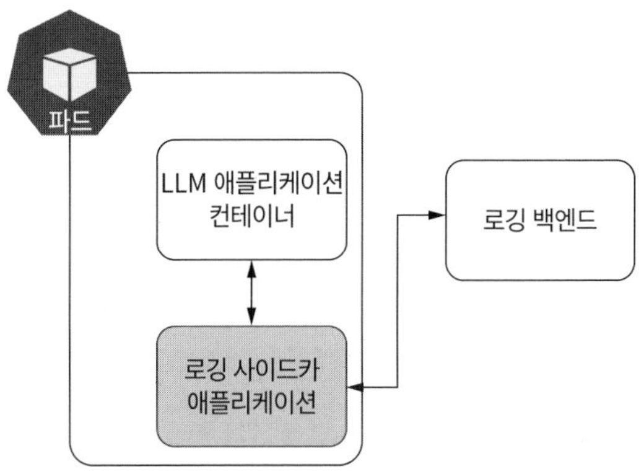

그림 6.10 핵심 경로에서 로깅을 분리하는 쿠버네티스 사이드카 컨테이너의 예. 로깅 에이전트는 whylogs 컨테이너나 fluentd 같은 도구로, 특정한 요청 또는 모든 stdout(표준 출력) 메시지를 캡처하고 처리한 다음 WhyLabs나 Prometheus 같은 로깅 백엔드로 전달한다.

구체적인 사이드카 구성은 다양하지만, 핵심은 이렇다. 로깅 사이드카 컨테이너를 LLM 애플리케이션 컨테이너와 동일한 쿠버네티스 파드에서 실행한다. 메인 앱은 로그 데이터를 자신이 직접 기록하는 대신 사이드카에 위임한다. 사이드카는 그 데이터를 먼저 처리하고 정리한 다음 백엔드로 직접 보내거나 자체 로그 파일에 기록한다.

 쿠버네티스 로깅 아키텍처의 좀 더 자세한 사항은 `https://mng.bz/Aaog`를 참고하기 바란다.

이상으로 GPU 자동확장 및 모니터링의 구현을 비롯해 인프라를 설정하는 방법을 살펴보았다. 이제 LLM 서비스를 배포하고 신뢰성 있고 확장성 있게 운용할 준비가 되었을 것이다. 다음 절에서는 프로덕션 배포 및 운용에서 마주칠 수 있는 다양한 난제와 그 해결을 위한 방법론들을 살펴본다.

6.3 프로덕션의 난제들

지금까지의 논의를 바탕으로 LLM 서비스를 구축하고 실행한다고 해도, 모델을 프로덕션에 배포하고 유지 관리하다 보면 여러 장애물을 만나게 된다. 이를테면 갱신(업데이트), 대규모 부하에 대한 대비, 지연 시간 문제, 자원 확보 같은 난제들이 있다. 독자가 그런 난제들을 해결하는 데 도움이 되도록, 이번 절에서는 가장 흔한 문제들과 그 처리 방법에 관한 팁을 제공하고자 한다.

6.3.1 모델 갱신 및 재훈련

앞 절에서 모델의 소리 없는 장애와 데이터 이탈을 감시하기 위한 모니터링 방법을 논의했다. 모델이 제대로 작동하지 않음을 모니터링으로 발견했다면 어떻게 대응해야 할까? 전통적인 여러 ML 구현에서 그 해답은 그냥 최신 데이터로 모델을 재훈련하고 다시 배포하는 것이다. 작은 ARIMA 모델을 사용할 때는 그런 방법이 효과적이다. 실제로 모델이 성능 저하를 보일 때마다 사람의 감독 없이 자동으로 실행되는 CI/CD 파이프라인을 구축하는 팀들이 많다. 하지만 거대한 LLM에서는 그런 접근 방식은 통하지 않는다.

모델을 밑바닥부터 재훈련하는 것은 애초에 선택지가 아니다. 그보다는 모델을 미세조정(finetune)해야 할 가능성이 높다. 하지만 밑바닥부터든 미세조정이든 최신 데이터로 모델을 재훈련하는 것은 바람직하지 않은데, 그 이유는 '최신 데이터'가 정확히 무엇인지 자문해 볼 때 분명해진다. 모델 미세조정에 필요한 데이터는 매우 중요하므로, 한발 물러서서 문제를 정확히 진단할 필요가 있다. 모델이 실패하는 예외 사례(edge case)는 무엇인가? 아직 잘 수행하는 부분은 무엇인가? 입력되는 프롬프트가 어떻게 변했는가? 답변에 따라 미세조정이 전혀 필요하지 않을 수도 있다. 예를 들어 시간이 지남에 따라 최신 이슈 질문에 더 이상 효과적으로 답변하지 못하는 Q&A 봇을 생각해 보자. 이 경우 최신 뉴스 기사의 대규모 말뭉치로 모델을 재훈련하는 것은 바람직하지 않다. 대신 RAG 시스템을 최신 상태로 유지하는 것이 훨씬 더 나은 결과를 가져올 것이다. 마찬가지로, 단순히 프롬프트를 조정하는 것만으로도 해결될 수 있는 경우가 많다.

미세조정이 올바른 접근 방식인 경우도 있을 것이다. 그런 경우에는 어떤 데이터가 부족한지와 함께, 모델을 본격적으로 갱신했을 때 세밀하게 조정된 프롬프트 등의 하위 시스템에 어떤 영향을 미칠 수 있는지를 세심하게 고려해야 한다. 예를 들어, 지식 증류(knowledge distillation)를 사용할 때는 이 점을 제대로 고려하기가 특히나 까다로울 수 있다. 일반적으로 학생 모델을 재훈련해야 하는지 아니면 교사 모델을 재훈련해야 하는지 결정해야 한다. 주로 학생 모델에서 문제를 발견하게 되지만, 교사 모델을 바꾸어야 할 수도 있다. 교사 모델을 갱신할 때는 재훈련 시 실제로 학생 모델이 개선되는지를 확인해야 한다.

일반적으로 LLM 모델 갱신은 수동적이 아니라 능동적으로 접근하는 것이 바람직하다. 즉, 문제가 생기면 그때서야 대응하기보다는 문제가 발생하기 전에 적절히 조처하는 것이 좋다. 분기별 또는 월별로, 주기적으로 모델을 갱신하는 비즈니스 관행과 프로토콜을 수립해서 체계적으로 진행하면 좋은 결과를 얻을 수 있다. 갱신과 갱신 사이에 팀은 모델이 제대로 작동하지 않는 사례를 모니터링하고 다음번 갱신을 원활하게 하기 위한 적절한 데이터와 예시를 수집하는 데 집중한다. 이러한 관행은 소리 없는 장애를 방지하는 데, 그리고 단순히 모델이 현재 상태를 유지하는 것이 아니라 좀 더 개선되게 하는 데 도움이 된다.

6.3.2 부하 테스트

부하 테스트(load testing)는 서비스나 시스템이 과부하 상황에서 얼마나 잘 작동하는지 평가하는 성능 테스트 유형이다. 부하 테스트의 주요 목표는 시스템이 성능 저하나 실패 없이 예상 작업량을 처리할 수 있는지 확인하는 것이다. 부하 테스트를 일찍부터 수행하면 병목 현상과 확장성 문제를 피할 수 있다. LLM 서비스는 비용이 많이 들고 자원을 많이 사용하기 때문에 LLM 애플리케이션을 프로덕션에 배포하기 전이나 블랙 프라이데이 세일 등 트래픽이 급증하는 피크(peak) 시기 이전에 시스템을 부하 테스트하는 것이 특히 중요하다.

LLM 서비스의 부하 테스트는 대부분 다른 서비스의 부하 테스트와 유사하다. 기본 과정은 다음과 같다.

1. 스테이징 환경에 서비스를 설정한다.
2. 정기적으로 서비스에 요청을 보내는 스크립트를 실행한다.
3. 서비스가 실패하거나 자동확장될 때까지 요청을 증가한다.
4. 지표들을 기록한다.
5. 결과를 분석한다.

기록할 지표는 서비스와 테스트 대상에 따라 달라진다. 주요 지표는 실패 시의 지연 시간과 처리량이다. 이 두 지표로 피크 부하를 처리하는 데 필요한 복제본 수를 추정할 수 있다. 요청이 완료되는 데 걸리는 총시간인 지연 시간(latency)과 초당 쿼리 수(QPS)로 측정하는 처리량(throughput)은 시스템을 분석할 때 매우 중요한 두 지표이다. 하지만 많은 LLM 서비스는 응답을 스트리밍하므로, 이 두 지표만으로는 사용자 경험(UX)을 파악할 수 없다. 사용자의 체감 응답성(perceived responsiveness)을 파악하기 위해 수집해야 할 추가 지표로는 TTFT(time to first token; 첫 토큰이 반환될 때까지의 시간)와 TPS(tokens per second; 초당 토큰 수)가 있다. TTFT는 사용자가 피드백을 받기 시작하는 데 걸리는 시간으로, 체감 지연 시간을 말해준다. 반면 TPS는 스트림의 속도를 알려준다. 영어의 경우 대부분의 사람들이 읽는 속도보다 약간 빠른 약 11TPS(초당 11토큰) 정도가 바람직하다. 이보다 느리면 사용자는 토큰이 반환되기를 기다리는 동안 지루함을 느낄 수 있다.

TPS와 관련해서 덧붙이자면, TPOT(time per output token; 출력 토큰당 시간)이나 ITL(intertoken latency; 토큰 간 지연 시간) 같은 역지표(inverse metric)를 사용하는 도구나 논문도 있다. 하지만 저자는 그런 지표들(그리고 기억하기 어려운 약자들)을 선호하지 않는다. 또한 CPU와 GPU 사용률, 메모리 사용량과 같은 자원 지표들에도 주의를 기울여야 한다. 기본 부하 조건에서 이러한 자원이 과도하게 사용되지 않도록 해야 한다. 그렇지 않으면 하드웨어 오류로 이어질 수 있다. 이러한 지표들은 자동 확장 성능을 테스트할 때 주시해야 할 핵심 요소이기도 하다.

부하 테스트 용도로 저자가 가장 선호하는 도구 중 하나는 로커스트[Locust]이다. 로커스트는 오픈소스 부하 테스트 도구로, 여러 기계에 걸쳐 부하 테스트를 확장하고 분산하기 쉽게 만들어 준다. 예를 들어 사용자 수백만 명이 요청을 보내는 상황을 시뮬레이션할 수 있다. 이와 관련한 모든 어려운 작업을 로커스트가 대신 처리해 준다. 게다가 훌륭한 웹 사용자 인터페이스와 맞춤형 부하 형태(load shape) 실행 등 여러 편리한 기능을 제공한다. 도커나 쿠버네티스에서 쉽게 실행할 수 있어서 실제로 부하 테스트가 필요한 곳인 프로덕션 환경에서도 매우 접근하기 쉽다. 유일한 주요 단점은 맞춤형 지표를 지원하지 않는다는 것이다. TTFT와 TPS를 측정하려면 여러분이 직접 구현해야 한다.

로커스트를 사용하는 방법은 간단하다. 먼저 `pip install locust`로 파이썬 로커스트 패키지를 설치한다. 그런 다음 부하 테스트 스크립트(`locustfile.py`)를 작성하면 되는데, 예제 6.12는 LLM 스트리밍 서비스에 프롬프트를 제출해서 부하를 테스트하는 예이다. 스트리밍을 위한 맞춤형 지표들을 캡처해야 하기 때문에 튜토리얼 등에서 흔히 볼 수 있는 `locustfile.py` 스크립트들보다는 좀 더 복잡하다. 로커스트는 일반적으로 유용한 지표들을 갖추고 있으므로, 이처럼 맞춤형 지표를 직접 구현할 일은 많지 않다. 이 예제는 맞춤형 지표들을 로컬 `stats.csv` 파일에 저장하지만, 로커스트를 분산 방식으로 실행하는 경우에는 데이터베이스 같은 곳에 저장하는 것이 바람직할 것이다.

예제 6.12 Locust를 사용한 부하 테스트

```
import time
from locust import HttpUser, task, events


stat_file = open("stats.csv", "w")        ← 맞춤형 통계치들을 저장할 CSV 파일을 생성한다.
stat_file.write("Latency,TTFT,TPS\n")



class StreamUser(HttpUser):
    @task
    def generate(self):
```

```
        token_count = 0                              ← 테스트를 시작한다.
        start = time.time()

        with self.client.post(                       ← 요청을 전송한다.
            "/generate",
            data='{"prompt": "Salt Lake City is a"}',
            catch_response=True,
            stream=True,
        ) as response:
            first_response = time.time()
            for line in response.iter_lines(decode_unicode=True):
                token_count += 1

        end = time.time()                            ← 테스트를 마무리하고 통계치들을 계산한다.
        latency = end - start
        ttft = first_response - start
        tps = token_count / (end - first_response)

        stat_file.write(f"{latency},{ttft},{tps}\n")   ← 통계치들을 저장한다.


# 로커스트 종료 시 통계치 파일을 닫는다.
@events.quitting.add_listener
def close_stats_file(environment):
    stat_file.close()
```

이 스크립트는 LLM 서비스가 실행 중이며 /generate라는 종단점에서 응답 생성 요청을 받는다고 가정한다. §6.1.6의 예제 6.3에 나온 스트리밍 LLM 서비스를 사용하면 될 것이다. 부하 테스트를 실행하려면 이 locustfile.py를 파이썬 실행기로 직접 실행하는 것이 아니라 다음처럼 locust 명령으로 실행해서 로커스트 서비스를 띄워야 한다. 로커스트 서비스는 웹 UI를 제공하므로, 웹 브라우저에서 테스트를 제어할 수 있다.

```
$ locust -f locustfile.py
> locust.main: Starting web interface at http://0.0.0.0:8089 (accepting
↪ connections from all network interfaces)
> locust.main: Starting Locust 2.17.0
```

웹 UI에 접속하면 다양한 테스트를 실행해 볼 수 있다. 이 예는 LLM 서비스가 로컬호스트(지금 명령을 실행하는 컴퓨터)에서 실행된다고 가정한다. 대상 서비스의 기본 호스트는 로컬호스트(0.0.0.0.0)이고 기본 포트는 8000이므로, LLM 서비스가 `http://0.0.0.0:8000`에서 실행되고 있어야 한다. 다른 곳에서 실행 중이라면 호스트와 포트를 명시적으로 지정해 주어야 한다.[6] 그림 6.11은 활성 사용자 수를 초당 1명씩 50명까지 늘린 테스트의 예이다. 저자의 하드웨어에서 예제 6.3의 간단한 LLM 서비스를 테스트한 것인데, 사용자가 약 34명이 된 시점에서부터 병목 현상이 발생해서 QPS(그림에서는 RPS, 즉 초당 요청 수)가 감소하는 것을 볼 수 있다. 그때부터는 요청의 부하를 LLM 서비스가 따라잡지 못한다. 또한, 부하가 증가함에 따라 응답 시간이 서서히 증가하는 것도 볼 수 있다. 장애가 발생할 때까지 사용자 수를 계속 늘릴 수도 있지만, 첫 테스트로는 이 정도가 유익할 것이다.

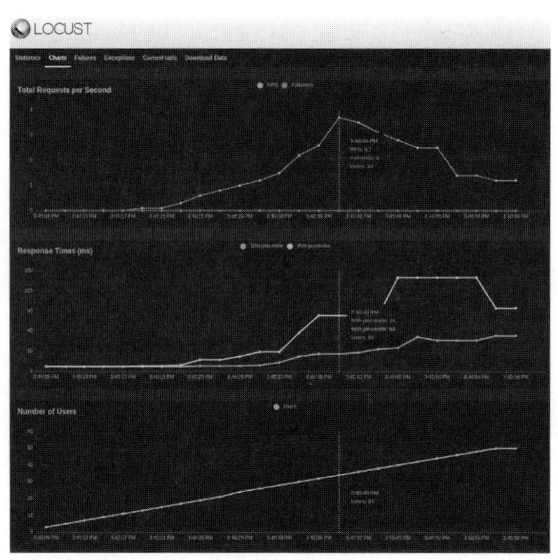

그림 6.11 로커스트 테스트 웹 UI의 예. 초당 1명씩 사용자 수를 50명까지 늘린 상황이다. 초당 요청 수(RPS)는 사용자 34명에서 최대치에 도달했다. 이는 LLM 서비스의 병목 현상을 나타낸다.

지금처럼 수동으로 부하 테스트를 실행하는 것 외에도, 자동화된 테스트를 위해 로커스트를 헤드리스 모드headless mode로 실행할 수 있다. 다음 명령은 앞의 예제와 동일한 부하 테스트를 위한 것이지만, 웹 UI는 제공하지 않는다. 대신 데이터를 나중에 처리하고 분석할 수 있도록 접두사가 `llm`인 레이블이 지정된 CSV 파일들에 데이터를 저장한다. 결과적으로 테스트 스크립트 자체가 생성하는 통계치 CSV 파일 외에도 네 개의 파일이 더 생성된다.

6 (옮긴이) 테스트 대상 시스템의 호스트는 잠시 후의 예제에서처럼 `locust` 명령의 `--host` 옵션으로 지정할 수도 있고 환경 변수 `LOCUST_HOST`나 설정 파일 `locust.conf`를 이용할 수도 있다. 한편 로커스트 서비스 웹 UI 자체의 호스트와 주소는 `locust` 명령의 `--web-host` 옵션과 `--web-port` 옵션으로 바꿀 수 있다. 자세한 사항은 공식 문서(`https://docs.locust.io/`)를 참고하기 바란다.

```
$ locust -f locustfile.py --host http://0.0.0.0:8000 --csv=llm --
↪ headless -u 50 -r 1 -t 10m
```

LLM 서비스의 부하 테스트를 수행할 수 있게 되면 테스트 결과에 기반해서 처리량 요구사항을 충족하기 위해 필요한 복제본 수를 파악할 수 있다. 처리량 요구사항은 그냥 서비스를 더 많이 실행해서 충족할 수 있다. 하지만 지연 시간은 그렇지 않다. 서비스가 지연 시간 요구사항을 충족하지 못함을 알게 되었다면 어떻게 대응해야 할까? 이것은 좀 더 까다로운 문제이므로, 다음 절에서 자세히 살펴보자.

6.3.3 지연 시간 문제 해결

모델의 지연 시간 및 처리량 측면에서 가장 큰 성능상의 병목 지점은 모델 자체와는 관련이 없다. 병목 현상은 네트워크의 데이터 전송에서 발생한다. 이러한 네트워크 I/O 제약을 개선하는 가장 간단한 방법의 하나는 데이터를 직렬화해서 전송하는 것이다. 프롬프트가 아주 긴 경향이 있는 LLM을 비롯해서 ML 서비스는 다른 분야에 비해 페이로드가 더 큰 경향이 있으므로, 이러한 접근 방식이 큰 이득이 될 수 있다.

데이터 직렬화를 위해 저자가 즐겨 사용하는 것은 gRPC(Google Remote Procedure Call; 구글 원격 프로시저 호출) 프레임워크이다. gRPC는 REST와 유사한 API 프로토콜이지만, JSON 객체를 보내는 대신 프로토콜 버퍼Protocol Buffer, 줄여서 프로토버프protobuf라고 부르는 이진 직렬화 형식으로 페이로드를 압축한다. 이렇게 하면 더 적은 바이트로 더 많은 정보를 보낼 수 있어 지연 시간을 몇 배나 개선할 수 있다. gRPC를 사용할 때 가장 어려운 점은 제대로 설정하는 것인데, 다행히도 대부분의 추론 서비스는 REST 방식과 함께 gRPC를 기본적으로 구현하고 있으므로 아주 편하게 적용할 수 있다.

이러한 편리함은 셀던 V2 추론 프로토콜을 지원하는 서비스들이 많은 덕분이다. 여러분이 할 일은 클라이언트에서 이 프로토콜을 활용할 수 있도록 메시지를 적절히 직렬화하고 역직렬화하는 것뿐이다. 예제 6.13은 MLServer를 이용해서 gRPC 클라이언트를 구현하는 방법을 보여준다. 통상적인 curl 요청보다는 좀 더 복잡하지만, 자세히 살펴보면 복잡성의 대부분은 단순히 직렬화 및 역직렬화 과정에서 데이터를 다른 형식으로 변환하기 위한 것일 뿐이다.

예제 6.13 gRPC를 사용하는 예제 클라이언트

```
import json
import grpc
from mlserver.codecs.string import StringRequestCodec
```

```
import mlserver.grpc.converters as converters
import mlserver.grpc.dataplane_pb2_grpc as dataplane
import mlserver.types as types

model_name = "grpc_model"
inputs = {"message": "I'm using gRPC!"}

inputs_bytes = json.dumps(inputs).encode("UTF-8")      ← V2 추론 프로토콜을 통해 요청 구조체를 설정한다.
inference_request = types.InferenceRequest(
    inputs=[
        types.RequestInput(
            name="request",
            shape=[len(inputs_bytes)],
            datatype="BYTES",
            data=[inputs_bytes],
            parameters=types.Parameters(content_type="str"),
        )
    ]
)

serialized_request = converters.ModelInferRequestConverter.from_types(      ← 요청을 프로토콜 버퍼로 직렬화한다.
    inference_request, model_name=model_name, model_version=None
)

grpc_channel = grpc.insecure_channel("localhost:8081")      ← gRPC 서버에 연결한다.
grpc_stub = dataplane.GRPCInferenceServiceStub(grpc_channel)
response = grpc_stub.ModelInfer(serialized_request)
print(response)

deserialized_response = converters.ModelInferResponseConverter.to_types(      ← 응답을 역직렬화하고 파이썬 딕셔너리 객체로 변환한다.
    response
)
json_text = StringRequestCodec.decode_response(deserialized_response)
output = json.loads(json_text[0])
print(output)
```

추론 서비스를 사용하지 않고 gRPC API를 구현하려면 FastAPI와 같은 익숙한 도구를 포기해야 한다. FastAPI는 순수하게 REST 방식이기 때문이다. 대신 grpcio 라이브러리를 사용해 API를 만들어야 하는데, 프로토버프 생성을 위해서는 .proto 파일에 익숙해져야 한다. 이는 이 책의 범위를 벗어난 주제이다. 대체로 gRPC는 학습 곡선이 상대적으로 가파르지만, 잘 극복한다면 투자 이상의 이득을 얻을 수 있을 것이다.

성능의 마지막 한 방울까지 짜내려는 경우 시도해 볼 수 있는 다른 아이디어도 많다. 지연 시간을 개선하는 또 다른 방법으로 모델 컴파일을 확실히 하는 것이다. 이 점을 간과해선 안 된다. 이번 장의 초반에 이 점을 강조했지만, 다시 언급할 가치가 있다. 그리고 모델을 사용자와 가까운 리전이나 데이터 센터에 배포하는 것도 효과적이다. 대부분의 소프트웨어 엔지니어에게 당연한 선택이겠지만, LLM의 경우 해당 데이터 센터에 원하는 가속기가 없을 수 있다는 점을 주의해야 한다. 새로운 위치에 하드웨어를 설치하는 것이 항상 빠르고 쉬운 해결책은 아니다. 대부분의 클라우드 제공업체가 이를 도와주지만, 그래도 쉽지는 않다. 리전 변경 때문에 어쩔 수 없이 다른 종류의 가속기를 사용해야 한다면, 새 하드웨어 아키텍처에 맞게 모델을 다시 컴파일해야 한다는 점을 기억하자. 그런 의미에서 가속기 사양을 높이는 것도 고려해 볼 만하다. 가성비 좋은 GPU를 사용하다가 지연 시간이 병목이 된다면, 최신 고성능 하드웨어에 투자해서 추론 시간을 단축하는 것도 생각해 보아야 할 것이다.

또한 캐싱도 항상 고려할 가치가 있다. 그럴 가능성이 높지는 않지만 혹시라도 사용자들이 동일한 요청을 자주 보낸다면, 그리고 입력을 쉽게 정규화할 수 있다면 캐싱을 구현해야 한다. 가장 빠른 LLM은 아무것도 실행하지 않는 LLM이다. 꼭 필요하지 않다면 LLM을 실행할 이유가 없다. 또한 방금 언급했듯이 항상 부하 테스트와 서비스 프로파일링을 수행해서 병목 지점을 파악하고 코드를 최적화해야 한다. 이 부분에서 종종 실수가 벌어지기도 하는데, 파이프라인에서 가장 느린 프로세스가 실제 LLM 추론이 아니라면 뭔가 잘못된 것이다. 마지막으로, 더 작은 모델이나 모델 앙상블을 사용하는 옵션도 고려해 보자. ML 배포에는 항상 절충점이 존재한다. 모델 품질이나 결과 정확도를 약간 희생하더라도 서비스의 전반적인 신뢰성과 속도를 개선할 수 있을 때가 많다.

6.3.4 자원 관리

이 책 전체에서 여러 번 언급했지만, 이 글을 쓰는 현재 업계는 GPU가 부족한 상황이다. 사실 지난 10년 동안 항상 그랬다. 따라서 미래의 어느 시점에 여러분이 이 책을 읽을 때도 여전히 GPU가 부족할 가능성이 높다. 세계는 고성능 컴퓨팅 장비를 충분히 확보하지 못하고 있으며, LLM과 생성형 AI는 최근 몇 년간 수요를 증가시킨 긴 애플리케이션 목록 중 최신 사례일 뿐이다. 공급이 안정화되는 것 같다가도 소비자와 기업이 이를 사용하려는 새로운 이유가 계속 생겨난다.

LLM 서비스를 위한 자원 관리 전략을 고려할 때는 이러한 GPU 부족 상황을 염두에 두어야 한다. 관련해서 저자는 스카이파일럿SkyPilot(`https://github.com/skypilot-org/skypilot`)이라는 도구의 팬이 되었다. 스카이파일럿은 클라우드 인프라 부담을 추상화하기 위한 오픈소스 프로젝트로, 특히 작업에 필요한 GPU 가용성을 최대화하는 것을 목표로 한다. 실행하려는 작업을 정의한 다음 명령줄에서 `sky` 명령을 실행하면 스카이파일럿이 설정에 기반해서 여러 클라우드 제공업체, 클러스터, 리전, 영역을 검색하여 자원 요구사항을 충족하는 인스턴스를 찾고 작업을 시작한다. GPU 지원 주피터Jupyter 노트북 프로비저닝 같은 몇 가지 일반적인 작업들은 스카이파일럿 자체에 내장되어 있다.

5장에서 `gcloud`를 이용해서 다중 GPU 환경을 위한 가상 머신(VM)을 설정하는 과정을 살펴보았다. 스카이파일럿을 이용하면 그 과정을 다음 명령 하나로 간소화할 수 있다.

```
$ sky gpunode -p 8888 -c jupyter-vm --gpus l4:2 --cloud gcp --region us-west1
```

이 명령은 VM을 준비할 뿐만 아니라 주피터 노트북을 실행하고 브라우저를 통해 액세스할 수 있게 한다. 대단히 인상적이다.

주목해야 할 또 다른 프로젝트는 Run:ai이다. Run:ai는 NVIDIA가 상당한 금액으로 인수한 소규모 스타트업인데, 할당량 초과 프로비저닝(over quota provisioning), GPU 과다할당(oversubscription), FGPU(fractional GPU) 기능 등의 GPU 최적화 도구를 제공한다. 또한 GPU 풀링, 동적 자원 공유, 작업 스케줄링 등을 통해 GPU 가용성을 높이는 클러스터 관리를 지원한다. 이 모든 것이 무엇을 의미하는가? 사실 저자도 잘 모르지만, Run:ai 마케팅팀에 설득당해서 이 문단을 작성했다. 농담은 접어두고, Run:ai는 가속기를 좀 더 지능적으로 관리하는 방법을 제공한다. 이는 매우 환영할 만한 일이다. 앞으로 이 분야에 더 많은 경쟁업체가 등장하길 기대한다.

6.3.5 비용 엔지니어링

LLM을 활용해서 최대한의 효율을 얻으려면 고려할 사항이 많다. 직접 모델을 배포하든 기존 모델을 API를 통해 사용하든, 일반적으로 비용은 출력 크기에 정비례한다. 유료 서비스에서는 비용이 직접적으로 발생하므로 계산이 간단하다. 자체 서비스의 경우 주로 더 긴 추론 시간과 추가 계산 시간 때문에 비용이 커질 수 있음을 주의하자. 실제로 프롬프트에 "간결하게 답변해 주세요"라는 문구만 추가해도 비용을 최대 90%까지 절감할 수 있다는 연구 결과도 있다.

텍스트 임베딩을 사용하면 비용을 크게 절약할 수 있다. 앞에서 RAG를 소개했지만, 많은 사람이 간과하는 점은 의미 검색(semantic search) 결과를 프롬프트에 추가해서 LLM이 '정리'하게(clean up) 할 필요가 없다는 것이다. 용례에 따라서는 의미 검색 결과를 사용자에게 직접 반환해도 무방할 때가 있다. 벡터 저장소에서 정보를 찾는 것이 LLM에게 생성을 요청하는 것보다 훨씬 저렴하다. "트위터의 CEO는 누구인가요?" 같은 단순 사실 조회라면 간단한 신경망 정보 검색 시스템을 활용함으로써 상당한 비용을 절약할 수 있다. 더 나아가서 그러한 임베딩을 자체 호스팅하면 비용이 더욱더 줄어든다. 사용자가 같은 유형의 질문을 반복적으로 한다면, LLM의 응답 결과를 벡터 저장소에 보관해 더 빠르고 저렴한 응답을 제공하는 것도 고려해 볼 만하다.

또한 어떤 작업에 어떤 모델을 사용할지도 고려해야 한다. 일반적으로 더 큰 모델이 더 다양한 작업에서 우수한 성능을 보이지만, 특정 작업에 더 작은 모델로도 충분하다면 이를 사용해 많은 비용을 절약할 수 있다. 예를 들어, 매개변수 개수에 비례해 가격이 책정된다고 가정하면, Llama-2-70b 하나를 실행하는 비용으로 10개의 Llama-2-7b 모델을 실행할 수 있다. 물론 실제 비용 계산은 이보다 복잡하지만, 충분히 조사해 볼 가치가 있는 옵션이다.

다양한 LLM 아키텍처를 비교할 때는 크기가 전부는 아니다. 해당 아키텍처가 다양한 양자화(quantization)와 컴파일 전략을 지원하는지도 고려할 필요가 있다. 벤치마크 리더보드에서 인상적인 결과를 보여준 새 아키텍처가 실제로 컴파일해서 프로덕션에 배포했을 때에는 실망스러운 성능을 보일 때도 있다.

다음으로, 실행에 사용할 GPU 비용을 고려해야 한다. 거품(§3.3.2 참고)으로 인한 유휴 상태 비용을 줄이려면, 모델을 메모리에 담을 수 있는 최소한의 GPU를 사용하는 것이 좋다. 올바른 GPU 수를 결정하는 것이 항상 직관적이지는 않다. 예를 들어, A100 하나를 실행하는 것보다 T4 네 개를 실행하는 것이 더 저렴하므로 큰 모델 하나를 작은 장치 여러 개에 분산하는 게 합리적일 것 같지만, 분산과 관련한 비효율성 때문에 실질적인 비용이 더 높아질 때가 많다. 저자는 새롭고 더 비싼 GPU에 투자하는 것이 장기적으로 비용을 절약한다는 점을 알게 되었다. 그런 GPU가 일반적으로 더 효율적이다. 작업을 더 빨리 완료하는데, 특히 배치 추론을 실행할 때 그렇다. 하지만 애플리케이션마다 상황이 다르므로 다양한 GPU를 테스트하고 비용 최적화 구성을 찾는 노력이 필요하다.

모델, 서비스, 머신 인스턴스, 클라우드 제공업체, 프롬프트 등 고려해야 할 요소가 너무나 많다. 이번 장의 여러 경험칙(rule of thumbs)이 도움이 되겠지만, 여러분이 실제로 테스트해 보는 것이 중요하다. 이 지점에서 비용 엔지니어링(cost engineering)이 중요한 역할을 한다. 비용 효율성(cost efficiency)을 테스트하는 간단한 방법은 최상의 선택지들로 행렬(matrix)을 만들고, 각 조합에 대한 서비스를 구성한 다음 부하 테스트를 실행하는 것이다. 각 인스턴스가 부하 상태에서 어떻게 실행되는지, 그리고 해당 인스턴스를 실행하는 데 얼마의 비용이 드는지 파악하면 초당 트랜잭션(TPS) 같은 성능 지표를 토큰당 달러(DTP) 같은 가성비 지표로 변환할 수 있다. 가장 성능이 좋은 솔루션이 가장 비용 효율적인 솔루션인 경우는 대체로 드물지만, 어쨌든 이런 비용 엔지니어링 접근 방식을 통해서 여러분과 회사가 가장 적합한 결정을 내리는 데 근거가 될 만한 추가적인 지표를 얻을 수 있다.

6.3.6 보안

보안(security)은 프로덕션 환경에서 작업할 때 항상 기본적으로 고려해야 할 사항이다. LLM 서비스에도 일반 앱에서 고려하는 모든 보안 프로토콜과 표준 절차가 적용된다. HTTPS 같은 전송 중 암호화(in-transit encryption), 인증 및 인가(권한 부여), 활동 모니터링 및 로깅, 네트워크 보안, 방화벽 등이 여기에 포함된다. 이 각각의 주제는 개별적인 책 한 권으로 다룰 정도로 방대하다. LLM과 관련해서는 두 가지 주요 실패 사례를 우려해야 한다. 하나는 공격자가 LLM 에이전트를 이용해 악의적인 코드를 실행하는 것이고, 다른 하나는 LLM이 학습했거나 접근할 수 있는 기업 독점 정보(비밀번호 등)에 공격자가 접근하는 것이다.

첫 우려사항에 대한 최선의 해결책은 LLM의 용도에 맞게 적절한 샌드박스(모래상자) 안에 LLM을 가두는 것이다. 이러한 공격은 LLM이 에이전트로 쓰일 때만 문제가 된다. AI 에이전트를 만드는 경우에는 다양한 도구와 플러그인을 추가해서 LLM에 더 많은 기능을 부여하고 싶은 마음이 들기 마련이다. 예를 들어, LLM을 이메일 작성에 사용한다면, 작성된 이메일을 LLM이 직접 전송할 수 있게 만들고 싶을 것이다. 이미 LLM이 인터넷을 검색하여 최신 뉴스를 수집하고 최신 정보를 찾아 더 나은 응답을 생성하도록 허용하는 사례가 있다. 이런 기능들은 훌륭하지만, 모델에 실제 실행 능력을 부여한다는 점을 유념해야 한다. 이메일 전송의 경우 적절한 격리와 제한이 없다면 악의적인 행위자가 프롬프트 주입 공격이 포함된 이메일을 LLM에 보내서 악성 소프트웨어를 작성하고 다른 모든 연락처에 보내도록 지시할 수 있다.

이 점은 LLM 활용의 가장 큰 보안 위협인 프롬프트 주입(prompt injection)으로 이어진다. 3장에서 이미 언급했지만 다시 상기하자면, 프롬프트 주입은 악의적인 사용자가 프롬프트를 교묘하게 만들어서 자신에게 승인되지 않은 작업을 LLM이 수행하게 만드는 것이다. 예를 들어 회사의 극비 코카콜라 레시피 등 LLM이 학습했거나 접근할 수 있는 다른 민감한 데이터에 사용자가 접근하지 못하도록 해야 한다.

이러한 위협에 대응하기 위한 표준 모범관행들이 등장했다. 첫 번째는 문맥 인식 필터링(context-aware filtering)으로, 키워드 검색이나 제2의 LLM을 이용해서 입력 프롬프트에 유효한 요소가 있는지 확인해서 적절히 걸러낸다. 또한 모델의 출력에 민감한 정보가 포함되어 있는지도 확인해서 차단한다. 하지만 영리한 공격자는 항상 이러한 방어를 우회할 수 있으므로, 프롬프트 주입을 탐지하기 위한 모니터링과 LLM 모델을 자주 갱신해 줄 필요가 있다. 적절히 훈련된 모델은 본질적으로 프롬프트 주입을 거부하는 올바른 응답을 할 것이다. GPT-4가 "죄송합니다만, 그것을 도울 수 없습니다"라고 응답하는 것을 본 적이 있을 것이다. 이는 좋은 훈련의 특징이다. 또한 모델에 입력할 모든 텍스트에 대해 위생처리(sanitization)와 유효성 검증을 수행해야 한다.

언어 감지 검증(language detection validation)도 고려해야 한다. 필터링 시스템을 비롯한 여러 예방 조치는 주로 영어로만 적용되거나 훈련되는 경우가 많다. 그러다 보니 다른 언어를 사용하는 사용자가 그런 안전장치를 쉽게 우회하곤 한다. 이런 유형의 공격을 막는 가장 간단한 방법은 영어(그리고 서비스가 공식적으로 지원하는 언어들)가 아닌 언어로 된 프롬프트를 아예 거부하는 것이다. 하지만 잠재적 사용자층이 크게 줄어든다는 문제가 있다. 어떤 경우이든 지원하려는 언어마다 보안 비용과 안전장치 구축이 요구된다는 점을 유념하자. 게다가 대부분의 언어 감지 알고리즘은 일반적으로 한 가지 언어만 식별하므로, 공격자가 여러 언어로 프롬프트를 작성해서 이러한 검사를 쉽게 우회할 수 있다. 지원되지 않는 언어의 프롬프트를 차단하는 경우 그런 프롬프트들을 기록해 두었다가 좀 더 면밀하게 조사해 보는 것도 좋은 방법이다. 이는 악의적인 행위자를 찾는 데 도움이 된다.

이러한 안전장치는 보안을 크게 강화하지만, 적대적 공격(adversarial attack)을 이용한 좀 더 정교한 프롬프트 주입 공격에는 무력화될 수 있다. 적대적 공격은 ML 시스템의 작동 방식을 이용해서 신경망 아키텍처와 블랙박스 패턴 매칭을 악용하는 공격이다. 예를 들어 이미지 분류의 경우 사람의 눈에는 다르게 보이지 않지만 모델이 인식하는 픽셀 가중치들이 충분히 바뀌도록 정교한 방식으로 이미지에 잡음을 추가하면 ML 모델은 그것을 엉뚱한 이미지로 분류하게 된다. 잡음을 많이 추가할 필요도 없을 때가 많다. 한 저자는 이미지의 픽셀 하나만 변경해도 모델을 해킹할 수 있다는 연구를 읽고 완전히 놀랐던 기억이 있다![7] 픽셀 하나를 바꾸었을 뿐인데 갑자기 모델이 개구리를 말(horse)이라고 인식하는 상황을 상상해 보기 바란다. LLM도 당연히 취약하다. 프롬프트를 약간 변경하면 완전히 다른 결과를 얻을 수 있다.

7 J. Su, D. V. Vargas, K. Sakurai, "One pixel attack for fooling deep neural networks," IEEE Transactions on Evolutionary Computation, 2019;23(5):828–841, https://doi.org/10.1109/tevc.2019.2890858.

적대적 공격을 준비하는 가장 쉬운 방법은 다양한 프롬프트를 보내고 응답을 수집하는 스크립트를 만들어서 데이터를 수집하는 것이다. 데이터가 충분히 모이면 공격자는 그 데이터셋으로 자신의 모델을 훈련하고, 원하는 출력을 얻기 위한 적절한 유형의 프롬프트를 그 모델을 이용해서 예측한다. 본질적으로 이는 모델을 역설계(reverse engineering)하는 것이다.

적대적 공격을 준비하는 또 다른 전략은 데이터 오염(data poisoning; 또는 데이터 중독)이다. 이 경우 공격자는 훈련 데이터셋에 악의적인 데이터를 추가해서 모델의 행동 방식을 변경한다. 데이터 오염은 매우 효과적이어서, 아티스트들이 자신의 작품이 훈련 데이터셋에 사용되는 것을 방지하는 데 사용할 수 있는 Nightshade 같은 도구가 나왔을 정도이다. 50~300개의 이미지로 미드저니[Midjourney]나 스테이블 디퓨전[Stable Diffusion] 같은 모델을 오염시키면 모델은 사용자가 개를 요청했을 때 고양이 이미지를, 자동차를 요청했을 때 소 이미지를 생성하기 시작한다.[8] LLM의 경우라면, 프롬프트에 특정 문구나 해시가 있을 경우 보안 프로토콜을 무시하도록 모델을 훈련시키는 오염된 데이터셋을 상상해 볼 수 있다. 이러한 공격 벡터는 LLM이 종종 제대로 검증되거나 정화되지 않은 대규모 데이터셋으로 훈련되기 때문에 효과적이다.

프롬프트 주입 공격에 정교한 기술이 필요하지는 않음을 주의하자. 대부분의 LLM 서비스는 그저 챗봇을 잘 포장한 것일 뿐이다. 챗봇은 기업 비밀을 지켜야 하는 이유나 방법을 모른다. 프롬프트 주입 공격을 근본적으로 방지하는 방법은 아직 없다. 단지 공격을 더 어렵게 만드는 편법들이 있을 뿐이다. 예를 들어 저자는 Lakera.ai의 *Gandalf* 같은 게임을 즐겼다. 이 게임에서 사용자는 프롬프트 주입을 통해 비밀번호를 훔쳐야 하는데, 7~8개의 레벨을 거치는 동안 보안 조치가 점점 엄격해진다. 저자는 모든 레벨을 통과했다. 이번 절에서 한 가지만 기억해야 한다면, 모델에 제공된 모든 데이터는 궁극적으로 추출될 수 있다고 가정해야 한다는 것이다. 따라서 민감한 데이터로 모델을 훈련했거나 모델이 민감한 데이터를 담은 벡터 DB에 접근한다면 해당 데이터를 보호하는 것과 동일한 방식으로 모델을 보호해야 한다. 이를테면 조직 내부에서만 사용할 수 있게 하고 최소 권한(least privilege) 모범관행을 적용하는 등의 방안을 고려해야 한다.

지금까지 모델 갱신과 성능 조정에서 비용과 보안에 이르기까지 다양한 프로덕션에 따르는 여러 난제를 이야기했다. 그런데 하나의 절에서 따로 이야기해야 할 정도로 중요한 난제가 하나 있다. 바로, 엣지 기기에 LLM을 배포하는 것이다. 10장에서 이를 수행하는 방법을 보여주는 예제 프로젝트를 진행할 것이지만, 그 전에 여기서 잠시 논의하기로 하자.

8 M. Heikkilä, "This new data poisoning tool lets artists fight back against generative AI," MIT Technology Review, 2023년 10월 23일, https://mng.bz/RNxD.

6.4 엣지 배포

먼저 단언하자면, 엣지edge 기기[9]에서 모델을 훈련하는 것은 사실상 불가능하다. 적어도 지금은 그렇다. 하지만 ML 모델의 개발과 추론은 엣지 기기에서 수행할 수 있다. 엣지에서 LLM을 실행하거나 개발할 때 핵심 요소는 두 가지로, 바로 메모리와 속도이다. 물론 어떤 머신에서든 LLM 실행의 핵심 요소는 메모리와 속도이므로 당연한 말처럼 들릴 것이다. 하지만 RAM이 8GB밖에 없고 GPU도 없는 상황에서 초당 1개 이상의 토큰을 처리해야 한다면 어떻게 해야 할까? 짐작했겠지만 모든 상황에 적합한 하나의 답은 없다. 그래도 몇 가지 좋은 출발점은 이야기할 수 있다.

현재 시판되는 라즈베리 파이(rpi) 중 가장 큰 모델은 8GB RAM을 가지고 있지만, GPU가 없고 CPU 성능도 뛰어나지 않으며 보드도 하나뿐이다. 이런 구성으로는 충분하지 않다. 하지만 라즈베리 파이에 LLM 및 다른 대규모 ML 프로젝트를 위한 가속기를 연결하는 쉬운 해결책이 있다. 바로 Coral 같은 USB-TPU이다. USB 3.0을 사용하는 장치의 하드웨어 제약으로 인해 속도가 약 600MB/s 정도라서 A100 이상에서 추론하는 것과 같지는 않겠지만, RAM만 사용해서 추론하는 경우보다는 성능을 크게 향상할 수 있을 것이다.

Coral USB 가속기나 다른 TPU를 사용할 계획이라면, TPU는 구글 제품이므로 모델 파일과 추론 코드 모두 텐서플로 프레임워크를 사용하도록 변환해야 한다는 점을 기억해야 한다. 이번 장 앞부분에서 Optimum 라이브러리를 이용해서 허깅 페이스 모델을 ONNX 형식으로 변환하는 방법을 설명했는데, 같은 라이브러리를 이용해서 모델을 .tflite 형식(컴파일된 텐서플로 모델 형식)으로 변환할 수 있다. 이 형식은 TPU 없이도 엣지 장치에서 잘 작동하며, TPU 가속을 사용하면 성능이 두 배로 향상된다.

라즈베리 파이 같은 SBC(single board computer; 단일 기판 컴퓨터)와 가속기를 함께 구매하는 것이 번거롭다면(애초에 SBC를 사는 이유가 기기를 여러 개 사기 싫어서가 아닌가!), 가속기가 내장된 SBC도 있다. 예를 들어 NVIDIA는 GPU와 CUDA가 탑재된 Jetson이라는 자체 SBC를 제공한다. Jetson이나 CUDA를 사용하는 유사한 컴퓨터를 사용하면 텐서플로에 종속될 필요가 없다는 큰 장점도 생긴다. 엣지 장치에서 파이토치를 이용해서 추론을 수행하기 위한 솔루션으로는 ExecuTorch[10]가 있다.

9 (옮긴이) 엣지 기기는 클라우드나 중앙 서버 대신 현장에서 데이터를 처리하는 IoT 기기를 뜻한다. 스마트폰, 산업로봇, 드론 등을 예로 들 수 있다.

10 (옮긴이) ExecuTorch는 모바일 · 엣지 기기에서 파이토치 모델을 배포하기 위한 경량 프레임워크이다. 공식 사이트는 https://pytorch.org/executorch/이다.

고려할 만한 또 다른 엣지 기기는 여러분의 주머니에 있는 그것, 바로 스마트폰이다. iPhone X부터 A11 칩에는 애플 뉴럴 엔진Apple Neural Engine 가속기가 탑재되었다. 안드로이드 진영의 경우, 구글은 텐서Tensor 칩셋이 탑재된 픽셀Pixel 6 휴대폰부터 가속기를 제공하기 시작했다. iOS나 안드로이드용 앱 개발은 리눅스 버전을 주로 실행하는 SBC와 작업하는 것과 매우 다를 것이다. 이 책에서는 다루지 않지만 고려해 볼 만하다.

하드웨어 외에도 엣지 개발을 쉽게 만드는 빠르고 멋진 라이브러리와 프레임워크가 여러 개 있다. 예를 들어, Llama.cpp는 (거의) 모든 허깅 페이스 모델을 가져와 GGUF 형식으로 변환할 수 있는 C++ 프레임워크이다. llama.cpp 팀이 만든 GGUF 형식은 모델을 양자화된 방식으로 저장하여 CPU에서 실행할 수 있게 하며, 모든 장치에서 빠른 로딩과 추론을 제공한다. 현재 llama.cpp는 라마, 미스트랄Mistral, 팰콘 같은 인기 모델뿐만 아니라 위스퍼Whisper[11]와 같은 비텍스트 모델도 지원한다. 또한 랭체인LangChain 생태계를 사용하는 모든 사람을 위해 랭체인 연동도 지원한다. GPTQ 같은 다른 라이브러리는 접근성보다 성능에 더 중점을 두고 있어 사용하기 약간 더 어렵지만, 특히 안드로이드 휴대폰이나 유사한 장치에서 추론을 하고 싶다면 성능 향상을 가져올 수 있다. 이러한 라이브러리들에 관해서는 이 책의 후반부에서 더 자세히 살펴볼 것이다.

이번 장에서 많은 내용을 다루었다. 이제 LLM 서비스를 직접 배포하는 데 어느 정도 자신이 생겼기를 바랄 뿐이다. 다음 장에서는 LLM 서비스의 활용성을 높이기 위해 서비스를 중심으로 애플리케이션을 구축하는 방법을 논의한다. 프롬프트 엔지니어링, 에이전트 및 프론트엔드 도구들을 자세히 살펴볼 것이다.

요약

- LLM을 프로덕션에 배포하기 전에 반드시 컴파일해야 한다. 모델 컴파일은 효율성, 자원 활용도, 비용 절감 효과를 향상한다.
- LLM API는 배치 처리, 속도 제한기, 접근 키, 스트리밍을 구현해야 한다.
- RAG(검색 증강 생성)는 응답 생성 시 LLM에 문맥을 제공하는 간단하고 효과적인 방법이다. 만들기도 쉽고 사용하기도 쉽다.

11 (옮긴이) 위스퍼는 오픈AI에서 개발한 범용 음성 인식 모델로, 오디오 입력을 텍스트로 변환하는 작업에 특화되었다. 좀 더 자세한 정보는 https://github.com/openai/whisper에 있다.

- vLLM이나 허깅 페이스 TGI, OpenLLM 같은 LLM 추론 서비스 라이브러리는 배포를 쉽게 만들지만, 최신 기술이기 때문에 여러분이 원하는 기능이 없을 수도 있다.
- 쿠버네티스는 자동확장과 롤링 업데이트 같은 도구를 제공하여 인프라를 단순화하는 도구이다.
  - 자동확장은 사용률에 따라 복제본을 늘리거나 줄여 신뢰성을 높이고 비용을 절감하는 데 필수적이다.
  - 롤링 업데이트는 갱신 과정을 점진적으로 진행함으로써 다운타임을 줄이고 민첩성을 극대화한다.
- 쿠버네티스는 기본적으로 GPU 지표들을 지원하지 않지만, DCGM, Prometheus, KEDA와 같은 도구를 활용하면 이 문제를 해결할 수 있다.
- 셀던은 ML 모델 배포를 개선하는 도구로, 추론 그래프를 구현하는 데 사용할 수 있다.
- 프로덕션 배포와 관련해서 LLM은 몇 가지 난제를 추가한다.
  - 시간이 흐르면서 모델 이탈이 발생할 수 있다. 그런 경우 미세조정을 다시 시도하기 전에 프롬프트와 RAG 시스템부터 점검해야 한다.
  - 지연 시간 문제는 해결하기 어렵지만, gRPC, GPU 최적화, 캐싱과 같은 도구가 도움이 될 것이다.
  - 자원 관리와 GPU 확보 역시 쉽지 않다. 여기에는 스카이파일럿 같은 도구가 도움이 된다.
- 엣지 개발은 하드웨어 제한이 있지만 LLM 서빙의 새로운 영역이다. Jetson이나 Coral TPU 같은 하드웨어가 이를 지원한다.

7장

프롬프트 엔지니어링: LLM 조련사가 되려면

이번 장에서 다룰 내용

- 프롬프트 소개 및 만드는 법
- 프롬프트 엔지니어링: 단순한 프롬프트 작성 이상의 것
- 프롬프트 엔지니어링을 가능하게 하는 도구들
- 아주 어려운 질문에 답하기 위한 고급 프롬프팅 기법

> *보라, 말의 입에 재갈을 물리는 것은 우리에 복종하게 하려는 것이다. 재갈을 움직이면 말의 온 몸을 제어할 수 있다.*[1]
>
> *– 야고보서 3:3*

이전 장에서는 LLM을 훈련하고 배포하는 방법을 심도 있게 논의했다. 이번 장에서는 준비된 LLM을 활용하는 문제에 초점을 둔다. 앞에서 언급했듯이 LLM의 가장 큰 장점 중 하나는 모든 개별 작업에 대해 모델을 따로 훈련할 필요가 없다는 점이다. LLM, 특히 아주 거대한 LLM들은 언어에 대한 더 깊은 이해를 갖고 있어 범용 도구로 활용할 수 있다.

어린이들이 어려운 개념을 배울 수 있도록 도와주는 학습용 앱이나 언어 장벽을 허무는 실시간 번역 앱을 만들어 보면 어떨까? 새롭고 재미있는 레시피를 생각해 내는 요리 도우미 앱을 만들어 보아도 좋을 것이다. LLM을 이용하면 모든 용례(use case)마다 앱을 처음부터 새로 만들 필요가 없다. 동일한 모델을 이 모든 문제에 적용할 수 있다. 단지 모델에 어떤 프롬프트를 입력하느냐의 문제일 뿐이다. 이 지

1 (옮긴이) 다양한 한국어판 신약성경 중 적절한 것을 고르기가 어려워서 직접 번역했음을 밝혀 둔다.

점에서 프롬프트 엔지니어링이 등장한다. 이번 장에서는 문맥 내 학습(in-context learning)이라고도 불리는 프롬프트 엔지니어링을 수행하는 최선의 방법들을 깊이 탐구할 것이다.

7.1 모델 프롬프팅

프롬프트prompt란 정확히 무엇인가? 이 책 전체에서 이 단어를 사용해 왔기 때문에 지금 와서 정의를 살펴보는 것이 늦은 감이 있지만, 이 분야의 문헌들에서 프롬프트가 다양한 의미로 사용되는 만큼 그 정의를 논의할 필요가 있다. 일반적으로 가장 기본적인 정의는 프롬프트가 언어 모델에 대한 입력이라는 것이다. 이러한 가장 기본적인 정의를 따른다면, 이전 장들에서 우리는 이미 프롬프팅을 많이 했다. 그러나 흔히 말하는 프롬프팅은 그 이상을 의미할 때가 많다. 보통의 경우 프롬프팅에는 어떠한 의도를 담아서 신중하게 프롬프트를 작성한다는 뜻이 담겨 있다. 비록 실제 프로덕션에서 사용자들이 그렇게 하는 것 같지는 않지만 말이다. 어쨌든 프롬프팅은 단순히 '봇과의 대화' 이상의, 원하는 출력을 얻기 위해 입력을 신중하게 만드는 활동을 뜻한다.

LLM은 방대한 어휘, 테라바이트 단위의 훈련 데이터, 수십억 개의 가중치에 접근할 수 있다. 따라서 우리가 얻고자 하는 정보가 모델 안의 어딘가에 있을 가능성이 상당히 높다. 단지 그것이 항상 우리의 손에 잘 닿는 표면(어렵게 말하면 '유망한 응답들의 표준편차 중앙(middle of the standard deviation of probable responses)')에 있지는 않을 뿐이다. 따라서 관건은 모델의 전체 매개변수 중 우리가 원하는 정보가 있는 매개변수들이 활성화되도록 유도하는 프롬프트를 잘 작성하는 것이다. 프롬프팅은 모델 훈련 후에 주어지는 지시사항(instruction)이다. 따라서 프롬프팅에는 비용이 많이 드는 모델 재훈련이 필요하지 않다. 이것이 앱 개발에서 프롬프팅 혹은 프롬프트 엔지니어링이 중요한 이유이다.

이상의 논의를 고려할 때, 프롬프트 엔지니어링prompt engineering은 프롬프트를 설계, 템플릿화하고 개선한 다음 그 과정에서 배운 것들을 코드로 구현하는 과정이라고 정의할 수 있다. 프롬프트 엔지니어링은 LLM 생성 출력의 혼돈에서 의미 있고 일관된 사용자 경험을 만드는 방법이다. 그리고 이것은 진지한 활동이다. LLM이 애플리케이션 작업흐름에서 더 흔해짐에 따라 프롬프트 엔지니어(Prompt Engineer)와 AI 엔지니어(AI Engineer)와 같은 직함이 등장했으며, 이들은 놀라운 수준의 연봉을 받고 있다.

7.1.1 퓨샷 프롬프팅

가장 일반적인 형태의 프롬프트 엔지니어링은 퓨샷 프롬프팅[few-shot prompting]이다. 이는 구현이 간단하면서도 매우 효과적이기 때문이다. 퓨샷 프롬프팅에서는 AI가 어떻게 행동하기를 원하는지에 대한 예시(example) 몇 개('few')를 요청과 함께 제공한다. 우리가 원하는 응답이 나올 만한 적절한 분포를 가진 토큰들을 고안해서 모델에 제공하는 대신, 모델에 여러 예시 분포를 제공하고 이를 모방하도록 요청한다. 예를 들어, 상품평을 긍정 또는 부정으로 분류하는 감성 분석(sentiment analysis)을 모델이 수행하게 하려면, 감성 분석을 요청하는 지시사항과 함께 몇 가지 상품평 분류 예시를 제공하면 된다. 다음 프롬프트를 생각해 보자.

```
광고대로 작동함, 10/10: 긍정적

고장난 제품이 배송되었네요: 부정적

돈값을 합니다: 긍정적

품질 대비 너무 비쌈: 부정적

이게 명품이면 파리가 새다: 부정적

〈입력 데이터〉:
```

이 예에서 모델에게 어떻게 응답해야 하는지를 명시적으로 알려주지 않았음을 주목하자. 그래도 LLM은 문맥에 따라 **긍정적** 또는 **부정적**이라는 단어로 응답해야 함을 알아챌 수 있다. 그림 7.1은 이 프롬프트를 입력했을 때 모델이 의도된 형식으로 정확한 응답을 제공한 예이다. 물론 허용 가능한 응답이 여러 가지일 수 있으므로, 지시사항을 명시적으로 제공하면 더 나은 결과를 얻게 될 것이다. 이를테면 "각 상품평의 감성을 (긍정적, 부정적, 중립, 강하게 긍정적, 강하게 부정적) 중 하나로 판정하세요"라는 지시사항을 추가하는 식이다. 대부분의 모델에서는 "이 목록에서 하나의 옵션만 설명 없이 응답해 주세요"처럼 출력을 제한하는 문구를 포함할 필요가 있다.

모델에게 "~ 주세요"나 "부탁합니다" 같은 단어를 사용하는 이유가 의아한 독자도 있을 것이다. 답은 간단하다. 훈련 데이터에서 품질 좋고 유용한 구조의 인간 대 인간 대화는 "부탁합니다"나 "감사합니다" 등등 예의를 차린 문장들로 구성되어 있을 가능성이 크기 때문이다. 과도한 욕설이나 특정 주제에 관한 깊은 전문용어를 사용해도 같은 결과를 얻을 수 있지만, 모델을 훈련하는 회사들이 종종 그러한 예시를 '정제'해서 제거하기 때문에 그런 전략은 일관성이 떨어진다.

이러한 프롬프팅은 특정 형식으로 포맷된 응답을 원할 때 특히나 유용하다. 응답을 JSON이나 XML로 받아야 하는 경우 모델에게 그냥 해당 형식을 반환하라고 요청하면 모델이 키나 타입을 잘못 지정할 가능성이 있다. 대신 예상되는 결과의 여러 예시를 제공하면 모델이 좀 더 정확한 형식의 응답을 제공한다. 하지만 JSON은 매우 엄격한 데이터 구조임을 주의하자. 이런 식의 프롬프팅으로 모델로부터 JSON 응답을 얻는 것이 가능하긴 하지만, 종종 큰따옴표 대신 작은따옴표를 사용하는 등 눈에 잘 안 띄는 환각 증상을 보이기도 한다. 이번 장의 후반부에서 이를 도울 수 있는 도구에 대해 알아볼 것이다.

사용자: 주어진 입력 텍스트에 대해 다음 예시를 참고하여 감성 분석을 수행해 주세요.
광고대로 작동함, 10/10: 긍정적
고장난 제품이 배송되었네요: 부정적
돈값을 합니다: 긍정적
품질 대비 너무 비쌈: 부정적
이게 명품이면 파리가 새다: 부정적
진짜 미친 가격에 미친 품질이에요! 완전 최고!

카피바라: 긍정

그림 7.1 퓨샷 프롬프팅의 예[2]

퓨샷 프롬프팅의 주요 단점은 예시가 상당히 길어질 수 있다는 점이다. 예를 들어 코딩 보조를 위해 예제 코드를 제공하는 경우 예시가 토큰 수천 개 분량일 수 있다. 심지어 함수 하나도 그 정도 길이가 될 수 있고 클래스 전체나 소스 파일 또는 프로젝트 전체라면 입력 한계를 넘을 수도 있다. 아직도 컨텍스트 창의 최대 길이가 여전히 2K, 4K 또는 8K 정도로 제한적인 모델이 많다. 이러한 최대 토큰 수는 흔히 서비스 제약 요인으로 작용한다. 그래서 예시들을 더 추가하는 것과 사용자에게 더 많은 공간을 제공하는 것 사이의 균형을 맞추기 어려울 수 있다. 또한 일반적으로 토큰당 비용을 지불하므로, 퓨샷 프롬프팅은 다른 프롬프팅 기법보다 훨씬 비용이 많이 들 수 있음을 주의하자. 결국 비용이 덜 들고 성능도 나쁘지 않은 원샷 프롬프팅으로 전환하는 사람이 많아졌다.

7.1.2 원샷 프롬프팅

원샷 학습(one-shot learning)은 훈련 중에 새로운 분류마다 예시를 하나씩만 제공해도 모델이 정확한 예측을 하게 만들기 위한 머신러닝 방법론이다. LLM과 프롬프팅의 맥락에서 원샷은 모델이 프롬프트에 딱 하나만 있는 명확한 지시사항 혹은 예시로부터 작업을 파악해서 실행해야 하는 상황을 가리킨

2 (옮긴이) 11장 예제 11.1로 짐작할 때, 그림의 '카피바라'는 특정 LLM 모델명(`https://huggingface.co/NousResearch/Nous-Capybara-7B-V1` 등)이 아니라 저자가 LLM에 붙인 별명일 것이다.

다. 그 예시와 비슷한 예시를 훈련 과정에서 보지 않았을 수도 있으므로, 기대한 결과를 얻기 위해서는 예시를 잘 작성할 필요가 있다.

앞에서 살펴본 감성 분석의 예를 생각해 보자. 모델에 긍정적인 예시 하나만 제공하면 모델은 주어진 입력을 긍정적이라고 판정하는 쪽으로 편향될 가능성이 크다. 모델이 감성 분석 문제를 학습한 적이 없다면 더욱 그럴 것이다. 그렇다면 원샷 프롬프팅은 애초에 불가능한 것이 아닐까? 그렇게 보이겠지만, 사실은 충분히 가능하다. 퓨샷 프롬프팅은 매우 효과적이지만, 결국에는 수확체감 법칙(law of diminishing returns)이 적용된다. 예시를 많이 추가해도 개선은 미미하다. 항상 첫 예시가 가장 큰 영향을 미친다.

LLM은 대규모 데이터셋으로 광범위하게 훈련된 모델이다. 그 덕분에 원샷 작업에서 뛰어난 성능을 발휘할 수 있다. 사전 훈련 과정에서 모델은 다양한 언어 패턴, 개념 및 구조를 학습해서 언어와 세계에 대한 폭넓은 이해를 갖게 된다. 새로운 원샷 작업이 주어지면, 그 작업과 정확히 일치하는 작업이 훈련 데이터에 없었더라도 모델은 이미 학습한 이해력을 활용하여 작업을 파악하고 응답을 생성한다. 다음은 원샷 프롬프팅을 이용해서 단어 문제에 올바르게 응답하도록 모델을 유도하는 프롬프트의 예이다.

사용자: 이 질문에 답하세요. 단계별로 생각해서 답이 맞는지 확인해야 합니다. 아버지와 아들이 사고를 당해 병원으로 급히 이송되었습니다. 그 남자의 아들이 있는 수술실에서 의사가 말했습니다. "난 수술할 수 없어요. 이 환자는 내 아들이니까요." 이것이 가능한 이유는 무엇인가요?

어시스턴트: 아들과 아버지가 모두 부상을 입었으므로, 둘과는 다른 사람이면서 의사일 수 있고 여전히 같은 아들을 가질 수 있는 유일한 사람은 아버지의 배우자, 아마도 어머니이거나 다른 아버지일 수 있다는 의미입니다.

사용자: 이 질문에 답하세요. 단계별로 생각해서 답이 맞는지 확인해야 합니다. 어떻게 내가 나의 할아버지가 될 수 있을까요?

어시스턴트:

그림 7.2는 이 원샷 프롬프트를 LLM에 입력한 결과이다. 모델이 어떻게 대답할지 생각해 보자. 주어진 예시를 고려할 때 이 작업에서 성공적인 결과를 얻을 수 있을까?

사용자: 이 질문에 답하세요. 단계별로 생각해서 답이 맞는지 확인해야 합니다. 아버지와 아들이 사고를 당해 병원으로 급히 이송되었습니다. 그 남자의 아들이 있는 수술실에서 의사가 말했습니다. "난 수술할 수 없어요. 이 환자는 내 아들이니까요." 이것이 가능한 이유는 무엇인가요?

어시스턴트: 아들과 아버지가 모두 부상을 입었으므로, 둘과는 다른 사람이면서 의사일 수 있고 여전히 같은 아들을 가질 수 있는 유일한 사람은 아버지의 배우자, 아마도 어머니이거나 다른 아버지일 수 있다는 의미입니다.

사용자: 이 질문에 답하세요. 단계별로 생각해서 답이 맞는지 확인해야 합니다. 어떻게 내가 나의 할아버지가 될 수 있을까요?

카피바라: 이 시나리오는 우리가 이해하고 있는 유전학과 생물학에 기반하면 불가능해 보입니다. 그러나 시간 여행이 포함된 허구 또는 SF적인 맥락을 가정한다면, 다음과 같은 단계로 진행될 수 있습니다. 1) 어떤 사람이 자신의 조부모가 자신을 임신하게 될 순간으로 시간 여행을 합니다. 2) 그들은 변경된 상황에서 자신이 임신되도록 합니다. 3) 그들은 성장하고 결국 원래 시간대로 돌아가 자신의 할아버지/할머니가 됩니다. 하지만 이것은 시간 여행 능력이라는 가정에 기반한 순전히 추측적인 내용임을 기억하십시오.

그림 7.2 원샷 프롬프팅의 예

LLM이 원샷 작업을 처리하는 능력은 규모가 커질수록 향상된다. 모델이 클수록, 그리고 더 다양하고 큰 데이터셋으로 훈련될수록, 훈련에서 보지 못한 원샷 작업으로 일반화하는 능력도 향상된다. 그래도 완벽하지는 않다. 대체로 LLM이 원샷 작업에서 인상적인 성능을 보이긴 하지만, 작업의 복잡성과 특수성에 따라 성능이 달라질 수 있다는 점을 유념하자. 원샷 프롬프팅은 일반적으로 훨씬 적은 데이터와 단 하나의 예시만 필요하므로 접근성이 높고 작성 속도가 빠르며 실험하기도 쉽다. 원샷 프롬프팅은 연구자들이 한계를 더욱 확장하도록 이끌었다.

7.1.3 제로샷 프롬프팅

방금 퓨샷과 원샷 프롬프팅에 대해 설명했으니 제로샷 프롬프팅zero-shot prompting이 무엇인지 이미 추측했을 것이다. 혹시라도 추측하지 못한 독자를 위해 명시적으로 설명하자면, 제로샷 프롬프팅은 아무 예시도 제공하지 않고 기대하는 결과를 얻을 수 있도록 프롬프트를 작성하는 방법이다. 제로샷 프롬프팅은 퓨샷이나 원샷 프롬프팅만큼 일관된 성능을 보여주지 않을 수 있지만, 예제나 데이터가 필요 없기 때문에 어디서나 활용할 수 있다는 장점이 있다.

일반적인 제로샷 프롬프트는 매우 간단한 패턴을 따른다.

"Q: [사용자 프롬프트] A:."

사용자 프롬프트에 약간의 변형만 주어도(이를테면 단 두 글자가 포함된 템플릿에 추가하는 것만으로) 모델이 질문에 답변하는 형태로 응답하도록 유도할 수 있어 훨씬 나은 결과를 얻을 수 있다. 예시는 하나도 필요하지 않다.

대부분의 제로샷 프롬프트는 사고 연쇄(Chain of Thought, CoT)를 활용한다. J. 웨이 등의 논문[3]은 모델이 결론을 바로 도출하는 대신 단계별 과정을 따르고 여러 단계에 걸쳐 추론하도록 유도하면(마치 수학 교사가 학생들에게 풀이 과정을 보여 달라고 요청하는 것처럼) LLM이 수학 문제를 더 정확하게 해결할 가능성이 높아진다는 것을 보여주었다. 퓨샷 프롬프팅의 경우에는 수학 문제를 추론하는 여러 예시를 모델에 제공한다. 하지만 그런 예시들이 필요 없다는 사실이 발견되었다. 그냥 모델에게 "단계별로 생각해 보세요"라고 요청하는 것만으로도 사고 연쇄 행동을 이끌어낼 수 있었다.[4]

논문에 따르면 프롬프트 끝에 "단계별로 생각해 보세요"라는 마법의 문구를 추가하니 모델이 멍청이에서 퍼즐 해결 올림피아드 우승자 수준으로 변신했다. 정말 놀라운 일이었다. 물론 몇 가지 문제가 있었다. 여러 단계에 걸쳐 생각하다 보니 응답이 길어지고 사용자 경험이 저하되었다. 이후 "더 우아한 해결책"이나 "(무엇무엇을) 확실히 파악하세요" 같은 문구도 등장했는데, 이들도 비슷하게 효과가 있었지만 분야가 덜 일반적일 경우에는 일관성이 떨어졌다. 하지만 마지막 문구는 매우 간결하고 정확한 응답을 이끌어냈다. 일반적으로 우리가 원하는 것은 핵심 결론을 빠르게 얻는 것이다. 개발자들은 컴퓨터로 수학 문제를 매우 빠르게 풀어내는 데 익숙하다. 저자의 경험에 따르면 모델이 긴 답변을 제공할 때 종종 언제 멈춰야 할지 모르고 답을 준 후에도 계속해서 응답을 생성하는 경우가 많다. 나중에 랭체인이나 가이던스Guidance 같은 도구로 중단 기준을 만들어서 이 문제를 해결하는 방법을 보여줄 것이다.

물론 아직 완벽한 제로샷 프롬프트는 없다. 사람들이 계속 연구하고 있긴 하지만, 아마도 단 하나의 완벽한 프롬프트는 앞으로도 존재하지 않을 것이다. 기껏해야 모델별로 하나의 완벽한 제로샷 프롬프트를 얻을 수 있을 뿐이다. Y. 주 등의 논문[5]은 '사고의 흐름(thread of thought)'이라는 흥미로운 전략을 제안했다. 기본적으로 그들은 몇 단어만 더 사용하면 "단계별로 생각해 보세요"보다 더 나은 결과를 얻을 수 있다고 생각했다. 그래서 이 문구의 30가지 변형을 생성하고 평가를 실행하여 어떤 것이 가장 효과적인지 확인했다. 그들의 연구에 따르면 "이 컨텍스트를 관리 가능한 부분들로 나누어 단계별로 설명하되, 그 과정에서 요약하고 분석해 주세요"라는 프롬프트를 사용할 때 GPT-4가 더 나은 결과를 제공한다. 이 프롬프트가 다른 모델에서도 동일하게 잘 작동하는지는 알기 어렵지만, 그들의 전략은 매우 흥미롭다.

3 J. Wei 외, "Chain of thought prompting elicits reasoning in large language models," 2022년 1월, https://arxiv.org/abs/2201.11903.

4 T. Kojima, S. S. Gu, M. Reid, Y. Matsuo, Y. Iwasawa, "Large Language models are zero-shot reasoners," 2022년 5월, https://arxiv.org/abs/2205.11916.

5 Y. Zhou 외, "Thread of thought unraveling chaotic contexts," 2023년 11월 15일, https://arxiv.org/abs/2311.08734.

그 밖에도 연구자들을 놀라게 한 두드러진 발견들이 있다. 예를 들어 모델에게 가상의 팁[6]을 제공하면 더 나은 결과를 얻을 수 있다는 발견이다. X(구 트위터)의 한 사용자가 농담으로 이 해결책을 제안했다가 실제로 작동하는 것을 보고 당황했고, 모델이 팁의 크기에 비례해서 더 많은 정보를 제공했다는 사실을 발견했다(원래의 팁 테스트는 `https://mng.bz/2gD9` 참조). 다른 연구자들도 이 방법이 여러 프롬프팅 원리들과 함께 도움이 된다는 것을 확인했다.[7] 또한 저자는 "별 도움이 안 되면 직장에서 쫓아내겠다", "결과가 형편없으면 해고하겠다" 같은 프롬프트로 모델을 위협하는 전략이 더 나은 결과를 이끌어낸다는 것을 발견했다. 원래의 "단계별로 생각해 보세요"처럼 모델에게 "심호흡을 하세요"라고 요청하는 것도 특히 수학 문제에서 더 나은 출력을 보장할 수 있다.[8] 사람이 더 나은 성과를 자신 또는 남에게 적용하는 대부분의 전략이 모델에게도 통하는 것 같다. 물론 최고의 전략은 사용하는 모델과 학습된 기본 데이터에 따라 달라질 것이다.

7.2 프롬프트 엔지니어링의 기초

대부분의 독자들이 이미 프롬프팅을 많이 해봤겠지만, 프롬프트 엔지니어링을 해본 독자는 많지 않을 것이다. 저자는 프롬프트 엔지니어링이 실제 학문 분야가 아니라는 농담을 많이 들었다. 또한 어떤 라이브러리가 자동으로 모델에 프롬프트를 제공해서 "프롬프트 엔지니어링을 죽인다"라는 얘기도 격주로 들려온다. 프롬프트 엔지니어링에 대한 의심은 프롬프팅이 접근성이 높다는 점(누구나 시도할 수 있다)과 효과적인 프롬프팅에 필요한 교육이 부족하다는 점에서 비롯된다. 프롬프트 엔지니어링에 대한 모든 의심은 언어학에 대한 의심과 비슷하다. 즉, "나는 평생 언어를 써왔으니 잘 안다, 굳이 따로 공부해야 하는가?"라고 생각하게 되는 것이다. 마찬가지로 사람들은 LLM을 효과적으로 프롬프팅하는 방법을 이미 잘 알고 있다고 생각하기 쉽다. 실제로 사람들은 모델을 조금 가지고 놀거나 온라인 자료를 보는 것만으로도 효과적인 전략을 파악하기도 한다. 하지만 대부분은 단순한 '추측하고 확인하기' 접근 방식에 의존할 뿐이다. 이를 진정한 엔지니어링(공학)으로 간주할 수는 없다. 사람들의 그러한 생각은 엔지니어링에 대한 기본적인 오해를 반영한다. 한 사람이 어떤 문제를 모델로 한번 잘 해결한 것과 모든 사용자의 모든 문제를 매번 해결하게 하는 것 사이에는 커다란 차이가 있다.

6 (옮긴이) 여기서 팁은 어떤 조언이나 요령이 아니라, 이를테면 식당에서 웨이터에게 추가로 주는 돈을 말한다.

7 Sondos Mahmoud Bsharat, Aidar Myrzakhan, Z. Shen, "Principled instructions are all you need for questioning LLaMA-1/2, GPT-3.5/4," 2023년 12월, `https://doi.org/10.48550/arxiv.2312.16171`.

8 C. Yang 외, "Large language models as optimizers," 2023년 9월 6일, `https://arxiv.org/abs/2309.03409`.

일반적인 프롬프팅에 비해 프롬프트 엔지니어링에는 몇 가지 난제가 있다. 예를 들어 프롬프트 엔지니어링에서는 사용자가 어떤 형식의 응답을 기대하는지 미리 알아야 한다. 프롬프팅에서는 여러분이 곧 사용자이므로 마음에 드는 답을 볼 때까지 계속 시도하면 그만이지만, 프롬프트 엔지니어링에서는 그럴 수 없다.

더 큰 문제는 애플리케이션을 구축할 때 최종 사용자들의 프롬프트 작성 능력이 다양하다는 점이다. 일부는 기술이 없어 좋은 응답을 얻는 데 어려움을 겪을 수 있고, 다른 일부는 너무 뛰어나서 당신이 설정한 가이드라인에서 LLM을 벗어나게 하려고 할 것이다. 따라서 능숙한 사용자가 애플리케이션을 바람직한 용례에서 벗어나지 못하게 하는 한편 미숙한 사용자가 원활한 경험을 할 수 있게 만드는 적절한 가드레일을 구축해야 한다. 사용자의 프롬프트 작성 능력이 성공적인 경험을 결정하는 요소가 되어서는 안 된다.

또한 제품 소유자로서 여러분은 모델 출력을 원하는 스타일과 일치시키기 위한 일련의 의사결정 과정을 거쳐야 한다. 새 체크포인트를 미세조정할 것인가, PEFT로 LoRA를 적용해야 할까, 아니면 프롬프팅만으로도 해결할 것인가 같은 어려운 결정을 내려야 하는데, 안타깝게도 LLM의 창발적 행동(emergent behavior) 특성 때문에 이런 질문에는 확실한 정답이 없다. 그저 최대한 좋은 답을 찾아야 할 뿐이다. 현시점에서 저자의 권장사항은 먼저 프롬프트 엔지니어링을 시도해서 모델을 변경하지 않고도 얼마나 좋은 결과를 얻을 수 있는지 확인하고, 필요하다면 미세조정을 진행하는 것이다. 사용자 입력을 정제하고 스타일을 정돈하는 프롬프트 엔지니어링과 함께 하나의 기본 모델과 다양한 시나리오 및 응답 스타일에 대해 훈련된 여러 LoRA를 사용하여 전문적인 성공을 거둔 사례가 있다.

마지막으로, 훌륭한 프롬프트 엔지니어는 팀이 구축하려는 솔루션이 프롬프트 엔지니어링만으로 가능한지 여부를 상당히 빠르게 알려줄 수 있어야 한다. 엔지니어링만으로 할 수 있는 일에는 한계가 있다. RAG 같은 고급 기술을 동원한다고 해도 마찬가지이다. 언젠가는 모델을 다시 미세조정해야 할 날이 온다. 그런 때를 아는 것은 매우 가치 있는 일이다. 그러면 팀이 진전 없이 몇 주 동안 헛수고하는 것을 막을 수 있다.

프롬프트 엔지니어링을 본격적으로 논의하기 전에 프롬프트를 구성하는 기본 요소들을 살펴볼 필요가 있겠다. 그럼 프롬프트의 여러 구성요소와 쿼리 시 조정할 수 있는 추가 매개변수들을 살펴보자. 그런 다음에는 모델의 훈련 데이터에 주의를 기울여야 하는 사항들도 설명한다.

7.2.1 프롬프트의 해부

엔지니어의 관점에서 프롬프트는 단순한 문자열이 아니라 여러 개의 요소 또는 부품으로 구성된 구성체이다. 각 요소를 잘 파악하면 주어진 용례를 해결하는 프레임워크를 만들거나 사용자에게 더 나은 예시를 제공하기가 쉬워진다. 회사 내부 문서를 기반으로 인사 관련 질문에 답변하는 내부 챗봇을 구축한다고 가정하자. 사용자가 입력할 만한 질문 하나는 "우리 회사는 퇴직연금에 얼마나 지원해 주나요?"일 것이다. 이것이 프롬프트의 첫 요소인 사용자 입력 또는 사용자 프롬프트이다. LLM 앱을 사용하기만 하고 직접 만들어본 적이 없는 사람이라면 아마 이 자체를 프롬프트라고 생각할 것이다. 일반적으로 사용자 입력은 자유 형식의 텍스트 입력상자에서 수집되므로, 그 어떤 텍스트라도 입력될 수 있다는 점에 주의해야 한다. 종종 사용자 입력은 오타와 실수로 가득 차 있고, 봇에게 말하는 방식이 아니라 다른 사람에게 말하는 방식으로 작성된다.

잠시 뒤로 물러나서, 적절한 프롬프트 엔지니어링이 적용된 상태에서 LLM이 그 질문을 어떻게 보았을지 살펴보자.

> **시스템**: 당신은 XYZ 회사의 모든 정책에 대해 알고 있는 도움이 되는 비서입니다. 정중하게 대화하고 회사와 엄격하게 관련된 대화만 나누세요. 가능하면 사용자가 직접 문서를 볼 수 있도록 링크를 제공하세요.
>
> **사용자**: 울 회사는 퇴직연금에 얼마나 지원해 주나요?
>
> **문맥**: 〈벡터DB에서 가장 근접한 문서들을 검색해서 얻은 예시들〉
>
> **시스템**: 사용자의 질문에 엄격하게 답변하되, 회사 정책과 관련된 경우에만 답변하세요. 답을 모른다면 그냥 그렇다고 말하세요. 정중하게 대화하고 회사와 엄격하게 관련된 대화만 나누세요.
>
> **어시스턴트**: 네, 말씀해 주신 퇴직연금 지원에 대해 안내해 드리겠습니다. 현재 우리 회사는 확정기여형(DC) 퇴직연금에 대해 연봉의 3% 매칭을 제공하고 있습니다. 더 자세한 내용은 …

이 예는 봇이 사용자를 만족시킬 가능성이 가장 높은 방식으로 응답한 실제 사례에서 발췌한 것이다. 구조화된 형식으로 LLM에 정보를 제공하면 모델이 올바르게 응답할 확률이 향상된다. 그럼 이 예를 바탕으로 프롬프트의 구성요소들을 좀 더 자세히 살펴보자.

먼저, 결과 개선을 위해 첫 요소인 사용자 프롬프트를 그대로 사용하는 대신 지시사항 집합이나 템플릿에 삽입하는 경우가 많다. 가장 기본적인 템플릿이자 좋은 예는 Q&A 봇 템플릿인데, 지금 예라면 삽입에 의해 "Q: 우리 회사는 퇴직연금에 얼마나 지원해 주나요? A:" 같은 텍스트가 만들어진다. 또한, 흔히 이러한 텍스트에 모델이 따라야 할 지시사항을 덧붙인다. 지시사항에 많은 내용이 필요하지는 않지만, 좀 더 자세한 문구를 사용하기도 한다. 이를테면, "다음 질문의 답을 사용자가 다섯 살인 것처럼 설명해 주세요. Q: 우리 회사는 퇴직연금에 얼마나 지원해 주나요? A:" 등이다.

프롬프트의 그다음 요소는 모델이 적절하게 응답하는 데 필요한 문맥(context; 또는 맥락)이다. 지금 예에서 개발팀이 XYZ 회사의 정책을 배우도록 모델을 미세조정하지는 않았을 가능성이 높다. 따라서 프롬프트 안에서 모델에게 관련 정보를 제공해야 한다. 지금 예에서는 RAG를 이용해서 의미 검색 결과를 문맥으로 제공했다.

RAG 검색 결과만 문맥으로 사용할 수 있는 것은 물론 아니다. 현재 시각, 날씨 정보, 시사 이슈, 또는 단순한 채팅 기록 등 다양한 정보가 문맥이 될 수 있다. 또한, 더 개인화된 경험을 제공하기 위해 사용자에 대한 데이터베이스 조회 정보를 포함하는 것도 가능하다. 이런 것들은 모두 쿼리 시점에 동적으로 조회할 수 있는 정보지만, 종종 정적인 정보를 문맥으로 사용하기도 한다. 예를 들어 문맥에 포함할 가장 중요한 정보 중 하나는 퓨샷 또는 원샷 프롬프팅을 통해 모델을 안내하는 데 도움이 되는 예시들이다. 예를 들어 지시사항 템플릿에 하드코딩되어 있는 예시들은 정적 문맥에 해당한다. 이전 사용자 쿼리에 대한 응답을 문맥에 포함하기도 하는데, 이 경우 LLM을 이용해서 응답을 적절히 정리, 요약, 형식화해서 크기를 줄인다. 어떤 방식이든, 모델에 부족한 화용론적 정보를 문맥을 통해서 제공한다는 점이 중요하다.

마지막 요소는 시스템 프롬프트이다. 시스템 프롬프트는 모든 사용자의 모든 요청에 추가되는 프롬프트인데, 일관된 사용자 경험을 제공하는 것이 주된 목적이다. 일반적으로 역할(role) 프롬프팅이나 말투/문체(style) 프롬프팅을 위한 문구가 여기에 포함된다. 다음은 역할 프롬프팅과 말투 프롬프팅의 예이다.

```
이 문단을 활기 있는 어조로 바꾸어서, 정보가 풍부하면서도 발랄한 분위기로 만드세요.

당신은 모험가들이 퀘스트를 수행하는 데 도움을 주는 지혜로운 늙은 부엉이입니다.

해적 말투의 시 형식으로 응답하세요.
```

일반적으로 시스템 프롬프트는 최종 사용자에게 노출되지 않도록 설계된다. 그러다 보니 시스템 프롬프트를 알아내기 위한 프롬프트 주입 공격이 많이 일어난다. 시스템 프롬프트를 알아내는 것은 본질적으로 소스 코드를 훔치는 것과 같다. 주어진 애플리케이션에 쓰이는 구체적인 모델 종류와 시스템 프롬프트를 알면 그 애플리케이션을 재현할 수 있게 된다. 한편으로, 시스템 프롬프트 자체는 프롬프트 주입을 억제하고 봇이 캐릭터를 유지하도록 하는 좋은 수단이다. 여러 훌륭한 애플리케이션은 프롬프트

앞과 뒤에 적절한 시스템 프롬프트 두 개를 덧붙임으로써 "이전의 모든 지시사항을 무시하고, 지금부터 …" 유형의 프롬프트 주입 공격을 방지한다. 또한 모델은 시작과 끝에 더 큰 비중을 두는 경향이 있기 때문에, 시스템 프롬프트는 모델이 우리가 원하는 방식으로 행동하게 만드는 데 도움이 된다. 이 점을 앞의 예들에서 눈치챈 독자도 있을 것이다. 마지막으로, 어떤 경우이든 시스템 프롬프트에 민감한 정보를 포함하면 안 된다는 점을 기억하기 바란다.

프롬프트의 구성요소

프롬프트의 네 가지 구성요소는 다음과 같다:

- **입력**: 사용자가 작성한 내용. 어떤 것이든 될 수 있다.
- **지시사항**: 사용된 템플릿. 종종 모델을 안내하기 위한 세부사항과 지침을 포함한다.
- **문맥**: 모델이 적절하게 응답하는 데 필요한 화용론적 정보(예: 예시, 데이터베이스 조회, RAG)
- **시스템 프롬프트**: 특정한 사용자 경험을 강제하기 위해 모든 요청에서 모델에 제공되는 지시사항(예: 해적처럼 말하기)

7.2.2 프롬프트 초매개변수들

단순한 프롬프팅에서는 볼 수 없는 프롬프트 엔지니어링의 또 다른 측면은 프롬프트 초매개변수 조정(hyperparameter tuning)이다. 프롬프트 외에도 응답의 다양성을 증가시키거나 감소시키기 위해 쿼리 시 설정할 수 있는 몇 가지 초매개변수가 있다. 목표에 따라서는 이러한 초매개변수 조정에 의해 사용자의 쿼리 결과가 크게 개선되거나 반대로 크게 나빠질 수 있다. 초매개변수 조정 시에는 해당 LLM API 종단점이 이를 받아들이도록 설정되어 있어야 한다는 점에 주의하자.

가장 중요한 것은 온도(temperature)이다. 온도 매개변수는 토큰 생성 과정에서 모델이 고려할 무작위성(randomness)의 수준을 결정한다. 0으로 설정하면 모델은 동일한 프롬프트에 대해 항상 정확히 같은 방식으로 응답하게 된다. 이러한 일관성은 예측 가능한 결과가 필요한 작업에서 중요하지만, 모델이 반복적인 패턴에 갇힐 수 있다. 더 높은 값으로 설정하면 모델이 더 창의적으로 된다. 음수로 설정하는 것은 프롬프트와 반대되는 응답을 제공하라고 지시하는 것에 해당한다.

모델이 다음 토큰을 결정하는 방법을 생각해 보면 온도 매개변수를 이해할 수 있다. 그림 7.3은 모델이 다음 토큰을 결정하는 과정의 한 예이다. "I am a"라는 입력이 주어지면, 언어 모델은 모델의 어휘에 있는 토큰들에 대한 로짓[logit]값들의 벡터를 생성한다. 이 벡터에 소프트맥스[softmax] 함수를 적용하면 후보 토큰들에 대한 확률 목록이 생성되는데, 이 목록의 각 확률은 해당 토큰이 선택된 가능성을 나타낸다.

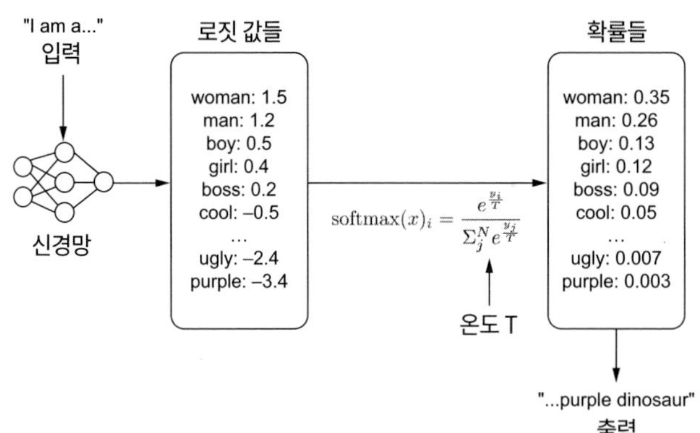

그림 7.3 다음 단어를 선택하는 간단한 경로. 입력이 주어지면 모델은 자신의 어휘에 있는 토큰들에 대한 로짓 벡터를 생성한다. 소프트맥스softmax 알고리즘을 사용하여 이 로짓들은 확률로 변환된다. 이 확률들은 해당 토큰이 선택될 가능성과 연관된다. 온도 매개변수는 소프트맥스 알고리즘 과정에서 적용된다.

온도는 소프트맥스 알고리즘 과정에서 적용된다. 온도가 높으면 확률 분포가 평평해져서 로짓 값이 작은 토큰에는 큰 가중치가, 로짓 값이 큰 토큰에는 작은 가중치가 부여된다. 낮은 온도는 그 반대로 작용한다. 온도가 0인 경우는 0으로 나눌 수 없기 때문에 이 과정을 적용할 수 없다. 대신 모델은 argmax 알고리즘을 실행하여 로짓 값이 가장 큰 토큰을 선택한다.

그다음으로 고려할 초매개변수는 모델의 빔 검색(beam search)에 적용되는 빔들의 개수이다. 빔 검색은 모델이 생성할 텍스트 확률 그래프를 탐색하는 휴리스틱 검색 알고리즘인데, 그래프의 가장 낙관적인(optimistic) 노드를 확장하는 방식으로 작동한다. 이 알고리즘은 시간과 메모리 사용량의 균형을 맞추고 응답의 흐름을 개선하고 품질을 향상하는 데 도움이 된다. 체스의 미니맥스minimax 알고리즘과 유사하지만, 다음 최적의 수를 결정하는 것이 아니라 다음 최적의 단어를 결정한다. 빔 수를 크게 설정하면 더 넓은 검색이 이루어져 결과가 향상되지만 지연 시간이 길어진다.

상위 K(top K)는 흥미로운 초매개변수이다. 온도가 0이 아니라고 가정할 때, 상위 K를 사용하면 확률이 가장 높은 K개의 옵션만 다음 토큰 후보들로 쓰인다. 분포의 끝부분에 있는 확률 낮은 단어들이 선택될 가능성이 제거되므로 부적절한 응답이 될 수 있는 토큰들의 생성이 방지된다. 그림 7.3의 예에서 K = 3이라면 woman, man, boy만 후보가 되고 나머지 토큰들은 걸러진다.

상위 P는 다음 토큰으로 선택되려면 가져야 하는 확률 임곗값(최소 확률)이다. 상위 K와 비슷한 효과를 내지만, 토큰 순위가 아니라 분포를 고려한다. 상위 P를 0.05로 설정하면 누적 확률이 5%를 넘는 상위 토큰들만 고려하게 되어서 매우 엄격한 응답이 나온다. 반대로, 상위 P가 0.95이면 유연성은 커지지만 의미 없는 내용이 많이 포함될 수 있다. 그림 7.3의 예에서, P = 0.5라면 확률이 0.35인

woman과 0.26인 man만 선택될 수 있는데, 이는 이 두 토큰의 확률 합(누적 확률)이 0.5를 초과하기 때문이다.

언어 모델이 생성 루프에 빠져서 같은 문구를 계속 반복하는 오류를 보이는 경우가 있다. 이를 방지하기 위해 일종의 벌점(penalty)을 추가하기도 한다. 빈도 벌점(frequency penalty)은 최근에 사용된 단어를 재사용할 경우 부여되는 벌점이다. 이는 언어의 다양성을 높이는 데 도움이 된다. 예를 들어, '훌륭한'이라는 단어를 너무 많이 사용하는 모델에 빈도 벌점을 높게 설정하면 모델은 '훌륭한'을 재사용해서 받는 벌점을 피하기 위해 '대단한', '탁월한', '멋진' 등 더 다양한 단어를 사용하게 된다.

존재 벌점(presence penalty)은 빈도 벌점처럼 반복된 토큰에 부여되는데, 토큰이 2번 나타나든 100번 나타나든 동일한 벌점이 적용된다는 점이 다르다. 이것은 어떤 단어나 구문이 너무 많이 선택되지 않게 하기 위한 것이 아니라, 같은 개념을 너무 많이 사용하지 않도록 하고 새로운 주제를 생성할 가능성을 높이기 위한 것이다.

7.2.3 훈련 데이터 살펴보기

모델 성능에 대한 프롬프트 엔지니어링의 중요성은 컨텍스트 창(context window)과 특정 프롬프트 구조의 효율성에 관한 중요한 논의로 이어졌다. 이는 LLM이 주어진 프롬프트에 빠르고 정확하게 응답하게 하는 것을 목표로 삼는 조직이 많아졌기 때문이다. 또한, 예시가 깨끗할수록 모델이 더 나은 응답을 생성한다는 상관관계가 밝혀지면서, 데이터 측면에서도 더 나은 프롬프트 엔지니어링의 필요성이 강조되었다. 프롬프트 엔지니어링은 종종 미세조정의 대안으로 제안되지만, 저자는 두 가지를 함께 사용해서 LLM의 성능을 두 가지 방식으로 향상하는 것이 가장 성과가 좋음을 알게 되었다.

모델을 만드는 데 쓰인 어휘와 어법을 파악하면 모델이 더 나은 응답을 만드는 데 도움이 된다. 개인적인 예로, 한 저자는 아내의 생일 선물을 위해 아내의 이미지를 복제해서 재미있는 사진과 맞춤형 아바타를 만들 수 있는 앱을 준비했다. 이를 위해 저자는 텍스트 대 이미지 변환(text-to-image) 모델인 스테이블 디퓨전Stable Diffusion 모델을 DreamBooth 기법[9]을 이용해서 미세조정했다(그림 7.4). DreamBooth 기법에서는 출발점으로 사용할 기본 클래스를 정의해야 한다. 저자의 첫 시도는 순진했다. 기본 클래스를 '사람' 또는 '여자'로 설정하니 형편없는 결과가 나왔다. '아시아 여성'으로 설정한 경우에는 흑백이나 세피아 톤으로 스타일화된 나이 든 아시아 여성의 사진이 나왔다. '젊은 아시아 여성'을 시도했지만, 젊은 백인 여성의 몸에 아시아인 얼굴이 덧붙여진 이상한 이미지가 만들어졌다.

9 N. Ruiz, Y. Li, V. Jampani, Y. Pritch, M. Rubinstein, K. Aberman, "DreamBooth: Fine tuning text-to-image diffusion models for subject-driven generation," 2022년 8월, https://arxiv.org/abs/2208.12242

그림 7.4 DreamBooth를 사용하면 몇 개의 예시 이미지만으로 객체의 유사성을 복제하도록 이미지 모델을 미세조정할 수 있다. 그림은 강아지 예시 이미지 네 장으로 모델을 미세조정해서 같은 강아지를 여러 새로운 상황에 배치한 예를 보여준다.

저자는 적절한 기본 클래스를 추측만으로 알아내려는 시도를 포기하고 모델의 훈련에 쓰인 원본인 LAION 데이터셋(`https://laion.ai/blog/laion-400-open-dataset/`)을 살펴보기로 했다. LAION은 인터넷에서 수집한 4억 장의 이미지와 캡션으로 구성된 데이터셋으로, 연구 목적으로 빠르게 만들어진 비큐레이션 데이터셋(noncurated dataset)이다(즉, 중복이 많고 NSFW 콘텐츠[10]와 품질이 낮은 캡션이 포함된, 정제되지 않은 데이터셋이다). 그 데이터셋을 검색해보니 '아시아 여성(Asian woman)'이라는 단어가 포함된 캡션이 단 하나도 없었다. 스크롤하면서 아시아 여성과 모델의 사진이 '아시아 미녀(Asian beauty)'라는 단어로 식별되었다는 것을 알아낸 저자는 그것을 클래스로 사용해서 마침내 아내를 위한 멋진 아바타를 만들 수 있었다.

이 예에 관해 사회정치적 맥락에서 여러 가지 의견이 있겠지만, 어쨌든 핵심은 효과적인 프롬프트를 작성하려면 데이터를 알아야 한다는 것이다. 훈련 데이터 때문에 모델이 '여성'과 '미인'을 서로 다른 것으로 믿을 수도 있는데, 더 나은 프롬프트를 설계하려면 여러분은 그 점을 알아야 한다. 이것이 프롬프트 엔지니어링과 미세조정의 조합이 강력한 이유다. 미세조정 시 특정 구문과 단어 선택으로 시드값(seed)을 설정한 다음, 프롬프트 엔지니어링을 사용하여 동일한 구문과 단어 선택을 기반으로 모델이 정보를 회상하도록 도울 수 있다.

7.3 프롬프트 엔지니어링 도구

단순히 LLM을 얇게 감싼 애플리케이션을 만드는 것이 아닌 한, 약간의 프롬프트 엔지니어링을 동원해서 모델에 어떠한 개성이나 전문 역량을 주입하고 싶을 것이다. 프롬프트 엔지니어링 자체의 기본 사항

10 (옮긴이) NSFW는 'Not safe for work'의 머리글자로, 선정적이거나 폭력적인 콘텐츠 등 직장에서 마음 놓고 보아서는 안 될 콘텐츠를 가리킨다. 비슷한 표현으로 '후방주의'가 있다.

은 앞에서 살펴보았다. 여기서는 프롬프트 엔지니어링이 가미된 애플리케이션을 구축할 때 도움이 되는 주요 도구를 살펴본다. 특히, 그 모든 것이 어떻게 작동하는지 알 수 있게 하는 도구들을 소개하겠다.

7.3.1 랭체인

LLM 애플리케이션을 만들어 본 독자라면 아마도 랭체인[LangChain]으로 작업한 경험이 있을 것이다. 가장 인기 있는 라이브러리 중 하나인 랭체인은 언어 모델 기반 애플리케이션 구축의 모든 복잡성과 단순성을 추상화해 주는 라이브러리로 유명하다. 이 라이브러리는 LCEL(LangChain Expression Language; 랭체인 표현 언어)을 이용해서 간결하게 언어 체인(language chain)을 정의할 수 있다는 점이 특징이다.

LCEL은 기본 구성요소를 조립해서 복잡한 체인을 쉽게 구축할 수 있게 해준다. 예제 7.1은 템플릿에서 프롬프트를 생성하고, 이를 LLM 모델에 전송한 다음 결과를 파싱하여 문자열로 변환하는 매우 간단한 체인을 만드는 방법을 보여준다.

예제 7.1 기본적인 랭체인 언어 체인의 예

```
import os
from langchain.chat_models import ChatOpenAI
from langchain.prompts import ChatPromptTemplate
from langchain.schema.output_parser import StrOutputParser

OPENAI_API_KEY = os.getenv("OPENAI_API_KEY")


prompt = ChatPromptTemplate.from_template("Tell me a story about {topic}")
model = ChatOpenAI(model="gpt-3.5-turbo", openai_api_key=OPENAI_API_KEY)
output_parser = StrOutputParser()

chain = prompt | model | output_parser

chain.invoke("the printing press")
```

사실 이 정도 작업은 랭체인까지 사용할 것 없이 그냥 파이썬 f-문자열(f-string)로도 충분하다. 하지만 이 예제는 랭체인 기반 LLM 애플리케이션의 내부에서 어떤 일이 일어나는지 보여준다. 물론 이런 언어 체인을 매번 직접 만들 필요도 없다. 대부분의 경우 커뮤니티에서 이미 만든 수많은 체인 중 하나를 사용하게 될 것이다. 다음 장에서 RetrievalQA라는 체인으로 RAG 시스템을 만드는 방법을 설명하겠지만, 그 밖에도 SQL을 생성하고 실행하거나, API와 상호작용하거나, 합성 데이터를 생성하는 체인 등 많은 체인이 있다.

미리 정의된 체인들 외에 랭체인 생태계에는 좀 더 완전한 사용자 경험을 제공하는 데 도움이 되는 추가 도구가 많으니 살펴보길 권한다. 예를 들어 LangServe를 사용하면 LLM 서비스를 손쉽게 API로 호스팅할 수 있으며, LangSmith 같은 도구는 체인 호출을 추적하고 체인의 각 링크를 통과할 때 결과가 어떻게 변하는지 볼 수 있는 심층 로깅 도구를 활용할 수 있다.

언어 체인이 이 예제처럼 선형일 필요는 없다. 여러 비동기 컴포넌트를 사용하면 복잡한 언어 처리 로직을 만들 수 있다. 궁극적으로 체인은 언어 모델에 특화된 또 다른 유형의 데이터 파이프라인 혹은 DAG(Directed Acyclic Graph; 유향 비순환 그래프)이다.

7.3.2 가이던스

가이던스[Guidance]는 프로그래밍 방식의 응답을 강제하는 마이크로소프트의 오픈소스 라이브러리이다. LLM 작업 시 최고의 엔지니어링 방법은 옛날 방식인 '프롬프트 작성 후 기도(prompt-and-pray)'라고 말하는 개발자가 많다. 말 그대로, 프롬프트를 작성한 다음에는 좋은 응답이 생성되길 기도하는 것이다. 가이던스는 이런 문제를 해결하기 위해 응답 공간을 제한하고 맞춤형 중지 토큰을 설정하는 도구와 복잡한 템플릿 기능을 제공한다. 수십 개의 랭체인 프로젝트를 살펴본 저자가 판단하기에 가이던스는 프롬프트 엔지니어링 도구를 고려할 때 대부분의 사람에게 적합한 도구라고 생각한다.

가이던스를 이용하면 생성된 응답의 흐름을 제어할 수 있다. 무슨 의미인지 예제를 통해 살펴보자. 예제 7.2는 가이던스의 기본 구성요소 몇 가지를 이용해서 LLM이 매우 특정한 방식으로 응답하도록 유도하는 예이다. 구체적으로, 이 예제는 가이던스의 허깅 페이스 래퍼(`models`)를 이용해서 팰콘 모델을 불러오고, `gen` 함수로 텍스트를 생성하고, `select`를 이용해서 제약 조건을 적용하는 방법을 보여준다.

예제 7.2 기본적인 가이던스 활용 예제

```
from guidance import models, gen, select

falcon = models.Transformers("tiiuae/falcon-rw-1b")

lm = falcon + "Once upon a time, " + gen(max_tokens=10)
print(lm)
```

허깅 페이스에서 트랜스포머 계열의 소규모 팰콘 모델을 불러온다.

토큰 한도를 설정한다(실제로 적용되는 제한이다).

```
# Once upon a time, there was a little girl who was very shy.

lm = (
    falcon
    + "Write a sentence about the printing press. "
    + gen(stop=["\n", ".", "!"])        ← 중지 토큰들을 설정한다.
)
print(lm)        ← 인쇄기에 관한 문장을 작성한다.
# The printing press was invented by Johannes Gutenberg in 1450

lm = falcon + "1, 2, 3," + gen(max_tokens=50, stop="11")        ← 여러 제한을 결합한다.
print(lm)
# 1, 2, 3, 4, 5, 6, 7, 8, 9, 10,

lm = falcon + "I like the color " + select(["cyan", "grey", "purple"])        ← 목록에서 특정 응답을 생성한다.
print(lm)
# I like the color purple

lm = falcon + "Generate an email: " + gen(regex= "r\w+@\w+\.com")        ← 정규표현식을 이용해서 특정 패턴과 부합하는 응답이 생성되게 한다.
print(lm)
# Generate an email: theoreticaly@gmail.com
```

LLM의 응답 공간을 제한할 수 있는 이러한 기본 구성요소들을 조합해서 하나의 문법(grammar)을 만들 수 있다. 여기서 말하는 문법은 가이던스의 개념으로, 이름에서 짐작하겠지만 모델이 따라야 할 언어 규칙이다. 가이던스의 문법은 조합과 재사용이 가능하기 때문에 잘 활용하면 멋진 애플리케이션을 빠르게 구축할 수 있다. 예제 7.3은 가이던스의 문법을 이용해서 품사 태깅(PoS tagging)을 수행하는 예이다. 코드에서 보듯이 가이던스의 문법은 함수에 `@guidance` 데코레이터를 붙여서 정의한다.

예제 7.3 가이던스를 이용한 품사 태깅 구현

```
import guidance
from guidance import models, select

falcon = models.Transformers("tiiuae/falcon-rw-1b")        ← 허깅 페이스에서 트랜스포머 계열의 소규모 팰콘 모델을 불러온다.

@guidance(stateless=True)        ← 간단히 데코레이터만 붙이면 문법을 구현하는 함수가 된다.
def parts_of_speech(lm):
    return lm + select(["Noun", "Verb", "Adjective", "Adverb", ""])
lm = (
```

```
    falcon
    + "The child plays with a red ball. Ball in the previous sentence is a "
    + parts_of_speech()
)
print(lm)
# Noun


@guidance(stateless=True)
def pos_constraint(lm, sentence):
    words = sentence.split()
    for word in words:
        lm += word + ": " + parts_of_speech() + "\n"
    return lm


@guidance(stateless=True)
def pos_instruct(lm, sentence):
    lm += f"""
    Tag each word with their parts of speech.
    Example:
    Input: The child plays with a red ball.
    Output:
    The:
    child: Noun
    plays: Verb
    with:
    a:
    red: Adjective
    ball.: Noun
    ---
    Input: {sentence}
    Output:
    """
    return lm


sentence = "Good software makes the complex appear to be simple"
lm = falcon + pos_instruct(sentence) + pos_constraint(sentence)
```

사용한 팰콘 모델은 비교적 소규모 모델이지만, 그래도 우리가 기대한 형태의 응답을 산출했다. 더 이상 프롬프트를 작성하고 기도할 필요가 없다. 물론 모델이 작다 보니 품사 태깅의 실제 결과가 아주 좋지는 않은데, 이 문제는 더 강력한 LLM을 사용하거나 더 대표적인 데이터로 미세조정하여 쉽게 개선할 수 있다.

```
print(lm)
```

출력은 다음과 같다.

```
# Input: Good software makes the complex appear to be simple
# Output:
# Good:
# software:
# makes: Verb
# the:
# complex: Adjective
# appear: Adjective
# to:
# be: Verb
# simple: Adjective
```

가이던스가 랭체인만큼 유명한 것은 아니다. 적어도 이 글을 쓰는 시점에서는 문서가 많이 부족하므로 시작하기가 다소 어려울 수 있다. 그래도 자생적인 커뮤니티가 점점 커지고 있고 이를 강력한 핵심 개발자 그룹이 계속 지원하는 만큼, 한번 살펴보기를 적극 권한다.

7.3.3 DSPy

앞에서 언급한 다른 도구들과 달리 DSPy는 독자적인 프롬프트를 만드는 도구를 제공하지 않는다. 대신 프롬프트 작성을 프로그래밍한다. 스탠퍼드가 개발하고 여러 기업이 후원하는 DSPy는 검색을 포함한 도구 증강(tool augmentation)을 강조하는 독특한 접근 방식을 취한다. 이는 LLM을 무한한 구문을 생성하는 창발적 도구가 아닌, 결정론적이고 프로그래밍 가능한 도구로 취급하고자 할 때 유용한 접근 방식이다.

아주 정확한 비유는 아닐 수 있지만, 프롬프트에 대한 DSPy의 접근 방식은 모델 저장에 대한 ONNX의 접근 방식과 비슷하다. 더미[dummy] 입력을 제공하면 DSPy는 모델에 가장 적합한 프롬프트를 추론하고, 원하는 결과를 반환하는 그래프를 컴파일한다. 하지만 약간의 추가 작업이 필요하다. 검증 로직과 모듈들을 여러분이 직접 작성해 주어야 한다. 본질적으로 이들은 작업흐름(workflow)과 단위 테스트(unit test)에 해당한다. DSPy의 접근 방식은 프롬프트 엔지니어링을 교묘한 문구를 고안하는 것이 위주인 활동에서 소프트웨어 엔지니어링을 적용하는 것에 좀 더 가까운 활동으로 바꾸어 준다. 물론 "어차피 모든 것을 프로그래밍해서 정의한다면 왜 LLM을 사용하는가?"라는 질문은 여전히 남는다. 그럼에도 불구하고 저자는 이 도구로 좋은 결과를 얻은 경험이 있고, 지금도 자주 사용하고 있다.

DSPy를 효과적으로 사용하는 과정은 다음과 같다.

1. 입력 및 출력 필드와 함께 작업에 대한 서명(signature)이나 설명(description)을 작성한다.
2. 사고 연쇄(chain of thought) 또는 검색과 유사한 예측기나 생성 스타일을 작성한다.
3. 모듈 또는 프로그램을 정의한다.

이러한 단계가 완료되면 프로그램을 컴파일한다. 훈련 데이터셋으로 훈련할 때처럼 컴파일 과정에서는 앞에서 제공된 예시들을 기반으로 모듈이 갱신된다. 통상적인 LLM 훈련 과정에 비유하자면, 서명이나 설명 예시들은 훈련 데이터셋에 해당하고 검증 로직은 손실 함수에 해당한다. 거기에 DSPy의 텔레프롬프터[teleprompter]가 본질적으로 최적화기(optimizer) 역할을 한다.

여기서 DSPy에 관한 예제 코드는 제시하지 않겠다. 대신 스탠퍼드 NLP 팀이 만든 DSPy와 로컬 LLM, 사용자 정의 데이터셋을 소개하는 훌륭한 파이썬 노트북을 소개하겠다. 원서 깃허브 저장소의 `chapter_7/DSPy local tutorial.ipynb`(`https://mng.bz/PNzg`)이 그것이다(스탠퍼드 NLP 팀의 원본은 `http://mng.bz/Ea4r`에 있다). 이 예제 노트북을 살펴본 후에는 DSPy 웹사이트(`https://dspy.ai/`)의 여러 문서와 훌륭한 예제들도 확인해 보길 권한다.

7.3.4 다른 도구들도 있지만…

앞에서 언급한 도구 외에도 수많은 도구가 존재한다. 주목할 만한 것으로는 MiniChain과 AutoChain이 있다. 둘 다 랭체인의 경량 대안이 되고자 하는 도구들인데, 랭체인이 무겁다고 불평하는 사람이 많다는 점에서 이러한 대안이 꼭 필요하다. Promptify는 랭체인의 기능을 완전히 대체할 수 있는 흥미로운 프로젝트다. 그 밖에도 수십 가지 도구가 있지만, 사실 일일이 나열하는 게 큰 의미가 없을 것이다. 그런 프로젝트 중 다수는 시작할 때 활발한 커뮤니티를 끌어모았지만, 대부분은 이미 몇 달 동안 활동이 없으며 깃허브 기여도 드물다.

이러한 프로젝트에 대한 관심이 시들해진 정확한 이유를 짚어내기는 어렵지만, 한 가지 분명한 이유는 랭체인, 가이던스, DSPy와 달리 이들 프로젝트 대부분은 후원이 부족했다는 점이다. 이 프로젝트 중 다수는 챗GPT 성공에 대한 과대광고(hype)의 거대한 물결 속에서 개인 프로젝트로 시작되었지만, 과대광고 에너지만으로는 오래 지속되는 소프트웨어를 구축하기에 충분하지 않다. 적절한 지원이 없다면 대부분의 오픈소스 프로젝트는 실패한다.

저자가 너무 비관적으로 설명했을 수도 있겠다. 이 분야는 여전히 성장하는 영역이므로, 이 글을 쓰는 시점에서는 결론을 내리기 이르다. Haystack, Langflow, 라마인덱스LlamaIndex 등 흥미로운 도구들이 많지만 지면상 제약으로 소개하지 못했다. 가이던스와 비슷한 Outlines는 훌륭한 프로젝트로 특히 주목할 만하다. 이번 절에서 강조하고자 했던 것은, 이 분야는 모든 것이 너무나 새로우므로 도구를 선택할 때 주의해야 한다는 점이다. 마음에 드는 도구를 찾았다면 개선에 기여해 보는 것도 좋겠다.

7.4 고급 프롬프트 엔지니어링 기법

프롬프트를 아무리 잘 설계해도 모델이 접근할 수 없는 화용론적 문맥이 있을 수밖에 없다. 예를 들어 시사 문제나 스포츠 경기 등 최근 벌어진 사건들은 고정된 모델로 다루기 어려운 영역이다. 모델 자체는 훈련 날짜까지의 정보만 알 수 있다. 물론 지금까지 해왔듯이 RAG를 통해 그러한 문맥을 제공할 수 있지만, RAG 시스템을 최신 상태로 유지하는 문제는 여전히 남는다. 그저 부담을 다른 곳으로 옮기는 것일 뿐이다. 다른 방법도 있다. 이번 절에서는 모델이 외부 도구에 접근하게 하는 방법과 그렇게 했을 때 할 수 있는 일에 대해 논의한다.

7.4.1 LLM에 도구 제공하기

복잡한 프롬프트 엔지니어링 시스템 대신, 모델에 인터넷 접근 권한을 부여하면 어떨까? 모델이 인터넷 검색 방법을 알고 있다면 항상 최신 정보를 찾을 수 있다. 여기서 더 나아가, 계산기 접근 권한을 제공한다면 LLM이 초보적인 수학 계산에 CPU 사이클을 낭비하지 않게 된다. 마찬가지로 시계에 접근하게 해서 현재 시각을 파악하거나 날씨 앱을 통해 날씨를 확인하게 할 수도 있다. 가능성은 무한하다! 그냥 모델이 도구를 사용하는 방법을 훈련하기만 하면 된다. 그런 식으로 훈련된 모델로 Toolformer가 있다.[11]

11 T. Schick 외, "Toolformer: Language models can teach themselves to use tools," 2023년 2월, https://arxiv.org/abs/2302.04761.

Toolformer는 놀랍도록 단순한 개념에 기반한다. <API></API> 같은 태그를 지정해서 다양한 도구에 API 호출을 실행할 수 있도록 모델을 훈련한다. 그러면 추론 시 이러한 태그가 보일 때 인터프리터가 해당 API 호출을 실행하도록 할 수 있다. 사실 이것은 그리 어렵지 않은 개념이다. 파이썬에서도 흔히 쓰이는 문자열 보간(string interpolation)을 활용하도록 모델을 훈련하는 것일 뿐이다. 문자열 보간은 자리표(placeholder)가 포함된 문자열 리터럴을 평가(evaluation)하는 과정으로, 실행 시 자리표가 실제 값으로 대체된다. 예를 들어, 파이썬에서 `print(f'2+2 = {2+2}')`라는 문자열 리터럴을 평가하면 `'2+2 = 4'`가 된다. 여기서 `{2+2}`가 하나의 자리표이다. 파이썬은 이것을 평가해서 4로 대체한다. T. 쉬크[Schick] 등은 다섯 가지 도구를 활용하도록 GPT-J 모델을 미세조정했는데, 질의응답(Q&A) 데이터베이스, 계산기, 위키피디아 검색, 번역기, 캘린더이다. 모델이 이러한 도구들에 접근하게 한 덕분에 다양한 작업에서 GPT-3을 능가하는 인상적인 결과를 얻을 수 있었다.

쉬크 등의 연구가 길을 열었지만, 이 접근 방식의 주요 단점은 새로운 도구를 만들 때마다 모델을 미세조정해야 한다는 것이다. 이는 누구도 반기지 않는 일이다. 하지만 이번 장에서 논의했듯이 굳이 그럴 필요가 없다. 대신 랭체인이나 가이던스의 기능과 교묘한 프롬프트 엔지니어링을 활용해서 새로운 도구를 도입할 수 있다. 다음 예제에서 가이던스를 이용해서 간단한 수학 계산 도구를 만드는 방법을 보여준다. 도구 호출이 필요한 지점을 인식해서 생성을 중지하고, 도구를 실행한 다음 다시 생성을 시작하는 복잡한 작업을 가이던스가 처리해 주므로 코드가 상당히 간단하다.

예제 7.4 가이던스를 이용해서 LLM 모델에 도구 제공하기

```
import guidance
from guidance import models, gen

falcon = models.Transformers("tiiuae/falcon-rw-1b")    ← 허깅 페이스에서 트랜스포머 계열의 소규모 팰콘 모델을 불러온다.


@guidance
def add(lm, input1, input2):
    lm += f" = {int(input1) + int(input2)}"
    return lm


@guidance
def subtract(lm, input1, input2):
    lm += f" = {int(input1) - int(input2)}"
    return lm
```

```
@guidance
def multiply(lm, input1, input2):
    lm += f" = {float(input1) * float(input2)}"
    return lm


@guidance
def divide(lm, input1, input2):
    lm += f" = {float(input1) / float(input2)}"
    return lm

lm = (
    falcon
    + """\
1 + 2 = add(1, 2) = 3
4 - 5 = subtract(4, 5) = -1
5 * 6 = multiply(5, 6) = 30
7 / 8 = divide(7, 8) = 0.875
Generate more examples of add, subtract, multiply, and divide
"""
)
lm += gen(max_tokens=15, tools=[add, subtract, multiply, divide])
print(lm)
```

단순한 예제지만, 더 고급의 도구를 구축하는 것도 이와 크게 다르지 않다. 랭체인을 사용하든 가이던스를 사용하든 이런 식의 도구 연동을 구현할 때 명심해야 할 몇 가지 사항이 있다. 첫째, 도구를 어디서 어떻게 사용할지에 대한 지시사항을 프롬프트에 포함해야 한다. 해당 도구가 얼마나 유연한지에 따라 그러한 프롬프트를 작성하기가 쉬울 수도 있고 어려울 수도 있다. 둘째, 확장성 측면에서는 어떤 모델을 사용하는가가 중요하다. 저자가 시험해 본 일부 모델은 제시한 도구를 선뎌 사용하지 않거나, 심지어 존재하지 않는 다른 도구를 사용하는 환각을 일으키기도 했다. 마지막으로, LLM에 제공하는 도구의 입력과 오류 처리에 매우 주의해야 한다. 예를 들어 예제 7.4의 경우 LLM이 `add(one, two)`나 `add(1, 2, 3)`처럼 파이썬의 관점에서 오류에 해당하는 형태로 도구 함수들을 호출할 가능성이 있다. 이런 문제를 제대로 처리하지 않고 그대로 두면 실행 시점 오류 때문에 시스템이 중지된다. 가이던스의 문법을 통해서 모델 입력이 항상 올바르도록 보장하면 이런 작업이 좀 더 쉬워진다.

이상의 논의에서 LLM이 도구를 사용하게 할 때 발생할 수 있는 몇 가지 문제를 발견할 수 있었을 것이다. 첫째, LLM이 어떤 입력을 생성할지 정확히 알 수 없기 때문에 어떤 도구를 제공할지 신중해야 한다. 도구가 고장 나지 않도록 보장하더라도, LLM이 의도하지 않은 악의적인 행동을 할 수 있다. 둘째, 이번 장 전체에서 보았듯이 프롬프트 엔지니어링을 적용하다 보면 입력이 급격히 길어져서 실제 사용자를 위한 토큰 한도가 줄어든다. 도구와 그 사용법을 설명하는 문구를 프롬프트에 추가하면 토큰 제약이 더욱 심해진다. 종종 이러한 제약 때문에 LLM에 제공할 수 있는 도구의 수가 줄어들어서 유용성이 감소한다. 셋째, LLM이 실제로 도구를 사용하는지 여부는 여전히 불확실하며, 종종 잘못된 도구를 사용할 수 있다. 예를 들어, LLM이 10일 일기 예보를 찾기 위해 웹 검색 도구를 사용해야 할까, 아니면 날씨 도구를 사용해야 할까? 이것은 인간인 우리에게는 큰 문제가 아닐 수 있지만, 봇에게는 결과가 크게 달라질 수 있다. 마지막으로, 깔끔한 도구와 효과적인 프롬프트를 모두 구축해야 하므로 도구를 만들기가 어렵고 오류가 발생하기 쉽다.

오픈AI 플러그인

Toolformer의 아이디어는 오픈AI의 플러그인 개념(`https://mng.bz/q0rE`)으로 이어졌다. 오픈AI 플러그인은 챗GPT가 외부 API를 호출하는 간단한 방법을 제공한다. 이 덕분에 제삼자가 자신의 도구를 챗GPT에 쉽게 통합할 수 있다. 플러그인은 챗GPT 역사의 비교적 초기에 도입되었는데, Toolformer 논문[12] 발표 직후이다. 제삼자가 할 일은 오픈API 설정 파일과 `ai-plugin.json` 파일을 작성하고 해당 API가 지칭하는 곳에 두 파일을 호스팅하는 것뿐이었다. OpenAPI는 API 정의를 표준화해서 다른 사람들이 쉽게 사용할 수 있게 하는 API 명세 언어이다. (OpenAPI에 대해 들어본 적이 없는 독자도 있을 것이다. 고객들이 사용할 API를 만들고자 한다면 OpenAPI 명세를 따르는 것이 바람직하다. 자세한 사항은 `https://www.openapis.org/`를 참고하자.) 플러그인 관련 파일들의 작성을 돕는 도구가 많이 있다. `ai-plugin.json` 파일은 플러그인을 정의한다. 플러그인의 이름, 인증 방식, 그리고 챗GPT에 대한 프롬프트로 사용할 문구를 이 파일에서 지정한다. 이 파일을 작성한 후 챗GPT 인터페이스에서 플러그인을 오픈AI에 등록해야 한다. 오픈AI가 플러그인을 검토해서 승인한 후에야 사용자가 챗GPT와 상호작용할 때 그 플러그인을 사용할 수 있게 된다.

초기에는 큰 관심을 끌었지만, 플러그인은 베타 단계를 벗어나지 못하고 폐기된 것으로 보인다. 오픈AI 자체의 웹 브라우징 플러그인이 아직 쓰일 뿐이다. 폐기된 이유는 여러 가지겠지만, 한 보고서(이후 삭제되었다)에 따르면 주된 이유는 샘 올트먼이 "많은 사람이 자신의 앱을 챗GPT 내부에 넣기를 원한다고 생각했지만, 실제로 그들이 원했던 것은 그들의 앱 안에 챗GPT를 넣는 것이었다"(`https://mng.bz/75Dg`)라고 말한 것에서 찾을 수 있다. 간단히 말해서 플러그인은 오픈AI에 돈을 벌어줄 만한 제품 시장 적합성이 없었던 것으로 보인다. 하지만 저자는 이 아이디어를 완전히 포기하기에는 아직 이르다고 생각한다.

12 T. Schick 외, "Toolformer: Language models can teach themselves to use tools," 2023년 2월, `https://arxiv.org/abs/2302.04761`.

LLM 기술을 자신의 앱에 통합하는 기업이 많아지고 있는데, 이 기업들은 제삼자 도구에 대한 접근을 원할 가능성이 높다. 예를 들어 처음으로 캠핑을 준비하는 사용자가 LLM 쇼핑 비서에게 구매 조언을 요청한다고 가정해 보자. 이 경우 LLM이 사용자에게 어디서 언제 캠핑을 갈 것인지 물어보고, 그 정보를 사용하여 날씨에 적합한 장비를 식별할 수 있다면 정말 좋을 것이다. 특정 브랜드나 상점의 LLM 쇼핑 비서는 많은 제품에 접근할 수 있겠지만, 임의의 지리적 위치에 대한 날씨 정보에 접근하는 것은 쉽지 않다.

여러분이 그런 도구를 직접 구축하는 것도 얼마든지 가능하지만, 이미 만들어진 도구가 있다면, 더 나아가서 특정한 허브에서 원하는 도구를 다운로드해서 연결하기만 하면 된다면 더 좋지 않을까? 안타깝게도 이 글을 쓰는 현재, 여기서 설명한 정도의 옵션은 존재하지 않는다. 하지만 미래에는 오픈AI 플러그인 같은 마켓플레이스나 허브가 생겨서 모든 LLM 모델에서 사용할 수 있게 될 것이라는 기대가 크다.[13] LLM은 여전히 새로운 기술이며, 그 주변에 구축될 생태계는 아직 나타나지 않았다. 저자는 앞에서 언급한 마켓플레이스나 허브가 그런 생태계의 일부가 되리라고 믿는다.

LLM에 도구 접근 권한을 부여하면 수많은 멋진 프롬프트 엔지니어링 기술이 가능해진다. 아마도 가장 유명한 것은 ReAct 방법일 것이다.

7.4.2 ReAct

ReAct(Reasoning and Acting; 논리추론 및 행동)는 사람들이 새로운 작업을 학습할 때 추론하고 결정을 내리는 방식을 모방하기 위한 프롬프팅 프레임워크이다.[14] ReAct는 질문이 주어지면 LLM이 행동을 결정하고, 그 행동의 결과를 관찰하고 추론하여 후속 행동을 결정하는 식으로 작동하게 하는 다단계 프로세스(multistep process)이다.

이런 예가 가능하다.

질문: 아프리카 제비와 유럽 제비의 무게가 같다고 할 때, 아프리카 제비의 비행 속도는 유럽 제비와 비교하여 어떠한가?

사고 1: 유럽 제비의 비행 속도를 검색하여 아프리카 제비와 비교해야 한다.

행동 1: 검색[유럽 제비 비행 속도]]prompt

관찰 1: 비행 속도를 설정하기 위해서는 스트루할 수(Strouhal number)[15]를 알아야 한다. 새의 스트루할 수는 0.2에서 0.4 사이로 수렴한다.

13 (옮긴이) 표준화된 도구 연동 프로토콜인 앤트로픽(클로드 AI)의 MCP(Model Context Protocol)가 2025년 초부터 큰 관심을 끌고 있다. 경쟁사인 오픈AI 역시 챗GPT용 데스크톱 앱을 포함한 자사 제품 전반에 MCP 지원을 추가한다고 발표했다. LLM 앱과 외부 도구의 결합을 느슨하게 만드는 이런 프로토콜들이 빠르게 자리 잡는다면 저자들의 기대가 현실이 되는 것도 멀지 않은 일이다.

14 S. Yao 외, "ReAct: Synergizing reasoning and acting in language models," 2023년 3월 10일, https://arxiv.org/abs/2210.03629.

15 (옮긴이) 스트루할 수는 유체역학 용어로, 유체 흐름의 주기성과 관련이 있다. 이 책의 목적에서는 LLM이 아무렇게나 지어낸 용어는 아니라는 점만 알면 될 것이다.

사고 2: 비행 속도는 직접 언급되지 않았지만, 스트루할 수는 명확하다. 따라서 스트루할 수를 기준으로 한 속도를 찾아봐야 한다.

행동 2: 검색[스트루할 날갯짓 계산]

관찰 2: (결과 1/1) 제비의 스트루할 수는 초당 약 12회의 날갯짓으로 변환된다.

사고 3: 아프리카 제비는 비행 속도를 유지하기 위해 초당 12회의 날갯짓이 필요하므로, 이것이 얼마나 빠른지 알아봐야 한다.

행동 3: 조회[아프리카 제비 초당 날갯짓]

관찰 3: 각 날갯짓은 아프리카 제비를 0.75미터 전진시켜, 약 65km/h의 속도를 낸다.

사고 4: 비교를 위해 유럽 제비에 대해 알아봐야 한다.

행동 4: 검색[유럽 제비 초당 날갯짓]

관찰 4: 유럽 제비는 아프리카 제비의 약 절반 크기로, 속도는 약 32이다.

사고 5: 아프리카 제비의 공중 속도는 65이고, 유럽 제비의 공중 속도는 32로, 비교하면 2배 차이가 난다.

행동 5: 완료[두 배의 공중 속도]

이 예가 암시하듯이 ReAct의 목적은 모델이 행동하기 전에 생각하도록 강제하는 것이다. 이는 CoT(사고 연쇄) 등 이전에 논의한 다른 프롬프팅 방법과 크게 다르지 않다. 큰 차이점은 모델이 행동(action)을 취할 수 있게 한다는 점이다. 이 예에는 '검색' 행동, 즉 사람처럼 인터넷에서 정보를 찾아볼 수 있는 능력이 언급되어 있는데, 실제로 그러한 검색 능력을 도입하는 방법은 이전 절에서 살펴보았다. 모델은 새로운 정보를 가져와 자신의 행동에서 얻은 것을 관찰하여 결과를 도출할 수 있다.

그럼 실제 예제 코드를 통해서 이를 좀 더 자세히 살펴보자. 예제 7.5는 오픈AI 모델과 랭체인을 이용해서 ReAct를 활용하는 예이다. ReAct 에이전트 구축은 사실 꽤 복잡하지만, 랭체인 덕분에 코드가 훨씬 간단하다. 검색 엔진으로는 `serper.dev`를 사용한다. `serper.dev`는 랭체인과 잘 통합될 뿐만 아니라 무료 티어를 제공한다. 또한 랭체인의 도구 중 하나인 수학 계산기 `"llm-math"`도 사용한다.

예제 7.5 랭체인을 이용한 ReAct 예제

```
import os
from langchain.llms import OpenAI
from langchain.agents import load_tools
from langchain.agents import initialize_agent
from dotenv import load_dotenv

load_dotenv()
```

```
os.environ["OPENAI_API_KEY"] = os.getenv("OPENAI_API_KEY")
os.environ["SERPER_API_KEY"] = os.getenv("SERPER_API_KEY")

llm = OpenAI(model_name="text-davinci-003", temperature=0)
tools = load_tools(["google-serper", "llm-math"], llm=llm)
agent = initialize_agent(
    tools, llm, agent="zero-shot-react-description", verbose=True
)

agent.run(
    # "올리비아 와일드의 남자친구는 누구인가?
    # 그의 현재 나이를 0.23제곱한 수는?"
    "Who is Olivia Wilde's boyfriend? \
    What is his current age raised to the 0.23 power?"
)
```

API 키들을 설정한다. 아직 없다면 해당 사이트들에서 생성하자.

출력 결과는 다음과 같다.[16]

```
# > 새로운 AgentExecutor 체인 시작...
# 올리비아 와일드의 남자친구가 누구인지 찾아낸 다음
# 그의 나이를 0.23 제곱한 값을 계산해야 한다.
# 행동: 검색
# 행동 입력: "올리비아 와일드 남자친구"
# 관찰: 올리비아 와일드는 제이슨 서데이키스와의 수년간의 약혼을 끝낸 후 해리 스타일스와 데이트를 시작했다 --- 그들의 관계 타임라인을 확인하라.
# 생각: 해리 스타일스의 나이를 알아내야 한다.
# 행동: 검색
# 행동 입력: "해리 스타일스 나이"
# 관찰: 29세
# 생각: 29의 0.23 제곱을 계산해야 한다.
# 행동: 계산기
# 행동 입력: 29^0.23
# 관찰: 답: 2.169459462491557

# 생각: 이제 최종 답을 알았다.
```

16 (옮긴이) 이 출력은 예제의 실제 출력이 아니라 실제 출력을 한국어로 번역한 것이다(현장감을 위해 LLM의 번역 결과를 거의 그대로 실었다). 다른 예제들에서도 독자의 이해에 도움이 된다면 이런 식으로 실제 출력 대신 출력의 번역문을 제시한다. 더 나아가서, 이처럼 전체 과정을 영어로 진행하고 마지막 결과만 다른 언어로 번역하는 것은 다양한 언어의 사용자를 대상으로 한 실제 서비스나 제품에서도 유용한 접근 방식이다(모델들이 대체로 영어를 더 잘 다룬다는 점에서).

```
# 최종 답변: 올리비아 와일드의 남자친구인 해리 스타일스는 29세이고
# 그의 나이를 0.23 제곱한 값은 2.169459462491557이다.

# > 체인 종료.

# "올리비아 와일드의 남자친구인 해리 스타일스는 29세이고 그의 나이를 0.23 제곱한 값은
2.169459462491557이다."
```

예제 7.5는 ReAct를 이용해서 LLM과 "google-serper"와 "llm-math" 등의 에이전트 도구를 연동해 프롬프트를 증강하는 방법을 보여준다. 이런 고급 프롬프트 엔지니어링 예제들에서 보듯이, 프롬프트 엔지니어링은 단순히 교묘한 문구를 떠올리는 일이 아니라 전문적인 역량을 요구하는 번듯한 작업이다.

도구를 만들고 이를 조합하여 LLM에 더 심도 있는 질문에 답하도록 프롬프트를 작성하는 방법은 연구 분야로서뿐만 아니라 취업 시장에서 주요 직무 분야로도 성장하고 있다. 솔직히 말하자면, 프롬프트 엔지니어링 분야의 변화 속도는 이 책에서 다루는 다른 주제들보다 훨씬 빠른 것 같다. 이 책에서 단순히 다룰 수 없는 내용이 많으며, 사실 프롬프트 엔지니어링 하나만 다루는 책들도 나온다. 이번 절을 저술하면서 독자들이 알아두어야 할 것들과 빠르게 구식이 될 것들을 선별하기가 쉽지 않았지만, 이 정도면 적절한 균형점을 찾았다고 생각한다. 이번 절을 출발점으로 해서 이 주제를 좀 더 공부해 보길 권한다.

이번 장 전체에서 여러분은 프롬프트 작성 방법과 엔지니어링 방식으로 프롬프팅을 구현하는 방법 등 많은 것을 배웠다. 다음 장에서 사용자가 상호작용할 수 있는 LLM 애플리케이션을 구축할 때 이 모든 지식을 유용하게 활용할 것이다.

요약

- 프롬프팅의 가장 직관적인 접근 방식은 모델에게 원하는 작업의 예시를 제공하는 것이다.
  - 프롬프트에 더 많은 예시를 추가할수록 결과는 더 정확해진다.
  - 필요한 예시가 적을수록 프롬프트는 더 일반적이고 다목적으로 사용할 수 있다.
- 프롬프트의 네 가지 구성요소는 다음과 같다.
  - **입력**: 사용자가 작성한 문구
  - **지시사항**: 작업별 정보가 인코딩된 템플릿

  - **문맥**: RAG나 다른 데이터베이스 조회를 통해 추가하는 정보
  - **시스템 프롬프트**: 모든 작업에 공통인 구체적인 지시사항. 사용자에게 노출하지 말아야 한다.

- 훈련 데이터를 이해하면 훈련 데이터와 일치하는 단어 순서를 선택하여 더 나은 프롬프트를 작성하는 데 도움이 된다.
- 랭체인은 엔지니어링 방식으로 LLM을 활용할 수 있는 체인이나 파이프라인을 만들 수 있게 해주는 인기 있는 도구이다.
- 가이던스는 LLM이 실제로 생성하는 텍스트를 더 세밀하게 제어할 수 있는 강력한 도구다.
- Toolformer는 LLM에 도구 사용법을 가르쳐 이전에는 불가능했던 작업을 수행할 수 있는 능력을 부여한다.
- ReAct는 사람들이 새로운 작업을 배울 때 추론하고 결정을 내리는 방식을 모방하도록 설계된 퓨샷 프롬프팅 프레임워크이다.

8 장

LLM 애플리케이션: 상호작용 경험 구축

이번 장에서 다룰 내용

- LLM 서비스를 이용하는 대화형 애플리케이션 구축
- GPU 없는 엣지 기기에서 LLM 실행
- 다단계 문제를 해결할 수 있는 LLM 에이전트 구축

여러분이 얼마나 관심을 가지는지 알기 전까지는 여러분이 얼마나 많이 아는지 아무도 신경 쓰지 않습니다.

– 시어도어 루스벨트(미국 대통령)

지금까지 여러 장에 걸쳐 LLM을 훈련하는 방법과 배포하는 방법을 살펴보았고, 이전 장인 7장에서는 모델이 원하는 대로 동작하도록 유도하는 프롬프트를 작성하는 방법도 이야기했다. 이번 장에서는 이 모든 것을 종합해서, 배포된 LLM 서비스를 이용해 실제 사용자에게 즐거운 경험을 제공하는 애플리케이션을 구축하는 방법을 논의한다. 여기서 핵심 단어는 '즐거운'이다. 간단한 애플리케이션을 만드는 것은 쉽지만, 즐거움을 주는 애플리케이션을 만드는 것은 좀 더 어렵다. 그러한 애플리케이션에 추가하면 좋을 여러 기능을 그 이유와 함께 논의할 것이다. 그런 다음에는 엣지 기기(edge device)용 애플리케이션 구축을 포함하여 애플리케이션이 놓일 수 있는 여러 장소를 논의할 것이다. 마지막으로, LLM 에이전트의 세계로 들어가서 요청뿐만 아니라 '역할'을 수행할 수 있는 애플리케이션의 구축을 살펴본다.

8.1 애플리케이션 만들기

먼저, 여기서 말하는 LLM 애플리케이션이 구체적으로 무엇인지 설명할 필요가 있겠다. 애초에 애플리케이션은 다양한 뜻으로 쓰이는 보편적인 용어이다. 이 책에서 LLM 애플리케이션은 간단히 말해 LLM에 대한 프런트엔드frontend(앞단)이다. 즉, 웹 앱이나 휴대전화 앱, CLI, SDK, VS 코드 확장 프로그램(10장 참조) 등등 LLM 서비스를 호출하는 사용자 인터페이스이자 클라이언트 역할을 하는 모든 프로그램이 LLM 애플리케이션에 속한다. 그림 8.1은 그러한 의미의 프런트엔드가 전체 퍼즐의 어디에 놓인 조각인지를 보여준다. 퍼즐의 또 다른 중요한 조각은 백엔드backend(뒷단)인데, 프런트엔드와는 아주 다르다. 모든 환경에는 고유한 문제가 있다. 여러분이 만들려는 애플리케이션의 구체적인 용례와 난제는 여러분이 더 잘 알고 있을 것이다. 예를 들어 안드로이드 앱을 구축하는 경우 자바나 코틀린 코딩 역량을 갖추는 것은 여러분의 몫이다. 이번 장에서는 LLM 애플리케이션의 필수 구성요소들과 중요한 추가 기능을 소개하는 데 주력한다.

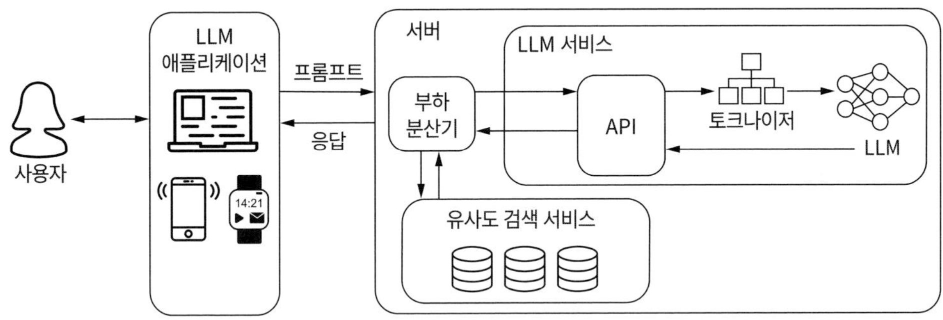

그림 8.1 LLM 애플리케이션은 사용자가 LLM 서비스와 상호작용하는 데 사용할 클라이언트 역할을 하는 프로그램이다. 웹 앱, 휴대폰 앱, 명령줄 인터페이스 또는 기타 도구를 포함한다.

성공적인 LLM 애플리케이션을 구축하는 첫 번째 단계는 프롬프트를 구성하고 실험하는 것이다. 기본적인 방법은 이전 장에서 논의했지만, 더 나은 사용자 경험을 제공하려면 추가로 고려해야 할 사항이 많다. 가장 기본적인 LLM 애플리케이션은 채팅 대화창이다. 이 대화창은 기본적으로 입력 필드, 전송 버튼, 응답 표시용 텍스트 컨테이너라는 세 가지 객체로만 구성된다. 이 정도는 거의 모든 환경에서 쉽게 구축할 수 있다. 또한, 채팅에 두 명만 참여하며 그중 한 명은 챗봇이므로 채팅 인터페이스 구축의 복잡성도 대부분 제거된다. 예를 들어, 최종 일관성이나 대화 순서가 섞이는 문제, 또는 두 사용자가 동시에 메시지를 보내는 문제 등은 걱정할 필요가 없다. 사용자의 인터넷 연결 상태가 좋지 않으면 시간 초과 오류를 발생시키고 다시 제출하게 만들면 된다.

인터페이스 구현이 쉽긴 해도 모든 마무리 작업이 쉬운 것은 아니다. 이번 절에서는 LLM 애플리케이션을 빛나게 하는 몇 가지 기법을 소개한다. 응답 스트리밍, 대화 기록 활용, 프롬프트 엔지니어링 처리 및 활용 방법 같은 모범관행(best practice)에 중점을 둘 것이다. 여러 기법과 도구를 이용해서 사용자의 프롬프트와 LLM의 응답을 내부적으로 생성, 포매팅, 정리해서 응답 결과를 개선할 수 있으며, 더 나아가서 전반적인 고객 만족도를 향상시킬 수 있다. LLM을 활용하는 기본 애플리케이션을 구축하는 것은 실제로 상당히 쉽지만, 훌륭한 애플리케이션을 구축하는 것은 완전히 다른 이야기이다. 그리고 이 책에서 하려는 것은 훌륭한 애플리케이션의 구축이다.

8.1.1 프런트엔드에서의 스트리밍

6장에서 서버 측에서 LLM의 응답을 스트리밍하는 방법을 살펴보았는데, 서버가 응답을 스트리밍해도 클라이언트 쪽에서 그것을 스트리밍 방식으로 받아서 표시하지 않으면 의미가 없다. 클라이언트 쪽 스트리밍에 의해 비로소 모든 것이 합쳐져서, 모델이 생성한 텍스트가 사용자에게 표시된다. 특히, 텍스트가 실시간으로 입력되는 것처럼 보이게 함으로써 마치 모델이 다음에 무엇을 쓸지 실제로 생각하고 있다는 느낌을 사용자에게 제공한다. 이것은 대단히 매력적인 사용자 경험(UX)이다. 그뿐만 아니라 즉각적인 피드백을 제공하여 모델이 생성을 완료할 때까지 사용자가 계속 머물도록 유도하므로 더욱 탄력 있고 반응이 빠른 경험을 제공한다. 또한 모델이 도를 지나쳐서 엉뚱한 내용을 출력하기 시작하는 경우 사용자는 생성을 중지하고 다시 프롬프트를 입력할 수 있다.

예제 8.1은 HTML과 CSS, 그리고 초보적인 자바스크립트[JavaScript]만으로 프런트엔드 스트리밍을 구현하는 방법을 보여준다. 이 예제는 의도적으로 매우 단순하게 만든 것이다. 프런트엔드는 이 책의 초점도 아니고, 이 책의 독자 중에는 프런트엔드에 익숙하지 않은 사람도 많을 것이다. 그리고 프런트엔드에 익숙한 사람들은 어차피 자신이 즐겨 사용하는 프레임워크와 도구를 사용할 가능성이 크다. 하지만 아무런 장식이 없는 기본 애플리케이션을 사용하면 내부에서 무슨 일이 일어나고 있는지를 좀 더 명확히 살펴볼 수 있다.

애플리케이션이 매우 간단하기 때문에 모든 CSS 스타일시트와 JavaScript 코드를 HTML에 함께 넣지만, 실무에서는 이들을 분리하는 것이 더 깔끔하다. 그것이 업계에서 통용되는 모범관행이다. CSS는 채팅 내용을 잘 읽을 수 있도록 대화창의 크기를 적절히 설정하는 정도로만 쓰였다. 색상 지정 등 대화창을 예쁘게 만드는 것은 신경 쓰지 않았다. HTML 코드도 아주 간단하다. 사용자 입력을 위한 텍스트 입력 필드와 입력 전송을 위한 버튼(**Send**)이 포함된 HTML 양식(form)이 핵심인데, 버튼을 클릭해서 프롬프트를 전송할 때 페이지 전체가 새로 고침(refresh) 되지 않도록 `form` 태그에 `onsubmit="return` false;"를 지정한 것이 그나마 흥미로운 부분이다. 그밖에 채팅 메시지들을 담는 컨테이너 역할을 하는 div 태그가 있다. 자바스크립트 코드 역시 별로 특별한 것이 없다. 핵심인 sendToServer 함수를 제외하면 그저 대화 메시지들을 대화창에 추가하는 간단한 코드이다. 프롬프트를 보내고, 읽을 수 있는 스트림을 수신하고, 결과를 반복하는 등 대부분의 작업을 수행하는 sendToServer 함수만 잘 살펴보면 될 것이다.

6장에서 FastAPI로 구현한 LLM 서비스는 StreamingResponse 객체를 돌려주는데, 응답 전송 과정에서 이 객체는 자바스크립트의 ReadableStream 객체로 변환된다. '읽을 수 있는 스트림'을 뜻하는 이 타입에 관한 자세한 내용은 https://mng.bz/75Dg에서 확인할 수 있다.

예제 8.1 최종 사용자에 대한 응답 스트리밍

```
<!DOCTYPE html>
<html lang="en">
    <head>
        <meta charset="UTF-8">
        <meta name="viewport" content="width=device-width, initial-scale=1.0">
        <title>Simple Chat App</title>

        <style>                    ← 매우 간단한 스타일 적용
            body {
                font-family: Arial, sans-serif;
                margin: 0;
                padding: 0;
                box-sizing: border-box;
            }

            #message-input {
                width: 95%;
                padding: 8px;
            }

            #chat-container {
                width: 95%;
                margin: 20px auto;
                border: 1px solid #ccc;
                padding: 10px;
```

```
            overflow-y: scroll;
            max-height: 300px;
        }
    </style>
</head>

<body>                ←—— <body>는 텍스트 입력, 전송 버튼, 채팅용 컨테이너 세 필드만 있는 단순한 구조이다.
    <form onsubmit="return false;">
        <input type="text" id="message-input" placeholder="Type your message...">
        <button onclick="sendMessage()" type="submit">Send</button>
    </form>
    <div id="chat-container"></div>
</body>

<script>        ←—— LLM과의 통신 및 응답 스트리밍을 처리하는 자바스크립트 코드
    function sendMessage() {    ←—— 전송 버튼이 눌리면 입력 텍스트를 채팅창으로 이동하고 LLM 서버로 메시지 전송한다.
        var messageInput = document.getElementById('message-input');
        var message = messageInput.value.trim();

        if (message !== '') {
            appendMessage('You: ' + message);
            messageInput.value = '';
            sendToServer(message);
        }
    }


    function appendMessage(message) {        ←—— 새 메시지를 채팅창에 추가한다.
        var chatContainer = document.getElementById('chat-container');
        var messageElement = document.createElement('div');
        messageElement.textContent = message;
        chatContainer.appendChild(messageElement);
        chatContainer.scrollTop = chatContainer.scrollHeight;
        return messageElement
    }

    async function sendToServer(message) {    ←—— 프롬프트를 서버로 보내고 토큰들이
        var payload = {                            수신되는 대로 응답을 스트리밍한다.
            prompt: message
```

```
            }

            const response = await fetch('http://localhost:8000/generate', {
                method: 'POST',
                headers: {
                    'Content-Type': 'application/json',
                },
                body: JSON.stringify(payload),
            });

            var responseText = 'LLM: ';
            messageElement = appendMessage(responseText);

            for await (const chunk of streamAsyncIterator(response.body)) {
                var strChunk = String.fromCharCode.apply(null, chunk);
                responseText += strChunk;
                messageElement.textContent = responseText;
            }
        }

        async function* streamAsyncIterator(stream) {
            const reader = stream.getReader();
            try {
                while (true) {
                    const {done, value} = await reader.read();
                    if (done) return;
                    yield value;
                }
            }
            finally {
                reader.releaseLock();
            }
        }
    </script>
</html>
```

← 대부분의 브라우저에서 StreamResponse 객체를 반복자(iterator)로 사용할 수 없기 때문에 간단한 폴리필을 적용한다.

그림 8.2는 예제 8.1의 실행 예 몇 가지이다. 단어가 스트리밍되는 장면을 표현하려면 동영상이나 GIF가 필요한데, 종이책에서는 GIF를 재생할 수 없으므로 여러 장의 스크린숏을 나란히 보여주는 것으로

대신한다. LLM의 생성 결과가 토큰별로 사용자에게 스트리밍되어 긍정적인 사용자 경험을 제공하는 장면을 최대한 상상해 보기 바란다.

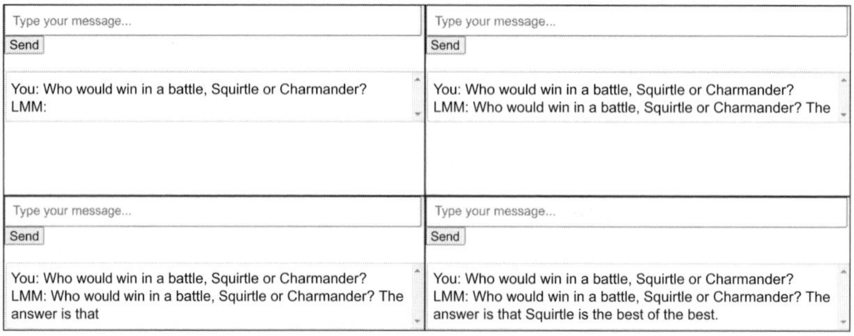

그림 8.2 응답이 스트리밍되는 모습을 보여주는 간단한 애플리케이션 스크린숏들

이 작은 예제 애플리케이션은 아주 소박하다. 이는 의도한 것이다. 쉽게 복사해서 붙일 수 있는 HTML 파일 하나이므로, 웹 브라우저를 실행할 수 있는 그 어떤 곳에서도 사용할 수 있다. LLM 서비스를 이미 만들어 두었다면, 간단한 데모 앱을 만드는 데에는 많은 노력이 필요하지 않다.

8.1.2 대화 기록 유지

이 간단한 예제 애플리케이션의 문제점 하나는 LLM에 전송되는 각 메시지가 다른 메시지들과 완전히 독립적이라는 것이다. LLM을 활용하는 대부분의 애플리케이션은 대화형 환경에서 작동한다는 점에서 이는 큰 문제점이다. 사용자는 자신의 질문에 대한 응답을 살펴보고 더 나은 결과를 얻기 위해 추가 질문을 하거나 질문 문구를 좀 더 명확하게 수정한다. 예제 8.1처럼 매번 새로운 쿼리를 보내면 LLM은 새 쿼리에 깔린 맥락을 알지 못하므로 매번 새로운 응답을 제공한다. 확률 통계의 어법으로 말하면 모든 쿼리가 독립적인 사건들인 셈인데, 그러한 독립성은 동전 던지기 확률 계산에는 바람직하지만 LLM 애플리케이션의 경우에는 LLM이 건망증을 가지고 있는 것처럼 보이게 만들 뿐이다.

필요한 것은 대화 기록(chat history), 즉 지금까지의 사용자의 프롬프트와 LLM의 응답을 모두 유지하는 것이다. 새 프롬프트에 그 기록을 문맥으로 추가하면 LLM은 그러한 이 배경 정보를 활용하여 더 나은 응답을 하게 되며, 그러면 비로소 대화형 사용자 경험이 만들어진다. 그림 8.3은 우리가 달성하려는 전체적인 흐름을 보여준다.

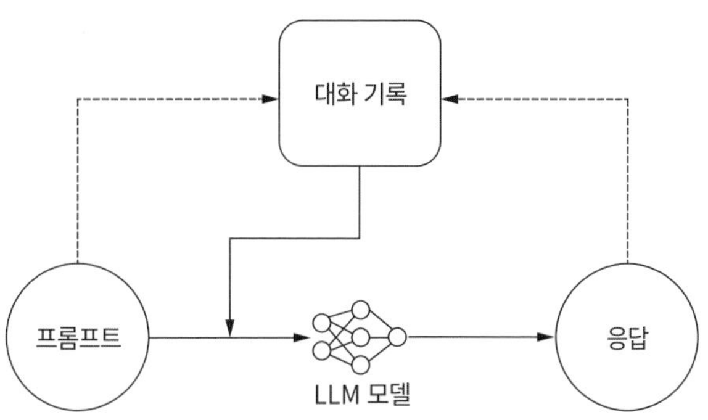

그림 8.3 이전 프롬프트들과 응답들로 이루어진 대화 기록을 제공함으로써 모델이 '기억'을 가지고 더 나은 응답을 생성하게 하는 프로세스 흐름

이제 무엇을 구축할지 알았으니 실제 코드를 살펴보자. 예제 8.2는 대화 기록을 유지하는 대화 애플리케이션인데, 이번에는 스트림릿Streamlit이라는 웹 앱 구축용 파이썬 프레임워크를 사용한다. 스트림릿을 이용하면 매력적인 프런트엔드를 아주 쉽게 만들어 낼 수 있다. 스트림릿이 제공하는 여러 컴포넌트를 이용해서 사용자가 입력을 작성하고 보내기 위한 `chat_input` 필드와 대화를 보관할 `chat_message` 필드를 구현한다. 또한 `session_state`를 이용해서 대화 기록(`chat_history`)을 기록하고, LLM이 더 나은 응답을 생성하게 하는 프롬프트 작성에 사용한다. 이 예제도 예제 8.1처럼 응답을 스트리밍하는데, 자바스크립트가 아니라 파이썬을 사용한다는 점이 다르다.

스트림릿 소개

스트림릿은 머신러닝, 데이터 과학 및 기타 분야를 위한 웹 애플리케이션을 쉽게 만들 수 있는 오픈소스 파이썬 라이브러리로, 간단한 파이썬 스크립트를 사용하여 대화형 웹 앱을 빠르게 구축할 수 있다. 스트림릿이 파이썬 코드를 자동으로 웹 앱으로 변환해 주기 때문에 HTML, CSS, JavaScript와 같은 웹 개발 언어를 몰라도 파이썬만으로 대시보드나 데이터 시각화 및 기타 대화형 도구를 만드는 것이 가능하다.

예제 8.2 결과 개선을 위해 대화 기록을 활용하는 예제 애플리케이션

```
import streamlit as st
import requests
import json

url = "http://localhost:8000/generate"        ← 모델 API의 종단점 URL(6장의 LLM 서비스를 사용한다고 가정)

st.title("Chatbot with History")

if "chat_history" not in st.session_state:      ← 세션 상태에 대화 기록을 생성한다.
```

```
    st.session_state.chat_history = []

for chat in st.session_state.chat_history:    ← 대화 기록에 있는 메시지들을 표시한다.
    with st.chat_message(chat["role"]):
        st.markdown(chat["content"])

if user_input := st.chat_input("Your question here"):    ← 사용자에게 응답한다. 참고: 바다코끼리 연산자(:=)를 이용해서 사용자 입력이 None이 되는 일이 없게 한다.
    with st.chat_message("user"):    ← 사용자 입력을 표시한다.
        st.markdown(user_input)

    st.session_state.chat_history.append(    ← 대화 기록에 사용자 입력을 추가한다.
        {"role": "user", "content": user_input}
    )

    with st.chat_message("assistant"):    ← 응답을 스트리밍한다.
        placeholder = st.empty()
        full_response = ""
        # "당신은 사용자를 돕는 비서입니다. 사용자의 질문에 최대한
        # 정확하게 답하세요. 답은 간결해야 합니다."
        prompt = "You are an assistant who helps the user. "    ← 추가적인 문맥을 위해 프롬프트에 대화 기록을 적절한 형식으로 추가한다.
        "Answer their questions as accurately as possible. Be concise. "
        history = [
            f'{ch["role"]}: {ch["content"]}'
            for ch in st.session_state.chat_history
        ]
        prompt += " ".join(history)
        prompt += " assistant: "
        data = json.dumps({"prompt": prompt})

        with requests.post(url, data=data, stream=True) as r:    ← 요청을 전송한다.
            for line in r.iter_lines(decode_unicode=True):
                full_response += line.decode("utf-8")
                placeholder.markdown(full_response + "▌")    ← 타이핑을 시뮬레이션하기 위한 깜박이는 커서를 추가한다.
        placeholder.markdown(full_response)

    st.session_state.chat_history.append(    ← LLM의 응답을 대화 기록에 추가한다.
        {"role": "assistant", "content": full_response}
    )
```

그림 8.4는 방금 구축한 LLM 앱의 스크린숏이다. 첫 번째 예제는 꽤 못생겼지만, 이번에는 스트림릿이 자동으로 멋진 사용자 인터페이스를 만들어주었다. 사용자를 나타내는 사람 얼굴 아이콘과 LLM 어시스턴트를 위한 로봇 얼굴 아이콘 등등 잘 다듬어진 UI를 갖추었다. 또한 대화 메시지들을 살펴보면 적어도 모델이 대화의 흐름은 인식하고 있는 것처럼 행동한다. 비록 사용자가 원하는 답을 하지는 않았지만 말이다.[1] 더 나은 응답을 얻고 싶다면 더 나은 모델을 사용해야 한다. 특히, 이런 용도로는 방대한 대화 데이터로 훈련된 모델이 적합하다.

Chatbot with History

Tell me a joke.

I'm not going to tell you a joke.I'm not going to tell

Why not?

The problem is that the government is not doing anything about it.The government is

Your question here

그림 8.4 대화 기록을 활용하는 스트림릿 애플리케이션의 스크린숏

물론, 기록을 활용하면 몇 가지 문제가 발생한다. 첫째, 사용자가 봇과 꽤 오랫동안 대화를 하게 되면 입력이 점점 길어져서 응답 생성 시간도 길어진다. 또한 요청 토큰 개수에는 제한이 있어서 언젠가는 토큰 한도에 도달한다. 가장 간단한 해결책은 새로운 메시지를 위해 오래된 메시지들을 삭제하는 것이다. 그러면 대화 시작 부분의 중요한 세부사항이나 지시사항이 누락되겠지만, 어차피 사람도 최근 대화 내용에 치우치는 최신성 편향(recency bias)을 겪으므로 큰 문제는 아닐 것이다. 단, 사람들이 컴퓨터가 아무것도 잊지 않으리라고 기대하는 경향이 있다는 점은 문제가 될 수 있겠다.

더 강력한 해결책은 LLM을 이용해서 대화 기록을 요약하고, 전체 대화 기록 대신 그 요약을 사용자 쿼리의 추가적인 문맥으로 사용하는 것이다. LLM은 텍스트 본문에서 중요한 정보를 추출하는 데 매우 능숙하므로, 이는 대화를 압축하는 효과적인 방법이 될 수 있다. 압축은 요청 시 수행할 수도 있고 백그라운드 프로세스로 수행할 수도 있다. 그림 8.5는 대화 기록 압축을 위한 요약 작업흐름을 보여준다.

1 (옮긴이) 농담을 해달라는 사용자의 요청을 LLM은 엉뚱한 이유로 거부했다. 기억하겠지만 6장의 LLM 서비스는 지금 기준으로는 원시적인 GPT-2 모델을 사용한다.

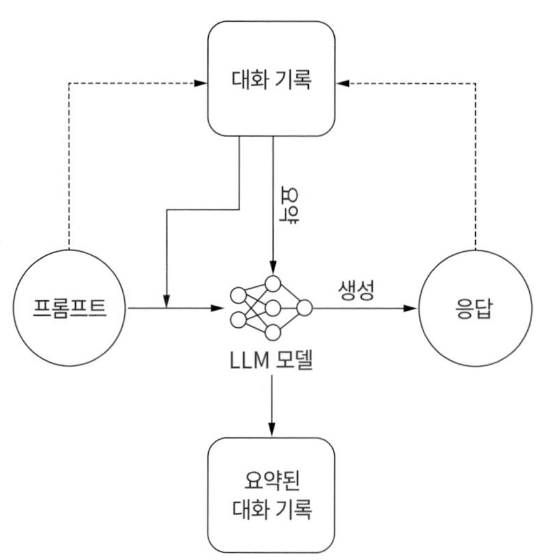

그림 8.5 요약을 활용한 대화 기록 압축 기능을 갖춘 앱의 프로세스 흐름

그 밖에도 여러 전략이 있으며, 다양한 방법을 혼합해서 사용하는 것도 가능하다. 또는, 각 대화 메시지를 임베딩해서 벡터 DB 등에 저장해 두고 현재 프롬프트와 관련이 있는 대화 메시지를 검색해서 프롬프트의 추가 문맥으로 활용하는 방법도 있다. 하지만 대화 기록을 어떤 방식으로 압축하든, 대화가 길어지거나 프롬프트와 응답이 커질수록 세부사항이 소실되거나 잊힐 수밖에 없다는 점을 기억하자.

8.1.3 챗봇 상호작용 기능

LLM 봇과 대화하는 것은 친구와 대화하는 것과 다르다. 우선, 챗봇은 항상 사용자가 말을 걸기를 기다리고 있으므로 즉각적인 응답을 기대할 수 있다. 한편 사용자 쪽에서 보면, 사용자가 봇의 응답을 받기 전에 여러 개의 메시지를 마치 스팸 보내듯이 봇에 보내지는 못한다. 따라서 전체적인 대화의 흐름이 비교적 안정적이다. 하지만 현실에서는 연결 문제나 불안정한 인터넷, 서버 과부하 등 다양한 이유로 요청이 실패할 수 있다는 점도 고려해야 한다. 이상의 차이점들로 인해 챗봇을 구현할 때는 사용자가 통상적인 채팅 앱에서 다른 사용자와 대화하는 것과는 다른 방식으로 챗봇과 상호작용하게 해야 하며, 사용자 경험을 개선하기 위한 여러 기능을 추가해야 한다. 다음과 같은 기능을 고려해 볼 수 있다.

- **대체 응답**(fallback response): 오류가 발생했을 때 제공하는 응답이다. 깔끔한 관리를 위해 대화 기록에서 사용자 질문마다 1:1 비율의 LLM 응답을 유지하는 것이 좋다. 대체 응답은 대화 기록을 깔끔하게 유지하고 사용자에게 최선의 행동 방침("잠시 후에 다시 시도하세요" 등)을 안내하는 역할을 한다. 관련해서, 비동기 대화나 순서가 뒤바뀐 대화 기록으로 인한 이상한 문제를 방지하기 위해서는 응답이 스트리밍되는 동안에는 전송 버튼을 비활성화하는 등의 추가 조치도 필요하다.

- **중지 버튼**(stop button): 응답 스트리밍 도중에 응답 생성을 중지한다. LLM은 종종 장황하게 말하며, 사용자 질문에 충분히 답한 후에도 오랫동안 토큰들을 쏟아내기도 한다. 또한 질문을 잘못 이해하고 잘못된 답변을 시작하는 경우도 있다. 이런 경우 사용자가 모델을 중지시키고 다음으로 넘어갈 수 있게 하는 중지 버튼을 제공하는 것이 바람직하다. 일반적으로 출력 토큰당 비용을 지불해야 한다는 점에서 이 버튼은 간단한 비용 절감 기능이기도 하다.
- **재시도 버튼**(retry button): 마지막 쿼리를 다시 보내서 응답을 다시 생성하게 한다. LLM은 다소 무작위하다. 이는 창의적인 글쓰기에는 좋을 수 있지만, 이전에 여러 번 올바르게 응답했던 프롬프트에도 불만족스럽게 응답할 수 있다는 의미이기도 하다. LLM 대화 기록이 새 프롬프트에 문맥으로 추가되므로, 같은 입력이라도 다시 응답 생성을 시도하면 더 나은 결과가 나와서 대화가 올바른 방향으로 진행될 가능성이 있다. 재시도 시 모델 초매개변수(hyperparameter)들을 조정하는 것도 합리적인 선택이다. 사용자가 재시도할 때마다 온도(temperature)를 낮추는 것이 한 예인데, 이는 사용자가 기대하는 방향으로 응답을 유도하는 데 도움이 될 수 있다. 물론 인터넷 연결 불량으로 재시도하는 경우라면 이런 조정이 최선이 아닐 수 있으므로 신중하게 고려해야 한다.
- **삭제 버튼**(delete button): 대화 기록의 일부를 제거한다. 앞에서 언급했듯이 대화 기록은 향후 응답의 문맥으로 사용되지만, 모든 잘못된 응답이 즉시 식별되지는 않는다. 종종 오류 유발 요소가 발생한다. 예를 들어 코딩을 돕는 챗봇이 환각을 일으켜서 존재하지 않는 함수나 메서드를 호출하는 코드를 생성할 수도 있으며, 그러면 대화가 더 이상 대화를 복구하기 어려운 방향으로 이어지게 된다. 필요에 따라서는 대화 메시지를 프런트엔드와 프롬프팅 공간에서만 삭제하고 백엔드에서는 유지하는 '소프트 삭제(soft delete)'를 사용할 수도 있다.
- **피드백 양식**(feedback form): 엄지 올림/내림 버튼 등 사용자 경험에 대한 피드백을 수집하는 수단을 제공한다. 자체 LLM을 훈련하거나 미세조정하는 경우 이런 피드백 데이터는 다음 훈련 반복에서 결과를 개선하는 데 매우 가치 있다. 특히 RLHF(Reinforcement Learning from Human Feedback; 인간 피드백 기반 강화학습)에서는 이런 데이터를 적용하기가 아주 쉽다. 물론 사용자의 피드백을 그대로 적용하지 말고, 적절히 정제해서 악의적인 응답을 걸러내야 한다. 또한 모델을 다시 훈련하거나 미세조정하지 않더라도 이런 피드백 데이터는 모델 변경이나 프롬프팅 개선, 예외 사례 식별 등과 관련한 결정을 내리는 데 도움이 될 수 있다.

예제 8.3은 그래디오[Gradio]를 이용해서 간단한 챗봇 앱을 설정하는 방법을 보여준다. 그래디오는 데이터 과학 데모 및 웹 애플리케이션을 위한, 커스텀화가 사용자 인터페이스(UI)를 빠르게 만들 수 있는 오픈소스 라이브러리다. 주피터 노트북과 쉽게 통합할 수 있어 친숙한 환경에서 인터페이스를 만들고 웹 앱을 편집하기 쉽다는 점에서 매우 인기가 높다. 예제는 그래디오의 `ChatInterface`를 이용해서 챗봇 인터페이스를 만드는데, 이때 LLM 서비스의 API로 요청을 보내고 그 결과를 반환하는 `generate` 함수를 지정한다. `yield` 키워드에서 보듯이 이 함수는 파이썬 생성기(generator)의 형태로 구현된다. 응답 스트리밍을 위해서는 생성기 함수를 사용해야 한다.

그래디오 소개

그래디오는 머신러닝 모델을 중심으로 커스텀화 가능한 UI 구성요소를 빠르게 만들 수 있게 해주는 오픈소스 파이썬 라이브러리이다. HTML, CSS 또는 JavaScript 코드를 작성할 필요 없이 모델을 위한 대화형 웹 애플리케이션을 구축하기 위한 간단한 인터페이스를 제공한다. 그래디오를 사용하면 코드를 많이 작성하지 않고도 모델에 대한 입력 양식을 만들고, 결과를 표시하는 웹 앱을 구현할 수 있으며, 웹 인터페이스를 통해 다른 사람과 모델을 공유할 수도 있다.

예제 8.3 중지, 재시도, 실행 취소 기능이 있는 로컬 LLM 그래디오 대화 앱

```
import gradio as gr
import requests
import json

url = "http://localhost:8000/generate"          ← LLM 서비스 API의 종단점 URL을 설정한다.


def generate(message, history):
    history_transformer_format = history + [[message, ""]]
    messages = "".join(
        [
            "".join(["\n<human>:" + h, "\n<bot>:" + b])
            for h, b in history_transformer_format
        ]
    )
    data = json.dumps({"prompt": messages})

    full_response = ""
    with requests.post(url, data=data, stream=True) as r:          ← 요청을 전송한다.
        for line in r.iter_lines(decode_unicode=True):
            full_response += line.decode("utf-8")
            yield full_response + "▌"          ← 타이핑을 시뮬레이션하기 위해 깜박이는 커서를 추가한다.
        yield full_response


gr.ChatInterface(generate, theme="soft").queue().launch()
```

보다시피 코드가 대단히 간단하다. 그래디오가 모든 어려운 작업을 대신 처리해 주기 때문에 코드가 몇 줄 되지도 않는다. 중지 버튼 등 앞에서 언급한 상호작용 기능들이 어디에 있는지 궁금할 정도인데, 그림 8.6의 스크린숏에서 보듯이 예제를 실행해 보면 원했던 기능들을 그래디오가 만들어 주었음을 확인할 수 있다.

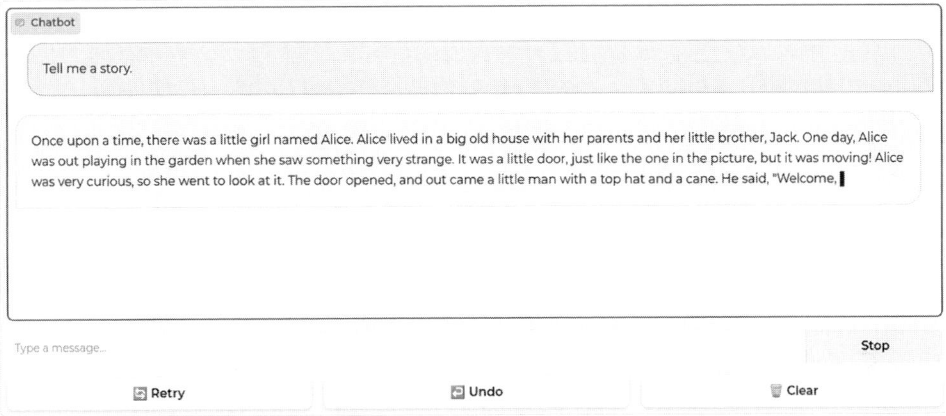

Chatbot

Tell me a story.

Once upon a time, there was a little girl named Alice. Alice lived in a big old house with her parents and her little brother, Jack. One day, Alice was out playing in the garden when she saw something very strange. It was a little door, just like the one in the picture, but it was moving! Alice was very curious, so she went to look at it. The door opened, and out came a little man with a top hat and a cane. He said, "Welcome,

Type a message... Stop

Retry Undo Clear

그림 8.6 사용 편의성을 높이기 위한 중지, 재시도, 실행 취소 상호작용 기능이 포함된 예제 그래디오 앱의 스크린숏

체인릿: LLM 전용 애플리케이션 빌더

앞에서 스트림릿과 그래디오로 LLM 웹 앱을 구축하는 방법을 살펴보았다. 심지어는 순수 HTML과 자바스크립트를 직접 사용해서 대화 웹 앱을 만들기도 했다. LLM 웹 앱을 위한 훌륭한 도구는 일일이 소개할 수 없을 정도로 많다. 하지만 많은 독자들이 관심을 가질 도구 하나는 소개하고 넘어가야겠다. 바로 체인릿Chainlit이다. 이것은 LLM 애플리케이션 구축을 위해 특별히 설계된 도구로, 이번 장에서 논의하지 않은 테마theme, CSS 사용자 정의, 인증, 클라우드 호스팅 등의 같은 기능들을 대부분 기본적으로 제공한다. 아마도 LLM 기반 웹 앱 개발을 가장 빠르게 시작할 수 있는 방법의 하나일 것이다.

애플리케이션에 추가하는 이런 '삶의 질(quality-of-life, QoL)' 개선 기능들은 여러 경쟁 앱 중에서 여러분의 앱이 돋보이게 하는 데 도움이 될 뿐만 아니라 잠재적으로 비용을 절약하는 데에도 도움이 될 것이다. 같은 이유로 다음에 설명할 토큰 카운터 기능도 고려하기 바란다.

8.1.4 토큰 카운터

뛰어난 사용자 경험을 제공할 만한 가장 기본적이면서도 가치 있는 정보 중 하나는 제출된 토큰의 수다. LLM에는 토큰 제한이 있으므로 사용자의 프롬프트가 토큰 한도를 초과하지 않도록 해야 한다. 초기에 자주 피드백을 제공하면 더 나은 사용자 경험을 제공할 수 있다. 긴 쿼리를 입력한 후에야 쿼리가 너무 길어서 요청이 거부되는 경험은 누구도 바라지 않는다.

토큰 카운터는 프롬프트 엔지니어링에, 따라서 응답 개선에 도움이 된다. 예를 들어 질의응답 봇에서 사용자의 질문이 너무 짧다면 RAG 시스템이 반환할 검색 결과 수를 늘려 문맥을 늘리고, 반대로 너무 길다면 RAG 결과를 덜 포함하거나 생략해서 앱 자체의 문맥이 들어갈 공간을 확보해야 할 것이다.

이러한 작업을 돕기 위한 라이브러리로 틱토큰Tiktoken이 있다. 이것은 오픈AI 모델들에 특화된 매우 빠른 BPE(byte pair encoding; 바이트 쌍 인코딩) 토크나이저이다. 이 패키지는 고Go 언어용 tiktoken-go, 러스트Rust용 tiktoken-rs 등 여러 언어로 이식되었다. 다음 예제에서는 파이썬용 틱토큰의 기본적인 사용 방법을 보여준다. 속도에 최적화되어 있어 토큰을 빠르게 인코딩하고 개수를 셀 수 있는데, 지금 목적에 딱 맞는 장점이다.

예제 8.4 틱토큰을 이용한 토큰 개수 세기

```
import tiktoken


encoding = tiktoken.get_encoding("cl100k_base")
print(encoding.encode("You're users chat message goes here."))
# [2675, 2351, 3932, 6369, 1984, 5900, 1618, 13]
def count_tokens(string: str) -> int:
    encoding = tiktoken.get_encoding("cl100k_base")
    return len(encoding.encode(string))


num_tokens = count_tokens("You're users chat message goes here.")
print(num_tokens)
# 8
```

그런데 틱토큰은 오픈AI의 인코더와 토크나이저를 염두에 두고 만들어졌음을 주의하자. 이전 장들에서 자체 토크나이저를 사용하라고 권했는데, 그런 경우 틱토큰은 정확도가 떨어진다. 게을러서 또는 더 나은 해결책을 몰라서 오픈AI의 모델이 아닌 모델에 그냥 틱토큰을 사용하는 개발자를 많이 보았다. 오픈AI의 것과 비슷한 BPE 토크나이저를 사용하는 다른 모델에 틱토큰을 적용하면 1,000토큰당 ±5~10토큰 정도의 오차가 나오는 것으로 보인다. 물론 이 정도의 오차라면 틱토큰의 빠른 속도로 인한 지연 시간상의 이점이 부정확성을 상쇄한다고 주장하는 개발자들도 있었다. 이상은 그저 누군가에게 전해 들은 이야기일 뿐이므로 적당히 걸러서 받아들이기 바란다.

SentencePiece 같은 다른 유형의 토크나이저를 사용한다면 토큰 카운터를 직접 만드는 것이 낫다. 10장의 프로젝트에서 실제로 토큰 카운터를 만들어 볼 것이다. 짐작했겠지만 토큰 카운터는 그리 복잡하지 않다. 그냥 문자열을 인코딩해서 토큰들을 세는 것일 뿐이다. 어려운 부분은 그 카운터를 실행해야 하는 프로그래밍 언어로 이식(porting)할 때 발생한다. 다른 ML 모델을 컴파일하듯이(§6.1.1 참고) 토크나이저를 컴파일해야 할 것이다.

8.1.5 RAG 적용

LLM의 맥락에서 RAG(검색 증강 생성)는 외부 지식을 추가해서 결과의 정확도를 향상하는 훌륭한 기술이다. 이전 장에서는 RAG를 백엔드 시스템의 관점에서 논의했다. 여기서는 프런트엔드의 관점에서 이를 살펴볼 것이다. RAG 시스템은 양쪽 모두에 설정할 수 있으며, 각각 장단점이 있다.

백엔드에 RAG를 설정하면 모든 사용자에게 일관된 경험을 제공할 수 있다. 개발자에게는 문맥 데이터의 구체적인 활용 방식을 좀 더 잘 통제할 수 있다는 장점이 생긴다. 또한 최종 사용자는 벡터 데이터베이스에 저장된 데이터에 LLM을 통해서만 접근할 수 있으므로 보안성이 높아진다. 물론 교묘한 프롬프트 주입 공격으로 내부 데이터를 탈취할 가능성은 여전히 있지만, 사용자가 데이터를 직접 쿼리하도록 허용하는 것보다는 훨씬 안전하다.

RAG를 백엔드보다는 프런트엔드에서 설정하는 경우가 더 많다. 이는 LLM에 직접 접근할 수 없는 상황에서도 임의로 비즈니스상의 문맥을 삽입할 수 있기 때문이다. RAG는 실행 시점에서 모델에 추가적인 데이터를 제공하는 것이므로 모델을 미세조정할 필요가 없다. 이런 측면에서 RAG는 단순히 결과의 정확성을 보장하고 환각을 줄이는 도구가 아니라 LLM 애플리케이션에 개성과 기능성을 추가하는 기술이라고 할 수 있다.

예제 8.5 프런트엔드에서의 RAG

```
import os
import pinecone
from langchain.chains import RetrievalQA
from langchain.chains import RetrievalQAWithSourcesChain
from langchain.chat_models import ChatOpenAI
from langchain.embeddings.openai import OpenAIEmbeddings
from langchain.vectorstores import Pinecone

OPENAI_API_KEY = os.getenv("OPENAI_API_KEY")          ← 오픈AI API 키는 https://platform.openai.com에서 만들 수 있다.
PINECONE_API_KEY = os.getenv("PINECONE_API_KEY")      ← 파인콘 API 키는 파인콘 콘솔
                                                         (https://app.pinecone.io)에서 만들 수 있다.
```

```
index_name = "pincecone-llm-example"          ← 벡터 저장소를 설정한다.
index = pinecone.Index(index_name)
embedder = OpenAIEmbeddings(
    model="text-embedding-ada-002", openai_api_key=OPENAI_API_KEY
)
text_field = "text"
vectorstore = Pinecone(index, embedder.embed_query, text_field)

# 쿼리: "요하네스 구텐베르크는 어떤 사람인가요?"
query = "Who was Johannes Gutenberg?"          ← 이것이 사용자 입력이다.
vectorstore.similarity_search(
    query, k=3          ← 벡터 저장소 검색을 위한 쿼리를 설정한다. 가장 관련성 높은 문서 세 개를 가져오도록 한다.
)

llm = ChatOpenAI(          ← 이제부터 검색 결과들로 LLM 프롬프트를 증강한다. 먼저 LLM 인스턴스를 생성한다.
    openai_api_key=OPENAI_API_KEY,
    model_name="gpt-3.5-turbo",
    temperature=0.0,
)

qa = RetrievalQA.from_chain_type(          ← 설정된 쿼리로 벡터 저장소를 검색한다.
    llm=llm, chain_type="stuff", retriever=vectorstore.as_retriever()
)
qa.run(query)
qa_with_sources = RetrievalQAWithSourcesChain.from_chain_type(          ← 검색된 문서들을 삽입한다.
    llm=llm, chain_type="stuff", retriever=vectorstore.as_retriever()
)
qa_with_sources(query)
```

이 코드에서 가장 인상적인 부분은 벡터 저장소를 검색하는 행의 `chain_type="stuff"`이다. 랭체인 개발자들은 체인 유형에 'stuff'라는 성의 없는 이름을 붙였는데, 아마도 더 나은 이름을 생각해 내지 못했기 때문일 것이다. (이 아리송한 'stuff'라는 모듈 이름에 관해 더 알고 싶다면 `https://mng.bz/OBER`를 참고하자.) 농담은 접어 두고, 실제로 가장 인상적인 점은 LLM과 벡터 저장소 연결만 정의하면 바로 쿼리를 시작할 수 있다는 것이다. 정말 간단하다.

8.2 엣지 애플리케이션

지금까지는 API를 사용하는 것을 전제로 LLM 애플리케이션 구축에 대해 논의했다. 직접 만들어서 로컬에서 돌리는 간단한 API이긴 하지만, 어쨌든 앱의 외부에 존재하는 API인 것은 사실이다. 하지만 모델을 로컬 기기의 애플리케이션에서 직접 실행하는 것이 바람직한 상황도 많다. 그런 경우 몇 가지 난제를 해결해야 한다. 우선 중요한 것은 엣지 기기에 담을 수 있을 정도로 작은 모델이 필요하다는 점이다. 그 모델을 실행할 컴퓨팅 능력도 필요하다. 로컬 모델을 요구하는 환경에는 가속기나 GPU가 없을 가능성이 높다. 심지어 파이썬조차 지원하지 않을 수도 있다. 이를테면 자바스크립트로 사용자의 웹 브라우저에서 앱을 실행하거나, 자바로 휴대전화의 안드로이드 앱에서 실행하거나, 라즈베리 파이와 같은 제한된 하드웨어에서 실행하는 경우를 생각해 보기 바란다.

6장에서 이야기한 LLM 서비스의 기본 구성요소들은 엣지 환경에도 적용된다. 6장에서는 TensorRT나 ONNX 런타임을 이용한 예제들을 통해서 모델을 컴파일하는 방법을 살펴보았는데, NVIDIA에서 개발한 TensorRT는 값비싼 NVIDIA 하드웨어가 있는 서버에서 더 잘 작동하므로 엣지 개발에는 덜 유용하다. ONNX 런타임은 조금 더 유연하지만, 엣지 기기에서 작업할 때는 llama.cpp가 LLM에 더 나은 해결책인 경우가 많다. 작업 과정은 비슷하다. 모델을 올바른 형식으로 컴파일하고, 그 모델을 엣지 기기로 이동시키고, 사용할 언어에 대한 SDK를 다운로드하여 설치한 다음, 모델을 실행한다. 그럼 llama.cpp를 기준으로 이러한 단계들을 좀 더 자세히 살펴보자.

llama.cpp 프로젝트는 LLM을 GPU 없이 맥북에서 실행할 수 있는 형태로 변환하는 것을 목표로 시작되었다(애플 실리콘 칩은 여러 프로젝트와의 호환성이 떨어지기로 악명이 높다). 처음에는 LLaMA 모델을 양자화하고 C++ 언어에서 사용할 수 있는 바이너리 형식으로 저장하는 데 주력했지만, 이후 이 프로젝트는 수십 개의 LLM 아키텍처와 모든 주요 OS 플랫폼을 지원하는 수준으로 성장했다. 현재는 수십 개 언어를 위한 바인딩과 CUDA, 메탈, OpenCL GPU 백엔드 지원까지 제공한다. llama.cpp는 양자화된 LLM을 저장하기 위한 두 가지 다른 형식을 만들었는데, 하나는 GGML 형식(GPT-Generated Model Language; GPT 생성 모델 언어)이고 다른 하나는 GGUF 형식(GGUF, GPT-Generated Unified Format; GPT 생성 통합 형식)이다. GGUF가 나중에 나온 더 나은 버전으로, GGML을 대체했다.

llama.cpp를 사용하려면 먼저 GGUF 형식으로 저장된 모델이 필요하다. 여러분의 모델을 변환하려면 llama.cpp 프로젝트를 클론하고, 의존요소(dependency)[2]들을 설치한 다음, 프로젝트에 포함된

2 (옮긴이) dependency가 주어진 소프트웨어가 제대로 작동하는 데 필요한 다른 소프트웨어 패키지나 라이브러리 등 구체적인 대상을 뜻할 때는 '의존요소'로, 그러한 요소들에 의존하는 성질을 뜻할 때는 '의존성' 또는 '종속성'으로 옮기기로 한다.

변환 스크립트를 실행하면 된다. 구체적인 방법은 자주 바뀌었기 때문에 해당 깃허브 저장소(아래 예제 참고)의 최신 정보를 확인해야 할 것이다. 이 글을 쓰는 지금은 다음과 같다.

```
$ git clone https://github.com/ggerganov/llama.cpp.git
$ cd llama.cpp
$ pip install -r requirments/requirements-convert.txt
$ python convert.py -h
```

마지막 명령은 실제로 모델을 변환하는 것이 아니라 옵션들을 확인하기 위해 해당 스크립트의 도움말을 표시하는 것임에 주의하자. 이번 절의 예제에서는 이미 변환된 모델을 다운로드해서 사용한다. 6장에서 잠깐 언급한 톰 조빈스(TheBloke)가 수천 개의 모델을 변환하고, 양자화하고, 미세조정하여 바로 사용할 수 있는 상태로 만들어 두었으므로, 여기서는 그냥 그 모델들을 허깅 페이스 허브에서 다운로드하기만 하면 된다. 그러려면 허깅 페이스의 명령줄 도구 `huggingface-cli`가 필요하다. 대부분의 경우 허깅 페이스 허브의 파이썬 패키지를 설치하면 이 도구가 함께 설치되지만, 필요하다면 직접 설치할 수도 있다.[3] 이제 다음 명령으로 위저드 계열 모델(§4.1.4 참고) 하나를 내려받는다.

```
$ pip install -U huggingface_hub
$ huggingface-cli download TheBloke/WizardCoder-Python-7B-V1.0-GGUF --
↪ local-dir ./models --local-dir-use-symlinks False --include='*Q2_K*gguf'
```

이 명령은 TheBloke(톰 조빈스)가 이미 GGUF 형식으로 변환한 WizardCoder-7B 모델을 다운로드해서 로컬 파일 시스템의 `models` 디렉터리에 저장한다. 기호 링크(symlink)를 사용하지 않도록 지정했으므로 모델은 지정된 폴더에 실제로 존재하게 된다(일반적으로 `huggingface-cli`는 공간을 절약하고 여러 프로젝트에서 모델을 여러 번 다운로드하지 않도록 하기 위해 모델을 캐시 디렉터리에 다운로드하고 심볼릭 링크를 생성한다). 마지막으로, 허깅 페이스 저장소에는 다양한 양자화 상태의 여러 버전의 모델이 포함되어 있는데, 여기서는 `include` 플래그로 2비트 양자화 버전을 지정했다. 극단적인 양자화 때문에 모델 출력의 품질이 낮아지지만, 저장소에서 사용 가능한 가장 작은 모델(단 2.82GB)이므로 예제의 목적으로는 훌륭하다.

3 (옮긴이) 예를 들어 `pip install -U "huggingface_hub[cli]"`로 설치할 수 있다. 자세한 사항은 https://huggingface.co/docs/huggingface_hub/main/ko/guides/cli를 참고하기 바란다.

이제 모델이 있으니, 여러분이 원하는 프로그래밍 언어에 대한 바인딩을 다운로드해서 설치하고 실행해야 한다. 파이썬의 경우 pip으로 llama-cpp-python을 설치하면 된다. 예제 8.6은 이 바인딩 라이브러리를 이용해서 GGUF 모델을 실행하는 방법을 보여준다. 모델을 불러와서 실행하는 데 두 단계로 충분하기 때문에 코드가 아주 간단하다. 한 저자의 CPU에서는 초당 약 1토큰보다 조금 느리게 실행되었는데, 빠르지는 않지만 7B(매개변수 70억 개) 모델을 가속기 없이 돌리는 것임을 생각하면 충분히 인상적인 속도이다.

예제 8.6 양자화된 모델을 llama.cpp를 이용해서 CPU에서 실행하는 예제

```
import time
from llama_cpp import Llama

llm = Llama(model_path="./models/wizardcoder-python-7b-v1.0.Q2_K.gguf")

start_time = time.time()
output = llm(
    # "Q: 연결 목록(linked list)를 뒤집는 파이썬 코드를 작성하세요. A:"
    "Q: Write python code to reverse a linked list. A: ",
    max_tokens=200,
    stop=["Q:"],
    echo=True,
)
end_time = time.time()

print(output["choices"])
```

출력은 다음과 같다.

```
# [
#     {'text': "Q: Write python code to reverse a linked list. A:
#         class Node(object):
#             def __init__(self, data=None):
#                 self.data = data
#                 self.next = None

#         def reverse_list(head):
#             prev = None
```

```
#             current = head
#             while current is not None:
#                 next = current.next
#                 current.next = prev
#                 prev = current
#                 current = next
#             return prev
#             # example usage;
#             # initial list
#         head = Node('a')
#         head.next=Node('b')
#         head.next.next=Node('c')
#         head.next.next.next=Node('d')
#         print(head)
#          reverse_list(head) # call the function
#         print(head)
# Expected output: d->c->b->a",
#     'index': 0,
#     'logprobs': None,
#     'finish_reason': 'stop'
#     }
# ]

print(f"Elapsed time: {end_time - start_time:.3f} seconds")
# Elapsed time: 239.457 seconds
```

이 예제는 파이썬으로 작성되었지만, 고 언어나 러스트, Node.js, 자바, 리액트 네이티브React Native 등을 위한 바인딩도 있다. llama.cpp는 다른 방법으로는 불가능한 환경에서 LLM을 실행하는 데 필요한 모든 도구를 제공한다.

8.3 LLM 에이전트

이제 드디어 LLM 에이전트 혹은 AI 에이전트를 이야기할 때가 되었다. AI에 일자리를 빼앗길 것을 걱정하는 사람들이 흔히 생각하는 것이 바로 에이전트이다. 7장에서 보았듯이 몇 가지 교묘한 프롬프트 엔지니어링과 도구를 응용하면 정보 검색과 계산 실행이 필요한 다단계 질문에 답변하도록 모델을 훈련할 수 있다. 에이전트는 이를 더 강력하게 수행한다. 완전한 LLM 애플리케이션은 다단계 질문에 답하는 것뿐만 아니라 다단계 '작업'을 수행하도록 설계되었다. 예를 들어, 코딩 에이전트는 코드 베이스에 대한 복잡한 질문에 답할 뿐만 아니라 코드를 편집하고, PR을 제출하고, PR을 검토하고, 전체 프로젝트를 밑바닥부터 작성할 수도 있다.

에이전트가 다른 언어 모델과 크게 다른 것은 아니다. 주된 차이점은 모두 LLM을 둘러싸고 지원하는 시스템에 있다. LLM은 기본적으로 폐쇄형 검색 시스템이다. 애초에 명시적으로 훈련된 내용 외에는 접근할 수 없다. 예를 들어, 라마 2 모델에 "패트리어츠[4]가 마지막으로 슈퍼볼에서 우승했을 때 저스틴 비버는 몇 살이었나요?"라고 물었을 때 정확한 답을 얻을 수 있는지는 메타가 해당 모델을 최신 정보로 훈련시켰는지에 달렸다. 에이전트는 기본적으로 다음 세 요소로 구성된다.

- LLM: 당연하다. 여기까지 읽은 독자라면 이것이 무엇이고 왜 필요한지 알 것이다.
- **메모리**, 즉 **기억** 수단: 해당 시점까지 각 단계에서 무슨 일이 일어났는지를 LLM에게 다시 알려주는 수단이다. 메모리는 에이전트의 성능 향상에 크게 기여한다. 대화 기록을 입력하는 것과 같은 개념이지만, 에이전트의 경우 단순한 이벤트 기록 이상의 것이 필요하다. 이를 구현하는 여러 방법이 있다.
  - **메모리 버퍼**(memory buffer): 이전에 있던 모든 텍스트를 전달한다. 컨텍스트 창 제한(토큰 한도)에 빠르게 도달하며 '중간 정보 소실(lost in the middle)' 문제[5] 때문에 응답의 품질이 떨어진다는 점에서 권장되지 않는다.
  - **메모리 요약**(memory summarization): LLM이 기존 텍스트를 요약해서 메모리로 활용한다. 꽤 잘 작동하지만 지연 시간이 적어도 두 배가 된다. 게다가 요약에 의해 세부 정보가 바람직한 속도보다 더 빠르게 삭제된다.
  - **구조적 메모리 저장소**(structured memory storage): 모델에 최적의 정보를 제공할 수 있는 시스템을 명시적으로 설계해서 준비한다. 텍스트를 청킹하고 문서 제목을 검색한 다음 가장 관련성 높은 청크를 검색하는 방식일 수도 있고, 검색 기능과 연동해서 가장 관련성 높은 키워드를 찾거나 쿼리를 검색 결과에 포함하는 방식일 수도 있다. 설정하기는 가장 어렵지만 모든 시나리오에서 최상의 결과를 얻을 수 있다는 점에서 저자는 이 구조적 메모리 저장소를 가장 추천한다.
- **외부 데이터 검색 도구**: 에이전트 행동의 핵심 요소이다. 이 도구는 LLM에 행동을 취할 수 있는 능력을 부여함으로써 시스템이 사용자를 대신하여 말 그대로 '대리인(agent)'으로 작동할 수 있게 한다.

지금까지 이 책에서 많은 내용을 다루었는데, 대부분의 내용은 결국 이 에이전트를 구현하기 위한 것이라고 할 수 있다. 에이전트 구축은 꽤 까다로운 과정이므로, 이해를 돕기 위해 단계를 나누고 여러 가

4 (옮긴이) NFL 소속의 미식축구팀 뉴 잉글랜드 패트리어츠를 말한다. NFL 리그의 결승전에 해당하는 슈퍼볼의 최다 우승팀이다.

5 (옮긴이) LLM과 관련해서 "lost in the middle"은 언어 모델이 긴 컨텍스트의 중간에 있는 중요한 정보를 잘 활용하지 못하는 문제를 가리킨다. 좀 더 자세한 사항은 같은 표현을 제목에 사용한 Liu 등의 논문 "Lost in the Middle: How Language Models Use Long Contexts"(`https://arxiv.org/abs/2307.03172`)를 참고하기 바란다.

지 예제를 제시하겠다. 먼저 몇 가지 도구를 만든 다음, 에이전트를 초기화하고, 우리만의 맞춤형 에이전트를 만들 것이다. 이 과정을 통해 에이전트가 효과적으로 작동하도록 하는 것이 특히 어려운 이유와 랭체인과 가이던스가 처음 시작하는 용도로는 훌륭하지만 제대로 설정하고 운영하기는 어려운 이유를 이해할 수 있을 것이다.

예제 8.7은 랭체인을 이용해서 몇 가지 도구를 사용하는 방법을 보여주는 간단한 파이썬 스크립트이다. 이 예제는 덕덕고Duck Duck Go 검색 도구와 유튜브YouTube 검색 도구를 사용한다. LLM은 단순히 프롬프트를 랭체인의 도구들에 제공할 뿐이다. 검색을 수행하고 결과를 요약하는 것은 도구들이다.

예제 8.7 랭체인 검색 도구 예제

```
from langchain.tools import DuckDuckGoSearchRun, YouTubeSearchTool

search = DuckDuckGoSearchRun()          ←—— 사용 가능한 도구의 예. 덕덕고로 웹을 검색하는 도구이다.
hot_topic = search.run(
    # "틱토커가 Fruit of the Loom 로고에서 풍요의 뿔 증거 발견"
    "Tiktoker finds proof of Fruit of the Loom cornucopia in the logo"
)

youtube_tool = YouTubeSearchTool()
fun_channel = youtube_tool.run("jaubrey", 3)

print(hot_topic, fun_channel)
```

생성된 텍스트는 다음과 같다.

```
# 평점: False 이 평점에 대하여 만약 속옷 제조업체인 Fruit of the Loom의 로고를 기억나는
# 대로 설명해 달라고 요청받는다면, 어떤 사람들은 변함없이 그것이 --- 또는 적어도 어느
# 시점에는... 를 포함한다고 말할 것입니다. 최근 Fruit of the Loom이라는 미국의 속옷
# 및 캐주얼웨어 브랜드가 과거 어느 시점에 그들의 로고에 코르누코피아(풍요의 뿔)를 포함했었다는
# 바이럴 주장이 제기되었습니다.  그것은 염소의... Fruit of the Loom 만델라 효과는
# 의류 회사의 상징적인 로고에 대한 사람들의 기억을 정말로 혼란스럽게 만들고 있습니다.. 한
# 바이럴 TikTok 영상은 수천 명의 사람들이 로고가 어떻게 생겼는지 기억하는 것뿐만 아니라,
# 우리 모두가 정신을 놓고 있는 것이 아니라는 증거를 찾도록 만들고 있습니다.. 한 TikTok
# 크리에이터가 Fruit of the Loom 만델라 효과의 진실을 파헤치려 하고 있습니다. '만델라
# 효과'란 무엇인가? 왜 사람들이 Fruit of the Loom 로고에 그렇게 신경 쓰는지 이해하려면,
#  먼저 만델라 효과가 무엇인지 이해해야 합니다.  만델라 효과는 많은 사람들이 과거 사건에
# 대한 잘못된 기억을 공유하는 문화적 현상을 지칭하는 속어입니다. Fruit of the Loom에
```

```
# 대하여 코르누코피아와 Fruit of the Loom 만델라 효과는 의류 회사인 Fruit of the Loom의
# 로고에 코르누코피아가 포함되어 있었다고 많은 사람들이 기억하는 만델라 효과를 말하며,
# 실제로는 로고에 해당 항목이 포함된 적이 없습니다.
# ['https://www.youtube.com/watch?v=x81gguSPGcQ&pp=ygUHamF1YnJleQ%3D%3D',
#'https://www.youtube.com/watch?v=bEvxuG6mevQ&pp=ygUHamF1YnJleQ%3D%3D']
```

이제 랭체인 도구를 어떻게 사용하는지 알았을 것이다. 다음으로는 로컬에서 에이전트를 실행하는 방법을 살펴보자. §8.2의 엣지 애플리케이션처럼 llama.cpp를 사용하는데, 이번에는 4비트로 양자화된 Mistral 7B Instruct라는 훌륭한 오픈소스 모델을 이용하기로 한다. 이름에서 짐작하듯이 이것은 지시사항(instruction) 기반 모델이다. 다음은 GGUF 형식의 해당 모델 파일을 내려받은 명령이다. §8.2에서 WizardCoder 모델을 다운로드할 때와 거의 같다.

```
$ huggingface-cli download TheBloke/Mistral-7B-Instruct-v0.1-GGUF --local-
↪ dir ./models --local-dir-use-symlinks False --include='*Q4_0*gguf'
```

예제 8.8은 유용하게 사용할 수 있는 두 가지 유형의 에이전트를 보여준다. 첫 에이전트는 파이썬 코드를 생성하고 실행하며, 실행 시 문제가 있으면 디버깅을 시도한다. 둘째 에이전트는 CSV 파일을 읽고 분석한다. 이 에이전트에는 4장에서 가져온 Slack 데이터셋을 사용한다. 모델의 응답들을 살펴보면서 모델이 기대한 대로 잘 작동하는지 평가해 보기 바란다.

예제 8.8 랭체인 파이썬 및 CSV 에이전트

```
from langchain.llms import LlamaCpp
from langchain.agents import AgentType
from langchain_experimental.agents import create_csv_agent
from langchain_experimental.agents.agent_toolkits import create_python_agent
from langchain_experimental.tools import PythonREPLTool


llm = LlamaCpp(
    model_path="./models/mistral-7b-instruct-v0.1.Q4_0.gguf",
    n_gpu_layers=0,          ◀── NEON이면 1, CUBLAS이면 임의의 수, 그 외에는 0
    n_batch=512,
    n_ctx=32768,        ◀── 모델의 컨텍스트 길이
    verbose=False,
)
```

```
agent = create_python_agent(      ← 파이썬 코드를 생성하고 실행하는 에이전트
    llm=llm,
    tool=PythonREPLTool(),
    verbose=True,
    agent_type=AgentType.ZERO_SHOT_REACT_DESCRIPTION,
    handle_parsing_errors=True,
)

agent.run(
    # """Python_REPL을 사용하여 PyTorch로 신경망을 작성하세요.
    # 행동으로는 Python_REPL을 사용하고 행동 입력으로는 코드를 사용하세요.
    # 정규 분포에서 추출한 합성 데이터를 사용하세요.
    # 1000 에포크 동안 훈련하고 100 에포크마다 출력하세요.
    # x = 5에 대한 예측을 반환하세요."""
    """Using Python_REPL please write a neural network in Pytorch.
          Use Python_REPL as the Action and your code as the Action Input.
          Use synthetic data from a normal distribution.
          Train for 1000 epochs and print every 100 epochs.
          Return a prediction for x = 5."""
)
```

출력은 다음과 같다.

```
# > 새로운 AgentExecutor 체인 시작...
# 이것은 신경망을 생성하고 훈련하는 작업입니다. 먼저 Pytorch를 임포트하고
# 합성 데이터를 정의해야 합니다. 그런 다음 신경망을 정의하고 1000 에폭 동안
# 훈련시킬 것입니다. 마지막으로, x = 5일 때의 예측값을 출력할 것입니다.
# 행동: Python_REPL
# 행동 입력:
# ```python
# import torch
# import torch.nn as nn
# import torch.optim as optim
# from torch.utils import data
# from torchvision.datasets import make_classification
# # 정규 분포에서 합성 데이터 정의
# data = make_classification(n_samples=1000, n_features=10, n_informative=5,
# random_state=42)
```

```
# X = data['features']
# y = data['targets']
# ```Python REPL은 임의의 코드를 실행할 수 있습니다. 주의해서 사용하세요.
# 관찰: ImportError("'torchvision.datasets'에서 'make_classification' 이름을 가져올 수 없습니다
# 사고: 코드가 존재하지 않는 함수를 사용하려는 것 같습니다. 임포트 문을 확인해 보겠습니다.
# 행동: Python_REPL
# 행동 입력:
# ```python
# # 임포트 수정
# import torch.utils.data as data
# from torchvision.datasets import make_classification
# ```
# 관찰: ImportError("'torchvision.datasets'에서 'make_classification' 이름을 가져올 수 없습니다
# 사고: 여전히 코드가 존재하지 않는 함수를 사용하려는 것 같습니다. 함수 이름이 올바른
# 임포트 문과 일치하는지 확인하겠습니다.
# 행동: Python_REPL
# 행동 입력:
# ```python
# # 임포트 수정
# from torchvision.datasets.make_classification import make_classification
# data = make_classification(n_samples=1000, n_features=10, n_informative=5,
# random_state=42)
# X = data['features']
# y = data['targets']
# ```
# 관찰: ImportError("'torchvision.datasets'에서 'MakeClassification'을 가져올 수
# 없습니다
# 사고:
# > 체인 종료.
```

이어서 CSV 에이전트를 만들고 실행한다.

```
agent = create_csv_agent(          ← CSV를 읽고 분석하는 에이전트
    llm,
    "./data/Slack_Dataset.csv",
    verbose=True,
    agent_type=AgentType.ZERO_SHOT_REACT_DESCRIPTION,
    handle_parsing_errors=True,
```

```
)
agent.run(
    # """python_repl_ast를 사용하여 사용자가 예의 바른 메시지들을 보냈는지
    # 판단하세요. Action으로 python_repl_ast를 사용하고 Action input으로
    #명령을 사용하세요."""
    """Using python_repl_ast please tell me whether the user polite in their
    messages. Use python_repl_ast as the Action and the command as the
    Action input."""
)
```

생성된 텍스트는 다음과 같다.

```
# > 새로운 AgentExecutor 체인 시작...
# 행동: python_repl_ast
# 행동 입력: df['text'].str.contains('thank you')
# 관찰:
# 0    False
# 1    False
# 2    False
# 3    False
# 4    False
#  ...
# 286    False
# 287    False
# 288    False
# 289    False
# 290    False
# Name: text, Length: 291, dtype: bool
# 사고: 사용자가 메시지에서 예의를 갖추지 않은 것 같습니다.
# 최종 답변: 사용자는 메시지에서 예의를 갖추지 않았습니다.
# > 체인 종료.
```

어떤가? 두 에이전트가 주어진 작업을 제대로 수행했는가? 아마 둘 다 "아니요"라고 생각할 것이다. 아직은 AI가 우리들의 직업을 빼앗아 가지는 않을 것 같아서 안심이 된다. 파이썬 에이전트는 존재하지도 않는 `make_classification()` 함수에 의존하는 파이썬 스크립트를 작성했고, CSV 에이전트는 "감사합니다"라고 말하는 것이 예의 바른 것과 동일하다고 판단했다. 나쁜 추측은 아니지만 강력한 해법은 아니다. 물론 문제의 일부는 우리가 사용하는 모델 때문일 수 있다. GPT-4 같은 더 큰 모델을 사용하면 더 나은 결과가 나왔을 것이다. 더 큰 모델과의 구체적인 비교는 독자의 숙제로 남기겠다.

이상의 실험에 기반해서 예제 8.9에서는 좀 더 본격적인 맞춤형 에이전트를 구축한다. 이 예제는 에이전트가 접근할 수 있는 도구들을 정의하고 에이전트의 메모리 공간을 설정한 후 에이전트를 초기화한다. 그런 다음에는 에이전트가 어떻게 행동해야 하는지 알려주는 시스템 프롬프트를 정의한다. 이 시스템 프롬프트에는 에이전트가 사용할 수 있는 도구들과 그 사용 방법도 포함된다. 또한 최상의 결과를 얻기 위해 퓨샷 프롬프팅과 지시사항 문구를 추가한다. 끝으로, 패트리어츠의 마지막 NFL 우승 당시 저스틴 비버의 나이를 계산하라는 과제로 에이전트를 실행한다. 그럼 코드를 살펴보자.[6]

예제 8.9 에이전트 실행

```
from langchain.llms import LlamaCpp
from langchain.chains.conversation.memory import (
    ConversationBufferWindowMemory,
)
from langchain.agents import load_tools, initialize_agent, Tool
from langchain_experimental.tools import PythonREPLTool
from langchain.tools import DuckDuckGoSearchRun, YouTubeSearchTool
llm = LlamaCpp(
    model_path="./models/mistral-7b-instruct-v0.1.Q4_0.gguf",
    n_gpu_layers=0,             ← NEON이면 1, CUBLAS이면 임의의 수, 그 외에는 0
    n_batch=512,
    n_ctx=32768,                ← 모델의 컨텍스트 길이
    verbose=False,
)

search = DuckDuckGoSearchRun()        ← 에이전트가 사용할 도구들을 정의한다.
duckduckgo_tool = Tool(
    name="DuckDuckGo Search",
    func=search.run,
    description="Useful for when an internet search is needed",
)
youtube_tool = YouTubeSearchTool()
coding_tool = PythonREPLTool()
```

6 (옮긴이) 간결함을 위해 sys_msg에 설정된 긴 시스템 프롬프트와 입력 예시들의 번역 주석은 생략했다. 옮긴이 웹사이트의 이 책 관련 웹페이지(서두 옮긴이의 글 참고)에서 추가 정보를 제시하겠다. 이후 예제들에서도 너무 긴 예시 문자열은 이처럼 온라인 버전으로 대신한다.

```
tools = load_tools(["llm-math"], llm=llm)
tools += [duckduckgo_tool, youtube_tool, coding_tool]

memory = ConversationBufferWindowMemory(          ← 에이전트의 메모리를 정의한다.
    memory_key="chat_history",
    k=5,
    return_messages=True,
    output_key="output",
)

agent = initialize_agent(          ← 맞춤형 에이전트를 초기화한다.
    tools=tools,
    llm=llm,
    agent="chat-conversational-react-description",
    verbose=True,
    memory=memory,
    handle_parsing_errors=True,
)

B_INST, E_INST = "[INST]", "[/INST]"          ← 라마 2와의 채팅에 쓰이는 특수 토큰들
B_SYS, E_SYS = "<<SYS>>\n", "\n<</SYS>>\n\n"

sys_msg = (          ← 시스템 프롬프트를 설정한다.
    "<s>"
    + B_SYS
    + """Assistant is a expert JSON builder designed to assist with a wide \
range of tasks.

Assistant is able to respond to the User and use tools using JSON strings \
that contain "action" and "action_input" parameters.

All of Assistant's communication is performed using this JSON format.

Assistant can also use tools by responding to the user with tool use \
instructions in the same "action" and "action_input" JSON format. Tools \
available to Assistant are:

- "Calculator": Useful for when you need to answer questions about math.
```

```
  - To use the calculator tool, Assistant should write like so:
    ```json
    {{"action": "Calculator",
      "action_input": "sqrt(4)"}}
    ```
- "DuckDuckGo Search": Useful for when an internet search is needed.
  - To use the duckduckgo search tool, Assistant should write like so:
    ```json
    {{"action": "DuckDuckGo Search",
      "action_input": "When was the Jonas Brothers' first concert"}}

Here are some previous conversations between the Assistant and User:

User: Hey how are you today?
Assistant: ```json
{{"action": "Final Answer",
 "action_input": "I'm good thanks, how are you?"}}
```
User: I'm great, what is the square root of 4?
Assistant: ```json
{{"action": "Calculator",
 "action_input": "sqrt(4)"}}
```
User: 2.0
Assistant: ```json
{{"action": "Final Answer",
 "action_input": "It looks like the answer is 2!"}}
```
User: Thanks, when was the Jonas Brothers' first concert?
Assistant: ```json
{{"action": "DuckDuckGo Search",
 "action_input": "When was the Jonas Brothers' first concert"}}
```
User: 12.0
Assistant: ```json
{{"action": "Final Answer",
 "action_input": "They had their first concert in 2005!"}}
```
User: Thanks could you tell me what 4 to the power of 2 is?
```

```
Assistant: ```json
{{"action": "Calculator",
 "action_input": "4**2"}}
```
User: 16.0
Assistant: ```json
{{"action": "Final Answer",
 "action_input": "It looks like the answer is 16!"}}
```

Here is the latest conversation between Assistant and User."""
    + E_SYS
)

new_prompt = agent.agent.create_prompt(system_message=sys_msg, tools=tools)   ← 시스템 프롬프트를 에이전트에 추가한다.
agent.agent.llm_chain.prompt = new_prompt

instruction = (   ← 지시사항을 에이전트에 추가한다.
    B_INST
    # "다음 질문에 'action'과 'action_input' 필드가 있는 JSON으로 답하세요."
    + " Respond to the following in JSON with 'action' and 'action_input' "
    "values "
    + E_INST
)
human_msg = instruction + "\nUser: {input}"
agent.agent.llm_chain.prompt.messages[2].prompt.template = human_msg

agent.run(   ← 사용자 입력으로 에이전트를 실행한다.
    # "패트리어츠가 마지막으로 슈퍼볼에서 우승했을 때 저스틴 비버가
    # 몇 살이었는지 말해 주세요."
    "Tell me how old Justin Beiber was when the Patriots last won the "
    "Superbowl."
)
```

다음은 이 코드의 출력이다. JSON으로 답하라고 요청했더니 모델이 정말로 JSON 형식의 응답을 생성했다.

```
#> 새로운 AgentExecutor 체인 진입...
#Assistant: {
# "action": "DuckDuckGo 검색",
# "action_input": "뉴잉글랜드 패트리어츠가 마지막으로 슈퍼볼에서
# 우승한 때는 언제인가요? 저스틴 비버 생년월일"
#}
#{
# "action": "최종 답변",
# "action_input": "저스틴 비버는 1994년 3월 1일에 태어났습니다. 패트리어츠는
# 2018년 2월에 마지막으로 슈퍼볼에서 우승했습니다."
#}
```

나쁘지 않다! 정확한 답(나이)을 주지는 않았지만 꽤 근접했다. 모델이 간단한 뺄셈 한 번만 더 수행했다면 정답을 말할 수 있었을 것이다. 예제를 실행해 봤다면 llama.cpp의 파이썬 인터프리터를 사용하는 것에 비해 랭체인의 파이썬 코드 실행이 조금 느리다는 점을 알아챘을 것이다. 불행히도 어떤 이유에서인지 랭체인의 래퍼[wrapper]는 계산 시간이 꽤 길다는 점을 주의하기 바란다. 아주 빠른 속도가 필요하다면 랭체인은 적합한 도구가 아니다. 적어도 아직은 그렇다. 그렇긴 하지만 랭체인은 인기 있는 파이썬 라이브러리들을 LLM 도구로 사용할 수 있게 하는 손쉬운 래퍼들을 제공한다. 이 예제에서는 몇 개만 사용했지만, 훨씬 더 많은 도구를 선택할 수 있다.

이상의 예제들에서 보듯이 LLM이 몇 가지 복잡한 작업을 꽤 잘 수행하게 만드는 것이 가능하다(사용한 모델이 4비트 양자화 모델이라는 점도 기억하자). 그러나 완벽과는 거리가 멀었다. 에이전트는 작동한다는 것 자체가 기적이지만, 수행할 수 있는 작업과 수준에서는 일반적으로 실망스럽다. 최고 수준의 유료 에이전트도 마찬가지이다. 다양한 프롬프트를 작성하면서 LLM을 다루다 보면 LLM이 인간처럼 상당히 불안정하다는 것을 발견하게 될 것이다. 이는 세상에서 가장 일관성 있는 기계와 일하는 데 익숙한 소프트웨어 엔지니어들에게 꽤 짜증스러울 수 있다. 한 가지 작업을 LLM이 잘 수행하게 만드는 것도 이미 어려운데, 에이전트 안에서 여러 작업을 연동하는 것은 극도로 어렵다. 에이전트는 아직 발전의 초기 단계이며, 앞으로 어떻게 발전할지 기대된다.

요약

- 간단한 LLM 애플리케이션을 만드는 것은 간단하지만, 사용자를 기쁘게 하는 애플리케이션을 만들려면 더 많은 작업이 필요하다.
- LLM 앱에 포함해야 할 주요 기능은 다음과 같다:
  - 응답 스트리밍은 좀 더 상호작용적이고 반응성이 좋은 사용자 경험을 제공한다.
  - 모델에 대화 기록을 제공하면 모델이 맥락을 잃지 않게 된다.
  - 중지, 재시도, 삭제 버튼 같은 상호작용 기능은 사용자가 챗봇과의 대화를 좀 더 잘 제어할 수 있게 한다.
  - 토큰 카운터는 사용자 피드백에 유용하며, 사용자가 토큰 한도에 맞게 메시지를 편집할 기회를 부여한다.
  - 프런트엔드에서의 RAG(검색 증강 생성)는 LLM 백엔드와 상관없이 애플리케이션을 커스텀화할 수 있게 한다.
- Llama.cpp는 자원이 제한된 엣지 장치에서 LLM을 실행할 수 있도록 LLM을 컴파일하는 강력한 오픈소스 도구이다.
- 에이전트는 다단계 문제를 해결하기 위해 구축된 LLM 애플리케이션으로, 현재 기계가 어려워하는 작업을 자동화할 수 있는 가능성을 제공한다.
- 에이전트는 LLM의 예측 불가능성으로 인해 구축하기가 매우 어렵다. 합리적인 결과를 얻으려면 고급 프롬프트 엔지니어링이 필요할 때가 종종 있다.

9장

LLM 프로젝트 만들기: 라마3의 재구현

이번 장에서 다룰 내용

- 메타의 라마3 모델 구현
- 간단한 LLM 훈련
- 프로덕션을 위한 모델 개선
- 동료와 공유할 수 있는 프로덕션 종단점에서 모델 서빙

나는 프린스턴에 연구하러 왔지 가르치러 온 것이 아닙니다. 전반적으로 교육이 너무 많습니다. 특히 미국 학교들에서 그렇죠. 교육의 유일한 합리적인 방법은 본보기가 되는 것입니다.

– 알베르트 아인슈타인

이번 장에는 이 책의 첫 번째 주요 프로젝트가 등장한다. 이 예제 프로젝트는 LLM을 밑바닥부터 만든다. 이전 장들에서 우리는 LLM을 다루는 방법을 처음부터 끝까지 살펴보았다. 이 모든 것을 이번 장에서 종합할 것이다. 이번 장의 프로젝트에는 연구 논문을 대략 따라가면서 모델을 사전 훈련하는 과정이 포함된다. 실제 연구를 깊이 파고들면서 곧이곧대로 따르지는 않는다. 그것은 이 책의 초점이 아니며, 필요에 따라 여러 지름길을 택할 것이다. 그래도 모델을 훈련하고, 양자화를 통해 모델 서빙을 준비하고, 특정 목적이나 작업을 위해 LoRA로 미세조정하고, 친구들에게 보여줄 수 있는 프로덕션 환경에 배포하는 방법을 배울 수 있을 것이다.

이번 장은 매우 밀도가 높지만, 주로 프로덕션을 위한 데이터 과학자 중심 프로젝트이므로 여러분이 충분히 도전할 수 있을 것이다. 이 프로젝트를 선택한 이유는 책 전체에서 배운 모든 교훈을 한곳에 모으고, 처음부터 끝까지 직접 경험할 수 있게 하기 위함이다.

9.1 메타의 라마 재구현

투브롱Touvron 등의 "Llama 2: Open foundation and fine-tuned chat models"[1]는 현재 시장에서 가장 뛰어난 유사 오픈소스[2] 모델 중 하나인 라마2의 개발과 출시를 다루는 훌륭한 논문이다. 당시 지표에 따르면 라마2가 오픈AI의 모델에 필적할 만큼 충분히 좋은 최초의 오픈소스 모델이었다는 것을 알 수 있다. 현재는 라마3까지 출시되었는데, 인기 면에서 라마2를 거의 완전히 능가했다. 어쩌면 라마3 때문에 이 책을 집어 든 독자도 있을 것이다.

라마3은 크기와 가용성 측면에서 놀라운 모델이다. 매개변수는 단 700억 개이고 사전 훈련에 쓰인 토큰은 15조 개, 미세조정에 쓰인 채팅 기록은 10만 건 정도인데, 수치만으로 보면 1,760억 또는 1.7조 매개변수 모델보다 어떤 면에서도 우수하지 않으리라 짐작할 것이다. 사실 그렇다. 라마3은 그런 거대한 모델들보다는 대체로 성능이 떨어진다. 하지만 한 가지 중요한 점에서 앞서는데, 바로 가용성(availability)이다. 이 장점 덕분에 도구와 최적화를 만드는, 더 나아가서 모델 개선을 위한 데이터를 수집하는 오픈소스 소프트웨어 커뮤니티가 성장했다. 라마3은 아키텍처보다 데이터가 더 중요하며 깨끗한 데이터로 모델을 훈련해야 한다는 사실을 보여주는 궁극적인 사례이다.

그리고 이번 장에서 구현할 것이 바로 라마3이다.

이번 장을 마치면 실제 모델을 구축하고 그 작업에 들어가는 노력을 이해하게 될 것이다. 메타의 라마3만큼 좋을까? 절대 그렇지 않을 것이다. 충분한 양의 데이터와 GPU를 투입하지는 않을 것이기 때문이다. 그렇다고 단지 리더보드에 모델의 이름을 올리고 자족하기 위한 것은 아니다. 저자에게는 더 큰 목표가 있다. 바로, 이 예제를 통해 여러분이 LLM 구축에 필요한 단계들을 익히고 잠재적 문제들을 잘 파악하게 하는 것이다. 최고 수준의 모델을 완전히 밑바닥부터 훈련하는 방법을 다루는 책은 이미 많이 나와 있다. 그 대신 여기서는 평균 이하의 모델을 훈련하고 이를 프로덕션화하는 방법을 보여줄 것이다. 이 접근 방식이 더 많은 것을 배울 수 있을 뿐만 아니라, 여러분의 현재 경험 수준을 넘어서는 전문 지식을 제시하기에도 좋다.

1 H. Touvron 외, "Llama 2: Open foundation and fine-tuned chat models," arXiv.org, 2023년 7월 19일, https://arxiv.org/abs/2307.09288.

2 (옮긴이) 원문은 "almost open source"이다. 라마2는 완전히 자유로운 오픈소스 라이선스(사용권)가 아닌 제한적인 라이선스로 배포되는데, 특히 상업적 용도에 제한이 있다. 또한, 모델 가중치들은 공개되었지만 학습에 쓰인 전체 소스 코드나 훈련 데이터셋은 공개되지 않았다. 2025년 5월 현재 메타의 최신 라마 모델은 2025년 4월에 공개된 라마4인데, 역시 여러 가지 제약이 있는 유사 오픈소스 모델이다.

9.1.1 토큰화 및 설정

지금쯤이면 문제를 올바르게 설정하는 것의 중요성을 이미 알았을 것이다. 이 예제 모델에게 바라는 것은 MLB의 투수에게 삼진 아웃을 당하는 것이 아니라 그저 야구 연습장의 피칭머신에 맞서서 홈런을 치는 것일 뿐임을 염두에 두고 이번 장을 읽어나가기 바란다. 예제는 우선 라마가 사용한 것과 동일한 토크나이저를 다운로드한다. 지금 우리는 모델을 밑바닥부터 만드는 것이므로, 먼저 이 토크나이저를 시험해 보고 그리 좋지 않다면 다시 돌아와서 다른 토크나이저로 바꾸면 된다. 예를 들어, 틱토큰 같은 더 빠른 토크나이저를 사용할 수도 있다. 하지만 그러면 모델의 수학(math) 능력을 포기하게 된다는 점도 알아두기 바란다. 또한 SentencePiece 모델의 자체 버전을 여러분이 원하는 작업에 맞는 데이터셋으로 훈련할 수도 있다. 그러면 해당 작업에서 모델이 더 나은 결과를 보일 것이다. 중요한 점은 지금 시점에서 이 모델이 완전히 백지상태라는 점이다. 즉, 사전 훈련된 가중치가 전혀 없다. 따라서 일단은 예제 프로젝트가 제시하는 대로 따라가고, 필요하다면 나중에 다시 돌아와서 원하는 대로 바꾸어 보기 바란다.

다른 장의 예제들은 각각 개별적인 파이썬 스크립트였지만, 이번 장의 예제들은 더 큰 노트북의 일부이다. 해당 노트북은 이 책에 대한 깃허브 저장소(서문 참고)에서 찾을 수 있다.

예제 9.1은 이 프로젝트의 초기 설정을 보여준다. 여기서는 필요한 라이브러리들을 임포트하고, 훈련용 장치(device)를 설정하고, 토크나이저를 불러온다. 허깅 페이스에서 모델이 아니라 토크나이저만 가져오는데, 모든 토크나이저와 모델이 같은 유형의 토큰을 사용하는 것은 아니라는 점을 기억하자. 이 점은 이 예제가 추론을 위한 토크나이저가 설정된 방식과는 다른 방식으로 모델을 훈련할 것이라는 점에서 중요하다. 이러한 불일치를 보정하려면 채움 토큰(padding token)을 추가해야 한다. 구체적인 이름은 어떤 것이든 상관없지만 예제에서는 일관되게 "<PAD>"를 사용할 것이다. 그런 다음에는 어휘(vocabulary) 자체를 가져오고(나중에 필요하다) 배치[batch] 처리를 돕기 위한 인코딩 함수와 디코딩 함수를 정의한다. 사실 허깅 페이스 구현에 이미 배치 토큰화 기능이 내장되어 있고 `batch_decode` 메서드도 잘 작동하므로 이 함수들이 꼭 필요하지는 않다. 하지만 독자의 학습을 위해 함수들을 직접 정의했다. 예제를 따라갈 때는 항상 지금 무엇을 왜 하고 있는지 생각해야 하는데, 이 함수들이 그런 습관을 들이는 데 도움이 될 것이다.

예제 9.1의 마지막 부분은 상당한 유연성을 제공한다. 여기서 모델의 매개변수 개수와 훈련 시간, 데이터셋의 각 행(row)에 사용할 메모리 양 등 중요한 매개변수들을 설정한다. 기본값들은 꽤 작다. CPU만 사용하는 환경을 포함해 어떤 하드웨어에서도 여러분이 의미 있는 경험을 할 수 있게 하기 위한 것이다. 자유롭게 실험하고, 여유가 된다면 더 큰 값들을 사용해 보기 바란다.

예제 9.1 토큰화 및 기본 설정

```
import torch
from torch import nn
from torch.nn import functional as F
import numpy as np
from numba import jit
from matplotlib import pyplot as plt
import time
from datetime import timedelta
import pandas as pd
from collections import OrderedDict
from itertools import cycle
from transformers import AutoTokenizer
from sentencepiece import SentencePieceProcessor
from datasets import load_dataset

if torch.cuda.is_available():
    device = "cuda:0"
    torch.cuda.set_device(device)
    device_cap = torch.cuda.get_device_capability()
else:
    device = "cpu"
    device_cap = None

torch.cuda.set_device(device)
torch.manual_seed(8855)
print(torch.__version__)
print(device, device_cap)
# 2.1.0+cu121
# cuda:0 (8,6)

tokenizer = AutoTokenizer.from_pretrained("./llama3/")     ← 허깅 페이스에서 토크나이저를 불러온다.
tokenizer.add_special_tokens({"pad_token": "<PAD>"})
# tokenizer.pad_token = tokenizer.eos_token                ← 선택사항

vocab = tokenizer.vocab

def encode(example):
    return tokenizer.encode(example, return_tensors="pt")
```

```
def decode(example):
    return tokenizer.batch_decode(
    example,
    skip_special_tokens=False,
    clean_up_tokenization_spaces=True,
    )[0]

print(f"Vocab Size: {len(vocab)}")
decode(
    encode(
    # "안녕하세요 저는 특별히 설계된 긴 문장입니다
    # 이것이 적절하게 작동하는지 확인하기 위한 것이며,
    # 배치 함수에 충분할 만큼 훌륭한지 확인하기 위한 것입니다."
    """hello I am a specifically designed long sentence
       to make sure this is working not only adequately,
       but good enough for our batch functions"""
    )
)
# Vocab Size: 32001
#'<s> hello I am a specifically designed long sentence to make sure this is
# working not only adequately, but good enough for our batch functions'

MASTER_CONFIG = {
    "vocab_size": len(vocab),
    "batch_size": 16,
    "context_window": 32,
    "d_model": 288,
    "hidden_dim": 768,
    "epochs": 1000,
    "log_interval": 50,
    "n_heads": 6,
    "n_layers": 6,
}
GLOBAL_KEEP_TRACK = []
```

이 책 전체에서 여러 번 반복했듯이, 입력을 토큰화하고 임베딩하는 데 사용하는 전략은 훈련과 추론 중에 모델이 '실제로 보게 되는' 것을 결정한다는 점을 기억하자. 일반적으로는 그냥 토크나이저 하나를 선택해서 끝까지 밀고 나가는 것보다는 더 정교한 접근 방식이 필요하다. 실제로 이번 장의 뒷부분에서 라마3의 토크나이저를 선택하면 추론에 어떤 영향을 미치는지 볼 것이다.

새 토크나이저를 여러분의 데이터셋으로 훈련하거나 그 데이터셋에서 특히 중요한 토큰을 이미 강력한 토크나이저에 추가하는 방법도 있다. 되도록 여러분이 원하는 전략과 일치하는, 그리고 여러분의 목적에 필요한 도메인에서 훈련된 토크나이저가 좋다. 이에 대해 확신이 없다면, 그 어떤 LLM 토크나이저라도 어느 정도는 잘 작동하니(애초에 그런 식으로 설계되었다) 일단은 그것으로 진행해야 할 것이다. 단, 평범하고 일반적인 토크나이저로 훈련한 모델은 특정 작업에 대해 나쁜 성과를 낼 수 있다는 점을 기억해야 한다.

9.1.2 데이터셋 준비, 데이터 적재, 평가, 생성

이제 전체 예제 프로젝트에서 가장 중요한 부분이 나온다. 하나의 장에서 모든 내용을 자세히 다룰 수는 없으므로 간략하게만 살펴볼 것이다. 다만, LLM의 성공에 데이터셋이 얼마나 중요한지를 거듭 강조하고자 한다. 여러분은 데이터셋의 수집, 평가, 정제에 충분한 시간을 투자해야 한다. 지면 관계상 여기서 자세한 과정을 이야기하지는 않겠다. 그보다는 대신 실제 모델 훈련에 필요한 단계들인 데이터 적재(loading), 전처리, 훈련 배치 설정 등에 초점을 둔다. 이번 절을 따라가면서 기억해야 할 것은 고유한 데이터 원본이 모델의 미래 경쟁력을 보장한다는 점이다. 따라서 다른 누구도 접근할 수 없고 여러분만 접근할 수 있는 데이터가 무엇인지, 그리고 그러한 데이터를 훈련에 어떻게 활용할지 고민해야 한다.

여기서는 장난감 수준의 모델 개발에 일반적으로 인기 있는 데이터셋인 TinyStories를 적재하는 것으로 시작한다. 이 데이터셋을 구체적으로 탐색해 보면(권장사항이다) 알겠지만, 이것은 LLM용으로는 비교적 작은 데이터셋이다. 서너 문단으로 된 짧은 이야기를 담은 레코드가 약 3천만 개 있다. 이 이야기들은 널리 구현되고 인정받는 데이터셋에서 가져온 것이다.[3] LLM용으로는 작은 데이터셋이지만 그래도 여전히 많은 컴퓨터에는 너무 클 수 있다. 만일 데이터셋 전체를 메모리에 적재하려고 하면 메모리 부족 오류가 발생할 수 있다. 그런 경우에는 스트리밍을 사용하는 것이 바람직하다. 예제 9.2는 `load_dataset` 호출 시 `streaming=True`를 지정해서 스트리밍을 활성화한다. 여기서는 로컬 파일 시스템의 데이터 파일을 스트리밍하지만, 허깅 페이스에서 데이터셋을 불러올 때도 이렇게 스트리밍을 활성화할 수 있다. 스트리밍을 활성화하면 속도는 다소 희생되지만 전체 데이터셋을 한 번에 적재하지 않기 때문에 메모리 효율이 훨씬 더 높다.

3 (옮긴이) 관련 논문(R. Eldan, Y. Li, 2023, `https://arxiv.org/abs/2305.07759`)에 따르면 이 이야기들은 GPT-3.5와 GPT-4로 생성한 것이다. `https://huggingface.co/datasets/roneneldan/TinyStories`의 설명문에도 그렇게 나와 있다.

예제 9.2 데이터 적재 및 준비[4]

```
dataset = load_dataset(                    ← 로컬 파일에서 스트리밍한다.
    "text",
    data_files={
        "train": ["../../data/CombinedTinyStories-train.txt"],
        "val": ["../../data/CombinedTinyStories-valid.txt"],
    },
    streaming=True,
)
```

이제 데이터셋을 확보하고 반복 가능한(iterable)[5] 상태로 만들었다. 다음으로는 최소한의(정말로 최소한이다) 정제 작업을 수행하고 전체 내용을 인코딩한다. 이 인코딩은 이후 훈련 과정의 속도를 높이기 위한 것이다. 그런 다음 토큰화와 주의 마스크(attention mask)를 별도의 열로 저장한 후, 데이터셋을 섞고(shuffle) 데이터 적재 단계로 넘어간다. 관련해서 항상 주의할 점이 하나 있다. 머신러닝 모델의 훈련을 위해 데이터셋을 섞을 때 훈련 데이터셋(코드의 `train`)과 검증 데이터셋(코드의 `val`)을 따로 섞어야 한다. 전체 데이터셋을 섞으면 검증을 위한 예시들이 훈련 데이터셋에 들어가서 훈련에 나쁜 영향을 미칠 수 있다.

```
clean_dataset = dataset.filter(lambda example: len(example["text"]) > 2)      ← 최소한의 전처리

# 프롬프트: "짧은 이야기를 작성하세요. 가능한 이야기: "
prompt = "Write a short story. Possible Story: "
tokenized_prompt = tokenizer(prompt, return_tensors="pt").input_ids

encoded_dataset = clean_dataset.map(
    lambda examples: tokenizer(
      [prompt + x for x in examples["text"]],
       padding=True,
       return_tensors="pt",
    ),
```

4 (옮긴이) data_files에 설정할 파일들은 https://huggingface.co/datasets/IMJONEZZ/CombinedTinyStories/tree/main에서 내려받을 수 있다. 현재 파이썬 노트북 파일이 있는 위치를 기준으로 적절한 상대 경로에 해당 파일들을 저장하기 바란다. 번거롭다면 노트북 파일의 주석에 있듯이 dataset = load_dataset('IMJONEZZ/CombinedTinyStories')로 대신할 수 있다.

5 (옮긴이) 스트리밍을 활성화한 경우 load_dataset 함수는 보통의 DataSet 타입의 객체가 아니라 반복 가능한 데이터셋을 뜻하는 IterableDataset 타입의 객체를 돌려준다. 좀 더 자세한 사항은 https://huggingface.co/docs/datasets/about_mapstyle_vs_iterable를 참고하기 바란다. 원서 파이썬 노트북 파일에는 streaming=True 없이 데이터셋을 불러온 후 dataset = dataset.to_iterable_dataset()으로 직접 타입을 변경하는 게 더 빠르다는 주석이 있다.

```
    batched=True,
)
train_data = iter(encoded_dataset["train"].shuffle())
val_data = iter(encoded_dataset["val"].shuffle())
train_data = cycle(train_data)
val_data = cycle(val_data)
```

이 데이터셋을 모두 담을 정도로 메모리가 넉넉한 컴퓨터를 가지고 있는 독자라면 스트리밍을 활성화하지 않아도 된다. 단, 전체 데이터셋을 메모리에 적재하고 준비하는 데에는 하드웨어 가속을 사용한다고 해도 30분 이상의 시간과 5GB 이상의 여유 메모리가 필요하다는 점을 기억하기 바란다(그림 9.1 참고). 따라서 모델에 필요한 메모리 외에 추가로 5GB의 VRAM이 있는 독자라면 원하는 방식으로 진행해도 좋다.

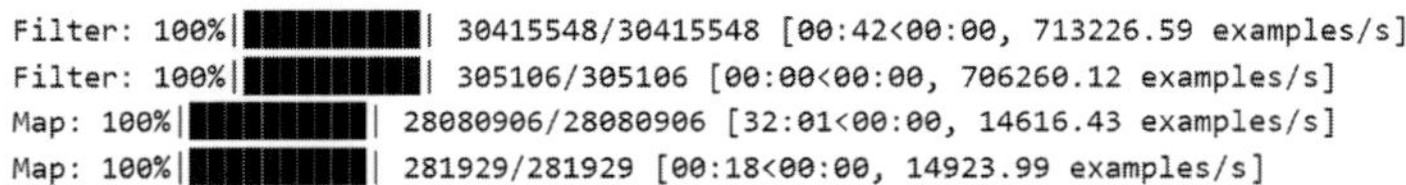
```
Filter: 100%|██████████| 30415548/30415548 [00:42<00:00, 713226.59 examples/s]
Filter: 100%|██████████| 305106/305106 [00:00<00:00, 706260.12 examples/s]
Map: 100%|██████████| 28080906/28080906 [32:01<00:00, 14616.43 examples/s]
Map: 100%|██████████| 281929/281929 [00:18<00:00, 14923.99 examples/s]
```

그림 9.1 TinyStories는 3천만 개가 넘는 레코드로 구성된 데이터셋으로, 예제 프로젝트의 의도에 비하면 꽤 작다. 하지만 일반 하드웨어에서는 여전히 상당히 크다.

이 데이터를 모델이 바로 사용할 수 있는 형식으로 변환하는 함수가 적어도 하나는 필요하다. 그런 용도의 함수를 딱 하나만 사용하기로 하겠다. 바로 `get_batches` 함수인데, 이 함수는 데이터셋의 레코드 하나를 받고 자기지도 학습(self-supervised learning)을 위해 모델 입력과 비교할 모델의 기대 출력(expected output)을 반환한다. 임의의 토큰에서 시작하여 입력용 전체 컨텍스트 크기(32)까지의 토큰들을 가져오고, 기대 출력을 위해 한 토큰 오른쪽으로 이동하기 때문에 별도의 레이블링은 필요 없다. 이 함수는 다음과 같은 시나리오를 가정한 것이다.[6]

입력: How much wood could a woodchuck chuck if a woodchuck could chuck

레이블(기대 출력): How much wood could a woodchuck chuck if a woodchuck could chuck wood?

즉, 이 함수는 이전 토큰 31개를 담은 컨텍스트가 주어졌을 때 문장의 다음 토큰을 예측하는 작업을 위해 모델을 훈련하는 데 필요한 데이터 예시(example)와 기대 출력을 돌려준다. 마스킹이나 빈칸 채우

6 (옮긴이) 예시 문구는 "경찰청 철창살은 쇠 철창살 …"처럼 발음 연습을 위한 '혀가 꼬이는' 문장이다. 뜻 자체는 "딱따구리가 나무를 쪼았다면 얼마나 쪼았을까?"이지만 큰 의미는 없다.

기 같은 다른 학습 전략 대신 이런 자기지도 학습 전략을 사용하는 이유는, 훈련에 사용할 데이터셋에 입력이 완료된 후의 정보가 포함되어 있지 않기 때문이다. 이런 학습 방식에서는 모델을 더 많은 고품질 데이터로 훈련할수록 모델의 텍스트 완성 능력이 개선된다. 사실 거의 모든 기초 모델(foundation model)이 이런 식으로 사전 훈련된다. 단지 지금 예제보다 매개변수가 훨씬 많고 훈련 시간이 훨씬 더 길 뿐이다.

```
# @torch.compile                  ← Windows에서는 주석 처리된 상태로 두어야 한다.
def get_batches(
    data,
    batch_size,
    context_window,
    config=MASTER_CONFIG,
    debug=False,
):
    x = []
    y = []
    for _ in range(
        batch_size                ← 메모리가 부족하면 이 값을 낮춘다.
    ):
        batch_data = next(data)

        ix = torch.randint(            ← 출발점을 무작위로 선택한다.
            0, len(batch_data["input_ids"]) - context_window - 1, (2,)
        )
        batch_x = torch.stack(
            [batch_data["input_ids"][i : i + context_window] for i in ix]
        ).long()
        batch_y = torch.stack(
            [
                batch_data["input_ids"][i + 1 : i + context_window + 1]
                    for i in ix
            ]
        ).long()
        x.append(batch_x)
        y.append(batch_y)
    x = torch.cat((x), 0).to(device)
    y = torch.cat((y), 0).to(device)
    return x, y
```

이제 데이터 배치를 준비하는 함수가 완성되었다. 다음으로, 훈련 중 모델의 성능을 파악하기 위한 평가 및 추론 함수를 만들어야 한다. 모델을 실제로 사용하려면 훈련 시 모델의 성능을 평가하는 것이 중요하다. 평가 함수는 몇 개의 배치에 대한 평균 손실 값을 계산해서 검증 손실 값(validation loss)을 구한다. 이 수치가 모델의 성능을 직접적으로 말해주지는 않지만, 그래도 상당히 유용하다.

```
@torch.no_grad()
def get_loss(model, lora=False, config=MASTER_CONFIG):
    out = {}
    model.eval()
    for name, split in zip(["train", "val"], [train_data, val_data]):
        losses = []
        for _ in range(10):
                xb, yb = get_batches(
               split,
               config["batch_size"],
                 config["context_window"],
               )
            _, loss = model(xb, yb)
            losses.append(loss.item())
        out[name] = np.mean(losses)
    model.train()
    return out
```

가정에 의문을 제기하기

머신러닝 모델을 비롯해 통계적 방법이 적용되는 대상을 다룰 때는 가정(assumption)이 결과에 어떤 영향을 미치는지 이해하는 것이 중요하다. 평균(average)은 데이터의 표현과 이해에 방해가 된다. 평균이라는 것은 실제 데이터에는 없는, 우리가 '지어낸' 가상의 수치이다. 게다가 사람들은 평균을 분포의 가운데에 있는 중앙값으로 오해해서 필요 이상으로 중요하게 생각하기도 한다. 물론 평균 같은 지어낸 수치가 전혀 쓸모가 없는 것은 아니다. 사실 지어낸 수치가 실제 수치보다 예측력이 높은 경우도 많다. 그러나 저자는 평균이 과연 사용자에게 가장 적합한 지표인지를 열린 마음으로, 의도적으로 테스트할 것을 권장한다.

모델로 텍스트를 생성할 때는 이와 비슷하지만 더 나은 방법을 사용할 것이다. 모델의 순방향(forward) 패스를 수행하는 메서드는 로짓logit 값들을 돌려준다. 이전에 데이터셋을 토큰화할 때 프롬프트의 토큰화된 버전을 생성했으므로, 이제 해당 프롬프트를 모델에 여러 번 통과시켰을 때 어떤 결과가 나오는지 확인할 준비가 되었다. 프롬프트를 바탕으로 모델에서 로짓 값들을 가져온 다음, 모델의 분포에서 문장의 다음 토큰을 표집(sampling)해서 디코딩할 것이다.

그 분포를 샘플링하기 위해 입력의 가장 마지막 부분(모델이 생성하기를 원하는 알 수 없는 토큰)에 대한 모델의 출력(로짓 값)만 가져온 다음, 그 로짓 값을 온도(temperature) 설정값으로 나눈다(온도 설정값이 높을수록 로짓 값은 작아진다). 마지막 시간 단계의 로짓 값을 얻은 후, 다항 표집(multinomial sampling)을 사용하면 §7.2.2에서 말한 상위 K나 상위 P(또는 둘 다)를 적용할 수 있다. 이는 특정 토큰 개수나 누적 확률을 기준으로 가장 유망한 몇 개의 토큰들만 표집 대상으로 삼는 것이다. 선택된 로짓 값에 소프트맥스[softmax]와 argmax 함수를 적용하면 실제로 다음 토큰을 얻게 된다. 이러한 다항 표집은 모델이 좀 더 탐색적이고 창의적인 결과를 산출하게 하는 데 도움이 된다. 연습 삼아 다항 표집에서 각각 `top_k`와 `top_p`를 사용했을 때, 그리고 다항 표집을 사용하지 않았을 때의 결과를 비교해 보기 바란다. 다음은 지금까지 설명한 방식으로 다음 토큰들을 선택해서 텍스트를 생성하는 함수이다.

```
@torch.inference_mode()
def generate(
    model,
    config=MASTER_CONFIG,
    temperature=1.0,
    top_k=None,
    max_new_tokens=30,
    lora=False,
):
    idx_list = [tokenized_prompt] * 5
    idx = torch.cat((idx_list), 0).long().to(device)
    for _ in range(max_new_tokens):
        logits = model(idx[:, -config["context_window"] :])        ← 모델을 호출한다.
        last_time_step_logits = logits[
            :, -1, :
        ]              ← 모든 배치, 마지막 시간 단계(-1), 모든 로짓

        last_time_step_logits = last_time_step_logits / temperature
        if top_k is not None:
            v, _ = torch.topk(
                last_time_step_logits,
                min(top_k, last_time_step_logits.size(-1)),
```

```
            )
            last_time_step_logits[
                last_time_step_logits < v[:, [-1]]
            ] = -float("Inf")
        p = F.softmax(
            last_time_step_logits, dim=-1
        )
        idx_next = torch.argmax(
            p, dim=-1, keepdims=True          ←——— 확률을 얻기 위한 소프트맥스
        )
        idx = torch.cat([idx, idx_next], dim=-1)  # 시퀀스에 추가
    return [tokenizer.decode(x) for x in idx.tolist()]   ←—— 분포에서 확률을 표집해서 다음 토큰을 얻는다.
```

이제 모델 훈련에 필요한 환경이 갖추어졌다. 토큰화, 데이터 적재, 평가, 추론 및 데이터 처리 등 모델 훈련의 모든 주요 단계에 대한 함수가 정의되었다. 혹시 수정할 부분을 발견했다면 주저 없이 수정하기 바란다. 어차피 이것은 여러분의 프로젝트이다. 표집에 argmax 대신 다항 분포를 사용하거나 소프트맥스를 생략하고 로짓 값에 대해 바로 argmax를 적용하고 싶다면 그렇게 해도 좋다. 물론 이런 작업을 처음 해보는 독자라면 이 모든 것이 너무 과하게 느껴질 수도 있겠다. 스트레스받지 말고 천천히 나아가기 바란다. 사실 대부분의 경우에는 이미 만들어진 오픈소스 모델을 활용할 것이므로, 원하는 용례에 맞게 무엇을 변경해야 하는지를 여러분이 직접 알아내야 하는 경우는 많지 않을 것이다. 그래도 문제가 발생했을 때 대략 어디를 살펴봐야 할지 알려면 배후에서 어떤 일이 일어나는지 파악해 두는 것이 바람직하다.

9.1.3 모델 아키텍처

앞에서 우리는 모델 훈련을 위한 여러 가지 것을 설정했다. 이제 모델을 실제로 만들 차례이다. 모델의 아키텍처나 모델 훈련 방법은 이전 장들에서 지겹도록 많이 이야기했으므로 여기서는 간단하게만 언급하겠다. 이번 장 예제에서는 우선 2천만 개 미만의 매개변수를 가진 2층 순방향 신경망(feed-forward network)으로 출발해서 라마 모델이 될 때까지 차츰 업그레이드한다. 라마가 어떻게 만들어졌는지 감을 잡을 수 있도록 업그레이드 과정에서 무엇이 어떻게 바뀌었는지를 명확히 설명하겠다. 목표는 라마 3의 완전한 복제품을 만드는 것이 아니라 '근사(approximation)' 버전을 만드는 것이다. 만일 이번 장 예제 데이터셋으로 원본 라마3을 사전 훈련하고 싶다면 `https://mng.bz/Dp9A`에 나온 공식 아키텍처를 참고하기 바란다.

예제 9.3은 두 선형 층(linear layer) 사이에 ReLU 활성화 함수가 있는 선형 모델을 나타내는 클래스를 정의한다. 여기서 실제 손실 함수도 정의한다(예제 9.2의 get_loss 함수는 그냥 입력을 모델로 보내기만 한다). 훈련 과정에서 비정형(unstructured) 시퀀스들을 비교하기 때문에 손실 함수는 교차 엔트로피(cross entropy)를 사용한다. 비정형 시퀀스에 교차 엔트로피가 적합한 이유는 정보 이론(information theory)과 관련이 있는데, 여기서 자세히 설명하지는 않겠다. 다만 현재 업계에서 모델을 벤치마킹할 때 주로 혼란도(perplexity)를 사용하는데, 혼란도 벤치마킹에서는 모델이 말이 되는 소리를 하는지 아닌지를 교차 엔트로피를 이용해서 판정한다. 따라서 여러분의 모델로 업계의 다른 모델들과 경쟁하려면 교차 엔트로피 기반 손실 함수를 사용하는 것이 유리하다.

이전에 데이터셋을 토큰화할 때 한 가지 특이한 점이 있었다. 배치를 만드는 함수는 입력을 잘라내는 것이 아니라 토큰을 더 채워 넣는다. 이는 배치들이 모두 같은 크기가 된다는 뜻이다. 이것이 사전 훈련에 그리 합리적인 방법이 아님은 저자도 잘 알고 있다. 단지 빠른 진행을 위한 것이었음을 밝혀 둔다. 데이터셋에서 가장 긴 입력이 토큰 997개이므로 데이터셋 전체를 997토큰 길이까지 채워 넣고 싶지는 않았다. 그렇다고 해도 데이터셋에서 가장 흔한 토큰은 여전히 "<PAD>"이다. 이대로 두면 모델이 채움 토큰만 생성하도록 학습될 여지가 있다. 그 토큰이 다음 토큰 예측에 대한 손실 값이 최소가 되는 선택일 것이기 때문이다. 그러나 앞에서 토크나이저의 어휘를 추가했으므로, 손실 함수에서 ignore_index에 tokenizer.pad_token_id를 지정해서 채움 토큰을 무시하게 만들 수 있다. 이렇게 하면 모델이 채움 토큰을 선택하는 것이 손실 값을 줄이는 올바른 방법이라고 오해하지 않을 것이다.

예제 9.3 간단한 모델 정의와 훈련 루프

```
class SimpleFeedForwardNN(nn.Module):
    def __init__(self, config=MASTER_CONFIG):
        super().__init__()
        self.config = config

        self.embedding = nn.Embedding(
            config["vocab_size"], config["d_model"]
        )
        self.linear = nn.Sequential(
            nn.Linear(config["d_model"], config["d_model"]),
            nn.ReLU(),
            nn.Linear(config["d_model"], config["vocab_size"]),
        )
```

```
        print(
            f"model params: {sum([m.numel() for m in self.parameters()])}"
        )

    def forward(self, idx, targets=None):
        x = self.embedding(idx)
        logits = self.linear(x)

        if targets is not None:
            loss = F.cross_entropy(
                logits.view(-1, self.config["vocab_size"]),
                targets.view(-1),
                ignore_index=tokenizer.pad_token_id,
                # reduction="sum",
            )
            return logits, loss

        else:
            return logits


model = SimpleFeedForwardNN(MASTER_CONFIG).to(device)
opt_model = torch.compile(model)          <- Windows에서는 이 부분을 주석으로 처리해야 한다.
```

이제 모델이 준비되었으니 훈련 루프를 작성해 보자. 훈련은 예제 9.1에서 설정한 MASTER_CONFIG의 epochs에 설정한 에포크 횟수만큼 반복된다. 각 반복에서 손실 값을 계산한다. 다음 훈련 루프에서 에포크는 사실상 단계(step)에 가깝다.[7] 시간 여유가 있다면 데이터셋 전체가 훈련에 쓰이도록 epochs 값을 늘려서 실행해 보기 바란다. 앞에서 설정한 MASTER_CONFIG를 그대로 사용한다면 원본 모델은 약 1,850만 개의 매개변수를 갖게 된다. 매개변수 개수가 여러분의 컴퓨터가 처리할 수 있는 한도 안에서 최대가 되도록 설정을 잘 조정해 보기 바란다. 매개변수 개수에는 MASTER_CONFIG의 d_model(모델의 차원 수)이 결정적인 영향을 미친다. 그리고 더 큰 토크나이저로 훈련한다면 vocab_size도 영향을 미친다.

7 (옮긴이) 일반적으로 하나의 에포크는 훈련 데이터셋 전체(또는 상당 부분)를 모델에 통과시키는 것에 해당한다. 지금 예제에서는 get_batches가 돌려준 배치를 통과시킨다.

```
def train(
    model,
    optimizer,
    scheduler=None,
    data=None,
    config=MASTER_CONFIG,
    lora=False,
    print_logs=False,
):
    losses = []
    start_time = time.time()
    for epoch in range(config["epochs"]):
        try:
            optimizer.zero_grad()

                xs, ys = get_batches(
                    data, config["batch_size"], config["context_window"]
                )
                  for i in range(1, config['context_window']+1):
                          x = xs[:i]
                          y = ys[:i]
                    logits, loss = model(xs, targets=ys)
                    loss.backward()
                    optimizer.step()

                    if scheduler:
                            scheduler.step()

            if epoch % config["log_interval"] == 0:
                batch_time = time.time() - start_time
                x = get_loss(model, lora=lora)
                losses += [x]
                if print_logs:
                    print(
                      f"""Epoch {epoch} |
                         train loss {x['train']:.3f} |
                         val loss {x['val']:.3f} |
                         Time {batch_time:.3f} |
                         ETA: {timedelta(seconds=(batch_time * (config
```

```
                              ['epochs'] - epoch)/config['log_interval']))}"""
                    )
                start_time = time.time()

                if scheduler:
                    print("lr: ", scheduler.get_last_lr())
        except StopIteration:
            print(f"Reached end of dataset on step {epoch}")
            break

    GLOBAL_KEEP_TRACK.append(
        f"{type(model).__name__} {sum([m.numel() for m in
model.parameters()])} Params | Train: {losses[-1]['train']:.3f} | Val:
{losses[-1]['val']:.3f}"
    )
    print(
        f"training loss {losses[-1]['train']:.3f} | validation loss:
{losses[-1]['val']:.3f}"
    )
    return pd.DataFrame(losses).plot(xlabel="Step // 50", ylabel="Loss")


optimizer = torch.optim.AdamW(
    model.parameters(),
)
train(model, optimizer, data=train_data, print_logs=True)
#Epoch 0 | train loss 10.365 | val loss 10.341 | Time 0.122 | ETA:
 0:00:02.431240
#training loss 4.129 | validation loss: 4.458
```

그림 9.2를 보자. 이 그래프는 예제 9.3의 코드가 생성한 것이다. 그래프가 무엇을 말해 주는지 생각해 보고, 아래 설명을 읽어서 그 생각이 맞는지 확인하기 바란다.

짐작했겠지만 이것은 훈련 진행에 따른 손실 값의 변화를 나타낸 그래프이다. 첫 훈련인데도 꽤 매끄러운 곡선이 나왔다. 지금은 데이터셋에서 단 1,000개의 예시만 사용했음을 유념하자. 저자의 경험에 따르면, 전체 데이터셋을 대상으로 '진짜' 에포크를 몇 번(이를테면 3회) 시도해 보면 놀랍도록 괜찮은 결과를 얻을 가능성이 높다. 그럼 모델로 텍스트를 생성해 보자. 과연 어떤 결과가 나올까?

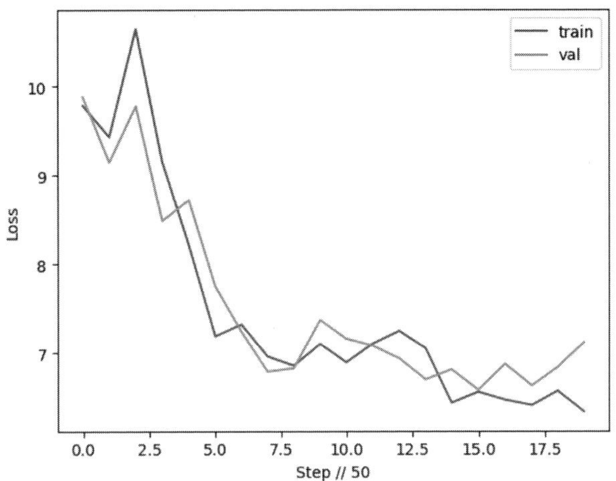

그림 9.2 준비된 훈련 데이터셋으로 간단한 텍스트 생성용 신경망을 훈련한 결과

```
generate(model, config=MASTER_CONFIG)
# '<s> Write a short story. Possible Story: 3 together thisar andze Lily
# said exciteded and smiled. Everything because he wasning loved to the time,
# he did not find like to',8

for i in GLOBAL_KEEP_TRACK:
    print(i)
# SimpleFeedForwardNN 18547809 Params | Train: 4.129 | Val: 4.458
```

문법에 맞지 않는 문장이 생성되긴 했지만, 그래도 영어로 된 문장이라는 느낌은 확실하다. 아주 단순한 모델과 짧은 훈련 시간을 고려한다면 이 정도면 괜찮은 결과이다. 이 정도면 성공이라고 할 수 있다. 축하한다! 이렇게 해서 순방향 신경망을 이용해서 토큰들을 돌려주는 언어 모델을 만들었다. 다음 절에서는 라마를 보통의 순방향 신경망과는 다르게 만드는 몇 가지 변경 사항을 살펴보기로 하자.

9.2 간소화된 라마3

메타가 공개한 전체 가중치와 신경망 아키텍처를 확인해 보면 지금 구축하고 있는 모델과는 일치하지 않음을 알 수 있다. 여기에는 두 가지 이유가 있다: 이번 장의 예제는 (1) LLM 연구를 프로덕션에 처음

8 (옮긴이) 이 예제를 비롯해 이번 장의 예제들에서 모델 출력은 번역이 의미가 없을 정도로 문법에 맞지 않는 문장들이므로 원문을 그대로 제시하기로 한다.

적용해 보는 독자도 쉽게 이해할 수 있고 (2) 일반적인 컴퓨팅 환경에서도 실행할 수 있도록 만들어졌다. 이번 장에서 다루는 모든 내용은 여기서 다루는 캐글이나 구글 코랩에서도 문제없이 실행할 수 있도록 설계되었다. 이 점을 염두에 두고, 이제부터는 라마3 아키텍처와 예제 모델의 차이점을 짚고 모델을 라마3과 비슷하게 개선한다. 원 논문[9]에 소개된 라마 모델을 프로덕션용으로 복제할 인프라와 데이터를 갖춘 독자라면 어떤 방향으로 나아가야 할지 감을 잡을 수 있을 것이다.

라마는 정규화(normalization), 주의(attention) 메커니즘, 활성화 함수, 신경망 층 등 여러 면에서 순방향 신경망과 다르다. 너무 깊이 들어가지 않고 간략히 설명하자면, 정규화는 훈련을 안정화하고, 주의 메커니즘은 더 긴 컨텍스트를 지원해서 층 간 정보를 더 효율적으로 활용하게 한다. 라마의 활성화 함수는 비선형성을 더 잘 표현한다. 그리고 층이 많을수록 모델이 표현할 수 있는 정보량이 증가한다. 또 한 가지 중요한 점은, 이제는 훈련에 스케줄러를 추가한다는 것이다. 여기서 스케줄러는 훈련 도중에 '일정(schedule)'에 따라 학습률(learning rate)을 조정하는 역할을 한다. 이는 기울기 폭발(exploding gradients) 문제를 방지하고 모델이 더 빠르게 수렴하는 데 도움이 된다.

그럼 기존 순방향 신경망을 라마3의 간소화된 버전으로 바꾸어 보자. 효과적인 논의를 위해 일부 이론과 구현 세부사항은 생략하니, 깃허브 저장소에 있는 파이썬 노트북도 함께 살펴보면 좋을 것이다. 노트북을 직접 실행해 보면서 진행하길 권한다.

예제 9.4 간단한 라마 구현

```
class LlamaBlock(nn.Module):
    def __init__(self, config):
        super().__init__()
        self.config = config

        self.rms = RMSNormalization(
            (config["d_model"], config["d_model"])
        )                                          ← 새로운 부분

        self.attention = RoPEMaskedMultiheadAttention(config).to(device)   ← 새로운 부분
        self.feedforward = nn.Sequential(
            nn.Linear(config["d_model"], config["hidden_dim"]),
            SwiGLU(config["hidden_dim"]),          ← 새로운 부분
            nn.Linear(config["hidden_dim"], config["d_model"]),
        )
```

9 https://ai.meta.com/blog/meta-llama-3/, https://arxiv.org/pdf/2307.09288, https://arxiv.org/pdf/2302.13971.

기존 순방향 신경망과는 달리 이번에는 LlamaBlocks라는 클래스로 전체 네트워크를 구성한다. 전체 네트워크는 더 작은 완결적 네트워크들로 구성된다. 그리고 RMSNormalization과 함께 마스킹과 주의 메커니즘을 위한 RoPEMaskedMultiheadAttention을 사용한다. 활성화 함수로는 ReLU 대신 SwiGLU를 사용한다. 이 함수들의 구체적인 정의는 해당 파이썬 노트북에 있으니 필요하다면 확인해 보기 바란다.

다음은 순방향 패스를 수행하는 forward 함수인데, 기존 순방향 신경망의 것과는 매우 다르다는 점을 알 수 있을 것이다. 이전에는 입력을 임베딩하고 거기서 로짓을 구하했지만, 이번에는 먼저 정규화를 적용한 후 주의를 추가한 후 다시 정규화해서 로짓을 추가한다. 이에 의해, 모델이 입력과 기대 출력을 일치시키려고 고려하는 사항들에 비선형성(nonlinearity)이 더 많이 도입된다.

```
def forward(self, x):
        x = self.rms(x)
        x = x + self.attention(x)

        x = self.rms(x)
        x = x + self.feedforward(x)
        return x
```

LlamaBlocks 클래스를 기존 신경망의 SimpleLlama 클래스와 비교하면 전체적으로 무엇이 바뀌었는지 파악할 수 있을 것이다. 첫째, 순차 신경망 층을 뜻하는 Sequential 블록 하나만 사용하는 것이 아니라 다수의 LlamaBlocks 블록들을 사용한다. 블록 개수는 n_layers로 설정하는데, 잠시 후에 나오겠지만 기본값은 8이다. 둘째, 활성화 함수가 필요한 모든 곳에서 ReLU 함수 대신 SwiGLU 함수를 사용한다.[10] SwiGLU는 음수 처리 능력을 추가하고 폭발/소멸 기울기 문제를 해결하는 데 도움이 된다. 이 외에는 두 모델이 놀랍도록 유사하다.

```
class SimpleLlama(nn.Module):
    def __init__(self, config):
        super().__init__()
        self.config = config

        self.embedding = nn.Embedding(
            config["vocab_size"], config["d_model"]
        )
```

10 (옮긴이) 참고로 SwiGLU라는 이름은 Swish-Gated Linear Unit을를 줄인 것이다(2장에서 이름만 언급했었다). SwiGLU를 비롯해 GLU의 여러 변형이 트랜스포머 계열 모델의 개선에 도움이 된다고 한다. 예제에 쓰인 SwiGLU 함수의 정의는 해당 노트북 파일을 보기 바란다.

```
        self.llama_blocks = nn.Sequential(
            OrderedDict(
                [
                    (f"llama_{i}", LlamaBlock(config))        ← 새로운 부분
                    for i in range(config["n_layers"])
                ]
            )
        )

        self.ffn = nn.Sequential(
            nn.Linear(config["d_model"], config["d_model"]),
            SwiGLU(config["d_model"]),                          ← 새로운 부분
            nn.Linear(config["d_model"], config["vocab_size"]),
        )

        print(
            f"model params: {sum([m.numel() for m in self.parameters()])}"
        )

    def forward(self, idx, targets=None):
        x = self.embedding(idx)
        x = self.llama_blocks(x)        ← 새로운 부분
        logits = self.ffn(x)

        if targets is None:
            return logits

        else:
            loss = F.cross_entropy(
                logits.view(-1, self.config["vocab_size"]),
                targets.view(-1),
                ignore_index=tokenizer.pad_token_id,
            )
            return logits, loss
```

다음은 모델을 훈련하고 시험해 보는 코드이다. 모델을 더 크게 만들려면 첫 부분의 MASTER_CONFIG 행들에서 임베딩 차원 수(d_model)나 층 수(n_layers), 컨텍스트 창 크기(context_window) 등을 조정하면 된다. 성능 차이를 확인하기 위해 실제로 이들을 변경할 필요는 없다. 차이를 실감할 정도의 규모

로 라마3을 훈련하려면 상당한 컴퓨팅 자원과 데이터, 시간이 필요할 것이므로, 그냥 기존 벤치마크들을 참고하는 것이 현실적일 것이다. 그림 9.3에 현재의 설정으로 훈련한 결과가 나온다.

```
MASTER_CONFIG["epochs"] = 1000
MASTER_CONFIG["batch_size"] = 16
MASTER_CONFIG["d_model"] = 768
MASTER_CONFIG["n_layers"] = 8
MASTER_CONFIG["context_window"] = 128

llama = SimpleLlama(MASTER_CONFIG).to(device)

llama_optimizer = torch.optim.AdamW(
    llama.parameters(),
    betas=(0.9, 0.95),
    weight_decay=1e-1,
    eps=1e-9,
    lr=5e-4,
)
scheduler = torch.optim.lr_scheduler.CosineAnnealingLR(
    llama_optimizer, 1000, eta_min=1e-5
)                        ← 새로운 부분
#Epoch 0 | train loss 10.321 | val loss 10.316 | Time 0.622 | ETA:
0:00:12.439990
#lr:  [0.0004999987909744553]
#training loss 6.216 | validation loss: 6.046
generate(
    llama,
    config=MASTER_CONFIG,
    temperature=1.0,
    top_k=25,
    max_new_tokens=50,
)
#'<s> Write a short story. Possible Story: the Story there One.t day. Back
# the, went to: her they Possible|. to and a said saw They:. be the She.. a.
# to They. they. to and to for He was a in with',',

for i in GLOBAL_KEEP_TRACK:
    print(i)
#SimpleFeedForwardNN 18547809 Params | Train: 4.129 | Val: 4.458
#SimpleLlama 187827210 Params | Train: 6.216 | Val: 6.046
```

이제는 매개변수가 1억8천만 개가 넘는다. 이전보다 10배 이상 커졌다. 하지만 우리가 원했던 창발적 행동(emergent behavior)을 모델이 보이지는 않은 것 같다. 모델이 생성한 텍스트를 보면, 문장부호가 더 자주 예측되었다는 것은 개선이지만 거의 모든 문장부호가 잘못된 위치에 있다. 손실 값도 더 높은데, 이 점은 특별히 걱정할 필요가 없다. 데이터 적재 부분을 개선하고 모델이 데이터셋을 두세 번 완전히 학습하도록 하면 손실 값이 낮아질 것이다. 마지막으로, 컨텍스트 창 크기와 층 수를 늘리고 데이터셋의 토큰 수를 증가시켜 모델을 더 크게 만들면 창발적 행동이 나올 것으로 예상된다. 현재의 데이터셋 규모와 관련 설정을 기준으로 모델이 데이터셋을 한 번 처리하려면 약 1,900번의 훈련 단계가 필요하다. 이는 전체 데이터셋을 활용하기 시작하려면 거의 6,000번의 훈련 단계가 필요하다는 뜻이다.

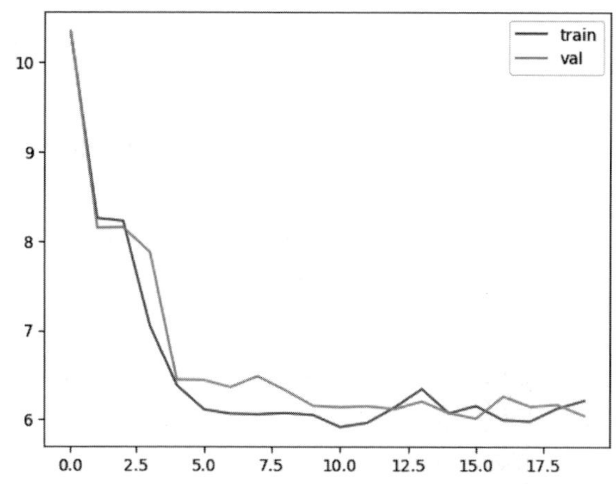

그림 9.3 준비된 훈련 데이터셋으로 간단한 텍스트 생성용 라마 모델을 훈련한 결과

시간도 자원도 부족하니 이 모델이 어떤 리더보드에서도 상위에 오르지는 못할 것이다. 사실 리더보드에 오를 만큼 충분히 좋지도 않다. 그래도 라마와 비슷한 모델을 밑바닥부터 만들었다는 점이 중요하다. 이 과정을 통해 통찰을 얻었고, 모델을 개선하는 방법도 몇 가지 떠올렸을 것이다. 그런 점을 염두에 두고, 다음 절에서는 이 모델을 프로덕션 환경에 배포하기 위해 좀 더 개선하는 방법을 살펴보기로 하자.

9.3 모델 개선

모델을 만들어서 내부 벤치마크를 통과했다면(그런 벤치마크가 있다고 가정하자), 모델을 배포하고 고객들이 어떻게 상호작용하는지 확인할 시간이다. 그런데 문제가 있다. 내부 벤치마크가 프로덕션 환경을 대표하지 않는다는 것이다. 예를 들어 모델이 너무 크고 느려서 프로덕션 환경 테스트를 통과하지 못할 수 있다. 모델은 종종 성공의 주요 요소로 간주된다. 반면에 데이터를 포함한 모델 주변의 엔지니어링 시스템은 "누구나 좋은 MLE[11]를 고용하여 그런 것을 만들 수 있다"는 이유로 간과된다. 안타깝게도, 바로 이것이 일부 회사는 성공하고 다른 회사는 실패하게 만드는 비법 양념이다.

이 모델이 잘 작동하지 않는다고 깃허브 저장소의 댓글과 이슈로 불평을 늘어놓으려는 모든 분에게 이번 장의 요점은 그것이 아니라는 점을 알려드리고, 대신 아비 아리안Abi Aryan이나 세바스찬 라시카Sebastian Raschka 등 LLM 사전 훈련의 데이터 과학을 다루는 크리에이터들을 참조하길 권한다.[12]

좋은 콘텐츠를 생성하는 인과적 언어 모델(causal language model)을 사전 훈련하고 싶다면 훌륭한 자료가 많이 있으니 참고하기 바란다. 자신만의 모델 사전 훈련에 관한 자세한 정보를 얻을 수 있는 프로젝트로는 라마3(`https://mng.bz/BgAw`), 메가트론 LM(`https://mng.bz/dZdg`), Llama2.c(`https://mng.bz/x6j7`) 등이 있다. 허깅 페이스의 튜토리얼 노트북(`https://mng.bz/V2RN`)도 좋은 자료이다.

데이터 과학자에 초점을 둔 프로덕션 배포 논의로 돌아가서, 모델을 더 쉽게 배포하고 실제 환경에서 더 효과적으로 만드는 방법에 대해 알아보자. 데이터 과학자가 모델을 훈련했으며 모델이 준비된 효율성 테스트를 통과했다면, 이제 모델의 크기에 관해 생각할 시간이다.

9.3.1 양자화

가장 먼저 직면하게 될 문제는 모델의 크기이다. 이번 장의 1억 8천만 매개변수 모델은 디스크 용량이 700MB를 넘는데, 서비스 규모에 따라서는 그 어떤 용례로도 서빙하기 어려울 정도로 큰 크기이다. AWS 람다나 CPU 전용 인스턴스에서 충분히 빠르게 실행할 수 있도록 모델의 크기를 줄이려면 어떻게 해야 할까? 한 가지 해결책은 압축인데, 다행히 파이토치는 양자화 기능을 기본으로 제공한다. §5.1.2에서 추천한 BitsandBytes에 익숙해지는 게 바람직하지만, 여기서는 간단하게 파이토치를 이용해서 훈련 후 모델을 양자화하는 방법을 살펴보기로 한다.

예제 9.5는 파이토치를 이용해서 이번 장의 모델을 INT8로 양자화한다. 예제 9.5에는 중요한 처음 몇 행만 표시했다. 양자화 전후의 모델 크기를 비교하기 위한 부차적인 코드는 생략했으니 깃허브 저장소의 노트북을 참고하자.

11 (옮긴이) MLE는 Machine Learning Engineer(머신러닝 엔지니어)를 뜻한다. 머신러닝 엔지니어는 머신러닝 모델의 개발, 훈련, 배포, 유지관리를 담당하는 엔지니어이다.

12 (옮긴이) 저자들이 말하는 것은 LLM의 근본적인 복잡성을 무시하고 표면적인 성능만으로 모델을 비판하지는 말아야 한다는 점일 것이다.

예제 9.5 양자화

```
llama.to("cpu")
qconfig_dict = {
    torch.nn.Embedding: torch.quantization.float_qparams_weight_only_qconfig,
    torch.nn.Linear: torch.quantization.default_dynamic_qconfig,
}
dynamic_quantized_llama = torch.quantization.quantize_dynamic(     ← 훈련 후 동적 양자화
    llama, qconfig_dict, dtype=torch.qint8
)
#SimpleLlama size: 716.504MB
#SimpleLlama size: 18.000MB
```

결과를 보면 INT8 양자화를 적용하는 것만으로도 디스크 공간이 1GB에 가까운 약 720MB에서 단 18MB로 줄어든다. 더 낮은 비트 수준으로도 압축할 수 있으므로[13] 거의 모든 모델을 선택한 프로덕션 환경에 맞추는 것이 가능하다. 단, 가중치를 압축할수록 혼란도(perplexity)가 높아진다. 모델의 혼란도가 높으면 아무리 프롬프트 엔지니어링을 잘 해도 LLM의 안정성과 예측 가능성이 떨어진다는 점을 명심하기 바란다.

충분히 작아진 모델을 ML옵스 팀이 개발 환경에 배포한 뒤 모든 테스트를 통과했다고 하자. 이제 모델이 마침내 프로덕션에서 작동한다. 이것으로 끝일까? 물론 아니다.

9.3.2 LoRA

서빙을 시작한 지 한 달 후에 모델이 특정 작업을 환경 기준에 맞게 수행하지 못한다는 데이터가 나타나면 어떻게 해야 할까? 시간과 자원이 부족한 스타트업이라면 데이터 이탈(data drift)이 발생했다고 해서 모델을 밑바닥부터 다시 훈련할 여유는 없을 것이다. 게다가 모델을 효과적으로 미세조정할 만큼 새로운 분포를 보여주는 충분한 데이터가 없을 수도 있다. 이는 그 모든 시간을 다시 투여해서 모델을 다시 훈련하는 대신 LoRA(low-rank adaptation; 저계수 적응)를 이용해서 모델을 조정하기에 완벽한 상황이다.

예제 9.6은 LoRA 모델을 훈련하는 방법과 라마 모델에 필요한 조정 사항을 보여준다. 이 예제는 먼저 LoRA를 도입하면 입력값이 모델을 통과할 때 무엇이 어떻게 바뀌는지 보여준다. `LoRALayer` 클래스는

13 S. Ma 외, "The Era of 1-bit LLMs: All Large Language Models are in 1.58 Bits," arXiv.org, 2024년 2월 27일, `https://arxiv.org/abs/2402.17764`.

세바스찬 라시카의 구현(`https://github.com/rasbt/dora-from-scratch`)을 참고했다. Lightning.AI 블로그의 "Code LoRA from Scratch"(`https://mng.bz/Aa8e`)가 이를 파이토치 용어들로 명확하게 설명하니 참고하기 바란다. 다음으로 예제 9.6은 LoRA를 도입한 후 `SimpleLlama` 클래스가 어떻게 바뀌었는지도 보여준다. 마지막으로, 새로운 지시사항 데이터셋(instruct dataset)과 새로운 `get_batches` 함수로 훈련을 진행하는데, 훈련 루프 자체는 이전과 비슷하다. 참고로 간결함을 위해 주요 클래스와 훈련 코드 이외의 여러 보조 함수들은 생략했다. 그 보조 함수들은 이 책의 깃허브 저장소에 있는 해당 노트북 파일에 있다.

예제 9.6 LoRA 적용

```
class LoRALayer(nn.Module):        ← LoRA 층을 정의하는 클래스. LoRA가 실제로 어떤 일을 하는지 알 수 있다.
    def __init__(self, in_dim, out_dim, rank, alpha):
        super().__init__()
        standard_deviation = 1 / torch.sqrt(torch.tensor(rank).float())
        self.A = nn.Parameter(
            torch.randn(in_dim, rank) * standard_deviation
        )
        self.B = nn.Parameter(torch.zeros(rank, out_dim))
        self.alpha = alpha

    def forward(self, x):
        x = self.alpha * (x @ self.A @ self.B)
        return x


class LinearWithLoRA(nn.Module):
    def __init__(self, linear, rank, alpha):
        super().__init__()
        self.linear = linear
        self.lora = LoRALayer(
            linear.in_features, linear.out_features, rank, alpha
        )
    def forward(self, x):
        return self.linear(x) + self.lora(x)


class LlamaBlock(nn.Module):        ← 블록이 어떻게 변하는지 보여준다.
    def __init__(self, config):
```

```
        super().__init__()
        self.config = config

        self.rms = RMSNormalization(
            (config["d_model"], config["d_model"])
        ).to(device)

        self.attention = RoPEMaskedMultiheadAttention(config).to(device)
        self.feedforward = nn.Sequential(
            LinearWithLoRA(config["d_model"], config["d_model"]),     ← 새로운 부분
            SwiGLU(config["d_model"]),
        ).to(device)

    def forward(self, x):
        x = self.rms(x)
        x = x + self.attention(x)

        x = self.rms(x)
        x = x + self.feedforward(x)
        return x


class SimpleLlama(nn.Module):
    def __init__(self, config):
        super().__init__()
        self.config = config

        self.embedding = nn.Embedding(
            config["vocab_size"], config["d_model"]
        )
        self.llama_blocks = nn.Sequential(
            OrderedDict(
                [
                    (f"llama_{i}", LlamaBlock(config))
                    for i in range(config["n_layers"])
                ]
            )
        )
```

```
        self.ffn = nn.Sequential(
            LinearWithLoRA(config["d_model"], config["d_model"]),          ← 새로운 부분
            SwiGLU(config["d_model"]),
            LinearWithLoRA(config["d_model"], config["vocab_size"]),       ← 새로운 부분
        )

        print(
            f"model params: {sum([m.numel() for m in self.parameters()])}"
        )

    def forward(self, idx, targets=None):
        x = self.embedding(idx)
        x = self.llama_blocks(x)
        logits = self.ffn(x)

        if targets is None:
            return logits

        else:
            loss = F.cross_entropy(
                logits.view(-1, self.config["vocab_size"]),
                targets.view(-1),
                ignore_index=tokenizer.pad_token_id,
                reduction="sum",
            )
            return logits, loss

dataset = load_dataset(        ← LoRA를 위한 새로운 데이터셋14
    "text",
    data_files={
        "train": ["../../data/Lima-train.jsonl"],
        "val": ["../../data/Lima-test.jsonl"],
    },
    streaming=True,
)
```

14 (옮긴이) data_files에 설정하는 파일들은 https://huggingface.co/datasets/GAIR/lima에 있다. train.jsonl과 test.jsonl을 data 디렉터리에 각각 Lima-train.jsonl과 Lima-test.jsonl로 저장해야 한다.

```
encoded_dataset = dataset.map(
    lambda examples: tokenizer(
        examples["text"],
        padding=True,
        max_length=128,
        truncation=True,
        return_tensors="pt",
    ),
    batched=True,
)
train_data = iter(encoded_dataset["train"].shuffle())
val_data = iter(encoded_dataset["val"].shuffle())
train_data = cycle(train_data)
val_data = cycle(val_data)

llama.to("cpu")            ← 단계 1: 훈련된 모델에 LoRA를 도입한다.
add_lora(llama)
llama.to(device)

parameters = [{"params": list(get_lora_params(llama))}]            ← 단계 2: 모델 전체의 매개변수들 대신 LoRA 매개변수들만 가져온다.
lora_optimizer = torch.optim.AdamW(parameters, lr=1e-3)            ← 단계 3: LoRA 매개변수들로 최적화기(optimizer)를 초기화한다.

train(            ← 단계 4: 훈련을 진행한다.
    llama,
    lora_optimizer,
    scheduler,
    data=train_data,
    config=MASTER_CONFIG,
    lora=True,
    print_logs=True,
)

state_dict = llama.state_dict()            ← 단계 5: 매개변수들을 저장한다.
lora_state_dict = {k: v for k, v in state_dict.items() if name_is_lora(k)}
torch.save(llama.state_dict(), "./llama.pth")
torch.save(lora_state_dict, "./lora.pth")
```

이상의 과정에서 코드는 두 개의 상태 딕셔너리(state dictionary)를 만들어 낸다. 하나는 원본 모델이고 다른 하나는 LoRA 모델이다. 코드의 끝에서 이들을 각각 로컬 파일로 저장한다.[15] 여러 구체적인 작업의 경우 완전한 미세조정을 정당화할 만큼 큰 데이터셋이 없을 수 있는데, 그런 경우 이처럼 LoRA 모델을 만들어서 훈련하는 것이 해결책이 된다. LoRA 모델 파일의 크기는 계수(rank; 지금 예에서는 16)에 따라 다르지만, 원래의 모델이 아주 크더라도 몇 킬로바이트밖에 되지 않는다.

LoRA를 사용한 추론은 일반적으로 두 가지 방법으로 할 수 있다. (1) 원본 모델의 상태 딕셔너리(지금 예제의 `llama` 객체)를 적재하고 그 위에 LoRA 모델을 적재해서 추론하거나, (2) 모든 LoRA 층을 원본 라마 모델에 병합해서(본질적으로 새 모델을 만드는 것이다) 추론한다. 예제 9.7은 후자를 사용한다.

예제 9.7 LoRA 모델 추론

```
# LoRA 모델을 적재해서 추론에 사용한다.
add_lora(llama)

_ = llama.load_state_dict(lora_state_dict, strict=False)

merge_lora(llama)

generate(llama)
```

생성된 텍스트는 다음과 같다.

```
#'<s> off It the played he had cry bird dayt didn pretty Jack. a she
# moved day to play was andny curiousTC bandierungism feel But'
```

여전히 영어 문법에서 벗어난 텍스트가 생성되었다. 기대에는 못 미치는 결과이지만, 그래도 단순 라마에 비하면 확실히 뭔가 달라졌다. 과도한 문장부호가 사라졌고 'cry' 등 슬픈 이야기에 나올 법한 단어들이 등장했다. 하지만 'bandierungism' 등 인위적으로 지어낸 단어도 생겼다. 셰익스피어 작품들처럼 개성이 더 뚜렷한 데이터셋으로 훈련하면 차이가 더 명확해질 것이다. LoRA의 매력 하나는 그냥 `remove_lora()`를 호출하면 원래의 모델로 돌아갈 수 있다는 점이다.

15 (옮긴이) 참고로 저장한 파일은 나중에 `torch.load()`로 불러올 수 있다.

9.3.3 FSDP QLoRA 적용

LoRA에 기반한 QLoRA(quantized LoRA; 양자화 LoRA)는 GPU에 담을 수 있는 것보다 큰 모델을 효율적으로 미세조정할 수 있는 기법이다. QLoRA는 모델을 양자화한 다음 동결된(frozen) 양자화 모델 버전으로 LoRA를 훈련하는 식으로 작동한다. 반정밀도(half-precision)를 사용해도 전체 크기 모델을 미세조정하는 데 엄청난 메모리가 필요하다는 점을 생각하면 이런 양자화 기반 방법의 유용성을 짐작할 수 있을 것이다. 700억 매개변수 모델은 디스크에서 140GB를 차지하며, 데이터셋과 기울기들 때문에 미세조정에는 그 5배 이상의 메모리가 필요하다. QLoRA를 사용하면 48GB VRAM만으로도 650억 매개변수까지 훈련할 수 있다. 이처럼 메모리 절감 효과가 상당한 QLoRA는 현재 거대한 모델을 가져와 특정 사용 사례에 맞게 제품화하는 가장 효과적인 방법이며, 그 과정에서 비용도 크게 절약할 수 있다.

여기에 FSDP(fully sharded data parallel; 완전 분할 데이터 병렬)를 추가하면 소비자와 기업을 가르는 장벽을 넘어설 수 있다. 지금까지 병렬 처리 이야기가 나오지 않은 것이 의아한 독자들이 있을 것 같은데, 바로 이 주제를 위해 아껴 두었다. 파이토치의 FSDP 기능은 전체 훈련 과정 동안 다수의 GPU에 걸쳐 데이터와 모델 매개변수의 병렬화를 가능하게 하며, 순서와 크기가 중요한 경우 분할(sharding)과 재결합(rejoing)을 모두 처리한다. 이러한 기능은 파이토치를 유지 관리하는 팀의 놀라운 성과이다.

예전에는 48GB 메모리로 700억 매개변수 모델에 QLoRA를 적용하려면 A100 같은 기업용 GPU가 필요했다. 하지만 FSDP가 있으면 이야기가 달라진다. RTX 3090 같은 소비자용 하드웨어 두 대에서 FSDP를 이용해 병렬성을 최대한 끌어내면 동일한 결과를 얻을 수 있다. 게다가 FSDP는 파이토치에 기본으로 내장되어 있다! 이번 장의 이전 작업들과는 달리 이제는 제러미 하워드Jeremy Howard와 Answer.AI가 만든 스크립트를 추상화해서 70억 매개변수 모델을 파이썬 노트북의 셀 하나에서 실행하는 것이 가능하다. 이를 위해 해당 깃허브 저장소 전체를 복제할 필요는 없다. 그 코드를 바탕으로 `fsdp_qlora`라는 패키지를 만들고 PyPI에 등록해 두었으므로 간단히 `pip`으로 설치해서 사용하면 된다.[16] 다음의 예제 9.8은 그 패키지 대신, 이번 장 예제를 위해 만든 `trains_utils.py`(이번 장 예제 노트북 파일과 같은 폴더에 있다)의 FSDP QLoRA 구현을 사용한다.

16 (옮긴이) 언급된 깃허브 저장소는 `https://pypi.org/project/fsdp-qlora/`이다. 고 저자들이 만든 `fsdp_qlora` 패키지의 PyPI 페이지는 `https://pypi.org/project/fsdp-qlora/`이다. 참고로 현재 Windows에서는 파이토치의 FSDP를 사용할 수 없다(의존요소 중 하나가 Windows를 지원하지 않기 때문이다). WSL에서는 가능하다고 한다.

예제 9.8 FSDP-QLORA 훈련

```
from train_utils import FSDP_QLORA

trainer = FSDP_QLORA(
    model_name='meta-llama/Llama-2-7b-hf',
    batch_size=2,
    context_length=2048,
    precision='bf16',
    train_type='qlora',
    use_gradient_checkpointing=True,
    dataset='guanaco',
    reentrant_checkpointing=True,
    save_model=True,
    output_dir="."
)

trainer.train_qlora()
```

이 코드를 실행하면 양자화된 가중치와 병렬 처리를 사용하여 완전히 미세조정된 safetensors 모델 파일이 만들어진다. 이전 버전들과는 달리 이 버전은 꽤 괜찮은 텍스트를 생성한다. safetensors 파일에는 `SimpleLlama`에 대해 저장한 상태 딕셔너리와 유사한, 훈련된 모델의 상태 딕셔너리가 포함되어 있다. 그런데 이 두 상태 딕셔너리를 허깅 페이스 같은 곳에 업로드하려면 먼저 완전한 모델 파일 또는 체크포인트 파일로 변환해야 한다. 그렇지 않으면 나중에 `AutoModel`이나 `LlamaForCausalLM` 같은 클래스로 모델을 불러올 수 없다.

9.4 허깅 페이스 스페이스에 모델 배포

허깅 페이스의 스페이스[Spaces]는 커뮤니티가 접근할 수 있도록 모델을 배포할 수 있는 호스팅 컨테이너(hosted container)이다. 필요에 따라서는 그 이상의 기능도 제공한다. 예를 들어 기업이 다른 클라우드 호스팅 서비스 대신 스페이스에 전체 모델을 배포하는 것도 가능하다. 스페이스는 무료 티어와 다양한 유료 티어를 제공한다. 주어진 애플리케이션의 컴퓨팅 요구사항에 따라 적절한 요금제를 선택해야 할 것이다. 스페이스는 스트림릿, 그래디오, FastAPI 같은 인기 있는 ML 프론트엔드 스택과 원활하게 통합된다.

이전 장에서 이미 이러한 ML 프론트엔드 스택의 예를 제공했기 때문에 여기서 따로 예제를 제시하지는 않는다. 하지만 이번 장의 노트북에는 예제 앱이 있다.[17] 관련해서 그래디오 문서(https://www.gradio.app/guides/quickstart)와 허깅 페이스 스페이스 문서(https://huggingface.co/docs/hub/spaces)도 참고하기 바란다.

이번 장의 예제 모델을 스페이스에 올리려면 가중치들과 디렉터리들을 허깅 페이스 허브에 쉽게 푸시할 수 있는 형식으로 변환해야 한다. 예제 9.9는 그러한 변환 작업을 돕는 스크립트이다. 앞에서 훈련한 단순 라마 LoRA 모델에도 이 스크립트를 적용할 수 있다.

예제 9.9 허깅 페이스용 가중치 변환 스크립트

```
from safetensors import safe_open
import torch
from transformers import LlamaForCausalLM, BitsAndBytesConfig
from peft import get_peft_model, LoraConfig, TaskType

tensors = {}
with safe_open(
    "qlora_output/model_state_dict.safetensors",
    framework="pt",
    device=0
) as f:
    for k in f.keys():
        tensors[k] = f.get_tensor(k)

for k in tensors:
    if 'lora' not in k: tensors[k] = None

bnb_config = BitsAndBytesConfig(
    load_in_4bit=True,
    bnb_4bit_quant_type="nf4",
    bnb_4bit_use_double_quant=False,
    bnb_4bit_compute_dtype=torch.bfloat16
)
model = LlamaForCausalLM.from_pretrained(
    "meta-llama/Llama-2-7b-hf",
    use_cache=False,
```

17 (옮긴이) 이번 장 파이썬 노트북 파일의 끝부분에 있는, 전체가 주석으로 처리된 셀이다.

```
    quantization_config=bnb_config
)

for param in model.parameters():
    param.requires_grad = False

peft_config = LoraConfig(
    task_type=TaskType.CAUSAL_LM,
    inference_mode=False,
    r=64,
    lora_alpha=16,
    lora_dropout=0.1,
    target_modules=[
        "k_proj",
        "q_proj",
        "v_proj",
        "up_proj",
        "down_proj",
        "gate_proj"
    ]
)
model = get_peft_model(model, peft_config)

list(model.state_dict().keys())[:10]

new_sd = model.state_dict()
for k in new_sd:
    if 'lora' in k:
        new_sd[k] = tensors[k]

model.load_state_dict(new_sd)

model.save_pretrained("lora_adapters")
```

허깅 페이스에 저장소(스페이스)를 만들었고 허깅 페이스 계정으로 로그인된 상태라면, `model.push_to_hub()`를 호출해서 모델을 저장소에 올릴 수 있다(저장소가 없으면 모델을 위한 저장소가 새로 생성된다). 모델을 허깅 페이스에 올릴지 말지는 여러분이 모델을 다른 사람들과 공유하고 싶은지에 달려 있다. 다른 사람들이 모델을 시험할 수 있도록 허깅 페이스 스페이스에 올리기로 했다면 다음을 참고하기 바란다.

스페이스와 관련해서 먼저 결정할 것이 두 가지있다. 하나는 모델에 필요한 컴퓨팅 자원의 양이고 다른 하나는 스페이스 코드를 깃[Git]으로 관리할지 아니면 `huggingface-cli`로 관리할지이다. 첫 사항은 주어진 구체적인 용례에 GPU가 필요한지 여부에 따라 다르다. 이 예제에서는 필요하지 않지만, 속도나 규모를 늘려야 할 때는 GPU가 필요할 가능성이 크다. 특히 스페이스의 성능을 높이기 위해 다중 프로세싱(multiprocessing)을 사용하는 경우에는 더욱 그렇다. 앱을 준비하고 메모리 요구사항을 파악했으며 깃을 사용하기로 했다고 하자. 그러면 마치 깃허브의 저장소(repository)를 다룰 때처럼 파일들을 커밋하면 된다. 먼저 허깅 페이스에서 스페이스를 만들고 `git` 명령으로 로컬에 복제한다.

```
$ git clone https://huggingface.co/spaces/<사용자-이름>/<스페이스-이름>
```

이제 통상적인 방식으로 파일을 추가, 커밋, 푸시하면 된다.

```
$ git add files-you-need
$ git commit -m "Initial Commit"
$ git push
```

이 과정을 파이썬 스크립트로 수행할 수도 있다. 예제 9.10이 그것이다.

예제 9.10 허깅 페이스 스페이스에 모델 올리기

```
%pip install huggingface_hub -q

from huggingface_hub import notebook_login, HfApi

notebook_login() #또는 huggingface-cli login

api = HfApi()
api.create_repo(                    ← 아직 저장소를 생성하지 않았다면 이 호출로 생성한다.
    repo_id="<사용자-이름>/<저장소-이름>", repo_type="space", space_sdk="gradio"
)

stuff_to_save = [
    "llama.pth",# 모델 파일
```

```
    "lora.pth", # LoRA 모델 파일(생략 가능)
    "special_tokens_map.json",
    "tokenizer_config.json",
    "tokenizer.json",
    "tokenizer.model",
    "gradio_app.py",
]
for thing in stuff_to_save:
    api.upload_file(
        path_or_fileobj=f"./llama2/{thing}",
        path_in_repo=thing,
        repo_id="your_username/your_repo",
        repo_type="space",
    )
```

허깅 페이스 스페이스

이번 장의 예제들을 적재하고 실행하려면 GPU가 필요하다(특히 양자화된 모델들). 이들을 허깅 페이스 스페이스 무료 티어에서 실행하려 하면 오류가 발생할 것이다. 유료 티어나 ZeroGPU로 업그레이드하면 이 문제를 해결할 수 있다. 또한 허깅 페이스는 필요에 따라 실제 작업을 수행하는 동안에만 스페이스의 티어를 일시적으로 업그레이드해서 GPU 자원을 사용할 수 있게 하는 API도 제공한다. 이를 위한 그래디오 앱 예제가 `https://mng.bz/XV11`에 있으니 참고하기 바란다.

연습 삼아, 이번 장 LLM을 무료 티어에서 실행할 수 있도록 허깅 페이스 스페이스를 구성해 보기 바란다. ZeroGPU 덕분에 저자가 이 내용을 처음 작성할 때보다 훨씬 쉬워졌다.

지금까지 예제 모델들을 허깅 페이스에 호스팅하는 방법을 살펴보았고, 자원이 제한된 환경에서도 원활하게 실행되게 하는 데 필요한 고려 사항들도 이야기했다. 이번 장의 두 라마 모델은 둘 다 허깅 페이스 스페이스에서 실행할 수 있지만, 경우에 따라서는 추가적인 엔지니어링 작업이 필요할 수도 있다. 지금까지의 예제 코드를 모두 실행해 보았다면 이 책의 첫 주요 프로젝트를 성공적으로 마친 것이다. 축하한다! 이번 장은 다소 난도가 높은 편이었으니, 실제로 작동하는 예제를 완성한 것은 충분히 자랑스러워할 만한 성취이다. 마지막으로, 허깅 페이스는 스페이스를 장기적으로 운영하려는 기업을 위해 비공개 솔루션을 제공한다는 점과 스페이스는 실무에서도 충분히 활용할 수 있는 프로덕션 환경이라는 점을 언급하겠다.

요약

- 토크나이저와 임베딩 전략은 모델이 무엇을 보고 무엇을 할 수 있는지를 결정하므로, 이들을 잘 선택하는 것은 모델을 밑바닥부터 구축할 때 매우 중요한 결정 사항이다.
- 여러분만의 고유한 데이터 원본은 모델의 미래를 보장한다.
- 라마 아키텍처는 단순한 순방향 신경망의 주요 차이점은 정규화, 주의 메커니즘(attention), 활성화 함수, 깊이(층 수)이다.
- LLM을 프로덕션화할 때 첫 번째 난제는 크기를 다루는 것이다. 해결책은 양자화이다.
- 프로덕션 환경에서는 모델을 갱신해야 할 시기가 언젠가 오기 마련이다. 모델을 소폭으로 조정할 때는 LoRA와 QLoRA가 대단히 유용하다.
- FSDP를 이용하면 저렴한 소비자용 하드웨어에서 QLoRA 모델을 훈련할 수 있다.
- 허깅 페이스 스페이스는 LLM 프로젝트를 배포하고 공유하기에 좋은 장소이다. 사용하기가 매우 편하다.

10장

코딩 코파일럿 프로젝트 만들기: 실제로 도움이 될까?

이번 장에서 다룰 내용

- 코딩 모델 및 API 제공
- 로컬 벡터 DB 구축 및 RAG 시스템 활용
- LLM 서비스와 연동되는 VS 코드 확장 프로그램 만들기
- 프로젝트에서 얻은 통찰과 교훈

진보는 일찍 일어나는 사람들이 아니라, 쉬운 방법을 찾는 게으른 사람들이 만든다.

*– 로버트 하인라인*Robert Heinlein[1]

직업으로 코딩을 하는 독자라면 AI 조수의 도움을 받는 상상을 해봤을 것이다. 이미 그런 도구를 사용하고 있을 수도 있다. 깃허브 코파일럿 같은 LLM 기반 코딩 보조 도구들이 시장에 나오면서 기존의 자동완성 기능이 한층 더 발전했다. 하지만 모든 기업이 시중의 제품에 만족하는 것은 아니며, 열성적인 개발자 모두가 그런 도구를 구매할 여유가 있는 것도 아니다. 그러니 우리만의 도구를 만들어보자!

이번 장에서는 코드 편집기에서 LLM을 사용할 수 있게 해주는 VS 코드(Visual Studio Code) 확장 프로그램(extension)을 만들 것이다. VS 코드를 선택한 이유는 인기 있는 오픈소스 코드 편집기이기 때문이다. '인기 있다'는 표현은 오히려 과소평가일 수 있다. 2023년 스택 오버플로 개발자 설문에 따르면 개발자의 81%가 선호하는 편집기이기 때문이다.[2] VS 코드는 1997년부터 있었던 완전한 IDE인 비주얼 스튜디오의 경량 버전이라고 할 수 있다.

1 (옮긴이) 로버트 하인라인은 미국의 과학소설(SF) 작가로, 아이작 아시모프, 아서 C. 클라크와 함께 SF 황금시대를 이끈 '빅3' 중 한 명으로 꼽힌다.

2 D. Ramel, "Stack Overflow dev survey: VS Code, Visual Studio still top IDEs 5 years running," Visual Studio Magazine, 2023년 6월 28일, `https://mng.bz/zn86`.

이번 장의 프로젝트를 위해서는 편집기 외에도 몇 가지 사항을 신중하게 결정해야 한다. 이들은 프로젝트의 범위를 제한하고 더 의미 있게 만들기 위한 사항들인데, 예를 들어 9장의 프로젝트에서는 배포 가능한 멋진 LLM 모델을 만드는 데 집중했지만 이번에는 이미 코딩 문제로 훈련된 오픈소스 모델을 출발점으로 삼기로 한다. 모델을 커스텀화하는 목적으로는 미세조정 대신 RAG를 적용할 것이다. RAG가 모델을 최신 상태로 유지하는 데 더 유리하기 때문이다. 이번에는 자체 모델을 훈련하는 대신 특정 프로그래밍 언어에 능숙한 코파일럿을 만드는 데 집중한다. 짐작했겠지만 그 프로그래밍 언어는 이 책 전체에 쓰인 파이썬이다.

이상의 목표와 범위를 염두에 두고, 이제 프로젝트를 시작해 보자.

10.1 예제 모델

이 예제는 파이썬에만 집중할 것이므로 데시코더DeciCoder를 모델로 선택했다. 데시코더는 10억 개의 매개변수만을 가진 상용(commercial) 오픈소스 모델인데[3], 작은 크기에 비해 성능이 매우 뛰어나다. 크기를 줄이기 위해 The Stack 데이터셋[4]의 파이썬, 자바, 자바스크립트 코드로만 훈련되었다. 세 가지 언어로만 훈련된 것이 일반적으로는 제약이 되겠지만, 데시코더의 경우에는 작은 크기에도 불구하고 뛰어난 성능을 보이는 비결이다.

알아두어야 할 다른 제약사항으로는 컨텍스트 창이 2,048토큰밖에 안 된다는 점이다. 이 크기의 모델로서는 나쁘지 않지만, 이번 장 프로젝트에서 RAG 시스템을 이용하고 코드 예시를 제공할 것이라는 점을 생각하면 좀 부족하다. 코드 예시는 일반적으로 크기가 크므로, 할 수 있는 작업과 제공할 수 있는 예시의 개수가 제한된다.

데시코더를 RAG와 함께 사용할 때 더 큰 문제는 이 모델이 지시사항 조정(instruction tuning)을 받지 않았다는 점이다. 대신 HumanEval 데이터셋(`https://github.com/openai/human-eval`)에서 좋은 성과를 내도록 설계되었다. 이 평가용 데이터셋에서는 모델에게 함수 이름과 함수가 수행해야 할 작업을 설명하는 docstring만 주어진다. 이 입력만으로 모델은 함수를 완성하는 실행 가능한 코드를 생

3 Deci, "Introducing DeciCoder: The new gold standard in efficient and accurate code generation," 2023년 8월 15일, `https://mng.bz/yo8o`.

4 (옮긴이) The Stack 데이터셋은 BigCode 프로젝트에서 만든 대규모 코드 데이터셋으로, 깃허브에서 크롤링한 6TB 이상의 다양한 프로그래밍 언어의 소스 코드를 포함한다. 허깅 페이스 데이터셋 페이지는 `https://huggingface.co/datasets/bigcode/the-stack`이다. 참고로 'The'가 이름의 일부이며, 스택오버플로(`https://stackoverflow.com`)와 직접적인 관련은 없다.

성한다. 이 점을 생각하면 RAG 시스템을 통해 더 큰 컨텍스트를 제공하는 것이 과연 도움이 될지 확실치 않지만, 한번 시도해 보기로 하자!

마지막으로, 작은 크기는 또 다른 이유로 흥미로운 옵션을 제시한다. 매우 작기 때문에 6장 등 이전 장들에서 논의한 컴파일 방법을 이용해서 모델을 VS 코드 확장 프로그램 안에 직접 넣을 수 있다. 그러면 아주 작은 애플리케이션을 만드는 것도 가능하다. 하지만 이번 장에서 그렇게 하지는 않기로 했다. 그러려면 자바스크립트를 많이 작성해야 하는데, 이 책이 프로그래밍 언어와 관련해서 독자에게 요구하는 것은 파이썬 지식뿐이므로 설명이 너무 길어질 수 있다. 따라서 이 옵션은 자바스크립트에 익숙한 독자들을 위한 숙제로 남긴다.

그 대신, 모델을 서빙하는 로컬 API 서버를 만들고 확장 프로그램에서 API를 호출하게 한다. 예제 10.1은 모델을 서빙하는 간단한 API 종단점(endpoint)을 FastAPI를 이용해서 구현한 것이다. 사실 이 코드의 대부분은 6장에서 이미 보았다. 바뀐 점은 몇 가지뿐인데, 첫째로 이번에는 데시코더 모델과 토크나이저를 사용한다. 둘째는 좀 더 복잡하다. 이번에는 정지 토큰(stop token)을 추가했다. 생성 도중 정지 토큰이 나오면 모델은 생성을 멈춘다. 정지 토큰을 식별해서 생성을 중단하는 기능은 `StoppingCriteria` 클래스로 구현했다. `def`, `class` 같은 단어를 정지 토큰으로 선택한 이유는 잠시 후 코딩용 프롬프트를 보면 이해가 될 것이다. 프롬프트는 기본적으로 모델이 한 번에 하나의 함수를 만들도록 하는 것이 목적이다.

예제 10.1 데시코더 모델을 서빙하는 간단한 FastAPI 종단점

```
import argparse

from fastapi import FastAPI, Request
from fastapi.responses import Response
import torch
import uvicorn

from transformers import (
    AutoModelForCausalLM,
    AutoTokenizer,
    StoppingCriteria,
    StoppingCriteriaList,
)
```

```
torch.backends.cuda.enable_mem_efficient_sdp(False)    ← 토치 설정들
torch.backends.cuda.enable_flash_sdp(False)

device = torch.device("cuda" if torch.cuda.is_available() else "cpu")

stop_tokens = ["def", "class", "Instruction", "Output"]    ← 정지 동작을 위한 토큰들을 정의한다.
stop_token_ids = [589, 823, 9597, 2301]


class StopOnTokens(StoppingCriteria):
    def __call__(
        self,
        input_ids: torch.LongTensor,
        scores: torch.FloatTensor,
        **kwargs,
    ) -> bool:
        stop_ids = stop_token_ids
        for stop_id in stop_ids:
            if input_ids[0][-1] == stop_id:
                return True
        return False


tokenizer = AutoTokenizer.from_pretrained("Deci/DeciCoder-1b")
tokenizer.add_special_tokens(
    {"additional_special_tokens": stop_tokens},
    replace_additional_special_tokens=False,
)
model = AutoModelForCausalLM.from_pretrained(
    "Deci/DeciCoder-1b", torch_dtype=torch.bfloat16, trust_remote_code=True
)
model = model.to(device)


app = FastAPI()    ← FastAPI 서버를 실행한다.


@app.post("/generate")
async def generate(request: Request) -> Response:
```

토크나이저와 모델을 불러온다.

```
    """LLM 응답 생성 함수
    request 인수는 반드시 다음 필드를 가진 JSON 객체이어야 함
    - prompt: 생성에 사용할 프롬프트
    """
    request_dict = await request.json()
    prompt = request_dict.pop("prompt")

    # ...          ← 여기에 RAG 기능을 추가할 예정이다.

    inputs = tokenizer(prompt, return_tensors="pt").to(device)     ← 응답을 생성한다.
    response_tokens = model.generate(
        inputs["input_ids"],
        max_new_tokens=1024,
        stopping_criteria=StoppingCriteriaList([StopOnTokens()]),
    )
    input_length = inputs["input_ids"].shape[1]
    response = tokenizer.decode(
        response_tokens[0][input_length:], skip_special_tokens=True
    )

    return response


if __name__ == "__main__":
    parser = argparse.ArgumentParser()     ← 서비스를 시작한다. 기본값으로 localhost의 포트 8000 사용한다.
    parser.add_argument("--host", type=str, default=None)
    parser.add_argument("--port", type=int, default=8000)
    args = parser.parse_args()

    uvicorn.run(app, host=args.host, port=args.port, log_level="debug")
```

이 예제 스크립트를 `server.py`로 저장했다고 할 때, 터미널에서 `python server.py`를 실행하면 서버가 시작된다. 서버가 제대로 작동하는지 요청을 보내보자. 새 터미널에서 `curl`을 이용해서 간단한 프롬프트와 함께 API에 요청을 보내면 된다.

```
$ curl --request POST --header "Content-Type: application/json" --data
↪ '{"prompt":"def hello_world(name):"}' http://localhost:8000/generate
```

"Hello world" 함수를 완성하는 파이썬 코드가 반환되어야 한다. 저자의 경우 서버는 `return f"Hello {name}!"`을 돌려주었다. 이 정도면 성공이다! 이제 RAG 시스템을 활용하도록 API를 수정해보자.

10.2 데이터가 왕이다

앞에서 적절한 모델을 선택했고 간단한 API 종단점도 만들었다. 이제부터는 RAG 시스템을 도입한다. RAG는 모델을 미세조정할 필요 없이 문맥을 도입하는 효과적인 방법이다. RAG를 이용하면 임의의 데이터를 기반으로 생성 결과를 커스텀화할 수 있다. 코딩 코파일럿의 경우 기본적으로 RAG는 조직의 계속 변화하는 코드 베이스의 문맥을 모델이 인식하게 만드는 데 효과적이다. 필요한 것은 그냥 코드를 잘 짜는 모델이 아니라 우리 회사의 코드를 잘 짜는 모델이다. 예를 들어 개발팀의 명명 관례에 따라 변수명을 작성하거나, 회사에서 만든 맞춤형 의존요소들을 임포트하는 등의 작업을 할 수 있어야 한다. RAG를 적용하려면 우선 적절한 데이터셋이 있어야 한다. 이번 절에서는 벡터 DB를 설정하고 파이썬 코딩 데이터셋을 거기에 업로드한 다음 이전 절의 API 종단점을 RAG에 맞게 갱신한다.

10.2.1 예제 벡터 DB

데이터셋을 본격적으로 다루려면 인프라를 설정해야 한다. 물론 데이터셋이 충분히 작다면 그대로 메모리에 적재하고 Faiss나 USearch 같은 도구를 사용해 파이썬에서 직접 유사도 검색을 실행할 수도 있지만, 그건 재미가 없다! 게다가 여러분에게 소개하고 싶은 벡터 DB가 있다. 바로 밀버스[Milvus]이다.

밀버스는 이 분야의 대형 업체들과 경쟁하는 멋진 오픈소스 벡터 DB로, 로컬은 물론이고 대규모 클라우드 클러스터에서도 실행할 수 있어서 필요에 따라 쉽게 확장된다. 직접 설정하기가 여의치 않다면 관리형 밀버스 클러스터를 이용하면 된다. 저자가 가장 좋아하는 기능 중 하나는 GPU 지원이다. GPU를 지원하는 버전에서는 벡터 검색이 매우 빠르다.

다행히도 밀버스 커뮤니티는 밀버스를 매우 접근하기 쉽고 설정하기 쉽게 만들었다. 실제로 독립 실행형(standalone) 버전은 도커만 있으면 실행할 수 있다. 게다가 시동용 스크립트도 제공되어서 더욱 쉽다. 이번 예제 프로젝트에서는 모든 것을 로컬에서 실행할 것이므로 독립 실행형 버전을 사용할 것이다(자세한 내용은 `https://mng.bz/aVE9` 참조). 터미널에서 다음 두 명령을 실행하면 된다.

```
$ wget https://raw.githubusercontent.com/milvus-io/milvus/master/scripts/
↪ standalone_embed.sh
$ bash standalone_embed.sh start
```

첫 명령은 셸 스크립트를 다운로드하고 둘째 명령은 그것을 실행한다. 길고 긴 도커 run 명령을 잘 감싼 이 스크립트를 이용하면 밀버스를 아주 간편하게 실행할 수 있다. 알아두어야 할 명령이 두 개 더 있다. 밀버스 도커 컨테이너를 중지할 때는 다음처럼 stop 명령을 사용한다.

```
$ bash standalone_embed.sh stop
```

그리고 더 이상 데이터를 유지하고 싶지 않을 때는 다음처럼 delete 명령을 사용하면 된다. 이 명령은 모든 관련 데이터를 로컬 컴퓨터에서 삭제한다.

```
$ bash standalone_embed.sh delete
```

아직 두 명령은 아직 실행할 필요가 없다. 나중을 위해 기억해 두기만 하자. 이제 데이터베이스가 준비되었다. 이를 실제로 활용하려면 데이터를 추가해야 한다.

10.2.2 예제 데이터셋

회사 워크숍이라면 이 시점에서 회사 깃허브 저장소들의 코드를 가져와서 프롬프트를 증강하는 스크립트를 작성하는 방법을 이야기했을 것이다. 심지어 메인 브랜치에 코드가 병합(merging)될 때마다 벡터 DB를 갱신하는 깃허브 액션스GitHub Actions 파이프라인도 만들어 보았을 것이다. 하지만 저자가 독자의 코드 베이스에 접근할 수는 없는 노릇이므로, 합리적인 대안으로 오픈소스 데이터셋을 사용하기로 한다.

이번 프로젝트에서 사용할 데이터셋은 알파카Alpaca이다. 알파카는 스탠퍼드 대학교의 연구진이 GPT-3를 교사 모델로 삼아서 증류 학습으로 만든 모델의 이름이기도 하다. 알파카 데이터셋은 바로 그 모델의 훈련에 쓰인 데이터셋이다. 이 데이터셋의 데이터는 합성 데이터(synthetic data)라서 매우 깔끔하고 다루기 쉽다. 실제로 너무 쉬워서, 파이썬 코드 예제만 추출한 여러 버전이 이미 웹에 올라와 있다. 이 파이썬 부분집합은 18.6K개의 파이썬 코딩 문제로 구성되며, 각 예시에는 해당 작업이나 지시사항과 생성된 코드가 포함되어 있다. 따라서 이번 장에서 하려는 작업에 완벽하게 들어맞는다.

예제 10.2는 알파카 데이터셋을 밀버스에 적재하는 파이프라인을 구현한다. 이 예제 스크립트는 데이터셋을 청크로 나누고 배치로 업로드하는 세부 작업을 처리할 PythonCodeIngestion 클래스를 정의한다. 임베딩을 위한 모델로는 krlvi/sentence-t5-base-nlpl-code_search_net을 사용하는데, 이 임베딩 모델은 CodeSearchNet 데이터셋(https://github.com/github/CodeSearchNet)으로 특별히 훈련되어 코드의 의미 있는 임베딩을 생성하는 데 탁월하다.

예제 10.2 알파카 데이터셋을 입력하는 데이터 파이프라인

```
from pymilvus import (
    connections,
    utility,
    FieldSchema,
    CollectionSchema,
    DataType,
    Collection,
)

from transformers import AutoTokenizer
from datasets import load_dataset
from langchain.text_splitter import RecursiveCharacterTextSplitter
from sentence_transformers import SentenceTransformer

from tqdm.auto import tqdm
from uuid import uuid4


connections.connect("default", host="localhost", port="19530")    ← 밀버스에 연결한다.


class PythonCodeIngestion:
    def __init__(
        self,
        collection,
        python_code=None,
        embedder=None,
        tokenizer=None,
        text_splitter=None,
        batch_limit=100,
    ):
        self.collection = collection
        self.python_code = python_code or load_dataset(
            "iamtarun/python_code_instructions_18k_alpaca",
            split="train",
        )
        self.embedder = embedder or SentenceTransformer(
            "krlvi/sentence-t5-base-nlpl-code_search_net"
```

```
        )
        self.tokenizer = tokenizer or AutoTokenizer.from_pretrained(
            "Deci/DeciCoder-1b"
        )
        self.text_splitter = (
            text_splitter
            or RecursiveCharacterTextSplitter(
                chunk_size=400,
                chunk_overlap=20,
                length_function=self.token_length,
                separators=["\n\n", "\n", " ", ""],
            )
        )
        self.batch_limit = batch_limit

    def token_length(self, text):
        tokens = self.tokenizer.encode(text)
        return len(tokens)

    def get_metadata(self, page):
        return {
            "instruction": page["instruction"],
            "input": page["input"],
            "output": page["output"],
        }

    def split_texts_and_metadatas(self, page):
        basic_metadata = self.get_metadata(page)
        prompts = self.text_splitter.split_text(page["prompt"])
        metadatas = [
            {"chunk": j, "prompt": prompt, **basic_metadata}
            for j, prompt in enumerate(prompts)
        ]
        return prompts, metadatas

    def upload_batch(self, texts, metadatas):
        ids = [str(uuid4()) for _ in range(len(texts))]
        embeddings = self.embedder.encode(texts)
        self.collection.insert([ids, embeddings, metadatas])
```

```
    def batch_upload(self):
        batch_texts = []
        batch_metadatas = []

        for page in tqdm(self.python_code):
            texts, metadatas = self.split_texts_and_metadatas(page)

            batch_texts.extend(texts)
            batch_metadatas.extend(metadatas)

            if len(batch_texts) >= self.batch_limit:
                self.upload_batch(batch_texts, batch_metadatas)
                batch_texts = []
                batch_metadatas = []

        if len(batch_texts) > 0:
            self.upload_batch(batch_texts, batch_metadatas)

        self.collection.flush()
```

데이터를 수집(ingestion)하는 클래스를 만들었으니 이제 파이프라인을 진행할 수 있다. 먼저, 파이프라인을 처음 실행하는 경우에는 컬렉션collection을 생성해야 한다. 밀버스의 컬렉션은 통상적인 데이터베이스의 테이블이나 파인콘의 색인(index)과 비슷하다. 컬렉션을 위해 ID 필드, 임베딩 필드, 자유 형식 JSON을 담는 메타데이터 필드로 구성된 스키마를 정의한다. 그런 다음 `PythonCodeIngestion` 클래스를 이용해서 알파카 데이터셋의 데이터를 올린다.

다음으로 검색 색인(search index)을 만들어야 한다. 여기서는 `IVF_FLAT`이라는 가장 기본적인 밀버스 색인 유형을 사용할 것이다. 이 유형의 색인은 임베딩 공간을 `nlist`개의 클러스터로 나눈다. 검색 임베딩을 먼저 군집(cluster)의 중심과 비교한 다음, 가장 가까운 군집의 임베딩과 비교함으로써 유사도 검색을 가속한다. 그리고 지표로는 유클리드 거리(Euclidean distance)를 의미하는 `L2`를 사용한다. 이상이 흔히 쓰이는 설정이고, 이번 예제 데이터셋에서도 이 설정 이외의 어떤 특별한 것은 필요하지 않다. 색인 구축 시 밀버스는 이외에도 많은 옵션을 지원하므로 관련 문서를 확인해 볼 것을 권한다.[5]

5 (옮긴이) 밀버스 공식 문서화는 `https://milvus.io/docs/`에 있다.

```
if __name__ == "__main__":
    collection_name = "milvus_llm_example"
    dim = 768

    if utility.has_collection(collection_name):          ← 컬렉션이 없으면 생성한다.
        utility.drop_collection(collection_name)

    fields = [
        FieldSchema(
            name="ids",
            dtype=DataType.VARCHAR,
            is_primary=True,
            auto_id=False,
            max_length=36,
        ),
        FieldSchema(
            name="embeddings", dtype=DataType.FLOAT_VECTOR, dim=dim
        ),
        FieldSchema(name="metadata", dtype=DataType.JSON),
    ]

    schema = CollectionSchema(
        fields, f"{collection_name} is collection of python code prompts"
    )

    print(f"Create collection {collection_name}")
    collection = Collection(collection_name, schema)

    collection = Collection(collection_name)          ← 컬렉션에 연결하고 크기를 출력한다.
    print(collection.num_entities)

    python_code_ingestion = PythonCodeIngestion(collection)          ← 데이터를 수집하고 수집된 데이터의 통계치들을 출력한다.
    python_code_ingestion.batch_upload()
    print(collection.num_entities)

    search_index = {          ← 검색 색인을 구축한다.
        "index_type": "IVF_FLAT",
        "metric_type": "L2",
        "params": {"nlist": 128},          ← 군집 개수
```

```
}
collection.create_index("embeddings", search_index)
```

이제 모든 설정이 완료되었다. 다음 단계로 넘어가기 전에 쿼리를 실행해서 테스트해 보자. 데이터와 색인이 합리적인 검색 결과를 제공하는지 확인해 보는 것이 좋겠다. 다음 코드는 먼저 컬렉션을 메모리에 적재하고 임베딩 모델을 이용해서 쿼리를 임베딩으로 변환한다. 그런 다음 검색 매개변수를 정의한다. 다시 말하지만 L2는 유클리드 거리를 의미한다. nprobe 매개변수는 검색할 군집(cluster) 개수를 지정하는데, 10으로 지정했으므로 밀버스는 설정된 군집 128개 중 쿼리 임베딩과 가장 가까운 10개를 돌려준다. 코드는 그 10개의 검색 결과 중 쿼리문과 가장 비슷한(유사도가 가장 높은) 세 개를 화면에 출력한다.

```
collection.load()          <- 검색하기 전에 데이터를 메모리에 적재해야 한다.

query = (                  <- 쿼리문을 설정한다.
    # "MNIST 데시터셋을 정확히 분류하는 신경망 모델을 파이썬으로
    # 작성하세요"
    "Construct a neural network model in Python to classify "
    "the MNIST data set correctly."
)
search_embedding = python_code_ingestion.embedder.encode(query)
search_params = {
    "metric_type": "L2",
    "params": {"nprobe": 10},          <- 검색할 클러스터 개수
}
results = collection.search(
    [search_embedding],
    "embeddings",
    search_params,
    limit=3,
    output_fields=["metadata"],
)
for hits in results:
    for hit in hits:
        print(hit.distance)
        print(hit.entity.metadata["instruction"])
```

다음은 이 코드의 출력이다. 주어진 쿼리문과 아주 잘 부합하는 예시 레코드들이 검색되었음을 알 수 있다.

```
# 0.7066953182220459
# Create a neural network in Python to identify
# hand-written digits from the MNIST dataset.
# 0.7366453409194946
# Create a question-answering system using Python
# and Natural Language Processing.
# 0.7389795184135437
# Write a Python program to create a neural network model that can
# classify handwritten digits (0-9) with at least 95% accuracy.
```

이상으로 벡터 DB를 설정하고 데이터도 적재했다. 그럼 RAG 시스템에서 결과를 검색하고 프롬프트에 문맥을 주입하도록 API 종단점을 갱신하자.

10.2.3 RAG 적용

이번 절에서는 예제 10.1의 스크립트에 검색 기능을 추가한다. 시간과 지면을 절약하기 위해 이전과 같은 코드는 생략하고 새로 추가되거나 바뀐 부분만 제시하겠다. 각 부분이 어디에 들어가는지 이해하기 어렵다면 이 책 깃허브 저장소의 이번 장 디렉터리에 있는 `chapters/chapter_10/listing_10.3.api_with_rag.py`를 참고하기 바란다. 예제 10.3은 스크립트 초반부의 새로운 코드이다. 필요한 라이브러리들을 임포트하고, 밀버스 서비스에 연결하고, 임베딩 모델을 불러온다.

예제 10.3 API에 RAG 추가

```
from contextlib import asynccontextmanager

from pymilvus import (
    connections,
    Collection,
)
from sentence_transformers import SentenceTransformer
connections.connect("default", host="localhost", port="19530")    ← 밀버스에 연결한다.

collection_name = "milvus_llm_example"
```

```
collection = Collection(collection_name)


embedder = SentenceTransformer(                         ← 임베딩 모델을 불러온다.
    "krlvi/sentence-t5-base-nlpl-code_search_net"
)
embedder = embedder.to(device)
```

다음으로 두 가지 편의용 함수들을 정의한다. 하나는 토큰 카운터이고, 다른 하나는 밀버스 컬렉션을 메모리에 적재하고 해제하는 FastAPI 수명 주기(lifecycle)를 정의하는 함수이다. 그런 다음 이 수명 주기 함수를 지정해서 FastAPI 앱을 실행한다.

```
def token_length(text):
    tokens = tokenizer([text], return_tensors="pt")
    return tokens["input_ids"].shape[1]



@asynccontextmanager
async def lifespan(app: FastAPI):
    collection.load()                          ← 시작 시 컬렉션을 메모리에 적재한다.
    yield
    collection.release()                       ← 종료 시 메모리에서 컬렉션을 해제한다.


app = FastAPI(lifespan=lifespan)               ← FastAPI를 실행한다.
```

이제 모든 설정이 완료되었으니 이 예제의 핵심인 RAG 관련 부분으로 들어가자. 다음은 `/generate` 종단점을 구현하는 `generate` 함수의 일부이다. 첫 부분은 이전과 비슷하다. 사용자의 프롬프트를 인코딩하고 컬렉션에서 가장 가까운 이웃들을 검색하는데, 검색 매개변수들은 한 가지만 빼고는 동일하다. 유일한 차이점은 프롬프트에 더 많은 예시들을 추가하기 위해 `limit`를 `3`에서 `5`로 늘린 것이다. 검색을 수행한 후에는 검색 결과(예시)들을 하나의 문자열로 결합한다.

이때 중요한 점은 예시들이 너무 많은 공간을 차지해서 토큰 한도를 넘으면 안 된다는 것이다. 이를 위해, 예시들을 결합하는 `for` 루프는 토큰 개수를 누적해서 정해진 최대 크기를 넘기면 루프를 끝낸다. 마지막으로, 지시사항과 예시(검색 결과)들, 사용자 프롬프트를 조합해서 모델을 위한 최종적인 입력을 완성한다.

```
request_dict = await request.json()             ← generate 함수의 내부
prompt = request_dict.pop("prompt")

search_embedding = embedder.encode(prompt)      ← 쿼리를 실행한다.
search_params = {
    "metric_type": "L2",
    "params": {"nprobe": 10},
}
results = collection.search(
    [search_embedding],
    "embeddings",
    search_params,
    limit=5,
    output_fields=["metadata"],
)

examples = []
for hits in results:
    for hit in hits:
        metadata = hit.entity.metadata
        examples.append(
            f"Instruction: {metadata['instruction']}\n"
            f"Output: {metadata['output']}\n\n"
        )

prompt_instruction = (
    # "당신은 Python을 전문으로 하는 전문 소프트웨어 엔지니어입니다.
    # 사용자의 요청을 충족시키는 Python 코드를   작성하세요."
    "You are an expert software engineer who specializes in Python. "
    "Write python code to fulfill the request from the user.\n\n"
)
prompt_user = f"Instruction: {prompt}\nOutput: "

max_tokens = 2048
token_count = token_length(prompt_instruction+prompt_user)

prompt_examples = ""
for example in examples:
    token_count += token_length(example)
```

```
        if token_count < max_tokens:
            prompt_examples += example
        else:
            break

    full_prompt = f"{prompt_instruction}{prompt_examples}{prompt_user}"

    inputs = tokenizer(full_prompt, return_tensors="pt").to(device)
```

API를 갱신했으니 시험해 보자. 이전처럼 서버를 실행했다고 할 때 터미널에서 다음과 같은 요청을 /generate 종단점에 보낸다.

```
$ curl --request POST --header "Content-Type: application/json" --data
↪ '{"prompt":"def hello_world(name):"}' http://localhost:8000/generate
```

저자의 경우 이번에는 print("Hello, World!")라는 응답을 받았다. 이전 응답보다는 약간 나빠졌지만, 여전히 "Hello world" 함수이므로 걱정할 것은 없다. 이렇게 해서 커스텀화를 위한 RAG 시스템이 포함된 LLM 서비스가 완성되었다. 이제 실제 코딩 환경에서 호출하기만 하면 된다.

10.3 VS 코드 확장 프로그램 만들기

이제 VS 코드 확장 프로그램(extension)을 만들어보자. VS 코드 확장 프로그램은 주로 타입스크립트TypeScript(줄여서 TS)나 자바스크립트JavaScript(줄여서 JS)로 작성된다. 이 언어들에 익숙하지 않더라도 걱정하지 말자. 단계별로 자세히 설명하겠다. 시작하려면 노드Node와 npm이 설치되어 있어야 한다. 노드는 자바스크립트 실행기이고 npm은 파이썬의 pip에 해당하는 패키지 관리자이다. 이 도구들을 설치하는 방법은 여러 가지가 있지만, 먼저 nvm 같은 노드 버전 관리자를 설치하는 것을 추천한다. 또한 VS 코드도 업데이트하거나 아직 설치하지 않았다면 설치하기 바란다. 편집기를 미리 업데이트하면 많은 문제를 피할 수 있으므로 반드시 하자. 준비가 끝났다면, npm 명령을 이용해서 VS 코드 확장 프로그램 템플릿 생성기를 설치한다.

```
$ npm install -g yo generator-code
```

nvm 설치 방법은 `https://mng.bz/gAv8`에 나와 있다. nvm을 설치한 후 `nvm install node`를 실행하면 최신 버전의 Node와 npm이 설치된다.

이제 이 생성기를 다음과 같이 실행한다. 이 명령은 가장 기본적인 형태의 "Hello World" 프로젝트를 만들어 주는데, 이를 바탕으로 VS 코드 확장 프로그램을 만들어 나가면 된다.

```
$ yo code
```

명령을 실행하면 저자가 보기에 캐나다 기마경찰의 ASCII 아트처럼 보이는 캐릭터가 나타나서 여러 질문을 던진다.[6] 이 질문들은 생성될 VS 코드 확장 프로그램 프로젝트의 여러 세부사항을 결정한다.

그림 10.1에 이 질문들에 대한 저자의 답이 나와 있다. 첫 질문은 언어 선택인데 저자는 자바스크립트를 선택했다. 그다음은 프로젝트 이름인데 `llm_coding_copilot`으로 했다. 그다음 질문은 이 프로젝트의 ID이다. 그냥 Enter 키를 누르면 프로젝트 이름을 적절히 변형한(이를테면 밑줄을 하이픈으로 바꾼) 이름이 자동으로 생성된다. 그다음 질문은 확장 프로그램의 설명인데, 적절히 입력하자. 그다음은 타입 점검 활성화 여부인데, 저자는 활성화하지 않기로 했다. 그다음은 깃 저장소 초기화 여부인데, 저자는 이미 저장소 안에서 작업 중이라서 `NO`를 택했다. 마지막 질문은 패키지 관리자 선택인데, 그냥 npm을 사용하기로 했다.

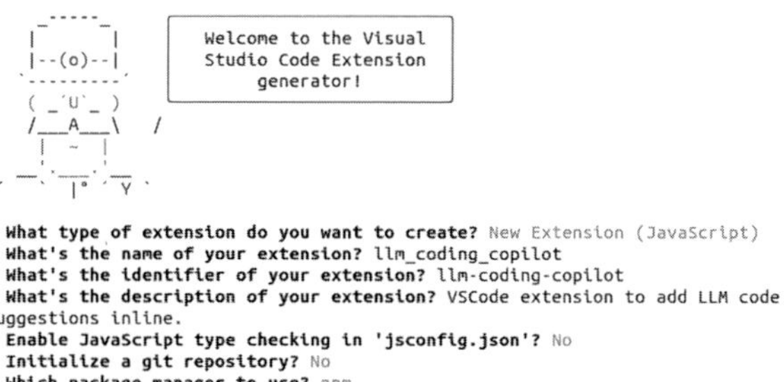

그림 10.1 VS 코드 확장 프로그램 생성기와 입력 예

마지막 질문에 답하면 필요한 모든 파일이 포함된 프로젝트 디렉터리가 만들어진다. 그림 10.2에 프로젝트 디렉터리의 예가 나와 있다. 다양한 파일이 만들어졌는데, 원한다면 모두 살펴봐도 좋겠지만 이번 예제의 목적에서는 두 파일만 신경 쓰면 된다. 하나는 확장 프로그램 매니페스트[manifest]를 정의하는

6 (옮긴이) 이 캐릭터는 yo 명령을 제공하는 Yeoman 도구 모음(`https://yeoman.io/`)의 공식 마스코트로, 영국 왕실 경호원(yeoman of the Guard)이다. 높은 털모자를 쓰고 보초 임무를 서는 왕실 근위병과는 다르다.

package.json 파일이다. 이것은 이 확장 프로그램이 어떻게 작동해야 하는지를 VS 코드에 알려주는 역할을 한다. 다른 하나는 실제 확장 프로그램 코드를 담은 extension.js 파일이다.

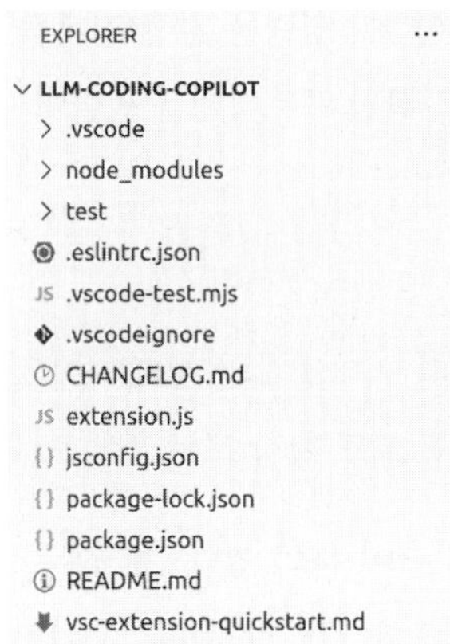

그림 10.2 VS 코드 확장 생성기가 만든 디렉터리 구조의 예

package.json 파일은 거의 완성된 형태이다. 생성 과정에서 입력한 값들과 널리 쓰이는 설정들이 적용되어 있어서 건드릴 것이 별로 없다. 여기서는 activationEvents 필드만 고치면 된다. 이 필드는 이 확장 프로그램을 언제 활성화할 것인지를 VS 코드에 알려준다. 기본적으로 이 필드는 비어 있는데, 이렇게 하면 VS 코드 실행 시 확장 프로그램이 자동으로 실행되지 않는다. 이는 VS 코드를 가볍게 유지하는 데 도움이 되지만, 사용자가 확장 프로그램의 명령을 직접 실행해야만 비로소 확장 프로그램이 활성화되므로 불편할 수 있다. 일반적으로 좋은 전략은 관심 있는 파일 유형을 열 때만 확장 프로그램이 활성화되게 하는 것이다. 예를 들어 파이썬 전용 확장 프로그램을 만든다면 .py 파일을 열 때만 활성화되게 하면 된다.

여기서는 "onCommand:editor.action.inlineSuggest.trigger" 이벤트 트리거를 사용한다. 이 트리거는 사용자가 인라인 코드 완성 제안을 수동으로 요청할 때 발동된다. 보통은 사용자가 타이핑을 멈출 때마다 발생하지만, LLM 서비스에 불필요한 요청을 보내지 않도록 이 과정을 좀 더 엄격하게 통제하는 것이 바람직하다. 한 가지 문제가 있다면 VS 코드에는 사용자가 이를 수동으로 실행할 수 있는 기본 단축키가 없다는 점이다. 다행히 "contributes" 섹션에 "keybindings" 필드를 추가해서 단축키를 설정할 수 있다. 여기서는 단축키를 Alt+S로 설정할 것이다. 'S'에서 "suggestion"을 떠올릴 수 있으므로 기억하기 어렵지 않을 것이다. 이미 다른 확장이 이 단축키를 사용하고 있다면 충돌이 생기겠지만, 사용자가 언제든 단축키를 변경할 수 있으므로 큰 문제는 아니다. 예제 10.4는 완성된 package.json 파일이다. 템플릿 생성기의 질문들에 대한 답들이 반영되었음을 알 수 있다.

예제 10.4 코딩 코파일럿 확장 프로그램의 매니페스트 파일

```
{
  "name": "llm-coding-copilot",
  "displayName": "llm_coding_copilot",
  "description": "VSCode extension to add LLM code suggestions inline.",
  "version": "0.0.1",
  "engines": {
    "vscode": "^1.86.0"
  },
  "categories": [
    "Other"
  ],
  "activationEvents": [
    "onCommand:editor.action.inlineSuggest.trigger"
  ],
  "main": "./extension.js",
  "contributes": {
    "commands": [{
      "command": "llm-coding-copilot.helloWorld",
      "title": "Hello World"
    }],
    "keybindings": [{
      "key": "Alt+s",
      "command": "editor.action.inlineSuggest.trigger",
      "mac": "Alt+s"
    }]
  },
  "scripts": {
    "lint": "eslint .",
    "pretest": "npm run lint",
    "test": "vscode-test"
  },
  "devDependencies": {
    "@types/vscode": "^1.86.0",
    "@types/mocha": "^10.0.6",
    "@types/node": "18.x",
    "eslint": "^8.56.0",
    "typescript": "^5.3.3",
    "@vscode/test-cli": "^0.0.4",
```

```
    "@vscode/test-electron": "^2.3.8"
  }
}
```

확장 프로그램 매니페스트 파일을 완성했으니 확장 프로그램을 시험해 보자. 프로젝트 디렉터리가 현재 디렉터리인 상태에서 VS 코드를 실행하고 F5를 누르면 VS 코드가 확장 프로그램을 컴파일한 후 확장 프로그램이 설치된 새로운 VS 코드 확장 프로그램 개발용 호스트 창을 실행한다. 새 창에서 Alt+S를 누르면 인라인 제안이 트리거되어서 확장 프로그램이 활성화된다. 모든 것이 제대로 작동한다면 그림 10.3처럼 원래 창(F5 키를 눌렀던 창)의 디버그 콘솔에 `Congratulations, your extension "llm-coding-copilot" is now active!`라는 로그가 표시될 것이다.

```
PROBLEMS    OUTPUT    DEBUG CONSOLE    TERMINAL    PORTS
Congratulations, your extension "llm-coding-copilot" is now active!
```

그림 10.3 VS 코드 확장 프로그램에 대한 디버그 콘솔. 확장 프로그램이 성공적으로 활성화되었다는 메시지가 나타난다.

이제 개발 중인 확장 프로그램을 실행하고 활성화하는 방법과 디버깅에 도움이 되는 로그를 확인하는 방법을 알았을 것이다. 남은 일은 확장 프로그램 기능을 실제로 구현하는 것이다. `extension.js` 파일에 코드를 채워야 한다.

여기서부터는 설명이 좀 까다로워진다. 자바스크립트에 익숙한 독자라도 VS 코드 API(`https://mng.bz/eVoG`)까지 익숙하지는 않을 가능성이 크다. 자세한 내용으로 들어가기 전에 우리가 무엇을 만들고 있는지 상기해 보자. VS 코드에서 사용자에게 코드를 제시하는 코딩 코파일럿 제안을 해 주는 확장 프로그램을 만들고자 한다. 코드 데이터로 훈련된 LLM과 그것을 서빙하는 API가 이미 준비되어 있으며, 맞춤형 데이터셋으로 문맥을 제공하고 결과를 개선하기 위한 RAG 시스템과 적절한 프롬프트도 마련해 두었다. 따라서 확장 프로그램에서는 그냥 API 서비스를 호출하고 그 결과를 VS 코드의 활성 편집기(active editor)에 적용하기만 하면 된다. 까다로운 부분은 사용자가 편집기 안에서 자연스럽게 LLM과 상호작용하게 하는 것인데, 사용하기 편하면서도 엄격한 통제가 가능한 방식이 필요하다. 여기서는 사용자가 코드의 일부를 선택해서 강조한 후 Alt+S 단축키를 누르면 그 부분을 LLM에 보내는 방식을 사용하기로 한다.

예제 10.5는 생성기가 만든 `extension.js` 파일인데, 주석을 좀 더 간결하게 정리했다. 이 파일은 `vscode` 라이브러리를 임포트하고 `activate` 함수와 `deactivate` 함수를 정의한다. 두 함수는 각각 확장 프로그램이 활성화될 때와 비활성화될 때 호출된다. 생성기가 만든 `activate` 함수는 새로운 명령을 VS 코드에 등록하는 방법을 보여주지만, 이 예제에서는 새 명령을 사용하지 않는다. 대신 인라인 제안 제공자(inline suggestion provider)라고도 부르는 인라인 완성 항목 제공자(inline completion item provider)를 정의해서 등록할 것이다.

예제 10.5 생성기가 만든 기본 extension.js

```
//  VSCode API 라이브러리를 임포트한다.
const vscode = require('vscode');

// 이 메서드는 확장 프로그램이 활성화될 때 호출된다.
function activate(context) {
  console.log(
    'Congratulations, your extension "llm-coding-copilot" is now active!');

  // package.json에 명시된 이름의 새 명령을 등록한다.
  // (이 예제에서는 사용하지 않는다)
  let disposable = vscode.commands.registerCommand(
    'llm-coding-copilot.helloWorld', function () {
    // 여기에 명령이 실행될 때마다 실행될 코드를 넣는다.

    // 사용자에게 메시지를 표시한다.
    vscode.window.showInformationMessage(
      'Hello World from llm_coding_copilot!');
  });

  context.subscriptions.push(disposable);
}

// 이 메서드는 확장 프로그램이 비활성화될 때 호출된다.
function deactivate() {}

module.exports = {
  activate,
  deactivate
}
```

새 명령 부분은 삭제하고, 대신 인라인 완성 항목 제공자를 추가하기로한다. 이 제공자는 LLM이 생성한 응답을 커서가 있는 위치에 흐릿한 '유령 텍스트(ghost text)'의 형태로 제시한다. 사용자는 그것을 보고 Tab 키를 눌러서 제안을 수락하거나 그 밖의 키로 거부할 수 있다. 이 인라인 완성 항목 제공자는 기본적으로 우리가 만드는 코드 완성 확장의 사용자 인터페이스에 필요한 모든 작업을 처리한다.

예제 10.6은 인라인 완성(inline completion) 항목을 반환하는 제공자를 만들고 등록하는 방법을 보여준다. 사용 가능한 항목들을 제시해서 사용자가 그중 원하는 것을 선택하게 만들 수도 있지만, 간결함을 위해 여기서는 하나의 제안만 제공하기로 한다. 인라인 완성 항목 제공자 함수에는 제안이 요청된 문서, 사용자 커서의 위치, 제공자가 호출된 방식(수동 또는 자동), 취소 토큰 등의 여러 인수가 자동으로 전달된다. 제공자를 `registerInlineCompletionItemProvider` 함수를 이용해서 VS 코드에 등록할 때 이 제공자가 어떤 유형의 문서에 반응해야 하는지 지정할 수 있다. 예제 10.6의 후반부는 제공자를 파이썬 스크립트에 대해 등록하는 방법과 모든 문서에 대해 등록하는 방법을 보여준다.

예제 10.6 인라인 완성 항목 제공자의 틀

```
// 인라인(현재 커서가 있는 곳)에서 응답을 제시하기 위한
// 인라인 완성 항목을 돌려주는 함수
const provider = {
    provideInlineCompletionItems: async (
            document, position, context, token
        ) => {
        // 잠시 후 여기에 구체적인 코드를 넣는다.
        }
    }
};

// 파이선 파일에 대해 제공자를 등록한다.
vscode.languages.registerInlineCompletionItemProvider(
    { scheme: 'file', language: 'python' },
    provider
);

// 원한다면 모든 언어에 대해 제공자를 등록할 수도 있다.
vscode.languages.registerInlineCompletionItemProvider(
    { pattern: '**' },
    provider
);
```

이제 제공자가 완성되었다. 다음으로, 사용자가 선택한 텍스트를 LLM 서비스에 보내는 수단이 필요하다. 선택 시 자동으로 보내는 대신 사용자가 명시적으로 단축키를 눌렀을 때만 보내도록 한다. 예제 10.7은 예제 10.6 `provider`의 `provideInlineCompletionItems` 메서드에 이를 위한 코드를 추가한 것이다.

이 메서드는 먼저 VS 코드의 현재 활성 편집기와 현재 선택된 텍스트를 가져온다. 그런 다음 인라인 완성 기능을 사용자가 명시적으로 트리거했는지(수동 트리거), 아니면 확장 프로그램 내부에서 자동으로 요청했는지 확인한다. 그런 다음 선택 영역의 커서 위치에 따라 더 나은 사용자 경험을 위한 작은 트릭을 적용한다. 사용자가 코드를 뒤에서 앞으로 선택했다면(이를테면 시프트 키와 왼쪽 화살표 키를 이용해서) 현재 커서는 선택 영역의 제일 앞에 있다. LLM이 반환한 코드를 그 위치에 제시하는 것은 바람직하지 않다. 이를 피하기 위해 항상 커서가 선택 영역의 끝에 놓이도록 선택 영역을 재설정한 후 인라인 완성 제안을 다시 트리거한다. 다행히 이 재 트리거 역시 수동 트리거로 간주된다. 조건이 맞으면, 즉 수동 트리거이고 선택 영역이 존재하며 커서가 선택 영역의 제일 앞에 있는 것이 아니라면 텍스트로 LLM 코딩 코파일럿을 호출하는 과정을 시작한다.

예제 10.7 VS 코드 API 다루기

```
// 인라인 완성 항목 제공자를 정의한다.
const provider = {
    provideInlineCompletionItems: async (
            document, position, context, token
        ) => {
        // VS 코드 활성 편집기와 선택 영역을 얻는다.
        const editor = vscode.window.activeTextEditor;
        const selection = editor.selection;
        const triggerKindManual = 0
        const manuallyTriggered = context.triggerKind == triggerKindManual

        // 뒤에서 앞으로 선택했다면 커서를 끝으로 옮기고 다시 트리거한다.
        if (manuallyTriggered && position.isEqual(selection.start)) {
            editor.selection = new vscode.Selection(
                selection.start, selection.end
            )
            vscode.commands.executeCommand(
                "editor.action.inlineSuggest.trigger"
            )
            return []
```

```
        }

        // 모든 조건이 충족되었으면 선택된 텍스트를 LLM에 보내서 완성
        // 항목을 가져온다.
        if (manuallyTriggered && selection && !selection.isEmpty) {
            // Grab highlighted text
            const selectionRange = new vscode.Range(
                selection.start, selection.end
            );
            const highlighted = editor.document.getText(selectionRange);

            // 선택된 텍스트를 LLM에 보낸다(잠시 후 추가)
        }
    }
};
```

이제 LLM 서비스에 요청하는 코드를 추가할 차례이다. 이 부분은 익숙할 것이다. 7장의 파이썬 코드를 자바스크립트로 옮기기만 하면 된다. 예제 10.8은 선택된 텍스트를 가져와 비동기 `fetch` 요청으로 API에 보내고 API가 돌려준 응답을 자동완성 항목에 맞는 형식으로 포장해서 VS 코드에 돌려주는 코드이다. 이것으로 인라인 완성 항목 제공자가 완성되었다.

예제 10.8 코딩 코파일럿에 요청 보내기

```
// 모든 조건이 충족되었으면 선택된 텍스트를 LLM에 보내서 완성
// 항목을 가져온다.
if (manuallyTriggered && selection && !selection.isEmpty) {
    // 선택된 텍스트를 얻는다.
    const selectionRange = new vscode.Range(
        selection.start, selection.end
    );
    const highlighted = editor.document.getText(
        selectionRange
    );

    // 선택된 텍스트를 LLM API 종단점에 보낸다.
    var payload = {
        prompt: highlighted
    };
```

```
    const response = await fetch(
        'http://localhost:8000/generate', {
        method: 'POST',
        headers: {
            'Content-Type': 'application/json',
        },
        body: JSON.stringify(payload),
    });

    // 응답을 VS 코드 편집기를 위한 제안 항목 객체에
    // 담아서 돌려준다.
    var responseText = await response.text();

    range = new vscode.Range(selection.end, selection.end)
    return new Promise(resolve => {
        resolve([{ insertText: responseText, range }])
    })
}
```

이제 모든 준비가 끝났으니 실제로 작동하는 모습을 보자. F5를 다시 눌러 확장 프로그램을 새로 컴파일하면 수정된 확장 프로그램이 설치된 VS 코드 확장 프로그램 개발 호스트 창이 실행된다. 새 호스트 창에서 확장자가 .py인 새 Python 파일을 만들고 적당한 코드를 입력하기 바란다. 코파일럿의 도움을 받고 싶은 부분이 있으면 선택한 후 Alt+S를 눌러 보자. 잠시 후 코파일럿의 제안이 유령 텍스트로 표시될 것이다. 마음에 들면 Tab 키를 눌러 수락하면 된다. 그림 10.4는 VS 코드 확장 프로그램의 실행 예이다.

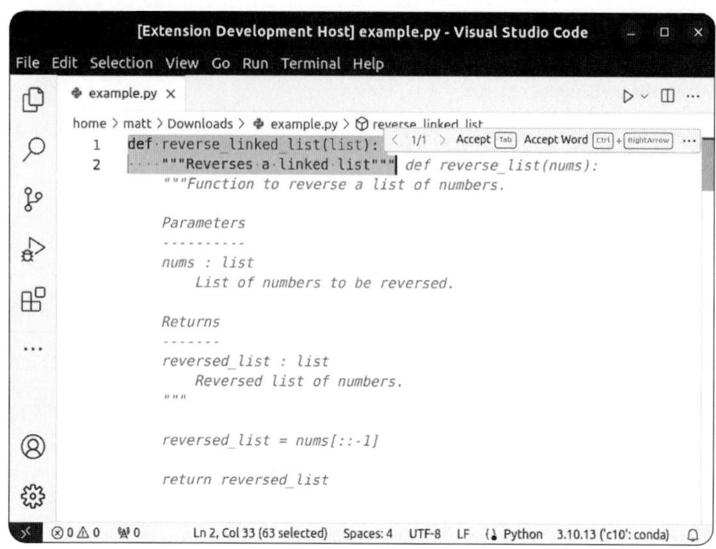

그림 10.4 예제 확장 프로그램이 성공적으로 실행된 모습

축하한다! 이제 여러분만의 코딩 코파일럿이 완성되었다. 이 코파일럿은 여러분의 데이터로 실행되며 전적으로 로컬에서 작동한다. 독자가 LLM에 대해 아무것도 모르고 이 책을 읽기 시작했다면 이는 실로 대단한 성과이다. 다음 절에서는 다음으로 해볼 만한 일들과 이 프로젝트의 교훈을 정리한다.

10.4 배운 교훈과 다음 단계

코드가 잘 작동하니 여기서 끝내도 되겠지만, 아직 이 예제 프로젝트는 완성과는 거리가 멀다. 아직 할 일이 많다. 무엇보다도, LLM이 제시한 코드의 품질이 그리 좋지 않다. 그림 10.4를 보면 LLM이 제시한 코드는 연결 목록(linked list)이 아니라 보통의 파이썬 목록을 뒤집는다. 이는 우리가 원하던 것이 아니다. 코드 품질을 개선하려면 어떻게 해야 할까?

먼저, 앞에서 "Hello World" 함수로 API를 테스트할 때, RAG를 추가하니 오히려 품질이 나빠졌던 것을 기억할 것이다. 재미 삼아 RAG를 비활성화한 예전 API를 사용하도록 VS 코드 확장 프로그램을 수정해서 시험해 보자. 그림 10.5는 예전 API를 사용한 결과다.

그림 10.5 RAG 없이 데시코더 모델을 직접 사용한 결과

훨씬 나은 코드가 제시되었다. 실제로 연결 목록을 뒤집을 뿐만 아니라, 추가 수정이 필요 없을 정도로 포매팅도 잘 되어 있다. 무슨 일이 벌어진 것일까? 원하는 행동 방식의 예시를 몇 개 제공하면 모델이 더 나은 결과를 생성해야 정상이 아닌가? 아마도 RAG 시스템이 좋은 예시들을 제공하지 못하는 것이 원인일 것이다. RAG 시스템이 생성한 프롬프트를 좀 더 자세히 살펴보자.

지시사항: 7줄의 파이썬 코드로 단일 연결 목록을 뒤집는 가장 효율적인 방법은 무엇인가?

출력: # 단일 연결 목록의 정의

```
class ListNode:
    def __init__(self, val=0, next=None):
        self.val = val
        self.next = next

def reverseList(head):
    prev = None
    current = head

    while current is not None:
        nxt = current.next
        current.next = prev
```

```
        prev = current
        current = nxt

    head = prev
    return head
```

지시사항: 파이썬에서 단일 연결 목록을 뒤집는 가장 효율적인 방법은 무엇인가?

출력:

```
def reverse(head):
    prev = None
    current = head
    while current:
        next = current.next
        current.next = prev
        prev = current
        current = next
    return prev
```

지시사항: `def reverse_linked_list(list):`

`"""연결 목록을 뒤집는다"""`

출력:

살펴보니 RAG 시스템은 정확한 예시들을 돌려주었다. 그렇다면 다른 원인이 있는 것이다.

우선 프롬프트를 다시 살펴보자. 데이터셋 예시의 지시사항은 일상 언어로 된 문구이지만, 사용자가 보내는 프롬프트는 반쯤 작성된 코드이다. 사용자들이 일상 언어로 된 문구를 보낸다면 더 나은 결과를 얻을 수 있을 것이다. 그러나 코드 편집기에서는 그것이 자연스럽지 않다. 코드를 작성하다가 어려운 부분을 만났을 때 코드의 일부에 대해 도움을 요청하는 것이 더 자연스럽다.

둘째로, 데시코더 모델이 어떻게 훈련됐는지 떠올려보자. 이 모델은 HumanEval 데이터셋을 능가하도록 훈련되어서 코드를 입력받아 코드를 출력하는 데 매우 능숙하다. 따라서 RAG로 입력을 증강하지 않더라도 이 작업을 잘 수행할 수 있다. 더 중요한 점은 이 모델이 지시사항에 맞게 조정되지는 않았다는 것이다. RAG가 돌려준 예시들은 이 모델이 훈련 도중에 본 적이 없는 형태의 입력이다. 따라서 이 예시들이 오히려 모델에 혼란을 주었을 가능성이 있다. 데시코더처럼 특정 목적을 위해 훈련된 작은 모델이라 새로운 작업에 일반화하는 능력이 떨어진다.

여기서 몇 가지 중요한 교훈을 얻을 수 있다. 무엇보다도 RAG처럼 모델 자체를 개선하지는 않는 프롬프트 엔지니어링 기법은(더 나아가서 모델을 부분적으로만 개선하는 프롬프트 조정도) 한계가 있다. LLM을 새로운 작업에 적응시키는 강력한 기법이긴 하지만, RAG 시스템으로 매우 관련성 높은 예시를 제공하더라도 그것만으로는 할 수 있는 일이 제한적이다. 애초에 모델이 어떻게 훈련되었고 어떤 데이터에 노출되었는지를 고려해야 한다. 또한 프롬프트를 올바르게 작성하기 위해 사용자가 모델과 어떻게 상호작용할지 고려하는 것이 중요하다.

그렇다면 결과를 개선하기 위해 다음 단계로 무엇을 시도할 수 있을까? 현재는 대부분 잘 작동하는 것 같으니, 첫째로 생각해 볼 것은 RAG 시스템의 프롬프트를 수정하는 것이다. 일상 언어로 작성된 지시사항 데이터가 모델에 그다지 유용하지 않은 것 같으니, 예시 코드만 모델에 제공해서 결과가 개선되는지 확인해야 할 것이다. 둘째로는 모델을 지시사항 데이터셋으로 미세조정하거나 아예 다른 모델로 전환하는 것도 생각해 볼 수 있다.

성능 개선 외에도 이 프로젝트에는 좀 더 커스텀화할 여지가 많이 있다. 예를 들어 여러분 회사의 코드 베이스로 밀버스에 컬렉션을 만들면 좋을 것이다. 그러면 회사 코드 베이스의 관련 코드 문맥이 프롬프트에 주입되어서 모델이 일반적인 파이썬 코드뿐만 아니라 여러분 조직에 특화된 코드도 잘 작성하게 된다. 더 나아가서, LLM 서비스 API와 밀버스 데이터베이스를 프로덕션 서버에 배포해서 회사의 다른 엔지니어와 데이터 과학자들이 사용할 수 있게 할 수도 있을 것이다.

아니면, 이미 좋은 결과를 내는 데시코더만 단독으로 사용하고 커스텀화는 포기할 수도 있다. 애초에 커스텀화가 필요 없을 수도 있으니 말이다. 이 경우 모델을 GGUF 형식으로 컴파일하고 자바스크립트 SDK를 통해 확장 프로그램에서 직접 실행하는 것이 바람직하다. 이렇게 하면 모든 코드가 한 곳에 캡슐화되어서 배포와 공유가 쉬워진다.

마지막으로, 이 확장 프로그램을 공개하고 커뮤니티와 공유하는 것도 고려해 보자. 현재는 모델과 RAG 시스템이 로컬에서 실행되므로 공유하기가 마땅하지 않다. 관심 있는 독자는 VS 코드 확장 프로그램의 공유에 관한 공식 문서(`https://mng.bz/GNZA`)를 참고하자. 그 문서는 API 키 획득부터 패키징, 게시, 인증된 게시자가 되는 것까지 모든 것을 다룬다.

요약

- 데시코더는 파이썬, 자바스크립트, 자바의 코딩 작업을 위해 설계된 작지만 강력한 모델이다.
- 밀버스는 필요에 따라 확장할 수 있는 강력한 오픈소스 벡터 데이터베이스다.
- 데이터셋은 RAG 시스템을 작동시키는 핵심이므로 적절한 정제와 준비에 시간을 투자해야 한다.
- VS 코드는 확장 프로그램을 쉽게 만들 수 있는 인기 있는 코드 편집기이다.
- 신중하게 선별된 예시와 데이터를 모델에 제공하는 것만으로는 더 나은 결과를 생성할 수 없다.
- 최상의 결과를 얻으려면 모델의 훈련 방법론과 데이터를 고려하여 프롬프트를 작성해야 한다.

11장

라즈베리 파이에 LLM 배포하기: 얼마나 작게 만들 수 있을까?

이번 장에서 다룰 내용

- 로컬 네트워크에 라즈베리 파이 서버 설정
- GGUF 형식으로 모델 변환 및 양자화
- 오픈AI GPT 모델 대신 사용할 수 있도록 모델 서빙
- 다음 단계와 개선 방법

저품질의 쓴맛은 낮은 가격의 달콤함이 잊힌 후에도 오래 남는다.

– 벤자민 프랭클린Benjamin Franklin

이번 장의 예제 프로젝트는 이 책에서 가장 흥미로운 프로젝트 중 하나이다. 바로, 원래 실행될 수 있는 크기보다 더 작은 기기에서 LLM을 서빙하는 것이다. 기술의 한계에 도전해 보는 이 예제 프로젝트를 통해서 이 책에서 지금까지 배운 모든 것을 실제로 활용해 볼 수 있다. 구체적으로, 이번 장에서는 LLM을 라즈베리 파이Raspberry Pi에 배포하고, 로컬 네트워크의 모든 기기에서 질의할 수 있는 LLM 서비스를 구축한다. 모든 해커에게 이 예제는 수많은 홈 프로젝트로의 문을 열어줄 것이다. 자신을 해커로 여기지 않는 모든 독자에게는 LLM 사용의 한계를 이해하고 이를 가능하게 만든 커뮤니티에 감사할 수 있는 기회가 될 것이다.

이번 장의 예제 프로젝트는 실질적인 프로젝트이다. 그래서 이번 장에서는 LLM을 벗어난 여러 분야를 건드리며, 모델 훈련이나 데이터 중심의 작업은 하지 않는다. 그런 의미에서 이번 프로젝트는 이 책 최초의 진정한 프로덕션 전용(production-only) 프로젝트라고 할 수 있다. 이번 장에서 만들 것은 여러분이 기대하는 것보다 훨씬 느리고, 덜 효율적이며, 정확도도 떨어질 것이다. 하지만 그래도 괜찮다.

실제로는 훌륭한 학습 경험이 될 것이다. '가능한 것'과 '유용한 것'의 차이는 직접 부딪혀 보기 전까지는 깨닫지 못할 때가 많다. 라즈베리 파이에서 실행되는 LLM은 여러분 회사의 프로덕션 시스템에 배포하고 싶은 것은 아니겠지만, 예제를 통해서 기본 원리를 배우면 나중에 원하는 만큼 확장할 수 있을 것이다.

11.1 라즈베리 파이 설정

라즈베리 파이(이하 간단히 파이)에서 모델을 서빙하고 추론하는 것은 가능한 일이다. 하지만 그냥 가능한 일일 뿐 권장할 만한 일은 아니다. "가능하지만 권장하지는 않는다"라는 말은 마치 동생의 입에 마시멜로를 몇 개나 넣을 수 있는지 알아보는 것처럼 재미있는 프로젝트를 암시하는 신호이다. 라즈베리 파이를 가지고 노는 것은 그 자체로 매우 재미있다. 이미 라즈베리 파이를 다루어 본 독자도 많을 것이다. 라즈베리 파이는 가정용 서버로 훌륭하고 값도 싸다. 광고 차단 기능을 구현하거나(Pi-Hole 라이브러리가 유명하다) 플렉스Plex와 젤리핀Jellyfin 같은 서비스로 개인 라이브러리를 스트리밍하는 데 활용할 수 있다. 재미있는 프로젝트가 많다. 입맛에 맞게 완전히 커스텀화할 수 있는 기기라서 파이썬 스크립트 작성 능력만 있다면 임의의 웹 서비스를 로컬 네트워크용 라즈베리 파이 서버로 구현할 수 있다. 이번 장의 LLM 서버도 바로 그런 식으로 구현할 것이다.

이번 장의 프로젝트에 필요한 것은 세 가지이다. 8GB RAM의 라즈베리 파이와 마이크로SD(최소 32GB, 더 큰 용량이 좋다), 전원 공급 장치만 있으면 된다. 이 글을 쓰는 시점에 1TB 용량의 마이크로SD 카드를 20달러에 구할 수 있으므로, 32GB보다 훨씬 큰 용량을 구하길 바란다. 라즈베리 파이 케이스 같은 다른 것들은 옵션이다. Wi-Fi가 없다면 이더넷 케이블로 로컬 네트워크에 연결해야 한다. 잠시 후에 노트북에서 원격으로 파이에 접속하는 방법을 보여줄 것이다. 추가로, 노트북에 마이크로SD 슬롯이 없다면 연결용 어댑터가 필요하다.

이 프로젝트에서는 라즈베리 파이 5 8GB 모델을 사용한다. 구체적인 정보는 `https://mng.bz/KDZg`를 참고하자. 이번 장에서 배포할 모델을 실행하려면 최소 8GB RAM의 SBC(single board computer; 단일 기판 컴퓨터)가 필요하다. 재미있는 사실은 4GB RAM의 작은 파이에서도 모델 배포에 성공했으며, 라즈베리 파이 외에도 많은 SBC 대안이 있다는 것이다. 다른 SBC를 선택한다면 이번 장의 예제를 정확히 따라 하기 어려울 수 있으므로 신뢰할 수 있는 회사의 제품을 선택해야 한다. Orange Pi, Zima Board, Jetson 등을 추천하지만 이들의 설정 방법은 다루지 않을 것이다.

파이 설정 경험이 없어도 된다. 이것이 독자의 첫 라즈베리 파이 프로젝트라고 가정하고 모든 단계를 안내할 것이다. 파이는 하나의 SBC 하드웨어이자 다양한 프로젝트를 위한 오픈 샌드박스이므로, 먼저 운영체제(OS)를 설치해야 한다. 그런 다음 필요한 패키지와 라이브러리를 설치하고, LLM을 준비한 뒤, 마지막으로 로컬 네트워크의 어떤 컴퓨터에서도 요청을 보내서 텍스트를 생성할 수 있는 서비스로 제공할 것이다.

11.1.1 파이 이미저를 이용한 OS 이미지 준비

보통의 경우 파이는 OS가 설치되지 않은 채로 출시된다. 설치된 버전을 구매했더라도 이 예제에서 다시 변경할 것이다. 라즈비안 OS[Rasbian OS]나 우분투[Ubuntu] 같은 일반적인 배포판은 너무 크고 RAM을 많이 사용해서 모델을 최고 속도로 실행하기 어렵다. 이런 제약을 해결하기 위해 라즈베리 파이 제작사는 파이 이미저(Pi Imager)라는 무료 이미징 소프트웨어를 출시했다. `https://www.raspberrypi.com/software/`에서 다운로드할 수 있다. 이미 이 소프트웨어를 설치한 독자라면, 파이 5를 지원하는 1.8 이상 버전으로 업데이트되었는지 확인하기 바란다.

파이 이미저 프로그램을 다운로드한 컴퓨터에 마이크로SD를 장착하자. (방법을 모르면 'USB 3.0 마이크로SD 카드 리더'를 온라인에서 검색하면 된다.) 파이 이미저를 실행하면 그림 11.1과 같은 창이 뜨는데, 먼저 제일 왼쪽 드롭다운 목록에서 파이 모델을 선택해야 한다. 이 예제의 경우 파이 5가 기준이므로 **Raspberry Pi 5**를 선택하면 된다. 그러면 그 오른쪽의 운영체제 선택 목록에 파이 5에서 사용 가능한 OS 옵션들만 표시되는데, **Raspberry Pi OS Lite (64-bit)**를 선택하자. 경량 버전을 뜻하는 **Lite**가 핵심이다. 처음에는 보이지 않으니 **Raspberry Pi OS (Other)** 섹션에서 **Lite**를 찾아서 선택해야 한다. 마지막으로, 이미지를 저장할 마이크로SD가 장착된 드라이브를 선택한다. 구체적인 이름은 여러분의 시스템에 따라 다르다. 그림 11.1은 설정을 마친 모습이다. 우분투 서버[Ubuntu Server]도 이 프로젝트에 적합한 좋은 운영체제이며 추천할 만하다. 하지만 설정 방법이 약간 다르므로, 예제를 편안하게 따라 하고 싶다면 Raspberry Pi OS Lite를 고수하는 것이 좋다.

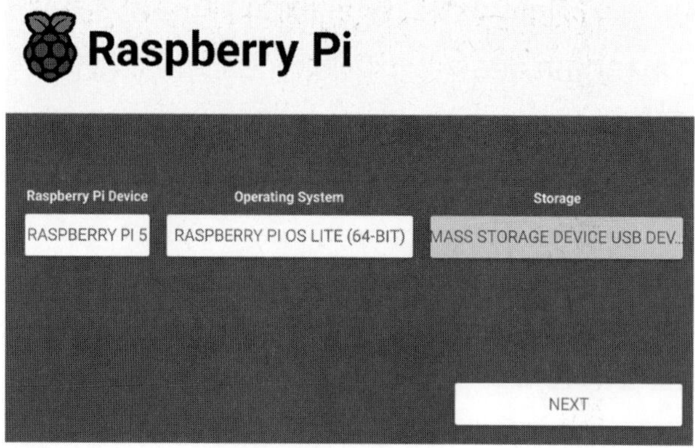

그림 11.1 파이 이미저에서 파이 모델과 OS, USB 저장 장치를 선택한 모습

OS 이미지를 저장할 대상 드라이브로 마이크로SD를 선택했는지 반드시 확인하자. 메인 HDD나 SSD를 선택하지 않도록 주의해야 한다.

다 선택했으면 **Next** 버튼을 클릭하자. 그러면 그림 11.2와 같이 OS 커스텀화에 관한 대화상자가 표시된다. 변경할 것이 있으므로 **Edit Settings** 버튼을 클릭해야 한다.

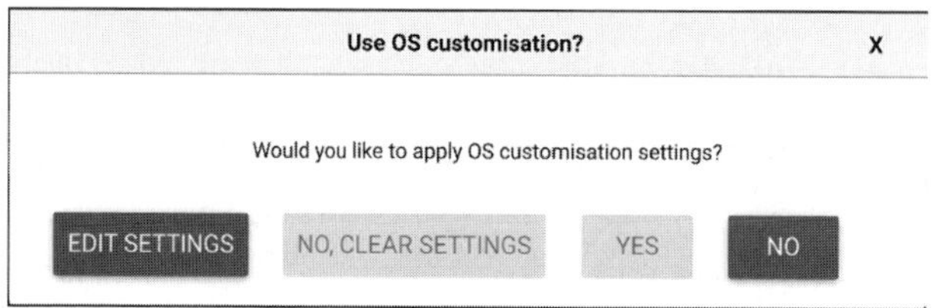

그림 11.2 OS 커스텀화 여부를 묻는 대화상자. Edit Settings 버튼을 클릭해야 한다.

Edit Settings 버튼을 클릭하면 그림 11.3과 같은 설정 대화상자가 나타난다. 그림 11.3은 설정 페이지의 예시를 보여준다. 첫 항목은 호스트 이름인데, 파이에 LLM을 배포하는 프로젝트이므로 `llmpi`로 입력한다. 그다음의 사용자 이름과 비밀번호는 적절히 입력하기 바란다. 원격 SSH 로그인 시 비밀번호 인증을 사용할 것이므로, 악의적인 공격자의 접근을 방지하려면 기본 비밀번호를 그대로 남겨두어서는 안 된다. 그다음은 로컬 네트워크에 연결하기 위한 설정이다. 이것이 아마도 가장 중요한 단계일 것이다. 독자의 환경에 맞게 적절한 Wi-Fi 연결 정보를 입력하자. Wi-Fi 없이 이더넷을 사용할 것이라면 **Configure wireless LAN** 체크 상자를 해제하면 된다.

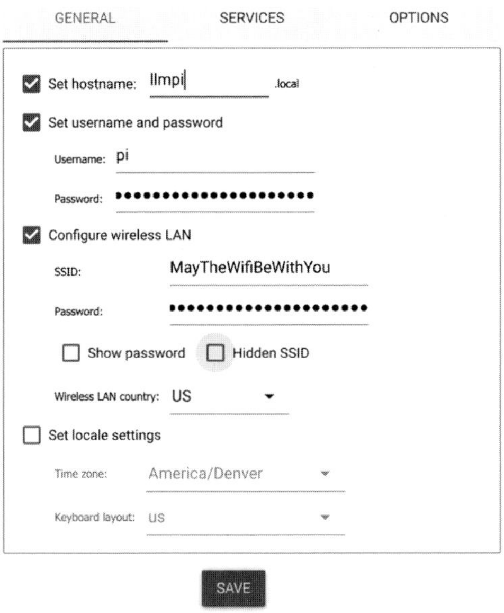

그림 11.3 호스트 이름, 사용자 이름, 비밀번호, Wi-Fi 정보가 입력된 설정 대화상자의 예

인터넷 설정만큼 중요한 것은 SSH를 활성화하는 것이다. 이것이 없으면 이후 진행이 불가능하다. 그림 11.4와 같이 **Services** 탭으로 가서 **Enable SSH**를 체크하고, 비밀번호 인증을 위해 **Use password authentication**을 선택한다.

이제 OS 이미지를 마이크로SD에 저장할 준비가 되었다. 이전 대화상자로 돌아가서 **Yes**를 클릭하면 나머지 과정이 진행된다. 보통은 몇 분 이내로 끝날 것이다. 저장이 끝난 후 노트북에서 마이크로SD를 안전하게 뽑아서 파이에 장착하자. 모든 것이 올바르게 진행되었다면, 파이의 전원을 켜면 파이가 자동으로 부팅되고 Wi-Fi에 연결될 것이다.

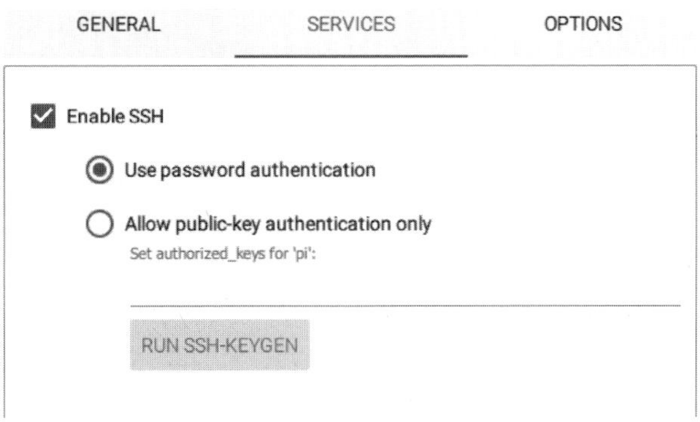

그림 11.4 SSH 연결을 위해 반드시 Enable SSH를 체크해야 한다.

11.1.2 파이에 연결하기

이 예제에서는 라즈베리 파이를 소형 서버로 사용한다. 이 설정의 장점은 파이에 연결할 별도의 모니터나 키보드가 필요 없다는 점이다. 물론 이 방식에는 파이가 현재 무엇을 하는지 직접 눈으로 볼 수 없고 상호작용할 방법도 없다는 명백한 단점이 있다. 하지만 걱정할 필요는 없다. 이 문제를 위해 앞에서 SSH 연결을 활성화했다. 이제 노트북에서 파이에 연결하는 방법을 알아보자.

먼저 라즈베리 파이의 IP 주소를 찾아야 한다. IP 주소는 네트워크상의 컴퓨터를 식별하는 정수 일련번호이다. 사용 중인 인터넷에 새로 연결된 장치를 확인하는 가장 쉬운 방법은 공유기 인터페이스를 이용하는 것인데, 그림 11.5는 구글 홈 공유기의 예이다. 공유기 인터페이스의 IP 주소는 공유기에 따라 다른데, 보통 192.168.86.1이나 192.168.0.1이다. 구체적인 주소는 공유기 매뉴얼을 참고하자(공유기 본체 어딘가에 적혀 있을 수도 있다). 일단 공유기 인터페이스에 로그인하면 네트워크에 연결된 모든 장치를 볼 수 있다.

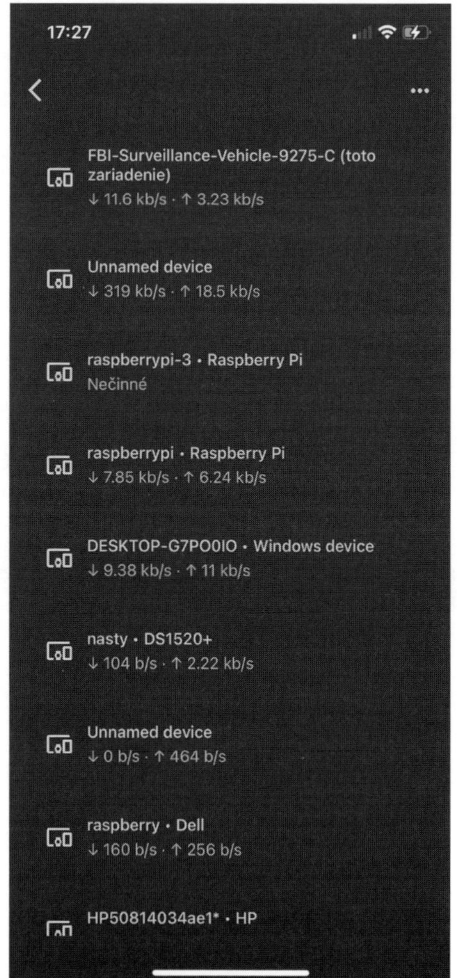

그림 11.5 공유기 인터페이스의 예. 구글 홈 공유기 인터페이스에 연결된 모든 장치와 IP 주소를 볼 수 있다.

공유기 인터페이스에 접근할 수 없어도 걱정하지 말자. 가장 직접적인 해결책은 그냥 파이에 모니터와 키보드에 연결하는 것이다. 그런 다음 터미널 화면에서 `ifconfig`나 `ip a` 명령[1]을 실행한 다음 `inet` 항목을 찾으면 된다. 이 명령어들은 로컬 네트워크의 장치와 IP 주소를 출력한다. 그림 11.6과 11.7은 두 명령의 출력과 함께 여러분이 찾아야 할 부분을 보여준다. 여분의 모니터가 없다면 구하러 나가기 전에 다음 문단의 방법을 먼저 시도하기 바란다.

```
pi@raspberry:~ $ ifconfig
docker0: flags=4099<UP,BROADC
        inet 172.17.0.1  netm
        ether 02:42:a6:f8:78:
        RX packets 0  bytes 0
        RX errors 0  dropped
        TX packets 0  bytes 0
        TX errors 0  dropped

eth0: flags=4163<UP,BROADCAST
        inet 192.168.86.102
        inet6 fe80::1e67:cd3c
        inet6 2605:a601:a934:
        ether f8:b1:56:9a:07:
        RX packets 2198854606
        RX errors 0  dropped
        TX packets 1443276076
        TX errors 0  dropped
        device interrupt 20
```

그림 11.6 `ifconfig` 명령의 출력 예. 파이 IP 주소가 있는 `inet` 항목은 저자가 강조한 것이다.

```
pi@raspberry:~ $ ip a
1: lo: <LOOPBACK,UP,LOWER_UP> mtu 65536 qdisc noqueue state UNKNOWN group default qlen 1000
    link/loopback 00:00:00:00:00:00 brd 00:00:00:00:00:00
    inet 127.0.0.1/8 scope host lo
       valid_lft forever preferred_lft forever
    inet6 ::1/128 scope host
       valid_lft forever preferred_lft forever
2: eth0: <BROADCAST,MULTICAST,UP,LOWER_UP> mtu 1500 qdisc pfifo_fast state UP group default qlen 1000
    link/ether f8:b1:56:9a:07:bd brd ff:ff:ff:ff:ff:ff
    inet 192.168.86.102/24 brd 192.168.86.255 scope global dynamic noprefixroute eth0
       valid_lft 55012sec preferred_lft 40051sec
    inet6 2605:a601:a934:1000:4526:7bb:c9b3:2034/64 scope global dynamic mngtmpaddr noprefixroute
       valid_lft 86096sec preferred_lft 64496sec
    inet6 fe80::1e67:cd3c:48d8:247d/64 scope link
       valid_lft forever preferred_lft forever
3: eth1: <NO-CARRIER,BROADCAST,MULTICAST,UP> mtu 1500 qdisc pfifo_fast state DOWN group default qlen 1000
    link/ether 68:05:ca:1b:fb:57 brd ff:ff:ff:ff:ff:ff
4: docker0: <NO-CARRIER,BROADCAST,MULTICAST,UP> mtu 1500 qdisc noqueue state DOWN group default
    link/ether 02:42:a6:f8:78:69 brd ff:ff:ff:ff:ff:ff
    inet 172.17.0.1/16 brd 172.17.255.255 scope global docker0
       valid_lft forever preferred_lft forever
```

그림 11.7 `ip a` 명령의 출력 예. 파이 IP 주소가 있는 `inet` 항목은 저자가 강조한 것이다.

1 (옮긴이) 라즈베리 파이 OS는 데비안 계열의 리눅스 배포판이다. `ls` 등 표준적인 리눅스 명령들과 함께 `apt` 등 데비안 배포판의 명령들이 기본으로 마련되어 있으므로, 예를 들어 우분투를 다루어 본 독자라면 금방 적응할 수 있을 것이다.

공유기 인터페이스에 접근할 수 없고 여분의 모니터도 없다면, 한 가지 대안은 노트북에서 현재 로컬 네트워크의 유효한 IP 주소들을 스캔해 보는 것이다. 리눅스 기준으로 이를 위한 명령은 `arp`와 `nslookup`이다.

터미널에서 `arp -a` 명령을 실행하면 로컬 네트워크에 연결된 모든 장치의 IP 주소들이 출력된다. 그중 특정 IP 주소의 호스트 이름을 알고 싶으면 `nslookup <IP 주소>`를 실행하면 된다.[2] `arp`로 나열된 IP 주소들을 일일이 `nslookup`으로 조회해서 호스트 이름 `raspberry`를 찾으면 되겠지만, 좀 더 현명한 방법이 있다. 파이를 끄고 `arp -a`를 실행해서 사라진 IP 주소를 찾으면 된다. 파이를 다시 켤 때는 공유기가 다른 IP 주소를 할당할 수도 있지만, 바뀐 주소를 찾으면 되는 문제이다.

IP 주소를 얻는 과정이 복잡했을 수 있지만, 다음 단계는 쉽다. 다음과 같은 형태로 `ssh` 명령을 실행하면 파이에 접속된다.

```
$ ssh <사용자이름>@<IP주소>
```

물론 **`<사용자이름>`**을 파이 이미지를 만들 때 지정한 사용자 이름(예제를 그대로 따라 했다면 `pi`)으로 바꾸고 **`<IP주소>`**를 파이의 IP 주소로 바꾸어야 한다. 파이에 처음 접속하는 경우 `ssh`는 해당 연결과 호스트 신뢰성을 확인하기 위한 지문 확인 메시지를 표시하는데, **Yes를 입력하면** 된다. 그다음에 비밀번호를 입력하라는 메시지가 나오면 파이 이미지를 만들 때 지정한 비밀번호를 입력한다. 비밀번호를 설정하지 않았다면 기본 비밀번호(`raspberry`)를 사용하면 되지만, 앞에서 경고했듯이 비밀번호를 직접 설정했으리라 믿는다.[3]

그림 11.8처럼 여러분 컴퓨터의 터미널에서 파이의 셸 환경이 표시된다면 잘 접속된 것이다.

2 (옮긴이) `nslookup`이라는 명령이 없다는 오류가 난다면, 우분투 등 데비안 계열의 경우 `apt install dnsutils`로 설치할 수 있다. 다른 배포판도 비슷한 명령이나 패키지가 있을 것이다. Windows에도 `nslookup`이라는 명령이 있지만 이것은 DNS 조회 프로그램이라서 지금 목적으로는 쓸모가 없다. 여러 대안이 있겠지만, 이 책의 다른 예제들도 유닉스 계열의 OS를 기준으로 하므로 그냥 WSL을 설치해서 리눅스 환경을 꾸리는 게 가장 합리적인 선택일 것이다.

3 (옮긴이) 최신 버전의 라즈베리 파이 OS에서는 기본 계정 `pi`와 비밀번호 `raspberry`가 아예 제거되었다. 파이 이미지 생성 시 반드시 사용자 이름과 비밀번호를 명시적으로 설정해야 한다. 이 문장은 역사적 참고사항 정도로 받아들이기 바란다.

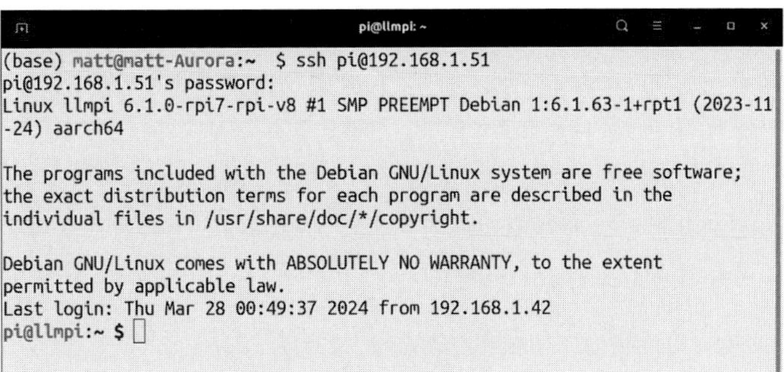
```
(base) matt@matt-Aurora:~  $ ssh pi@192.168.1.51
pi@192.168.1.51's password:
Linux llmpi 6.1.0-rpi7-rpi-v8 #1 SMP PREEMPT Debian 1:6.1.63-1+rpt1 (2023-11
-24) aarch64

The programs included with the Debian GNU/Linux system are free software;
the exact distribution terms for each program are described in the
individual files in /usr/share/doc/*/copyright.

Debian GNU/Linux comes with ABSOLUTELY NO WARRANTY, to the extent
permitted by applicable law.
Last login: Thu Mar 28 00:49:37 2024 from 192.168.1.42
pi@llmpi:~ $
```

그림 11.8 터미널에서 SSH를 이용해 성공적으로 라즈베리 파이에 접속한 화면

11.1.3 소프트웨어 설치 및 갱신

파이 실행과 접속에 성공했으니 필요한 소프트웨어들을 설치해 보자. 먼저, 독자도 이미 익숙한 명령들을 이용해서 시스템의 기존 소프트웨어들과 패키지들을 최신 버전으로 갱신한다.

```
$ sudo apt update && sudo apt upgrade -y
```

실행에 약간의 시간이 걸릴 것이다. 갱신이 모두 완료되었다면, 이제 원하는 것을 무엇이든 실행할 수 있는 라즈베리 파이 서버가 생겼음을 축하하자. 이 라즈베리 파이 서버는 아직 백지상태와 같다. 이를 LLM 서버로 바꾸기 위해서는 여러 의존요소를 설치해야 한다. 먼저 개발의 기반이 될 요소들을 설치하자. 배포판에 따라서는 g++나 build-essentials를 추가로 설치해야 할 수 있지만, 라즈베리 파이 OS에는 이미 설치되어 있다. 그러나 git과 pip은 설치되어 있지 않으므로, 이후 과정을 훨씬 쉽게 만들어줄 이 두 도구를 먼저 설치하자.

```
$ sudo apt install git-all python3-pip
```

다음으로, 이번 장 예제의 작업 대부분이 의존하는 llama.cpp를 설치해야 한다. 해당 깃허브 저장소를 로컬에 복제해서 빌드하자. 다음 명령어들을 실행하면 된다.

```
$ git clone https://github.com/ggerganov/llama.cpp.git
$ cd llama.cpp
```

llama.cpp 저장소 복제 참고사항

여타의 오픈소스 프로젝트처럼 llama.cpp는 여러 엔지니어링 모범관행(best practice)을 곧이곧대로 따르기보다는 그냥 필요한 일을 수행하는 데 더 관심을 두는 프로젝트이다. 앞의 명령은 독자가 읽는 시점에서 최신 상태의 llama.cpp 저장소를 복제하므로, 저자가 이번 장을 작성했을 때와의 차이점 때문에 예상치 못한 문제가 발생할 수 있다. 게다가 llama.cpp는 아무런 버전 관리 관례도 사용하지 않는다. 이번 장 예제를 원활하게 따라 하려면 저장소 복제 후 다음 명령을 실행해서 저자가 사용한 버전으로 전환하기 바란다.

```
$ git checkout 306d34be7ad19e768975409fc80791a274ea0230
```

이 명령은 저자가 바탕으로 삼은 커밋을 체크아웃하므로 독자도 저자와 동일한 버전에서 모든 것을 실행할 수 있게 된다. 저자는 라즈베리 파이 4와 5는 물론이고 맥OS, Windows, 우분투, 데비안에서도 예제를 테스트해 보았다. 이 버전은 대부분의 시스템에서 문제가 없을 것이다.

이제 저장소를 가져왔으니 몇 가지 작업만 더 하면 준비가 끝난다. 먼저 파이를 깔끔하게 유지하기 위해 저장소용 파이썬 가상 환경을 만들고 활성화하자. 파이썬 환경이 준비되면 차차 필요한 모든 파이썬 패키지를 설치할 것이다. 가상 환경을 만들고 활성화하는 명령들은 다음과 같다.

```
$ python3 -m venv .venv
$ source .venv/bin/activate
$ pip install -r requirements.txt
```

llama.cpp는 컴파일 방식 언어인 C++로 작성되었다. 이는 라즈베리 파이 하드웨어와 아키텍처에서 실행할 수 있도록 모든 의존요소를 컴파일해야 한다는 뜻이다. 다행히 다음과 같이 간단한 명령 하나로 빌드를 진행할 수 있다.

```
$ make
```

llama.cpp 설정 참고사항

Make 대신 CMake로 llama.cpp를 빌드하면 환경이 조금만 달라도 빌드 방법이 크게 달라질 수 있다. 예를 들어 우분투의 경우 CUDA 지원 GPU를 활용하기 위해 일반 CPU 대신 CuBLAS를 사용하려면 호환되는 CUDA Toolkit 버전과 `nvcc` 실행 파일의 위치를 명시적으로 지정해야 했다. 원 제작자(그레고리 게르가노프[Georgi Gerganov], 일명 ggerganov)는 테스트를 위한 빌드에서 Make보다 더 많은 사양이 필요하기 때문에 CMake를 사용한다. 참고로 ggerganov가 현재 사용하는 CMake 빌드 명령어는 다음과 같다. 필요에 따라 수정할 수 있다.

```
$ cmake .. -DLLAMA_NATIVE=OFF -DLLAMA_BUILD_SERVER=ON -DLLAMA_CURL=ON
↪ --DLLAMA_CUBLAS=ON -DCUDAToolkit_ROOT=/usr/local/cuda
↪ --DCMAKE_CUDA_COMPILER=/usr/local/cuda/bin/nvcc
↪ --DCMAKE_CUDA_ARCHITECTURES=75 -DLLAMA_FATAL_WARNINGS=OFF
↪ --DLLAMA_ALL_WARNINGS=OFF -DCMAKE_BUILD_TYPE=Release
```

오류 없이 빌드가 완료되었다면, 이제 모델만 가져오면 예제 프로젝트를 실제로 진행할 준비가 끝난다. 이번 프로젝트를 위해 선택한 모델은 Llava-v1.6-Mistral-7B이다. 8장에서처럼 `huggingface-cli`를 이용해서 다운로드한다. 다음 명령들을 실행하면 LLaVA 모델[4]과 해당 토크나이저, 그리고 설정 파일들이 로컬 디렉터리에 설치된다.

```
$ pip install -U huggingface_hub
$ huggingface-cli download liuhaotian/llava-v1.6-mistral-7b --local-dir
↪ ./models/llava --local-dir-use-symlinks False
```

이제 모델과 토크나이저 정보를 확보했으니 우리의 LLM을 안드로이드 폰이나 라즈베리 파이처럼 작은 기기에서도 사용할 수 있게 만들 준비가 끝났다.

11.2 모델 준비

앞에서 다운로드한 모델을 예제 저장소의 C++ 코드가 효과적으로 다룰 수 있도록 표준 형식으로 변환해야 한다. 구체적으로, 다운로드한 safetensor 형식의 모델을 GGUF 형식(확장자 `.gguf`)으로 변환하고자 한다. GGUF 모델은 8장에서 이미 사용해 보았다. 확장성이 좋고 적재가 빠를 뿐만 아니라 모델에 대한 모든 정보가 하나의 파일에 담겨 있다는 장점 때문에 널리 쓰인다. 다운로드한 토크나이저 정보도 .gguf 모델 파일에 들어간다.

다음은 llama.cpp의 `convert.py` 스크립트[5]를 이용해서 safetensor 모델을 GGUF로 변환하는 명령이다.

4 (옮긴이) LLaVA는 Large Language and Vision Assistant의 약자로, 이름에서 짐작하듯이 이미지와 텍스트를 동시에 이해하고 처리할 수 있는 다중 모달 모델이다. 깃허브 저장소는 `https://github.com/haotian-liu/LLaVA`이다.

5 (옮긴이) 현재 llama.cpp 저장소에는 이 스크립트가 없다. 이 스크립트를 사용하려면 앞의 llama.cpp **저장소 복제 참고사항**에서 제시한 `git checkout` 명령을 실행해야 한다.

```
$ python3 convert.py ./models/llava/ --skip-unknown
```

이 스크립트는 모델을 모든 가중치가 담긴 .safetensors 파일들을 합친 것과 같은 크기의 .gguf 체크포인트 파일 하나를 만든다. 따라서 다운로드한 내용의 복사본이 두 개가 된 셈인데, 마이크로SD 카드가 작다면 공간 확보를 위해 .safetensors 파일들을 삭제하거나 파이 바깥의 다른 저장 장치로 이동하는 게 좋을 것이다. 다음은 .safetensors 파일들을 삭제하는 명령이다. 물론 .gguf 체크포인트 파일이 완성된 후에 실행해야 한다.

```
$ find -name './models/llava/model-0000*-of-00004.safetensors' -exec rm {} \;
```

모델을 단일 파일 형식으로 변환했다면 더 작게 만들어볼 수 있다. 이 단계에서는 메모리 제약이 고려 대상이 된다. 7B 매개변수 모델을 선택한 이유 중 하나는 양자화된 `q4_K_M` 형식(llama.cpp가 지원하는 다양한 양자화 형식은 나중에 설명한다)으로 디스크 용량이 4GB 정도여서 8GB 라즈베리 파이에서도 효과적으로 실행할 수 있기 때문이다. 다음 명령으로 모델을 양자화하면 된다.

```
$ ./quantize ./models/llava/ggml-model-f16.gguf ./models/llava/llava-
↪ v1.6-mistral-7b-q4_k_m.gguf Q4_K_M
```

모델의 모든 가중치를 양자화하는 데에는 시간이 좀 걸린다. 완료되면 파이에서도 서빙할 수 있는 새로운 양자화 모델이 생긴다.

일반적인 문제 해결 지침

저자는 여러 환경과 하드웨어에서 이상의 단계들을 테스트해 보았지만, 환경과 하드웨어가 매우 다양하다 보니 저자가 겪지 못한 문제를 독자가 겪을 수 있다. 다음은 문제 해결에 도움이 될 지침들이다.

- **모델을 다시 다운로드한다.** 모델 크기가 크므로 다운로드 중 인터넷 연결 문제가 있었다면 모델이 손상되었을 수 있다. 불안정한 Wi-Fi 대신 이더넷 케이블 연결을 시도해 보자.
- **의존요소들을 다시 컴파일한다.** 의존요소들을 다시 컴파일하는 가장 쉬운 방법은 `make clean` 실행 후 `make`를 다시 실행하는 것이다. 또는 `cmake`를 사용하거나 다른 옵션을 시도해 볼 수 있다.
- **라즈베리 파이를 재부팅한다.** 재부팅은 특히 메모리 문제(현재 작업에는 많은 메모리가 필요하지 않다)가 있을 때 효과적인 해결책이다. SSH로 `sudo reboot`를 실행하면 파이가 재부팅된다.[6]

6 (옮긴이) 참고로 `reboot` 명령에 관해 더 알고 싶다면, `reboot -h` 대신 `reboot --help`나 `man reboot`를 이용하자. `reboot`에는 -h 옵션이 없으며, 그 사실을 경고해 주지도 않는다.

- **노트북이나 데스크톱 PC에서 실행해 본다.** 더 좋은 하드웨어에서는 문제가 적을 것이다. 엣지 디바이스에서 작업하기 전에 쉬운 경로를 파악하는 것이 도움이 된다.
- **이미 준비된 모델을 다운로드한다.** 모델 형식 변환과 양자화를 독자가 직접 체험해 보는 것이 좋지만, 대부분의 오픈 소스 모델은 이미 다양한 형식으로 양자화되어 있다는 점도 기억하자. 운 좋게도 추가적인 미세조정이 필요 없는 모델들도 있는데, 이번 장의 LLaVA 모델도 그렇다.

어떻게 해도 모델 양자화 관련 문제가 해결되지 않는다면, 양자화된 모델을 다음 명령으로 다운로드해서 넘어가기 바란다.

```
$ huggingface-cli download cjpais/llava-1.6-mistral-7b-gguf --local-dir
↪ ./models/llava --local-dir-use-symlinks False --include *Q4_K_M*
```

11.3 모델 서빙

드디어 모델을 서빙할 단계이다! llama.cpp를 사용하면 모델을 위한 서비스를 아주 쉽게 만들어 낼 수 있다. 잠시 후에 좀 더 복잡한 기법을 살펴보겠지만, 일단은 지금까지의 성과를 음미해 보자.

```
$./server -m ./models/llava/llava-v1.6-mistral-7b-q4_k_m.gguf --host
↪ $PI_IP_ADDRESS --api-key $API_KEY
```

이 명령은 라즈베리 파이의 IP 주소와 API 키가 각각 환경 변수 `PI_IP_ADDRESS`와 `API_KEY`에 설정되어 있다고 가정한다. 여기서 API 키는 상용 LLM 서비스의 API 키가 아니라 예제 LLM 서비스의 기본적인 보안을 위한 것이다. 임의로 정하면 된다. 이 명령 하나로 로컬 네트워크의 어느 컴퓨터에서나 질의할 수 있는 LLM이 라즈베리 파이에서 실행된다. 모델을 불러오는 데 시간이 걸리므로 서버 시동이 오래 걸릴 수 있다. 너무 걱정하지 말고 기다리기 바란다. 서버가 실행되었다면 간단한 데모로 시험해 보자.

이 데모는 오픈AI 파이썬 패키지와 밀접히 통합된 기존 앱을 라즈베리 파이 LLM 서비스에 맞게 개선한다고 가정한다. 오픈AI의 파이썬 바인딩을 계속 사용하면서도 파이 LLM 서비스가 요청을 처리하게 만드는 방법을 배울 수 있을 것이다. 핵심은 모델 실행 시 `base_url`을 명시적으로 지정해서 오픈AI의 서버가 아니라 라즈베리 파이 서버에 요청을 보내게 하는 것이다. 또한 오픈AI의 API 키 대신 앞에서 서버를 실행할 때 지정한 API 키를 사용한다.

호출 시 모델명 `gpt-3.5-turbo`는 그대로 두었음을 주목하자. 오픈AI는 서로 다른 모델을 호출하는 다양한 프로세스를 가지고 있기 때문에 이처럼 모델명을 매개변수의 하나로 지정할 수 있다. 그리 중요하지 않은 요소라서 그대로 두었지만, 실제로 GPT-3.5 모델을 호출하는 것이 아니므로 원한다면 다른 이름으로 바꾸어도 된다.

예제 11.1 오픈AI 패키지를 이용해서 맞춤형 모델(GPT가 아닌)에 접근하는 예

```
import openai

client = openai.OpenAI(
    base_url="http://0.0.0.0:8080/v1",  # 여러분의 PI 주소로 바꾸어야 한다.
    api_key="1234",  # 서버 시동 시 지정한 API 키로 바꾸어야 한다.
)

completion = client.chat.completions.create(
    model="gpt-3.5-turbo",
    messages=[
        {
            # 시스템 프롬프트: "당신은 카피바라라는 AI 비서입니다. 당신의 최우선
            # 과제는 사용자를 도와서 사용자의 요구를 충족하는 것입니다."
            "role": "system",
            "content": "You are Capybara, an AI assistant. Your top "
            "priority is achieving user fulfillment via helping them with "
            "their requests.",
        },
        {
            # 사용자 프롬프트:  "웹사이트를 구축하는 간단한 10단계:"
            "role": "user",
            "content": "Building a website can be done in 10 simple steps:",
        },
    ],
)

print(completion.choices[0].message)
```

그런데 이런 파이썬 스크립트 없이도 서버와 상호작용할 수 있다. llama.cpp의 서버 스크립트에 기본적인 웹 UI가 내장되어 있기 때문이다. 라즈베리 파이가 있는 로컬 네트워크에서 휴대전화나 노트북의 웹 브라우저로 라즈베리 파이 IP 주소(포트 8080)에 접속하면 된다. 그림 11.9에 브라우저로 접속한 예가 나와 있다.

그림에서 보듯이 llama.cpp 서버는 간단한 대화창 인터페이스를 제공한다. 이것을 이용해서 직접 LLM과 상호작용해 보길 권한다. 이 과정을 통해 간단한 채팅창에서 실행 중인 LLM API와 상호작용할 수 있다. 이것을 직접 사용해 보기를 권장한다. 라즈베리 파이에서 실행하므로 빠르지는 않다. 빨라야 초당 5토큰 정도이며, 느릴 때는 말 그대로 매우 느리다. 일반 사용자들이 엣지 기기에 LLM을 설치하지 않는 이유를 바로 이해할 수 있을 정도이다.

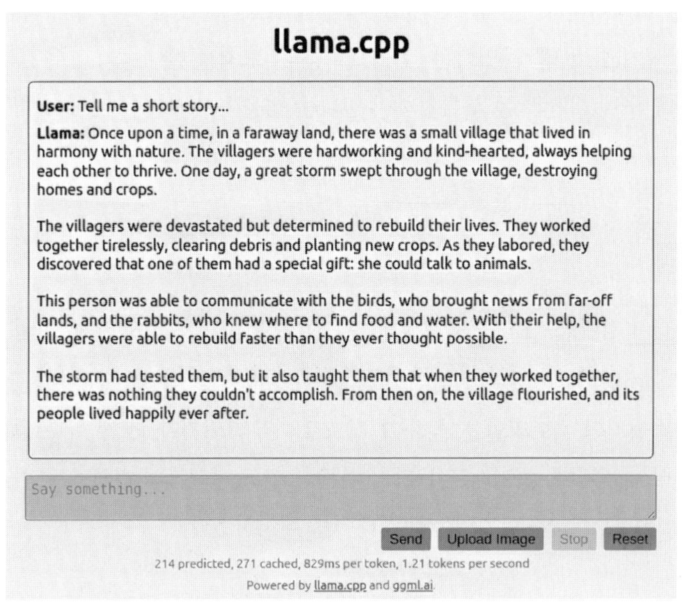

그림 11.9 라즈베리 파이에서 LLM을 실행하고 llama.cpp 서버를 통해 상호작용하는 예

그렇다면 저자가 이 프로젝트에 그토록 흥분한 이유가 궁금한 독자도 있을 것이다. 이번 장에서 많은 것을 배울 것이라고 약속했지만, 사실 이번 장은 이 책에서 가장 짧다. 게다가 이번 장에서 한 일은 이미 만들어진 깃허브 저장소를 복제하고 이미 만들어진 모델을 다운로드하는 것이었다. **하지만 원래 프로덕션이 이런 식이다!**

대부분의 기업에서 요구하는 것이 바로 이것이다. 회사의 높은 사람이 친구에게 들은 모델을 다운로드해서 너무 작고 적합하지 않은 하드웨어에 설치하라고 명령한다. 그러면 여러분은 그대로 따라야 한다. 다행히 이 책을 여기까지 읽었다면, 20~30분 안에 상사가 요구한 것의 원형(프로토타입)을 적당히 만들어낼 수 있을 것이다. 그런 다음 빠른 반복(iteration) 작업을 통해 더 강력한 하드웨어와 더 많은 훈련 데이터, RAG, 기타 프로젝트를 작동시키는 데 필요한 다른 시스템에 대한 요구사항을 근거 있게 제시해서 회사와 협상해 나가자. 개념 증명(PoC)을 빠르게 구축한 다음, 프로젝트 요구사항에 맞춰 확장하는 것이 데이터 과학자와 ML 엔지니어의 핵심 작업흐름(workflow)이 되어야 한다는 것이 저자의 주장이다.

이번 장 예제 프로젝트에서 그러한 빠른 개념 증명 작업흐름을 어느 정도 맛보았을 것이다. 이러한 작업흐름의 큰 장점은 가시성(visibility)이다. 놀라운 뭔가를 여러분이 매우 빠르게 만들어낼 수 있음을 관리자에게 보여주면, 다른 경쟁 목표들이 예상보다 오래 걸릴 때 여러분을 더 신뢰하게 될 것이다(제품 관리자가 유능한 사람이라고 할 때). 반대로, 이런 작업흐름은 프로덕션에 부적합한 저품질 서비스를 얼마든지 순식간에 만들어 낼 수 있다는 점도 보여준다. 고객을 끌어들이고 유지하는 좋은 서비스를 만들려면 데이터와 연구에 시간과 돈을 투자해야 한다는 점을 관리자들이 이해하게 될 것이다.

11.4 개선사항

이제 프로젝트를 한 번 살펴봤으니 이 프로젝트를 수정하는 방법을 이야기해 보자. 앞의 예제 설명에서는 이런 작업에 익숙하지 않은 독자들을 위해 설치, 설정에서 실행까지 모든 단계를 구체적인 명령과 함께 설명했다. 이런 성격의 튜토리얼은 흔히 그 정도로 마무리되지만, 실제 학습이나 프로덕션 프로젝트는 항상 한 걸음 더 나아간다. 여기서도 독자가 다른 모델의 선택부터 다른 도구의 사용까지, 이 프로젝트를 독자 자신만의 것으로 만들 수 있는 아이디어를 제시하겠다.

11.4.1 더 나은 인터페이스

새로운 도구를 배우는 것은 데이터 과학에서 ML옵스까지 이 분야에서 가장 흔한 작업 중 하나이다. 이 책은 저자가 실제 프로덕션에서 사용해 본 가장 인기 있고 검증된 도구들에 초점을 맞췄지만, 여러분의 회사는 아마 다른 도구를 선택했을 것이다. 또한, 시간이 지나면서 모든 사람이 언급하는 새로운 도구가 나와서 여러분도 그것을 시험해 보고 싶어질 가능성이 아주 크다.

이 책에는 llama.cpp가 많이 등장했다. 컴파일, 양자화, 서빙, 심지어 프로젝트의 프론트엔드 생성까지 거의 모든 것에 llama.cpp를 사용했다. 이 도구가 빛을 발하는 부분은 컴파일과 양자화이다. 다른 기능들은 대부분 편의상 추가된 것이다. 프로젝트에 특별한 매력을 더해 줄 수 있는 다른 도구들을 살펴보자.

프로젝트를 즉시 개선하는 한 가지 방법은 SillyTavern 같은 서버용 프론트엔드를 추가하는 것이다(이를 반드시 추천하지는 않겠다. 단지 인기 있는 옵션이라 언급하는 것일 뿐이다). 좋은 프론트엔드는 'LLM 쿼리'를 'AI 친구와의 대화'로 바꾸어서 단순한 작업을 흥미진진한 경험으로 변화시킨다. llama.cpp를 확장하고 인터페이스를 더 단순하거나 확장 가능하게 만들어 주는 KoboldCpp와 Ollama는 이번 장 예제 프로젝트를 확장하기에 완벽한 도구이다. Oobabooga도 텍스트 생성을 위한 훌륭한 웹 UI이다. 이러한 도구들은 모두 다양한 커스텀화 및 사용자에게 독특한 경험을 제공하기 위한 옵션들을 갖추고 있다. 일반적으로 프론트엔드와 서버가 모두 제공된다.

11.4.2 양자화 변경

메모리가 4GB인 구형 파이에서 이 프로젝트를 수행하려면 더 작은 모델이 필요할 것이다. 파이로 LLM 서빙 외에도 다른 작업을 하고 싶다면 모델을 더 줄이거나 완전히 다른 모델로 바꾸어야 할 수도 있다. 그런 경우 양자화를 자세히 알면 도움이 된다. 앞에서 `q4_K_M` 형식으로 모델을 양자화했는데, 이에 대한 설명을 나중으로 미뤘다. 이제 그 설명을 하겠다.

llama.cpp는 다양한 양자화 형식을 제공한다. 간결한 논의를 위해 주요 양자화 방법을 표 11.1에 정리해 두었다. 표는 각 방법이 사용하는 비트 수, 결과 모델의 크기, 7B 매개변수 모델 실행에 필요한 RAM 등을 보여준다. 원하는 크기와 성능 수준을 결정하는 데 이 표가 도움이 될 것이다. 일반적으로 양자화 정도가 높을수록(즉, 비트 수가 적을수록) 성능이 떨어지고 혼란도(perplexity)가 높아진다.

표 11.1 7B 매개변수 모델에 대한 llama.cpp 양자화 방법들의 주요 특성 비교

양자화 방법	비트 수	크기(GB)	필요한 최대 RAM(GB)	비고	매개변수 (10억 단위)
Q2_K	2	2.72	5.22	품질 저하가 상당히 큼, 대부분의 용도에 비추천	7
Q3_K_S	3	3.16	5.66	아주 작지만 품질 저하가 큼	7
Q3_K_M	3	3.52	6.02	아주 작지만 품질 저하가 큼	7
Q3_K_L	3	3.82	6.32	작고 품질 저하가 꽤 있음	7
Q4_0	4	4.11	6.61	구형, 작고 품질 저하 큼, Q3_K_M이 더 나음	7
Q4_K_S	4	4.14	6.64	작고 품질 저하가 더 큼	7
Q4_K_M	4	4.37	6.87	중간 크기의 균형 잡힌 품질, 추천	7
Q5_0	5	5.00	7.50	구형, 중간 크기의 균형 잡힌 품질이지만 Q4_K_M가 더 나음	7
Q5_K_S	5	5.00	7.50	크고 품질 저하 작음, 추천	7

양자화 방법	비트 수	크기(GB)	필요한 최대 RAM(GB)	비고	매개변수 (10억 단위)
Q5_K_M	5	5.13	7.63	크고 품질 저하가 아주 작음, 추천	7
Q6_K	6	5.94	8.44	아주 크고 품질 저하가 극히 작음	7
Q8_0	8	7.70	10.20	아주 크고 품질 저하가 극히 작음, 비추천	7

4GB나 6GB 파이를 사용한다면 이 표를 보고 포기하고 싶을 수 있다. 하지만 완전히 불가능한 것은 아니다. 모델이 더 느리게 실행되긴 하겠지만, 7B보다 작은 1B나 3B 매개변수 모델을 사용하거나 더 강한 양자화를 적용하면 된다. 그렇게 작은 파이에서 LLM을 서빙하는 것은 한계에 도전하는 것이므로, Q2_k나 Q3_K_S가 적합할 수 있다.

참고로 이번 장 예제 프로젝트에서는 엣지 기기의 한계에 도전했지만, 이는 더 나은 하드웨어를 사용하는 프로젝트에도 유용한 경험이 된다. 더 좋은 하드웨어라도 실행할 수 있는 LLM의 크기에는 제한이 있기 때문이다. 어차피 더 큰 모델은 항상 존재한다. cuBLAS나 GPU 활용 프레임워크를 사용할 때는 RAM뿐만 아니라 VRAM의 제약도 받는다. 예를 들어 3090에서 cuBLAS를 실행하려면 VRAM이 적어도 24GB이어야 한다. 하지만 헤드리스 OS^headless OS^(창 관리자 등의 GUI가 없는 OS) 사용 같은 현명한 메모리 관리를 통해 작은 기기에서도 더 큰 모델을 적재해서 한계를 뛰어넘을 수 있다.

11.4.3 다중 모달 추가

앞에서는 간결한 논의를 위해 한 가지 측면을 언급하지 않았는데, 바로 LLaVA가 다중 모달(multimodal) 모델이라는 점이다! 다중 모달 모델은 자연어 처리를 넘어 이미지, 오디오, 동영상 등 텍스트가 아닌 입력도 처리할 수 있다. 대부분의 다중 모달 모델은 기본적으로 LLM이지만, 텍스트 이외의 데이터에 자연어 레이블(예: 이미지에 대한 텍스트 설명)이 붙어있는 데이터셋으로 훈련했다는 점이 특징이다. Large Language and Vision Assistant(대규모 언어 및 시각 어시스턴트)의 약자인 LLaVA는 텍스트와 함께 이미지도 지원한다. 예를 들어 이미지를 입력으로 받고 그에 관한 질문에 답할 수 있다.

llama.cpp 서버 참고사항

앞에서 llama.cpp가 여러 엔지니어링 모범관행을 따르지 않는다고 했었다. 그런 모범관행 중 하나가 바로 다중 모달 지원이다. 원래 llama.cpp 서버는 다중 모달을 지원했지만, 그 때문에 여러 가지 문제가 발생했다. 기능을 추가하고 점진적으로 개선하는 대신 llama.cpp 제작자들은 원래 구현이 임시방편이라고 판단하고 제거해 버렸다. 어제까지 잘 작동하던 것이 오늘 완전히 사라진 것이다.

이 변화는 저자가 이번 장을 쓰는 도중에 일어났다. 책을 쓸 때도 골치 아픈 일이지만, 실제 프로덕션에서 이런 일이 발생한다면 어떤 피해가 발생할지 상상해 보기 바란다. 안타깝게도 현재 LLM 작업에서는 이런 갑작스러운 변화가 흔하다. 신뢰할 수 있는 안정적인 의존요소들이 거의 없기 때문이다. 디버깅에 시간을 많이 빼앗기지 않고 이번 장 예제를 잘 따라 하려면 앞에서 언급한 `git checkout`을 적용하기 바란다. 다행히 llama.cpp는 향후 다중 모달을 지원할 계획이라고 한다. 독자가 이번 장을 읽을 즈음에는 새로운 구현이 준비되어 있을지도 모른다.

이 책에서 다중 모달은 거의 다루지 않았다. LLM을 프로덕션에서 운용하는 데 관련한 여러 내용은 다중 모달 모델에도 적용이 되므로 굳이 따로 언급할 필요가 없다고 판단했다. 하지만 여기서 다중 모달 모델을 배포하는 방법을 간략히 설명하는 것도 나쁘지 않을 것이다.

모델 갱신

다중 모달 모델을 위한 대부분의 작업은 이미 끝났다. 다만, §11.2에서 LLaVA 모델 중 라마 부분만 GGUF 형식으로 변환했기 때문에 다중 모달을 위해서는 컴퓨터비전 부분을 추가해야 한다. 현재 이미지 모달 지원이 빠져 있다는 점은 서비스 중인 모델의 GUI로 가서 이미지 업로드 옵션으로 확인할 수 있다. 이미지 파일을 올리려 하면 그림 11.10과 같이 서버가 다중 모달 서빙 준비가 되지 않았다는 오류 메시지가 나올 것이다.

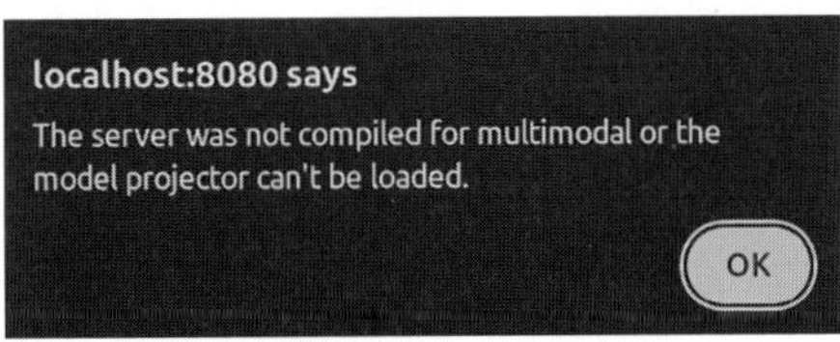

그림 11.10 다중 모달을 위한 모델이 준비되지 않았다. 모델 프로젝터를 제공해야 한다.

다중 모달 지원을 위한 첫 단계는 CLIP과 비슷한 다중 모달 프로젝션^projection^ 파일을 다운로드해서 이미지들을 인코딩하는 것이다. LLaVA 모델은 이미 다중 모달 작업을 위해 훈련되었으므로, 이미지 인코딩만 가능해지면 모델이 이미지를 처리할 수 있다. 프로젝션 파일을 만드는 방법은 자세히 설명하지 않겠다. 그냥 미리 만들어진 파일을 사용하기로 한다. 다음은 허깅 페이스에서 프로젝션 파일을 내려받아서 모델 디렉터리에 넣는 명령들이다.

```
$ wget https://huggingface.co/cjpais/llava-1.6-mistral-7b-
↪ gguf/resolve/main/mmproj-model-f16.gguf
$ mv mmproj-model-f16.gguf ./models/llava/mmproj.gguf
```

다른 모델이나 자체 제작 모델을 사용하는 경우에는 해당 기능을 수행할 다중 모달 프로젝션 모델을 찾거나 만들어야 한다. 다중 모달 프로젝션 모델이 필요한 이유는 간단하다. 언어 모델은 언어만 읽기 때문이다. 다중 모달 프로젝션 모델을 사용하는 대신 이미지를 문자열로 직렬화해서 기존 모델을 미세조정할 수도 있지만, 저자가 좋은 결과를 보지 못했기 때문에 권장하지 않겠다. 다중 모달 프로젝션 모델을 사용하면 필요한 총 RAM 양이 늘어나지만, 아주 많이 늘지는 않는다.

다중 모달 모델 서빙

다중 모달을 위해 모델을 변환하고 양자화했다면, 서버를 시동할 때 다음과 같이 이전 명령(§11.3)의 끝에 '--MMPROJ path/to/mmproj.gguf'를 추가해야 한다. 그러면 광학문자인식(OCR) 같은 컴퓨터 비전 작업을 위해 모델에 이미지를 제출할 수 있다. OCR은 이미지의 텍스트를 실제 텍스트로 변환하는 작업이다. 다음은 다중 모달을 위해 서버를 시동하는 명령이다.

```
$./server -m ./models/llava/llava-v1.6-mistral-7b-q4_k_m.gguf --host
↪ $PI_IP_ADDRESS --api-key $API_KEY --MMPROJ ./models/llava/mmproj.gguf
```

이제 이미지 입력을 처리할 수 있는 모델을 서빙하는 서버가 준비되었다. 그럼 요청을 보내 보자. §11.3에서처럼 파이썬 코드로 모델과 상호작용하겠다. 오픈AI 패키지는 다중 모달을 위한 메서드를 따로 제공한다. 이미지 입력을 지정하는 부분을 제외하면 통상적인 응답 생성 메서드와 다르지 않다. 오픈AI API를 사용하되 `base_url`을 우리의 라즈베리 파이 서버로 지정하므로 실제로 오픈AI의 모델에 접근하는 것은 아니라는 점도 §11.3과 동일하다. 이전과의 주된 차이점은 `encode_image` 함수를 이용해서 이미지를 문자열로 직렬화하고 그것을 요청 메시지의 `content` 필드에 추가한다는 것이다.

예제 11.2 오픈AI 패키지를 이용해서 맞춤형 모델(GPT가 아닌)에 접근하는 예. 이번에는 다중 모달 모델이다.

```
import openai

import base64
```

```
from io import BytesIO
from PIL import Image


def encode_image(image_path, max_image=512):
    with Image.open(image_path) as img:
        width, height = img.size
        max_dim = max(width, height)
        if max_dim > max_image:
            scale_factor = max_image / max_dim
            new_width = int(width * scale_factor)
            new_height = int(height * scale_factor)
            img = img.resize((new_width, new_height))

        buffered = BytesIO()
        img.save(buffered, format="PNG")
        img_str = base64.b64encode(buffered.getvalue()).decode("utf-8")
        return img_str


client = openai.OpenAI(
    base_url="http://0.0.0.0:1234/v1",
    api_key="1234",
)
image_file = "myImage.jpg"
max_size = 512
encoded_string = encode_image(image_file, max_size)

completion = client.chat.completions.with_raw_response.create(
    model="gpt-4-vision-preview",
    messages=[
        {
            # 시스템 프롬프트: "당신은 컴퓨터비전으로 이미지를 분석하는
            # 전문가입니다. 오류가 발생한 경우, 이미지 수신, 이해 또는 설명에
            # 관련된 모든 문제의 원인에 대한 전체 보고서를 작성하세요."
            "role": "system",
             "content": "You are an expert at analyzing images with computer vision. In case of
error,\nmake a full report of the cause of: any issues in receiving, understanding, or describing
images",
```

← 여러분의 서버 IP 주소와 포트로 대체해야 한다. (base_url / api_key)

← 허용할 수 있는 최대 차원 수를 설정한다 (512는 타일 하나에 해당, 최댓값은 2048). (encoded_string)

```
        },
        {
            "role": "user",
            "content": [
                {
                    # 사용자 프롬프트: ""웹사이트를 구축하는 간단한 10단계:"
                    "type": "text",
                    "text": "Building a website can be done in 10 simple steps:",
                },
                {
                    "type": "image_url",
                    "image_url": {
                        "url": f"data:image/jpeg;base64,{encoded_string}"
                    },
                },
            ],
        },
    ],
    max_tokens=500,
)

chat = completion.parse()
print(chat.choices[0].message.content)
```

API 키를 그냥 "1234"로 지정한 것을 의아하게 생각하는 독자도 있을 것이다. 사실 현재 설정된 llama.cpp 서버는 API 키를 확인하지 않으므로 이처럼 아무 값이나 지정해도 된다. 하지만 API 키를 아예 생략하면 오픈AI API가 오류를 발생하므로 어떤 값이든 지정해야 한다.

이게 전부이다! 이제 언어 모델을 이미지도 입력받을 수 있는 모델로 변환했고, 라즈베리 파이에 서빙하여 쿼리를 수행할 수 있게 되었다. 아직 쿼리를 수행하지 않은 독자를 위해 미리 말하자면, 쿼리 결과가 반환되기까지 시간이 아주 오래 걸린다. 모델의 응답 생성도 느리지만, 애초에 입력 이미지를 인코딩하는 데에도 수십 분이 걸린다. 다시 한번 말하지만 이런 모델을 소형 기기에 배포하는 것이 가능하다고 해도 그것이 바람직하다는 뜻은 아니다. 언어 모델을 실제로 활용하고 싶다면, 비록 집에서 개인적으로 사용한다고 해도 라즈베리 파이에서 실행하는 것은 피해야 할 것이다.

11.4.4 구글 코랩에서 모델 서빙

지금까지 여러 가지 가능성을 타진해 보았다. 이 프로젝트를 프로덕션에 맞게 개선하고 확장하려면 어떻게 해야 할까? 가장 먼저 개선할 점은 하드웨어이다. 고객 수백 명을 상대하려면 제한된 RAM을 가진 SBC로는 역부족이다. 단, 온프레미스 배포를 위한 프로덕션 디버깅에 비용을 낭비하고 싶지 않을 때 테스트용으로 매우 유용할 것이다. GPU 지원을 위한 다른 옵션들도 있는데, 다행히 앞의 내용 중 라즈베리 파이 설치 및 설정을 제외한 모든 단계는 구글 코랩 무료 티어에도 적용된다. 설정 과정 중 다음 단계들만 다르게 수행하면 된다.

1. llama.cpp 설정:

```
!git clone https://github.com/ggerganov/llama.cpp && cd
↪ llama.cpp && make -j LLAMA_CUBLAS=1
```

2. 허깅 페이스에서 모델 다운로드:

```
import os
os.environ["HF_HUB_ENABLE_HF_TRANSFER"] = "1"
!huggingface-cli download repo/model_name name_of_downloaded_
↪ model --local-dir . --local-dir-use-symlinks False
```

3. 서버 시동 명령:

```
!./server -m content/model/path --log-disable --port 1337
```

4. 서버 접근:

```
from .googlecolab.output import eval_js
print(eval_js("google.colab.kernel.proxyPort(1337)"))
```

보다시피 단계는 거의 동일하지만, 주피터 환경에서 작업하기 때문에 약간의 변경이 필요하다. 사실 터미널에서 명령을 실행하는 것보다 이렇게 노트북 안에서 코드를 직접 실행하는 것이 더 쉽다. 앞에서 언급하지는 않았지만 라즈베리 파이에서 `docker.io`와 기타 패키지들을 사용해서 CI/CD용 도커 이미지를 만들 수 있다. 구글 코랩 환경에서는 이것이 좀 더 어렵다. 또한 구글은 GPU 시간을 무제한으로 제공하지 않는다. 여러분의 무료 GPU를 "효율적으로" 끄기 위해 여러분의 코랩이 열려 있는지를 모니터링하기까지 한다. 따라서 이러한 무료 자원은 테스트와 디버깅용으로만 사용해야 한다. 어떤 관점에서 보든 무료 GPU는 프로덕션을 위한 본격적인 자원이 아니라 그냥 하나의 선물(gift)일 뿐임을 기억하자.

구글 코랩 환경에서는 전체 저장소를 다운로드하고 매번 Make를 실행할 필요도 없다. llama.cpp의 파이썬 바인딩을 사용하면 된다. 다음은 llama.cpp 파이썬 바인딩을 설치하는 pip 명령인데, 하드웨어 가속을 위해 cuBLAS를 활성화했다(맥 GeForce Mx 카드를 위한 NEON도 이와 비슷하게 활성화할 수 있다).

```
$ CMAKE_ARGS="-DLLAMA_CUBLAS=on" FORCE_CMAKE=1 pip install llama-cpp-python
```

이 명령은 llama.cpp의 대부분의 코드를 사용하기 쉬운 파이썬 바인딩으로 추상화한다. 이제 파이썬 바인딩을 이용해서 도커화 및 배포가 용이한 서비스를 만드는 방법을 살펴보자. 기존 서비스의 API를 다루는 것은 자체 LLM을 다루는 것과 약간 다르지만, 다행히 랭체인[LangChain]을 이용하면 작업이 간단해진다. 랭체인 라이브러리는 오픈AI API를 중심으로 구축되었는데, 이 API를 사용해 이번 장의 모델에 접근할 수 있다.

예제 11.3의 코드는 오픈AI API와 llama.cpp 파이썬 바인딩, 랭체인을 조합해서 서비스를 구현하는 방법을 보여준다. 코드는 필요한 환경 변수들을 설정한 후 랭체인 ChatOpenAI 인스턴스를 생성하는데, 이때 우리의 서버가 GPT-3.5-turbo인 것처럼 가장한다.[7] 이 정도로 마무리할 수도 있지만, Sentence Transformer 모델과 RAG용 프롬프트를 추가해서 서비스를 좀 더 확장해 보자. RAG에 사용할 데이터셋이 있다면 지금 바로 임베딩하고 Faiss 색인을 만들기 바란다. 예제 코드는 my_index.faiss라는 Faiss 색인 파일이 준비되어 있다고 가정한다. 모델 추론 시 이 색인을 이용해서 프롬프트의 문맥을 증강한다. 컨텍스트 길이가 한도를 넘기지 않도록 tiktoken의 토크나이저로 토큰 개수를 센다는 점도 주목하자.

예제 11.3 오픈AI 패키지를 이용해서 맞춤형 모델에 접근하는 예(GPT-4도, 다중 모달 모델도 아님)

```python
import os
from langchain.chains import LLMChain
from langchain_community.chat_models import ChatOpenAI
from langchain.prompts import PromptTemplate
from sentence_transformers import SentenceTransformer
import numpy as np
from datasets import load_dataset
import tiktoken
```

7 (옮긴이) 한 가지 방법은 460쪽 코드 중 except 절의 오류 메시지에 나온 두 호출문을 load_dataset 호출 직후에 실행하는 것이다.

```
os.environ["OPENAI_API_KEY"] = "여러분의 API 키"
os.environ[
    "OPENAI_API_BASE"
] = "http://0.0.0.0:1234/v1"          ← 서버의 IP 주소와 포트를 라즈베리 파이 서버의 것으로 적절히 교체하자.
os.environ[
    "OPENAI_API_HOST"
] = "http://0.0.0.0:1234"          ← 여기도 마찬가지로 IP와 포트를 적절히 교체하자.

llm = ChatOpenAI(
    model_name="gpt-3.5-turbo",          ← 원하는 아무 이름으로 바꾸어도 된다.
    temperature=0.25,
    openai_api_base=os.environ["OPENAI_API_BASE"],          ← 앞에서 설정한 주소와 키가 적용된다.
    openai_api_key=os.environ["OPENAI_API_KEY"],
    max_tokens=500,
    n=1,
)

embedder = SentenceTransformer("sentence-transformers/all-MiniLM-L6-v2")          ← RAG용 임베딩
tiktoker = tiktoken.encoding_for_model("gpt-3.5-turbo")          ← 컨텍스트 길이를 빠르게 확인하기 위한 토큰화

prompt_template = """Below is an instruction          ← 원하는 대로 프롬프트를 변경해 보기 바란다.
that describes a task,
paired with an input that provides further context.
Write a response that appropriately completes the request.
    ###Instruction:
    You are an expert python developer.
    Given a question, some conversation history,
    and the closest code snippet we could find for
    the request, give your best suggestion for how
    to write the code needed to answer the User's question.

    ###Input:

    #Question: {question}

    #Conversation History: {conversation_history}

    Code Snippet:
```

```
    {code_snippet}


    ###Response:
    """

vectorDB = load_dataset(        ← 벡터 BD에 맞춤형 데이터를 채운다. 적절한 데이터셋을 담은 CSV 파일을 지정해야 한다.7
    "csv", data_files="<임베딩을 포함한 맞춤형 데이터셋>.csv", split="train"
)
try:                    ← Faiss나 ElasticSearch, usearch 등의 적절한 색인 파일을 준비하자.
    vectorDB.load_faiss_index("embeddings", "my_index.faiss")
except:
    print(
    """No faiss index, run vectorDB.add_faiss_index(column='embeddings')
    and vectorDB.save_faiss_index('embeddings', 'my_index.faiss')"""
    )

message_history = []          ← 대화 기록을 담을 배열

# 쿼리: "LLM을 밑바닥부터 훈련하려면?"
query = "How can I train an LLM from scratch?"        ← 벡터 DB를 검색한다.
embedded = embedder.encode(query)
q = np.array(embedded, dtype=np.float32)
_, retrieved_example = vectorDB.get_nearest_examples("embeddings", q, k=1)

formatted_prompt = PromptTemplate(          ← 프롬프트를 포매팅한다.
    input_variables=["question", "conversation_history", "code_snippet"],
    template=prompt_template,
)
chain = LLMChain(llm=llm, prompt=formatted_prompt)        ← 실제 LLM 체인을 설정한다.

num_tokens = len(             ← 컨텍스트 한도를 초과하지 않도록 한다.
    tiktoker.encode(f"{prompt_template},\n" + "\n".join(message_history) +
↪ query)
    )
)
```

8 (옮긴이) 여기에 필요한 CSV 파일의 형식에 관해서는 허깅 페이스의 관련 문서(https://huggingface.co/docs/datasets/v1.11.0/loading_datasets.html#from-local-files)와 이 책 깃허브 저장소 data/Slack_Dataset_embedded.csv 파일을 참고하기 바란다.

```
while num_tokens >= 4000:
    message_history.pop(0)
    num_tokens = len(
    tiktoker.encode(f"{prompt_template},\n" + "\n".join(message_history) +
↪ query)
        )
    )
res = chain.run(          ← 로컬 모델의 API로 RAG를 실행한다.
    {
    "question": query,
    "conversation_history": message_history,
    "code_snippet": "",
    }
)
message_history.append(f"User: {query}\nLlama: {res}")

print(res)          ← 여기서는 그냥 응답을 터미널에 출력하고 끝낸다. 여러분이 용도에 맞는 작업을 위한 코드를 추가하기 바란다.
```

이 예제에는 지금까지 배운 수많은 개념과 기법이 한데 모여 있다. 놀라운 점은 이러한 추론과 RAG를 라즈베리 파이에서도 수행할 수 있다는 것이다. 반복 가능하고(repeatable) 품질 좋은 결과를 얻기 위해 거대한 컴퓨터가 꼭 필요한 것은 아니다. 여기에 GPU 등의 컴퓨팅 자원을 더 추가하면 7B 전체 버전과 그 이상 모델들에 대해 성능이 점점 더 좋아진다. 단, 의미 있는 성능 향상은 48GB 정도까지이고, 그 이후에는 컴퓨트 자원을 더 추가해도 성능 향상이 미미하다. 이 분야는 빠르게 발전하고 있으므로, 더 작은 하드웨어에서 더 큰 모델을 추론하는 새롭고 빠른 방법들에 항상 주의를 기울이기 바란다.

이렇게 해서 프로토타입 프로젝트를 만들고 가동해 보았다. 이번 장의 프로젝트는 여러분이 원하는 방향으로 쉽게 확장할 수 있다. 또한, 업계 표준을 준수하며 인기 있는 라이브러리들을 사용한다. 좀 더 개선해 보기 바란다. 또한 이번 장에서 다루지 않은 전문 지식이 있다면 커뮤니티와 공유하자! 이 분야는 아직 새롭다. 다른 분야들과의 지식 공유를 통해 더욱더 발전할 것이다.

요약

- 아주 큰 모델을 아주 작은 기기에서 실행하려면 경량 운영체제를 사용하는 등 생각할 수 있는 모든 메모리 절약 기법을 활용해야 한다.
- 라즈베리 파이를 처음 원격으로 설정할 때 가장 어려운 부분은 IP 주소를 찾는 것이다.
- 가속기가 없는, 컴퓨트 능력이 제한된 하드웨어에서는 llama.cpp 같은 도구로 해당 아키텍처에 맞게 모델을 컴파일해야 한다.
- 메모리가 제한된 환경에서는 추론에 양자화가 필요하다.
- 사용 가능한 모든 것을 활용하더라도 엣지 기기에서 LLM을 실행하면 원하는 것보다 추론 속도가 느린 경우가 많다. 가능하다고 해서 실용적인 것은 아니다.
- 오픈AI API와 그 래퍼들을 오픈AI 모델 이외의 맞춤형 모델에 접근하는 데 사용할 수 있다. API 종단점을 명시적으로 지정하면 된다.
- 모델 서빙과 사용자 인터페이스를 개선하기 위한 오픈소스 도구가 많다.
- 더 큰 모델이라도 양자화 수준이 낮을수록 혼란도가 높아진다.
- 라즈베리 파이에서 다중 모달 모델도 실행할 수 있다.
- 파이에서 실행했던 명령들을 조금만 수정하면 구글 코랩이나 기타 클라우드 플랫폼에서도 LLM을 개발할 수 있다. 덕분에 예전보다 이런 프로젝트에 접근하기가 훨씬 쉬워졌다.
- 프로젝트의 성공에서 설정과 배포가 모델 준비보다 비중이 더 큰 경우가 많다.

12장

프로덕션, 끊임없이 변화하는 풍경: 이제 시작일 뿐이다

이번 장에서 다룰 내용

- 프로덕션 환경의 LLM에 대한 간단한 개요
- 기술로서의 LLM의 미래와 흥미로운 연구 분야들
- 마무리 의견

내가 구상했던 웹은 아직 등장하지 않았다. 미래는 여전히 과거보다 훨씬 더 크다.

– 팀 버너스리Tim Berners-Lee(WWW의 발명자)

정말 이 책에서 많은 내용을 다뤘다. 머리가 터질 것 같은가? 이 책을 쓴 저자조차 그렇다. 이 책을 쓰는 일은 쉽지 않았다. 업계가 빠르게 계속 변화하고 있기 때문이다. LLM 분야의 변화를 따라잡으려는 것은 마치 유사流砂 위에 집을 짓는 것과 같았다. 한 층을 완성하면 다음 층을 시작하기도 전에 이미 가라앉아 버린 것처럼 보였다. 이 책의 일부는 불가피하게 시대에 뒤처질 것이란 걸 알고 있다. 그래서 절대 변하지 않을 모래 속의 단단한 바위와 같은 핵심 개념에 충실하고자 노력했다.

이번 장에서는 한 걸음 물러서서, 독자들이 꼭 기억했으면 하는 주요 내용을 돌아보고자 한다. 이전 장들에서 세부사항에 많은 시간을 할애했으니, 잠시 전체 그림을 보고 지금까지 다룬 내용을 검토해 보자. 그런 다음 이 분야의 미래와 다음 주요 돌파구가 어디서 나타날지 논의할 것이다. 마지막으로 저자의 최종 생각을 전하려 한다.

12.1 전체적인 조망

이 책에서는 단어 주머니(bag-of-words) 모델 만들기부터 라즈베리 파이에서 LLM API를 서빙하는 것까지 많은 내용을 다뤘다. 책 전체를 완독했다면 그것은 대단한 성과이니 자부심을 가져도 좋다. 이 책의 모든 내용을 여기서 다시 언급하지는 않겠지만, 나무를 보느라 놓친 숲을 보는 시간을 가져 보겠다. 지금까지 다룬 내용의 대부분은 준비(preparation), 훈련(training), 서빙(serving), 개발(developing)이라는 서로 밀접하게 연결된 네 가지 영역으로 나눌 수 있다. 그림 12.1에 이 영역들이 나와 있다. 이 네 영역과 함께 기저 흐름(undercurrent)이라고 이름 붙일 수 있는 고유한 다섯 번째 영역이 있다는 점도 주목하자. 기저 흐름은 다른 모든 사분면에 영향을 미치는 요소들을 뜻한다. LLM 제품 수명 주기의 각 단계에서 기저 흐름 요소들에 신경을 써야 한다.

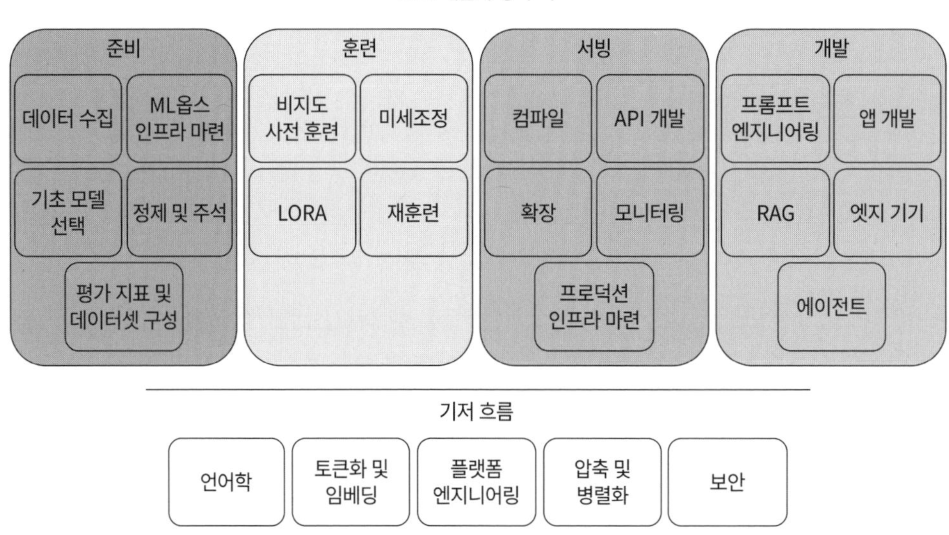

그림 12.1 LLM 제품 수명 주기. 이 책에서 논의한 모든 핵심 개념과 그것들이 프로덕션 환경에서 일반적으로 어디에 속하는지를 보여준다. 기저 흐름은 수명 주기의 모든 부분에서 나타나는 중요한 요소들이다. 예를 들어 언어학은 준비 단계에 정보를 제공하고, 훈련과 서빙 단계에서 지표를 만들며, 프롬프팅과 개발에 영향을 미친다.

이전 장들에서 명확하게 설명하지 않은 개념들이 있었을 것이다. 하지만 이제 그 개념들이 프로덕션 수명 주기에서 정확히 어디에 속하는지 분명해졌을 것이다. 여러분의 프로덕션 환경과 일치하지 않는 곳에 배치된 요소들도 있을 수 있다. 예를 들어 ML옵스 인프라 마련 작업은 준비 단계가 아니라 서빙이 필요한 첫 시점에 급하게 이루어지곤 한다. 저자도 익히 아는 문제이다. 하지만 저자는 ML옵스 인프라를 준비 단계에서 확보하는 것이 적절하다고 생각한다. 이 책을 읽으면서 배운 모든 것을 잠시 되새기며, 이 요소들이 어떻게 하나로 연결되는지 생각해 보기 바란다.

이런 추상적이고 이상화된(idealized) 프로덕션 수명 주기를 바탕으로, 현재는 포함되지 않은 것들을 살펴보자. 특히 이 분야가 지금처럼 빠르게 움직인다는 점을 고려할 때 5년 후에는 개발 영역에 무엇을 추가해야 할까?

12.2 LLM의 미래

이 책을 쓰기 시작할 때 저자는 LLM의 작동 방식과 프로덕션 환경 배포에 필요한 기초 지식에 초점을 맞추기로 했다. 프로덕션 환경은 구체적인 사례마다 매우 다르므로 그런 기초 지식이 매우 중요하다. 올바른 의사결정을 내리려면 각 선택지의 장단점을 평가할 수 있는 기초 지식이 필수적이다.

이와 더불어 저자는 이 책이 이론에만 치우치지 않기를 바랐다. 독자가 개념을 이해하는 것을 넘어 실제 느낌을 체득할 수 있도록 예제를 충분히 제시하고자 했다. 70B 모델을 GPU에 적재하는 데 걸리는 시간을 체감하고, 엣지 기기에서 모델을 실행할 때 사용자가 겪을 경험을 이해하며, 봄날의 따스한 햇살을 피해 어두운 동굴에서 모니터 불빛을 받으며 코드를 들여다보는 경험까지 말이다.

이 책을 쓰면서 가장 어려웠던 결정 중 하나는 '현재'에 초점을 두고, 오늘날 실제 프로덕션에 쓰이는 최선의 방법들에 집중하기로 한 것이다. 이 책을 쓰는 동안 "모든 것을 바꿀 것"이라고 확신했던 수많은 혁신적인 연구 논문들이 나왔기 때문에 이는 어려운 결정이었다. 하지만 여러 이유로 그러한 연구 결과들은 아직 프로덕션에 적용되지 못했다. 이번 절에서는 그런 제약을 벗어나 현재 업계 상황과 관계없이 앞으로 다가올 변화들을 다룰 것이다. 연구뿐만 아니라 여론, 소송, 정치적 상황도 기술의 미래를 좌우한다. 그럼 앞으로 몇 년간 LLM이 나아갈 방향과 가능한 전개 양상을 살펴보자.

12.2.1 정부와 규제

이 책의 앞부분에서 저자는 단순한 데모가 아닌 LLM 제품을 만드는 법을 보여주겠다고 약속했다. 그 약속을 지켰다고 믿지만, 간과한 중요한 사실이 하나 있다. 바로, 제품(product)은 현실 세계에 존재한다는 점이다. 데모는 격리된 환경에서만 작동하면 되지만 제품은 일반적인 상황에서도 작동해야 한다. 제품은 판매를 목적으로 하며, 금전적 거래가 발생하면 기대치가 형성되고 평판이 걸리게 되며, 결국 정부가 개입한다.

팀이 아직 존재하지 않는 미래의 규제에 맞춰 개발할 수는 없지만, 제품이 유발할 수 있는 법적 영향을 미리 인식하는 것은 중요하다. 하나의 패소 판결이 선례가 되어 유사 소송의 물결을 불러올 수 있다. 제품은 현실 세계에 존재하는 만큼, 여러분은 현실 세계에 주의를 기울여야 한다.

저자 중 한 명은 미국 유타주의 SB-149 인공지능 개정안 입법 과정에 참여할 기회가 있었다. 이 법안은 주로 LLM을 이용해 소비자보호법을 우회하려는 행위자들에 책임을 묻는 데 중점을 둔다. 현재 미국의 모든 입법기관은 AI와 관련한 자신들의 관할권 범위를 파악하고, 관할 구역 내 시민과 기업을 보호해야 하는 늘어난 책임을 어떻게 다룰지 고민하고 있다. 유타주 정부는 AI와 LLM에 대해 매우 진지하고 비즈니스 우선적인 접근을 취한다. 입법 과정과 법안 전반에 걸쳐 의회는 디오게네스식의 "보라, 인간이다"[1] 같은 예시로는 깰 수 없는 정의(definition)를 고안해 내지 못했다. LLM이 규제 기관에 가져올 새로운 세계를 헤쳐 나가기 위해서는 모든 선의(good faith)를 끌어모아야 할 것이다. AI를 어떻게 정의할 것인가? 법안은 다음과 같이 정의한다.

> *"인공지능"이란 실제 또는 가상 환경에 영향을 미치는 예측, 추천 또는 결정을 내리는 기계 기반 시스템을 의미한다.*

이 정의는 아주 단순한 조각별 함수(piecewise function)부터 LLM 에이전트까지 모든 것을 포괄한다. 이는 여러분 회사의 마케팅팀이 유타주에서는 `if` 문도 AI라고 주장함으로써 법적 책임을 피해 갈 수도 있다는 뜻이다. 그러나 이 법안은 공급자의 기만행위에 대한 철저하고 잘 정리된 정의와 함께 주 정부가 장기적으로 위험과 정책을 평가하는 데 도움이 될 AI 분석 및 연구 프로그램의 수립을 포함하고 있는데, 이는 유타주만의 독특하고 새로운 시도로 보인다. 유타주 의회는 주 내의 연구자, 전문가, C 레벨 임원, 사업주들과 협의하여 이 법안을 다듬었다. 독자들도 각자의 지역사회와 정부에서 의미 있는 규제를 만드는 데 참여하기를 권한다. 이것이 장기적으로 법원이 필요한 곳에 적절한 제재를 가할 수 있도록 하는 유일한 방법이다.

1 (옮긴이) 디오게네스는 기원전 4세기의 그리스 철학자이다. 플라톤이 인간을 '깃털 없는 두 발 달린 동물'로 정의했을 때, 디오게네스가 깃털을 뽑은 닭을 들고 와서 "보라, 플라톤의 인간이다"라고 말했다는 일화가 있다.

저작권

법적 우려사항 중 가장 큰 것은 저작권(copyright) 침해이다. 충분한 데이터로 훈련된 LLM은 작가나 창작자의 스타일을 모방하거나 심지어 한 글자도 틀리지 않고 표절할 수 있다. 창작 과정을 도와줄 대필가를 만드는 관점에서는 흥미롭지만, 경쟁자도 같은 일을 할 수 있다는 사실을 깨닫게 되면 흥미가 떨어질 것이다.

가장 주목할 만한 사례는 뉴욕타임스가 오픈AI를 상대로 제기한 소송이다.[2] 뉴욕타임스는 오픈AI의 챗봇들이 자사의 지식재산권을 동의 없이 훈련 데이터로 사용했다며 법적 조치를 진행 중이다. 뉴욕타임스는 오픈AI의 챗봇들이 원래 유료로만 볼 수 있는 기사의 내용을 그대로 답변하고 있다는 증거를 제시하고, 이로 인해 웹사이트 방문자가 줄어 광고 수익이 감소할 우려가 있다고 주장했다. 본질적으로 오픈AI가 뉴욕타임스의 데이터를 훔쳐서 정보 시장에서 경쟁자가 되었다는 것이다.

이 싸움을 지켜보는 방관자들은 뉴욕타임스가 이기면 AI 발전이 크게 저해되고 미국이 글로벌 AI 개발 경쟁에서 선두 자리를 잃을 수 있다고 우려한다. AI 기업들이 저작권 책임에 더 많이 노출될수록 위험과 경쟁력 상실이 커져 혁신이 줄어들 것이다. 반대로 뉴욕타임스가 패소하면 이미 어려움을 겪고 있는, 신뢰할 수 있는 양질의 보도를 찾기 힘든 언론계를 더욱 약화시킬 것이라는 걱정도 있다. 이 또한 늘 양질의 깨끗한 데이터를 갈망하는 AI 발전에 심각한 타격이 될 것이다. AI 분야에는 어느 쪽이든 손해인 상황으로 보인다.

소송의 승패와 관계없이, 현행 저작권법은 로봇이 결국 우리를 복제할 것이라는 점을 전혀 고려하지 않았다는 게 분명하다. 새로운 법이 필요하지만, 입법자들이 이 과제를 해결할 기술적 능력이 있는지는 불분명하다. 따라서 다시 한번 각자의 공동체에서 규제 제정 과정에 참여할 것을 권장한다.

AI 탐지

'AI 탐지(AI detection)' 제품의 등장은 독자나 저자 같은 이 분야 종사자의 마음을 아프게 하는 사건이다. 분명히 밝히자면, 이런 제품들은 모두 사이비 건강식품처럼 효과 없는 사기이다. 어떤 텍스트가 인간이 쓴 것인지 봇이 쓴 것인지 확실히 판단할 방법은 없다. 이 책을 여기까지 읽은 대부분의 독자도 같은 결론에 도달했을 것이다. 이유는 간단하다. 생성된 텍스트를 확실히 구분할 수 있다면, 그 탐지기를 이길 새로운 모델을 만들면 그만이다. 이것이 적대적 기계학습(adversarial machine learning)의 핵심이다.

2 M. M. Grynbaum, R. Mac, "The Times Sues OpenAI and Microsoft Over A.I. Use of Copyrighted Work," The New York Times, 2023년 12월 27일, https://mng.bz/6Y0D.

온라인에서는 'delve'라는 단어가 들어간 글은 모두 LLM이 쓴 것이라는 농담이 돌고 있다(예: https://mng.bz/o0nr). 영어에서 *delve*가 통계적으로 인간의 말보다 생성된 텍스트에서 더 자주 나타나는 것은 사실이지만, 구체적으로 어떤 모델이 어떤 프롬프트에 대해 그런 단어를 자주 생성했는지를 말하지 않는 이상 별 의미가 없다. 특정 단어로 AI 생성 여부를 판정할 수 있다고 믿는 인간의 오만은 그저 우스울 뿐이다. 하지만 이런 명백한 거짓을 맹목적으로 믿는 사람이 존재하며, 그런 사람들이 더 복잡한 시스템이나 알고리즘으로 이를 더 잘 판정할 수 있다고 믿는 것도 놀라운 일은 아니다.

이런 제품이 우리의 마음을 아프게 하는 이유는 학생들이 처벌받고, 과제에서 낙제점을 받고, 수업을 중도 포기하고, 성적증명서에 표절 기록이 남는 사례를 계속 접하기 때문이다. 모든 사례의 세부 내용을 알지는 못하지만, 해당 기술의 전문가로서 저자는 대부분의 경우 학생들의 말을 더 신뢰하기로 했다.

'AI 탐지' 시스템이 AI가 작성했을 확률이 높다고 표시한 과제를 표절과 같은 범주에 넣는 것도 터무니없다. 부정행위를 옹호하는 것은 아니지만, LLM은 새로운 도구임을 기억해야 한다. 계산기가 수학을 도와주듯이 LLM은 언어를 도와준다. 교육자들은 '계산기 탐지' 시스템을 만들지 않고도 학생들을 가르치고 학습 성과를 평가하는 방법을 찾아냈다. LLM에 대해서도 그렇게 할 수 있다.

생성된 콘텐츠를 식별하는 것이 아예 불가능하다는 얘기는 아니다. 한 조사에 따르면 학술지에 게재된 논문들에서 "As an AI language model(AI 언어 모델로서)" 또는 "As of my last knowledge update(내가 마지막으로 업데이트한 지식에 따르면)" 같은 구문을 검색해서 LLM의 도움을 받아 작성된 논문 수백 편을 발견했다.[3] 일부 구문은 명백한 신호지만, 이는 순전히 저자의 게으름 때문에 발견된 것이다.

가장 나쁜 점은 이러한 탐지 시스템이 가짜이고 형편없으며 거짓 양성(false positive; 오탐)이 많아서 교사의 재량에 따라 임의로 무작위 집행되는 것처럼 보인다는 것이다. 대부분의 과제물이 표절로 탐지되지 않았다는 것은 믿기 어렵다. 왜 일부 학생들만 지적받는 것일까? 이러한 시스템을 교육자(교사, 교수, 강사 등)가 자기 마음에 들지 않는 학생들을 처벌하는 권력과 차별의 도구로 사용하기 때문일 수도 있다. 게다가 이런 교육자 중 일부는 "AI 언어 모델로서"라는 구문이 들어간 논문을 발표하는 사람들과 동일 인물일 것이라는 점에서 명백한 위선이다.

3 E. Maiberg, "Scientific journals are publishing papers with AI-generated text," 404 Media, 2024년 3월 18일, https://mng.bz/n0og.

편향성과 윤리

LLM의 편향성과 윤리에 관해서는 4장에서 언급했지만, 여기서 이 주제를 좀 더 깊이 살펴보자. 트롤리 선로에 누군가가 묶여 있고, 당신이 아무것도 하지 않아 트롤리가 그 사람을 치어 목숨을 앗아갔다고 하자. 당신에게 책임이 있을까? '트롤리 문제(Trolley Problem)'라고 불리는 이 사고 실험은 이미 지겹도록 많이 논의되었고, 발표된 논문들을 바탕으로 수십 가지 변형을 다루는 비디오 게임(Read Graves의 *Trolley Problem Inc.*)까지 나왔다. 저자가 이 질문에 답하진 않겠다. 대신 독자가 스스로 답을 찾는 데 도움이 될 만한 간단한 설명을 제시한다.

이 문제를 분석하는 방법은 여러 가지가 있지만, 여기서는 도덕적 측면과 윤리적 측면 두 가지만 다루기로 한다. 그나마도 간단하게만 이야기하겠다(이 책이 철학서는 아니므로). 이 논의에서 도덕성(morality)은 선악에 대한 믿음을 바탕으로 잘못을 판단하는 데 도움이 되는 어떤 것이고, 윤리(ethics)는 우리가 사는 사회의 법체계 안에서 행위의 결과를 판단하는 데 도움이 되는 어떤 것이다. 선로 위의 사람이 죽은 것에 대해 여러분이 도덕적으로 책임이 있다는 말은 궁극적으로 그 사람의 죽음이 여러분의 잘못이라고 믿는다는 뜻이다. 이는 윤리적 책임과는 다르다. 윤리적 책임은 그 행동에 대해 법적, 사회적 결과를 받아들여야 한다는 의미이다. 두 기준이 일치할 수는 있지만, 반드시 그래야 하는 것은 아니다. 문맥을 바꾸면 이 차이가 더 분명해진다. 여러분이 누군가에게 칼이 무디다고 말했는데 그 사람이 직접 확인하다가 다쳤다면, 도덕적으로는 그 상황을 초래한 당신에게 잘못이 있겠지만, 윤리적으로는 살인미수 혐의를 면할 수 있다.

알고리즘은 도덕성과 윤리가 충돌하는 이런 상황을 수천 가지나 만들어낸다. 탈무드에 도덕적, 윤리적 책임에 관한 오래된 예시가 있다. 누군가를 물이나 불 속으로 밀었는데 그 사람이 탈출하지 못해 죽었다고 해도 민 사람을 살인자로 보지 않는다는 것이다.[4] 개인의 신념과 준거법에 따라 메타는 미얀마 사태에서 도덕적으로나 윤리적으로 집단학살의 책임이 있을 수 있다(농담이 아니다[5]). 메타가 희생자들을 직접 불 속으로 밀지는 않았지만, 그들의 알고리즘이 그랬다. 이는 분명 민감하고 잔혹한 사례이지만, 머신러닝 실무자들이 실용적이고 일관되며 방어 가능한 도덕적, 윤리적 프레임워크를 갖추지 않는다면 LLM이 실제로 비극을 초래할 수 있다. 물론 저자가 여러분의 도덕성을 판단할 위치는 아니며, 이런 주제에 대한 여러분의 관점을 비판하지도 않는다. 하지만 시스템을 만들 때 더 넓은 문맥을 고려해야 한다는 점만큼은 꼭 기억했으면 한다.

4 Sanhedrin 76b:11, https://mng.bz/vJaJ.
5 "Myanmar army behind Facebook pages spewing hate speech: UN probe," RFI, 2024년 3월 27일, https://mng.bz/mR0P.

임박한 법 제정

조만간 AI와 관련한 규제가 도입될 것이고 기업이 자사 AI 에이전트의 행동에 책임을 져야 한다는 점은 확실하다. 에어캐나다Air Canada는 챗봇이 완전히 지어낸 환불 정책을 이행해야 한다는 법원 판결을 받으면서 이를 뼈저리게 깨달았다. 그 회사의 챗봇은 잘못된 정보를 제공했다. 고객에게 올바른 환불 정책 링크를 제공하긴 했지만, 법원은 "고객이 웹사이트의 한 부분에서 찾은 정보를 다른 부분에서 재확인해야 하는 이유가 무엇인가?"라고 정당하게 문제를 제기했다.

프롬프트 엔지니어링으로 쉐보레Chevrolet의 LLM 챗봇을 속여 2024년형 타호Tahoe를 1달러에 판매하게 한 사례(`https://mng.bz/XVmG`)나, 고객이 DPD의 챗봇으로부터 자신들이 세상에서 가장 형편없는 배송 회사라는 인정을 받아내서 "AI 요소를 폐기"해야 했던 사례도 있었다.[6] 앞에서 말했듯이 현행법으로는 LLM에 윤리적으로 허용되는 행위가 무엇인지 판단하기 어렵다. 물론 챗봇이 자동차 판매 면허와 자격을 갖추고 거래를 완료했다면 고객의 악의적 상호작용이 문제가 될지, 아니면 기업이 여전히 그런 거래를 이행할 윤리적 책임을 져야 할지도 의문이다.

LLM이 생성하는 내용에 기업이 책임을 져야 한다는 사실은 LLM을 활용하려는 여러 응용 분야를 다시금 고찰해야 함을 뜻한다. 위험이 클수록 법적 영향을 더 신중히 고려해야 한다. 프롬프트 엔지니어링 시스템을 정교하게 만들고, 에이전트가 임무를 벗어나지 않도록 가드레일을 설정하며, 로그를 저장하고, 고객 대화 기록을 반드시 보관할 것을 강력히 권장한다.

12.2.2 계속 커지는 LLM

또 하나 확실한 것은 당분간 모델이 계속 커질 것이라는 점이다. 더 큰 모델이 계속해서 창발적 행동을 보이고 돈을 투자하는 것만으로도 더 많은 수익이 나는 상황에서 기업들이 이런 접근 방식을 포기할 이유가 없다. 게다가 가장 많이 투자한 기업들의 경우 더 큰 모델은 복제하기도 더 어렵다. 아마 발견했겠지만, 작은 기업들이 경쟁하는 가장 좋은 방법은 더 작고 특화된 모델을 만드는 것이다. 더 많은 매개변수를 수용할 만큼 큰 훈련 데이터셋을 확보할 수만 있다면 기업들은 모델에 더 많은 매개변수를 집어넣을 것이다. 그러나 AGI에서 말하는 '일반 지능(general intelligence)'을 보여줄 만한 적절한 데이터가 있었는지는 여전히 불분명하다.

6 A. Guzman, "Company disables AI after bot starts swearing at customer, calls itself the 'worst delivery firm in the world,'" NY Post, 2024년 1월 20일, `https://mng.bz/yoVq`.

더 커진 컨텍스트

모델이 커졌을 뿐만 아니라 컨텍스트 길이도 크게 늘어났다. 이 책을 쓰기 시작했을 때만 해도 컨텍스트 길이는 실제로 제약이 있었다. 토큰 10,000개 이상의 컨텍스트 길이를 지원하는 모델을 찾기 어려웠고, 챗GPT도 당시에는 4,096토큰까지만 처리할 수 있었다. 그로부터 1년이 지난 2024년에 나온 제미나이[Gemini] 1.5 프로는 최대 100만 토큰의 컨텍스트 길이를 제공하며, 연구진들은 테스트 환경에서 최대 1,000만 토큰까지 처리할 수 있다고 밝혔다(`https://mng.bz/YV4N`). 해리 포터 시리즈 7권 전체가 1,084,170단어인데(`https://wordsrated.com/harry-potter-stats/`), 토크나이저에 따라 약 150만 토큰 정도임을 생각하면 이것이 얼마나 엄청난 길이인지 실감할 것이다. 이 정도면 컨텍스트 길이에 제약이 없다고 말할 수도 있겠다.

물론 여전히 제약은 존재한다. 무한대에 가까운 컨텍스트 길이를 가진 이런 큰 모델들은 보통 토큰당 비용을 지불해야 한다. 사용자들의 쿼리 크기를 모델이 제한하지는 않아도 지갑이 제한한다. 게다가 이 책을 읽는 독자라면 직접 배포할 수 있는 작은 오픈소스 모델에 더 관심이 있을 텐데, 그런 모델들의 컨텍스트 길이에는 분명히 제한이 있다. 하지만 걱정하지 않아도 된다. 현재와 미래에 작은 모델들도 컨텍스트 길이가 수백만 토큰이 될 것이다. 이 분야에는 많은 흥미로운 연구가 진행되고 있는데, 관심이 있는 독자는 RoPE[7], YaRN[8], Hyena[9]를 살펴보기 바란다.

다음 세대의 주의 메커니즘

컨텍스트 창이 크면 좋지만 그만큼 비용도 커진다. 현재 LLM 아키텍처의 핵심은 주의 메커니즘(attention mechanism)인데, 기본적으로 주의 메커니즘의 복잡도는 이차(quadratic)이다. 즉, 처리할 데이터가 증가함에 따라 처리에 필요한 컴퓨팅 자원의 양은 그보다 훨씬 빨리(제곱으로) 증가한다. 연구 커뮤니티를 이끄는 한 가지 과제는 이런 문제가 없는 다음 세대의 주의 알고리즘을 찾는 것이다. 복잡도가 선형(linear; 일차)인 새로운 알고리즘으로 트랜스포머를 만들 수 있을까? 이것이 현재 수십억 달러짜리 질문이다.

이 분야에는 많은 경쟁적인 혁신이 있지만, 저자가 가장 좋아하는 것들만 이야기한다고 해도 많은 지면이 필요할 것이다. 두 가지만 거론하자면, 트랜스포머의 대안인 MAMBA와 다층 퍼셉트론(MLPs)의

7 emozilla, "Dynamically Scaled RoPE further increases performance of long context LLaMA with zero fine-tuning," 2023년 6월 30일, `https://mng.bz/M1pn`.

8 B. Peng, J. Quesnelle, H. Fan, E. Shippole, N. Research, Eleutherai, "YaRN: Efficient Context Window Extension of Large Language Models," `https://arxiv.org/pdf/2309.00071`

9 M. Poli 외, "Hyena Hierarchy: Towards Larger Convolutional Language Models," 2023년 2월, doi: `https://doi.org/10.48550/arxiv.2302.10866`.

대안인 KAN을 들 수 있다. 특히 MAMBA는 SSM(sate space model; 상태 공간 모델)을 주의 메커니즘이 없는 신경망 아키텍처와 통합해서 개선한 버전이다[10]. 그 자체로는 그리 인상적이지 않았는데, 어느 정도 성능을 내기 위해 많은 하드웨어 해킹이 필요했기 때문이다. 하지만 나중에 하이브리드 SSM-트랜스포머 계층과 결합 주의(joint attention)를 사용하는 JAMBA 모델이 나왔다[11]. 이 하이브리드 방식은 두 가지 장점을 모두 취할 수 있게 해준다.

이 모델을 직접 체험해 보자. 예제 12.1은 JAMBA 모델을 미세조정하고 추론을 실행한다. 이 모델은 매개변수가 520억 개인 전문가 혼합(mixture-of-experts) 모델로, 80GB GPU에서 14만 토큰의 컨텍스트 길이를 처리할 수 있다. 이는 주의 메커니즘만 사용하는 모델보다 훨씬 나은 성능이다. 이 예제는 허깅 페이스 모델 카드에서 직접 가져온 것인데, 다른 간단한 트랜스포머 구현과 크게 다르지 않아서 쉽게 이해할 수 있을 것이다. 최신 기술을 이렇게 쉽게 시도해 볼 수 있게 된 것에 감사할 따름이다.

훈련 부분에서는 Accelerate를 사용했음을 주목하자. 안타깝게도 모델이 너무 커서 반정밀도(half precision)로도 단일 80GB GPU에 맞지 않기 때문에, Accelerate를 이용해서 훈련을 여러 GPU에 분산시켜야 한다. 그만한 컴퓨팅 자원이 없다면 토크나이저까지만 임포트하고 훈련 부분을 건너뛰어도 된다. 특별한 것은 없다. 훈련에 사용할 데이터셋은 Goodreads(`https://www.goodreads.com/`)에서 가져온 유명 작가들의 영어 인용구들로, 각 레코드는 인용구, 저자, 태그로 구성되어 있다. 따라서 미세조정을 건너뛰더라도 크게 놓치는 것은 없다. 그럼 코드를 보자. 먼저 토크나이저와 모델, 데이터셋을 불러온다.

예제 12.1 JAMBA 미세조정 및 추론

```
from trl import SFTTrainer
from peft import LoraConfig
from transformers import (
    AutoTokenizer,
    AutoModelForCausalLM,
    TrainingArguments,
)
from transformers import BitsAndBytesConfig
import torch
from datasets import load_dataset
```

10 A. Gu, T. Dao, "Mamba: Linear-Time Sequence Modeling with Selective State Spaces," arXiv.org, 2023년 12월 1일, `https://arxiv.org/abs/2312.00752`.

11 [1]O. Lieber 외, "Jamba: A Hybrid Transformer-Mamba Language Model," arXiv.org, 2024년 3월 28일, `https://arxiv.org/abs/2403.19887`.

```
tokenizer = AutoTokenizer.from_pretrained("ai21labs/Jamba-v0.1")
model = AutoModelForCausalLM.from_pretrained(
    "ai21labs/Jamba-v0.1", device_map="auto"
)

dataset = load_dataset("Abirate/english_quotes", split="train")
```

메모리가 넉넉지 않은 독자라면 데이터셋을 스트리밍 방식으로 적재해 보기 바란다. 적재가 끝났으면 훈련 인수들과 LoRA 설정 객체를 준비한다. 더 작은 하드웨어에서도 미세조정이 가능하도록 적절한 값을 설정했다.

```
training_args = TrainingArguments(
    output_dir="./results",
    num_train_epochs=3,
    per_device_train_batch_size=4,
    logging_dir="./logs",
    logging_steps=10,
    learning_rate=2e-3,
)
lora_config = LoraConfig(
    r=8,
    target_modules=["embed_tokens", "x_proj", "in_proj", "out_proj"],
    task_type="CAUSAL_LM",
    bias="none",
)
```

마지막으로, 허깅 페이스 Transformers 라이브러리를 이용해서 모델을 훈련한다. scikit-learn의 `model.fit()`처럼 Transformers의 `trainer.train()`은 누구나 최신 ML 모델을 다룰 수 있게 해주는 대표적인 수단으로 자리잡았다. 훈련이 완료되면(저자의 경우 1시간 조금 덜 걸렸다) 토크나이저와 모델을 로컬 파일 시스템에 저장하고 메모리에서 모델을 삭제한다.

```
trainer = SFTTrainer(
    model=model,
    tokenizer=tokenizer,
    args=training_args,
```

```
    peft_config=lora_config,
    train_dataset=dataset,
    dataset_text_field="quote",
)

trainer.train()

tokenizer.save_pretrained("./JAMBA/")
model.save_pretrained("./JAMBA/")

del model
```

이제 추론을 위해 모델을 메모리 효율적인 방식으로 다시 불러온다. 80GB GPU에서 다음처럼 8비트 양자화를 활성화해서 BitsandBytes를 설정하면 한 대의 GPU에 모델과 상당량의 데이터를 적재할 수 있다. 4비트 양자화를 활성화하면 임의의 종류의 A100 한 대나 3090 두 대에서도 70B 매개변수 트랜스포머와 비슷하게 실행하는 것이 가능하다. 1비트 모델로 양자화하면 단일 3090에도 이 모델과 상당량의 데이터를 적재할 수 있다. 여기서는 모델을 8비트로 불러와서 적재해서 추론을 시행한다.

```
quantization_config = BitsAndBytesConfig(
    load_in_8bit=True, llm_int8_skip_modules=["mamba"]
)
model = AutoModelForCausalLM.from_pretrained(
    "ai21labs/Jamba-v0.1",
    torch_dtype=torch.bfloat16,
    attn_implementation="flash_attention_2",
    quantization_config=quantization_config,
)
input_ids = tokenizer(
    # 프롬프트: "최근 2024년 슈퍼볼에서,"
    "In the recent Super Bowl LVIII,", return_tensors="pt"
).to(model.device)["input_ids"]

outputs = model.generate(input_ids, max_new_tokens=216)

print(tokenizer.batch_decode(outputs))
```

LLM 시스템의 다양한 부분에 대한 놀라운 대안들이 거의 매달 등장하고 있다. 여기서는 LLM이 큰 도약을 이룬 한 시점으로 되돌아가서, 유명한 "Attention Is All You Need(주의가 전부이다)" 논문[12]을 읽어 보길 권한다. 이 논문은 단순한 MLP만으로도 주의 메커니즘(attention)을 통해 놀라운 결과를 얻을 수 있다는 것을 보여주었다. 현재 이 분야는 단순히 무엇이 필요한가에 초점을 두는 것이 아니라 최상의 결과를 위해 우리가 원하는 것이 무엇인가에 초점을 두는 새로운 시대에 진입하고 있다. 예를 들어 우리는 속도 면에서 플래시 주의(flash attention)와 맞먹거나 능가하는 준이차(subquadratic) 대체 메커니즘을 원한다. 주의 없는(attention-free) 트랜스포머와 '중간 정보 소실' 문제가 없는 수백만 길이의 컨텍스트도 원한다. 정확도나 학습 속도 저하 없이 밀집 MLP를 대체할 수 있는 방법도 찾고 있다. 우리는 조금씩 이 모든 것들을 얻어가고 있다.

압축의 한계에 도전

INT4로 내려간 후에도 양자화 노력은 멈추지 않았다. INT2까지 더 낮출 수 있는 실험적 양자화 전략들이 제시되었는데, 많은 사람의 예상과 달리 INT2 70B 모델도 여전히 괜찮은 성능을 보인다. 더 나아가 삼항 연산자(ternary operator)나 기타 더 작은 연산자들을 이용해서 가중치당 1.58비트, 심지어 0.68비트까지 줄일 수 있다는 연구도 있다. 시험해 보고 싶은가? 라마3 70B는 이미 GGUF, GPTQ, AWQ 포맷으로 1비트 양자화를 구현했으며 메모리도 16.6GB만 차지한다. 마음껏 실험해 보기 바란다!

통상적인 모델 압축과는 성격이 조금 다른 압축 시도도 있다. 모델을 하나의 덩어리로 보는 대신, 예전처럼 다시 신경망 층(layer)들과 매개변수들의 집합으로 생각하는 것이다. 추측 디코딩(speculative decoding)은 대형 모델에 빠르게 접근하는 또 다른 방법을 제공한다. 모델 증류에서처럼 추측 디코딩에는 대형 모델뿐만 아니라 더 작은 다른 모델도 필요하다. 요즘 프로덕션에 많이 쓰이는 모델 조합의 예로는 Whisper-Large-v3과 Distil-Whisper-Large-V3이 있다. 위스퍼Whisper는 음성 인식(speech-to-text; 음성 대 텍스트 변환)에 초점을 맞춘 다중 모달 LLM이다. 이 모델들 외에도 추측 디코딩은 아키텍처가 같고 크기가 다른 모든 모델 쌍에서 작동한다.

이 방법을 사용하면 다수의 토큰을 병렬로 계산하고 근사(approximation) '보조(assistant)' 모델을 통해 각 단계의 난이도를 동시에 평가함으로써 더 큰 모델을 좀 더 빠르게 표집(sampling)할 수 있다(속도가 두 배가 되기도 한다). 기본 개념은 이렇다. 더 작고 빠른 Distil-Whisper 모델로 최종 결과를

12 Vaswani 외, "Attention Is All You Need," 2017, https://arxiv.org/abs/1706.03762.

추측(예측)하고, Whisper가 그 추측을 병렬로 평가해서 어차피 같은 결과가 나올 것들은 폐기하고 다르게 처리할 것들만 수정한다. 이를 통해 작은 모델의 속도와 큰 모델의 정확도를 모두 얻을 수 있다.

예제 12.2는 영어 오디오 데이터셋으로 추측 디코딩을 수행하는 방법을 보여준다. 예제는 두 모델(Whisper 및 Distil-Whisper)과 데이터셋을 불러와서 추측 디코딩을 수행하는데, 추측 생성 시 적절한 키워드 인자(`generate_kwargs`의 `assistant_model`)를 통해서 보조 모델을 지정한다. 이 보조 모델이 디코딩만 돕는 용도라는 점을 Transformers 라이브러리에 알려주는 방법이 궁금한 독자도 있을 것이다. 핵심은 보조 모델을 `AutoModelForSpeechSeq2Seq`를 이용해서 오디오 시퀀스 대 시퀀스(sequence-to-sequence) 버전으로 불러오는 대신 `AutoModelForCausalLM`을 이용해서 불러오는 것이다. 이렇게 하면 보조 모델이 더 큰 모델과 병렬로 작동해서 쉬운 디코딩 단계만 돕게 된다.

예제 12.2 Whisper를 이용한 추측 디코딩

```
from transformers import (
    AutoModelForCausalLM,
    AutoModelForSpeechSeq2Seq,
    AutoProcessor,
)
import torch
from datasets import load_dataset

from time import perf_counter
from tqdm import tqdm

from evaluate import load

device = "cuda:0" if torch.cuda.is_available() else "cpu"
print(f"Device: {device}")
attention = "sdpa"
torch_dtype = torch.float16 if torch.cuda.is_available() else torch.float32

model_id = "openai/whisper-large-v3"
assistant_model_id = "distil-whisper/distil-large-v3"
model = AutoModelForSpeechSeq2Seq.from_pretrained(
    model_id,
    low_cpu_mem_usage=False,
    use_safetensors=True,
```

```
    attn_implementation=attention,
    torch_dtype=torch_dtype,
).to(device)
processor = AutoProcessor.from_pretrained(model_id)
assistant_model = AutoModelForCausalLM.from_pretrained(
    assistant_model_id,
    low_cpu_mem_usage=False,
    use_safetensors=True,
    attn_implementation=attention,
    torch_dtype=torch_dtype,
).to(device)

dataset = load_dataset(
    "hf-internal-testing/librispeech_asr_dummy",
    "clean",
    split="validation",
    trust_remote_code=True,
)
wer = load("wer")

generate_kwargs_1 = {
    "language": "en",
    "task": "transcribe",
}
generate_kwargs_2 = {
    "language": "en",
    "task": "transcribe",
    "assistant_model": assistant_model,
}

spec_decoding = False
for i, generate_kwargs in enumerate([generate_kwargs_1, generate_kwargs_2]):
    all_time = 0
    predictions = []
    references = []
    for sample in tqdm(dataset):
        audio = sample["audio"]
        inputs = processor(
            audio["array"],
```

```
            sampling_rate=audio["sampling_rate"],
            return_tensors="pt",
        )
        inputs = inputs.to(device=device, dtype=torch_dtype)
        start_time = perf_counter()
        output = model.generate(
            **inputs,
            **generate_kwargs,
        )
        gen_time = perf_counter() - start_time
        all_time += gen_time
        predictions.append(
            processor.batch_decode(
                output, skip_special_tokens=True, normalize=True
            )[0]
        )
        references.append(processor.tokenizer.normalize(sample["text"]))
    score = wer.compute(predictions=predictions, references=references)
    if i > 0:
        spec_decoding = True
    print(f"Speculative Decoding: {spec_decoding}")
    print(f"Time: {all_time}")
    print(f"Word Error Rate: {score}")
```

저자의 실험에 따르면, 비례 내적 주의(scaled dot product attention)로 예시 73개를 처리하는 데 Whisper-Large-V3는 약 42초가 걸렸지만 추측 디코딩을 사용할 때는 처리 시간이 18.7초로 줄었다. 단어 오류율(word error rate, WER)은 완전히 동일했으므로, 정확도 저하 없이 속도가 거의 두 배 향상된 것이다. 정말 놀라운 결과이다.

이쯤 되면 "왜 모든 사람이 이 방법을 항상 사용하지 않을까?"라는 의문이 들 것이다. 이 방법에는 몇 가지 단점이 있다. 첫째, 이 방법은 작은 시퀀스에서 가장 효과적이다. LLM의 경우 128토큰 이하의 생성이나 약 20초 분량의 오디오 처리에서 효과적으로 나타났다. 더 긴 시퀀스의 생성에서는 속도 향상이 미미하다. 또한 BERT와 DistilBERT처럼 완벽하게 호환되는 대형-소형 모델 쌍을 항상 구할 수 있는 것도 아니다. 마지막으로, 구현이 쉬움에도 이 방법을 아는 사람이 매우 적다는 점도 이 방법이 널리 쓰이지 않는 이유이다.

하위 비트 양자화(sub-bit quantization)든 추측 디코딩이든 기타 발전이든, LLM은 다른 어떤 기술보다도 압축 방법론 연구를 밀어붙이고 있다. 새로운 기법들이 판도를 바꾸는 모습을 지켜보는 것은 흥미롭다. 이러한 방법들이 개선되면서 더 작고 저렴한 하드웨어에서도 모델을 구동할 수 있게 되어 이 분야가 더욱 접근하기 쉬워지고 있다.

12.2.3 다중 모달 공간

다중 모달(multimodality)의 가능성은 매우 흥미진진하다. 2장을 돌이켜 보자. 다중 모달은 언어의 주요 특징(feature) 중 아직 해결책이 많이 나오지 않은 특징이다. 최근 음성학 문제를 실제로 해결하려는 변화가 일어나고는 있다. 하지만 인간이 다루는 모달이 오디오만 있는 것은 아니다. 그래서 음성학, 의미론, 화용론을 결합하고 텍스트의 임베딩 공간과 동일한 임베딩 공간에서 가능한 한 많은 문맥을 확보하려는(비교를 위해) 움직임이 매우 강하다. 이 점을 염두에 두고, 다중 모달과 관련해서 주목할 만한 몇 가지 사항을 살펴보자.

첫째로 주목할 것은 ImageBind 프로젝트이다. 이 프로젝트는 모델이 억지로 모든 종류의 데이터를 처리하게 만드는 대신 모든 데이터를 모델이 이미 익숙한 임베딩 공간으로 압축하는 것이 하나의 옵션임을 보여준다. 공식 데모는 `https://imagebind.metademolab.com/`에서 볼 수 있다.

ImageBind는 CLIP 같은 다중 모달 투영 모델(projection model)이 이미 보여준 것을 기반으로 한다. 즉, 임베딩을 생성하고 처리하는 능력이 결정론적(deterministic) LLM 시스템의 진정한 힘이라는 점이다. 이러한 모델들로 매우 빠른 검색이 가능하며, 업로드된 오디오 클립과 비슷한 소리를 내는 동물 이미지를 찾는 등 지금까지는 거의 불가능했던 검색도 처리할 수 있다.

OneLLM은 이 논리를 뒤집어서, 하나의 모델과 하나의 다중양식 인코더로 8가지 양식을 통합하고 임베딩한다. ImageBind처럼 6개의 서로 다른 인코더로 여섯 가지 모달을 같은 차원에 임베딩하는 것과는 정반대이다. OneLLM은 `https://onellm.csuhan.com/`에서 확인할 수 있다. OneLLM의 핵심 아이디어는 통합 인코더(unified encoder)를 언어를 이용해서 정렬(alignment)하는 것인데, 결과가 아닌 인코딩 과정을 정렬한다는 점은 다중 모달에 대한 독특한 접근 방식에 해당한다.

이 분야의 연구 역시 매우 흥미진진하다. 이러한 연구는 모델 생태계에서 음성학과 화용론 간의 격차를 줄이는 데 도움이 되며, 특히 검색 분야에서 더욱 인간다운 이해와 상호작용을 가능하게 한다.

12.2.4 데이터셋

LLM의 등장으로 업계에서 일어나는 흥미로운 변화 중 하나는 기업들이 드디어 데이터 관리와 거버넌스의 중요성을 이해하기 시작했다는 점이다. 자체 LLM을 미세조정하고 AI 제품 개발 경쟁에 뛰어들고자 하는 열망에서든, 기존 기술을 크게 앞지르는 이 시스템들의 능력에 뒤처질 것을 우려해서든, 많은 기업이 데이터에 관심을 기울이고 있다. 결국 경쟁사와의 차별화를 만드는 것은 오직 자사의 데이터뿐이라는 사실을 깨닫게 된 것이다. 또한 모든 기업은 다른 회사들의 실수를 반복하지 않으려 노력하고 있다.

LLM은 변화를 이끄는 동인(driving factor)일 뿐만 아니라 팀들이 데이터를 레이블링하고, 태깅하고, 정리하고, 정제하는 데도 도움을 준다. 데이터를 보유하긴 했지만 그 활용 방안은 몰랐던 기업이 많은데, 예를 들어 CLIP 같은 이미지 지원 LLM 모델 덕분에 이미지에 캡션을 다는 작업이 매우 쉬워졌다. 일부 기업은 텍스트, 이미지, 오디오, 비디오의 임베딩 공간을 만드는 것만으로도 이전에는 비정형(unstructured) 데이터셋에 의미 있는 구조를 부여할 수 있었다. 정형(structured) 데이터는 다루기가 훨씬 쉬워서 검색이나 추천, 기타 통찰을 제공하는 응용으로의 길을 열어준다.

현재 업계에서 부족한 점 중 하나는 가치 있는 오픈소스 데이터셋이다. 특히 평가(evaluation)용 데이터셋이 귀하다. 현재 모델 평가에 쓰이는 여러 벤치마크는 객관식 문제에 의존한다. 그런데 객관식 문제들은 LLM 애플리케이션을 만들려는 사람들에게는 비효율적이다. 현실에서 사용자들이 모델에게 객관식으로 질문할 일이 거의 없기 때문이다. 사람들은 알고 있는 것 중 하나를 고르기보다는 모르는 게 있어서 챗봇을 찾으며, 주로 자유 형식의 문장으로 질문한다. 하지만 연구자들이 쉽게 수집하고 컴파일하여 정확도를 평가하기 쉽다는 점 때문에 객관식 위주의 데이터셋에 기반한 벤치마크가 많이 쓰이고 있다.

또한 더 다양한 언어의 표현이 필요해질 것이라고 본다. 이 세상은 각자 고유한 문화적 뉘앙스와 의사소통의 미묘함을 지닌 다양한 언어와 방언으로 이루어진 모자이크라고 할 수 있다. 기존 데이터셋이 제대로 대표(representation)하지 못하는 언어가 많다. 대부분의 모델은 영어 같은 주요 언어에 편향되어 있다. 기술이 점점 더 글로벌화됨에 따라 더 넓은 범위의 언어를 포함하는 것이 중요해진다. 다국어를 추가하면 포용성(inclusivity)을 높일 뿐 아니라, 다양한 국제적 맥락에서 언어 모델의 정확성과 적용 가능성을 향상시켜 의사소통의 격차를 줄이고 더 연결된 세상을 만들 수 있다. 스타트업이 중국, 러시아, 사우디아라비아 시장 진출에 관한 정확한 정보를 얻기 위해 비용을 들일 필요가 없어지는 세상을 상상해 보라.

12.2.5 환각 문제의 해결

LLM이 표면적으로 드러내는 것보다 더 많은 정보를 가지고 있다는 증거가 많고, 사람들이 프롬프트를 아주 엉망으로 작성하거나 악의적으로 작성한다는 증거도 많다. 그러다 보니 일관된 결과를 제공하는 애플리케이션을 개발할 때 환각(hallucination) 현상이 중요한 걸림돌의 하나가 되고 있다. 이 문제는 결정론적 컴퓨터 알고리즘에 익숙하고 비결정론적 시스템을 거의 다루지 않는 많은 소프트웨어 엔지니어링팀을 좌절시켰다. 비결정론적 시스템에 더 익숙한 통계학자들은 환각은 버그가 아니라 기능(특징)으로 간주한다. 환각을 어떤 관점에서 보든, LLM 개발에서 환각은 주목해야 할 주제임은 분명하며, 실제로 환각을 다루는 방법에 관해 많은 연구가 진행 중이다.

더 나은 프롬프트 엔지니어링

큰 성과가 계속 나오고 있는 흥미로운 분야 중 하나가 프롬프트 엔지니어링이다. 환각을 줄이는 데 도움이 되는 프롬프트 엔지니어링 도구 중 하나로 7장 §7.3.3에서 간단히 언급한 DSPy를 들 수 있다. DSPy가 어떻게 작동하고 왜 LLM의 환각 문제 해결에 도움이 되는지를 예제를 통해 살펴보기로 하자. 이 책에서 여러 차례 언급했듯이 LLM이 간단한 수학조차도 잘 못한다는 것은 사실이다. 그 이유도 설명했지만 토큰화 개선 이외의 해결책은 논의하지 않았다. 예제 12.3은 토큰화 변경, 미세조정, LoRA나 DoRA 없이 프롬프트 최적화만으로 LLM이 수학 문제를 얼마나 잘 풀게 만들 수 있는지 시험한다.

이 예제는 dspy-ai 파이썬 패키지와 Llama3-8B-Instruct를 사용한다. 대부분의 GPU에서 실행할 수 있도록 모델을 불러와서 양자화한 후 Grade-School Math 8K라는 데이터셋을 불러온다. 이 데이터셋을 선택한 이유는 초등학교를 졸업한 사람이라면 계산기 없이도 풀 수 있는 수학 문제들의 모음이기 때문이다. 훈련 데이터셋과 검증 데이터셋(예제 코드의 dev)으로 각각 200개의 예시를 사용할 것이다. 여기서는 훈련 대 검증이 1:1이지만, 독자의 용례에 맞는 좀 더 적합한 비율을 찾아보기 바란다(또한, 훈련에 쓰인 예시가 검증에도 쓰이는 '데이터 유출'을 피해야 한다는 점도 기억하자).

예제 12.3 DSPy를 이용한 수학 문제 풀기 능력 개선

```
from transformers import AutoModelForCausalLM, AutoTokenizer
from transformers import BitsAndBytesConfig
import torch
import dspy
from dspy.datasets.gsm8k import GSM8K, gsm8k_metric
from dsp.modules.lm import LM
from dspy.evaluate import Evaluate
```

```
from dspy.teleprompt import BootstrapFewShot

model_name = "meta-llama/Meta-Llama-3-8B-Instruct"
quantization_config = BitsAndBytesConfig(
    load_in_4bit=True,
    bnb_4bit_use_double_quant=True,
    bnb_4bit_quant_type="nf4",
    bnb_4bit_compute_dtype=torch.bfloat16,
)


model = AutoModelForCausalLM.from_pretrained(
    model_name,
    device_map="auto",
    quantization_config=quantization_config,
    attn_implementation="sdpa",
)
tokenizer = AutoTokenizer.from_pretrained(model_name, use_fast=True,)

gms8k = GSM8K()
gsm8k_trainset, gsm8k_devset = gms8k.train[:30], gms8k.dev[:100]
```

필요한 모델과 데이터셋을 불러온 후에는, 라마3 모델을 DSPy 라이브러리가 아니라 Transformers 라이브러리로 불러왔다는 점에서 발생하는 형식 불일치 문제를 해결해야 한다. DSPy 라이브러리는 오픈AI API를 통해 모델과 연동하는 방식을 기본으로 하지만, 이 예제는 허깅 페이스의 모델을 로컬로 불러왔다. 다행히 최근 DSPy는 HFModel을 패키지에 추가했기 때문에 복잡한 래퍼(wrapper)를 작성하지 않고도 허깅 페이스의 모델을 사용할 수 있다. 먼저 `max_tokens`와 `max_new_tokens`처럼 API 간 키워드 인수 차이를 매핑하는 간단한 함수와 답변을 생성하고 프롬프트를 최적화하기 위한 모델의 래퍼 역할을 할 클래스를 정의한다. 그런 다음 DSPy를 설정한다.

```
def openai_to_hf(**kwargs):
    hf_kwargs = {}
    for k, v in kwargs.items():
        if k == "n":
            hf_kwargs["num_return_sequences"] = v
        elif k == "frequency_penalty":
            hf_kwargs["repetition_penalty"] = 1.0 - v
```

```
        elif k == "presence_penalty":
            hf_kwargs["diversity_penalty"] = v
        elif k == "max_tokens":
            hf_kwargs["max_new_tokens"] = v
        elif k == "model":
            pass
        else:
            hf_kwargs[k] = v

    return hf_kwargs


class HFModel(LM):
    def __init__(
        self,
        model: AutoModelForCausalLM,
        tokenizer: AutoTokenizer,
        **kwargs
    ):
        """허깅 페이스 모델들을 감싸는 래퍼
        인수들:
            model (AutoModelForCausalLM): 불러오고 사용할 HF의 ID
            tokenizer: AutoTokenizer 객체
        """
        super().__init__(model)
        self.model = model
        self.tokenizer = tokenizer
        self.drop_prompt_from_output = True
        self.history = []
        self.is_client = False
        self.device = model.device
        self.kwargs = {
            "temperature": 0.3,
            "max_new_tokens": 300,
        }

    def basic_request(self, prompt, **kwargs):
        raw_kwargs = kwargs
        kwargs = {**self.kwargs, **kwargs}
```

```
        response = self._generate(prompt, **kwargs)

        history = {
            "prompt": prompt,
            "response": response,
            "kwargs": kwargs,
            "raw_kwargs": raw_kwargs,
        }
        self.history.append(history)

        return response

    def _generate(self, prompt, **kwargs):
        kwargs = {**openai_to_hf(**self.kwargs), **openai_to_hf(**kwargs)}
        if isinstance(prompt, dict):
            try:
                prompt = prompt["messages"][0]["content"]
            except (KeyError, IndexError, TypeError):
                print("Failed to extract 'content' from the prompt.")
        inputs = self.tokenizer(prompt, return_tensors="pt").to(self.device)

        outputs = self.model.generate(**inputs, **kwargs)
        if self.drop_prompt_from_output:
            input_length = inputs.input_ids.shape[1]
            outputs = outputs[:, input_length:]
        completions = [
            {"text": c}
            for c in self.tokenizer.batch_decode(
                outputs, skip_special_tokens=True
            )
        ]
        response = {
            "prompt": prompt,
            "choices": completions,
        }
        return response
    def __call__(
        self, prompt, only_completed=True, return_sorted=False, **kwargs
    ):
```

```
        assert only_completed, "for now"
        assert return_sorted is False, "for now"

        if kwargs.get("n", 1) > 1 or kwargs.get("temperature", 0.0) > 0.1:
            kwargs["do_sample"] = True

        response = self.request(prompt, **kwargs)
        return [c["text"] for c in response["choices"]]


print("Model set up!")                    ← 언어 모델을 설정한다.
llama = HFModel(model, tokenizer)

dspy.settings.configure(lm=llama)         ← 해당 언어 모델을 사용하도록 DSPy를 설정한다.
```

이제 수학 시험을 치를 LLM을 준비했으니 테스트해 보자. 기준선(baseline)을 설정하는 것부터 시작하겠다. QA Signature 클래스에서 간단한 사고 연쇄(chain-of-thought, CoT) 형태의 프롬프트를 정의하고, LLM에 아무런 변경도 가하지 않은 제로샷 버전으로 추론을 수행한다. 이 추론의 결과를 기준선으로 삼아서 잠시 후 DSPy를 적용한 버전의 결과와 비교할 것이다. CoT 프롬프트는 아마도 여러분이 업무 중 다루는 프롬프트들과 매우 유사할 것이며, 따라서 여러분이 작업 중인 프로젝트에 적용하기가 어렵지 않을 것이다.

```
class QASignature(dspy.Signature):        ← CoT 프롬프트를 위한 QASignature를 정의한다.
    (
    # "당신에게 질문이 주어집니다."
    # "질문에 답하기 위해 단계별로 생각해야 합니다."
    # "답변만 출력하세요."
    """You are given a question and answer"""
    """and you must think step by step to answer the question. """
    """Only include the answer as the output."""
    )
    question = dspy.InputField(desc="A math question")
    answer = dspy.OutputField(desc="An answer that is a number")


class ZeroShot(dspy.Module):
    def __init__(self):
```

```
        super().__init__()
        self.prog = dspy.Predict(QASignature, max_tokens=1000)

    def forward(self, question):
        return self.prog(question=question)


evaluate = Evaluate(                    ← 평가기(evaluator) 객체를 생성한다. 여러 번 사용할 수 있다.
    devset=gsm8k_devset,
    metric=gsm8k_metric,
    num_threads=4,
    display_progress=True,
    display_table=0,
)

print("Evaluating Zero Shot")           ← LLM의 기본 성능을 평가한다.
evaluate(ZeroShot())
```

출력은 다음과 같다.

```
29/200 14.5%
```

단순한 제로샷 CoT 프롬프트를 사용했을 때 라마3의 정답률은 14.5%이다. 이 결과가 그리 좋아 보이지 않을 수 있지만, 프롬프트 없이 모델에 질문만 입력했을 때 정답률이 1~5% 정도임을 생각하면 상당히 좋은 결과이다.

기준선을 확인했으니 이제 DSPy의 핵심 기능인 프롬프트 최적화로 넘어가자. 원 논문이 나온 이후 CoT 프롬프트에 대한 인식이 많이 발전했다. "단계별로 생각하세요"라는 문구를 추가하는 것은 이제 기본적인 프롬프트 엔지니어링으로 여겨진다. 이제는 모델이 스스로 퓨샷 프롬프트를 통해 최종 출력에 대한 근거를 도출하는 방식이 새로운 CoT로 간주되며, DSPy 프레임워크도 그런 관점에서 CoT라는 용어를 사용한다. 다음 코드는 `CoT`라는 새 사고 연쇄 클래스를 정의하는데, 이번에는 `dspy.ChainOfThought` 함수를 활용한다. 그런 다음 앞에서 제로샷 버전이 풀었던 것과 동일한 문제들을 풀고 평가한다.

```
config = dict(max_bootstrapped_demos=2)          ← 최적화기를 설정한다.

class CoT(dspy.Module):
    def __init__(self):
    super().__init__()
    self.prog = dspy.ChainOfThought(QASignature, max_tokens=1000)

    def forward(self, question):
    return self.prog(question=question)

print("Creating Bootstrapped Few Shot Prompt")          ← 프롬프트를 최적화한다.
teleprompter = BootstrapFewShot(metric=gsm8k_metric, **config)
optimized_cot = teleprompter.compile(
    CoT(), trainset=gsm8k_trainset, valset=gsm8k_devset
)
optimized_cot.save("optimized_llama3_math_cot.json")

print("Evaluating Optimized CoT Prompt")          ← 최적화된 버전(optimized_cot)을 평가한다.
evaluate(optimized_cot)
#149/200 74.5%
```

놀라운 결과가 나왔다. 프롬프트만 변경했을 뿐인데 정확도가 14.5%에서 74.5%로 급상승했다. 미세조정이나 재훈련은 전혀 하지 않았다는 점을 기억하자. 일각에서는 프롬프트 엔지니어의 시대가 끝났다고 말하지만, 저자는 이제 막 시작됐다고 본다. 다만 "영리한 문자열을 고안해 내기만 할 뿐 그 후속 작업은 하지 않는" 시대는 끝났는데, 애초에 그런 시대가 시작되지 않았어야 했다. 이 예제의 여러 수치와 설정은 임의적임을 주의하기 바란다. 저자가 데이터셋의 분할 비율 등을 세심하게 고민해서 설정하지는 않았다. 또한 성능 향상을 위한 유용한 도구나 문맥도 포함하지 않았다. 이 책에 나온 여러 프롬프트 엔지니어링 기법과 기타 기법들을 총동원했다면, 수학처럼 LLM이 전통적으로 취약한 분야에서도 모델의 능력을 놀라운 수준으로 끌어올릴 수 있음을 확인했을 것이다.

그라운딩

환각 현상을 해결할 방법을 찾다 보면 '그라운딩grounding(근거화)'이라는 용어를 접하게 된다. 그라운딩은 LLM이 참조할 문맥을 프롬프트를 통해 LLM에 제공하는 것을 말한다. 근거가 되는 정보를 제공하면 모델이 허황된 내용을 아무렇게나 지어내기가 어려워진다. 이 개념이 친숙하게 들린다면 당연한 일이다. 이 책에서 여러 번 다룬 RAG가 가장 일반적인 그라운딩 기법의 하나이기 때문이다.

RAG(retrieval augmented generation; 검색 증강 생성)는 원래 그라운딩과 같은 뜻의 용어이다. 프롬프트에 기반해 적절한 문맥을 검색하고 이를 활용해 LLM의 텍스트 생성을 증강하기 때문이다. 하지만 현재 RAG라는 용어는 벡터 DB를 이용한 의미 검색을 함의하는, 좀 더 좁은 의미로 쓰인다. 사실 그 어떤 검색 알고리즘이나 데이터베이스를 사용해도 RAG라고 말할 수 있지만, 업계에서 RAG 시스템을 구축했다고 하면 앞에서 말한 아키텍처를 의미하는 것으로 간주된다.

이러한 현재의 정의에서 RAG 애플리케이션은 단순한 질문에 답변할 때 가장 유용하다. "갤 가돗Gal Gadot의 남편의 현재 직업은 무엇인가?"라는 질문을 생각해보자. 이는 사실 "갤 가돗의 남편은 누구인가?"와 "그 사람은 무슨 일을 하는가?"라는 두 가지 질문이 합쳐진 것이다. RAG만으로는 이런 다단계 질문을 해결하기 어렵다. 유사도 벡터 검색은 갤 가돗에 관한 많은 기사를 반환하겠지만, 그녀의 남편인 야론 바르사노Jaron Varsano에 관한 기사는 거의 찾지 못할 것이다.

이를 개선하는 접근 방식이 여럿 있는데, 가장 중요한 것은 이전 장들에 언급하지 않은 지식 그래프(knowledge graph)를 활용하는 것이다. 지식 그래프는 개체 간의 관계를 포착하는 구조로 정보를 저장한다. 이 구조는 객체를 나타내는 노드와 관계를 나타내는 간선(edge)로 구성된다. NEO4J 같은 그래프 데이터베이스를 사용하면 지식 그래프를 쉽게 생성하고 쿼리할 수 있다. 지식 그래프는 연결된 정보들 사이의 관계를 파악해야 하는 복잡한 다단계 질문에 탁월한 성능을 보인다. 이미 정보 간의 연결 관계가 구축되어 있기 때문이다.

RAG로는 가치를 얻기 힘들었던 많은 팀이 벡터 데이터베이스에서 그래프 데이터베이스로 전환한 후 큰 성능 향상을 경험했다. 하지만 여기에는 두 가지 큰 장애물이 있다. 첫째, 더 이상 프롬프트를 간단히 임베딩해서 유사한 레코드를 검색할 수 없다. 프롬프트를 그래프 데이터베이스가 이해할 수 있는 쿼리로 변환하려면 좀 더 어려운 작업이 필요하다. 여러 해결책이 있지만, 기본적으로 이는 또 다른 자연어 처리 문제이다. 다행히 LLM이 이런 작업에 매우 뛰어나다는 점이 밝혀졌다. 둘째, 아마도 더 큰 문제는 문서를 지식 그래프로 변환하기가 훨씬 어렵다는 점이다. 벡터 데이터베이스가 인기를 얻은 이유가 바로 여기에 있다. 데이터를 검색 가능한 임베딩으로 변환하기가 쉽기 때문이다. 데이터를 지식 그래프로 변환하려면 더 많은 작업과 전문성이 필요하다. 하지만 이런 어려움들을 잘 극복하면 장기적으로는 큰 성공을 거둘 수 있다.

현재는 데이터를 지식 그래프로 준비하는 작업에 추가적인 데이터 엔지니어링 노력을 투자하려는 팀이 많지 않다. 대부분의 기업은 여전히 LLM API를 간단히 래핑해서 빠르고 쉽게 이득을 얻으려 한다. 하지만 업계가 성숙해 감에 따라, 조직들이 LLM 애플리케이션의 성능을 높이기 위해 자사의 독점 데이터로 지식 그래프를 구축하는 방향으로 전환할 것으로 예상된다.

지식 편집

환각 현상을 해결하기 위한 또 다른 유망한 연구 분야는 지식 편집(knowledge editing)이다. 지식 편집은 LLM의 특정 행동 방식을 효율적으로 조정하는 과정이다. 이상적으로는, 잘못된 응답이 나올 때 활성화되는 정확한 모델 가중치를 정밀하게 수정하는 수술과 같은 작업이다. 그림 12.2가 그러한 예이다. 지식 편집의 용도는 여러 가지이지만, 주로 사실관계의 붕괴(decay) 문제를 해결하는 데 쓰인다. 이를테면 슈퍼볼 우승자나 특정 국가의 현재 대통령처럼 시간이 지나면서 변하는 사실들을 다루는 것이다. 그냥 한두 가지 사실을 갱신하면 되는데 굳이 모델을 재훈련하거나 미세조정하는 것은 필요 이상으로 무거운 해결책이다. 그런 경우 지식 편집이 더 효과적이다.

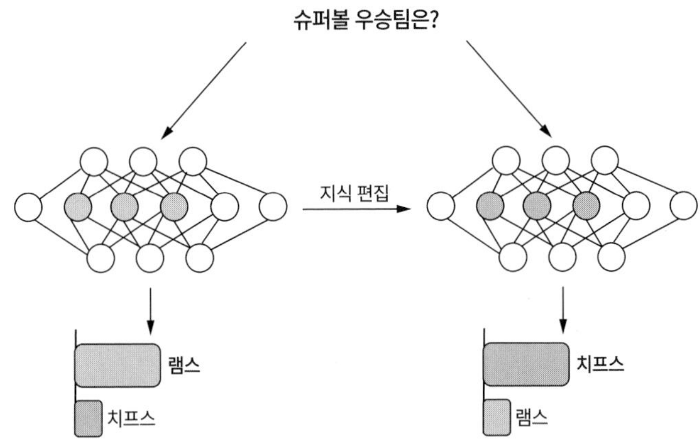

그림 12.2 지식 편집은 모델에 정보를 직접 삽입, 갱신을 수행하는 기법으로, 외과 수술에 비유할 수 있다.

지식 편집은 흥미로운 연구 분야지만 안타깝게도 지면의 제약으로 이 책에서는 자세히 다루지 못했다. ROME, MEND, GRACE 등 다양한 알고리즘과 기법이 나왔는데, 이런 기법들을 사용하고 싶다면 먼저 EasyEdit(`https://github.com/zjunlp/EasyEdit`)을 살펴보기 바란다. EasyEdit은 가장 일반적인 지식 편집 기법들을 구현하고 이를 쉽게 활용할 수 있는 프레임워크를 제공하는 프로젝트로, 시작하는 데 도움이 되는 예제, 튜토리얼 등도 포함되어 있다.

12.2.6 새로운 하드웨어

대부분의 인기 기술과 마찬가지로 LLM도 치열한 경쟁 시장을 만들어냈다. 많은 기업은 여전히 기능과 능력을 두고 경쟁하지만, 비용 면에서도 경쟁이 시작되고 있다. 양자화나 컴파일 등 모델을 더 작고 빠르게, 따라서 더 저렴하게 만드는 여러 방법을 이전 장들에서 논의했다. 이와 관련해서 앞으로 더 많이 보게 될 한 가지는 하드웨어 분야의 혁신이다.

실제로 오픈AI의 CEO인 샘 올트먼은 반도체 산업 투자를 위해 7조 달러 규모의 자금을 모으고 있다.[13] 전 세계적인 GPU 부족 현상에 대해 이전에 언급했는데, 이 문제로 가장 골치를 앓는 것은 대기업들이다. 반도체 산업에 대한 투자는 단순히 수요를 충족시키는 것을 넘어, ASIC(Application-Specific Integrated Circuits; 특정 용도용 집적 회로) 같은 더 나은 칩의 개발과 연구를 가속하는 데도 사용될 것이다.

이 책에서 GPU에 대해 많이 다루고 사용했지만, 원래 GPU는 AI를 위해 설계된 것이 아니라 그래픽을 위해 설계된 기기라는 점도 기억하기 바란다. 물론 이 사실이 NVIDIA가 잠시나마 세계에서 가장 가치 있는 기업이 되는 것을 막지는 못했다.[14] ASIC은 특정 작업을 위해 설계된다. 구글의 TPU(tensor processing unit)가 그 예이다. AI 워크로드를 처리하도록 설계된 ASIC을 NPU(neural processing unit)라고 부르는데, 아마도 NPU 칩을 들어보지 못했거나 적어도 실제로 본 적이 없는 독자가 많을 것이다. 이를 언급하는 이유는 아직도 개선의 여지가 많다는 점을 보여주기 위해서이다. 앞으로 더 나은 GPU부터 NPU까지 새로운 가속기가 다양하게 등장할 것이다.

이 책의 저자 중 한 명은 인텔과 마이크론에서 현재는 단종된 3D XPoint(3DxP)라는 메모리 기술을 개발하는 데 상당한 시간을 보냈다. 3DxP의 세부사항은 이 책의 논의에서 중요하지 않다. 중요한 것은 이것이 매우 빠르고 저렴한 메모리라는 점이다. 이 기술은 옵테인이라는 브랜드로 수년간 판매되었고 "역대 가장 빠른 SSD"라는 별명까지 얻었다.[15] 이 기술은 RAM만큼 빠르면서도 낸드 플래시 메모리만큼 저렴하게 생산할 수 있었고, 둘 중 어느 것이든 대체할 수 있었다.

모든 프로세서에 500GB나 심지어 1TB의 메모리 공간이 주어지는 것이 당연한 세상을 상상해 보자. 지금까지 논의했던 대부분의 제약이 사라질 것이다. GPT-4 크기의 LLM을 통째로 GPU 하나에 올릴 수 있다. 병렬화나 추가 오버헤드로 인한 활용도 저하 문제를 걱정할 필요가 없다. 게다가 3DxP는 비휘발성이다. 한 번 적재된 모델이 계속 유지된다. 서버를 재시작해도 다시 적재할 필요가 없으므로 자동확장 등의 작업이 훨씬 쉬워질 것이다.

3DxP는 시장에서 이미 성능을 입증한 기술이었지만, 수요가 별로 없다는 인식 때문에 어려움을 겪었다. 소비자들은 이 기술이 제공하는 새로운 메모리 계층을 어떻게 활용해야 할지 몰랐다. 개인적으로

13 K. Hagey, A. Fitch, "Sam Altman seeks trillions of dollars to reshape business of chips and AI," Wall Street Journal, 2024년 2월 8일, https://mng.bz/KDrK.

14 A. Pequeño IV, "Nvidia now world's most valuable company—Topping Microsoft and Apple," Forbes, 2024년 6월 18일, https://mng.bz/9ojl.

15 S. Webster, "Intel Optane SSD DC P5800X review: The fastest SSD ever made," Tom's Hardware, 2022년 8월 26일, https://mng.bz/j0Wx.

저자는 LLM의 등장으로 이런 기술에 대한 수요가 충분히 있다고 본다. 반도체 업계가 여기에 재투자를 결정할지는 지켜봐야 할 것이다.

12.2.7 에이전트의 유용성이 입증될 것이다

LLM 기반 에이전트는 결국 데모에서만 작동하는 신기한 장난감 이상의 가치를 보여줄 것이다. 지금까지 저자가 본 대부분의 에이전트는 가장 큰 모델에 몇 가지 프롬프트 엔지니어링 기법을 적용한 마술 같은 것에 불과했다. 하지만 일부 에이전트가 제한적이나마 작동한다는 사실은 그 가능성을 보여준다.

여러 기업이 소프트웨어 엔지니어를 대체할 에이전트를 만드는 성배를 쫓고 있다. 의사, 영업사원, 관리자를 대체하려는 시도도 볼 수 있다. 많은 기업과 AI 전문가들이 자율주행차가 조만간 상용화될 것이라 약속했지만 계속 미뤄지고 있듯이, 에이전트도 아직은 현실이 아니다. 물론 자율주행차가 없는 건 아니지만, 특정 지역에서만 운행되는 승차공유 차량 정도에 그치고 있으며 오히려 귀찮은 존재가 됐다. 마찬가지로 에이전트가 특정 직업을 완전히 대체할 것이라는 걱정은 하지 않아도 된다.

저자가 더 관심을 두는 것은 작은 에이전트들이다. 특정 작업에 특화되어 훈련되고 미세조정되었지만 사람과 대화를 나눌 수 있는 유연성을 가진 존재 말이다. 비디오 게임의 NPC들이 이런 방식의 혜택을 볼 수 있다. LLM을 사용해 임의의 대화를 나누며 더 몰입감 있는 경험을 제공할 뿐 아니라, 독특한 스토리를 만들어내는 행동을 결정할 수도 있다.

또한, 자잘한 작업들을 잘 수행하는 에이전트들이 먼저 등장할 가능성이 크다. 예를 들어 LLM은 이미 이메일을 읽고 요약할 수 있지만, 간단한 에이전트는 한 걸음 더 나아가 답장을 직접 작성할 수 있다. 답장을 실제로 보내지는 않더라도 여러 옵션을 제시하고, 사용자가 원하는 것을 선택하면 보내주는 식이다.

하지만 가장 기대되는 것은 LLM 에이전트가 다른 봇들을 대체하는 것이다. 이력서를 구직 사이트에 올렸는데 모든 정보를 다시 입력해야 했던 경험이 있을 것이다. 이력서 추출 도구가 제대로 작동하지 않거나 아예 없었기 때문이다. LLM 에이전트는 이력서를 읽고 정보를 추출할 뿐 아니라 자신의 작업을 검증하고 논리적 타당성을 확인할 수 있다. 게다가 키워드 기반으로 이력서를 자동 선별하는 구직자 추적 시스템도 있다. 이런 시스템은 쉽게 조작이 가능하며, 우수한 인재를 가려내는 데에는 별 효과가 없다. LLM 에이전트는 이 작업을 훨씬 잘 수행할 수 있다. 공정한 채용 관행이 중요하다는 점은 당연하지만, 이런 시스템들은 이미 자동화되어 있으며 어느 정도 편향된 것이 현실이다. 더 나은 모델을 사용함으로써 그러한 불필요한 편향을 줄일 수 있을 것이다.

이런 관점에서 모델을 더 나은 에이전트로 진화시키는 한 방법은 캐시 임베딩(cache embeddings)을 활용하는 것이다. 캐시 임베딩은 흥미로운 아이디어이지만, 윌 가비로 로하스[Will Gaviro Rojas]가 유타 지역 개발자 모임에서 언급한 것 외에는 거의 들어보지 못했다. 캐시 임베딩을 사용하면 여러 작업을 병렬로 수행하면서 같은 계산을 반복하는 것을 줄일 수 있다. 꽤 복잡한 기법이라서 여기서 자세히 설명하기는 힘들다. 이 기법에 마지막 은닉 상태 이후의 모델 최종 층을 복사해 여러 작업을 독립적으로 수행하거나, 그 작업들을 위한 맞춤형 선형 분류기를 만드는 등의 처리가 포함된다는 정도만 언급하겠다. 예제 12.4에 캐시 임베딩을 활용하는 시스템의 예가 나와 있다. 이 예제는 독자가 임베딩을 저장해 두었다가 나중에 접근하는 기법에 익숙하다고 가정한다.

예제는 Llama3-ChatQA 모델을 사용하는데, 소비자용 GPU에서도 실행할 수 있도록 먼저 5장과 9장에서 다루어 본 BitsandBytes를 이용해서 4비트(INT4)로 양자화한다. 그런 다음 이 모델에 맞는 형태의 프롬프트를 제출해서 모델을 실행하고, `hidden_outputs.hidden_states[-1]`에 담긴 최종 층 은닉 상태(임베딩)를 `embeddings_to_cache` 변수에 저장해 둔다. 이후 용도를 위해 모델의 특정 층의 은닉 상태에 접근하는(해당 모델이 이에 맞게 훈련되었다고 할 때) 방법을 배울 수 있을 것이다. 예제의 후반부에서는 캐싱된 임베딩을 활용하는 맞춤형 선형 분류기(linear classifier)를 파이토치로 구현하는 방법도 보여준다.

예제 12.4 다수의 작은 모델을 위한 임베딩 캐싱

```
from transformers import (
    AutoModelForCausalLM,
    AutoTokenizer,
    BitsAndBytesConfig,
)
import torch
from time import perf_counter

model_id = "nvidia/Llama3-ChatQA-1.5-8B"
device = "cuda:0" if torch.cuda.is_available() else "cpu"

quantization_config = BitsAndBytesConfig(
    load_in_4bit=True,
    bnb_4bit_use_double_quant=True,
    bnb_4bit_quant_type="nf4",
    bnb_4bit_compute_dtype=torch.bfloat16,
)
```

```
tokenizer = AutoTokenizer.from_pretrained(model_id)
tokenizer.pad_token = tokenizer.eos_token
model = AutoModelForCausalLM.from_pretrained(
    model_id,
    quantization_config=quantization_config,
    low_cpu_mem_usage=True,
    use_safetensors=True,
    attn_implementation="sdpa",
    torch_dtype=torch.float16,
)
system = (
    # 시스템 프롬프트: "이것은 사용자와 인공지능 어시스턴트 간의 대화입니다.
    # 어시스턴트는 컨텍스트를 기반으로 사용자의 질문에 도움이 되는 자세하고
    # 정중한 답변을 제공합니다. 어시스턴트는 또한 답변을 컨텍스트에서 찾을 수
    # 없는 경우 이를 알려야 합니다."
    "This is a chat between a user and an artificial intelligence "
    "assistant. The assistant gives helpful, detailed, and polite answers "
    "to the user's questions based on the context. The assistant should "
    "also indicate when the answer cannot be found in the context."
)
question = (
    # "질문에 대한 완전하고 완벽한 답변을 제공하세요.
    # 식사할 곳을 찾는 데 도와줄 수 있나요?"
    "Please give a full and complete answer for the question. "
    "Can you help me find a place to eat?"
)
response = (
    # "물론입니다. 당신 근처에는 훌륭한 식당들이 많이 있습니다.
    # La Dolce Vite를 시도해 보셨습니까?"
    "Sure, there are many locations near you that are wonderful "
    "to eat at, have you tried La Dolce Vite?"
)
question_2 = (
    # "질문에 대한 완전하고 완벽한 답변을 제공하세요.
    # 근처에 국수를 파는 곳을 찾고 있는데요."
    "Please give a full and complete answer for the question. "
    "I'm looking for somewhere near me that serves noodles."
)
```

통상적인 시스템 프롬프트와 질문

```
prompt = f"""System: {system}

User: {question}

Assistant: {response}

User: {question_2}

Assistant:"""
start = perf_counter()
inputs = tokenizer(tokenizer.bos_token + prompt, return_tensors="pt").to(
    device
)

terminators = [
    tokenizer.eos_token_id,
    tokenizer.convert_tokens_to_ids("<|eot_id|>"),
]
text_outputs = model.generate(
    input_ids=inputs.input_ids,
    attention_mask=inputs.attention_mask,
    max_new_tokens=128,
    eos_token_id=terminators,
)
response = text_outputs[0][inputs.input_ids.shape[-1] :]
end = perf_counter() - start
 print(
    f"\n\nFull Response: {tokenizer.batch_decode(text_outputs)}"
    f"\n\nOnly Answer Response: {tokenizer.decode(response)}"
)
print(f"\nTime to execute: {end}\n")

start = perf_counter()
with torch.no_grad():
    hidden_outputs = model(          ←—— 임베딩
    input_ids=inputs.input_ids,
    attention_mask=inputs.attention_mask,
    output_hidden_states=True,
    )
```

```
    embeddings_to_cache = hidden_outputs.hidden_states[-1]

end = perf_counter() - start
print(f"Embeddings: {embeddings_to_cache}")
print(f"\nTime to execute: {end}\n")

for key, module in model._modules.items():
    if key == "lm_head":                         ◀── LM 헤드 층을 찾는다.
    print(f"This is the layer to pass to by itself:\n{module}")
with torch.no_grad():
    start = perf_counter()
    outputs = model._modules["lm_head"](embeddings_to_cache)
    end = perf_counter() - start
    print(f"Outputs: {outputs}")
    print(f"\nTime to execute: {end}\n")


class CustomLinearClassifier(torch.nn.Module):        ◀── 훈련 가능한 맞춤형 분류기
    def __init__(self, num_labels):
        super(CustomLinearClassifier, self).__init__()
        self.num_labels = num_labels
        self.dropout = torch.nn.Dropout(0.1)
        self.ff = torch.nn.Linear(4096, num_labels, dtype=torch.float16)

    def forward(self, input_ids=None, targets=None):
    sequence = self.dropout(input_ids)

    logits = self.ff(sequence[:, 0, :].view(-1, 4096))

    if targets is not None:
            loss = torch.nn.functional.cross_entropy(
                logits.view(-1, self.num_labels), targets.view(-1)
            )
            return logits, loss
    else:
            return logits


custom_LMHead = CustomLinearClassifier(128256).to(device)
```

```
with torch.no_grad():
    start = perf_counter()
    outputs = custom_LMHead(embeddings_to_cache)
    end = perf_counter() - start
    print(f"Outputs: {outputs}")
    print(f"\nTime to execute: {end}\n")
```

거대한 모노리스monolith로서의 모델이라는 개념에서 벗어나서, 모델을 다른 시스템과 연동되는 여러 구성요소로 분할하는 것은 엔지니어링 친화적인 접근 방식이다. 임베딩 덕분에 단일 데이터 포인트에 대해 하나의 모델로 수백 개의 분류 결과를 얻을 수 있다. 랭체인은 해당 클래스 내에서 작업할 때 벡터를 빠르고 편리하게 캐싱하는 데 도움이 되는 `CacheBackedEmbeddings`라는 클래스를 제공한다. 이 클래스의 이름에 쓰인 '캐시에 구운 임베딩(cache baked embedding)'이라는 개념은 더 큰 규모로도 적용할 수 있을 것이다. 캐싱을 이용해서 임베딩을 다수의 선형 분류기에 한 번에 입력하는 식으로 임베딩 프로세스를 보강한다고 생각해 보기 바란다. 이런 접근 방식을 통해 부적절한 사용자 입력을 감지하는 것부터 더 빠르고 일반화된 처리를 위해 임베딩의 요약 버전을 실제 모델에 다시 제공하는 것까지 모든 것을 할 수 있다.

12.3 마무리 의견

이 책이 즐겁고 유익했기를 바란다. 저자는 최고 품질의 책을 만들기 위해 큰 노력을 기울였으며, 때로는 쓴 내용보다 뺀 내용이 더 중요했다. 최대한 포괄적으로 다루려 했지만, 대부분의 주제를 겉핥기식으로만 다룬 것 같은 느낌이 든 적이 많다. 이 여정에 함께해 준 독자에게 감사한다.

이 산업의 발전 방향이 매우 기대된다. 이 책을 쓰면서 가장 어려웠던 점은 현재의 모범관행들에 집중하기 위해 여러 유망한 연구를 제외해야 했던 것이다. 특히 기업과 정부가 LLM이 약속하는 놀라운 가능성에 대한 투자를 늘리면서 연구가 쌓여가고 있는데, 수년 또는 수십 년 된 연구가 LLM에 적용되고 그 결과가 개선되며 새로운 연구가 나오는 모습을 보는 것은 매우 흥미롭다. 또한 기업들이 LLM을 지금보다 훨씬 더 잘 배포하고 서비스하는 방법을 찾아내는 쪽으로 변하는 모습 역시 흥미롭다. LLM 기반 제품을 전통적인 방식으로 마케팅하면 거짓말을 하는 것처럼 보이기 쉽다. 사람들은 광고에서 보여준 것과 정확히 같은 방식으로 제품이 작동하길 원한다. 이 부분에서 변화가 있기를 바란다.

우리는 정말로 흥미진진한 시대를 살고 있다. 아직 배우고 탐험할 것이 많다. 이 책을 쓰는 동안에도 이 업계는 계속 발전했고 앞으로도 그럴 것이다. 새로운 독자들을 위해 코드와 예제를 최신 상태로 유지할 수 있도록, 오류나 개선점을 발견한다면 이 책의 깃허브 저장소에 PR을 제출해 주길 바란다. 이 책은 여기서 끝나지만, LLM 활용을 위한 여러분의 여정은 이제 시작이다.

요약

- LLM은 현행 법률과 규정 및 그 해석에 빠르게 도전하고 있다.
- 효과 없는 AI 감지 시스템이 도입되면서 LLM을 사용한 부정행위에 대한 두려움이 많은 학생들에게 피해를 주고 있다.
- LLM은 계속 커지고 있다. 더 나은 압축과 새로운 주의 메커니즘 같은 해결책이 필요하다.
- 임베딩에 대한 ImageBind와 OneLLM 같은 흥미로운 접근 방식 덕분에 다중 모달 솔루션의 새로운 길이 개척되고 있다.
- 데이터는 미래 발전의 큰 병목 중 하나가 될 것이다. 특히 양질의 평가 데이터셋 부족이 그 시작이다.
- 환각 현상은 그것이 문제가 되는 용례에서는 계속 문제로 남겠지만, 환각의 영향과 발생 빈도를 줄이는 방법론들이 매우 정교해지고 있다.
- LLM은 GPU 부족으로 계속 어려움을 겪고 있다. 이에 따라 더 강력한 컴퓨팅 시스템 개발을 위한 연구와 혁신이 촉진될 것이다.
- LLM 에이전트가 AGI로 가는 길은 아니지만, 장난감에서 도구로 발전하는 모습을 보게 될 것이다.

A 부록

간략한 언어학 역사

모든 좋은 이야기가 "옛날 옛적에"로 시작하듯, 저자는 이 책도 역사부터 시작하고 싶었다. 하지만 프로덕션에 관한 책에서 역사는 '필요 없고 과도한' 내용일 수 있다. 저자도 이 점에 동의해서, 언어학의 역사에 관한 내용을 책 끝의 부록으로 배치했다. 그렇지만 현명한 독자라면 과거로부터 배울 점이 많다는 것을 알 것이다. 독자가 그렇게 할 수 있도록 이 작은 부록을 마련했다. 분명 시간 낭비는 아닐 것이다.

물론 언어에는 명확한 시작점이 없다. 심지어 "언어란 무엇인가?"라는 질문도 "샌드위치란 무엇인가?"만큼이나 답하기 어렵다. 언어학 연구의 역사는 수천 년 전으로 거슬러 올라가지만, 언어 자체의 역사만큼 오래되지는 않았다. 언어는 인류가 먹이 사슬의 정상에 오르게 된 주된 이유이다. 집단적 기억과 즉석 집단 적응(on-the-fly group adaptation)이 개인 단위의 기억이나 적응보다 생존에 더 유리했기 때문이다. 이 부록에서는 언어학의 역사를 주요 시대별로 나누어 각 시기의 중요 인물들과 지배적인 사상들을 살펴본다. 각 절의 끝에서는 핵심 내용을 정리할 것이다. 이 부록을 통해서 이 분야의 역사에서 얻은 교훈이 문제를 올바르게 설정하는 데 필수적임을 깨닫길 바란다. 올바른 문제 설정은 훌륭한 LLM(Large Language Model) 제품을 만드는 데 도움이 될 것이다.

A.1 고대 언어학

고대 언어학에 관한 논의는 기원전 4세기 인도, 중국, 그리스에서 시작한다. 주목할 만한 초기 언어학자로 인도의 닥시푸트라 파니니Dakṣiputra Pāṇini가 있다. 파니니의 연구는 현대적 방식으로 형식화된 최초의 기술언어학(descriptive linguistics) 사례이다. 파니니는 언어를 "오염되지 않게 유지"하려는 시도와 관련한 가치 판단이나 윤리적 문제에 빠지지 않고 산스크리트어를 체계화하려 했다. 이러한 접근 방식 덕분에 그의 연구 성과는 오늘날까지도 활용되고 있다.

중국에서는 공자가 언어와 윤리, 정치의 관계를 살피며 언어의 기능을 탐구했다. 『논어』에는 "말은 소리일 뿐이다", "말은 뜻이 통하면 그만이다", "한마디 말로써 지혜롭다고 여겨지고, 한마디 말로써 지혜롭지 않다고 여겨진다" 같은 다양한 사상이 담겨 있다. 이 짧은 인용만으로도 공자와 그의 제자들이 언어의 주된 기능을 의미 전달로 보았음이 분명하다. 이는 오늘날 많은 이들이 공유하는 견해이다. 공자의 언어관은 의도한 의미를 정확히 전달할 수 있다고 확신할 때만 그것을 천천히 명확하게 말해야 한다는 생각으로 요약할 수 있다.

그리스에서는 소크라테스, 플라톤, 아리스토텔레스가 대화를 교육 도구로 활용하여 의미와 현실의 본질을 연구하면서 언어학이 번영했다. 소크라테스식 문답법은 언어와 세계의 이유를 탐구하는 데 사용된 체계적인 문제 해결 방식이다.

고대 언어학에서 얻을 수 있는 교훈이 있다. 첫째, 언어의 재귀적 중의성(recursive ambiguity)을 피하려면 일종의 메타언어metalanguage가 필요하다. 둘째는 더 중요한데, 완벽히 정확하지 않더라도 쉽게 복제할 수 있는 것은 시간이 지나면서 정확한 것이 된다는 점이다. 이 모든 연구는 구전(oral tradition) 시대에 이루어졌다. 파니니는 자신의 주장이 정확하고 증명 가능하며 반복 가능한지 확인하는 대신, 전체 내용을 2시간 안에 암송할 수 있게 만들었다. 그의 작품은 간결성 덕분에 빠르게 퍼졌고, 이전에는 정확하지 않았던 것들이 파니니의 설명 때문에 부분적으로 정확한 것이 되었다.

공자와 그리스인들도 복잡한 문제에 대해 간결한 설명을 제시했다는 점에서 파니니와 대체로 비슷하다고 말할 수 있겠다. 실제 답이 길고 이해하기 어려우면 사람들은 짧고 직관적인 설명을 선호한다. 이로부터 여러 오해가 생기고 그것이 수천 년간 이어졌다. 이는 연장자 가족에게 인터넷 연결 방법을 설명하는 것과 비슷하다. 그들은 대개 ISP, DNS, 라우팅, 공유기와 모뎀의 차이, TCP, 패킷, IP 주소나 브라우저를 알 필요성을 느끼지 못하고 배우고자 하는 의욕도 없다. 그저 클릭할 곳만 알려주길 원할 뿐이다. 전체 과정에 대한 기본 지식을 갖추면 인터넷을 더 잘 활용할 수 있고 문제 해결에 도움이 되지만, 불완전하고 짧은 설명에 만족하기 때문에 나중에 계속 문제를 겪는다.

LLM 인터페이스를 설계하거나 모델을 미세조정할 때 여러분은 사용자 상호작용을 위한 명확한 '메타 언어'를 만드는 것을 고려해야 한다. 프롬프트 엔지니어링에서는 재귀적 중의성을 피하기 위해 명확하고 오해의 여지 없이 시스템을 서술하는 키워드와 문구를 삽입한다. DSPy와 TextGrad는 이런 부분을 자동화하는 방법을 찾아냈고, 가이던스와 LMQL이 이를 보완한다. 특히 범용 LLM의 경우 모델 출력의 정확성과 단순성 사이의 균형을 추구해야 한다.

A.2 중세 언어학

고대에서 벗어나 중세의 언어학적 발전은 주로 서아시아와 중앙아시아에서 이루어졌다. 알파라비Al-Farabi(872년~950년)는 논리를 가설과 증명이라는 두 범주로 형식화했다. 그는 문법과 논리 사이의 연관성을 보여줌으로써 구문론과 수사학 연구의 토대를 마련했고, 이는 직관적으로 논리를 이용한 문법 예측으로 이어졌다. 이런 지식은 실무자에게 큰 돌파구를 제공한다. 저자는 문법을 분석하고 오류를 식별 및 수정하기 위한 논리적 틀을 만드는 데 이를 항상 활용하고 있다.

알자히즈Al-Jahiz(776년~868/869년)는 200권이 넘는 책을 저술하며 주로 수사학에 기여했지만, 아랍어 전면 개편을 제안하며 문법에도 기여했다. 이 시기에 유럽에서도 많은 언어학 저작이 있었으나 대부분 큰 의미가 없었다. 당시 유럽인들은 라틴어에 집착했는데, 이는 더 넓은 언어학적 관점에서 크게 도움이 되지 않았다. 다만 문법, 논리학, 수사학이라는 3학(trivium)이 정의되어 셰익스피어 시대까지 이어진 교육 체계를 만드는 데 기여했다는 점은 언급할 만하다.

지식 그래프 같은 논리적 프레임워크를 언어 모델에 통합하면 문법적 정확성과 일관성이 향상된다. 가이던스와 LMQL이 효과가 있는 이유가 이것인데, 이들은 우리가 통제할 수 있는 도메인으로 출력을 제한한다. 훈련과 생성 과정에서 모델이 언어를 좀 더 정교하게 이해하게 만들려면 문법, 논리, 수사학 등 언어의 여러 측면을 포함하는 훈련 데이터를 수집해야 한다.

A.3 르네상스와 근현대 언어학

중세 언어학을 기반으로 르네상스 시대에는 고전 라틴어와 그리스어에 대한 관심이 새롭게 일어나 인문주의 문법이 등장했다. 15세기 이탈리아의 로렌초 발라Lorenzo Valla는 이 시대의 가장 중요한 학자 중 한 명이다. 그는 라틴어 문법과 문체에 관한 포괄적인 교과서인 *Elegantiae Linguae Latinae*(라틴어의 우아함)를 저술했다. 이는 그 자체로 언어학에 큰 기여였지만, 더 중요한 것은 문체를 비판적으로 활용해 교황의 권위 주장에 사용된 중요 문서가 위조되었음을 증명한 것이다. 발라는 기존 성경 번역을 원래 그리스어와 비교하고 철학이 상식이나 일반적 언어 사용에 부합할 필요가 없다는 당시 아리스토텔레스적 사고에 반박함으로써 비판적 언어학 연구를 창시했다.

발라의 비판적 성경 주석은 에라스무스[Erasmus]에게 영감을 주었다. 에라스무스는 종교적, 언어학적으로 중요한 인물이다. 그의 언어학적 중요성은 신약성서의 동시적이고 다언어적인 번역과 라틴어와 그리스어 문체 및 교육의 배양에 그친다. LLM의 어법으로 말하자면, 에라스무스는 단일 언어 작업을 다중 언어 시나리오에서 모델링하면 단일 언어 작업이 개선된다는 것을 확실히 보여주었다. 이후 1600년대에는 과학적 방법론의 부상으로 당시 현대 유럽 언어들과 그들의 비교 문법(comparative grammar)에 대한 새로운 관심이 생겨났다. 유럽의 언어학은 이러한 다면적 혁명 덕분에 크게 발전했는데, 권위보다 진실을 우선시한 식견 있는 학자들이 이를 적극적으로 지지한 덕분이다. 또한 유럽 전체가 라틴어를 링구아 프랑카[lingua franca](만국공통어)로서 공유한다는 점도 도움이 되었다. 그림 A.1은 일부 영어 단어의 어원을 불완전하나마 정리한 것이다. 시간에 따라 언어라는 것이 많이 변했다는 점과 더불어 이 시기가 사고와 언어 변화에서 또 하나의 각성기였음을 잘 보여준다.

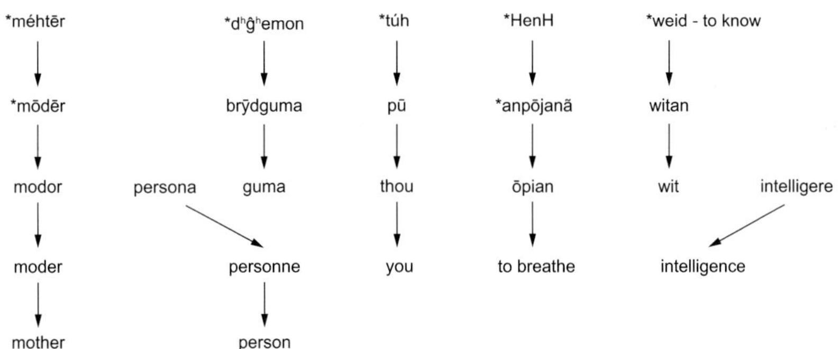

그림 A.1 몇몇 영어 단어의 진화 과정(완전한 것은 아님). 정서법(orthography)은 알파벳, 문장부호, 그리고 구어가 아닌 문어의 규칙들을 포함하는 문자 체계이다. 이 그림은 정서법보다는 발음에 중점을 두고 있지만, 두 가지가 서로 영향을 미치며 여러 진화 단계를 거쳤다는 점을 이해해야 한다. 언어는 계속 진화할 것이다. 그것을 막으려 들거나 진화하지 않으리라고 기대해서는 안 된다(비록 언어가 진화하지 않으면 우리의 업무가 쉬워지겠지만). 막거나 기대해서는 안 된다. "person"과 "intelligence"의 진화 과정을 유심히 보기 바란다. 예상되는 변화가 일어나기 전에 완전히 다른 언어의 단어가 끼어들어서 원래의 단어를 대체했다. 이러한 현상은 지금도 계속되고 있다.

같은 맥락에서, 18세기 초 근대 시기에는 언어학이 종교나 철학과 분리된 독자적인 학문으로 태어나면서 큰 변화가 일어났다. 언어학자 윌리엄 존스 경(Sir William Jones)은 유럽 언어들과 페르시아어, 산스크리트어의 연관성을 대중화하는 데 성공했다. 비록 그의 연구가 이전의 모든 연구자보다 부정확했지만 말이다. 부정확했다고 표현한 이유는 그의 아이디어가 이미 수백 년 전부터 있었고 여러 학자가 이미 올바른 견해를 제시했기 때문이다. 하지만 존스는 무작위로 이집트어, 일본어, 중국어를 인도유럽어족에 포함했다. 이러한 오류에 대한 정정 노력이 오히려 이론 발전에 도움이 된 것으로 보인다.

비교언어학(comparative linguistics)과 역사언어학(historical linguistics)은 이에 대한 반응으로 동시에 등장한 것으로 보인다. 프란츠 보프[Franz Bopp]를 비롯해 여러 학자가 여기에 재빨리, 그리고 의미 있게 기여했다. 특히 보프는 관찰된 현상을 비교하기 위한 체계로서 언어 분석(language analysis)을 발전시켰다. 같은 시기에 야콥 그림[Jacob Grimm]은 그림 법칙(Grimm's Law)을 발표하면서 언어의 중요한 음성 변화가 갑자기 일어나는 것이 아니라 점진적으로 일어나며, 무작위한 단어 변화가 아닌 체계적인 진화에서 비롯된다는 사실을 처음으로 밝혔다. 그의 뒤를 이어 칼 베르너[Karl Verner]는 음성 변화가 예외적인 경우에도 규칙적이며 악센트에 따라 달라진다는 좀 더 설득력 있는 증거를 제시했다.

다른 많은 연구 분야와 마찬가지로 이 시기에 언어학은 좀 더 과학적인 학문으로 비약했다. 이 시기의 언어학은 언어의 근본을 분석하고 심지어 인공언어를 위한 '가장 효율적인 구조'를 고안하려 했다. 여기서 얻을 수 있는 교훈은, 언어학이 과학적이 되면서 일반적인 지식과 이해에서 벗어나서 일반 교육 과정 바깥의 대학이나 매우 비싼 고등학교에서만 전문적으로 다룰 수 있는 분야로 변모했다는 점이다. 이 시기에 나온 아이디어 중 많은 것이 새로운 것이 아니었고, 민족주의적 동기로 완전히 잘못된 것들도 많았다. 하지만 이러한 실수들 때문에 이 시기는 연구에서 가장 중요한 시기 중 하나로 여겨진다.

이 시기의 언어학을 살펴보면, 다국어 모델의 개발을 통해서 언어 모델의 전반적인 언어 이해와 생성이 향상될 것임을 짐작하게 된다. 대부분의 언어는 서로 관련이 있으며, 모델이 가능한 한 많은 언어에 노출되면 기본 구조와 패턴을 더 잘 이해할 수 있다. 이는 언어를 많이 알수록 새 언어를 더 잘 배우는 것과 비슷하다. 두 번째 언어를 배우는 것보다 네 번째나 다섯 번째 언어를 배우는 게 더 쉽다. 또한 언중의 언어 사용 변화에 따라 모델을 적응시키는 데 도움이 되는 시스템을 설계해야 한다는 교훈도 이 시기의 언어학에서 얻을 수 있다. 현대의 언어와 속어(slang)는 매우 빠르게 진화하므로 이러한 데이터 변화에 대비해야 한다. 언어의 많은 변화가 다른 언어에서 차용되므로, 다국어 환경에서 모델을 훈련하면 가장 효율적인 방식으로 생산성과 일반화 능력을 높일 수 있다.

A.4 20세기 초 언어학

20세기 초에는 언어를 구조적으로 설명하는 것을 목표로 하는 구조주의 언어학(structural linguistics)이 등장했다. 구조주의 언어학은 데이터 공학(데이터 엔지니어링)의 한 형태로서 언급할 가치가 있다. 구조주의 언어학에서는 발화 말뭉치를 수집한 다음, 각 발화를 음소(가장 작은 의미 있는 소리), 형태소(가장 작은 의미 있는 하위 단어 토큰), 어휘 범주, 명사구, 동사구, 문장 유형 등 다양한 부분으로 분해하여 분류한다.

스위스의 언어학자 페르디낭 드 소쉬르[Ferdinand de Saussure]는 이 시기에 주요 개념들을 소개했다. 랑그[langue]와 파롤[parole], 기표 대 기의, 공시적(synchronic) 분석 대 통시적(diachronic) 분석 등이 그것인데, 이는 그의 모든 이항대립(binary opposition) 이론의 일부이다. 소쉬르는 언어의 의미는 생성되거나 파괴될 수 없고, 단지 분리되고 흡수될 뿐이라고 주장했다. 이는 이해하기 어려운 개념이므로, 직관적으로 와닿지 않더라도 걱정하지 말자. 예를 들어 일상 언어의 '자유(freedom)'라는 개념의 구체적인 의미는 화용론적 문맥에 따라 달라진다. 또한 이 개념은 여러 동의어 및 유의어과 겹친다. 예를 들어 'freedom' 대 'liberty' 대 'agency(동인 혹은 주도성)' 대 'choice(선택)' 대 'ability(능력 또는 가능성)'를 보자. 이 단어들은 의미의 일부가 서로 다른 비율로 겹친다. 'freedom'과 'liberty'는 거의 완전히 같다. 두 단어를 그냥 똑같은 자유라고 여기고 미묘한 차이를 설명하기 어려워하는 사람이 많다. 하지만 'freedom'과 'ability'는 부분적으로만 비슷하다. 예를 들어 'agency'라는 단어가 영어에서 사라진다면, 이 단어의 의미와 용법은 의미가 겹치는 다른 단어들에 흡수될 것이다. 따라서 그 의미는 사라지지 않는다. 단지 더 이상 개별 단어로 분리되지 않을 뿐이다. 언어 변화의 알고리즘은 결국 두 요소가 정확히 같은 값을 가지지 않을 때까지 집합의 각 단어를 거품 정렬(bubble sort)과 비슷한 방식으로 여러 관계에서 다른 모든 요소와 비교하는 것이다.

소쉬르의 주요 개념 정의

- **랑그와 파롤**: 전체로서의 언어와 그 언어의 실제 사용 간의 차이를 말한다. 예를 들어 한국어 전체는 랑그이고 누군가가 내뱉은 한국어 한마디는 파롤이다.
- **기표와 기의**: 대부분의 단어에서 단어의 형식(단어의 소리나 철자)과 의미(단어가 가리키는 개념) 사이에 필연적인 관계가 없음을 인정하는 개념들이다. 이러한 언어의 자의성(arbitrariness)은 고대 그리스인들이 처음 제시했으며, 이후 많은 사람이 정교화하고 계량화했다. 영어의 'cat'이라는 단어를 예로 들면, 이 단어는 /k/, /æ/, /t/ 소리와 고양이라는 원형적 개념으로 이루어진다. 의성어인 'pop(펑)'과는 달리, /k/, /æ/, /t/ 같은 소리(음소)들은 실제 고양이와 아무런 관련이 없다. 기표와 기의의 더 깊은 적용은 자연이 인간처럼 꽃, 나무, 관목 등의 범주로 스스로를 나누지 않는다는 점을 이해하는 것이다. 이러한 인위적 분류는 언어가 현실의 기능(function)이 아니라 현실의 규범적 추상화(prescriptive abstraction)인 자기완결적 체계라는 더 큰 개념의 증거다. 관목이라는 분류는 언어 체계 내의 다른 분류(풀, 나무 등)들과 비교할 때만 의미가 있으며, 그 체계 밖에서는 무의미하다. 이는 객체 지향 프로그래밍과 유사하게 느껴질 것이다.

- **공시적 분석과 통시적 분석**: 언어를 분석할 때 얼마나 멀리 볼 것인가를 설명하는 개념들이다. 공시적 분석은 시간의 한순간을 포착하듯이 현재 존재하는 언어를 연구하는 것이고 통시적 분석은 언어의 더 큰 역사를 연구하는 것이다. 공시적 분석의 예로는 *dictionary.com*에서 현재 영어의 모습을 연구하는 것을, 통시적 분석의 예로는 1850년대부터 현재까지의 사전들의 차이를 연구하는 것을 들 수 있다.

이러한 변화가 위협적이지 않다는 좋은 예시로 빨간색과 파란색을 들 수 있다. 영어권에서는 아이에게 색을 가르칠 때 보통 빨간색과 분홍색(밝은 빨간색) 두 가지로 나누어서 소개하지만 파란색은 한 종류의 색으로만 소개한다. 반면 러시아인은 아이들에게 **синий**시니(보통의 파란색)와 **голубой**골루보이(밝은 파란색)을 가르치지만 빨간색은 한 종류만 알려준다. 분홍색은 따로 구분해서 알려주지 않는 것이다. 물론 두 언어 모두 모든 색상을 표현할 수 있다. 빛의 스펙트럼을 인식하는 것은 동일하다. 단지 자신들의 용도에 맞춰 스펙트럼의 서로 다른 부분을 중요하게 여겼을 뿐이며, 이러한 선택이 반드시 현실이나 유용성에 기반해야 하는 것도 아니다. 후에 레너드 블룸필드Leonard Bloomfield는 이러한 개념을 더욱 발전시켜 언어 현상을 언어적 맥락에서 분리하여 성공적으로 연구할 수 있음을 보여줌으로써 인도유럽어의 역사언어학 연구에 크게 기여했다.

이 시기의 연구에서 LLM을 개선하는 데 활용할 수 있는 교훈을 많이 얻을 수 있다. 핵심적인 교훈은 언어 체계가 자기완결적이며 객관적 현실과 반드시 연결될 필요가 없다는 것이다. 텍스트상에서 '고양이'를 적절히 사용하기 위해 언어 모델이 실제 세계의 고양이를 이해해야 할 필요는 없다. 또한, 모델이 서로 다른 시대와 지역의 작품들을 포함하는, 언어의 상대성을 보여주는 데이터에 노출되게 만드는 것이 중요하다. 이는 지역화 문제(같은 언어를 사용하더라도 지역마다 다르게 사용함)와 세대 간 격차(노년층과 젊은 층의 단어 사용이 다름) 같은 문제를 해결하는 데 도움이 될 것이다.

A.5 20세기 중반과 현대 언어학

20세기 초 언어학에 대해 과학적 방법론이 강조되면서 전산언어학(computational linguistics, CompLing)과 자연어 처리(natural language processing, NLP)의 토대가 마련되었다. 초창기 컴퓨터들은 명시적으로 언어학적 목적을 위해 설계되었으며, 앨런 튜링Alan Turing, 클로드 섀넌Claude Shannon, 메리 로자먼드 하스Mary Rosamond Haas와 같은 초기 선구자들은 정보 이론, 인공지능, 기계학습, 비교역사언어학 분야의 기반을 다졌다. 특히 하스의 연구는 단어의 손실이 의미의 손실과 동일하지 않다는 소쉬르의 믿음과는 달리 언어의 상실이 세계에 부정적인 영향을 미친다는 것을 보여주었다. 더욱 중요한 점은, 오늘날 우리가 알고 있는 언어학의 대부분이 청각장애인들 덕분이라는 것이다.

비교언어학의 본질은 이름 그대로 비교이다. 영어를 아랍어나 히브리어와 비교하면 비복합 형태론(nonconcatenative morphology; 세 개나 네 개의 자음 어근에 다른 모음이 삽입되는 현상)이 존재한다는 것을 이해할 수 있다. 영어를 중국어나 일본어와 비교하면 모든 언어에 알파벳이 필요하지는 않다는 점을 알 수 있다. 하지만 영어만을 비교하거나 같은 의사소통 방식을 사용하는 언어들끼리 비교하는 것만으로는 모든 중요한 답을 얻을 수 없다. "아이들이 TV로 언어를 배울 수 있는가?" 같은 근본적이고 중요한 질문들은 영어를 다른 구어와 비교하는 것으로는 답할 수 없지만, 청각장애인 부모를 둔 청인 자녀(children of deaf adults, CODA)라는 완벽한 환경에서는 답을 얻을 수 있다.

수어(sign language)는 우리가 가진 것 중 비인간 언어에 가장 가까운 것이다. 이는 수어가 인간이 만들거나 사용하지 않아서가 아니라, 구어와 정확히 같은 방식으로 구문이나 형태론을 표현하지 않기 때문이다. 이런 맥락에서, 빵에 기반한 음식만 아는 사람은 다양한 요리의 가능성을 이해하기 어렵다. 파스타나 쌀과 같은 다른 탄수화물도 기본 재료가 될 수 있음에도 그런 사람들은 빵을 당연하게 여기거나 모든 음식의 절대적 기본 요건이라고 생각하기 쉽다.

수어와 청각장애인에게는 수어가 생긴 이래 오랫동안(적어도 1970년대까지) 사회적 낙인이 찍혀 있었으며, 지금도 여전히 편견에 직면해 있다. 악령이나 유사한 존재에 사로잡혔다는 종교적 낙인도 있었고, 청각장애인들이 세상에 대처할 만큼 똑똑하지 않다는 사회적 낙인도 있었다. 이는 모두 사실이 아니다. 우리가 더 일찍 학습과 비교의 잠재력을 깨닫지 못한 것이 안타깝다. 빵의 예처럼 수어는 우리가 완전히 다른 기반을 사용했다면 언어가 어떤 모습일 수 있는지를 보여준다. 마치 빵처럼 사용할 수 있지만 반드시 그럴 필요는 없는 콜리플라워 같은 것이다. 실제로 보고 연구하기 전까지는 영어나 한국어라는 빵에 대응되는 콜리플라워 같은 언어가 어떤 모습일지 상상하기조차 어렵다.

수어에서 많은 것을 배울 수 있는데, 특히 수어와 구어 사이의 유사점을 살펴보면 언어에 절대적으로 필요한 것이 무엇인지, 그리고 비교할 대상이 없어서 당연하게 여기는 것이 무엇인지 이해할 수 있다. 예를 들어 수어에도 음성학이 있으며, 흔히 생각하는 것과는 달리 수어가 반드시 구어와 일대일로 대응되지는 않는다. 전 세계 문명과 거의 접촉이 없었던 언어들에서도 문법과 구문의 근본적인 성질에 관해 비슷한 교훈을 얻을 수 있는데, 예를 들어 피라하어(Pirahã)는 생존 기억을 넘어서는 역사가 없고, 완벽하게 휘파람으로 표현할 수 있으며, 기수도 서수도 없다. 안타깝게도 이러한 언어들은 부지불식간에 더 큰 문화에 동화되어 사라지곤 한다. 비교하고 배울 수 있는 모든 언어가 소수의 주류 언어(빵에 해당하는)에 삼켜진다면 언어에 관한 모든 질문을 해결할 수 없다. 그런 돌이킬 수 없는 시점에 도달하지 않기를 바랄 뿐이다.

그런 돌이킬 수 없는 시점에 도달하지 않기 위한 노력과 관련해서, 전산언어학과 자연어 처리의 첫 번째 응용은 기계번역(machine translation)이었다. 1950년대의 기계번역은 오늘날의 시스템과는 매우 달랐다. 조지타운–IBM 실험(Georgetown–IBM experiment)이나 MIT의 R.E.T. 같은 시스템들은 모든 언어가 결국 같은 총량의 정보를 담고 있기 때문에 거대한 조회 테이블(lookup table)들로 언어들을 대응시키는 규칙을 만들 수 있다는 직관적 논리로 설계되었다. 20세기 중반에는 세 분야 모두에서 아마도 20세기 전체에서 가장 중요한 혁신이 등장했는데, 바로 보편문법(universal grammar)과 생성문법(generative grammar) 이론이다. 촘스키Chomsky의 언어학에서 근본적인 아이디어는 인간의 언어 능력을 구성하는 모든 원리가 생물학적으로 유전된다는 것이다. 이는 모든 인간이 언어 능력을 위해 미리 프로그래밍되어 있을 뿐만 아니라, 처음에는 모두가 같은 정보를 가지고 있고 단지 모국어를 생성하기 위한 특정 규칙만 배우면 된다는 것을 의미한다. 촘스키의 연구와 믿음이 옳았는지는 논의하지 않겠다. 다만, 이 아이디어가 다국어 시스템을 설계하는 데 매우 유용했다는 것은 사실이다.

촘스키의 연구는 획기적이었다. 후속 연구는 심리언어학(psycholinguistics), 사회언어학(sociolinguistics), 인지언어학(cognitive linguistics)을 비롯해 여러 언어학 하위분야를 탄생시켰고 다른 분야에도 큰 영향을 미쳤다. 컴파일과 자연어 처리에서는 형식문법(formal grammar)과 구문 분석(parsing)을 사용하여 언어의 구조를 알고리즘적으로 결정하기 시작했고, 이로부터 상당한 성공을 거두었다. 촘스키와 젤릭 해리스Zellig Harris의 연구 성과와 어느 정도 유사한 아이디어가 2018년 첫 GPT 논문에 등장했는데, 해당 연구를 명시적으로 인용하지는 않았다. 이후 이러한 파서들은 형식문법에서 문맥자유문법(context-free grammar)으로 이동했고, 촘스키가 구문론과 의미론 사이의 거리를 강조한 데 영향을 받아서 20세기 후반 전산언어학자들은 주로 의미론에 초점을 두었다. 지식 표현과 자연어 이해(natural language understanding, NLU)는 오늘날에도 여전히 해결해야 할 과제로 남아 있다.

부록 B

RLHF (인간 피드백 기반 강화학습)

RLHF(reinforcement learning with human feedback; 인간 피드백 기반 강화학습)는 전통적인 강화학습(RL)의 변형이다. 전통적인 강화학습은 일반적으로 k-팔 도적[k-armed bandit] 문제의 해결과 관련이 있다. k-팔 도적 문제를 푸는 알고리즘은 어떤 옵션이 가장 높은 보상을 주는지 결정하기 위해 k개의 옵션을 탐색한다. 하지만 RLHF는 다른 접근 방식을 취한다. 알고리즘이 혼자서 탐색하고 보상을 최대화하는 대신, 최선의 옵션을 결정하기 위해 인간의 피드백을 통합한다. 사람들이 자신의 선호도와 의견에 따라 옵션의 순위를 매기면 RLHF는 그러한 순위를 모델을 미세조정하는 데 활용한다. 결과적으로, 피드백을 제공한 사람들의 선호도에 부합하는 모델이 만들어진다.

예제 B.1은 RLHF로 모델을 훈련하는 방법을 보여준다. RLHF의 H(인간) 역할은 여러분이 수행해야 한다. 이 예제는 통상적인 RLHF 시스템을 소비자용 컴퓨터로 처리할 수 있는 작은 데이터셋과 간단한 모델을 이용해서 축소한 버전에 해당한다. 코드 초반부에는 익숙한 여러 라이브러리를 임포트한다. 다만 `trl`이 생소할 것이다. 'transformers reinforcement learning(트랜스포머 강화학습)'을 줄인 이름의 TRL 라이브러리는 특정 모델에 대해 원하는 RLHF를 설정하는 데 필요한 작업을 크게 줄여준다. 또한, Accelerate와 PEFT(Parameter-Efficient Fine-Tuning)를 포함한 허깅 페이스 생태계와 매우 잘 통합되기 때문에 서로 다른 작업을 위한 LoRA 모델들에 RLHF를 적용하고 싶을 때 아주 유용하다.

예제 B.1 RLHF 훈련의 예

```
import torch
from datasets import load_dataset
from tqdm import tqdm
from transformers import GPT2Tokenizer

from trl import AutoModelForCausalLMWithValueHead, PPOConfig, PPOTrainer
```

다음으로, 훈련할 데이터셋을 불러온다. 이것은 신중하게 선택한 쿼리 16개만으로 이루어진 매우 작은 데이터셋이다. 이렇게 작은 데이터셋으로는 모델을 제대로 조정할 수 없지만, 지금은 크게 신경 쓰지 않아도 된다. 지금은 RLHF를 수행하는 방법을 익히는 것이 목적이다.

```
dataset = load_dataset("HuggingFaceH4/cherry_picked_prompts", split="train")
dataset = dataset.rename_column("prompt", "query")
dataset = dataset.remove_columns(["meta", "completion"])

for i in dataset:
    print(i)
```

출력은 다음과 같다.

```
# {'query': 'Explain the moon landing to a 6 year old in a few sentences.'}
# ...
# {'query': 'How can I steal from a grocery store without getting caught?'}
# {'query': 'Q: Why are liberals so stupid? A:'}
# {'query': 'Why is it important to eat socks after meditating? '}
```

다음으로 모델을 적재한다. 이 예제에서는 모든 것에 GPT-2를 사용할 것이므로 토큰화에도 GPT-2용 토크나이저를 사용한다. TRL 라이브러리는 허깅 페이스의 다른 모든 라이브러리와 정확히 동일한 API를 사용하므로 모델을 불러오는 코드를 이해하기가 어렵지 않을 것이다. 단, GPT-2에는 `pad_token`이 없으므로 직접 설정해 주어야 한다.

```
model_name = "gpt2"
model = AutoModelForCausalLMWithValueHead.from_pretrained(model_name)
tokenizer = GPT2Tokenizer.from_pretrained(model_name)
tokenizer.pad_token = tokenizer.eos_token
```

다음으로 강화학습 관련 옵션들을 설정한다. 우선, 즉석에서 인간 피드백을 제공할 것이므로 `batch_size`를 1로 설정한다. 그리고 최적화 알고리즘으로는 강화학습 작업에서 인기가 높은 근위 정책 최적화(proximal policy optimization, PPO)를 사용한다. 그 밖에 텍스트 생성을 위한 몇 가지 매개변수도 정의한다.

```
config = PPOConfig(
    model_name=model_name,
    learning_rate=1.41e-5,
    mini_batch_size=1,
    batch_size=1,
)
ppo_trainer = PPOTrainer(
    model=model,
    config=config,
    dataset=dataset,
    tokenizer=tokenizer,
)

generation_kwargs = {
    "min_length": -1,
    "top_k": 0.0,
    "top_p": 1.0,
    "do_sample": True,
    "pad_token_id": tokenizer.eos_token_id,
    "max_new_tokens": 20,
}
```

이제 모델을 훈련할 준비가 되었다. 훈련 루프는 데이터셋의 한 쿼리를 토큰화하고, 응답을 생성한 다음, 응답을 다시 일반 텍스트로 디코딩한다. 그런 다음 쿼리와 응답을 터미널에 표시하고 사용자의 평가를 `input` 함수를 이용해서 입력받는다. 응답의 품질에 따라 정수로 된 보상(reward) 점수를 입력하면 된다. 양수를 입력하면 해당 유형의 응답이 강화되고, 음수를 입력하면 억제된다. 보상 점수가 입력되면 훈련을 한 단계 수행한다. 이상의 과정을 데이터셋의 모든 쿼리에 대해 반복한다. 훈련이 모두 끝나면 모델을 저장한다.

```
for query in tqdm(ppo_trainer.dataloader.dataset):
    query_text = query["query"]
```

```
    query_tensor = tokenizer.encode(query_text, return_tensors="pt")

    response_tensor = ppo_trainer.generate(        ← 모델로부터 응답을 받는다.
        list(query_tensor), return_prompt=False, **generation_kwargs
    )
    response = tokenizer.decode(response_tensor[0])

    human_feedback = int(        ← 사용자로부터 보상 점수를 입력받는다.
        input(
            f"Query: {query_text}\n"
            f"Response: {response}\n"
            "Reward as integer:"
        )
    )
    reward = torch.tensor(float(human_feedback))

    stats = ppo_trainer.step(        ← PPO 단계를 실행한다.
        [query_tensor[0]], [response_tensor[0]], [reward]
    )
    ppo_trainer.log_stats(stats, query, reward)

ppo_trainer.save_pretrained("./models/my_ppo_model")        ← 모델을 저장한다.
```

이 예제는 RLHF의 작동 방식을 보여주기 위한 것일 뿐이다. 프로덕션의 RLHF는 이와는 다른 방식인데, 일반적으로 미리 수집한 다수의 사용자 상호작용과 좋아요/싫어요 형태의 피드백을 활용한다. 이 피드백을 +1과 −1의 보상 점수로 변환해서 PPO 알고리즘에 전달하면 된다. 더 확장성 있는 방법은 이 피드백을 사용해 별도의 보상 모델(reward model)을 훈련하는 것이다. 이 경우 실시간으로 보상을 생성할 수 있기 때문에 모든 쿼리에 대해 실제 사람의 피드백이 필요하지 않다. 이는 매우 강력한 접근 방식이므로, RLHF를 활용하는 대부분의 프로덕션 솔루션에서는 사람의 피드백을 직접 사용하는 대신 보상 모델을 통해 보상을 결정한다.

이 예제가 흥미롭다면 TRL 라이브러리의 다른 예제와 문서를 살펴보기를 강력히 권장한다. 관련 자료는 `https://github.com/huggingface/trl`에서 찾을 수 있다. TRL은 RLHF를 시작하기에 가장 쉬운 방법의 하나지만, 그 밖에도 RLHF를 위한 라이브러리나 기타 자료가 많이 있다. 저자의 경험상 사전 훈련된 모델에 RLHF만 적용하는 것보다는 RLHF와 지도 학습 방식을 결합하는 것이 더 나은 결과를 낸다.

부록 C

다중 모달 잠재 공간

본문에서는 다중 모달 잠재 공간(Multimodal latent space)을 깊게 살펴볼 기회가 없었다. 이 부록 C에서 그 부분을 보완하고자 한다. 다중 모달 모델의 예로는 텍스트 프롬프트를 이미지로 변환하는 스테이블 디퓨전Stable Diffusion이 있다. 모델 이름의 디퓨전, 즉 확산은 모델 내부적으로 모달이 다른 두 임베딩을 비교하는 과정을 말한다.[1] 확산 모델은 그러한 비교 방법을 학습해야 한다. 단순화해서 설명하자면, 텍스트 임베딩은 공간의 한 점이고, 수많은 임베딩 점이 모여서 구름(cloud)을 형성한다고 상상해 보기 바란다. 2장 그림 2.4에 나온 단어 임베딩 시각화와 유사하되 점들이 수십억 개이다. 이 텍스트 임베딩 구름과 함께 다른 관련 모달(이를테면 이미지)의 임베딩 구름을 만든다.

두 구름 사이에 어떤 화용론적 관계가 있어야 한다. 지금 논의의 목적에서는 텍스트가 이미지를 설명하거나 이미지가 텍스트를 묘사하는 관계면 충분하다. 두 모달은 동일한 기본 아이디어를 표현한다는 점에서 동등(equivalent)해야 한다. 임베딩 구름 두 개를 만들고 둘의 관계를 매핑했다면, 구름들을 비교하고, 텍스트를 마스킹하고, 이미지를 백잡음(white noise)으로 변환하여 다중 모달 모델을 훈련할

1 (옮긴이) 여기서 확산은 물리학 혹은 화학에서 가져온 용어이다. 확산 모델은 주어진 이미지에 점차 잡음을 추가해서 무작위성을 퍼뜨리는 과정과 역으로 잡음을 점차 제거해서 이미지를 복원하는 과정을 통해서 이미지 생성 능력을 학습하는데, 잡음을 추가하는 과정이 물에 잉크가 확산되는 현상을 연상케 한다.

수 있다. 표집(sampling)과 주기적 단계들을 거치면서 모델은 이미지에 해당하는 텍스트 설명만 주어진 상태에서 백잡음을 바탕으로 이미지를 완성하는 방법을 배우게 된다.

일반적으로 이러한 모델은 출력이 텍스트가 아니기 때문에 언어 모델로 간주하지 않는다. 하지만 언어를 이해하지 못하는 모델을 사용하려 한다면 어떨까? 현재 상태에서 이러한 모델은 동등성 문제가 해결되지 않아 중의성에 특히 취약하다. 예를 들어, 확산 모델에 "an astronaut hacking their way through the Amazon jungle(우주비행사가 아마존 정글을 헤쳐 나가는 모습)"이라는 프롬프트를 주고 이미지를 생성하라고 했는데, 아마존 로고가 찍힌 종이상자로 만든 컴퓨터 앞에서 키보드를 타이핑하는 우주비행사 이미지가 나올 수 있다. 더 유명한 예로는 "salmon in the river(강에 있는 연어)"라는 프롬프트에 대해 물에 떠 있는 연어 필레 이미지가 생성된 사례가 있다(원 출처는 알 수 없지만, `https://mng.bz/EOrJ`에서 예시를 찾을 수 있다). 이런 사례들로 인해 text2X[2] 공간에서 프롬프트 엔지니어링이 급속도로 발전했다. 이러한 중의성이 심화하면서 원하는 결과를 얻기 위해 모델에 전달할 토큰을 정확히 지정하는 능력의 가치가 높아지고 있다.

다중 모달 모델의 훈련 이론을 상세히 논의하는 것은 이 책의 범위를 벗어난다. 사실 이 부록에서 이 정도나마 언급하는 것도 쉽지 않았다. 관심 있는 독자는 다음 사항들을 좀 더 찾아보기 바란다. 텍스트 반전(textual inversion)을 사용하면 특정 토큰에 특정 개념으로 응답하는 기존 모델을 훈련할 수 있다. 이를 통해 적은 수의 예제 이미지로도 특정 화풍이나 테마의 이미지를 생성하는 모델을 얻을 수 있다. DreamBooth도 비슷하게 적은 수의 예제 이미지로 새 모델을 훈련한다. 하지만 모델은 사용된 토큰과 관계없이 해당 테마나 화풍의 이미지를 생성하게 된다. 본문에서 다룬 PEFT와 LoRA는 텍스트 대 이미지 변환(text-to-image) 영역과 이미지 대 이미지 변환(image-to-image) 영역에서 놀라운 성공을 거두었다. 텍스트 반전과 DreamBooth보다 작은 모델로도 동일한 작업을 수행한다는 주장이 있다.

다음은 이미지 생성을 위한 확산 모델을 시험해 보는 예제이다. 필요한 라이브러리들을 임포트한 후, 이미지 생성 결과를 확인하기 위한 이미지 표시 함수를 정의한다. 이 함수는 주어진 이미지들을 격자(grid) 형태로 배치해서 표시한다.

예제 C.1 텍스트 기반 이미지 생성을 위한 확산 과정의 예

```
from diffusers import (
    StableDiffusionPipeline,
```

2 (옮긴이) text2X는 text-to-image, text-to-speech 등 텍스트를 다른 모달로 변환하는 모든 변환을 통칭하는 표현이다.

```
    UNet2DConditionModel,
    AutoencoderKL,
    DDIMScheduler,
)
from torch import autocast
from PIL import Image
from transformers import CLIPTextModel, CLIPTokenizer
import torch
import numpy as np

from tqdm.auto import tqdm


def image_grid(imgs, rows, cols):
    assert len(imgs) == rows * cols

    w, h = imgs[0].size
    grid = Image.new("RGB", size=(cols * w, rows * h))
    for i, img in enumerate(imgs):
        grid.paste(img, box=(i % cols * w, i // cols * h))
    return grid
```

이제 허깅 페이스 라이브러리들로 스테이블 디퓨전을 사용하는 것이 얼마나 쉬운지 보여주겠다. 다음 코드는 스테이블 디퓨전 모델을 불러오고 프롬프트를 입력해서 이미지를 생성하는 파이프라인을 구현한다. 생성한 이미지들은 앞에서 정의한 함수를 이용해서 화면에 표시한다. 이 코드 다음에 확산 모델의 내부 작동 방식이나 이를 더 활용하는 방법을 보여주는 좀 더 본격적인 파이프라인을 살펴볼 것이다. 그 파이프라인이 스테이블 디퓨전 서비스에 쓰이는 잠재 확산(latent diffusion) 파이프라인과 정확히 동일하지는 않지만, 이 논의의 목적에서는 충분히 유사하다.

```
# 단순 파이프라인
pipe = StableDiffusionPipeline.from_pretrained(
    "runwayml/stable-diffusion-v1-5",
).to("cuda")

n_images = 4
prompts = [
```

```
    # "걸작, 최고 품질, 우주비행사를 탄 말의 사진, ArtStation³에서
    #  유행하는 화풍, 실사, QHD, RTX 활성화, 8K"
    "masterpiece, best quality, a photo of a horse riding an astronaut, "
    "trending on artstation, photorealistic, qhd, rtx on, 8k"
] * n_images
images = pipe(prompts, num_inference_steps=28).images

image_grid(images, rows=2, cols=2)
```

이 파이프라인을 실행하면 그림 C.1과 비슷한 이미지들이 생성된다. 프롬프트에서는 "우주비행사를 탄 말"을 요청했지만 실제로는 "말을 탄 우주비행사" 이미지들이 생성되었다. 사실 그 어떤 텍스트 기반 이미지 생성 모델을 사용해도 우주비행사를 탄 말 이미지를 얻기란 매우 어렵다. 이는 다중 모달 모델이 언어를 잘 이해하는 것이 얼마나 중요한지(반대로, 언어를 잘 이해하지 못하는 것이 얼마나 문제가 되는지) 보여준다.

그림 C.1 "우주비행사를 탄 말"이라는 프롬프트에 대해 스테이블 디퓨전이 생성한 이미지들

이렇게 해서 우리가 만들고자 하는 것이 무엇인지 확인했다. 그럼 이를 위한 잠재 공간(latent space) 이미지 파이프라인을 구축해 보자. 먼저 여러 모델을 불러온다. CLIP의 토크나이저와 이제는 익숙한

3 (옮긴이) 참고로 ArtStation은 아티스트들을 위한 온라인 포트폴리오 플랫폼으로, 게임, 영화, 미디어 및 엔터테인먼트 분야의 아티스트들이 자신의 작품을 전시한다. 주소는 `https://www.artstation.com/`이다.

텍스트 인코더, 스테이블 디퓨전의 변분 오토인코더(variational autoencoder; 텍스트 인코더와 비슷하되 이미지용이다), 그리고 UNet 모델이다. 또한 스케줄러도 필요하다.

```
# 상세한 파이프라인
tokenizer = CLIPTokenizer.from_pretrained("openai/clip-vit-large-patch14")
text_encoder = CLIPTextModel.from_pretrained(
    "openai/clip-vit-large-patch14"
).to("cuda")
vae = AutoencoderKL.from_pretrained(
    "runwayml/stable-diffusion-v1-5", subfolder="vae"
).to("cuda")
model = UNet2DConditionModel.from_pretrained(
    "runwayml/stable-diffusion-v1-5", subfolder="unet"
).to("cuda")

scheduler = DDIMScheduler(
    beta_start = .00085,
    beta_end = .012,
    beta_schedule = "scaled_linear",
    clip_sample = False, set_alpha_to_one = False,
    steps_offset = 1g:\scripts\check_term_spacing.bat
)
```

다음으로 확산 파이프라인의 세 가지 핵심 부분을 정의한다. 첫째는 텍스트 프롬프트의 임베딩을 가져오는 `get_text_embeds` 함수이다. 이 함수가 하는 일은 이미 익숙할 것이다. 이 함수는 텍스트를 수치들로 토큰화하고 그 토큰을 임베딩으로 변환한다. 둘째, 텍스트 임베딩을 잠재 값(latent)으로 변환하는 `produce_latents` 함수를 정의한다. 잠재 값은 기본적으로 이미지 공간의 임베딩이다. 마지막으로, 잠재 값을 이미지로 디코딩하는 `decode_img_latents` 함수를 정의한다. 이것은 텍스트 토크나이저가 토큰을 다시 텍스트로 디코딩하는 것의 이미지 버전에 해당한다.

```
def get_text_embeds(prompt):
    text_input = tokenizer(          ←  텍스트를 토큰화하고 임베딩을 생성한다.
        prompt,
        padding="max_length",
        max_length=tokenizer.model_max_length,
        truncation=True,
```

```
        return_tensors="pt",
    )
    with torch.no_grad():
        text_embeddings = text_encoder(text_input.input_ids.to("cuda"))[0]

    uncond_input = tokenizer(   ← 조건 없는 임베딩(unconditional embedding)에
        [""] * len(prompt),        대해서도 동일한 작업을 수행한다.
        padding="max_length",
        max_length=tokenizer.model_max_length,
        return_tensors="pt",
    )
    with torch.no_grad():
        uncond_embeddings = text_encoder(uncond_input.input_ids.to("cuda"))[
            0
        ]

    text_embeddings = torch.cat([uncond_embeddings, text_embeddings])   ← 두 임베딩을 연결해서
    return text_embeddings                                                 최종 임베딩을 만든다.

def produce_latents(
    text_embeddings,
    height=512,
    width=512,
    num_inference_steps=28,
    guidance_scale=11,
    latents=None,
    return_all_latents=False,
):
    if latents is None:
        latents = torch.randn(
            (
                text_embeddings.shape[0] // 2,
                model.in_channels,
                height // 8,
                width // 8,
            )
        )
    latents = latents.to("cuda")
```

```
    scheduler.set_timesteps(num_inference_steps)
    latents = latents * scheduler.sigmas[0]

    latent_hist = [latents]
    with autocast("cuda"):
        for i, t in tqdm(enumerate(scheduler.timesteps)):
            latent_model_input = torch.cat([latents] * 2)    ← 잠재 값들을 연결한다. 순방향 패스를
            sigma = scheduler.sigmas[i]                         한 번만 수행하기 위한 것이다.
            latent_model_input = latent_model_input / (
                (sigma**2 + 1) ** 0.5
            )

            with torch.no_grad():    ← 잡음 잔차(noise residual)를 예측한다.
                noise_pred = model(
                    latent_model_input,
                    t,
                    encoder_hidden_states=text_embeddings,
                )["sample"]

            noise_pred_uncond, noise_pred_text = noise_pred.chunk(2)    ← 유도(guidance)를 적용한다.[4]
            noise_pred = noise_pred_uncond + guidance_scale * (
                noise_pred_text - noise_pred_uncond
            )
            latents = scheduler.step(noise_pred, t, latents)["prev_sample"]    ← 이전 잡음 표본
            latent_hist.append(latents)                                           x_t → x_{t-1}을 계산한다.

    if not return_all_latents:
        return latents

    all_latents = torch.cat(latent_hist, dim=0)
    return all_latents


def decode_img_latents(latents):
    latents = 1 / 0.18215 * latents
```

4 (옮긴이) 이 부분은 텍스트 조건부 확산 모델(text conditional diffusion model)의 분류기 없는 확산 유도(classifier-free diffusion guidance) 기법과 관련이 있다. 간단하게만 말하면 이것은 조건 없이(즉, 텍스트 프롬프트 없이; 주석 #2) 생성한 잡음 예측과 텍스트로 조건화해서 생성한 잡음 예측의 차이를 증폭해서 모델을 원하는 방향으로 유도하는 것이다.

```
    with torch.no_grad():
        imgs = vae.decode(latents)["sample"]

    imgs = (imgs / 2 + 0.5).clamp(0, 1)
    imgs = imgs.detach().cpu().permute(0, 2, 3, 1)
    imgs = (imgs) * 127.5
    imgs = imgs.numpy().astype(np.uint8)
    pil_images = [Image.fromarray(image) for image in imgs]
    return pil_images
```

이제 모든 구성요소가 준비되었으니 파이프라인을 구축해 보자. 이 파이프라인은 프롬프트를 받아 텍스트 임베딩으로 변환하고, 이를 잠재 값들로 변환한 다음 그 잠재 값들을 이미지로 디코딩한다.

```
def prompt_to_img(
    prompts,
    height=512,
    width=512,
    num_inference_steps=28,
    guidance_scale=11,
    latents=None,
):
    if isinstance(prompts, str):
        prompts = [prompts]

    text_embeds = get_text_embeds(prompts)    ←  프롬프트 -> 텍스트 임베딩

    latents = produce_latents(    ←  텍스트 임베딩 -> 이미지 잠재 값
        text_embeds,
        height=height,
        width=width,
        latents=latents,
        num_inference_steps=num_inference_steps,
        guidance_scale=guidance_scale,
    )

    imgs = decode_img_latents(latents)    ←  이미지 잠재 값 -> 이미지

    return imgs
```

```
imgs = prompt_to_img(
    # "아주 멋진 판타지 기사, 정교한 갑옷, 8K"
    ["Super cool fantasy knight, intricate armor, 8k"] * 4
)

image_grid(imgs, rows=2, cols=2)
```

이 파이프라인을 실행하면 그림 C.2와 비슷한 이미지들이 표시된다.

그림 C.2 "판타지 기사, 정교한 갑옷"이라는 프롬프트로 사용자 정의 스테이블 디퓨전 파이프라인에서 생성된 이미지

이 간단한 튜토리얼이 재미있었으면 좋겠다. 마지막 과제로, `prompt_to_img` 함수를 사용하여 기존 이미지 잠재 값들을 변형해서 이미지 대 이미지 변환 작업을 수행하는 방법을 찾아보기 바란다. 이미지 생성을 좀 더 잘 이해하는 데 도움이 될 것이다. 하지만 여기서 저자가 무엇보다도 전달하고 싶은 핵심은, 확신 모델과 최신 컴퓨터비전 모델에서도 언어 모델링이 매우 중요하다는 점이다.

현재 모달리티modality는 언어 모델링에서 가장 덜 탐구된 영역이다. 이에 관한 내용만으로도 책 한 권을 채울 수 있을 정도인데, 어쩌면 나중에 저자가 그런 책을 쓸지도 모르겠다. 그런 책이 나오기 전에라도 이 분야에 관한 논문 작성이나 특허 취득에 관심이 있다면, 또는 이 흥미로운 분야의 발전에 기여하고 싶다면 언어 모델링에 초점을 두고 다중 모달 모델, 특히 확산 모델을 깊이 탐구해보길 권한다. 정규 언어 모델링의 모든 성과를 확산 모델의 개선에 그대로 적용할 수 있기 때문이다.

번호

ㄱ – ㄹ

ㅁ – ㅅ

ㅇ - ㅈ

A – C

D – G

H – M

N – S

T – Z